축의 시대

THE GREAT TRANSFORMATION:
The World in the Time of Buddha, Socrates, Confucius and Jeremiah
Copyright ⓒ Karen Armstrong 2006
All rights reserved

Korean translation copyright ⓒ 2010 by Gyoyangin
Korean translation rights arranged with Felicity Bryan Ltd.,
through EYA (Eric Yang Agency)

이 책의 한국어판 저작권은 EYA를 통한 Felicity Bryan Ltd. 사와의 독점 계약으로
'교양인'이 소유합니다. 저작권법에 따라 한국 내에서 보호를 받는 저작물이므로
무단 전재와 복제를 금합니다.

종교의 탄생과 철학의 시작

축의 시대

카렌 암스트롱 / 정영목 옮김

일러두기

1. 외국 고유명사는 '외래어표기법'(1986년 문교부 고시)을 기준으로 삼았고, 성서의 인명과 지명은 외래어표기법 외에 '브리태니커 백과사전'을 참고하였다.
2. 본문에 인용한 성경 구절은 《공동번역성서 개정판》(1999년, 대한성서공회 발행)을 저본으로 삼았다.
3. 일련 번호로 표시된 저자의 주석은 후주로 실었으며, 본문 하단의 각주는 옮긴이와 편집자의 주석이다.

| 머리말 |

우리는 축의 시대의
통찰을 넘어선 적이 없다

어느 세대나 자기 시대가 역사의 전환점이라고 믿겠지만, 우리 시대의 문제들은 특히 다루기가 어렵고 미래는 점점 불확실해지고 있다. 우리의 많은 난관 뒤에는 사실 더 깊은 정신적 위기가 자리 잡고 있다. 20세기에 우리는 전례 없는 규모로 폭력이 분출하는 광경을 목격했다. 안타깝게도 우리가 서로 해치고 상처를 내는 능력은 우리가 이룬 특별한 경제적·과학적 진보에 뒤처지지 않고 함께 발전해 왔다. 우리에게는 호전성을 제어하여 안전하고 적절한 테두리 안에 가두어 둘 지혜가 부족한 것 같다. 히로시마와 나가사키에 떨어진 첫 원자폭탄은 현대 문화의 찬란한 '성취' 한복판에서 허무주의적 자기 파괴의 현장을 그대로 드러냈다. 이제 우리는 땅을 성스럽게 여기지 않고 단순하게 '자원'으로 보기 때문에 환경 재앙의 위험에 처해 있다. 뛰어난 과학기술적 재능에 뒤처지지 않는 어떤 정신적 혁명이 없으면, 이 행성을 구하지 못할 것 같은 느낌이 든다. 순전히 합리적이기만 한 교육으로는 불충분하다. 우리는 쓰라린 경험을 통해서 대규모 대학교가 강제수용소와 함께 우리

가까이에 존재할 수 있다는 사실을 알게 되었다. 아우슈비츠, 르완다, 보스니아, 세계무역센터 파괴는 우리가 모든 인간 한 사람 한 사람이 신성불가침한 존재라는 감각을 잃어버릴 때 어떤 일이 일어날 수 있는지 계시하는 음울한 예이다.

그런 인간 존중의 마음을 키우도록 도와주어야 할 종교조차 종종 우리 시대의 폭력과 절망을 반영하는 듯하다. 우리는 거의 매일 종교적 동기에서 비롯한 테러, 증오, 불관용의 사례를 목격한다. 전통적인 종교 교리나 관례가 타당성이 없거나 신용할 수 없다고 여겨 미술, 음악, 문학, 춤, 운동, 약물에서 인간에게 필요한 초월적 경험을 얻으려는 사람이 점점 늘고 있다. 우리 모두 환희와 황홀의 순간을 찾는다. 평상시보다 훨씬 더 충만하게 휴머니티(인간성) 속에 잠겨들어 내면 깊이 감동을 받고, 순간적으로 우리 자신을 초월해서 고양되고 싶은 것이다. 우리는 의미를 찾는 생물이다. 다른 동물과는 달리 삶에서 의미와 가치를 찾지 못하면 쉽게 절망에 빠져버린다. 어떤 사람들은 성스러워지는 새로운 길을 찾고 있다. 1970년대 말부터 세계 여러 곳에서 영적 부흥이 이루어졌다. 우리가 흔히 '근본주의'라고 부르는 전투적인 신앙심은 깨달음을 얻으려는 탈근대적인 시도의 한 표현일 뿐이다.

이런 곤경에서 빠져나오려 할 때, 나는 우리가 독일의 철학자 카를 야스퍼스(Karl Jaspers, 1883~1969)가 '축의 시대(Axial Age)'라고 부른 시기에서 영감을 얻을 수 있다고 믿는다.[1] 이 시기가 인류의 정신적 발전에서 중심 축을 이루기 때문이다. 대략 기원전 900년부터 기원전 200년 사이에 세계의 네 지역에서 이후 계속해서 인류의 정신에 자양분이 될 위대한 전통이 탄생했다. 중국의 유교와 도교, 인도의 힌두교와 불교, 이스라엘의 유일신교, 그리스의 철학적 합리주의가 그것이다.

축의 시대는 붓다, 소크라테스, 공자, 예레미야, 《우파니샤드》의 신비주의자들, 맹자, 에우리피데스의 시대였다. 이 뜨거운 창조의 시기에 영적·철학적 천재들은 완전히 새로운 종류의 인간 경험을 개척해 나아갔다. 그들 가운데 다수는 이름을 남기지 않았지만, 어떤 사람들은 인간이 어떻게 살아야 하는가를 보여주어 지금까지도 우리 가슴을 벅차오르게 하는 유명한 인물이 되었다. 축의 시대는 기록된 역사 가운데 지적·심리적·철학적·종교적 변화가 가장 생산적으로 이루어졌던 때로 꼽힌다. 우리가 살고 있는 과학적이고 기술적인 근대를 창조한 '서구의 대전환' 이전에는 이에 비길 만한 시대가 없을 것이다.

우리와는 완전히 다른 환경에서 살았던 축의 시대 현자들이 어떻게 우리의 현재 상황에 대해 이야기할 수 있을까? 왜 우리가 공자나 붓다에게 도움을 청해야 하는가? 물론 이 머나먼 시대를 공부하는 것은 정신의 고고학의 한 과정에 불과할 수도 있다. 우리에게 필요한 것은 지금 이 세계의 현실을 반영하는 혁신적인 믿음을 창조하는 것이기 때문이다. 그러나 실제로 우리는 축의 시대의 통찰을 넘어선 적이 없다. 정신적이고 사회적인 위기의 시기에 사람들은 늘 축의 시대를 돌아보며 길을 찾았다. 물론 이 시기의 발견들을 다르게 해석했을 수는 있겠지만, 한 번도 그것을 넘어서는 데 성공한 적은 없다. 예를 들어 랍비 유내교, 기독교, 이슬람은 모두 축의 시대에 발전한 전통이 나중에 개화한 것이다. 이 책의 마지막 장에서 보겠지만, 이 세 전통은 모두 축의 시대의 전망을 재발견하고 그것을 자기 시대의 환경과 직접 소통할 수 있는 언어로 훌륭하게 번역해냈다.

축의 시대의 예언자, 신비주의자, 철학자, 시인들이 워낙 앞서 나갔고 또 그들의 전망이 워낙 급진적이었기 때문에 뒷세대들은 그것을 희석하는 경향이 있다. 그 과정에서 축의 시대 개혁가들이 없애고 싶어했던 바로 그런 종교성을 만들어내기도 했다. 나는 근대 세계에서 바로 그런 일이 일어났다고 본다. 축의 시대 현자들에게는 우리 시대가 귀 기울일 만한 중요한 메시지가 있지만, 그들의 통찰은 오늘날 스스로 종교적이라고 생각하는 많은 사람들에게 놀랍게, 심지어 충격적으로 들릴 것이다. 예를 들어 흔히 믿음은 어떤 교의에 속하는 명제들을 믿는 것이라고 여긴다. 실제로 종교적인 사람들을 흔히 '신자(believer)'라고 부른다. 마치 특정 종교의 어떤 조항에 동의하는 것이 그들의 주요한 특징이라고 보는 것 같다. 그러나 축의 시대 철학자들은 대부분 교리나 형이상학에는 전혀 관심이 없었다. 붓다 같은 이는 개인의 신학적인 믿음에 철저한 무관심으로 일관했다. 어떤 현자들은 신학에 대한 논의조차 완강하게 거부했다. 그것이 정신을 흐트러뜨리고 해를 입힌다고 생각했기 때문이다. 어떤 현자들은 많은 사람들이 종교에서 기대하는 절대적 확실성을 찾는 것이 미숙하고, 비현실적이고, 잘못된 태도라고 주장했다.

축의 시대에 발전한 전통들은 모두 인간 의식의 한계를 밀고 나아갔으며, 인간 존재의 내면 깊은 곳에서 초월적 차원을 발견했다. 그러나 그것을 반드시 초자연적이라고 여겼던 것은 아니며, 대부분은 그것을 입에 올리기를 거부했다. 그 경험은 말로 표현할 수 없는 것이기 때문에 그 점을 존중하여 입을 다무는 것이야말로 유일하게 올바른 태도였다. 현자들은 물론 이런 궁극적 실재에 관한 자신의 관점을 다른 사람들에게 강요하려 하지 않았다. 오히려 그 반대였다. 종교적인 가르침을 의심 없이 또는 간접적으로 받아들여서는 안 된다는 것이 그들의 믿음이었다. 모든 것에 의문을 제기하고 모든 가르침을 경험적으로, 즉 자신의 개인적 경험에 비추어 검증하는 것이 필수였다. 앞으로 보겠지만, 사실 어떤 예언자나 철학자가 강제적인 교리를 고집하기 시작하는 것 자체가 보통 축의 시대가 동력을 잃는다는 신호였다. 만일 붓다나 공자에게 신을 믿느냐고 물었다면, 아마 그들은 약간 망설인 다음 아주 정중하게 그것은 적절한 질문이 아니라고 대답했을 것이다. 누가 이스라엘의 예언자 아모스나 에스겔에게 당신은 '유일신론자'냐고, 즉 오직 하나뿐인 신을 믿느냐고 물었다면 그들 역시 당황했을 것이다. 유일신론이 중요한 것이 아니었다. 실제로 성경에서는 유일신주의에 관한 분명한 주장을 거의 찾아볼 수 없다. 흥미롭게도, 이런 교리적 명제 몇 가지를 목청 높여 주장하는 것이야말로 외려 축의 시대의 핵심 정신으로부터 벗어나는 것이다.

중요한 것은 무엇을 믿느냐가 아니라 어떻게 행동하느냐였다. 종교의 핵심은 깊은 수준에서 자신을 바꾸는 행동을 하는 것이었다. 축의 시대 이전에는 제의와 동물 희생이 종교적 탐구의 중심이었다. 오늘날 훌륭한 연극을 경험하는 것처럼 존재의 또 다른 수준으로 안내해주는 신성한 드라마에서 신을 경험한 것이다. 축의 시대 현자들은 이것을 바꾸었다. 여전히 제의의 가치를 인정했지만 거기에 새로운 윤리적 의미를 부여했으며, 정신적 생활의 중심에 도덕성을 갖다놓았다. 이른바 '하느님', '니르바나', '브라만', '도(道)'를 만날 수 있는 유일한 방법은 자비로운 삶을 사는 것이었다. 사실 종교가 곧 자비(compassion)였다. 오늘날 우리는 종교적인 생활 방식을 채택하기 전에 먼저 '하느님' 또는 '절대자'의 존재를 만족스럽게 증명해야 한다고 생각하는 경우가 많다. 이 생각은 먼저 원칙을 세운 뒤에 적용한다는 의미에서 훌륭한 과학적 실천이다. 그러나 축의 시대 현자들이라면 앞뒤가 바뀌었다고 말할 것이다. 그들은 먼저 윤리적인 생활에 헌신하라고 말했다. 형이상학적 신념이 아니라, 훈련을 받아 습관이 된 자비심을 통해 우리가 원하는 초월을 슬쩍 엿볼 수 있다는 것이다.

이것은 스스로 변화할 각오를 해야 한다는 뜻이었다. 축의 시대 현자들은 제자들이 유익한 가르침을 얻어 정신이 고양되는 느낌을 약간 맛본 뒤 새로 힘을 얻어 평소의 자기 중심적인 삶으로 돌아가게 하는 데는 관심이 없었다. 그들의 목적은 완전히 다른 종류의 인간을 창조하는 것이었다. 모든 현자들이 공감과 자비의 영성을 설교했다. 그들은 사람들이 자기 중심주의와 탐욕, 폭력과 무례를 버려야 한다고 강조했다. 서로 죽이는 것만 잘못된 것이 아니다. 적대적인 말을 하거나 성마르게 행동해서도 안 된다. 나아가서 축의 시대의 거의 모든 현자들은 자비를 자기 민족에게만 제한할 수 없다는 사실을 깨달았다. 어떻게 해서든 전 세계로 관심을 확대해야 한다. 실제로 사람들이 자신의 지평과 공감을 제한하기 시작한다는 것 또한 축의 시대가 끝난다는 표시였다. 각각의 전통은 각기 그 나름의 방식으로 '황금률(Golden Rule)' — "네가 당하고 싶지 않은 일을 남에게 하지 마라." — 을 정리해냈다. 축의 시대 현자들에게 종교란 정통적인 믿음이 아니라, 모든 존재의 신성한 권리를 존중하는 것이었다. 사람들이 다른 사람들에게 친절하고 관대하게 행동하면 세상을 구원할 수 있다.

우리는 축의 시대의 이런 에토스(ethos)를 다시 발견해야 한다. 우리의 지구촌에서는 이제 편협하거나 배타적인 전망을 제시할 여유가 없다. 우리는 우리 자신의 나라로부터 멀리 떨어진 나라에 사는 사람들을 자기 자신처럼 중요하게 여기며 살아야 한다. 축의 시대 현자들은 목가적인 환경에서 자비의 윤리를 창조한 것이 아니다. 각각의 전통은 우리 사회와 마찬가지로 전에 없던 폭력과 전쟁으로 분열된 사회에서 발전해 나갔다. 실제로 종교적 변화의 첫 번째 촉매는 현자들이 주위에서 흔히 목격하던 호전적 태도에 대한 원칙 있는 거부였다. 축의 시대 철학자들은 마음에서 폭력의 원인을 찾아냈으며, 그 결과 내면의 세계로 뚫고 들어가 인간 경험에서 이제까지 발견하지 못했던 영역을 탐사하기 시작했다.

축의 시대의 일치된 결론은 인류의 정신적 탐구의 결과가 똑같았음을 웅변적으로 증언한다. 축의 시대 민족들은 모두 자비의 윤리가 효과가 있다고 생각했다. 이 시기에 창조된 모든 위대한 전통은 자선과 자비가 가장 중요하다는 일치된 결론을 냈는데, 이 점은 우리 인류에 관하여 뭔가 중요한 이야기를 해준다. 우리의 신앙이 다른 사람들의 신앙과 깊은 수준에서 일치한다는 사실을 발견하는 것은 나를 확인하는 경험이기도 하다. 이럴 때 우리는 우리의 전통을 떠나지 않고도 나름으로 추구해 오던 공감의 삶을 향상시키는 방식을 다른 전통으로부터 배울 수 있다.

축의 시대의 성취를 제대로 평가하려면 그 전에 무슨 일이 있었는지 알아야 한다. 따라서 축의 시대 이전 고대의 종교를 이해할 필요가 있다. 이 종교에는 공통된 특징이 있었으며, 이 모두가 축의 시대에 중요한 역할을 한다. 예를 들어 대부분의 사회는 초기에 하나의 '최고신'을 믿었다. 이 신은 종종 '천신(天神, Sky God)'으로 불렸는데, 이 신이 하늘과 연결되어 있었기 때문이다.[2)] 이 신은 접근하기가 쉽지 않았기 때문에 종교적 의식에서 희미해지는 경향이 있었다. 어떤 사람들은 이 신이 '사라졌다'고 말했으며, 어떤 사람들은 이 신이 더 젊은 세대의 더 역동적인 신들로 폭력적으로 대체되었다고 말했다. 사람들은 보통 성스러움을 주위 세계나 자기 내부에 내재하는 것으로서 경험했다. 어떤 사람들은 신, 남자, 여자, 동물, 식물, 곤충, 바위 모두가 똑같은 신성한 생명을 공유한다고 믿었다. 이 모두가 만물의 존재를 유지하는 대단히 중요한 우주 질서에 종속되었다. 심지어 신들도 이 질서에 복종해야 했다. 신들은 인간과 협력하여 우주의 신성한 에너지들을 보존했다. 이 에너지들을 갱신하지 않으면 세계는 다시 최초의 공허로 빠져들 수도 있었다.

동물 희생은 고대 세계의 보편적인 종교적 관행이었다. 이것은 세계의 존재를 유지하는 힘이 고갈되었을 때 그 힘을 재생하는 방법이었다. 이때는 삶과 죽음, 창조와 파괴가 뗄 수 없이 얽혀 있다는 강한 믿음이 있었다. 사람들은 오직 다른 생물이 자신을 위하여 목숨을 내놓기 때문에 자신이 생존할 수 있음을 깨달았으며, 따라서 자기 몸을 내주는 동물의 자기 희생에 경의를 표했다.[3] 그런 죽음이 없으면 생명도 있을 수 없기 때문에, 어떤 사람들은 세상이 태초에 희생의 결과로 탄생했다고 상상했다. 어떤 사람들은 창조주가 용—형체 없고 구분이 없는 것의 일반적 상징이었다.—을 죽여 혼돈에서 질서를 가져왔다는 이야기를 했다. 의식적인 전례에서 이런 신화적인 사건을 재현하면, 예배를 드리는 사람들은 자신들이 신성한 시간으로 들어간다고 느꼈다. 그들은 새로운 일을 시작할 때면 최초의 우주 탄생을 재현하는 의식을 거행하여 자신들의 덧없는 필멸의 활동에 신성한 힘을 불어넣으려 했다. 이런 식으로 '활력을 얻지' 않으면, 즉 '영혼'을 부여받지 않으면 어떤 것도 오래 갈 수 없었다.[4]

고대 종교는 이른바 영속 철학(perennial philosophy)에 의지했다. 이 철학이 어떤 형태로든 대부분의 전근대 문화에 존재했기 때문이다.

이 철학에 따르면 지상의 모든 인간, 대상, 경험은 신성한 세계에 있는 실재의 복제물―창백한 그림자―이다.[5] 따라서 신성한 세계는 인간 존재의 원형이며, 그것이 지상의 어떤 것보다도 더 풍부하고, 더 강하고, 더 지속적이기 때문에 사람들은 거기에 참여하기를 간절히 원한다. 영속 철학은 지금도 일부 토착 부족들의 삶에서 핵심적인 요소다. 예를 들어 오스트레일리아 원주민은 '꿈꾸는 시간'의 신성한 영역을 물질 세계보다 훨씬 더 현실적으로 경험한다. 그들은 잠을 잘 때나 환상을 볼 때 꿈 시간을 잠깐 스쳐가듯 본다. 그러나 그 시간은 현실의 시간을 초월하며 '언제나' 존재하는 것이다. 이것이 일상 생활의 안정된 배경을 이룬다. 일상 생활은 죽음, 흐름, 쉼 없는 변화 때문에 끊임없이 약해진다. 오스트레일리아 원주민은 사냥을 나가면 '최초의 사냥꾼'의 행동을 모범으로 삼아 거기에 가까워지려 한다. 그는 최초의 사냥꾼의 강력한 실재에 사로잡혀 그와 완전히 결합되어 있다고 느낀다. 나중에 그 시원의 풍요로움으로부터 떨어져 나오게 되면, 현실의 시간 영역이 자신을 흡수하고, 자신과 자신이 하는 모든 일을 무(無)로 돌릴 것이라고 걱정한다.[6] 고대 사람들도 그런 경험을 했다. 제의에서 신들을 모방하고 세속적 삶의 외롭고 덧없는 개인성을 버릴 때에만 진정으로 존재할 수 있었다. 자기 자신이기를 그만두고 다른 사람들의 몸짓을 반복할 때 자신의 인간성을 실현할 수 있었던 것이다.[7]

인간은 매우 깊은 의미에서 꾸미고 만드는 존재다.[8] 우리는 끊임없이 자연을 개선하여 이상에 다가가려고 노력한다. 영속 철학을 버린 오늘날에도 사람들은 노예처럼 유행의 명령을 따르고, 심지어 현재의 미의 기준을 복제하느라 자기 얼굴과 몸에 폭력을 가하기도 한다. 유명인 숭배는 우리가 여전히 '초인간성'을 체현한 모범을 섬긴다는 사실을 보여준다. 사람들은 가끔 자신의 우상을 구경하려고 큰 노력을 기울이며, 그들과 한자리에 있으면 고양되어 환희에 젖는다. 또 우상의 옷차림과 행동을 모방한다. 이런 것을 보면 인간은 본래 원형적이고 모범적인 것으로 향하는 경향이 있는 것처럼 보이기도 한다. 축의 시대 현자들은 이런 정신성을 더 진정한 형태로 발전시켜, 사람들에게 자기 내면에서 이상적이고 원형적인 자아를 찾으라고 가르쳤다.

축의 시대는 완벽하지 않았다. 여자들에게 무관심했다는 것은 가장 큰 결함이다. 이 정신성은 거의 모두 도시 환경에서 성장했다. 도시는 군사적인 힘과 호전적인 상업 활동의 지배를 받는 곳이며, 이곳에서 여자들은 시골 경제에서 누렸던 지위를 잃었다. 축의 시대에는 여성 현자들이 없었다. 설사 여자들이 새로운 신앙에서 적극적인 역할을 허락받는 경우가 있었다 해도 보통은 주변에 머물렀다. 그렇다고 축의 시대 현자들이 여자들을 싫어한 것은 아니었다. 대부분의 경우 그저 여자들의 존재가 눈에 들어오지 않았을 뿐이다. 그들이 '위대한 사람' 또는 '깨달은 사람'에 관해 이야기할 때, 이 '사람'은 '남자와 여자'를 아우르는 의미가 아니었다. 하지만 만일 누가 문제를 세기했디면, 대부분은 여자도 이러한 해방을 성취할 능력이 있다고 인정했을 것이다.

나는 축의 시대에 여자들의 문제가 주변적이었다는 바로 그 이유 때문에 이 문제에 관해 어떤 식으로든 지속적으로 논의를 하려 들면 혼란이 일어난다는 것을 알게 되었다. 이 문제를 거론하려 할 때마다 마치 내가 훼방을 놓는 사람이 된 듯한 느낌이 들었다. 그러나 나는 이 문제가 그 자체로 연구를 할 만한 가치가 있다고 본다. 축의 시대 현자들은 몇몇 교부처럼 철저한 여성 혐오자였던 것이 아니다. 그들은 다만 그들 자신의 시대에 속한 존재로서 자신이 속한 성(性)의 공격적 행동에 몰두했기 때문에 여자들에 관해서는 깊이 생각한 적이 거의 없었을 뿐이다. 우리는 노예처럼 축의 시대 개혁가들을 따를 수는 없다. 그렇게 하는 것이야말로 오히려 축의 시대의 정신을 근본적으로 침해하는 것이다. 축의 시대 정신은 그런 종류의 순응이 사람들을 열등하고 미성숙한 자아에 묶어 둔다고 주장한다. 우리가 할 수 있는 일은 만인에 대한 보편적 관심이라는 축의 시대 이상을 확대하여 거기에 여성을 포함하는 것이다. 축의 시대의 전망을 재창조하려고 한다면 근대의 최고의 통찰들도 탁자 위에 꺼내놓아야 하는 것이다.

축의 시대 민족들은 균일한 방식으로 진화하지 않았다. 각 민족은 각자 나름의 속도로 발전했다. 그들은 때때로 진정으로 축의 시대에 값할 만한 통찰을 얻었지만 그런 뒤에는 다시 물러서고 말았다. 인도 사람들은 늘 축의 시대 진보의 선두에 서 있었다. 이스라엘에서는 예언자, 사제, 역사가들이 마치 발작을 일으키듯이 간헐적으로 이상에 접근하다가, 마침내 기원전 6세기에 바빌로니아로 추방을 당하면서 특별한 창조성이 피어나는 짧고 강렬한 시기를 경험했다. 중국에서는 느리지만 점진적인 진보가 이루어져, 마침내 공자는 기원전 6세기 말에 처음으로 완전한 축의 시대 영성을 발전시켰다. 그리스인은 처음부터 다른 민족과는 완전히 다른 방향으로 나갔다.

야스퍼스는 축의 시대가 실제보다 더 짧은 기간이었다고 생각했다. 예를 들어 붓다, 노자, 공자, 묵자, 조로아스터가 모두 비슷한 시기에 살았다고 생각한 것이다. 현대의 학자들은 이들의 생존 시기를 바로잡았다. 그 결과 이제 조로아스터는 기원전 6세기가 아니라 훨씬 오래 전에 살았다는 것이 확실해졌다. 그러나 이런 운동 가운데 일부의 시기를 확정하는 것은 매우 어려운 일이다. 특히 인도의 경우가 그러한데, 이곳에서는 역사에 대한 관심이 거의 없어 정확한 연대기적 기록을 남기려는 시도가 없었기 때문이다. 현재 인도의 학자들은 대부분 붓다가 이전에 생각했던 것보다 족히 백 년은 뒤에 살았다는 데 합의를 보았다. 도교의 현자인 노자도 야스퍼스가 가정한 것과는 달리 기원전 6세기에 살지 않았다. 노자는 공자나 묵자와 같은 시대 사람이 아닌, 기원전 3세기 사람인 것이 거의 확실하다. 나는 최근의 학문적 논쟁을 최대한 따라잡으려고 노력했지만, 현재로서는 이런 시기 획정 가운데 많은 부분이 오로지 추측일 뿐이며, 이 점은 앞으로도 확실히 알기 어려울 것이다.

그러나 이런 어려움에도 불구하고, 축의 시대의 일반적인 발전 양상을 보면 이 중요한 이상의 정신적 진화에 관하여 어느 정도 통찰을 얻을 수 있다. 우리는 이 과정을 연대기적으로 따라가며 축의 시대 네 민족의 진전을 나란히 짚어볼 것이다. 그러면 새로운 전망이 점진적으로 뿌리를 내린 뒤 절정에 이르다 마침내 기원전 3세기 말에 쇠퇴해 가는 과정이 드러날 것이다. 그러나 이것으로 이야기가 끝나는 것은 아니다. 축의 시대의 선구자들은 다른 사람들이 건물을 지을 수 있는 토대를 닦았다. 그 결과 각 세대는 이들이 처음 제시한 통찰을 자신의 독특한 환경에 맞추려고 노력했는데, 이것은 바로 오늘날 우리의 과제이기도 하다.

늘 그렇듯 나의 에이전트인 펠리시티 브라이언, 피터 긴스버그, 앤드루 넌버그에게 감사한다. 나의 편집자들로서 이 책을 구상하는 데 도움을 주었던 제인 개릿, 로버트 아멀란, 토비 먼디에게 감사한다. 그들의 지속적인 지원과 우정은 나에게 큰 행복과 기쁨이었다. 또 펠리시티 브라이언의 회사에서 일하는 미셸 토프햄, 캐롤 로빈슨, 재키 헤드에게도 감사한다. 그들은 한결같은 인내와 친절로 저자가 집필 과정에서 겪는 우여곡절을 헤쳐나가는 데 도움을 주었다. 제인과 토비를 도와 함께 일하는 에밀리 몰런피와 앨리스 헌트는 사려 깊은 조정자들이었다. 크노프의 제작 팀에게도 어김없이 큰 빚을 졌는데, 정확함과 우아함을 추구하는 그들의 열정은 이런 작업에서 절대 빠뜨릴 수 없다. 척 앤터니(교열자), 패트리스 실버스틴과 척 톰슨(교정자), 앤시아 린지먼(디자이너), 데이비드 린드로스(지도 제작자), 엘런 펠드먼(제작 편집자) 등이 그런 도움을 준 사람들이다. 실리아 케이, 프랜시언 슈스마, 실리아 오셔 등 홍보부에서 일하는 친구들도 잊을 수 없다. 그들은 이번에도 헌신적으로 한껏 힘을 쏟아 이 책을 세상에 알릴 것이다. 마지막으로, 내 사촌 제니 웨이먼의 사랑과 실질적인 지원이 없었다면 이 책을 마칠 수 없었을 것이다.

하지만 이 책은 자비의 의미를 이해하는 미첼과 제럴딘 브레이에게 진정으로 마음 깊이 감사하며 바친다.

차례

● **머리말**_ 우리는 축의 시대의 통찰을 넘어선 적이 없다

1장 축의 시대 문명 벨트 기원전 1600년~900년경

조로아스터, 선과 악의 대결 · 23
인도에 정착한 정복자 아리아인 · 39
요 · 순 · 우, 의로운 통치자의 시대 · 58
전쟁하는 신성한 신 야훼 · 73

2장 불안과 공포의 시대 기원전 900년~800년경

암흑의 400년을 견뎌낸 아테네 · 95
최초의 유일신 숭배자 엘리야 · 113
하늘의 도(道)를 따르는 지상의 삶 · 125
아트만, 내 안의 진정한 나 · 138

3장 자아의 발견 기원전 800년~700년경

분노하는 야훼의 대리자 이사야 · 155
오디세우스와 아킬레우스, 영웅들의 자기 중심주의 · 180
춘추시대, 새로운 감수성의 출현 · 200
숲으로 간 현자, 영적 탐구의 선구자들 · 209

4장 앎을 향한 기나긴 여행 기원전 700년~600년경

인간 내면의 정복,《우파니샤드》· 219
로고스, 그리스 영웅 시대를 끝내다 · 239
혼란한 시대 삶의 모델, 군자(君子) · 253
'책의 종교' 유대교의 탄생 · 268

5장 고난의 시대 기원전 600년~530년경

추방당한 자들의 트라우마 · 287
아테네의 솔론, 정치를 발명하다 · 312
상키아, 인류 최초의 무신론 · 325
흔들리는 예(禮), 무너지는 도(道) · 340

6장 공감의 발견 기원전 530년~450년경

공자, 인(仁)의 나라를 찾아 떠나다 · 347
고난의 길에서 태어난 일신교 · 362
그리스 민주주의를 연 이성의 힘 · 375
자이나교, 비폭력과 불살생의 극한 · 396

7장 사유의 혁명 기원전 450년~398년경

에즈라의 닫힌 길, 요나의 열린 길 · 419
땅으로 내려온 철학, 삶을 정화하는 비극 · 425
소크라테스, 무지의 지혜를 가르친 앎의 교사 · 440
묵가, 급진적인 공감의 사상 · 454
고타마 싯다르타, 무아의 발견자, 마음의 혁명가 · 467

8장 철학의 모험 기원전 400년~300년경

혜자의 역설, 장자의 무위, 맹자의 자애 · 493
두려움에 떠는 전사들의 서사시《마하바라타》· 520
동굴에서 나온 이데아의 탐구자, 플라톤 · 531
로고스의 건축가, 아리스토텔레스 · 552

9장 제국의 시대 기원전 300년~220년경

한비자 · 순자 · 노자의 도덕 군주론 · 563
헬레니즘, 문명을 만든 최초의 문명 충돌 · 588
《바가바드기타》, 축의 시대 마지막 위대한 노래 · 603

10장 축의 시대의 귀환 기원전 2세기~

친히 통일과 사상의 통합 · 623
새로운 불교 영웅 보디사트바(보살) · 632
토라의 원리, "이웃을 네 몸처럼 사랑하라" · 640
이 위험한 시대에 우리에게는 새로운 비전이 필요하다 · 659

- 주석 · 675
- 용어 설명 · 715
- 찾아보기 · 724

1장
축의 시대 문명 벨트

기원전 1600년~900년경

조로아스터는 뜨겁게 윤리적인 전망으로 축의 시대를 고대했다.
그는 새로운 전사의 에토스 속에 도덕성을 집어넣으려 했다.
진정한 영웅은 동포를 탄압하지 않고 폭력에 맞선다.
신성한 전사는 평화에 헌신한다.
아후라 마즈다를 위해 싸우려는 전사는
끈기와 규율과 용기와 속도를 갖추고,
악한 자들의 공격에서 모든 선한 피조물을 방어한다.

조로아스터,
선과 악의 대결

축의 시대의 영성(정신성, spirituality)을 처음 시도한 이들은 러시아 남부의 초원 지대에 산 목축민이었다. 그들은 스스로 '아리아인'이라고 불렀다. 아리아인은 별도의 인종 집단이 아니었으며, 아리아인이라는 말은 인종적인 용어가 아니라 자부심의 표현으로서 '고귀하다'거나 '명예롭다' 같은 의미였다. 아리아인은 공통의 문화를 지닌 부족들의 느슨한 네트워크였다. 이들이 아시아와 유럽의 몇 개 언어의 기초를 이루게 될 언어를 사용했기 때문에 '인도-유럽어족'이라고 부르기도 한다. 그들은 기원전 4500년경부터 카프카스의 초원 지대에 살았지만, 기원전 3000년대 중반에는 일부 부족들이 점차 멀리 떠돌기 시작하여, 마침내 현재의 그리스, 이탈리아, 스칸디나비아, 독일에 이르렀다. 초원 지대에 그대로 남아 있던 아리아인은 점차 흩어져 별개의 두 민족이 되면서, 원래의 인도유럽어에서 파생된 서로 다른 형태의 언어를 사용하게 되었다. 한 민족은 아베스타어†를 사용했고, 또 한 민족은 산스크리트† 초기 형태를 사용했다. 그러나 이때만 해도 이들의 언어는 매우 비슷했기 때문에 서로 계속 연락을 유지하며 살 수 있었다. 이들은 기원전 1500년경까지 문화적·종교적 전통을 공유하며 함께 평화롭게 살았다.[1)]

아리아인들은 조용하게 정주하여 살았다. 그들은 멀리 여행할 수가 없었다. 말이 아직 가축이 되지 않았기 때문이다. 따라서 그들의 시야는 초원 지대에 한정되었다. 그들은 땅을 경작하고, 양, 염소, 돼지를 치고, 안정성과 지속성을 귀중히 여겼다. 그들은 호전적인 종족이 아니었다. 서로 또는 경쟁하는 집단과 작은 싸움을 벌이는 것 외에는 이렇다 할 적도 없었고 새로운 땅을 정복할 야망도 없었기 때문이다. 그들의 종교는 단순하고 평화로웠다. 아리아인은 다른 고대 민족처럼 자신의 내부와 자신이 보고, 듣고, 만지는 모든 것에서 눈에 보이지 않는 힘을 경험했다. 폭풍, 바람, 나무, 강은 비인격적인, 정신이 결여된 현상이 아니었다. 아리아인은 그들에게 마음이 끌렸으며, 그들을 신성한 대상으로서 숭배했다. 인간, 신, 동물, 식물, 자연의 힘이 모두 똑같은 신성한 '영혼(Spirit)'의 표현이었으며, 아베스타 사람들은 이것을 '마이뉴'라고 불렀고, 산스크리트를 쓰는 사람들은 '마냐'라고 불렀다. 이것이 그들에게 생기를 주고, 그들을 유지해주고, 그들을 모두 함께 묶어주었다.

시간이 흐르면서 아리아인은 만신전(萬神殿, pantheon)의 형식을 갖추어 나갔다. 첫 단계에서는 세상의 창조주인 천신 '디아우스 피트르'를 숭배했다.[2)] 그러나 다른 최고신들과 마찬가지로 디아우스는 너무

아베스타어(Avestan language) 조로아스터교의 경전 《아베스타》에 쓰인 언어. 고대 이란의 언어 중 하나.
산스크리트(Sanskrit) 고대 인도의 표준 문장어. 힌두교, 불교, 자이나교의 경전이 이 언어로 쓰어졌다.

멀리 있었기 때문에 결국 더 쉽게 접근할 수 있는 신들로 대체되었으며, 이 신들은 자연이나 우주의 여러 힘과 완전히 동일시되었다. '바루나'는 우주의 질서를 유지했다. '미트라'는 폭풍, 천둥, 생명을 주는 비의 신이었다. 정의와 지혜의 신 '마즈다'는 해나 별과 연결되었다. 신성한 전사 '인드라'는 '브리트라'라고 부르는 머리가 셋인 용과 싸웠으며, 혼돈에 질서를 가져왔다. 문명 사회에 핵심적인 불 또한 신이었는데, 아리아인은 불의 신을 '아그니'라고 불렀다. 아그니는 단지 불의 신성한 보호자가 아니었다. 그 자신이 바로 모든 노(爐) 하나하나에서 타오르는 불이었다. 심지어 아리아 시인들에게 영감을 주는 환각 식물도 신이어서, 아베스타 말로는 '하오마', 산스크리트로는 '소마'라고 불렀다. 그는 사람들을 기근으로부터 보호하고 소떼를 돌보는 신성한 사제였다.

아베스타계 아리아인은 자신들의 신을 '다에바'(빛나는 존재)와 '아메샤(불멸의 존재)라고 불렀다. 산스크리트에서 이 단어들은 '데바'와 '암리타'가 되었다.[3] 그러나 이 신성한 존재들은 우리가 오늘날 보통 '신'이라고 부르는 존재가 아니었다. 그들은 전능하지도 않았고, 우주를 궁극적으로 통제하지도 않았다. 인간이나 다른 자연력과 마찬가지로 그들 역시 우주를 지탱하는 신성한 질서에 복종해야 했다. 이런 질서 덕분에 계절이 정해진 흐름대로 이어졌으며, 비가 제때에 내렸고, 작물이 매년 정해진 달에 자랐다. 아베스타계 아리아인은 이 질서를 '아샤'라고 불렀고, 산스크리트를 사용하는 사람들은 '리타'라고 불렀다. 이 질서가 삶을 가능하게 했다. 모든 것을 제자리에 유지해주고, 진실하고 옳은 것이 무엇인지 정해주었기 때문이다.

인간 사회 또한 이런 신성한 질서에 의존했다. 사람들은 방목권, 가축 사육, 결혼, 물자 교환에 관하여 확고하고 구속력 있는 약속을 해야 했다. 아샤/리타는 사회적 용어로 번역하면 의리, 진실, 존중이 되었으며, 이런 여러 이상은 질서의 수호자 바루나나 그를 돕는 미트라에 의해 구현되었다. 이 신들은 사람들이 성스러운 맹세로 마무리하는 서약의 이행을 감독했다. 아리아인은 입으로 한 말을 매우 진지하게 받아들였다. 다른 모든 현상과 마찬가지로 말도 신, 즉 데바였다. 아리아인의 종교는 그다지 시각적이지 않았다. 우리가 아는 한 아리아인은 신의 형상을 만들지 않았다. 대신 그들은 듣는 행위를 통하여 신에게 다가간다고 생각했다. 그 의미와는 별도로 찬가의 소리 자체가 성스러웠다. 음절 하나가 신성(神性)을 요약할 수 있었다. 마찬가지로 맹세도 일단 입 밖으로 나오면 영원한 구속력이 생겼다. 거짓말은 입으로 한 말에 내재한 성스러운 힘을 왜곡하기 때문에 절대적인 악이었다.[4] 아리아인은 절대적 진실을 향한 이런 열정을 결코 잃지 않았다.

아리아인은 신들이 세계의 질서를 유지하느라 소비한 에너지를 채워주려고 희생물을 바쳤다. 이런 제식 가운데 일부는 아주 간단했다. 곡식이나 굳은 우유나 연료를 한 줌 불에 던져 불의 신 아그니에게 영양을 공급하거나, 소마 줄기를 두드려 으깬 것을 물의 여신에게 바치고 신성한 음료를 만들었다. 아리아인은 가축을 희생물로 바치기도 했다. 그들은 필요한 만큼 작물을 재배할 수 없었기 때문에 가축을 잡아먹는 것은 안타깝지만 어쩔 수 없는 일이었다. 그러나 아리아인은 제의를 거행하고 인도적으로 도살한 고기만 먹었다. 제의에서 신에게 짐승을 바치면, 짐승의 영혼은 소멸하지 않고 가축의 원형인 '게우슈 우르반'('황소의 영혼')에게로 돌아갔다. 아리아인은 소와 무척 가까웠다. 이런 식으로 성화(聖化)하지 않은 짐승의 고기를 먹는 것은 죄였다. 세속적인 방식의 도살은 짐승을 영원히 죽이는 것이고, 따라서 모든 생물을 친족으로 만들어주는 신성한 생명을 더럽히는 것이었다.[5] 아리아인은 그들이 타인과 나누어 갖고 있다고 여기던 이 '영혼'을 깊이 존중하는 태도를 완전히 잃어버리지는 않았으며, 이것이 그들의 축의 시대의 핵심 원리로 자리 잡게 된다.

어떤 존재든 생명을 빼앗는 것은 두려운 행위였으며 가볍게 처리할 수 있는 일이 아니었다. 아리아인은 희생 제의 때문에 존재의 이런 가혹한 법칙에 직면할 수밖에 없었다. 희생은 그들 문화를 조직하는 상징이 되었으며, 계속 그 자리를 유지했다. 아리아인은 희생을 이용해 세계와 자신들의 사회를 설명했다. 아리아인은 우주 자체가 희생에서 나타났다고 믿었다. 그들이 전하는 말을 따르자면, 태초에 신성한 질서에 복종하여 일을 하던 신들은 세계를 일곱 단계에 따라 만들어냈다. 첫 단계에 신들은 '**하늘**'을 창조했다. 이것은 돌로 이루어진 아주 크고 둥근 껍질 같은 것이었다. 그 다음에는 '**땅**'을 창조했는데, 이것은 껍질의 아랫부분에 모인 '**물**' 위에 평평한 접시처럼 자리를 잡았다. 신들은 '**땅**'의 중심에 '**식물**', '**황소**', '**인간**' 등 살아 있는 피조물 셋을 갖다놓았다. 마지막으로 신들은 아그니, 즉 '**불**'을 만들어냈다. 그러나 처음에는 모든 것이 생명도 없고 움직이지도 않았다. 신들이 '**식물**'을 으깨고, '**황소**'와 '**인간**'을 죽여 세 가지 희생제를 거행한 뒤에야 세상은 생명을 얻었다. 해가 하늘을 가로질러 움직이기 시작하고, 계절의 변화가 확립되고, 희생되었던 피조물 셋이 자신과 같은 것들을 생산했다. 으깨진 '**식물**'에서는 꽃, 농작물, 나무가 싹텄다. '**황소**'의 주검에서는 동물들이 튀어나왔다. 첫 '**인간**'의 주검은 인류를 낳았다. 아리아인은 희생을 늘 창조적인 것으로 보게 된다. 아리아인은 이 제의를 곰곰이 생각하면서 자신들의 삶이 다른 생물의 죽음에 의존한다는 사실을 깨달았다. 생물의 세 원형은 다른 생물이 살 수 있도록 자기 생명을 내놓았다. 자기 희생 없이는 물질적으로나 영적으로나 어떤 진보도 있을 수 없었다.[6] 이것 또한 축의 시대의 원리 가운데 하나가 된다.

아리아인에게는 잘 꾸민 사당이나 신전이 없었다. 희생제도 야외의 작고 평평한 땅에서 드렸다. 주위에 고랑을 파서 다른 정착지와 구분했을 뿐이다. 이 희생제의 장소 안에 최초의 창조물 일곱 가지가 모두 상징적으로 표현되었다. '땅'은 흙에, '물'은 그릇에, '불'은 노(爐)에 있었다. 돌 '하늘'은 부싯돌로 만든 칼에, '식물'은 으깬 소마 줄기에, '황소'는 제물에, 첫 번째 '인간'은 사제에 깃들여 있었다. 아리아인들은 신들도 이곳에 있다고 생각했다. 전례 찬가의 전문가인 호트르 사제는 데바(빛나는 존재)들을 잔치로 초대하는 찬가를 불렀다. 신들은 이 성스러운 장소에 들어오면 제단 주위에 흩뿌려놓은 갓 베어낸 풀에 앉아 찬가를 들었다. 영감을 받은 찬가의 음절 하나하나가 곧 신이었기 때문에 노래가 대기에 울려퍼지고 사람들의 의식 속으로 들어가면, 참가자들은 신성이 그들을 둘러싸고 그들에게 스며든다고 느꼈다. 마지막으로 최초의 희생제가 되풀이되었다. 소를 잡고, 소마를 찧고, 사제는 제물 가운데 가장 좋은 부분을 불에 올려놓았다. 그러면 불의 신 아그니가 그것을 신들의 땅에 전달했다. 의식은 성찬식으로 끝이 났다. 사제와 참가자들은 신들과 함께 제사상에 놓인 음식을 나누어 먹었다. 그들은 성화된 고기를 먹고 사람을 취하게 하는 소마를 마셨다. 이 의례는 그들을 존재의 다른 수준으로 들어올리는 것 같았다.[7]

희생제에는 실질적인 이익도 있었다. 희생제는 공동체의 구성원이 의뢰했다. 의뢰자는 자신의 초대에 응하여 희생제에 참석한 데바들이 앞으로 자신을 도와주기를 바랐다. 환대의 행위가 다 그렇듯이 제의에 참여한 신들도 제의를 연 사람에게 똑같이 보답할 의무가 있었다. 사제는 신들에게 의뢰자의 가족, 작물, 가축을 보호해줄 의무를 상기시키곤 했다. 또 희생제는 공동체에서 의뢰자의 지위를 높여주었다. 신들과 마찬가지로 제의에 참석한 인간 손님들도 이제 그에게 빚을 졌으며, 의뢰자는 잔치에 쓸 가축을 제공하고 제식을 주관하는 사제들에게 푸짐한 선물을 주어 자신이 재력가임을 입증했다.[8] 종교의 혜택은 순수하게 물질적이고 세속적이었다. 사람들은 신들이 자신에게 가축, 부, 안전을 주기를 바랐다. 처음에 아리아인은 내세의 희망을 품지 않았다. 그러나 기원전 2000년대 말부터 어떤 사람들은 희생제를 많이 의뢰한 부유한 사람들이 죽은 뒤에 낙원에서 신들과 만날 수 있다고 믿기 시작했다.[9]

이런 느리고 무탈한 삶은 아리아인이 최신 기술을 발견하면서 끝이 났다. 기원전 1500년 무렵 그들은 카프카스 산맥 남쪽의 메소포타미아와 아르메니아에 자리 잡은 발전한 사회들과 교역을 하기 시작했다. 그들은 아르메니아인에게서 청동 무기에 관해 배웠으며, 새로운 운송 방법도 알게 되었다. 우선 소가 끄는 나무 수레를 얻었고, 이어 전차(戰車)를 얻었다. 초원 지대의 야생마를 길들이는 법과 그 말들에 마구를 채워 전차를 끌게 하는 법도 배웠다. 그리고 이동의 기쁨을 느끼게 되었다. 이제 삶은 전과 같을 수 없었다. 아리아인은 전사가 되었다. 그들은 이제 빠른 속도로 멀리 여행을 할 수 있었다. 우월한 무기를 이용하여 이웃의 정착지를 기습하고 가축과 작물을 빼앗았다. 습격과 약탈이 가축을 기르는 것보다 훨씬 재미도 있고 이익도 많았다. 젊은 남자들 가운데 일부는 남부 왕국들의 군대에서 용병으로 일하면서 전차전의 전문가가 되었다. 그리고 초원으로 돌아온 그들은 새로운 기술을 이용하여 이웃의 가축을 훔쳤다. 그들은 죽이고 약탈하여, 전통적인 아리아인을 공포에 떨게 했다. 전통적인 아리아인은 당황하고 겁을 먹었다. 방향 감각을 완전히 상실했다. 삶이 엉망으로 뒤집혔다고 느꼈다.

초원 지대에는 전례 없이 폭력이 늘었다. 심지어 조용히 살고 싶을 뿐인 전통적인 부족들도 자신을 방어하기 위해서는 새로운 군사 기술을 배워야 했다. 영웅의 시대가 시작되었다. 힘이 정의였다. 족장들은 이익과 영광을 추구했다. 시인들은 침략, 무모한 배짱, 무용(武勇)을 칭송했다. 이전의 아리아 종교는 호혜주의, 자기 희생, 동물을 사랑하는 태도를 가르쳤다. 그러나 이런 태도는 가축 약탈자들의 마음을 끌지 못했다. 그들의 영웅은 역동적인 인드라였다. 용을 죽인 인드라는 전차를 타고 하늘의 구름 위를 내달렸다.[10] 이제 습격자들이 갈망하는 신의 모범은 신성한 전사 인드라였다. 인드라는 이렇게 외쳤다. "고귀한 말을 타고 전투를 갈망하는 영웅들, 정예의 전사들이 전투에서 나를 부른다. 나 아낌없는 인드라는 갈등에 불을 지르고 혼란을 일으킨다. 나는 압도적인 힘의 주인이다!"[11] 아리아인 카우보이들은 싸우고, 죽이고, 강탈하면서 자신들이 무력으로 세계 질서를 확립한 인드라를 비롯한 호전적인 데바들과 하나라고 느꼈다.

그러나 아베스타어를 쓰는 전통적인 아리아인들은 인드라의 노골적인 호전성에 경악하여 다에바들에게 의심을 품기 시작했다. 다에바들은 모두 폭력적이고 부도덕한가? 지상의 사건들은 늘 하늘에서 일어나는 우주적 사건들을 반영했다. 따라서 그들은 이 무시무시한 습격의 근거가 되는 신성한 원형이 존재한다고 생각했다. 인드라의 깃발 아래 싸우는 가축 약탈자들은 인드라의 지상 대응물이었다. 그렇다면 하늘에서는 다에바들이 누구를 공격할까? 가장 중요한 신들, 예를 들어 질서의 수호자들인 바루나, 마즈다, 미트라 등에게는 '주'(主, 아후라)라는 경칭이 붙었다. 어쩌면 정의, 진리, 생명과 재산의 존중을 대표하는 평화적인 아후라들이 인드라를 비롯하여 호전적인 다에바들에게 공격을 당하는 것은 아닐까? 어쨌든 이 의문은 통찰력 있는 한 사제의 관점이었는데, 그는 기원전 1200년경 아후라 마즈다가 자신에게 초원 지대의 질서를 회복하는 일을 위임했다고 주장했다.[12] 사제의 이름은 조로아스터(Zoroaster)였다.

신성한 소명을 받았을 때 이 새로운 예언자는 나이가 약 서른이었으며, 아리아인의 종교에 굳게 뿌리를 내리고 있었다. 그는 아마 일곱 살 때부터 사제가 되기 위한 공부를 했을 것이며, 전승에 통달하여 희생제 동안 신들에게 바치는 신성한 찬가를 즉석에서 지어낼 수도 있었을 것이다. 그러나 조로아스터는 가축 약탈에 마음 깊이 괴로워하다가 교육을 마친 뒤에 한동안 다른 사제들과 의논을 하였으며, 문제의 해결책을 찾으려고 제의에 관해 명상도 하였다. 봄 축제를 기념하던 어느 날 아침 조로아스터는 동이 틀 때 일어나 그날 희생제에 쓸 물을 길러 강으로 갔다. 조로아스터는 강으로 걸어들어가 순수한 물 속에 몸을 담갔다. 다시 물 밖으로 나왔을 때 강둑에 빛나는 존재가 서 있는 것이 보였다. 그 존재는 조로아스터에게 자신의 이름이 '보후 미니'('선한 목적')라고 말했다. 그는 조로아스터의 선한 의도를 확인하자, 그를 데리고 아후라 가운데 가장 위대한 마즈다 앞으로 데려갔다. 마즈다는 지혜와 정의의 신으로서 광채를 발하는 일곱 신이 수행원으로 그를 둘러싸고 있었다. 마즈다는 조로아스터에게 그의 백성을 모아 폭압에 대항하는 성전(聖戰)을 펼치라고 말했다.[13] 이 이야기는 새로운 시작에 대한 약속으로 밝게 빛난다. 이제 새로운 시대가 동텄다. 신이나 인간 할 것 없이 모두가 결정을 내려야 했다. 질서의 편에 설 것인가, 아니면 악의 편에 설 것인가?

조로아스터는 이 환상을 통해 아후라 마즈다가 단순히 위대한 아후라 가운데 하나가 아니라 최고신임을 확신했다. 조로아스터와 그의 추종자들에게 마즈다는 이제 자연 세계에 내재하는 것이 아니라, 초월적인 신, 다른 신과는 종류가 다른 신이 되었다.[14] 그렇다고 딱히 일신교, 즉 유일무이한 하나의 신에 대한 믿음은 아니었다. 마즈다의 수행원인 빛나는 일곱 존재 — '신성한 불멸의 존재' — 또한 신이었다. 이들 각각은 마즈다의 속성을 하나씩 표현했으며, 전통적인 방식으로 원래의 일곱 가지 창조물과 연결되어 있었다. 그럼에도 조로아스터의 전망에는 유일신적 경향이 있었다. '신성한 불멸의 존재들'은 아후라 마즈다가 창조했다. 그들은 마즈다와 "한 마음, 한 목소리, 한 행동"이었다.[15] 마즈다는 유일한 신은 아니지만 처음 존재한 신이었다. 조로아스터는 태초에 하나의 식물, 하나의 동물, 하나의 인간이 있었다고 주장하는 창조 이야기를 명상하다가 이런 입장에 이르렀을 것이다. 그 이야기를 따르자면 원래는 신이 하나밖에 없었다고 가정하는 것이 논리적이기 때문이다.[16]

그러나 조로아스터는 이론적인 사유 자체에는 관심이 없었다. 그는 초원 지대의 평화로운 세계를 파괴한 폭력에 완전히 사로잡혀 그것을 끝장낼 방법을 찾으려고 필사적으로 노력했다. 조로아스터가 썼다고 하는 열일곱 편의 찬가 《가타》에는 허약, 무능, 공포 때문에 괴로워하는 마음이 절절하게 담겨 있다. 예언자는 소리쳤다. "저는 제가 왜 무력한지 압니다, 마즈다. 저에게는 가축도 없고 사람도 없습니다." 그의 공동체는 "생명을 파괴하는 악한 행동에 얽매인" 습격자들 때문에 공포에 떨었다. 악한 인드라의 명령을 받고 싸우는 잔인한 전사들은 평화를 사랑하고 법을 지키는 공동체들을 짓밟았다. 그들은 정착지를 하나씩 파괴하고 약탈했으며 마을 사람들을 죽이고 소떼를 끌고 갔다.[17] 습격자들은 자신들이 인드라와 함께 싸우는 영웅이라고 믿었지만, 《가타》는 그들의 피해자가 이 영웅 시대를 어떻게 여겼는지 보여준다. 심지어 암소조차 아후라 마즈다에게 하소연을 한다. "누구를 위하여 저를 만들었습니까? 누가 저를 만들었습니까? 분노와 습격, 잔혹과 무력 때문에 저는 포로가 되었습니다." 아후라 마즈다는 아리아인 가운데 자신의 가르침에 귀를 기울이는 유일한 인물인 조로아스터가 암소의 보호자가 될 것이라고 대답하지만, 암소는 시큰둥하다. 조로아스터가 무슨 소용이 있단 말인가? 암소는 더 능력 있는 자가 도와주기를 원했다. 《가타》는 소리 높여 정의를 요구한다. '아샤(우주를 지탱하는 신성한 질서)의 수호자들인 '신성한 불멸의 존재들'은 어디에 있는가? 언제 아후라 마즈다가 구원해주실 것인가?[18]

조로아스터는 자신의 민족에게 닥친 수난과 절망에 충격을 받아 갈등에 사로잡혀 갈가리 찢기는 절망에 빠져들었다. 세계는 서로 화해할 수 없는 두 진영으로 갈라져 양극화된 것 같았다. 인드라와 가축 약탈자들은 아후라 마즈다와 공통점이 없기 때문에 다른 아후라에게 충성을 바치는 것이 분명했다. 조로아스터는 자비롭고 선한 모든 것의 원천이 되는 하나뿐인 신적 존재가 있다면, 습격자들의 잔혹 행위를 부추기는 악한 신도 있다고 결론을 내렸다. 이 '적대적인 영혼'(앙그라 마이뉴)도 아후라 마즈다와 힘은 같았지만, 그와 정반대 되는 존재였다. 태초에 '제1의 영혼이 둘' 있었다. 이들은 서로 '대립할 운명의 쌍둥이'였다. 둘은 각자 선택을 했다. '적대적인 영혼'은 '드루지', 즉 거짓과 운명을 같이하기로 하여 악의 전형이 되었다. 그는 아샤의 적, 옳고 진실한 모든 것의 영원한 적이었다. 그러나 아후라 마즈다는 선을 택하여, 자신의 동맹자로 '신성한 불멸의 존재들'과 인간을 창조했다. 이제 모든 남자, 여자, 아이가 아샤와 드루지 사이에서 똑같은 선택을 해야 했다.[19]

아리아인은 여러 세대에 걸쳐 인드라를 비롯한 다에바들을 섬겼다. 그러나 조로아스터는 다에바들이 '적대적인 영혼'과 같은 편에서 싸우기로 결정한 게 틀림없다고 결론을 내렸다.[20] 지상에서 다에바들에게 대응하는 자들은 가축 약탈자들이었다. 조로아스터는 초원 지대의 전례 없는 폭력 때문에 고대 아리아의 신들을 서로 싸우는 두 진영으로 나누었다. 선한 사람들은 이제 인드라와 다에바들에게 희생제를 올리지 말아야 했다. 그들을 성스러운 구역으로 초대하지도 말아야 했다. 대신 아후라 마즈다, 그의 '신성한 불멸의 존재', 다른 아후라들에게만 헌신해야 했다. 그들만이 평화, 정의, 안전을 가져다줄 수 있었다. 다에바와 가축 습격자, 그들의 악한 부하들은 모두 무찌르고 없애야 했다.[21]

이제 삶 전체가 전장이 되었으며, 그 안에서 모두가 한 가지 역할을 맡았다. 심지어 여자와 종도 가치 있는 기여를 할 수 있었다. 과거 제의의 행동을 규제하던 오래된 청결의 법칙에는 이제 새로운 의미가 주어졌다. 아후라 마즈다는 추종자들을 위해 깨끗하고 완벽한 세계를 창조했지만, '적대적인 영혼'이 땅을 침범하여, 그곳을 죄, 폭력, 거짓, 먼지, 티끌, 병, 죽음, 부패로 가득 채웠다. 따라서 선한 남자와 여자는 자기 주변에서 늘 먼지와 오염을 털어내야 했다. 순수한 것을 불순한 것과 구분하고, 선을 악과 구분함으로써 아후라 마즈다를 위하여 세상을 해방시킬 수 있었다.[22] 그들은 하루에 다섯 번 기도해야 했다. 겨울은 다에바들이 기승을 부리는 시기였으므로, 선한 사람들은 이 시기에 모두 드루지의 위협에 관해 명상하여 그 영향력과 싸워야 했다. 악한 영혼들이 땅을 헤매는 밤에는 일어나 불에 향을 던져 악과 싸우는 전쟁에서 아그니를 응원해야 했다.[23]

그러나 어떤 전쟁도 영원할 수는 없었다. 예전의 평화로운 세상에서 삶은 주기를 그리는 것처럼 보였다. 계절이 바뀌고, 낮은 밤으로 이어지고, 추수는 파종으로 이어졌다. 그러나 조로아스터는 이제 이런 자연의 박자를 믿을 수가 없었다. 세상은 격변을 향해 쏜살같이 나아가고 있었다. 조로아스터와 그의 추종자들은 우주의 갈등이 폭발하는 '경계의 시간'에 살고 있지만, 그들은 곧 선의 최후 승리와 어둠의 세력의 절멸을 목격하게 될 터였다. 무시무시한 전투가 끝난 뒤 아후라 마즈다와 불멸의 존재들은 남자와 여자의 세상으로 내려와 희생제를 드릴 것이다. 이어 큰 심판이 이루어진다. 악한 자들은 지상에서 쓸려 나가며, 타오르는 강이 지옥으로 흘러들어 '적대적인 영혼'을 태워 재로 만들 것이다. 그러면 우주는 원래의 완벽한 상태로 회복될 것이다. 산과 골짜기는 평평해져 큰 평원을 이루고, 그곳에서 신과 인간들은 아후라 마즈다를 섬기며 영원히 살 수 있다. 이제 죽음은 없다. 인간은 신처럼 바뀌어 병, 노화, 죽음으로부터 자유로워진다.[24]

우리는 이런 묵시록적 전망에 익숙하다. 그러나 조로아스터 이전의 고대 세계에는 이런 전망이 전혀 없었다. 이 전망은 자신의 민족이 수난을 당하는 것을 지켜본 조로아스터의 분노와 정의를 향한 갈망에서 나온 것이다. 조로아스터는 악한 자들이 선하고 무고한 사람들에게 준 고통에 대하여 벌을 받기를 바랐다. 그러나 시간이 흐르면서 자신이 살아서 '마지막 날'을 보지 못할 것임을 깨달았다. 이제 그의 뒤를 이어 다른 존재, '선한 사람보다 나은' 초인적 존재가 올 터였다.[25] 《가타》는 그를 '사오샨트'('유익을 가져올 자')라고 부르는데, 조로아스터가 아니라 이 사오샨트가 마지막 전투에서 아후라 마즈다의 군대를 이끌 것이라고 말한다.

수백 년 뒤 축의 시대가 시작되었을 때, 철학자, 예언자, 신비주의자들은 모두 비폭력에 기초한 영성을 장려하여 자기 시대의 잔혹함과 공격성에 맞서려 했다. 그러나 상처 입은 조로아스터의 전망은 복수심에 불타며, 거기에는 방화, 폭압, 절멸의 이미지가 담겨 있었다. 조로아스터가 살아온 길을 보면 정치적 격동, 잔혹 행위, 수난이 언제나 축의 시대 양식의 믿음을 생산하는 것이 아님을 알 수 있다. 복잡한 현실을 선과 악이라는 지나치게 단순한 범주로 양극화하는 전투적 믿음이 나올 수도 있다. 조로아스터의 전망은 매우 경쟁적이었다. 우리는 곧 '아곤'(agon, '경쟁')이 고대 종교의 공통된 특징이었음을 보게 될 것이다. 이렇게 선과 악의 우주적 경쟁을 자신의 메시지의 핵심에 놓았다는 점에서 조로아스터는 낡은 영적 세계에 속해 있었다. 그는 자기 시대의 폭력을 신들의 세계에 투사하여, 그것을 절대적인 것으로 만들었다.

그러나 조로아스터는 뜨겁게 윤리적인 전망으로 축의 시대를 고대했다. 그는 새로운 전사의 에토스 속에 도덕성을 집어넣으려 했다. 진정한 영웅은 동포를 탄압하지 않고 폭력에 맞선다. 신성한 전사는 평화에 헌신한다. 아후라 마즈다를 위해 싸우려는 전사는 끈기와 규율과 용기와 속도를 갖추고, 악한 자들의 공격에서 모든 선한 피조물을 방어한다.[26] 질서(아샤)의 옹호자인 '아샤반'은 신성한 불멸의 존재들을 본받아 주변을 돌봐야 한다. 예를 들어 강변에서 조로아스터에게 나타났던 '선한 목적(보후 마나)'은 암소의 수호자였으므로, 아샤반은 그의 본을 받아야지, 가축을 목초지에서 몰아내, 수레에 묶고, 죽이고, 제사를 제대로 드리지도 않고 그 고기를 먹는 습격자들을 본받아서는 안 된다.[27] 신성한 정의가 인격화된 존재인 '선한 지배권'은 돌 '하늘'의 보호자이므로, 아샤반은 자신의 돌 무기를 가난하고 약한 사람들을 방어하는 데만 써야 한다.[28] 조로아스터교도는 약한 사람들을 보호하고 가축을 부드럽게 보살피고 자연 환경을 정화할 때, '불멸의 존재'들과 하나가 되어 '적대적인 영혼'과 싸우는 일에 나설 수 있다.

조로아스터의 전망은 고대 아리아 전통에 기반을 둔 것이었지만, 그의 메시지는 강렬한 적대적 분위기와 마주쳤다. 사람들이 그의 메시지를 부담스러워한 것이다. 어떤 사람들은 조로아스터가 여자와 농부에게 설교를 하는 것에, 엘리트만이 아니라 모두가 낙원에 갈 수 있다고 믿는 것에 충격을 받았다. 그가 다에바를 거부하는 것에 곤혹스러움을 느낀 사람도 많았을 것이다. 그러다 인드라의 복수를 당하지 않을까?[29] 조로아스터는 오랫동안 자신의 부족에게 설교를 했지만 개종자를 단 한 사람 얻었을 뿐이다. 결국 그는 자기 마을을 떠나 다른 부족의 족장인 비슈타스파를 후원자로 얻었다. 비슈타스파는 자신의 영토에 조로아스터교가 뿌리를 내리도록 도왔다. 조로아스터는 비슈타스파의 궁정에 오랫동안 살면서 악에 대항하여 영웅적인 전투를 벌이다 비침하고 끔찍한 최후를 맞이했다. 한 전승에 따르면 조로아스터는 그가 낡은 종교를 거부하는 데 격분한 경쟁하는 사제들에게 죽임을 당했다고 한다. 그가 죽은 뒤에 조로아스터교가 어떻게 전파되었는지 우리는 전혀 모른다. 어쨌든 기원전 2000년대 말에 아베스타계 아리아인은 남쪽으로 이주하여 이란 동부에 자리를 잡았고, 이곳에서 조로아스터교는 국교가 되었다. 그 뒤에도 조로아스터교는 주로 이란에서 영향력을 행

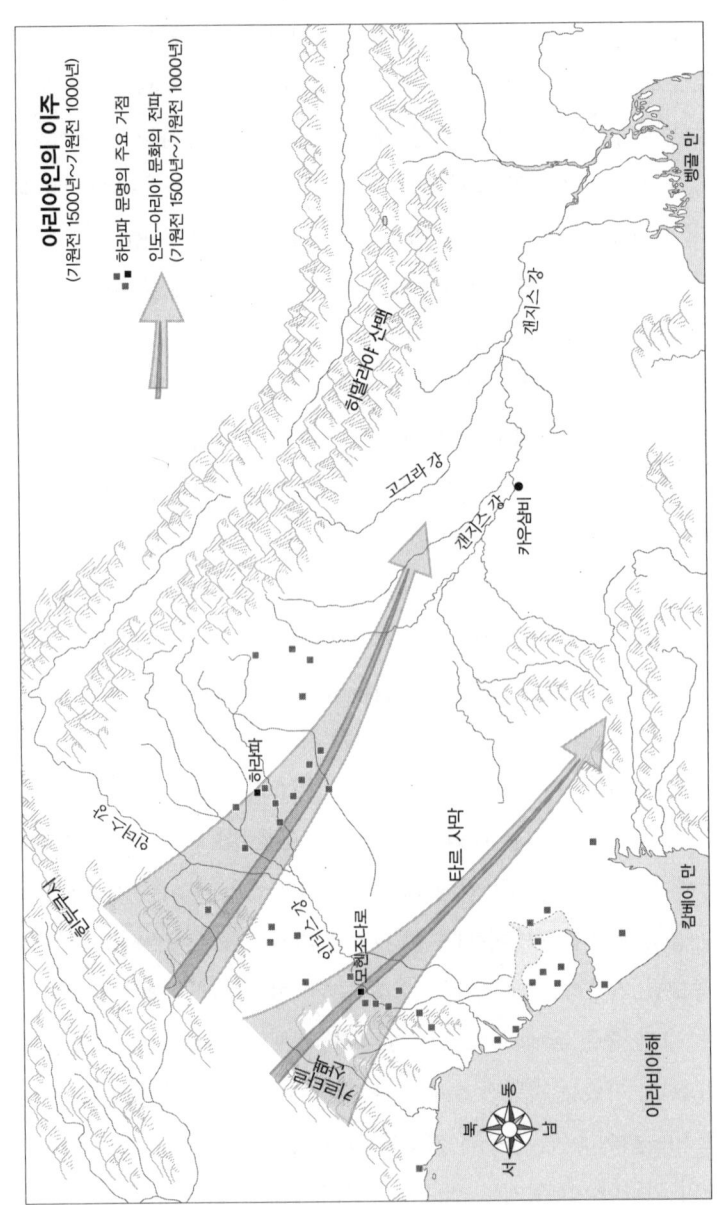

사하는 종교가 되었다. 묘한 일이지만, 결국 아힘사(불살생), 즉 비폭력의 원리에 기초하여 축의 시대의 첫 번째 지속적인 종교를 만든 사람들은 조로아스터가 비난했던 아리아인 가축 도둑들이었다.

인도에 정착한 정복자 아리아인

산스크리트를 사용하는 아리아인 가운데 일부가 초원 지대에서 대대적인 파괴를 자행했지만, 다른 아리아인은 남쪽으로 이주하기 시작했다. 그들은 작은 무리를 이루어 아프가니스탄을 통과한 뒤 마침내 편자브의 비옥한 땅에 정착했다. 인더스 강의 지류 사이에 펼쳐진 땅이었다. 그들은 새로운 터전을 '삽타-신두', 즉 '일곱 강의 땅'이라고 불렀다. 아리아인의 인도 정착에 관해서는 그동안 논란이 많았다.[30] 어떤 학자들은 심지어 그런 일은 일어나지도 않았다면서, 이 시기에 편자브 문명을 창조한 사람들은 인도 원주민이라고 주장했다. 아리아인은 이른 시기의 인도와 관련해 고고학적 기록을 남기지 않았다. 이들의 사회는 늘 이동했으며 사람들은 야외나 임시 야영지에서 살았다. 우리에게 남은 유일한 정보 출처는 산스크리트로 작성된 제의용 문서인데, 집체적으로 '베다'('지식')라고 알려져 있는 것이다. 베다의 언어는 아베스타어와 아주 비슷하고, 문화적 전제들은 《가타》와 아주 밀접하기 때문에 베다는 거의 틀림없이 아리아인의 경전이라고 말할 수 있다. 오늘날에는 대부분 역사가들이 기원전 2000년대에 초원 지대 아리아 부족들이 인더스 강 유역을 식민지로 만들었다는 사실을 받아들인다. 그러나 이것은 집단적 이동도 아니고, 군사적 침략도 아니었다. 싸움, 저항, 광범위한 파괴의 증거는 없다. 따라서 아주 오랜 기간에 걸쳐 다양한 아리아인 집단이 이 지역에 끊임없이 침투했을 것이다.

처음 도착한 아리아인은 인더스 강 유역에서 이전 문명(인더스 문명)의 잔해를 보았을 것이다.[31] 이 고대 제국은 힘이 절정에 이르렀던 시기(기원전 2300~2000년경)에는 이집트나 메소포타미아보다 컸다. 이 제국은 당당한 수도 유적지 두 곳을 남겼는데, 하나는 현재 파키스탄 남부 신드 지방에 있는 모헨조다로이고, 또 하나는 그곳에서 동쪽으로 약 400킬로미터 떨어진 하라파다. 그외에도 작은 도시 수백 개가 발굴되었는데, 한 무리는 인더스 강을 따라 1000킬로미터를 뻗어 있고, 또 한 무리는 아라비아 해안을 따라 1000킬로미터를 뻗어 있다. 이 도시들은 거의 모두 똑같은 격자 패턴을 보여준다. 인더스 강 유역의 문명은 높은 수준의 강력한 교역망을 확보하여, 메소포타미아로 금, 구리, 목재, 상아, 면을 수출하고, 청동, 주석, 은, 청금석, 동석(凍石)을 수입했다.

안타깝게도 우리는 하라파 사람들이나 그들의 종교에 관해 아는 것이 거의 없다. 다만 '축의 시대' 이후 매우 중요해진 몇 가지 종교가 인더스 문명에서 파생되었을지도 모른다는 감질나는 암시만 있을 뿐이다. 고고학자들은 작은 대모신(大母神) 상들, 돌 남근상, 동물에 둘러싸여 앉아 있는 인물을 묘사한 인장 세 개를 발견했다. 인장 속 인물은 요가 자세를 취한 것처럼 보인다. 이 인물이 시바 신일까? 고전적인 힌두교에서 시바는 동물들의 신이며 위대한 요가 수행자(yogin)였다. 그러나 시바는 아리아의 신이 아니며, 산스크리트 베다에서는 한 번도 언급되지 않는다. 이렇게 확증이 없기 때문에 연속성을 증명할 수는 없다. 아리아인이 이 지역에 처음 도착했을 때 하라파 제국은 거의 사라진 상태였다. 그러나 폐허가 된 도시들에 사람들이 조금 남아 있었을지는 모른다. 따라서 사람들이 섞이고 서로 교류했을 수도 있으며, 아리아인 일부가 현지 종교에서 몇 가지 요소를 채택하여 자신들의 종교에 합쳤을 수도 있다.

아리아인 이민자들은 고대 도시를 재건하거나 제국을 소생시킬 마음이 없었다. 그들은 늘 이동하는 사람들이었기 때문에 정착 생활의 안전성을 경멸했으며, 요가, 즉 습격을 시작할 때 전차에 말을 '멍에로 연결하는 것'을 택했다. 그들은 조로아스터 교도와는 달리 조용하고 평화로운 삶에 관심이 없었다. 그들은 전차와 강력한 청동 검을 사랑했다. 그들은 목축민이었으며 이웃의 가축을 훔쳐서 생계를 유지했다. 가축 도둑질은 목숨이 달린 문제였기 때문에 오락이 아니었다. 또한 행위에 신의 힘을 불어넣는 제의가 결합된 성스러운 활동이었다. 인도의 아리아인은 역동적인 종교를 원했다. 그들의 영웅은 이동하는 전사이자 전차를 탄 투사였다. 그들은 점차 조로아스터가 숭배하던 아수라[*]가 따분하고 수동적이라고 생각하게 되었다. 안전하게 멀리 떨어진 천상의 자리에 앉아 세상에 명령을 내리는 바루나 같은 아수라에게서 어떻게 영감을 얻을 수 있단 말인가? 그들은 "아수라들이 전당에 앉아 있는 동안 마차를 타고 움직이는" 무험적인 데바들을 훨씬 더 좋아했다.[32]

그들이 편자브에 자리를 잡을 무렵 최고의 아수라인 바루나 숭배는 이미 쇠퇴하는 중이었고 대신 인드라가 최고신이 되어 갔다.[33] 거칠게 휘날리는 턱수염, 소마가 가득 찬 배, 전투를 하고자 하는 뜨거운 마음. 이런 특징을 지닌 인드라야말로 모든 전사들이 열망하는 원형적인 아

아수라 아베스타어의 아후라는 산스크리트에서 아수라가 되었다.(저자 주)

리아인이었다. 태초에 머리가 셋 달린 용 브리트라가 생명을 주는 물의 흐름을 막는 바람에 땅이 가뭄으로 바싹 탔을 때, 인드라는 브리트라에게 번쩍거리는 치명적인 벼락을 던졌다. 인드라는 이런 식으로 바루나처럼 허약하게 집에 앉아 있는 것이 아니라 역경을 이겨내는 무시무시한 싸움을 벌여 세상을 살 만한 곳으로 만들었다. 베다에서는 법의 집행, 진리 수호, 허위 징벌 같은 바루나의 모든 속성이 인드라에게 옮겨간다. 그러나 이런 모든 매력에도 불구하고 인드라가 살인자이며 거짓과 속임수로 브리트라를 이겼다는 불편한 사실은 그대로 남아 있었다. 이것은 늘 필사적인 전쟁에 말려드는 사회의 폭력적이고 곤혹스러운 전망이었다. 베다의 찬가들은 우주 전체가 무시무시한 갈등과 뜨거운 경쟁으로 진동을 일으킨다고 보았다. 데바와 아수라는 하늘에서 서로 싸웠고, 아리아인은 지상에서 생존을 위해 투쟁했다.[34] 결핍의 시대였다. 아리아인이 인더스 강 유역에 정착할 유일한 방법은 토착민의 정착 공동체 ─ 지상에 존재하는 아수라들이라고 할 수 있었다. ─ 가 기르는 가축을 훔치는 것뿐이었다.[35]

아리아인은 열심히 살고, 열심히 술을 마시는 사람들이었다. 그들은 음악, 도박, 술을 사랑했다. 그러나 이런 이른 단계에도 그들은 영적인 천재성을 보여주었다. 편자브에 도착한 직후 학식 있는 엘리트는 베다 경전† 가운데 가장 유명한 부분인 《리그베다》('운문으로 이루어진 지식')의 가장 초기에 속하는 찬가들을 편찬하기 시작했다. 완성된 《리그베

베다 경전 기원전 2000년경 인도로 들어온 아리아인들 사이에서 유행한 성스러운 찬가 또는 시. 베다는 크게 《리그베다》(찬송의 베다), 《사마베다》(예식의 베다), 《야주르베다》(제문의 베다), 《아타르바베다》(주술의 베다)의 네 종류가 있다. 《리그베다》는 신들에 대한 찬가 모음인데 호트르 사제들이 부르는 노래이다.

다》는 모두 1,028편의 찬가로 이루어졌고, 열 권으로 나뉘어 있었다. 이것은 다양한 노래, 만트라(제의에서 사용하는 짧은 산문 양식), 암송을 위한 지침 등으로 이루어진 방대한 문헌 가운데 일부일 뿐이었다. 이 문헌과 시들은 모두 영감을 받아 쓴 것이었다. 슈루티†, 즉 '들은 것'이었다. 고대의 위대한 예언자(리시)에게 계시로 드러난 이 글은 절대적인 권위가 있었고, 인간이 손댄 것이 아니었으며, 신성하고 영원한 것이었다.

《리그베다》의 일부 찬가들은 실제로 매우 오래된 것일 수도 있다. 아리아 부족들이 인도에 이르렀을 때 그 언어는 이미 낡은 것이었기 때문이다. 이 시들은 일곱 사제 집안으로 이루어진 작은 집단 소유였으며, 일곱 집안은 각각 나름의 '저작권이 있는' 시집을 보유하고 희생제 때 그 시를 읊었다. 가족 구성원들은 이 찬가들을 외워 다음 세대에 구전했다. 《리그베다》가 문서로 기록된 것은 기원전 1000년대의 일이었다. 글을 쓰고 읽는 능력을 갖추면서 인간의 기억력은 감퇴했다. 그래서 오늘날 우리는 사람이 그런 긴 문서를 외울 수 있다는 사실을 믿기가 힘들다. 그러나 베다 경전은 심지어 고대 산스크리트를 거의 이해할 수 없게 된 뒤에도 흠 하나 없이 정확하게 전달되었다. 그리하여 오늘날에도 여전히 오래 전에 사라진 원래 언어의 정확한 강세나 억양과 더불어, 제의에서 따라야 할 팔과 손가락의 움직임까지 전해진다. 아리아인에게 소리는 늘 신성한 것이었다. 그들은 이 신성한 텍스트에 귀를 기울일 때면 신이 들어온다고 느꼈다. 찬가를 암기할 때면 그들의 마음에

....

슈루티 산스크리트로 '들은 것'이라는 뜻. 인도 전통에 따르면 슈루티는 신들이 직접 들려준 계시라고 한다. 힌두교에서는 종교 문헌을 슈루티와 스므르티로 구분하는데, 스므르티는 '기억한 것'이라는 뜻이며 인간이 저술한 것을 의미한다.

1장 축의 시대 문명 벨트 43

는 신성한 존재가 그득히 들어찼다. 베다의 '지식'은 사실 정보의 습득이 아니라, 성스러운 홀림으로 경험되었다.

《리그베다》의 시는 신들에 관해 일관된 이야기를 하지도 않고, 희생제의를 분명하게 묘사하지도 않는다. 모호한 수수께끼 같은 방식으로 이미 공동체에 익숙한 신화나 전설을 암시한다. 그 시들이 표현하고자 하는 진실은 깔끔하고 논리적인 말로 전달될 수 없었다. 시인은 '리시', 즉 예언자였다. 그러나 시인이 찬가를 만들어낸 것은 아니었다. 찬가들은 다른 세계에서 오는 것처럼 보이는 환상 속에서 스스로 드러났다.[36] 리시는 진실을 볼 수 있었고, 보통 사람들에게는 분명하게 보이지 않는 연관성을 파악할 수 있었다. 그리고 듣는 방법을 아는 사람 누구나 그 진실이나 관련성을 전할 수 있는 재능, 신이 준 재능을 타고났다. 찬가를 듣는 사람은 이 영감을 받은 시의 아름다움에 충격을 받아 경외감, 경이감, 공포, 기쁨의 상태에 빠져들었으며, 신성한 힘과 직접 접촉한다고 느꼈다. 베다의 신성한 지식은 단지 말의 의미에서만 오는 것이 아니라 소리에서도 왔는데, 이 소리 자체가 데바였다.

《리그베다》의 직관적인 진리는 청중에게 살며시 다가갔다. 청중은 찬가에 담긴 역설의 숨은 의미, 그리고 전혀 관계 없어 보이는 것들을 한데 묶는 낯설고 수수께끼 같은 암시에 귀를 기울였다. 찬가를 듣다 보면 세상을 지탱하는 신비한 힘과 접하는 느낌이 들었다. 이 힘이 '리타', 즉 인간의 언어로 번역된 신의 질서였다.[37] 리시가 신성한 음절을 물리적으로 발음했듯이, 리타는 갈등으로 갈가리 찢긴 펀자브의 세계에서 육신을 지닌 존재가 되었으며, 생동하는 현실이 되었다. 찬가를 듣는 사람들은 계절이 규칙적으로 이어지고, 별이 자기 갈 길을 벗어나지 않고, 농작물이 자라고, 인간 사회의 갖가지 요소들이 일관되게 결합하도록 돌보는 힘과 접한다고 느꼈다. 따라서 경전은 개념적으로 이해할 수 있는 정보를 제공하는 것이 아니라 직관적인 통찰을 제공했는데, 이 통찰은 삶의 보이는 영역과 보이지 않는 영역을 연결하는 다리였다.

리시는 영감을 받은 말을 언제든지 받아들일 수 있는 상태를 유지했다. 이 말은 외부에서 오는 것처럼 보이지만 내부의 목소리로 경험되기도 했다. 리시는 벌써 무의식을 뚫고 들어갈 수 있는 집중의 기법을 발전시키기 시작했는지도 모른다. 그들은 평상시에 그들을 찾아오는 잡념들을 없애면 "마음의 문이 열릴 수 있으며",[38] 찬란한 말의 발명자이자 세상의 빛인 아그니의 도움을 받아 신처럼 볼 수 있다는 것을 알았다. 리시는 인도 '축의 시대'의 기반을 닦았다. 이런 이른 시기부터 그들은 경험적 지식을 넘어서 더 깊고 더 근본적인 진리를 직관으로 파악하려는 목적을 이루기 위해 노력했다.

그러나 리시는 아리아 공동체의 극소수를 대변할 뿐이었다. 전사와 습격자들은 완전히 다른 영적 세계에서 살았다. 그들의 생활은 마을(그라마)과 밀림(아라냐)을 오갔다. 우기가 오면 임시로 지어놓은 야영지에서 아수라 같은 생활을 해야 했다. 그러나 동지가 지나면 새로운 습격 주기를 맞이하여 말과 소를 묶어 두고 광야로 뛰어들어 공동체의 부를 다시 보충했다. 마을과 숲의 대립은 인도의 사회적이고 영적인 패러다임이 되었다.[39] 이 둘은 상호 보완적이었다. 정착 공동체의 거주자들은 전사들이 요구하는 농작물을 제공하고 가축을 길렀다. 그러나 늘 사회 외곽을 배회하는 가축 도둑 무리의 공격을 두려워했다. 열대의 숲은 전사가 용기를 입증하고 미지의 영역을 탐험하는 장소였다. 나중에 축의 시대에 은자들은 숲으로 들어가 영적인 영역을 개척한다. 이렇게 아리아인은 아라냐에서 종교적 깨달음만이 아니라 폭력도 경험했다. 아주 이른 시기부터 둘은 서로 뗄 수 없이 얽혀 있었다. 전사는 리시처럼 참을성 있게 기다리며 정신과 마음을 비우는 대신 전망과 통찰을 향해 싸우며 나아가야 한다는 것을 알았다.

아리아인은 초원 지대에서 습격을 시작한 이후로 자신들의 일상 생활의 경쟁적인 분위기를 반영하는 방향으로 제의의 형식을 바꾸었다. 조로아스터는 자세히 묘사하지는 않았지만 가축 도둑들의 새로운 희생 제의를 몹시 불편해했다. "우리는 태초에 신들이 한 것처럼 해야 한다." 훗날 나온 인도의 한 제의 문서는 그렇게 설명한다.[40] "신들이 한 것처럼 인간들도 그렇게 한다." 다른 문서는 그렇게 말했다.[41] 아리아 전사들은 습격과 전투에서 데바와 아수라가 벌이는 천상의 전투를 재연했다. 그들은 싸움을 할 때 자신을 넘어서서 인드라와 하나가 된 것처럼 느꼈다. 이런 제의들은 그들의 전투에 '영혼'을 부여했으며, 지상의 전투와 신성한 원형을 결합하여 전투를 성스러운 활동으로 만들었다.

희생제는 인도 아리아 사회의 영적 핵심이었다. 그러나 희생제는 경제의 중심이기도 했다. 과거 초원 지대의 평화로운 제의는 가축 도둑의 위험한 생활을 반영하여 훨씬 더 호전적이고 경쟁적으로 변했다. 아리아인의 희생제는 미국 북서부 원주민 부족들이 거행하는 포틀래치† 의식과 비슷해졌다. 포틀래치 의식에서 이 부족민은 자신의 노획물을 과시하며, 많은 짐승을 도살하여 호사스러운 희생 잔치를 벌였다. 공동체가 필요 이상의 동물이나 작물을 축적하면, 이런 잉여는 '태워야' 했다. 늘 이동하는 유목민 집단이 잉여 생산물을 보관하는 것은 불가능했다.

....
포틀래치(potlatch) 부나 권력의 과시로 벌이는 겨울 축제의 선물 분배 의식.

포틀래치는 사회의 부를 재분배하는 임시변통의 방법이었던 셈이다. 또 이 의식은 족장이 성공적으로 일을 수행해 왔음을 보여주어, 그의 위엄을 높이는 효과도 있었다.

인도에서 라자('족장')도 비슷한 생각으로 희생제를 의뢰했다.[42] 그는 자기 부족의 장로와 이웃 족장 몇 명을 특별히 마련한 희생제 장소로 초대하여, 그곳에 소, 말, 소마, 농작물 등 잉여 노획물을 전시했다. 이 가운데 일부는 신들에게 희생으로 바친 뒤에 떠들썩하고 호사스러운 잔치를 열어 먹어 치웠다. 남은 것은 모두 다른 족장들에게 선물로 나누어주었다. 이제 손님들은 이런 호의를 갚아야 할 의무가 생겼으며, 라자들은 더 멋진 희생제를 펼치려고 서로 경쟁했다. 신들에게 찬가를 부르는 호트르 사제는 희생제를 연 후원자를 찬양하는 노래도 불렀으며, 그의 너그러움 덕분에 앞으로 더 큰 부를 얻게 될 것이라고 약속했다. 이렇게 후원자는 신들에게 비위를 맞추고 인드라―그 또한 아낌없이 퍼주는 주인이자 희생제를 바치는 존재였다.―와 자신을 동일시하였으며, 동시에 찬사와 존경도 얻고 싶어했다. 현세의 자아를 남겨두고 천상의 대응물과 하나가 되어야 할 때에도 적극적인 자기 주장에 몰두한 것이다. 고대 제의에서 발생하는 이런 역설은 축의 시대에 많은 개혁가들의 관심사가 된다.

이미 이 지역에 만연해 있던 폭력이 희생제 때문에 더 증가했다. 희생제가 끝나면 라자는 가축이 남지 않았으므로 재산을 채우려고 다시 습격을 시작했다. 이런 희생제를 묘사한 당대의 글은 없지만, 나중에 나온 문헌에 들어 있는 단편적인 언급을 바탕으로 어떤 일이 벌어졌을지 짐작을 해볼 수 있다. 희생제는 엄숙한 행사였지만, 동시에 크고 떠들썩한 카니발이기도 했다. 많은 양의 포도주와 소마를 소비했으며 사람들은 술에 취하거나 기분이 좋아졌다. 희생제를 주관하는 라자가 제공하는 여자 노예들과 자유롭게 성행위를 할 수 있었으며 전차 경주, 활쏘기, 줄다리기 등 활기차고 호전적인 시합을 벌이기도 했다. 무희, 가수, 류트 연주자로 이루어진 팀들이 서로 경쟁했다. 큰 판돈이 걸린 주사위 게임도 벌어졌다. 전사들은 모의 전투를 했다. 모의 전투는 재미있었지만 위험하기도 했다. 워낙 분위기가 경쟁적이었기 때문에 명성과 위신에 굶주린 직업 전사들 사이의 모의 전투는 쉽게 심각한 싸움으로 번질 수 있었던 것이다. 라자는 주사위 게임에 소를 걸었다가 가축을 모두 잃을 수도 있었다. 행사의 흥분된 분위기에 휩쓸려 '적', 즉 평소에 관계가 나빴거나 자신과 경쟁적으로 희생제를 여는 이웃의 라자를 공격하러 나설 수도 있었다. 문헌에서는 데바와 아수라가 종종 서로의 희생제에 끼어들어 약탈을 저지르고 인질을 잡았다고 암시하는데, 이것은 똑같은 종류의 폭력적 개입이 지상에서도 흔했다는 뜻이다.[43] 제의에 초대 받지 못한 라자는 모욕을 당한 것이었다. 그러면 그는 적의 야영지까지 뚫고 들어가 약탈을 해 오는 것을 명예 회복으로 여겼다. 이런 식으로 제의가 습격으로 번지면, 사람들이 죽을 수 있었고 또 실제로 죽임을 당했다.

    희생제는 매우 제의적인 분위기에서 아리아의 영웅 코드에 내재한 영광과 공포를 재연했다.[44] 전사의 삶 전체가 식량과 부를 둘러싸고 죽음을 각오해야 하는 위험한 경쟁, 즉 아곤이었으며, 이런 경쟁은 죽음으로만 끝날 수 있었다. 아리아인은 초원 지대에 산 이래 자신들 가운데 가장 훌륭하고 가장 부유한 자들이 하늘의 신들과 결합할 것이라고 믿어 왔다. 그러나 이제 그들은 전투에서 고귀하게 죽은 전사는 즉시 신들의 세계로 간다고 확신했다. 따라서 영웅 코드에서 깨달음은 폭력에 의한 죽음과 분리될 수 없었다. 한 옛날 이야기를 보면 이 점이 분명하게 드러난다. 전사 한 무리가 모여 오랫동안 공들여 희생제를 올렸다. 그러나 흔히 있는 일이지만, 경쟁하는 부족에게 포위를 당하는 바람에 격렬한 전투가 벌어졌다. 비극적이게도 그들의 지도자인 스투라가 살해당했다. 전투가 끝난 후 그의 씨족이 둥글게 둘러앉아 스투라를 잃은 것을 슬퍼할 때 한 사람이 환상을 보았다. 스투라가 희생제가 벌어지는 땅을 걸어가 신성한 불로 가더니, 하늘로 올라가기 시작했다. 그는 동료들에게 말했다. "슬퍼하지 마라. 너희가 애도하는 사람은 제물을 드리는 불이 있는 곳에서 위로 올라가 천국에 들어갔다."[45] 스투라는 단순히 위험한 제의 과정에서 살해당했다는 이유로 신들에게로 갔다. 그의 동료는 단지 지도자가 때 이르게 무의미한 죽음을 맞이했다는 이유로 이런 영광스러운 환상을 보았다.

어떤 전사들은 영웅적인 에토스가 쓸데없다고 생각했다. 《리그베다》의 후기 시들 가운데 몇 편은 전에 볼 수 없는 피로와 비관을 표현한다. 사람들은 지쳤다. 리시는 불평한다. "곤궁과 헐벗음과 피로가 나를 아프게 죄어 온다. 내 마음은 새의 마음처럼 파닥거린다. 쥐가 직조공의 실을 쏠듯이 근심이 나를 갉아먹고 있다."[46] 이런 허약한 상태는 혼란스러운 사회적 변화가 일어났던 베다 시대† 후기의 특징이다.[47] 기원전 10세기에 이전의 부족 내의 평등한 구조가 무너지고, '크샤트리아'('힘

....
베다 시대 대략 기원전 2000년경부터 기원전 600년경까지를 베다 시대라고 한다. 베다 시대는 다시 아리아인이 인도에 이주하기 시작한 전기 베다 시대(기원전 2000~1000년경)와 아리아인들이 인도에 정착하면서 선주민의 문화와 융화되는 후기 베다 시대(기원전 1000~600년경)로 나뉜다. 아리아인의 이주로 인도 선주민들이 세운 인더스 문명은 막을 내렸다.

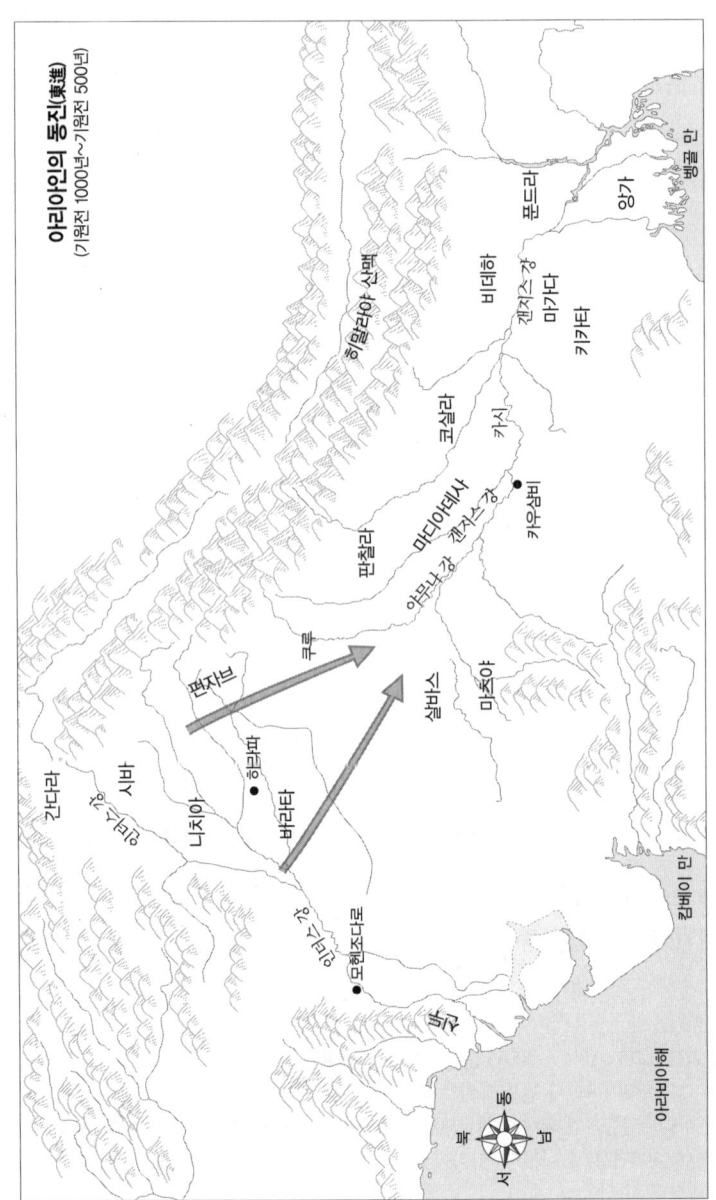

있는 자')라고 알려진 전사 가문으로 이루어진 귀족 계급이 지배 계급이 되었다. 그보다 신분이 낮은 씨족 사람들인 '바이샤'는 습격을 그만두고 농부가 되었다. 습격의 철이 다시 돌아와 크샤트리아가 말을 전차에 묶을 때, 바이샤는 마을에 남았다. 비아리아계 주민인 수드라와 마찬가지로 바이샤도 이제 자신의 전당에 그대로 머무르는 아수라를 닮아갔으며, 약탈자들이 노리는 사냥감이 되었다.[48]

몇몇 족장은 초기 형태의 왕국을 만들기 시작했다. 왕은 결코 종신직이 아니었다. 매년 자신이 그 자리를 맡을 자격이 있음을 증명하기 위해 '라자수야'라고 부르는 성화 의식을 거쳐야 했다. 언제나 누군가가 도전을 하려 했다. 기존의 라자는 제의 기간에 습격을 성공적으로 이끌고 주사위 시합에서 상대를 이겨 권력을 되찾아와야 했다. 패배하면 숲으로 망명을 떠나야 했지만, 대개는 다시 돌아와 새로운 라자수야에서 경쟁자에게 도전했다. 인도 왕국의 이런 불안정성은 뿌리가 깊어, 초기의 국가 운영 교본은 왕의 적을 국가의 한 구성 요소로 인정했다.[49]

베다 시대 후기에는 새로 이주의 물결이 일어났다. 기원전 10세기에 아리아인 가운데 일부가 꾸준히 동쪽으로 밀고나가 야무나 강과 갠지스 강 사이의 도아브†에 정착을 했다. 이 지역은 아리아 바르타, 즉 '아리아의 땅'이 되었다. 이곳에서도 작은 왕국들이 생겨났다. 쿠루-판칠라의 왕들은 갠지스 평원의 북서쪽 가장자리에 자리를 잡고 하스티나푸라에 수도를 세웠다. 야다바 씨족은 남쪽 마투라 지역에 정착했다. 이곳의 환경은 펀자브와는 사뭇 달랐다. 이국적인 나무가 우거진 울창

도아브 힌디어로 '두 개의 하천'을 뜻한다. 인도에서는 보통 갠지스 강과 야무나 강 사이의 지역을 말한다.

한 삼림은 녹색의 낙원이었지만, 작은 도시와 야영지를 건설하기 위해서는 나무를 태우고 터를 닦아야 했다. 따라서 이런 새로운 식민 단계에서는 불의 신 아그니가 중요한 역할을 했다. 정착은 단계적으로 느리게 이루어졌다. 매년 시원한 계절이 오면 쿠루-판찰라가 파견한 전사들은 밀림 속으로 더 깊이 파고들어 현지 주민들을 정복하고, 전해보다 동쪽으로 조금 더 나아간 곳에 새로운 전초 기지를 만들었다.[50] 그들은 수드라들의 농장을 습격하고 작물과 가축을 약탈했으며, 우기가 시작되기 전에 집으로 돌아와 자신의 땅을 경작했다.[51] 아리아인의 영토는 조금씩 넓어졌다. 규율과 인내를 보여주는 이 과정은 축의 시대에 아리아인이 이룬 정신 세계에 대한 체계적인 정복을 그대로 보여주는 것이었다.

이런 점진적인 동진(東進)을 축성하기 위한 새로운 의식이 고안되었다. 이동은 여전히 신성한 가치였다. 희생제의 터는 딱 한 번만 사용되었다. 제의가 끝나면 늘 버렸다. 희생제가 이루어진 지역의 서쪽 끝에 있는 풀막은 정착한 가장(家長)이 사는 곳을 상징했다. 제의 동안 전사들은 엄숙하게 초가에서 가져온 불을 마당의 동쪽 끝으로 가져가 그곳에 새로 노(爐)를 만들었다. 다음날 동쪽으로 약간 더 떨어진 곳에 새로운 희생제 마당을 만들고 똑같은 의식을 반복했다. 이 의식은 아그니가 새로운 영토로 승리를 거두며 전진하는 것을 재연했다. 훗날 한 제의 전문가는 이렇게 설명했다. "이 '불'은 우리에게 공간을 만들어주어야 한다. 이 '불'은 앞서 나아가며 적을 정복해야 한다. 이 '불'은 맹렬하게 적들을 정복해야 한다. 이 '불'은 시합에서 상을 타야 한다."[52]

아그니는 정착자들의 보호자였다. 그들의 정착지는 새로운 시작이었으며, 첫 창조와 마찬가지로 혼돈으로부터 질서를 얻어내는 곳이었다.

불은 환경을 장악하는 전사들의 능력을 상징했다. 그들은 불과 자신을 완전히 동일시했다. 전사가 바이샤 농부의 노(爐)에서 불을 훔칠 수 있으면, 가축도 멀리 꾀어낼 수 있었다. 가축은 늘 불을 따랐기 때문이다. 후기 텍스트 한 곳에는 이런 말이 나온다. "경쟁자의 집에서 환하게 타오르는 불을 가져와야 한다. 그것은 그의 재산, 그의 소유를 가져오는 것이다."[53] 불은 전사의 힘과 성공을 상징했다. 또 불은 그의 분신이었는데, 이 점이 중요했다. 그는 새로운 불을 창조하고, 통제하고, 길들일 수 있었다. 불은 그의 아들과 같았다. 죽어서 화장을 하면 전사는 희생 제물이 되며 아그니는 그를 데리고 신들의 나라로 간다. 불은 그의 가장 훌륭하고 깊은 자아(아트만)를 대표하며,[54] 불은 아그니이기 때문에 이 자아는 성스럽고 신성했다.

아그니는 어느 곳에나 있었지만 감추어져 있었다. 해에도, 천둥에도, 폭풍우에도, 땅에 불을 일으키는 번개에도 있었다. 웅덩이와 냇물에도, 강둑의 진흙에도, 불쏘시개로 삼을 수 있는 식물에도 있었다.[55] 전사들은 아그니를 이런 감추어진 곳에서 정중하게 찾아내 인류의 섬김을 받게 해야 했다. 전사들은 새로운 정착지를 건설하면 '아그니카야나' 제의를 열었다. 아그니를 위한 새로운 벽돌 제단을 쌓는 의식이었다. 먼저 그들은 강둑으로 나가 아그니가 숨어 있는 진흙을 모았다. 이것은 새로운 영토를 소유하는 행위였다. 이런 점령 행동에 현지 거주자들이 저항하면 싸워서 죽일 수도 있었다. 승리한 전사들은 희생제 터로 돌아와 아그니의 상징 가운데 하나인 새 모양의 제단을 만들었다. 이곳에서 새로운 불이 타오르면서 아그니가 모습을 드러냈다.[56] 이렇게 한 뒤에야 새로운 정착지가 현실이 되었다. 후기의 텍스트에는 이런 말이 나온다. "불의 제단을 만들어야 정착자가 된다. 불의 제단을 만드는 자는 누

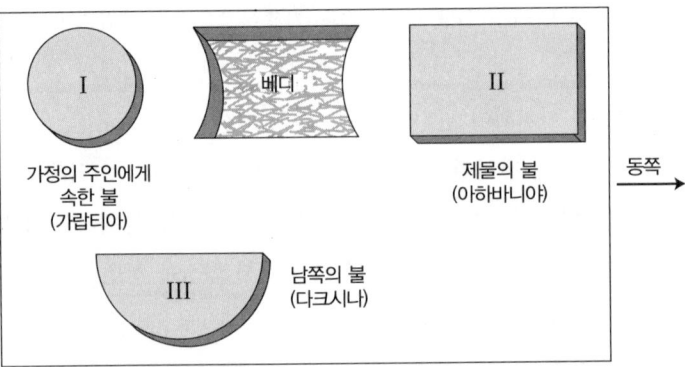

I) '가정의 주인에게 속한 불'(가랍티야)은 희생제를 위한 음식을 준비하는 데 사용되었다. 여기에는 땅을 상징하는 둥근 제단이 있었다.

II) '제물의 불'(아하바니야)은 준비한 제물을 올려놓는 곳이었다. 사각형 제단은 하늘의 네 방위를 상징했다. 아그니가 땅(I)의 제물을 하늘(II)로 옮겼다.

III) '남쪽의 불'(다크시나) — 큰 의식에서는 잘 사용되지 않았다. — 은 악한 영혼을 물리치고 특별한 조상에게 바치는 제물을 받았다. 반원형 제단은 땅과 머리 위의 아치 형태의 하늘 사이에 있는 대기를 상징했다.

베디는 안에 풀을 깐 웅덩이로, 봉헌물이나 제기를 사용하지 않을 때 그 힘을 보존하기 위해 여기에 넣어 두었다.

제단은 보통 모래, 흙, 자갈, 나뭇조각으로 만들었다.

구든 정착을 한다."[57]

습격도 아리아인의 제의에 통합되어 있었다. 소마 제의에서 이 성스러운 음료는 전사들에게 신들의 세계로 들어올려지는 느낌을 주었다. 신의 성스러운 힘이 가득 차면 전사들은 "하늘과 이 드넓은 땅을 모두 넘어섰다"고 느꼈다. 그러면 이런 찬가가 시작되었다. "이것, 심지어 소를 얻고, 말을 얻고자 하는 이것도 나의 결심이었는가? 혹시 소마 즙을 마셨던 것은 아닌가?"[58] 소마 제의에서 후원자와 손님들은 희생제의 땅을 떠나 근처의 정착지를 습격해 희생제를 위한 가축과 소마를 얻어와야 했다. 라자수야에서는 새로운 왕이 소마 즙을 마신 뒤 습격을 위해 파견된다. 그가 약탈물을 가지고 돌아오면 제의를 주관하는 사제들은 그의 왕권을 인정했다. "오, 왕이여, 당신은 브라만입니다!"[59]

후기 베다 시대로 오면서 아리아인은 브라만, 즉 최고의 실재라는 개념을 발전시켰다. 브라만은 데바가 아니라, 신들보다 더 높고, 더 깊고, 더 기본적인 힘, 우주에 존재하는 서로 다른 모든 요소들을 한데 묶어 그것들이 파편이 되지 않도록 막아주는 힘이었다.[60] 브라만은 만물이 강해지고 확장될 수 있게 해주는 근본 원리였다. 브라만은 생명 자체였다.[61] 브라만은 정의되거나 묘사될 수 없었다. 모든 것을 포괄했기 때문이다. 인간은 브라만 밖으로 나와 그것을 객관적으로 볼 수 없었다. 그러나 제의에서는 경험할 수 있었다. 왕이 전리품을 들고 습격에서 안전하게 돌아오면 그는 브라만과 하나가 되었다. 그는 이제 자신의 왕국을 한데 묶는 축이자 바퀴통이었으며, 그 덕분에 왕국이 번영하고 팽창할 수 있었다.

브라만은 또 침묵 속에서 경험할 수 있었다. 제의는 브라만의 신비를 표현하는 언어적 형식을 찾아내는 브라모디아 시합으로 끝나는 경우가 많았다. 한 사람이 어렵고 수수께끼 같은 문제를 내면, 상대도 똑같이 모호한 방식으로 대답을 했다. 시합은 한쪽이 응답을 못할 때까지 계속되었다. 침묵을 하게 되면 물러날 수밖에 없었다.[62] 브라만의 초월성은 대답할 수 없는 질문들의 신비로운 충돌 속에서 느낄 수 있었다. 그 충돌 속에서 말의 무력함을 불현듯 깨닫게 되었다. 시합을 하는 사람들은 짧지만 신성한 시간 동안 온 생명을 하나로 묶는 신비한 힘과 하나가 되었다고 느꼈으며, 승자는 자신이 브라만이라고 말할 수 있었다.

기원전 10세기가 되자 몇몇 리시들이 새로운 신학적 담론을 만들어 내기 시작했다. 전통적인 데바들은 조악하고 불만족스러워 보인다. 데바들은 자신들 너머의 뭔가를 가리키는 것이 틀림없다. 《리그베다》의 후기 찬가 가운데 몇 노래는 그들보다 더 섬길 가치가 있는 다른 신을 찾는다. "우리의 제물로 어떤 신을 섬겨야 할까?" 《리그베다》 10권의 121 찬가에서 한 리시는 묻는다. "인간과 가축의 진정한 주인은 누구인가? 눈 덮인 산과 거센 바다는 누구의 소유인가? 신들 가운데 누가 하늘을 지탱할 수 있는가?" 이 찬가에서 시인은 인도 축의 시대를 여는 초기 신화의 하나가 될 답을 찾는다. 그는 창조주인 신이 원시의 혼돈으로부터 떠오르는 모습을 본다. 브라만이 인격화된 존재다. 그의 이름은 '프라자파티'다. '만유(萬有)'라는 뜻이다. 프라자파티는 우주와 동일하다. 프라자파티는 우주를 지탱하는 생명력이며, 의식의 씨앗이며, 무의식적 물질로 이루어진 물에서 떠오르는 빛이다. 하지만 프라자파티는 또 우주 바깥의 영혼으로서 자연의 법칙을 주관할 수 있다. 내재하는 동시에 초월하는 프라자파티만이 "신들 가운데 신이며, 그에 비길 신은 아무도 없다."

그러나 이것은 또 다른 리시에게는 너무 노골적으로 보였다.[63] 그는 태초에 아무것도 없었다고 주장했다. 존재도 비존재도 없고, 죽음도 불멸도 없고, 오직 '무차별적인 혼돈'만 있었다. 이런 혼란에 어떻게 질서가 잡히고 생명력이 생겼을까? 시인은 이 질문에는 답이 있을 수 없다고 결론을 내린다.

>이 창조물이 어디서 태어나고 어디서 오는지 누가 진정으로 알며 누가 선언할 수 있을까?
>신들은 이 세상의 창조보다 늦었다. 따라서 이 세상이 언제 처음 생겨났는지 누가 알까?
>이 창조물의 첫 번째 기원인 그, 그가 이 모든 것을 이루었는지 이루지 않았는지,
>가장 높은 하늘에서 눈으로 이 세상을 관장하는 그는 진정 그 답을 안다.
>—아니, 어쩌면 모를 수도 있다.[64]

이 시는 '브라모디아(제의적 시합)'다. 이 리시는 리시 자신이나 청중 모두가 답을 알지 못해 말을 못하는 침묵에 빠져들 때까지 깊이를 알 수 없는 질문을 연거푸 던진다.

마침내 유명한 푸루샤 찬가에서 한 리시는 아리아인의 오래된 창조 이야기를 명상하며 인도 축의 시대의 기초를 닦는다.[65] 그는 첫 인간이 희생물이 되어 인류가 태어났음을 떠올린다. 시인은 이 최초의 인간(푸루샤)이 자신의 자유로운 의지에 따라 희생제 터로 걸어가 새로 자란 풀밭에 누워 신들이 자신을 죽이는 것을 허용하는 과정을 묘사한다. 이렇게 자기를 내주는 행동 때문에 우주는 움직이기 시작했다. 푸루샤 자신이 우주였다. 모든 것이 그의 주검에서 나왔다. 새, 동물, 말, 소, 인

간 사회의 여러 계급, 하늘과 땅, 해와 달 모두 마찬가지다. 심지어 위대한 데바 아그니와 인드라도 그의 몸에서 나왔다. 그러나 프라자파티와 마찬가지로 푸루샤도 초월적이다. 그의 존재의 75퍼센트는 불멸이라 시간과 죽음의 영향을 받지 않는다. 전사들의 경쟁적인 제의와는 달리 이 희생제에는 싸움이 없다. 푸루샤는 갈등 없이 자신을 내주었다.

푸루샤와 프라자파티는 그들에 가려진 고독한 인물들이며, 이들의 신화는 발전하지 않았다. 그들에 관해서는 할 말이 거의 없다. 사실 프라자파티의 본명도 질문이다. ― "누구?"(카ka?) 축의 시대를 눈앞에 둔 인도의 선각자들은 개념과 말을 넘어 말로 표현할 수 없어 입을 다물게 되는 것을 존중하기 시작했다. 그러나 푸루샤 찬가가 보여주듯이 그들은 여전히 고대의 제의로부터 영감을 받았다. 이 제의들은 위험하고 폭력적이었지만, 계속해서 인도의 위대한 변화에 영감을 준다. 기원전 10세기 말에 이르면 리시들은 첫 번째 위대한 축의 시대 영성을 창조할 상징들의 복합체를 확립하게 된다.

요·순·우, 의로운 통치자의 시대

기원전 16세기 이후 황허(黃河) 유역을 다스려 온 중국 상(商) 왕조(은殷나라를 가리킨다)의 왕들은 자신들이 신의 아들이라고 믿었다. 보통 인간과 접촉하지 않는 강력한 최고신 제(帝)는 중국의 넓은 평원에 검은 새를 한 마리 내려보냈다고 한다. 새는 알을 낳았는데, 그 알을 한 귀부인이 먹었다. 시간이 흘러 부인은 상 왕조의 시조를 낳았다.[66] 왕과 제의 특수한 관계 때문에 이 세상에서 제에게 직접 접근할 수 있는 유일한 사람은 왕뿐이었다. 왕만이 제에게 제사를 드려 백성의 안전을 지킬 수 있었다. 왕은 점치는 사람들의 도움을 얻어 군사 원정을 떠나거나 새로운 정착지를 건설하는 등의 문제를 제와 상의했다. 제에게 풍년이 올 것인지 물어볼 수도 있었다. 왕은 앞일을 내다보고 신성한 세계와 세상을 중계하는 자로서 정통성을 확보했지만, 세속적인 수준에서는 우월한 청동 병기에 의존하기도 했다. 상 왕조의 첫 도시들은 청동 병기, 전차나 제사에 사용하는 반짝거리는 제기를 제조하는 일에 앞장서던 제조업 집단의 장인들이 건설했는지도 모른다. 새로운 기술을 장악한 왕은 강제 노동이나 전쟁에 농민 수천 명을 동원할 수 있었다.

상 왕조는 자신들이 중국의 첫 왕조가 아님을 알았다. 그들은 하(夏) 왕조(기원전 2070?~1600?)의 마지막 왕에게서 권력을 빼앗았다고 주장했다. 하나라의 존재를 입증하는 고고학적 증거나 문서는 없다. 그러나 기원전 2000년경에 대평원에는 어떤 왕국이 있었을 것이다.[67] 중국 문명은 천천히, 고통스럽게 자리를 잡았다. 대평원은 높은 산과 사람이 살 수 없는 늪지대에 둘러싸여 고립되어 있었다. 기후도 가혹했다. 여름은 뜨거웠고, 겨울은 얼어붙을 듯이 추워 정착자들은 모래를 싣고 오는 살을 에는 바람에 시달렸다. 황허는 배를 타고 다니기가 까다로웠으며 쉽게 흘러넘쳤다. 초기 정착자들은 운하를 파 습지의 물을 빼고, 농작물이 홍수로 침수하는 것을 막기 위해 제방을 쌓아야 했다.

중국에는 이런 일을 했던 고대인에 관한 역사적 기억이 없지만, 하나라 이전에 중국을 통치하며 평원을 사람이 살 만한 곳으로 만들었던 신화 시대의 전설적 왕들에 관한 이야기는 남아 있다. 황제(黃帝)는 괴물과 싸워 해, 달, 별의 길을 바로잡았다. 신농(神農)은 농업을 발명했으며, 기원전 23세기에 지혜로운 두 임금 요(堯)와 순(舜)은 평화와 번영

1장 축의 시대 문명 벨트

의 황금 시대를 열었다. 순의 시대에 큰 홍수가 일어나자 순은 토목을 책임지던 우(禹)에게 이 문제를 해결하는 일을 맡겼다. 우는 13년 동안 운하를 건설하고 습지를 정돈하고, 여러 강이 바다로 흐르도록 유도했다. 그 결과 강은 큰 잔치에 가는 귀족들처럼 질서 정연하게 바다로 흘러갔다. 우의 엄청난 노력 덕분에 백성은 벼와 기장을 재배할 수 있었다. 순은 이 치적에 큰 감명을 받아 우에게 자신의 뒤를 잇게 했다. 이렇게 해서 우는 하 왕조의 시조가 되었다.(68) 이 모든 전설적인 지혜로운 왕들은 중국 축의 시대 철학자들에게 영감을 주었다.

  상 왕조의 귀족은 이런 이야기들을 잘 알았을 것이다. 그들은 문명이 힘겹게 얻어낸 위태로운 성취라는 것을 알았으며, 살아 있는 자들의 운명이 그들 앞에 살았던 자들의 영혼과 뗄 수 없이 묶여 있다고 믿었다. 상 왕조는 요, 순, 우의 시대만큼 막강하지는 않았지만 대평원의 넓은 영토를 관장했다.(69) 그들의 영토는 남동쪽으로 화이허(淮河) 강 유역, 동쪽으로 산둥(山東)에 이르렀으며, 그들의 영향력은 서쪽으로 멀리 웨이허(渭河)에서도 느낄 수 있었다. 상나라는 중앙 집권 국가가 아니라 작은 읍성들의 연맹체였으며, 각 읍성은 왕가의 대리인이 통치했다. 읍성은 아주 작아서 왕과 봉신들의 주거 단지로만 이루어졌다. 이 읍성은 홍수나 외침을 막기 위해 흙으로 쌓은 높은 벽에 둘러싸여 있었다. 상 왕조의 마지막 수도인 은(殷, 지금의 허난성 안양安陽 시)의 경우 성벽의 길이가 800미터도 안 되었다. 상나라의 읍성들은 유형이 다 같았다. 형태는 대체로 직사각형이었으며, 각 성벽은 네 방위에 대응했고, 주거지는 모두 남쪽을 바라보았다. 왕궁에는 뜰이 셋 있었고, 제의나 정치적 행사를 위한 알현실이 있었다. 궁 동쪽에는 조상들을 모시는 묘가 있었다. 시장은 왕의 주거지 북쪽이었으며, 장인, 마차 제조업자, 활과 화살

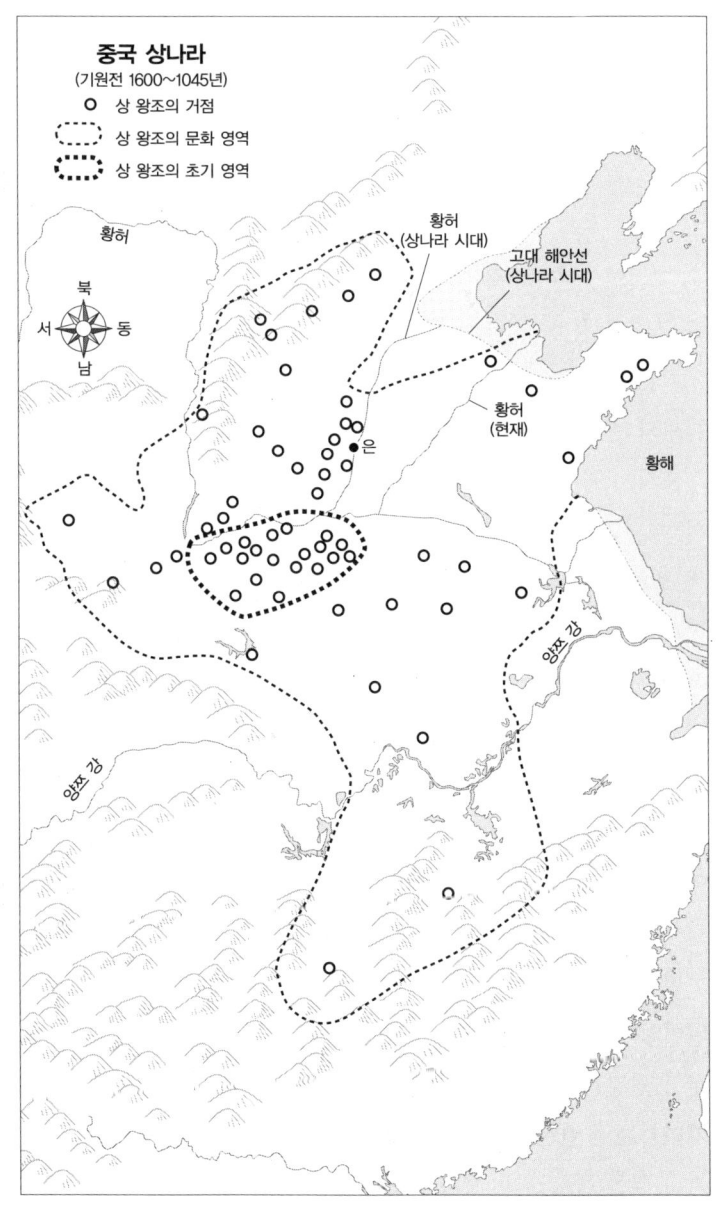

을 만드는 사람, 대장장이, 도공은 왕의 서기, 점술가, 제의 전문가들과 함께 도시의 남쪽 지구에 살았다.

상나라는 평등한 사회가 아니었다. 위계와 서열을 몹시 따졌으며, 이것은 이후 중국 문명의 특징이 된다. 왕은 제(帝)의 아들로서 봉건적 피라미드의 꼭대기에 있었으며, 혼자 하나의 계급을 이루었다. 다음 서열은 왕가의 제후들, 즉 상나라의 여러 읍성의 통치자들이었다. 그들 밑은 조정에서 직책을 맡은 큰 집안의 우두머리와 성벽 바깥의 농토에서 들어오는 세입으로 살아가는 귀족이었다. 마지막으로 이 봉건적 피라미드의 맨 밑바닥에 사(士)라고 불리는 전사 계급이 있었다.

도시는 귀족이 따로 모여 사는 장소였으며, 그 자체로 하나의 세계였다. 상나라의 귀족은 종교, 전쟁, 사냥에만 시간을 쏟았다. 그들은 군사적 보호를 제공하는 대가로 지역 농민에게서 잉여 농산물을 받았다. 그러나 이 무렵에는 경작지로 사용할 만한 곳이 거의 없었다. 황허 유역은 여전히 빽빽한 숲과 늪지로 덮여 있었다. 상나라 시대에 이곳에는 코끼리, 코뿔소, 퓨마, 표범이 사슴, 호랑이, 들소, 곰, 원숭이, 이런저런 사냥감들과 함께 숲을 돌아다녔다. 동물은 골칫거리가 될 수 있기 때문에, 사냥은 오락일 뿐 아니라 의무이기도 했다. 왕이 큰 사냥을 나갔다 돌아오면, 제사를 드린 뒤 성대하고 시끌벅적한 잔치를 열어 술과 함께 그 고기를 먹었다.

전쟁과 사냥은 별로 다를 것이 없었다. 전투는 귀족만이 할 수 있는 일이었다. 그들만 무기와 전차를 소유할 수 있었기 때문이다. 일반적인 군사 원정은 백 대 가량의 전차가 동원되는 소규모 행사였다. 걸어서 따라가는 농민은 전투에 참가하지는 않고 시종, 하인, 짐꾼 노릇을 하거나 말을 돌보았다. 상나라는 영토에 대한 야심이 별로 없었다. 그들은 반항하는 도시를 벌하는 수단으로 전쟁을 이용했으며 농작물, 가축, 노예, 장인 등 귀중한 물자나 사람을 빼앗았다. 가끔 '야만인'을 토벌하러 가는 경우도 있었다. 이들은 상나라 영토 안팎에서 정착지들을 둘러싸고 있었으며, 아직 중국 문화에 동화되지 않았다. 이들은 인종적으로 상나라와 구별되지 않았으며, 나중에 중국 문화에 흡수되었을 때 그들 나름으로 중국 문명에 기여했다. 상나라 영토 내에서 야만인은 상과 우호적인 관계를 맺었으며 여자나 물자를 교환했다. 상나라 영토에 인접한 땅에 사는 야만인은 보통 상나라의 동맹자들이었다. 먼 곳에 사는 야만인과는 거의 접촉이 없었다.

상나라 귀족의 도시 생활은 토지를 경작하는 농민 공동체의 생활과 공통점이 거의 없었다. 귀족은 농민을 인간으로 여기지도 않았지만, 야만인과 마찬가지로 농민도 중국 문화에 지속적인 영향을 주었다. 농민은 땅과 자신을 동일시했으며, 그들의 사회는 자연의 반복되는 박자를 중심으로 조직되었다. 농민의 생활은 겨울과 여름의 구분이 지배했다. 봄에는 일하는 철이 시작되었다. 사람들은 마을에서 나가 아예 들의 오두막에서 살았다. 일하는 철에는 식사를 가져올 때를 제외하면 아내나 딸과 접촉하지 않았다. 추수가 끝나면 땅은 쉬고 남자는 집으로 돌아갔다. 그들은 거처를 봉해놓고 겨우내 집안에서 살았다. 이때는 안식 기간이었다. 쉬면서 건강을 회복하는 시간이었다. 그러나 여름에는 남자보다 할 일이 적었던 여자에게는 이제부터 노동의 계절이 시작되었다. 여자는 옷감을 짜고, 실을 잣고, 술을 빚었다. 이런 교대는 중국의 음양(陰陽) 개념에 영향을 주었을지도 모른다. 음은 현실의 여성적 측면이었다. 음의 계절은 여성 농민의 계절인 겨울이었다. 음의 활동은 내적이었으며, 어둡고 폐쇄된 장소에서 이루어졌다. 양은 남성적 측면으로

서 여름과 날빛 속에서 움직였다. 양은 외적이고, 밖으로 향하는 힘이었으며, 그 생산물은 풍성했다.[70]

상나라 귀족은 농업에는 관심이 없었지만, 농촌 풍경에서는 풍부한 영적 의미를 찾아냈다. 산, 강, 바람은 모두 중요한 신이었으며, 네 방위의 주인도 마찬가지였다. 이 자연신들은 땅에 속했으며, 천신인 제에 대응하는 신적 존재였다. 이 신들은 추수에 영향을 끼칠 수 있었기 때문에 제사를 올려 달래고 구슬려야 했다. 그러나 이 신들보다는 왕가의 조상이 훨씬 더 중요했으며, 그들에게 드리는 제사가 상나라 종교의 핵심이었다. 수도인 은의 유적지에서는 왕의 무덤 9개가 발굴되었다. 왕의 관은 중앙의 단에 놓여 있었으며, 둘레에는 장례식 때 순장(殉葬)된 병사들의 유해가 있었다. 왕은 죽으면 신의 지위에 올랐다. 그는 제와 함께 하늘에 살았으며, 제에게 땅에 사는 친척을 보살펴 달라고 부탁할 수 있었다.[71]

상나라 사람들은 왕조의 운명이 죽은 왕들의 호의에 좌우된다고 확신했다. 제를 섬기는 특별한 제사는 없었다. 자연신들도 어떤 의식을 정해놓고 섬기지는 않았다. 그러나 조상들은 호사스러운 의식을 거행하여 섬겼다. 제의용 달력에는 각 조상의 제사 날짜가 정해져 있었다. 왕은 의식을 거행하여 조상을 '접대했다'(빈賓). 이때 왕가의 가족은 죽은 친척과 같은 옷을 입었으며, 자신이 흉내 내는 조상이 자신을 찾아온 듯한 느낌을 받았다. 그들이 조정에 들어가면 왕은 그들 앞에 절을 했다. 궁의 안뜰에서 열리는 잔치에는 자연신들도 참여하도록 불러들였다. 이 잔치에는 짐승을 많이 잡아 희생물로 올리고 요리를 했다. 그런 뒤에 신, 조상, 인간이 함께 먹었다.

그러나 이런 정교한 제의 뒤에는 깊은 불안이 감추어져 있었다.[72]

제는 도시의 수호자였다. 비와 바람을 다스렸으며, 왕이 관리나 병사에게 명령을 내리는 것과 마찬가지로 자연신들에게 명령을 내렸다. 그러나 제는 예측 불가능했다. 가뭄, 홍수, 재앙을 내리는 일도 많았다. 심지어 조상도 믿을 수가 없었다. 상나라 사람들은 죽은 자의 혼이 위험한 일을 할 수 있다고 생각하여, 망자를 두꺼운 나무 관에 넣어 묻었을 뿐 아니라 몸을 옥으로 꾸며주었다. 또 혼이 빠져나와 산 사람들을 해치지 못하도록 몸의 구멍을 다 막았다. 골치 아픈 문제를 일으킬 수도 있는 혼을 도움을 주는 자비로운 존재로 바꿀 수 있는 제의도 고안했다. 죽은 자에게는 새로운 이름을 주고 특별히 섬기는 날을 정해주었다. 그가 공동체를 잘 보살펴주기를 바랐기 때문이다. 시간이 흐르면서 조상은 더 강해졌다. 그래서 죽은 지 얼마 되지 않는 조상이 더 높은 조상 앞에서 산 사람들을 변호해주도록 설득하기 위한 제의가 마련되었다. 그 높은 조상은 제(帝)와 인간 사이에서 중재자 역할을 맡을 수 있었다.

상나라에 관해 우리가 알고 있는 정보는 대부분 왕의 점술가들이 제, 자연신, 조상에게 한 질문을 새긴 동물 뼈나 거북 등껍질에서 나온다.[73] 고고학자들은 이런 신탁용 뼈들을 15만 개나 발굴했다. 이 유물은 왕의 모든 활동이 이 권력자들의 정밀 조사를 받았음을 보여준다. 왕은 사냥, 추수, 심지어 치통에 관해서까지 그들에게 조언을 구했다. 절차는 간단했다. 왕이나 점술가는 뜨거운 부지깽이를 사용하여 특별히 준비한 거북 껍질이나 소뼈에 반응을 알고 싶은 말을 기록한다. "우리는 기장을 수확하게 될 것입니다." 그렇게 말할 수도 있고, "태갑(太甲, 상나라 17대 왕)에게 풍년을 위해 기도합니다." 그렇게 말할 수도 있다.[74] 그런 다음 껍질에 갈라진 금을 살펴 신탁이 상서로운지 아닌지 발표한다. 나중에는 왕 밑에서 글을 새기는 일을 전담하는 사람이 할 말을 새겼다. 가끔 관련된 신이나 조상에게서 오는 예언을 기록하기도 했으며, 아주 드물기는 했지만 그 결과를 포함시키기도 했다. 물론 이것은 합리적인 절차가 아니지만, 점술가들이 진짜 기록을 남기려고 노력했던 것은 분명하다. 예를 들어 왕비의 해산이 '좋을 것'(즉 아들을 낳을 것이다)이라는 왕의 예언을 기록하기도 했다. 그러나 실제로 왕비는 딸을 낳았고 왕은 날짜도 맞추지 못했다.[75]

영적 세계를 통제하려는 상나라 왕들의 시도는 자주 실패로 돌아갔다. 조상들은 흉년이나 불운을 보내주는 경우가 많았다. 제는 가끔 좋은 비를 내리기도 했지만, 신탁은 이렇게 말하기도 했다. "우리 추수를 망치는 것은 제다."[76] 또 제는 신뢰하기 힘든 군사 동맹자였다. 제는 상을 "지원하기도" 하고, 적을 부추기기도 한다. 신탁은 이렇게 한탄하기도 한다. "방(方) 족속†이 우리를 해치고 공격한다. 그들더러 우리에게 불행을 안겨주라고 명령한 것은 제다."[77] 능력도 없고 믿을 만하지도 못했던 제는 천신의 일반적인 운명을 따라 희미해져 갔다. 상나라는 제에게 도움을 청하는 정형화된 전례(典禮)를 만들지 않았으며, 기원전 12세기가 되자 제를 직접 부르는 것조차 중단하고 조상과 자연의 영들에게만 호소하게 되었다.[78]

상나라 사회는 우아, 세련, 야만이 묘하게 섞여 있었다. 자신들에게 주어진 환경의 아름다움을 높이 평가했으며, 그들의 예술은 세련되고

....

방(方) 상나라에 적대적이었던 세력을 가리킨다. 상 왕조의 전성기 때에는 동서남북에 30여 개의 방국(方國)이 있었다고 추정된다. 갑골문에서 확인되는 '방'은 '토방(土方)' '인방(人方)' '강방(羌方)' '길방(吉方)' '귀방(鬼方)' 등이 있다. 이들은 상 왕실에 대해 어느 정도 독립적인 지위를 누리면서 상나라 왕의 직접 통치권 밖에 있었다.

창의적이었다. 청동 제기(祭器)는 그들이 야생 동물이나 가축으로 기르던 소나 말을 꼼꼼하게 관찰했음을 보여준다. 그들은 양, 코뿔소, 올빼미를 닮은, 놀라울 정도로 독창적인 항아리를 만들었다. 그러나 그들은 그렇게 꼼꼼하게 관찰하던 짐승을 도살하는 것을 어렵게 생각하지 않았다. 한 번의 희생제에 백 마리를 죽이는 일도 있었다. 왕의 사냥에서는 야생동물을 무지막지하게 죽였으며, 빈례(賓禮)나 장례 때는 가축을 많이 잡았다. 왕과 귀족은 큰 부를 쌓았으며 가축, 금속, 농작물, 사냥감을 기준으로 부를 측정했다. 주변에는 야생 동식물이 많았고, 농민들은 쌀을 비롯한 농작물을 끝없이 제공했다. 그래서 그들의 자원은 바닥이 나지 않을 것처럼 보였다. 내일을 위해 저축을 한다는 생각은 하지 않았다.[79]

훗날 축의 시대 철학자의 한 사람인 묵자(墨子)는 '천자(天子)'인 상나라 왕들의 호사스러운 장례식을 돌이켜보았다. 그는 엄청나고 천박한 방종과 가엾은 하인이나 가신을 죽이는 제의에 역겨움을 느꼈던 것이 분명하다.

제후가 죽으면 창고와 보고가 텅 빈다. 주검 위에는 금, 옥, 진주를 올려놓았다. 무덤에는 비단 두루마리와 말이 끄는 전차를 묻는다. 매장실에는 휘장도 많이 필요하다. 또 다리가 셋인 꽃병, 북, 탁자, 단지, 얼음 그릇, 전투용 도끼, 검, 깃털 장식이 달린 기, 상아, 동물 가죽도 넣어야 한다. 그러나 이런 호사스러운 물건 외에도 순장자(殉葬者)가 따르지 않으면 아무도 만족하지 않는다. 죽은 자를 따르기 위해 희생되는 사람들을 보면, 천자일 경우에는 수십 수백 명을 헤아린다. 장군이나 귀족이면 몇 명이나 수십 명을 헤아린다.[80]

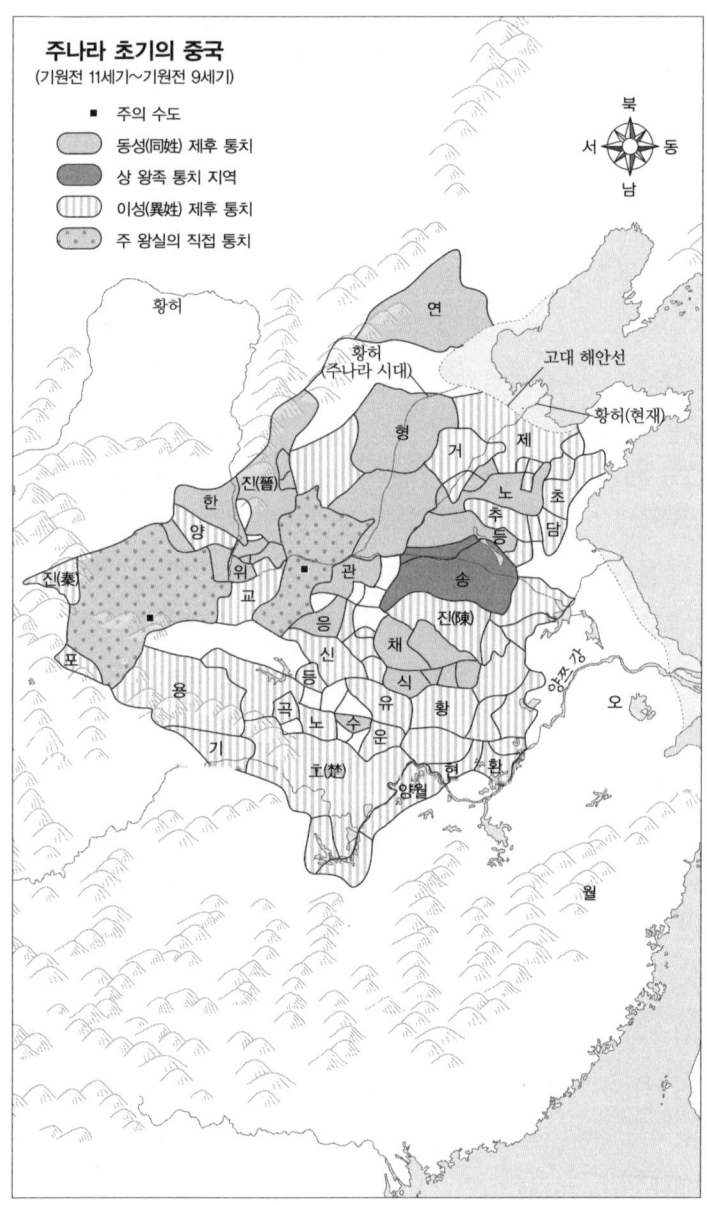

상나라 종교에는 잔혹 행위와 폭력이 있었다. 마침내 중국인은 도덕적 책임감이 거의 없는 제조차도 이 왕조에 대해서는 인내심을 잃었다고 생각했다.

기원전 1045년 웨이허(渭河) 유역의 제후국인 주(周)나라의 문왕(文王)이 상나라에 왕이 없는 동안 상나라 영토를 공격했다. 그러나 문왕은 전사했으며, 그의 아들 무왕(武王)이 계속 상나라 영토로 진격하여 황허 북쪽 무예(牧野)에서 벌어진 전투에서 상나라 군대를 물리쳤다. 상나라의 마지막 왕이었던 주왕(紂王)은 참수되었고, 주나라는 은을 점령했다. 무왕은 전리품을 나누었다. 그러나 그는 웨이허 유역의 오래된 주나라 수도에 그대로 남기로 하고, 죽은 주왕의 아들 녹보에게 상나라 도읍이었던 은을 맡겼으며, 상의 다른 도시들은 일족과 공신들에게 맡겼다. 무왕은 웨이허 유역으로 돌아왔으나 얼마 지나지 않아 죽었다.

무왕이 죽자 상나라 제후들은 주나라 통치에 대항할 기회를 얻었다. 그러나 보통 주공(周公)이라고 알려진 무왕의 동생 단(旦)이 반란을 진압했으며, 상나라는 마침내 중원에 대한 통제력을 잃었다. 주나라는 태자 송이 새 왕이 되었지만, 아직 어렸기 때문에 주공이 섭정으로 활동하며 봉건제와 비슷한 체제를 고안했다. 제후와 동맹자들에게 봉토로 도시를 하나씩 주었으며, 그들의 동쪽 영토를 유지하기 위해 새 수도를 건설했다. 이 수도는 새 왕인 성왕(成王)을 기념하여 성주(成周)라고 불렀다.

주나라는 여러 면에서 상나라를 그대로 따랐다. 그들도 마찬가지로 사냥, 궁술, 전차 몰기, 화려한 잔치를 즐겼다. 상나라를 모범으로 삼아 도시를 조직했고, 자연신과 소상을 섬겼으며 신탁을 물었다. 그들은 계속 제를 섬겼지만, 고대 종교에서 흔히 볼 수 있듯이, 제를 '천(天)'이라고 부르던 자신들의 천신과 합쳤다. 그러나 이 대목에서 그들은 난관에 부딪혔다. 상나라는 제의 승인을 받아 수백 년간 통치했다. 주나라가 여전히 대평원에서 살고 있는 상나라 귀족의 마음을 얻으려면 연속성이 핵심이었다. 주나라는 자신의 조상과 더불어 상의 죽은 왕들도 섬기고 싶었다. 그러나 상의 왕조를 파괴해놓고 어떻게 상의 영혼들을 섬긴단 말인가?

주공이 해결책을 찾아냈다. 제는 가끔 적의 부족을 이용해 상나라에게 벌을 내렸다. 이번에는 제가 주나라를 그 도구로 삼은 것 같았다. 새로운 동쪽 수도 성주를 건설하면서 주공은 중요한 연설을 하는데, 연설 내용이 중국의 6대 고전 가운데 하나인 《서경(書經)》에 기록되어 있다.[81] 주공의 말에 따르면 상나라 왕들은 부패하여 압제를 일삼았다. 하늘은 백성의 고통을 가엾게 여겨, 상에게 위임했던 천명(天命)을 도로 거둔 뒤 새로운 통치자를 찾았다. 마침내 하늘은 주나라의 왕들을 보게 되었고, 이들이 천상제(天上帝)의 새로운 아들이 되었다.

주공은 이렇게 해서 성왕이 경험이 많지 않지만 천자가 되었다고 설명했다. 젊은 사람에게는 힘겨운 책무였다. 이제 성왕은 천명을 받았기 때문에 "공손하고 세심해야" 했다. 그는 "비천한 사람들과 조화를 이루고…… 사람들이 하는 말에 신중하게 주의를 기울여야 한다." 하늘은 백성을 억압하는 통치자에게서 천명을 빼앗아 그것을 더 자격을 갖춘 왕조에게 준다. 그래서 상 왕조와 하 왕조가 실패한 것이다. 상나라 왕들 가운데 다수는 덕이 있는 통치자들이었으나, 왕조 말년에 백성은 비참해졌다. 그들은 괴로워하며 하늘에 호소했고, 하늘은 "온 땅의 백성을 보고 몹시 슬퍼" 천명을 주나라에게 준 것이다. 주나라가 정의에 "깊이 헌신했기" 때문이다. 그러나 주나라도 자족할 여유는 없다.

왕이 이 새로운 도시에 살면서 자신의 덕을 겸손하게 돌보게 하십시오. 왕이 덕을 베푼다면 하늘에 천명이 계속되게 해 달라고 기도할 수 있습니다. 그가 왕으로서 일을 할 때 보통 사람들이 길을 잃고 그른 일을 한다고 해서 가혹한 엄벌로 다스리지 말게 하십시오. 그렇게 하면 많은 것을 이룰 수 있습니다. 왕이 되어 으뜸가는 덕을 지니게 하십시오. 어린 백성은 온 세상에서 그의 본을 따를 것이고, 그러면 왕은 빛이 날 것입니다.[82]

중요한 순간이었다. 주나라는 그때까지 도덕성에 관심이 없던 종교에 윤리적 이상을 도입했다. 하늘은 돼지나 소를 도살하는 것만이 아니라 자비와 정의에도 영향을 받는다. 천명(天命)은 중국의 축의 시대에 중요한 이상이 된다. 통치자가 이기적이고 잔인하고 억압적이면 하늘은 그를 지지하지 않고, 그러면 통치자는 몰락한다. 상나라를 정복하기 전의 주나라처럼 어떤 나라가 약하고 하찮아 보이더라도, 그 통치자가 지혜롭고 인간적이고 백성의 행복에 진심으로 관심을 기울이면, 온 세상 사람들이 그에게 몰려오며, 하늘은 그를 가장 높은 자리로 들어올린다.

그러나 처음에는 천명의 해석과 관련하여 이견이 있었다.[83] 주공과 그의 동생인 소공(召公) 석(奭)의 견해 차이는 심각했다. 주공은 하늘이 **모든** 주나라 백성에게 천명을 주었다고 믿었다. 따라서 새로운 왕은 신하들의 조언에 의지해야 했다. 그러나 소공은 왕 혼자만 천명을 받았다고 주장했다. 소공은 왕이 신의 아들이기 때문에 오로지 왕만 직접 하늘에 접근할 수 있다는 낡은 관념으로 돌아갔다. 물론 왕은 조언자들과 상의를 하지만, 천명을 얻을 수 있는 독특하고 신비로운 힘을 부여받은 사람은 왕뿐이라는 것이었다.

당연한 일이지만 성왕은 소공의 주장이 더 매력적이라고 보았다. 두 사람은 힘을 합하여 주공에게 물러나라고 압력을 넣었다. 주공은 자신에게 봉토로 할당된 중원 동쪽의 읍성 노(魯)에 거처를 잡았다. 이후 그는 노나라 사람들의 영웅이 되었으며, 이들은 그를 가장 뛰어난 조상으로 존경했다. 덕(德)이 마법적인 카리스마보다 중요하다는 주공의 신념은 축의 시대에 걸맞은 통찰이었다. 단지 조상이라는 이유로 부도덕한 삶을 살았던 사람을 존경하는 것이 아니라 가치와 장점이 있는 사람들을 존중해야 한다는 것이었다.[84] 그러나 중국인은 아직 이런 도덕적 전망을 받아들일 준비가 되지 않았기 때문에 과거의 초자연적인 제의로 돌아갔다.

성왕 이후에 통치한 왕들에 관해서는 알려진 것이 거의 없다. 그러나 주나라의 정복 이후 백 년이 지나자 천명을 받았던 주 왕조도 쇠퇴하기 시작했다. 이들의 봉건제에는 약점이 내재해 있었다. 세월이 흐르면서 여러 봉토의 통치자들과 왕가를 연결했던 혈연 관계는 약해졌고, 그 결과 제후들은 왕과 6촌, 심지어 7촌이나 떨어진 먼 친척 정도의 관계에 머물게 되었다. 왕들은 계속 서도(西都)에서 다스렸기 때문에, 기원전 10세기에 이르러 동쪽의 도시들은 점점 반항적으로 비껴어 갔다. 주 제국은 해체되기 시작했다. 그러나 주 왕조는 왕들이 정치적 중요성을 잃은 뒤에도 오랫동안 종교적이고 상징적인 권위를 유지했다. 중국인들은 주 왕조 초기 시절을 결코 잊지 못했다. 그래서 축의 시대에도 천명을 받을 자격이 있는 의로운 통치자를 찾는 일에 몰두하게 된다.

전쟁하는
신성한 신 야훼

기원전 12세기에 지중해 동부는 위기에 빠져들었다. 이 위기의 물결은 그리스, 히타이트, 이집트를 휩쓸어 이 지역 전체가 암흑 시대에 빠져들었다. 무슨 일이 있었는지는 정확히 모른다. 학자들은 이집트의 기록에 언급되는 '해양 민족들'에 원인이 있다고 생각했다. 크레타와 아나톨리아 출신의 뿌리 없는 어부와 농민들로 이루어진 무질서한 무리가 레반트를 휩쓸고 다니며 도시와 마을을 파괴했다는 것이다. 그러나 해양 민족들은 격변의 원인이라기보다는 증상이었던 것으로 보인다. 기후나 환경의 변화로 광범위한 가뭄과 굶주림이 지역 경제를 파괴하면서 분열에 창의적으로 대처할 유연성이 사라졌던 것인지도 모른다. 히타이트와 이집트는 수백 년 동안 근동을 자기들끼리 나누어 가졌다. 이집트는 시리아 남부, 페니키아, 가나안을 장악했고, 히타이트는 소아시아와 아나톨리아(지금의 터키)를 통치했다. 그러나 기원전 1130년이 되면서 이집트는 국외 영토를 대부분 잃었다. 히타이트의 수도는 폐허가 되었다. 우가리트, 메기도, 하조르 등 가나안의 큰 항구들은 황폐해졌다. 그리스에서는 미케네 왕국이 해체되었다. 모든 것을 잃고 자포자기에 빠진 민족들은 일자리와 안정을 찾아 이 지역을 유랑했다.

이 위기가 전하는 무시무시한 종말의 느낌은 그것을 경험한 모두에게 지울 수 없는 인상을 남겼다. 그 뒤에 이어진 암흑 시대에는 축의 시대 민족 가운데 눌이 나타났다. 미케네의 폐허에서는 새로운 그리스 문명이 탄생했으며, 가나안의 고지대에서는 이스라엘이라고 부르는 부족 동맹체가 나타났다. 이때는 진짜로 암흑 시대라 역사적 기록이 거의 남

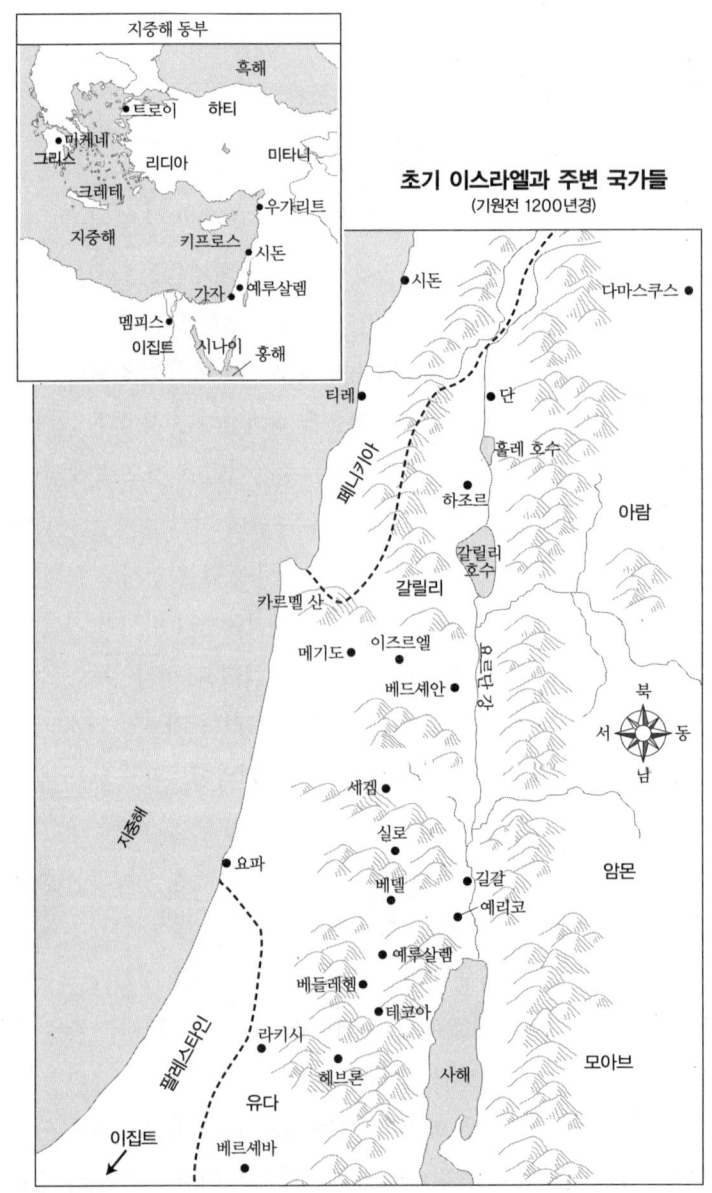

아 있지 않기 때문에, 우리는 이 시기의 그리스나 이스라엘에 관해서는 아는 것이 거의 없다. 그리스에 관해서는 기원전 9세기까지 믿을 만한 정보가 거의 없다시피 하며, 초기 이스라엘에 관해서도 단편적이고 개략적인 정보가 몇 가지 있을 뿐이다.

가나안의 붕괴는 매우 점진적이었다.[85] 기원전 15세기 이후 이집트 제국의 일부였던 해안 지대 평원의 넓은 도시 국가들은 이집트가 물러나면서 하나씩 붕괴했다. 이 과정 전체가 백 년은 걸렸을 것이다. 이 경우에도 이집트가 떠나면서 왜 도시들이 무너졌는지는 모른다. 도시의 엘리트와 경제의 핵심이던 토지를 경작하던 농민 사이에 갈등이 있었는지도 모른다. 이집트 권력이 쇠퇴하면서 도시에 사회적 불안이 생겼거나, 도시 국가들 사이에 경쟁이 벌어졌을 수도 있다. 어쨌든 이 도시들의 몰락은 한 가지 중요한 결과를 낳았다. 기원전 1200년 직전 고지대에 새로운 정착지 네트워크가 형성된 것이다. 이 네트워크는 북쪽으로 갈릴리 남부, 남쪽으로 베르셰바(브엘세바)†까지 뻗어 있었다.[86]

이 마을들은 당당한 모습은 아니었다. 성벽도 없었다. 요새화되어 있지도 않았다. 웅장한 공공건물이나 왕궁, 신전도 없었다. 문서 보관소도 없었다. 수수하고 균일한 주택들은 이곳이 평등한 사회였음을 보여준다. 부가 상당히 균등하게 분배된 곳이었다. 거주자들은 경작하기 까다로운 자갈밭과 씨름해야 했다. 이들의 경제는 곡물과 가축에 의존했지만, 고고학적 기록을 보면 이 정착지들이 번성했음을 알 수 있다. 기원전 11세기에는 이 고지대에 인구 폭발이 일어나 절정기에는 약 8만

---

† 참고로 괄호 안에 성경에 쓰인 표기를 병기했다. 성경을 인용할 때는 공동번역 성경의 표기를 따랐다.

에 이르렀다. 학자들은 이 마을들에 거주한 사람들이 파라오 메르넵타의 승전 기념판⁺에 언급되는 '이스라엘' 민족이라는 데 동의한다. 성경 이외에 이스라엘이 언급되는 것은 이 기념판이 최초다. 이것은 이 시기에 고지대 거주자들의 적이 이들을 그 땅에 함께 살던 가나안인, 후르리인, 베두인족과 다르게 보았음을 알려준다.[87]

초기 이스라엘의 발전에 관한 그 시대의 기록은 없다. 성경은 아주 자세한 이야기를 들려주지만, 원래 구전되던 이야기가 문자로 기록된 것은 오랜 세월이 흐른 뒤의 일이었다. 축의 시대의 산물인 성경의 창조는 수백 년이 걸린 긴 영적 과정이었다. 최초의 성경 텍스트들은 기원전 8세기에 기록되었으며, 성경 정전은 기원전 5세기 또는 4세기에 결정되었다. 축의 시대에 이스라엘의 역사가, 시인, 연대기 기록자, 예언자, 사제, 법률가들은 자신의 역사를 깊이 명상했다. 중국인들에게 요, 순, 주공이 그랬던 것처럼, 이스라엘에게도 나라의 창건자들인 아브라함, 모세, 여호수아, 다윗은 영적으로 중요했다. 이스라엘 사람들은 인도의 현자들이 희생제의 의미를 생각했던 것과 마찬가지로 집요하게 그들의 기원에 관한 이야기를 사유했다. 이스라엘의 기원에 관한 이야기는 조직화를 위한 상징이 되며, 축의 시대의 발전은 이 상징을

....
메르넵타의 승전 기념판 이집트 파라오 메르넵타(Merneptah, ?~기원전 1204)는 즉위 초부터 서부 국경 지대를 침입해 들어온 이민족들을 물리쳐야 했다. 그러던 중 기원전 1209년 봄에 리비아인들과 해상 민족의 동맹군에 맞서 대규모 전투를 치렀는데, 전투는 이집트의 승리로 끝났다. 메르넵타는 승리를 기념하기 위해 거대한 기념판 4개를 새기도록 지시했다. 이중 유명한 '이스라엘 스텔라'는 팔레스타인에서 일어난 반란을 진압한 사실을 기록했다. 오늘날 성서 이외에 이스라엘에 대한 최초의 기록으로 알려져 있다. 기념판에 새겨진 상형문자 가운데 "이스라엘은 황폐해졌고 그 씨가 말랐다."라는 표현이 나오는데, 많은 학자들이 이것을 바탕으로 당시 벌써 이스라엘이라는 종족의 실체가 존재했다고 본다.

중심으로 이루어진다. 앞으로 보겠지만 이스라엘 사람들은 자신들의 전설을 발전시키고 바꾸고 꾸미고 보태고 재해석하고 시대의 특정 상황과 연결시켰다. 모든 시인, 예언자, 선각자가 이 진화하는 이야기에 새로운 층을 보태면서 의미가 더욱 확대되고 심화되었다.

이 이야기의 결정판은 이스라엘 민족이 가나안 원주민이 아니라고 주장한다. 그들의 조상 아브라함은 메소포타미아의 우르 출신이며, 기원전 1750년경 신의 명령으로 가나안에 정착했다. 족장들은 이 고지대의 여러 지역에 살았다. 아브라함은 헤브론에 살았다. 그의 아들 이사악은 베르셰바(브엘세바)에 살았다. 아브라함의 손자 야곱(이스라엘이라고도 부른다)은 세겜에 살았다. 야훼는 족장들에게 이스라엘을 강한 나라로 만들어주고, 가나안 땅을 그들에게 주겠다고 약속했다. 그러나 기근이 들어 야곱/이스라엘과 그의 열두 아들(이스라엘 12지파†의 창립자)은 이집트로 이주한다. 처음에 그들은 그곳에서 번창했으나 결국 이집트인의 노예가 되었고, 이스라엘 사람들은 그곳에서 400년 동안 고달픈 포로 생활을 한다. 마침내 기원전 1250년경 그들의 신 야훼는 그들을 동정하여 막강한 힘을 과시하며 모세에게 영도를 맡겨 그들을 해방한다. 이스라엘 사람들이 이집트를 탈출하자 야훼는 기적적으로 홍해의 물을 갈라 그들이 발을 적시지 않고 안전하게 바다를 건너게 해주었다. 하지만 야훼는 그 뒤를 따라 바다로 뛰어든 파라오와 이집트 군대

이스라엘 12지파(12부족) 구약성서에 나오는 야곱(이스라엘)의 자손을 말한다. 모세가 죽은 뒤 헤브라이 사람들은 여호수아를 지도자로 삼아 약속의 땅 가나안으로 들어갔다. 여호수아는 여러 차례 전투를 거쳐 가나안 전역을 점령한 뒤 땅을 12지파에게 나누어주었다. 12지파의 이름은 야곱(하느님이 그의 이름을 '이스라엘'로 바꾸었다고 함)의 아들들이나 손자들의 이름을 땄기 때문에 헤브라이 사람들은 이스라엘 사람들로 알려지게 되었다. 12지파 중 10지파는 팔레스타인 북쪽 지역에 정착한다.

는 물에 빠지게 했다. 야훼는 가나안 남쪽 사막 지역에 있는 시나이(시내) 산에서 이스라엘과 계약을 하고, 그들을 신성한 사람으로 만들 '율법'을 준다. 그러나 이스라엘 백성은 야훼가 그들을 가나안 국경 지대로 이끌 때까지 광야에서 40년을 떠돌게 된다. 모세는 약속의 땅으로 들어가기 전에 죽지만, 기원전 1200년경 여호수아가 이스라엘 군대를 승리로 이끈다. 여호수아의 지도를 받은 이스라엘 백성은 가나안의 모든 도시를 파괴하고 거주자들을 죽이고 그 땅을 자기 것으로 만들었다.

그러나 1967년 이후 이루어진 이스라엘 고고학자들의 발굴은 이런 이야기를 확인해주지 않는다. 그들은 《여호수아》에 묘사된 대량 학살의 흔적도, 외지인의 침입 흔적도, 이집트 유물도, 인구 변화의 표시도 발견하지 못했다. 인도 베다 문명의 기원을 둘러싼 토론에서처럼 학자들의 논쟁은 격렬했고 종종 적대적으로 치달았다. 결국 학자들은 이집트 대탈출 이야기는 역사적 근거가 없는 것으로 대체로 합의를 보았다. 성경의 이야기는 기원전 13세기가 아니라, 이 텍스트들 대부분이 기록된 기원전 7세기나 기원전 6세기의 상황을 반영한다는 것이다. 많은 학자들은 고지대에 새로운 정착지를 만든 정착민 다수가 해안의 쇠퇴하는 도시 국가들에서 이주했을 것이라고 생각한다. 따라서 최초의 이스라엘인 다수는 외지인이 아니라 가나안인이었을 가능성이 높다. 성경의 가장 오래된 부분들은 야훼가 원래 남쪽 산들의 신임을 보여준다. 따라서 다른 부족들이 남쪽에서 고지대로 이주하면서 야훼를 데려왔을 가능성이 있다. 이스라엘인 가운데 일부, 특히 요셉 부족은 이집트에서 왔을지도 모른다. 해안의 도시 국가들에서 이집트의 지배를 받으며 살았던 이스라엘인은 자신들이 실제로 이집트로부터 해방되었다고 느꼈을지도 모른다. 그러나 어디까지나 자기 땅에 있다가 해방된 것이다.

성경 저자들은 현대 역사가들을 만족시킬 만큼 과학적으로 정확한 이야기를 쓰는 데는 관심이 없었다. 그들은 존재의 의미를 탐색했다. 이것은 이스라엘 민족이 자기만의 정체성을 창조하도록 돕는 서사적 이야기이자 민족의 전설이었다.[88]

이스라엘인이 사실 가나안 원주민이었다면 왜 자신들이 외지인이라고 주장했을까? 고고학자들은 고지대에서 상당한 사회경제적 분열, 심한 인구 변화, 경쟁하는 종족 집단들이 200년에 걸쳐 펼친 사활을 건 투쟁의 증거를 발견했다.[89] 심지어 성경의 이야기도 이스라엘이 단일 조상의 후손이 아니라 다양한 많은 종족—기브온 사람들, 여라므엘 사람들, 헤벨과 디르사 출신의 가나안 사람들—으로 이루어져 있으며 이들 모두가 '이스라엘'의 한 부분을 이룬다고 암시한다.[90] 이 집단과 부족들은 계약에 의해 서로 묶인 것으로 보인다.[91] 이들 모두 숙고 끝에 가나안의 오래된 도시 문화에 등을 돌리겠다는 용감한 결정을 내린 것이다. 이런 의미에서 그들은 진실로 외부인들이었으며, 주변부에서 산 경험은 성경에서 이스라엘의 외부 기원설에 대한 믿음과 더불어 반(反)가나안 논쟁에 영감을 주었을 것이다. 이스라엘은 여러 민족으로 이루어진 가족에서 신참자였으며, 트라우마와 격변의 산물이었고 늘 주변으로 밀려날 위협에 시달렸다. 이스라엘인은 이에 반발하는 정체성과 서사를 발전시켜 나갔다. 그들은 자신들의 신 야훼와 독특한 관계를 누리기 때문에 그 지역의 다른 민족들과 다르다는 것이었다.[92]

부족의 에토스는 구성원들에게 친족의 죽음에 복수할 것을 요구했다. 친족은 하나의 몸이었다. 부족민은 단일한 삶을 공유했다.[93] 따라서 그들은 같은 씨족 구성원을 자기 자신처럼 사랑해야 했다. 종종 '사랑'이라고 번역되는 '헤세드'라는 말은 원래 부족의 용어로서, 자신의 가족 집단에 대한 관대하고 이타적인 행동을 요구하는 친족 관계의 의리를 의미했다.[94] 혈연 관계가 아닌 사람들도 혼인이나 계약으로 부족에 통합될 수 있었으며, 부족의 일원이 된 이들은 형제의 지위를 얻었다. 부족민은 이 새 구성원들을 자기 자신처럼 사랑해야 했다. 그들이 이제 살 중의 살이자 뼈 중의 뼈가 되었기 때문이다. 중동에서 초기의 많은 계약은 이런 친족 용어를 사용하는데, 이런 친족 정서가 새로운 이스라엘의 다양한 종족 집단들을 함께 묶는 계약의 특징이었을 것이다.[95] 셈족 세계의 서부에서는 사회적 단위가 커지면서 친족의 용어가 전보다 더 자주 사용되었다. 전보다 커진 동맹체를 묶는 유대의 신성함을 강조하려는 것이었다. 이렇게 초기 이스라엘의 제도와 법은 부족적 이상의 지배를 받았다. 이 지역의 다른 민족들처럼 이스라엘 사람들도 자신들이 자신들만의 신과 이어져 있다고 느꼈으며, 자신들을 '암 야훼', 즉 야훼의 '혈족' 또는 '민족'이라고 불렀다.[96]

고고학적 기록을 보면 산악 지대의 삶은 폭력적이었다. 지중해 동부는 혼돈의 시기였다. 초기의 정착자들은 자신들이 식민지로 만들려는 땅을 차지하려고 싸워야 했을 것이다. 성경에는 요르단(요단) 강변에서 거둔 위대한 승리의 기억이 보존되어 있다. 남쪽으로부터 이주하여 모압의 영토를 통과하려던 부족들은 그들이 강을 건너는 것을 저지하려던 현지의 집단과 싸워야 했을 것이다. 정착민들은 일단 한 마을에 자리를 잡으면 이웃들과 공존하려고 노력하면서, 또 한편으로는 갓 태어난 사회의 안전을 위협하는 사람들에 대항하여 단결해야 했다. 고고학자들은 《판관기》와 《사무엘 상》에 묘사된 주기적인 전쟁이 기원전 11세기와 10세기의 상황을 상당히 정확하게 묘사한 것이라고 보고 있다. 이스라엘은 기원전 1200년경, 그러니까 고지대에 첫 마을들이 세워지던 시기에 가나안 남부 해안에 정착한 팔레스타인인(불레셋인) 같은 집단들과 경쟁해야 했다. 부족의 지도자(소페트sophet. '판관判官')는 자신의 씨족이 공격을 받으면 이웃한 정착지의 지원을 끌어낼 수 있어야 했다. '헤렘'('성전聖戰')이라는 제도는 이스라엘 사회에서 핵심이었다. 판관은 자기 부족이 공격을 받으면 다른 씨족들을 불러 야훼의 의용군을 조직했다. 이스라엘의 중심 숭배 대상은 '언약의 궤'라고 부르는 수호물이었다. 언약의 궤는 '암 야훼'를 한데 묶는 조약의 상징이었으며, 이들은 싸움터에 이 궤를 들고 갔다. 부대가 출정할 때 판관은 야훼에게 궤와 동행해 달라고 호소했다.

> 야훼여, 일어나십시오. 당신의 원수들을 쫓으십시오.
> 당신의 적수들을 면전에서 쫓으십시오.[97]

포위를 당한 상태에서 늘 적의 공격에 대비하여 전쟁을 준비하며 살게 된 사람들은 전투적 믿음을 발전시켰다.

이스라엘 민족은 스스로 이웃과 매우 다르다고 느꼈지만, 성경 기록을 보면 기원전 6세기까지 이스라엘의 종교가 사실상 이 지역의 다른 민족들이 섬기는 종교와 별로 다르지 않았음을 알 수 있다. 아브라함, 이사악, 야곱은 '엘', 즉 가나안의 최고신을 섬겼으며, 뒷세대들은 엘 신앙을 야훼 신앙과 합쳤다.[98] 야훼 자신도 모세에게 이스라엘의 역사 초기에는 족장들이 늘 자신을 엘이라고 불렀지만, 이제 자신의 진짜 이름이 야훼임을 밝힌다면서 이 과정을 언급한다.[99] 그러나 이스라엘 사람들은 엘을 결코 잊지 않았다. 오랫동안 야훼의 신전은 가나안의 엘이 신들의 성스러운 집회를 관장하던 신전과 마찬가지로 장막이었다.

가나안에서 엘은 결국 최고신 대부분과 같은 운명을 맞아, 기원전 14세기에 엘 숭배는 시들해지기 시작했다. 대신 사람들은 역동적인 폭풍의 신이자 신성한 전사인 '바알'을 섬기기 시작했다. 바알은 전차를 타고 하늘의 구름 위를 돌아다녔으며, 다른 신들과 싸움을 했고, 생명을 주는 비를 내렸다. 초기에 야훼 숭배는 바알 숭배와 아주 흡사했다. 심지어 바알 찬가 가운데 일부가 예루살렘의 야훼 성전에서 개작되어 쓰이기도 했다. 중동의 종교는 경쟁적인 면이 아주 강해, 신들 사이의 전쟁, 육박전, 살벌한 전투 이야기가 중심이 되었다. 바빌로니아에서 전쟁의 신 '마르두크'는 태초의 바다의 화신 '티아마트'를 죽여, 그 주검을 거대한 조개처럼 둘로 갈라 하늘과 땅을 창조했다. 매년 에사길라 신전의 새해를 맞는 행사에서는 또 한 해를 유지하기 위해 이 전투를 재연했다. 시리아에서는 바알이 머리가 일곱 달린 바다의 용 '로탄'과 싸웠다. 로탄은 성경에서는 레비아단(리워야단)이라고 부른다. 바알은 또 혼돈의 상징인 태초의 바다 '얌'과도 싸웠고, 가뭄, 죽음, 불임의 신인 '모트'와도 싸웠다. 바알은 자신의 승리를 기념하려고 자신의 신성한 산인 사판 산에 궁을 지었다. 기원전 6세기까지 이스라엘 사람들도 야훼가 세상을 창조하고 자신의 백성을 구하기 위하여 레비아단 같은 바다의 용들과 싸웠다고 상상했다.[100]

북부 시리아 지중해 연안에 있었던 거대한 도시 우가리트의 찬가들은 신성한 전사 바알이 다가오자 우주 전체가 진동했다고 말한다. 바알이 '신성한 자들'로 이루어진 수행원들과 함께 벼락을 휘두르며 적에게 다가가자,

> 하늘이 두루마리처럼 말리고,

포도 잎이 시들듯이,

무화과가 늘어지듯이,

적의 군대가 기운을 잃는다.[101]

바알의 성스러운 목소리는 땅을 부수고, 산은 그의 함성에 몸을 떨었다.[102] 바알이 승리를 거두고 사판 산에 돌아오자, 그의 목소리가 궁에서 천둥처럼 울리며 비가 내렸다.[103] 바알을 숭배하는 사람들은 우가리트의 전례에서 이런 싸움들을 재연하여 그와 함께 가뭄이나 죽음과 투쟁했다. 바알은 모트와 사활을 건 싸움을 벌인 뒤 누이이자 부인인 아나트와 기쁘게 재결합했다. 바알을 숭배하는 사람들은 땅의 신성한 에너지를 움직여 풍년을 맞이하기 위해 제의화한 성행위로 바알과 아나트의 결합을 기념했다. 이스라엘 사람들이 기원전 8세기가 되도록, 또 그 이후까지 이 성스러운 주신제에 참여했고, 이스라엘의 예언자들이 이것을 혐오했다는 사실을 우리는 알고 있다.

성경의 아주 오래된 텍스트—기원전 10세기 무렵에 별도로 기록된 뒤 나중에 이야기 속에 삽입된 시들—에서는 야훼도 바알처럼 신성한 전사로 등장한다. 이 시절 부족들은 폭력적이고 위험한 삶을 살았으며, 그들의 신의 지원이 절실하게 필요했다. 이 시들은 보통 야훼가 남쪽의 산에 있는 집에서 나와 고지대에 사는 자신의 백성을 도우러 온다고 묘사한다. 구약 성서에 나오는 여자 예언자 드보라가 지었다는 '드보라의 노래'도 그렇다.

야훼여, 님께서 세일에서 나오실 때,

님께서 에돔 땅에서 진군하실 때,

땅은 흔들리고 하늘은 진동하여
구름이 비를 쏟았습니다.
산들이 야훼 앞에서 녹아 나고
저 시나이 산도,
이스라엘의 하느님 야훼 앞에서 녹아내렸습니다.[104]

다른 초기 시에서는 야훼가 바란 산에서 나오자 "땅이 흔들린다." 그가 다가오자 산들이 무너지고, 영원히 서 있을 것 같은 언덕들이 주저앉는다. 그의 진노가 태초의 바다를 배경으로 타오르고, 이스라엘에 대항하는 나라들은 공포에 떤다.[105]

초기 이스라엘에는 중앙 성소가 없었고 대신 세겜, 길갈, 실로, 베델, 시나이, 헤브론 등지에 많은 신전이 있었다. 후기 성경 이야기에 삽입된 텍스트들을 보면, 언약의 궤는 한 성소에서 다른 성소로 들고 다녔으며, 이스라엘 사람들은 현지의 성전에 모여 야훼가 함께하시는 가운데 조약을 갱신했다. 성전들은 종종 과거 이스라엘의 위대한 인물들과 연결되었다. 아브라함은 헤브론 근처 남쪽 부족들의 지역적 영웅이었다. 야곱의 성소는 베델에 있었다. 야곱이 총애하던 아들로 꼽히는 요셉은 북쪽 산악 지대 부족들이 숭배했다. 모세도 북부, 특히 실로에서 아주 인기가 높았다.[106] 언약 축제 기간에 시인, 사제, 판관들은 이런 위대한 사람의 이야기를 했다. 한번은 아브라함이 헤브론 근처 마므레에 있는 장막에서 나그네 셋을 맞았는데 그 가운데 한 명이 바로 야훼였다는 이야기도 했다. 야곱이 베델에서 꿈을 꾸다 야훼를 보았고, 하늘과 땅을 연결하는 큰 사다리를 보았다는 이야기도 했다. 여호수아가 땅을 정복한 뒤 세겜에서 부족들을 언약으로 묶었다는 이야기도 했다.

각 성소마다 나름의 전설이 있었을 것이며, 이것은 세대에서 세대로 구전되면서 엄숙한 행사 때마다 암송되어 부족들에게 친족 의무를 상기시켰을 것이다.

이스라엘 사람들은 행사에서 이런 위대한 행동을 재연했을 것이다. 예를 들어 어떤 학자들은 《여호수아》에 부족들이 성공적으로 요르단 강을 건넌 일을 기념하는 길갈의 봄 축제에 관한 기록이 담겨 있다고 생각한다.[107] 성경 저자는 제의 이야기를 중단하고, 봄의 추수철이라 "둑에까지 물이 넘쳐 흘렀다."고 설명한다.[108] 아마 위대한 기적을 기념하는 축제를 위해 물을 특별히 둑으로 막아두었던 것 같다. 그 기적을 전하는 이야기에 따르면, 여호수아는 사람들을 물이 넘치는 가장자리로 데려가 가만히 서서 무슨 일이 일어나는지 지켜보라고 말했다. 언약의 궤를 옮기는 사제들의 발이 물에 닿자, 물이 기적적으로 갈라져 모든 사람이 맨땅을 딛고 안전하게 강을 건너 길갈에서 약속된 땅 가나안으로 들어간다. 그 지역 사람들 ― "요르단 강 건너 서편 지역에 있는 아모리의 모든 왕과 해안 지역에 있는 가나안의 모든 왕" ― 이 그 일을 전해 듣고 "모두 넋을 잃었다."[109] 매년 강 건너기 봄 축제(페사크pesach, '유월절') 때마다 부족들은 이 위대한 순간을 의식으로 재연했다. 그들은 요르단 강 동쪽 제방에 모여 정화 의식을 거행한 뒤 둑으로 막은 물을 건너 서쪽 제방으로 가서 길갈의 신전으로 들어갔다. 이곳에서는 원형으로 배치한 입석들(길갈) ― 돌은 각각 12부족 가운데 한 부족을 상징했다. ― 이 이 행사를 기념했다. 이스라엘 사람들은 이곳에서 야영을 하며 언약을 갱신하고, 승리를 거두어 이 땅에 들어온 뒤 처음으로 "그 땅의 소출을 먹었던" 선조들을 기억하며 누룩을 넣지 않은 빵(마조트)과 볶은 곡식을 먹었다.[110]

마지막으로 이스라엘 군대가 길갈에서 출발한 뒤 여호수아가 경험했던 환상의 재연이 있었을 것이다.

여호수아가 예리고 지방에 가까이 이르렀을 때의 일이다. 그가 고개를 들고 보니 자기 앞에 누가 칼을 뽑아 들고 서 있는 것이었다. 여호수아는 그에게 다가가서 물었다. "너는 우리 편이냐? 우리 원수의 편이냐?" 그가 대답하였다. "아니다. 나는 야훼 군대의 총사령관으로서 이제 온 것이다." 이 대답을 듣고 여호수아는 엎드려 얼굴을 땅에 대고 절하며 물었다. "내 주여, 당신의 종에게 무슨 말씀을 하시렵니까?" 야훼 군대의 총사령관이 지시하였다. "네 발에서 신을 벗어라. 네가 서 있는 곳은 거룩한 곳이다." 여호수아는 그대로 하였다.[111]

유월절 축제는 예리코(예리고) 공격에서 시작된, 약속의 땅을 차지하기 위한 성전을 준비하는 행사였다. 예리코의 성벽은 기적적으로 허물어지고 이스라엘 사람들은 성 안으로 쏟아져 들어갔다. "남녀노소 가리지 않고 소건 양이건 나귀건 모조리 칼로 쳐 없애버렸다."[112]

야훼는 전쟁의 신이었다. 길갈의 축제는 봄 수확 때 거행되었지만 풍작을 기원하는 기도는 없고, 오로지 전쟁만 기념했다. 이스라엘의 신은 야훼 '사바오트', 즉 '군대의' 신이라고 불렀다. 그는 천군(天軍)과 함께 다녔으며, 그의 휘하에 있는 대장이 이스라엘 사람들을 전투로 이끌었다. 전쟁은 성화된 활동이었다. 사람들은 전쟁 전에 몸을 정화하는 종교 의식을 거행했으며, 여호수아가 환상을 보았던 전장은 신성한 곳이었다. 중동의 많은 민족이 우주의 전쟁을 재연했지만, 이스라엘은 다른 일을 시작했다. 그들은 신화에 등장하는 태초의 세계에서 신성한 시간에 얻은 승리를 기념한 것이 아니라, 멀지 않은 과거에 인간의 시간에 거둔―그들은 그렇게 믿었다.―승리를 기념했던 것이다.

　이렇게 신화에서 역사로 이동하는 양상은 성경의 가장 오래된 시들 가운데 한 편에서 분명하게 나타난다. 이 시는 길갈 축제 때 낭송되었을 것이며, 그 시기는 기원전 10세기까지 거슬러 올라갈 것이다.[113] 최종적인 성경 텍스트인 '바다의 노래'[114]는 이집트 탈출 이야기 가운데 홍해를 건넌 직후를 묘사하는 대목에 포함되어 있으며, 모세의 누이인 미리암이 부른 것으로 되어 있다. 그러나 '바다의 노래'는 원래 이스라엘의 적이 홍해가 아니라 요르단 강에 빠져 죽었음을 분명히 밝히고 있다. 이 기적을 목격한 것은 이집트나 시나이 사람들이 아니라, 가나안 거주자와 요르단 강 동쪽 여러 왕국에 사는 사람들이었다.

　　불레셋 주민은 겁에 질리고,
　　에돔의 두목들은 놀라고, 모압의 권력가들은 떨며,
　　가나안 주민들은 모두들 기가 죽었습니다.
　　덮쳐 오는 두려움에 사로잡혔습니다.[115]

　이 노래는 야훼가 그의 백성을 이끌고 시나이 반도가 아니라 약속의 땅을 통과하는 승리의 행진을 묘사하고 있다. 이 노래는 나중에 이집트 탈출 이야기에 맞게 변형되는데, 요르단 강을 건넌 일을 기념하는 초기의 의식이 홍해를 건넌 성경 이야기를 형성하는 데 도움을 주었다는 사실을 보여주는 증거라고 할 수도 있다.[116]
　홍해의 승리를 요르단 강의 기적과 섞는 것은 쉬운 일이었다. 가나안 신화에서 바알은 중동에서는 늘 혼돈의 파괴력을 상징했던 태초의 바다 '얌'과 싸워 그를 죽임으로써 우주를 살 만한 곳으로 만들었다. 그러나 얌은 또 '강의 군주'라고도 불렀다. 바다와 강은 서로 바꾸어 쓸 수 있었던 것이다. 바다의 노래에는 바알 숭배와 신화의 영향이 강하게 드러난다.[117] 바알과 마찬가지로 야훼는 신성한 전사로 찬사를 받는다.

> 야훼여, 당신의 오른손이 힘차 영광스럽습니다.
> 야훼여, 당신의 오른손이 원수를 짓부쉈습니다.
> 무서운 힘으로 당신은 적수를 꺾으셨습니다.
> 불타는 분노로 당신은 원수를 검불처럼 살라버리셨습니다.[118]

바알과 마찬가지로 야훼는 바다/강을 힘으로 제압했다. 야훼가 콧김을 한 번 불자 "파도는 언덕처럼 일어서며",[119] 야훼는 승리를 거둔 뒤에 자신의 신성한 산으로 걸어가 그곳에서 영원히 왕의 자리에 앉았다. 바알이 얌에게 승리를 거둔 뒤 사판 산에서 왕위에 오른 것과 마찬가지다. 그러나 눈에 띄는 차이가 있다. 바알이 걸어갈 때는 산, 숲, 사막이 진동을 했다. 그러나 바다의 노래를 보면 야훼가 지나갈 때 공포에 몸이 마비된 것은 현지 사람들이었다. 고대 신화가 배경이 되어 이스라엘의 역사적 전투에 초월적 의미를 부여하는 셈이다.

다음 장에서 보겠지만 이스라엘 사람들은 나중에 바알에게 매우 적대적으로 변한다. 그러나 이 시기에 그들은 바알 신앙에서 많은 영감을 얻었다. 이스라엘 사람들은 아직 일신교도가 아니었다. 야훼는 특별한 신이었지만, 그들은 다른 신들의 존재도 인정하고 그들을 섬겼다. 야훼가 **유일한** 신이 되는 것은 기원전 6세기 말이다. 초기에 야훼는 신들의 모임에 속한 '신성한 자들' 또는 '엘의 아들' 가운데 하나일 뿐이었다.

전하는 말에 따르면, 태초에 엘은 '신성한 자'에게 각 민족의 수호신 일을 맡겼고, 야훼는 '이스라엘의 신성한 자'로 임명되었다고 한다. 《신명기》에 포함된 또 하나의 초기 시는 이런 고대의 신학을 표현한다.

> 지존하신 이께서 만방에 땅을 나누어주시고, 인류를 갈라 흩으실 때,
> 신의 아들들†의 수효만큼 경계를 그으시고 민족들을 내셨지만,
> 야곱이 야훼의 몫이 되고 이스라엘은 그가 차지한 유산이 되었다.[120]

신성함을 가리키는 아카드어는 '엘루'인데, 이것은 '청결, 찬란, 광채'라는 뜻이다. 이 말은 헤브라이어의 '엘로힘'과 연결되는데, 이 말은 종종 간단하게 '신'으로 번역되지만 원래는 신이 인간에게 의미할 수 있는 모든 것을 요약한 말이다. 중동의 '신성한 자들'은 인도의 '빛나는 자들'인 데바들과 같았다. 중동에서 신성함은 브라만과 마찬가지로 신들을 **넘어선** 곳에 놓여 있는 힘이었다. 메소포타미아에서 '일람'(성스러움)이라는 말은 어떤 특정한 신을 초월하는 빛나는 힘을 가리킨다. 이것은 근원적 실재로서 어떤 단일하거나 독특한 구체적 형태와 연결될 수 없었다. 신들은 일람의 근원이 아니라, 인간, 산, 나무, 별과 마찬가지로 이 신성함에 참여하는 존재들이었다. 이 신앙에서는 일람과 접촉하는 모든 것들이 신성해졌다. 왕, 사제, 신전, 심지어 제기까지 일람과 연결되어 신성해졌다. 초기 이스라엘 사람들이라면 신성함을 하나의 신적인 존재에만 한정짓는 것을 의아하게 여겼을 것이다.[121]

기원전 10세기에 들어설 무렵, 이스라엘 사회는 발전하면서 복잡해

---

† 우리말 성경에는 '신들', 또는 '이스라엘 자손'이라고 번역되어 있다.

졌다. 과거의 부족 조직은 이제 몸에 맞지 않았다. 많은 사람들이 이 단계에 저항했지만 이스라엘에도 군주제가 필요하다는 결정이 내려졌다. 성경에 따르면 원래 이스라엘 왕국의 제2대 다윗 왕(기원전 1000~970년경 재위)과 3대 솔로몬 왕(기원전 970~930년경 재위)은 수도 예루살렘에서 통일 왕국을 다스렸다. 그러나 솔로몬이 죽은 뒤 이 왕국은 두 나라로 분열되었다. 12부족 가운데 10개 부족이 힘을 합쳐 예루살렘에 반기를 들고 세운 북부의 이스라엘 왕국이 더 크고 더 부유했으며, 인구도 90퍼센트나 차지했다. 땅은 비옥하고 생산량이 많았으며, 통신과 운송도 상대적으로 편했다. 이즈르엘 강 유역은 오래 전부터 이집트와 메소포타미아 사이의 주요한 교역로였다. 다윗 왕의 자손들이 통치하는 남쪽의 작은 왕국 유다는 크기도 작았을 뿐만 아니라 외부와 고립되어 있었다. 거친 땅은 경작하기도 힘들었다.[122]

그러나 우리는 유다의 종교에 관해서 더 많이 알고 있다. 성경 저자들이 이 남쪽 왕국을 좋아했기 때문이다. 이곳은 전형적인 가나안의 군주제였다. 이곳 종교의 중심에는 다윗 왕 개인이 자리를 잡고 있었다. 다윗 왕은 이 종교에서 야훼와 특별한 관계를 맺고 있었기 때문에, 이 신성한 전사이자 신성한 존재를 지상에서 대변하는 인물이었다. 다윗은 대관식에서 '신성한 자들' 가운데 하나가 되었다. 신의 아들이 된 것이다. 야훼는 다윗을 양자로 삼으며 이렇게 선포했다. "너는 내 아들, 나 오늘 너를 낳았노라."[123] 다윗은 야훼의 특별한 종으로서 다른 신의 아들들과 더불어 신들의 모임에 함께 앉게 되었다. 그는 야훼의 섭정으로서 지상의 경쟁자들을 쳐부순다. 야훼가 바다와 강의 우주적 힘들을 물리친 것과 마찬가지다.

언약의 제의들은 뒤로 밀려났다. 유다 왕국에서는 야훼와 부족들이 맺은 동맹의 언약이 야훼가 다윗 왕과 맺은 언약, 즉 그의 왕조가 영원하리라는 약속에 가려졌다. 과거의 언약 축제들은 이스라엘의 역사에 초점을 맞추었지만, 왕 숭배는 고대의 신화로 돌아갔다. 기원전 10세기 신전의 노래들은 야훼가 바알처럼 바다를 건너며, 예루살렘을 도우러 급히 올 때 그의 천둥과 번개가 세상 위에서 번쩍인다고 묘사한다.[124] 아마 신년 축제 때는 큰 행렬이 야훼가 승리를 거두고 자신의 신성한 산 시온으로 걸어가는 광경을 재연하면서, 언약의 궤를 솔로몬 왕이 지은 성전으로 운반했을 것이다. 찬양대는 번갈아 노래했다. "영광의 왕이 누구신가? 힘세고 용맹하신 야훼이시다. 싸움터에서 그 용맹 떨치신 야훼이시다." 다른 '엘의 아들들', 즉 경쟁 민족의 수호신들은 야훼에게 공물을 바쳐야 했다. 야훼는 레바논의 백향목을 쪼개고, 번갯불을 번쩍이게 한다.[125] 야훼의 목소리가 광야를 흔들고, 우거진 숲조차 벌거숭이로 만든다. "야훼, 거센 물결 위에 옥좌를 잡으시고 영원히 왕위를 차지하셨다."[126]

야훼는 여전히 전사신(warrior god)이었지만, 이스라엘에서 섬기는 유일한 신은 아니었다. 다른 신과 여신들은 그보다 부드러웠다. 그들은 조화와 일치를 상징했으며, 땅을 비옥하게 만들었다. 심지어 사나운 바알마저 모트를 물리치고 아나트와 재결합하자 자신의 승리로 하늘과 아주 깊은 땅 사이의 심오한 일치가 이루어지기 시작했다고 선언했다. "나무의 한 마디, 돌의 한 번의 속삭임, 하늘과 땅의 대화, 깊음과 별들의 대화."[127] 이스라엘 사람들은 신성한 전사의 지원이 필요했고 야훼를 자랑스러워했지만, 다수는 다른 형태의 신성함도 원했다. 이는 결국 야훼만을 섬기고 싶어하는 소수와 갈등을 일으키게 된다.

축의 시대는 아직 시작되지 않았다. 이 모든 전통의 특징은 높은 수준의 불안이었다. 가축 약탈자들의 폭력으로 인해 초원 지대의 삶이 변하기 전 아리아인의 종교는 평화롭고 너그러웠다. 그러나 그 유례없는 호전성이 던진 충격 때문에 조로아스터는 양극화된 경쟁적 전망을 키워나갈 수밖에 없었다. 이스라엘과 인도에서도 새로운 적대적 땅에서 하나의 사회를 유지해 나가는 일의 불안정성과 어려움 때문에 믿음에 폭력과 호전적 이미지가 들어왔다. 그러나 사람이란 높은 수준의 긴장을 무한히 유지하며 살 수는 없는 법이다. 제의는 그들에게 심연을 보라고, 불가능한 것과 맞서도 살아남는 것이 가능하다고 가르쳤다. 기원전 9세기에 축의 시대 민족 가운데 네 번째인 그리스인들은 암흑 시대로부터 벗어나기 시작했다. 그들의 경험은 제의의 드라마가 고대 세계 사람들에게 역사적 파국과 절망에 창의적으로 대처하는 방법을 가르쳐 주었음을 보여준다.

2장
불안과 공포의 시대

기원전 900년~800년경

엘리야는 외투자락에 덮인 채 동굴 밖에 서서 야훼가
아합의 후계자들에게 사형을 선고하는 소리를 듣는다.
'바알에게 무릎을 꿇지 아니한' 자를 제외하면 모두 죽을 것이다.
사람들이 초월해야 할 대상인 탐욕, 증오, 자기 중심주의에 초점을 맞추는 대신,
초월해서 나아가야 할 목표인 신을 규정하는 데 집중하면
공격성과 호전적인 배외주의를 드러낼 위험이 생긴다.
자유는 축의 시대의 핵심 가치였다. 따라서 훗날 축의 시대 현자들 가운데는
엘리야의 고압적 전술을 '해롭다'고 말할 사람도 있을 것이다.

암흑의 400년을
견뎌낸 아테네

기원전 1200년경 지중해 동부의 위기가 그리스를 강타했다. 이 무렵 미케네의 그리스인이 마지막으로 힘을 뿜어내며 소아시아의 트로이를 파괴했는지도 모른다. 고고학자들은 그런 유린의 증거를 발굴했는데, 이 일이 기원전 13세기 후반에 일어났다고 생각한다. 그러나 근동의 왕국들과 마찬가지로 미케네 왕국도 붕괴했고, 그리스는 400년간 이어지는 암흑 시대로 빠져들었다. 미케네 사람들은 기원전 14세기부터 이 지역을 장악했다. 그들은 도시들 사이에 상업 네트워크를 형성하여, 아나톨리아와 시리아에 올리브 기름을 수출하고 주석과 구리를 수입했다. 미케네 사회는 그 전의 크레타 문명(기원전 2200~1375년경)과는 달리 호전적이고 전투적이었다. 크레타의 크노소스(크레타 섬 북쪽 기슭에 있는 언덕. 크레타 왕국의 수도였다)에서 통치했던 크레타 사람들은 다정하고 평화로운 사람들이었던 것 같다. 서정적이고 화려한 색채의 프레스코화로 아름답게 장식된 그들의 궁은 요새가 아니었으며, 전쟁은 먼 위협에 불과했다. 그러나 미케네의 그리스인은 최신 군사 기술을 과시하여 대중을 지배했다. 그들은 히타이트 제국으로부터 전차, 강력한 성채, 인상적인 무덤을 수입했다. 왕은 행정의 능률을 향상시켰다. 미케네 사람들은 미케네의 수도에서 메시니아, 필로스, 아티케, 보에티아, 테살리아, 그리스 제도, 키프로스를 통치했다. 히타이트 자료에 따르면, 기원전 13세기가 되면서 이들이 소아시아의 해안 도시들을 습격하기 시작했다.

그러나 이 막강한 문명은 거의 하룻밤 새 사라졌다. 미케네 중심부의 도시들인 필로스, 티린스, 미케네는 모두 파괴되었다. 어쩌면 해양 민족들이 저지른 일이었을지도 모른다. 주민 일부는 아르카디아와 키프로스로 이주했고, 펠로폰네소스 반도 북부의 아카이아는 미케네 사람들의 고립된 집단 거주지가 되어, 미케네 사람들은 이때부터 아카이아 사람들이라고 알려진다.[1] 그러나 그외에는 거의 흔적을 남기지 않았다. 미케네 사람들은 크레타의 문자를 손보아 자신들만의 언어를 만들었지만, 현존하는 텍스트는 장비, 식량, 구매품 목록뿐이다. 따라서 우리는 그들의 사회에 관해서는 거의 알지 못한다. 그러나 이 사회는 크레타와 근동의 흐름에서 벗어나지 않았던 것으로 보이며, 따라서 축의 시대에 발전하는 그리스 문화와는 거의 관계가 없다고 말할 수 있다.

그리스인은 인도-유럽어족 계열로서 기원전 2000년경 이 지역에 정착하기 시작했다.[2] 인도의 아리아인과 마찬가지로 그들에게는 초원 지대의 기억이 없었다. 자신들의 조상이 늘 그리스에 살았다고 생각했다. 그러나 그들은 인도-유럽어 방언을 사용했으며, 인도-아리아인의 문화적·종교적 관습도 어느 정도 공유했다. 그리스 종교에서는 불이 중요했다. 또 그리스인은 뜨거울 정도로 경쟁적이어서, 모든 것을 시합으로 만들려고 했다. 처음에 그리스 부족들은 크레타 사회 주변에 정착했지

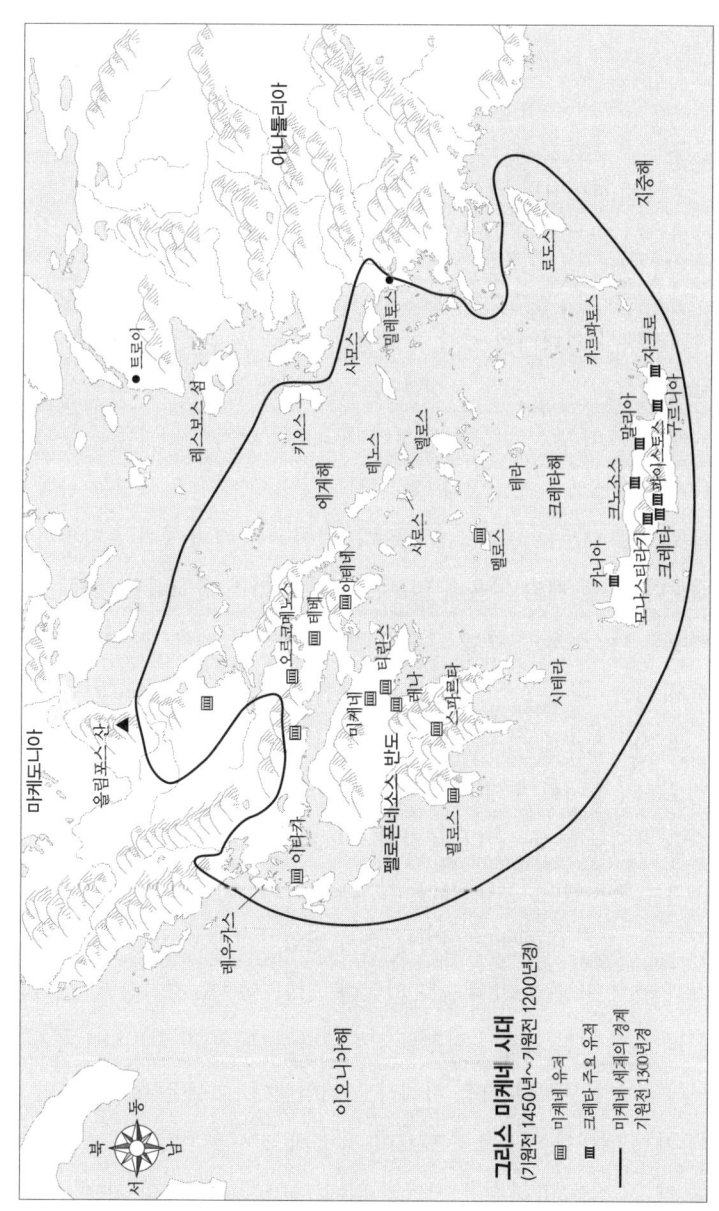

2장 불안과 공포의 시대 97

만, 기원전 1600년에는 본토에서도 존재감을 강력하게 드러내기 시작했으며, 크레타 문명이 연이은 자연 재해 뒤에 쇠퇴했을 때는 미케네 왕국을 통제하고 확립할 준비가 되어 있었다.

우리는 크레타나 미케네 종교에 관해서는 아는 바가 거의 없다. 고고학자들이 발견한 조각이나 봉헌 제물을 보면 크레타 사람들은 춤이나 행렬을 좋아했던 것으로 보인다. 그들은 성스러운 나무를 숭배했고, 산꼭대기에서 신들에게 동물 희생제를 드렸으며, 무아경에 빠져 환상을 보았다. 금반지와 작은 조상(彫像)들은 바짝 긴장한 채 똑바로 서서 하늘에 둥둥 떠 있는 여신을 열심히 바라보는 남자와 여자들을 보여준다. 묘지는 성스러운 장소였다. 왕은 신들의 동반자였다. 옥새는 왕이 여신과 대화를 나누는 광경을 보여준다. 여신은 왕에게 창이나 지팡이를 건네준다. 이런 제의 가운데 일부는 훗날 그리스 종교에 살아남는다. 미케네의 텍스트들은 훗날 그리스 만신전에서도 계속 중요한 자리를 차지할 신들, 즉 제우스, 아테나, 포세이돈, 디오니소스 등을 언급한다.

그러나 지중해 동부가 참담하게 무너지면서 그리스인은 이 두 문명으로부터 돌이킬 수 없이 단절되고 말았다. 그리스는 문맹과 상대적인 야만 상태로 빠져들었다. 중앙의 권위는 없었으며, 지역 족장들이 여러 지역을 통치했다. 공동체들은 고립되었으며, 근동 여러 나라와 접촉도 끊겼다. 그쪽 나라들도 위기에 빠져 있었다. 이제 더는 기념비적인 건축도 없고 구상(具象) 예술도 없었다. 장인 정신도 사라졌다. 그러나 시인들은 옛 전설 가운데 일부를 간직했다. 그들은 미케네 시대가 당당한 전사들이 활보하던 영웅 시대라고 기억했다. 그들은 아카이아인 가운데 가장 위대한 영웅으로 트로이 전쟁 때 전사한 아킬레우스의 이야기를 했고, 신들이 복수를 선언한 뒤에 죽어간 미케네의 왕 아가멤논의 비극적 운명을 회고했으며, 아버지인 줄 모르고 아버지를 죽이고 어머니인 줄 모르고 어머니와 결혼한 테베의 왕 오이디푸스의 기억을 간직했다. 음유 시인들은 그리스 전역을 돌아다니며, 흩어진 공동체들이 정체성과 언어를 공유하는 데 도움을 주었다.

아티케 동부의 아테네는 이 위기를 견디고 살아남은 몇 안 되는 도시 가운데 하나였다. 아테네는 본디 미케네의 중요한 요새였다. 도시는 쇠퇴하고 인구도 줄었지만, 완전히 버림을 받지는 않았다. 기원전 11세기 중반에 이르자 아테네의 장인들은 지금은 원시기하학 양식이라고 부르는 방식으로 장식된 세련된 도기를 생산하기 시작했다. 이 시기에 아테네인 일부가 소아시아로 이주하여, 에게해 연안을 따라 정착지를 만들고 아테네의 이오니아 방언을 계속 사용했다. 기원전 10세기 말에는 아테네 주변의 시골에 새로운 마을들이 형성되기 시작했다. 아티케의 주민은 네 '부족(필라이phylai)'으로 나뉘었는데, 이것은 종족 단위라기보다는 행정에 따른 구분이었다. 아테네인은 운을 타기 시작했다. 나중에 아테네인들은 자신들이 이렇게 재기한 것은 아테네의 신화적인 왕 테세우스 덕분이라고 여겼다.[3] 아테네 사람들은 매년 도시 옆의 성스러운 언덕 아크로폴리스에서 종교 축제를 열어 테세우스가 그 지역을 통일한 것을 기념했다.

기원전 9세기에 그리스 사회는 여전히 농촌 사회라고 할 수 있었다. 이 시기에 관한 우리의 주된 자료는 호메로스(Homeros, 기원전 800?~750)의 서사시들이다. 이 작품들은 기원전 8세기에 이르러서야 기록되었지만, 오래된 구전을 어느 정도 보전하고 있다. 지방 바실레우스(basileus, '영주'. 복수는 바실레이스basileis)의 부의 기준은 양, 소, 돼지였다. 그들은 농민과 구분된 세계에 살았으며, 여전히 자신들이 전사라고 생각했다. 그들은 큰 소리로 자신의 공적을 자랑했으며 찬사와 아부를 요구했다. 이들은 매우 경쟁적이고 개인적이어서, 도시 전체보다도 자기 자신, 자신의 가족, 자신의 씨족에게 충성했다. 그러나 에게해 전역의 귀족들은 모두 동족이라고 생각했으며, 그들과 언제든지 너그럽게 협력하고 여행자들을 환대했다.

암흑 시대가 끝날 무렵 에게해 지역에 무역이 부활했다. 귀족은 무기와 갑옷에 쓸 쇠가 필요했다. 경쟁자가 보는 데서 자랑할 사치품이 필요했다. 그들의 첫 무역 파트너는 북부 해안 도시들의 가나안인이었다. 그리스인은 이들을 페니키아인이라고 불렀다. 그들이 고대 세계에서 유일하게 바래지 않는 자주색(포이닉스) 염료를 독점했기 때문이다. 처음에 그리스인은 페니키아인에게 분개했다. 그들의 문화가 자신들의 문화보다 훨씬 더 세련되었기 때문이다. 그러나 기원전 9세기가 되자 그들은 서로 창조적으로 협력하기 시작했다. 페니키아인은 키프로스에 기지를 건설했으며, 페니키아의 장인들은 아테네, 로도스, 크레타로 일을 하러 왔다. 페니키아의 식민지 건설자들은 지중해 서부를 개척하기 시작했으며, 기원전 814년에는 아프리카 북부 해안에 카르타고를 건설했다. 그들은 그리스 사람들에게 바다의 상업적 잠재력을 보여주었으며, 그리스 사람들은 시리아에서 새롭게 외국인들과 접촉하기 시작했다. 기원전 9세기 말에 페니키아인, 키프로스인, 그리스인은 오론테스 강 어귀에 상업 중심지 알미나를 건설했다. 알미나는 쇠, 금속 세공품, 직물을 수입하고 노예와 은을 수출했다.[4)]

그리스는 생기를 되찾았지만, 사람들은 여전히 영적인 림보†에서 벗어나지 못했다. 옛 크레타와 미케네 신앙의 요소 몇 가지는 그대로 남아 있었다. 예를 들어 아크로폴리스에는 신성한 올리브 나무가 있었다.[5] 그러나 기원전 13세기의 위기는 낡은 신앙을 박살냈다. 그리스인은 자신들의 세계가 붕괴하는 것을 지켜보았으며, 그 트라우마가 그들을 바꾸어놓았다. 크레타의 벽화들은 자신만만하고 명료했다. 묘사된 남자, 여자, 동물은 기대와 희망에 찬 모습이었다. 꽃이 만발한 초원에는 춤을 추며 기뻐하는 여신들의 이미지가 있었다. 그러나 기원전 9세기에 이르면 그리스 종교는 염세적이고 음산하게 변한다. 그 종교의 신들은 위험하고, 잔인하고, 자의적이다.[6] 시간이 지나면서 그리스인은 눈부시게 찬란한 문명에 이르렀지만, 결코 비극의 감각을 잃지 않았으며, 이것이 그들이 축의 시대에 종교적으로 가장 크게 기여한 점으로 꼽히게 된다. 그들의 제의와 신화는 늘 말로 표현할 수 없고 금지되어 있는 것, 무대 뒤에서, 바로 눈 밖에서, 보통 밤에 벌어지는 끔찍한 사건들을 암시한다. 그들은 삶이 불가해하게 뒤집혀버릴 때, 금기가 깨질 때, 사회와 개인을 제정신으로 유지하던 경계들이 갑자기 갈가리 찢길 때, 그런 파국 속에서 신성함을 경험했다.

우리는 그리스 신들의 탄생에 관한 무시무시한 이야기에서 이런 어두운 전망을 볼 수 있다. 그리스 세계에는 태초에 자비로운 창조주 신도 없었고 신성한 질서도 없었다. 오직 가차 없는 증오와 갈등뿐이었다. 처음에는 두 힘이 있었다고 한다. '가오스'(혼돈)와 '기이아'(땅)였다. 이들은 너무 적대적이라 함께 자식을 낳을 수 없었기 때문에, 각자 후손을 생산했다. 가이아는 천신 '우라노스'(하늘)를 생산하고, 이어 우

림보(limbo) 로마 가톨릭 신학에서 나온 용어. 몸은 죽었으나 그 영혼이 천국이나 지옥, 연옥 어디에도 가지 못한 사람들이 머무는 장소를 말한다. 비록 벌을 받지는 않지만 하느님과 함께 영원히 천국에 사는 기쁨을 누리지 못하는 영혼이 머무는 천국과 지옥의 경계 지대를 가리킨다. 중세 신학에서 처음 나타난 개념으로 추정된다.

리 세계의 바다, 강, 언덕, 산을 낳았다. 이어 가이아와 우라노스가 동침했고, 가이아는 아들 여섯과 딸 여섯을 낳았다. 이들이 신들의 첫 종족인 티탄들이다.

그러나 우라노스는 자식들을 싫어하여, 태어나자마자 열두 명 모두 가이아의 자궁으로 다시 들어가게 했다. 가이아는 괴로워하며 자식들에게 도와 달라고 간청했지만, 오직 막내아들 크로노스만이 어머니의 부탁을 들어줄 용기를 냈다. 크로노스는 어머니의 자궁 속에서 웅크린 채 낫을 들고 아버지를 기다렸다. 다음에 우라노스가 가이아와 동침할 때, 크로노스는 우라노스의 생식기를 잘라 땅에 던져버렸다. 최고신들은 종종 더 역동적인 자식들에게 쓰러지곤 하지만, 태초의 투쟁을 이렇게 기이하게 묘사하는 신화는 거의 없다. 이제 크로노스가 주신(主神)이 되었다. 크로노스는 형제와 자매를 땅의 깊은 곳에서 풀어주었다. 그들은 서로 짝을 지어 티탄 2세대를 생산했는데, 여기에는 어깨로 땅을 받치고 있는 아틀라스, 하늘에서 불을 훔쳐 인간에게 준 프로메테우스 등이 포함된다.

그러나 크로노스는 과거의 참사에서 교훈을 얻지 못하고 아버지와 같은 압제자가 되었다. 그는 누이 레아와 결혼하여 자식을 다섯 낳았다. 이들이 신들의 제2 종족을 이룬다. 헤스티아(성스러운 노爐의 수호자), 데메테르(곡식의 여신), 헤라(결혼의 수호자), 하데스(지하 세계의 주인), 포세이돈(바다의 신)이 바로 그들이다. 그러나 크로노스는 자식 가운데 하나가 자신을 밀어낼 것이라는 이야기를 듣고, 아기들이 태어나자마자 삼켜버린다. 레아는 여섯 번째 자식을 임신하자 어머니 가이아에게 필사적으로 매달린다. 가이아는 아기 제우스가 태어나자 크레타 섬에 감춘다. 레아는 크로노스에게 아기 대신 배내옷에 싸인 돌을 준

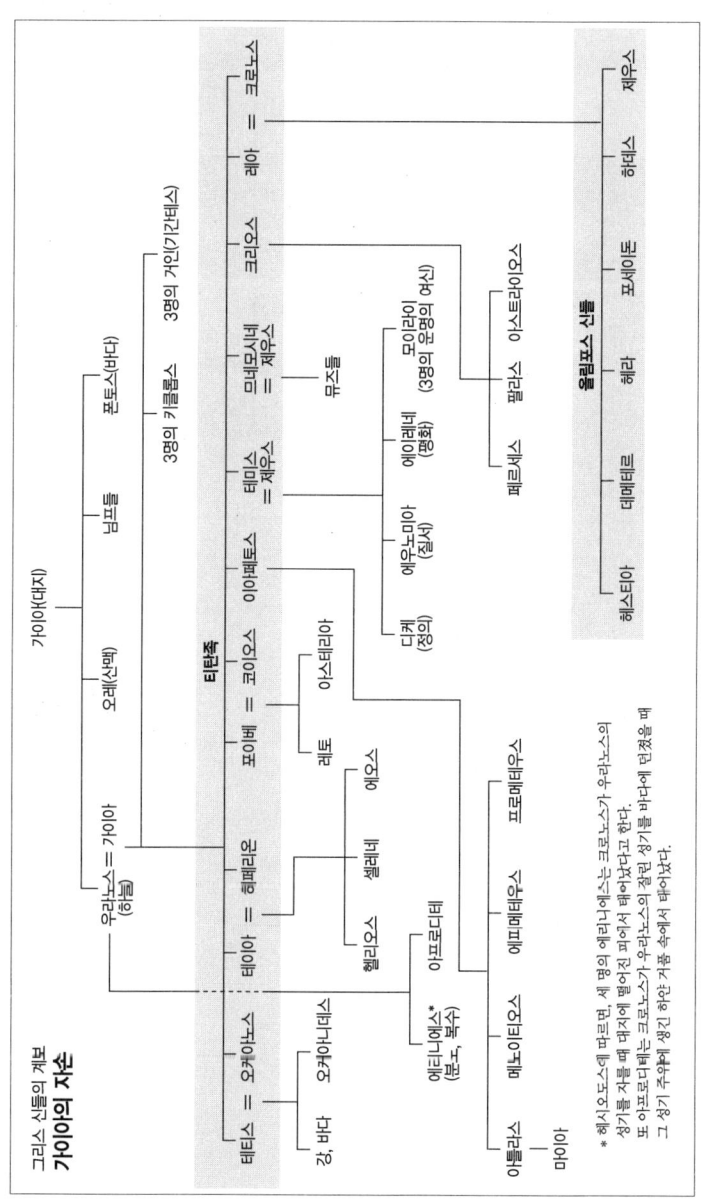

2장 불안과 공포의 시대 103

그리스 신들의 계보
카오스의 자손들

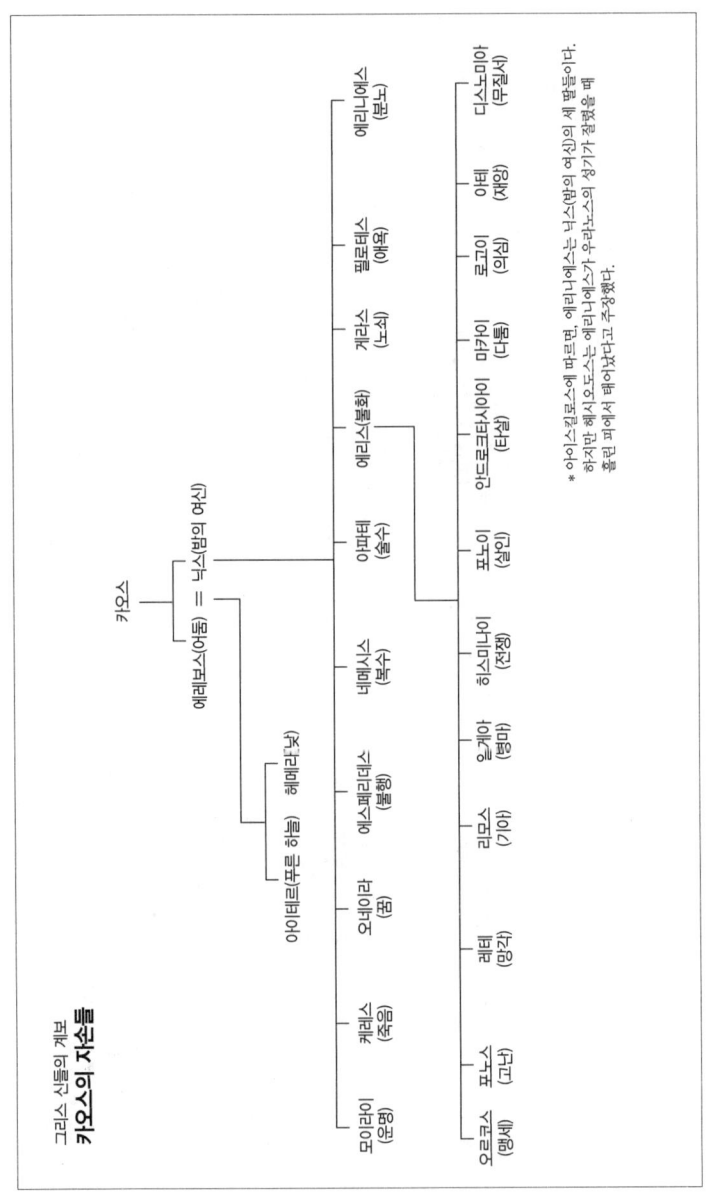

*아이스킬로스에 따르면, 에리니에스는 닉스(밤의 여신)의 세 딸들이다. 하지만 헤시오도스는 에리니에스가 우라노스의 성기가 잘렸을 때 흘린 피에서 태어났다고 주장했다.

다. 크로노스는 아무것도 모르고 그 돌을 삼킨다. 제우스는 성장하여 아버지에게 형제와 누이들을 토해내게 한다. 그 뒤 제우스 가족은 올림포스 산에 자리를 잡는다. 크로노스는 자기 자리를 되찾으려고 다른 티탄 몇 명과 함께 10년 동안 올림포스의 신들과 전쟁을 벌인다. 이 싸움으로 우주는 근본까지 흔들린다. 마침내 제우스가 최후의 승리를 거두고 아버지와 그를 도운 티탄들을 땅 깊은 곳에 있는 어둡고 무시무시한 곳 타르타로스에 가둔다.

한편 태초에 존재했던 또 하나의 힘 카오스는 그 나름으로 무시무시한 자식을 낳는다. '에레보스'(땅속 가장 깊은 곳에 있는 '어두운 장소')와 '밤(Night)'이다. 밤은 딸들을 한 무리 낳는데, 여기에는 운명들('모이라이'), 죽음의 영혼들('케레스'), 세 명의 분노의 신('에리니에스') 등이 포함된다.[7] 에리니에스가 특히 무시무시했다. 그리스인은 이들이 몸에 뱀을 두르고 개처럼 으르렁거리면서 먹이를 찾아 네 발로 기어다니는 역겨운 마녀들이라고 상상했다. 어떤 신화에 따르면 이들은 크로노스가 우라노스의 생식기를 자를 때 땅에 떨어진 핏방울에서 생겨났다고 한다. 그래서 이들은 올림포스의 신들보다 나이가 많으며, 그들의 존재 자체에 가족의 폭력이 새겨져 있다.

땅 깊은 곳에 사는 이 지하의 신들은 암흑 시대 동안 그리스 종교를 지배했다. 기원전 9세기에 사람들은 우주를 지배하는 것이 올림포스의 신들이 아니라 이 지하의 신들이라고 생각했다. 훗날 한 시인이 설명했듯이 이 암흑의 신들은 "사람과 신들의 죄를 추적하며, 죄인에게 벌을 주기 전에는 절대 무시무시한 분노를 거두지 않는다."[8] 자신의 씨족에게 저지르는 잔혹 행위는 단 한 번이라 해도 사회 질서 전체를 침해하는 것이 되기 때문이다. 우라노스, 크로노스, 제우스가 모두 끔찍한 가족 범죄를 저질렀기 때문에, 지하의 신들은 말하자면 올림포스 신들의 그림자를 표현했다. 그들의 힘은 일단 가동되면 자동적으로 움직이기 때문에 거두어들일 수가 없었다. 피해자가 자신을 공격한 자를 저주하고 큰 소리로 복수를 외치자마자 에리니에스가 풀려나와 들개 떼처럼 범법자를 사냥하고, 결국 범법자는 폭력적이고 끔찍한 죽음으로 자신의 죄를 씻게 된다.

에리니에스는 그리스인의 상상력에서 완전히 떠난 적이 없다. 암흑시대가 지나고 나서 오랜 세월이 흐른 뒤에도 그리스인은 계속 자기 부모를 살해하고 자식을 학대한 사람들 이야기에 몰두했다. 이 자연 질서에 어긋나는 행위에는, 설사 모르는 채 저지른 것이라 해도, 나름의 독립적 생명력을 갖춘 독기(미아스마miasma)가 있었다. 잘못을 저지른 사람이 희생으로 죽어 그 행위를 정화하기 전에는 사회가 전염병과 재앙에 만성적으로 시달렸다. 예를 들어 아트레우스 집안의 신화는 미케네 왕위를 둘러싸고 두 형제 아트레우스와 티에스테스가 벌인 무시무시한 싸움을 보여준다. 아트레우스가 한번은 동생을 연회에 초대하여 맛있는 스튜를 대접하는데, 그 스튜는 티에스테스의 아들들의 주검으로 끓인 것이었다. 이 경악스러운 행동은 전염력 강한 미아스마를 방출하여 아트레우스의 온 가족에게 퍼진다. 모두 엄청난 복수심에 사로잡혀 폭력적이고 자연 질서를 어기는 범죄가 잇따른다. 아트레우스의 아들로서 미케네의 왕이 된 아가멤논은 그리스 함대를 트로이에 데려다 줄 순풍을 확보하려고 자신의 딸 이피게네이아를 제물로 바친다. 그의 부인 클리템네스트라는 아가멤논이 트로이 전쟁에서 돌아왔을 때 아가멤논을 죽여 복수를 하고, 그녀의 아들 오레스테스는 아버지의 복수를 하기 위해 어머니를 죽일 수밖에 없었다. 이 비틀리고 뒤얽힌 이야기는 그리스 신화에서 가장 영향력이 강한 요소로 꼽힌다. 그리스의 다른 많은 이야기들처럼 이 이야기도 인간을 철저하게 무력한 존재로 제시한다. 기원전 8세기의 호메로스는 클리템네스트라와 오레스테스가 그렇게 행동할 수밖에 없었다고 믿었던 것이 분명하다. 그들의 행동은 고결한 것으로 찬양을 받기도 했다. 지상을 더럽히는 미아스마를 제거했기 때문이다.[9]

그리스인은 아무리 강해져도 절대 자신이 자기 운명을 책임진다고 생각하지 않았다. 그리스 문명이 절정에 이른 기원전 5세기에 이르러서도 그들은 여전히 사람들이 운명의 여신들에게, 심지어 올림포스의 신들에게 강요당해 어떤 행동을 하며, 범죄가 발생하면 그것이 그 오염된 환경에 살고 있는 무고한 사람들에게 헤아릴 수 없이 많은 화를 미친다고 믿었다. 사람들은 올림포스의 신들에게서 아무런 도움도 기대하지 않았다. 이 신들은 무책임하게 인간의 삶에 개입하여 좋아하는 사람들을 지원하고 분노를 자극하는 사람을 파괴하며, 결과에는 관심이 없다. 그나마 윤리적인 감각을 보여주는 신들은 에리니에스뿐이다. 그들은 폭력적인 행위에 분개하기 때문이다. 그러나 그들에게서는 동정심이라고는 찾아볼 수 없다. 그래서 어떤 변형된 이야기에서는 오레스테스가 어쩔 수 없이 어머니를 죽인 뒤 그의 불운한 가족이 방출한 미아스마가 제거될 때까지 에리니에스에게 세상 끝까지 추격당한다.

그리스인은 폭력과 재난의 이미지에 시달렸다. 올림포스 신들은 인간에게만 잔인했던 것이 아니다. 그들은 서로 박해하고 불구로 만들기도 했다. 예를 들어 제우스의 부인 헤라는 자신의 절름발이 아들 헤파이스토스가 너무 역겨워 태어났을 때 땅에 던져버렸다. 잔인하고 성질 급한 신인 헤라는 남편이 바람을 피워서 낳은 자식들을 집요하게 괴롭했다. 헤라는 티탄들과 함께 제우스와 인간 여자 세멜레 사이의 아들인 디오니소스를 죽일 음모를 꾸며, 결국 그를 미치광이로 만들었다. 디오니소스는 오랫동안 미친 듯이 동쪽 나라들을 헤매다가 마침내 치료법을 찾았다. 헤라는 제우스의 또 다른 아들 헤라클레스도 요람에 뱀을 넣어 죽이려 하였다. 또 헤라클레스를 광기로 몰아넣어 그가 아내와 자식들을 죽이게 만들었다. 가족은 사회의 기초였다. 앞으로 보겠지만, 다른 문화에서는 가족을 성스러운 제도로 여겼다. 사람들은 가족에서 다른 사람들에 대한 존경과 숭상의 가치를 배웠다. 그러나 그리스에서 가족은 죽음의 전장이었다. 결혼의 여신 헤라는 가장 기본적인 인간 관계가 살의에 찬 잔혹한 감정을 불러일으킬 수 있다는 것을 보여주었다. 헤라 신앙에는 죄책감, 공포, 깊은 불안이 스며들어 있었다.

암흑 시대 후에 세워진 첫 그리스 신전은 소아시아 해안의 사모스 섬에 있는 헤라 신전이었다. 이곳의 헤라 신앙은 이 여신이 갑자기 사라질 수도 있고 삶의 좋은 것들을 모두 앗아갈 수도 있는 으스스하고 신뢰할 수 없는 신이라는 것을 보여준다. 매년 헤라 축제 전날 밤이면 헤라의 상—형체 없는 판자였다.—이 신전에서 감쪽같이 사라졌다. 사람들은 새벽에 그 사실을 발견했다. 사모스의 모든 사람이 헤라를 찾아 나섰다. 사람들은 헤라의 상을 찾아 정화한 다음 다시 달아나는 것을 막기 위해 버드나무 가지로 묶었다. 그러나 늘 다시 도망갔다. 헤라는 생명의 어머니로서 존재하는 모든 것의 기원이었다. 따라서 헤라가 사라진다는 것은 자연 질서 전체에 대한 위협이었다.

그리스인은 아마 '사라지는 신'이라는 불안감을 주는 신화를 중동에서 가져왔을 것이다. 이 신화는 그리스에서 가장 중요한 몇 가지 제의에 영감을 주었는데, 이런 제의들은 깊은 상실감을 경험하지 않고는 생명과 환희를 얻을 수 없다는 것을 보여주었다. 곡식과 다산의 신 데메테르 또한 시야에서 사라지는 모신(母神)이었다. 데메테르는 제우스에게 페르세포네라는 이름의 아름다운 딸을 낳아주었다. 제우스는 페르세포네를 자신의 형제이자 지하 세계의 주인인 하데스에게 주었다. 제우스는 데메테르가 절대 이 결혼에 동의하지 않으리란 것을 알았기 때문에 하데스가 자기 딸을 납치하는 것을 도왔다. 분노와 슬픔에 제정신이 아닌 데메테르는 올림포스를 떠나, 인류에게서 그녀의 은혜를 모두 거두어들이고, 노파로 변장하고 지상에 살면서 딸을 찾아 모든 곳을 돌아다녔다. 세상은 황폐한 사막이 되었다. 곡식은 자라지 않고, 사람들은 굶어죽기 시작했다. 그러자 인간이 바치는 희생에 의지하는 올림포스의 신들은 페르세포네의 귀환을 추진했다. 그러나 페르세포네는 지하 세계에서 석류나무 씨앗을 먹었기 때문에 매년 일정한 기간 동안은 지하에서 남편과 살아야 했다. 페르세포네가 데메테르와 다시 만나면 세상은 꽃을 피우지만, 겨울에 지하에 있는 동안에는 땅이 죽은 것처럼 보였다. 삶과 죽음은 불가해하게 얽혀 있었다. 데메테르는 곡식의 여신이었지만 또 지하의 여신이기도 했다. 곡식은 땅 깊은 곳에서부터 자라기 때문이다. 죽음의 신 하데스는 곡식의 수호자이자 수여자였으며, 영원히 어린 소녀(코레kore)인 페르세포네는 지하 세계의 여주인이었다.

고대 테스모포리아 축제에서 그리스인은 매년 이 혼란스러운 드라마를 재연했다.[10] 사흘 동안 공동체의 모든 유부녀가 남편을 버리고 데메테르처럼 사라졌다. 여자들은 문명이 도래하기 전 원시인이 그랬던 것처럼 끼니를 굶으며 땅바닥에서 잤다. 그들은 의식을 통해 남자들을 저주했다. 또 제의적인 외설의 흔적도 있다. 여자들은 하데스가 페르세포네를 납치할 때 땅이 삼킨 돼지들을 기념하여 새끼 돼지들을 희생으로 바친 뒤 구덩이에 던져 썩게 놓아두었다. 행복한 결말은 없었다. 페르세포네의 귀환은 기념하지 않은 것이다. 도시는 발칵 뒤집혔다. 사회의 기초를 이루는 가족 생활이 무너졌다. 그리스인은 문명의 파괴, 양성 간의 심각한 반감, 데메테르가 은총을 거두어들였을 때 세상에 임박했던 우주적 파국의 가능성을 생각하지 않을 수 없었다.[11] 축제가 끝날 무렵이 되면 여자들은 집으로 돌아갔고 이로써 생활은 정상으로 돌아왔다. 그러나 이 제의를 통해 그리스인은 말로 표현할 수 없는 것과 직면했다. 그들은 암흑 시대에 자신들의 사회가 무너지는 것을 지켜보았으며, 그동안 참사의 기억을 억눌러 왔을 뿐이다. 그러나 그 시기와 관련된 묻어버린 기억 때문에 그리스인들은 자신들이 이룬 것이 순식간에 사라질 수도 있으며, 죽음, 해체, 적대가 언제나 잠복해 있다는 사실을 의식했다. 이 제의는 그리스인에게 공포를 겪으며 살고 그 공포와 직면하도록 강요했으며, 그런 뒤에야 다른 쪽으로 안전하게 나아가는 것이 가능함을 보여주었다.

 축의 시대에 네 지역에서 창조된 종교 전통은 모두 공포와 고통에 뿌리를 내리고 있었다. 이들 모두 이런 고난을 부정하지 않는 것이 필수적이라고 주장한다. 실제로 고난을 완전히 인정하는 것이야말로 깨달음의 필수적인 전제 조건이었다. 축의 시대가 시작되기 오래 전인 이 초기 단계에도 그리스인은 이미 그 중요성을 이해했다. 이 사실은 새 포도주를 맛보는 시기인 봄의 안테스테리온(2~3월)에 열린, 술의 신 디오니소스를 기념하는 축제에서 분명하게 드러난다.[12] 전설에 따르면, 디오니소스는 동방에서 포도 재배의 신비를 배워 아테네 사람들에게 알려주었다. 암흑 시대로 거슬러올라갈 것이 틀림없는 안테스테리아 축제의 이상한 제의에서도 이 이야기를 재연하고, 신성하게 변화시키는 술의 힘을 기념했다. 술은 사람들을 다른 영역으로 들어올려, 짧은 시간이지만 올림포스 신들의 지복을 함께 나누게 해주는 것처럼 보였다.

새 술을 시음하는 것은 기쁜 행사여야 했지만, 이것은 사실 죽음의 축제였다. 이 제의와 연결된 신화적인 이야기는 디오니소스가 첫 포도나무를 아티케의 농부 이카리오스에게 선물하고, 포도를 수확하는 방법을 보여주었다고 설명한다. 그러나 이카리오스의 친구들이 술의 맛을 보았을 때, 알코올이 곧장 머리로 올라가는 바람에 모두 정신을 잃고 땅에 쓰러졌다. 술에 취한 것을 처음 본 마을 사람들은 이카리오스가 그들을 죽였다고 생각했다. 사람들은 이카리오스를 몽둥이로 때려죽였으며, 이카리오스의 피가 술과 섞였다. 이카리오스의 딸 에리고네가 아버지의 망가진 주검을 보고 스스로 목을 매었다는 것이 이 이야기의 비극적 결말이다. 즐거운 봄 축제를 이런 무지막지한 공포를 기념하는 행사로 바꿀 수 있는 사람들은 그리스인뿐이었을 것이다.

축제는 도시 외곽 늪지대에 있는 자그마한 디오니소스 신전에서 석양에 시작되었다. 노예, 여자, 아이를 포함한 아티케 주민 모두가 그곳으로 함께 행진하여 개막제에 참석했다. 이때 신에게 바치는 선물로 포도주를 따랐다. 그러니 다음 날에는 신전을 모두 닫고 집의 문에는 역청을 발랐다. 아무도 집 밖으로 나오지 않았으며, 모든 가족이 포도주를 적어도 2리터는 마셔야 했다. 음울하고 죽음 같은 음주 시합이었다. 떠들기도, 노래도, 대화도 없었다. 아테네의 일반적인 사회적 행사를 완전히 뒤집어 놓은 셈이었다. 모두 혼자 자기 탁자에 앉아 무덤 같은 정적 속에서 자기 단지에 담긴 술을 마셨다. 왜? 이 지역 전설에 따르면, 오레스테스가 분노의 신 에리니에스를 피해 달아나다가 아테네에 이르

2장 불안과 공포의 시대 111

렸다. 아테네 왕은 그가 퍼뜨리고 다니는 미아스마(독기)가 두려웠지만, 그렇다고 그를 돌려보내고 싶지도 않았다. 왕은 오레스테스에게 새 포도주를 마시자고 초대했지만, 혼자 앉아 있게 했다. 아무도 그와 이야기를 할 수 없었다. 그러나 이렇게 주의를 했는데도 아테네는 오염이 되었고, 오레스테스의 범죄로 인한 피의 죄책감을 나누어 갖게 되었다. 그래서 아테네 사람들은 자신의 불순함을 의식하여 냉혹한 정적 속에 술을 마셨다. 그런데 갑자기 기괴한 가면 무도회가 이 이상한 정적을 깨버렸다. 지하의 죽음의 영들인 케레스를 상징하는 가면을 쓴 배우들이 갑자기 거리로 튀어나와 포도주 항아리가 가득 들어찬 수레를 타고 다니며 도전적으로 환대를 요구하고, 귀에 거슬리는 목소리로 웃음을 터뜨리고, 욕설을 내뱉고, 거칠게 위협을 했다. 그러나 저녁에는 질서가 회복되었다. 주민 모두가 술에 취해 비틀거리며 늪지대의 작은 신전으로 돌아갔다. 그들은 빈 단지를 들고 가며 노래를 부르고 웃음을 터뜨렸다. 디오니소스에게는 여사제를 신부로 선물했다. 그러면 신을 달랠 수 있었다. 죽음의 사절인 배우들은 쫓겨났다.

사흘째 되는 날에는 새로운 한 해와 새출발의 막이 열렸다. 분위기는 더 가벼워지고, 더 열광적으로 바뀌었다. 새로운 시대를 기념하여 모두 태초에, 맷돌로 갈거나 굽는 것이 알려지기 전에 첫 농부들이 먹었다고 하는 곡물로 식사를 했다. 이어 어린 소녀들을 위한 특별 그네뛰기 시합을 포함하여 여러 시합이 열렸다. 그러나 심지어 여기에도 공포는 숨어 있었다. 그네를 타는 소녀들이 목을 맨 가엾은 에리고네의 주검을 떠올리게 했기 때문이다. 삶에 내재한 비극은 결코 잊을 수 없었다. 모든 그리스 제의는 카타르시스(catharsis, '정화')로 끝이 났다. 신은 달래고, 독기는 흩어지고, 새로운 생명, 새로운 희망이 나타났다. 심지어 에리고네의 비극적인 죽음의 기억도 삶을 시작하는 흥분된 아이들이 웃음을 터뜨리는 광경과 결합되었다. 참가자들은 엑스타시스(ekstasis), 즉 '밖으로 나감'을 경험했다. 그들은 사흘 동안 일상의 삶 밖으로 나가 묻어 두었던 두려움을 마주하고, 그 두려움을 통과하여 갱신된 삶에 이르렀다.

자기 성찰은 없었다. 그리스인의 정신을 늘 따라다니는 감추어진 트라우마를 분석하려는 시도는 없었다. 외적 제의는 이것을 간접적으로만 건드렸다. 참가자들은 고대의 신화를 재연할 때 개인으로 행동하지 않았다. 그들은 평소의 자기 자신을 옆으로 밀어두고, 자연스럽게 생겨나는 것의 정반대가 되는 일을 했다. 그리스인은 잔치와 환락을 사랑했지만, 하루 종일 평소에 하고 싶은 것들을 거부하고 슬픈 정적 속에서 포도주를 마셨다. 과거의 드라마를 모방함으로써 그들은 자신의 개별적 자아를 뒤에 두고 떠나, 취하게 하는 포도주 속에 존재하는 디오니소스의 영향을 받고 변했다. 제의는 입문식, 즉 슬픔을 거치고, 죽음과 독기의 공포를 거쳐 갱신된 삶에 이르는 통과 의례였다. 이들 가운데 일부는 죽을 때 안테스테리아 축제를 떠올렸을지도 모르며, 그랬다면 죽음 또한 또 하나의 입문으로 보았을지도 모른다.

최초의 유일신 숭배자
엘리야

지중해 동부가 다시 살아나고 있었다. 기원전 9세기 말에 이르자 북부 왕국 이스라엘은 이 지역에서 강국이 되었다. 기원전 926년 이집트 왕 시샤크 1세(시삭)†는 가나안을 침공했을 때 예루살렘을 약탈하고 이

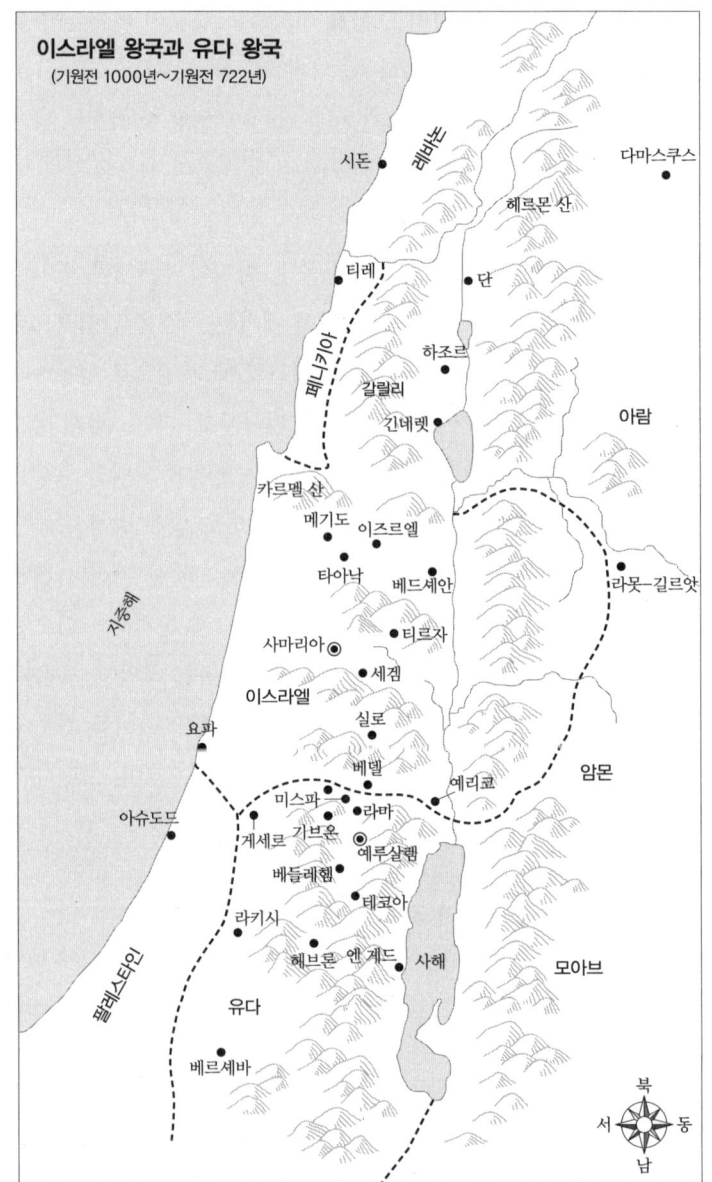

스라엘과 유다의 150개 도시를 유린했을 뿐 아니라, 메기도(므기또), 레홉(르홉), 베드셰안(벳스안), 타아나크(다아낙) 등 가나안의 오래된 요새들도 파괴했다. 이스라엘은 옛 가나안으로 영토를 확장하면서, 폐허가 된 도시의 주민들을 흡수하고 그들의 기술을 이용했다.[13] 오므리 왕(기원전 885~874년 재위)은 사마리아에 멋진 새 수도를 건설하고, 약 2헥타르에 이르는 커다란 왕실 성채도 덧붙였다. 그의 아들 아합(기원전 874~853년경 재위)은 그곳에 웅장한 상아 궁을 짓고, 페니키아, 키프로스, 그리스와 교역로를 확립했다. 아합은 또 페니키아의 공주 이세벨과 결혼했는데, 그 이름은 사악함의 대명사가 되었다.

《열왕기 상》에 아합에 관하여 매우 부정적인 이야기를 기록한 성경 저자는 이세벨에게 진저리를 냈다. 그녀가 페니키아의 바알 신앙을 이스라엘에 들여왔기 때문이다. 그러나 이 역사가는 기원전 7세기에, 아합의 시대와는 매우 다른 세계에서 그 글을 썼다. 기원전 9세기에 아합의 결혼은 정치적 대성공으로 여겨졌을 것이다. 이스라엘 왕국은 이 지역과 통합을 이룩하고 다마스쿠스, 페니키아, 모아브(모압) 등과 대립하면서 버티는 것을 중요한 과제로 삼았다. 아합이 한 일은 새로운 것이 아니었다. 솔로몬 또한 외국의 공주들과 외교적인 결혼을 하고, 왕실 신앙에 그들의 신들을 포함시켰으며, 예루살렘 바깥 언덕에 그 신들을 위한 신전을 지었다.[14] 그러나 아합은 불운하게도 이스라엘 민족이 야훼만을 섬겨야 한다고 믿었던, 수는 적지만 열정적이고 헌신적인 소수의 분노를 샀다.

시샤크 1세(Shishak I) 셰송크 1세라고도 한다. 이집트 제22왕조의 초대 파라오였다(기원전 945~924년 재위). 구약성서에서는 시샤크 1세가 이스라엘의 궁전과 사원을 약탈했다고 전하지만, 이집트 기록에는 예루살렘이라는 이름이 남아 있지 않다.

아합은 배교자가 아니었다. 그는 정기적으로 야훼의 예언자들에게 자문을 구했으며, 아내의 바알 숭배가 잘못되었다고 생각하지 않았다. 야훼 신앙은 수백 년 동안 바알의 찬가와 제의로부터 영양분을 공급받았다. 고고학자들이 발견한 대로, 주민 대다수는 야훼 외에도 다른 현지 신들을 섬겼으며, 바알 숭배는 기원전 6세기까지 이스라엘에 널리 퍼져 있었다.[15] 그러나 기원전 9세기에 이르자 일부 이스라엘 사람들이 섬기는 신의 숫자를 줄이기 시작했다. 시리아와 메소포타미아에서는 신성(神性)의 경험이 너무 복잡하고 압도적이어서 단일한 상징에 국한할 수가 없었다. 조심스럽게 등급을 매긴 배우자, 자식, 하인들로 이루어진 신들의 모임(divine assembly)이라는 이미지는 신성이 다면적이면서도 일관된 통일성을 갖추고 있음을 보여준다.[16] 신들의 모임이라는 상징은 이스라엘과 유다 사람들에게 매우 중요했지만, 기원전 9세기가 되면서 이 모임은 단출해진다. 야훼는 엘과 그 배우자 아세라처럼 커다란 신의 가족을 관장하는 대신 혼자서 하급 천사들을 관장했다.[17] 그들은 야훼의 '천군', 즉 야훼가 거느린 신성한 군대의 전사들이었다.

민족신으로서 야훼는 동료도, 경쟁자도, 상관도 없었다. 그는 '신적인 존재들의 모임'과 '신의 아들들'에 둘러싸여 있었으며, 그들은 모두 야훼가 자신의 백성에게 충실하다고 찬양했다.

> 야훼여, 하늘은 당신께서 이루신 기적을 노래하며
> 거룩한 신들은 당신의 미쁘심을 기리옵니다.
> 야훼와 능히 견줄 만한 이, 저 하늘에도 구름 위에도 없사옵니다.
>
> 하느님은 성자들의 모임에서 엄위하신 분,

모시는 자들이 모두 두려워하는 분,

야훼, 만군의 하느님, 당신 같으신 이 어디에 또 있으리이까?[18]

사람들이 "당신 같으신 이 어디에 또 있으리이까?" 하고 외쳤을 때 그들은 분명히 다른 신들의 존재를 부정한 것이 아니라, 그들의 수호신이 '엘의 아들들', 즉 이웃의 민족신들보다 더 능력이 있다고 선언한 것이다.[19] 그러나 야훼는 전사신이었다. 그는 농업이나 다산의 전문가가 아니었다. 따라서 많은 이스라엘 사람들은 풍년을 보장받으려고 당연하게 바알과 아나트의 고대 제의를 거행했다. 바알은 땅을 비옥하게 하는 신이었기 때문이다.

그러나 소수의 예언자들은 야훼만 섬기고 싶어했으며, 야훼가 그의 민족이 원하는 모든 것을 제공할 수 있다고 확신했다. 예언은 고대 중동에 이미 확립되어 있던 영성이었다. 가나안에서 유프라테스 강 중류의 마리에 이르기까지 무아경에 빠진 예언자들은 신들을 "대신해서 말했다."† 이스라엘과 유다에서 예언자들은 대개 왕궁과 연결되었다. 성경 자료들은 그들이 종종 군주를 비판했으며, 야훼 신앙의 순수성을 보전하는 데 관심이 있었음을 보여준다. 그러나 우리는 초기 이스라엘의 예언에 관해서는 아는 것이 거의 없다. 우리의 주요 정보원은 사건들이 실제로 일어나고 나서 오랜 세월이 지난 뒤에 기록을 한 기원전 7세기의 성경 저자이기 때문이다. 그러나 《열왕기 상·하》에 나오는 기원전 9세기 예언자 엘리야와 그의 제자 엘리사에 관한 전설에는 더 오래된

---

† 예언자는 미래를 예언하는 사람이 아니다. 영어의 prophet이라는 말은 그리스어의 prophetes, 즉 신을 대신해서 말하는 사람에서 왔다.(저자 주)

구전의 흔적이 담겨 있다. 그 자료는 전적으로 역사적이지는 않지만, 학자들이 '야훼 유일 운동'이라고 부르는 것의 가장 초창기 움직임을 반영하는 것일 수도 있다.

이 이야기들은 엘리야와 아합의 살벌한 충돌을 묘사한다. 여기에서 이세벨은 바알의 사제들을 지원하고 야훼의 예언자들을 박해한 악한 여자다.[20] 엘리야의 이름은 "야훼는 나의 신!"이라는 뜻이다. 그는 배타적인 야훼 숭배를 고집한 첫 예언자로 기록에 남아 있다. 고대 중동 신학에서 엘은 각 민족마다 신을 하나씩 임명했다. 야훼는 이스라엘의 신성한 자였다. 케모시(그모스)는 모아브의 신성한 자였다. 밀콤(밀곰)은 암몬의 신성한 자였다. 그러나 일부 예언자들은 왕이 이방의 신을 수입하여 왕실 신앙에 포함시키고, 그 신을 이스라엘의 신성한 자보다 더 좋아하면 야훼가 훼손될 것이라고 생각하기 시작했다. 엘리야는 바알의 존재를 의심하지 않았지만, 그가 이스라엘의 신이 아니기 때문에 페니키아에 머물러야 한다고 믿었다.

바알의 후원에도 불구하고 이스라엘이 심한 가뭄에 시달리자 엘리야는 기회가 왔다고 보고, 이세벨의 사제 450명에게 카르멜(가르멜) 산에서 시합을 하자고 도전했다.[21] 우선 엘리야는 구경을 하러 온 사람들에게 열변을 토했다. 그런 다음 두 개의 제단에 황소 두 마리를 올려놓을 것을 요구했다. 하나는 야훼에게 바치는 것이고, 또 하나는 바알에게 바치는 것이었다. 엘리야와 바알의 사제가 각각의 신을 불러 어느 신이 불을 내려 제물을 태우는지 보자는 것이었다. 바알의 사제들은 아침 내내 바알의 이름을 부르고, 고함을 지르며 칼과 창으로 자신의 몸을 찌르고, 제단 주위에서 절뚝거리며 춤을 추기도 했다. 그러나 달라지는 것이 없었다. 마침내 엘리야가 올라가 야훼의 이름을 부르자마자 하늘에서 불이 내려와 황소와 제단을 다 삼켰다. 사람들은 땅에 엎드렸다. 야훼가 그들의 신이었다! 엘리야는 근처 골짜기에서 바알의 예언자들을 모두 죽이라고 명령하고, 카르멜 산으로 올라가 두 무릎 사이에 머리를 묻고 기도를 했다. 야훼에게 가뭄을 끝내 달라고 간청한 것이다. 그러자 비가 억수로 퍼붓기 시작했다. 엘리야는 털로 만든 망토를 가죽 허리띠에 쑤셔 넣고 환희에 차서 아합의 병거 옆을 달렸다. 야훼가 바알의 역할을 성공적으로 찬탈하여, 전쟁만이 아니라 땅을 비옥하게 유지하는 데도 능력이 있음을 증명한 것이다.

엘리야는 이스라엘에 유일신을 섬길 것을 제안하여 전통 종교에 새로운 긴장을 불러일으켰다. 바알을 무시한다는 것은 중요하고 귀중한 신적 자원을 포기해야 한다는 뜻이었다. 수많은 사람들이 바알 신앙을 통하여 세계에 대한 이해 수준이 높아지고, 밭이 비옥해지고, 불모나 기근과 싸우는 허리가 휠 것 같은 투쟁에 의미를 부여받는다고 생각했기 때문이다. 그들은 제의를 거행하면서 땅을 비옥하게 만드는 신성한 에너지를 활용한다고 믿었다. 그런데 엘리야는 이스라엘 사람들에게 그 모든 것을 포기하고 오직 야훼, 다산 분야에서는 전혀 명성이 없는 야훼만을 믿으라고 요구했다.[22]

폭풍이 지난 뒤 엘리야는 우울한 상태에 빠졌고 목숨을 잃을까 두려워했다. 이세벨이 바알 예언자들을 학살한 데 복수할 것이라고 생각했기 때문이다. 엘리야는 이스라엘을 떠나 시나이 산—북쪽 왕국 사람들은 호렙 산이라고 불렀다.—에 있는 야훼 신전으로 피신했다. 엘리야는 이 산의 바위틈에 숨어 계시를 기다렸다.[23] 과거에 신성한 전사 야훼는 바알처럼 자연의 격변 속에 자신을 드러냈다. 야훼가 다가오면 산이 흔들리고, 나무가 시들고, 강이 움찔했다. 그러나 이번에는 달랐다.

2장 불안과 공포의 시대 119

그리고 야훼께서 지나가시는데 크고 강한 바람 한 줄기가 일어 산을 뒤흔들고 야훼 앞에 있는 바위를 산산조각 내었다. 그러나 야훼께서는 바람 가운데 계시지 않았다. 바람이 지나간 다음에 지진이 일어났다. 그러나 야훼께서는 지진 가운데도 계시지 않았다. 지진 다음에 불이 일어났다. 그러나 야훼께서는 불길 가운데도 계시지 않았다. 불길이 지나간 다음, 조용하고 여린 소리가 들려왔다. 엘리야는 목소리를 듣고 겉옷자락으로 얼굴을 가리우고 동굴 어귀로 나와 섰다.[24]

이것은 감추어진 신성이다. 이제 더는 자연의 격렬한 힘이 아니라, 소리의 가냘픈 속삭임 속에서, 작은 산들바람의 느껴질 듯 말 듯한 움직임 속에서, 소리를 내는 침묵이라는 역설 속에서 자신을 드러내는 것이다.

이것은 초월의 순간이다. 야훼는 자연 세계에 내재한 신성을 드러내는 대신 분리되어 다른 존재가 되었다. 역사가들은 종종 축의 시대의 '초월적 돌파(transcendental breakthrough)'를 이야기한다. 이것이 분명히 그러한 사건이었지만, 이스라엘의 고대 종교와 마찬가지로 매우 경쟁적이기도 했다. 이 사건은 대학살 바로 뒤에 벌어졌으며, 이 사건 뒤에 바로 새로운 싸움이 이어진다. 엘리야는 외투자락에 덮인 채 동굴 밖에 서서 야훼가 아합의 후계자들에게 사형을 선고하는 소리를 듣는다. '바알에게 무릎을 꿇지 아니한' 자를 제외하면 모두 죽을 것이다.[25] 사람들이 초월해야 할 **대상**인 탐욕, 증오, 자기 중심주의에 초점을 맞추는 대신, 초월해서 나아가야 할 목표인 신을 규정하는 데 집중하면 공격성과 호전적인 배외주의를 드러낼 위험이 생긴다. 자유는 축의 시대의 핵심 가치였다. 따라서 훗날 축의 시대 현자들 가운데는 엘리야의 고압적 전술을 '해롭다'고 말할 사람도 있을 것이다. 사람들이 아직 받아들일 준비가 되지도 않은 영성을 강요하는 것은 역효과를 낳았다. 본질적으로 규정 불가능한 초월을 두고 교조적인 태도를 보이는 것은 도움이 되지 않았다.

엘리야와 바알의 예언자들의 싸움에서 이스라엘과 유다의 새로운 갈등이 시작되었다. 이때부터 경쟁하는 신들과 벌이는 살벌한 경합이 예언자들이 지닌 영성의 특징이 되었다. 어떤 면에서 종교는 더 평화로워졌다. 신성한 전사라는 옛 이미지는 인기를 잃었다. 바알을 연상시켰기 때문이다. 예언자들은 이제 격렬한 폭풍 속에서 야훼를 보는 대신 신들의 모임에서 야훼의 모습을 보았다.[26] 그러나 이 신들의 모임조차 경쟁적이 되었다. 다음 헤브라이의 찬가는 야훼가 우월한 지위를 차지하기 위해 다른 신의 아들들과 싸우는 장면을 보여준다.

하느님께서 거룩한 신들을 모으시고
그 가운데 서시어 재판하신다.

"언제까지 너희는 불공평한 재판을 하려는가?
언세까지 악인에게 편들려는가? (쎌라)
약한 자와 고아를 보살펴주고
없는 이와 구차한 이들에게 권리 찾아주며
가난한 자와 약자들을 풀어주어라.
악인의 손에서 구해주어라."

그들은 분별력도 없고 깨닫지도 못하여

어둠 속을 헤매고만 있으니 세상이 송두리째 흔들린다.

"나의 선고를 들어라. 너희가 비록 신들이요 모두 지극히 높으신 이의 아들들이나,

그러나 너희는 보통 인간처럼 죽겠고 여느 군주처럼 넘어지리라."

하느님이여, 일어나시어 온 세상을 재판하소서.
만백성이 당신의 것이옵니다.[27]

이 찬가에 따르면 옛날에는 야훼가 다른 '신의 아들들'을 엘로힘으로서 받아들일 준비가 되어 있었다. 그러나 이제 그들은 낡았다. 그들은 인간처럼 시들어 사라질 것이다. 신들의 모임의 지도자가 된 야훼는 그들 모두에게 사형 선고를 내렸다.

야훼는 다른 신들이 사회적 정의라는 근본적인 의무를 게을리 했다고 비난했다. 엘리야도 가난하고 억압당하는 자들에 대한 동정과 배려를 강조했다. 이즈르엘 골짜기의 지주인 나봇이 아합의 소유지 옆에 있는 포도밭을 넘겨주기를 거부한다는 이유로 이세벨이 그를 돌로 쳐 죽이자, 야훼는 왕에게 무시무시한 종말을 선고한다. "나봇의 피를 핥던 개들이 같은 자리에서 네 피도 핥으리라."[28] 아합은 이 신탁을 듣자 가책에 사로잡힌다. 그는 금식을 하고 굵은 베옷을 입고 잔다. 그러자 야훼는 누그러진다. 사회 정의에 대한 관심은 새로운 발전도 아니었으며, 이스라엘과 유다에 특별한 것도 아니었다. 약자 보호는 오래 전부터 고대 근동 전역의 공통된 정책이었다.[29] 일찍이 기원전 2000년대에 메소포타미아의 왕들은 가난한 자, 고아, 과부를 위한 정의는 신성한 의무라고 강조했다. 이것이 도와 달라는 그들의 외침에 귀를 기울이는 태양신

샤마시의 명령이라는 것이었다. 함무라비 법전(기원전 1790?~1750?)의 서문은 왕과 힘 있는 자들이 약한 백성을 억압하지만 않으면 태양은 모든 사람들 위에 비춘다고 선포한다. 이집트의 왕들도 빈곤한 자들을 돌보라는 명령을 받았다.[30] 태양신 레가 '가난한 자들의 장관'이었기 때문이다.[31] 우가리트에서 가뭄과 기근은 오직 그 땅에 정의와 공정이 널리 퍼질 때에만 몰아낼 수 있었다. 약자를 보호하는 것은 바알이 모트와 싸워 이룬 신성한 질서를 보전하는 방법이었다.[32] 중동 전역에 걸쳐 정의는 종교의 핵심적인 기둥이었다. 그것은 또 훌륭한 실용적 정책이기도 했다. 부당한 사회 정책 때문에 국내에 적이 생긴다면 외부의 어마어마한 적들을 정복해도 소용이 없었다.

예언자 엘리야와 엘리사는 모두 사나운 말만이 아니라 실질적인 자선으로도 유명하다. 이 이야기들은 엘리야가 바알과 싸운 이야기만큼이나 중요한 자리를 차지한다.[33] 중동의 다른 신들과 마찬가지로 야훼도 궁핍한 사람들의 곤경에 마음이 움직였으며, 믿음의 정결만큼이나 실제적인 자비에도 보상을 해주었다. 시돈 지방의 가난한 여인이 가뭄 동안 마지막 남은 음식과 기름을 엘리야와 나누어 먹자 야훼는 그녀에게 가뭄이 계속되는 동안 먹을 것을 주겠다고 약속한다.[34] 그러나 이런 이야기들이 축의 시대의 새로운 영성의 시작을 알리는 것은 아니다. 사회 정의는 이미 이 지역의 오랜 전통에 깊이 뿌리박고 있었기 때문이다.

이스라엘 동쪽에서는 완전히 다른 종류의 제국이 천천히 등장하고 있었다. 기원전 876년 아시리아의 왕이 지중해 연안의 페니키아 도시들을 정복했다. 기원전 859년에 살마네세르 3세(살마네셀)가 왕위에 오르자, 다마스쿠스의 하다데제르(하다데젤)를 중심으로 지역 왕들의 강력한 연합체가 형성되어 아시리아의 서진을 막으려 했다. 아합은 기원전 853년 아시리아에 대항하여 행군하는 부대에 전차 대대를 내주었지만, 이 부대는 오론테스 강변의 카르카르 전투에서 패배한다. 그러나 아시리아는 아직 서쪽 지역을 합병할 만큼 강하지 않았으며, 다마스쿠스는 여전히 이 지역에서 가장 강한 나라였다. 같은 해에 아합은 이전의 동맹자 아시리아에게 도전하지만, 전투에서 전사한다. 이것으로 오므리 왕가는 끝이 났다. 궁정 쿠데타가 일어나 엘리사가 밀던 예후가 왕좌를 차지하고 아시리아와 동맹을 맺었다. 기원전 841년 아시리아는 다마스쿠스를 물리치고 지역의 맹주가 되었다. 이스라엘 왕국은 아시리아가 총애하는 봉신국으로서 새로운 평화와 번영의 시기를 맞이했다.

《여호수아》 24장에 등장하는 세겜의 언약식 이야기는 이 시대부터 있었을 것이다.[35] 이것은 더 오래된 텍스트에 속하며, 기원전 7세기의 역사가가 이 텍스트를 자신의 연대기에 포함시킨 것이다. 이 텍스트는 아마 세겜의 신전에서 기념하던 아주 오래된 언약 축제에서 비롯되었을 것이다. 이 이야기에 따르면 이스라엘 사람들이 처음 가나안에 도착했을 때, 여호수아는 그들을 공식 조약으로 야훼에게 엄숙하게 묶어놓았다. 그들이 야훼의 백성이 되려면 요르단 강 건너편에서 섬기던 신들을 멀리하고, 야훼만을 섬겨야 했다. 그들은 야훼와 이 지역의 다른 신들 가운데 하나를 선택해야 했다. 여호수아는 그들에게 이것이 심각한 결정이라고 경고했다. "야훼는 질투하는 신이시오. 여러분이 고의로든 실수로든 죄를 지으면, 그것을 용서하지 않으실 것이오. 야훼께서 여태까지는 여러분에게 잘해주셨지만, 여러분이 만일 이제라도 그를 버리고 남의 나라 신을 섬긴다면, 반드시 앙화를 내려 여러분을 멸망시켜 버리실 것이오." 사람들의 믿음은 철석같았다. 야훼는 그들의 엘로힘이었다. 그러자 여호수아가 외쳤다. "그러면 이제 여러분은 여러분 가운데 있는 남의 나라 신들을 버리고 이스라엘의 신 야훼께 마음을 바치시오."36)

기원전 9세기 말에도 여전히 다른 신들이 유혹을 했지만, 그 신들은 요르단 강 건너편에 머물러야 했다. 그러나 이것은 유일신론적 텍스트가 아니었다. 다른 신들이 존재하지 않았다면 이들이 그런 선택을 할 필요도 없었을 것이다.37) 일신(一神) 숭배는 예배 협정이었다. '야훼 유일' 운동은 이스라엘 사람들에게 야훼에게만 희생을 드리고 다른 신들에 대한 신앙은 무시하라고 촉구했다. 그러나 이런 입장에는 용기가 필요했다. 신성한 자원이 축소되고, 친숙하고 사랑하던 신성한 의무들이 사라졌기 때문이다. 이스라엘은 이제 중동의 신화적이고 종교적인 합의와 단절하는 외롭고 고통스러운 여행을 떠나는 길에 나설 참이었다.

하늘의 도(道)를 따르는 지상의 삶

중국인에게는 그런 고통스러운 결별이 필요하지 않았다. 그들의 축의 시대는 과거와 단절하는 것이 아니라 주나라 왕들이 시행했던 고대의 제의를 더 깊이 이해하고 발전시키는 것이었기 때문이다. 기원전 9세기에 주나라는 매우 취약한 상태였다. 각지의 제후들이 이탈하고, 주나라의 영토는 이민족들에게 계속 공격을 당했다. 이 시기의 역사적 사건들에 관해서는 거의 알려진 것이 없다. 그러나 가끔 궁정의 음모에 대한 언급은 있다. 이 때문에 적어도 두 번 왕이 수도에서 도망을 가는 사태가 벌어졌다. 왕은 중원의 읍성들에 거의 통제력을 행사하지 못했다. 결국 낡은 군주제는 해체되고, 주나라에 이념적으로 충성한다는 명분으로 결합되어 있지만 실제로는 독립적으로 활동하는 귀족들의 연방체가 등장했다.[38] 그들을 한데 묶는 유일한 것은 믿음이었다. 제의는 왕의 봉신들에게 군주가 천자(天子), 즉 '하늘의 아들'임을 일깨워주었다. 그는 하늘의 최고신인 천상제로부터 중국 백성을 통치하라는 천명을 위임받았다. 오직 천자만이 최고신에게 제사를 드릴 수 있었으며, 웨이허 유역에 자리 잡은 수도 종주(宗周, 호경鎬京)는 주의 읍성들로 이루어진 전체 네트워크의 종교적 중심이었다. 주왕의 직계 후손이 통치하는 노나라를 제외한 어떤 읍성도 주의 선왕들을 기리는 존엄한 왕실 의식을 거행할 수 없었다.

대평원의 나머지 지역에서는 왕으로부터 봉토를 받아 자신의 영역을 유지하는 제후가 성벽으로 둘러싸인 읍성(國)을 통치했다. 각 읍성은 주의 수도를 모범으로 삼아, 읍성 중심에 군주의 거처를 지었다. 그 옆에는 그의 조상들의 묘가 있었다. 대부(大夫)와 경(卿)들이 군주를 섬기면서 행정부의 요직을 차지하고 대규모 제사를 주관하였으며, 군주의 군사 원정에 참여하고 군대에 전차와 전사를 제공했다. 경과 대부 밑에는 사(士)가 있었다. 그들은 큰 가문의 방계 후손이었으며, 전차 부대에서 근무했다. 세월이 흐르면서 도시는 꾸준히 영토를 확장해 실질적인 제후국이 되었다. 가장 중요한 제후국은 송(宋)나라와 노나라였다. 송나라의 통치자는 상 왕조의 후손을 자처하며 상나라의 전통을 보전했고, 노나라는 열심히 주나라의 제의를 유지했다. 기원전 8세기가 끝날 무렵 평원에는 이런 봉건적 제후국이 12개가 있었다.

주나라의 영향이 미치는 모든 지역에서는 종교가 생활을 지배했다.[39] 종교의 중심은 천자인 왕이라는 인격체였다. 천명을 물려받은 천자는 마법적인 힘을 지니고 태어났으며, 이 힘을 제후국의 봉건 영주들에게 나누어주었다. 이 시기의 다른 대부분의 종교 체계와 마찬가지로 중국의 종교는 제의(예禮)로 우주의 자연 질서를 보전하는 데 몰두해 있었다. 이렇게 하면 인간 사회와 '하늘의 도'(천도天道)의 일치가 보장된다는 것이었다. 왕이 거행하는 의식은 자연의 힘을 통제할 수 있다고 생각했다. 그래서 계절이 순서대로 이어지고, 비가 제때에 내리고, 천체들이 정해진 경로에 머물 수 있었다. 왕은 신적인 인물로서 지상에서 최고신에 대응하는 존재였다. 그러나 하늘과 땅 사이의 존재론적 분리는 없었다. 중국인은 자연 질서를 초월하는 신에게는 결코 관심을 두지 않았다. 엘리야가 경험한 신, 즉 세상과 완전히 분리된 신 이야기를 들었다면 당황했을 것이다. 하늘과 땅은 상호 보완적이었다. 신성하고 동등한 동반자 관계였다.

  최고신 하늘은 인간 같은 특징을 지녔지만, 결코 별도의 인격이나 성(性)을 갖지는 않았다. 산꼭대기에서 큰 소리로 명령하는 것이 아니라, 자신의 대리인들을 통해 통치했다. 하늘은 천자인 왕으로 경험되었으며, 제후는 각자 자신의 영토에서 천자였다. 땅에 대응하는 인간은 없었지만, 모든 읍성에는 지단(地壇)이 두 개 있었다. 하나는 궁 남쪽 조상을 모시는 묘 근처에 있었고, 또 하나는 남쪽 교외의 추수 제단 옆에 있었다. 중국 종교에서는 위치가 가장 중요했다. 지단의 위치는 사람들이 땅의 경작과 농작물 수확을 통해 자신보다 앞서서 땅을 갈던 조상들과 직접 접촉하며, 이런 식으로 하늘의 도가 확립된다는 사실을 보여주었다. 추수 전이나 후에는 지단 주위에서 감사의 찬가를 불렀다. 하늘의 도는 과거와 현재를 이어 성스러운 연속성을 보장해주는 유쾌한 것이었다.

그것은 지역의 영광이요……
그것은 노인들의 위로로다!
세상이 여기 같은 것은 여기만이 아니로다!
세상이 오늘 같은 것은 오늘만이 아니로다!
우리의 옛적 조상들에게도 이와 같았구나![40]

사람들은 땅을 경작할 때 '오늘날과는 달리' 자신의 개인적인 성취에만 관심을 두었던 것이 아니다. 그들은 이런 노력을 통해 조상, 즉 원형적인 인간과 결합되었으며, 그렇게 해서 사물이 마땅히 따라야 하는 '길'과 결합되었다.

인간의 노력이 없으면 하늘은 움직일 수 없다.[41] 따라서 일반적인 지상의 활동도 성례에 해당하는 신성한 활동이었다. 이 활동을 통해 사람들은 신의 일이 이루어지는 과정에 동참할 수 있었다. 주나라 왕들은 숲을 개간하고, 지방을 평정하고, 도로를 건설하여 하늘이 시작한 창조를 완성했다. 《시경(詩經)》에서 시인은 하늘의 신성한 일과 땅에서 이루어지는 인간의 활동을 묘사할 때 같은 단어를 사용한다. 태왕과 문왕은 하늘의 동반자가 되었으며, 이제 그들의 살아 있는 후손은 이 신성한 과업을 계속 수행해야 한다.

하늘이 (주나라에) 높은 산을 만드시고
태왕께서 이를 넓히셨네.
그가 (주나라를) 깨끗이 하셨네.
문왕이 이를 평안히 하셨네.
그가 행군을 하니

기산(岐山)에 평평한 길이 났네.

자손들은 대대로 이를 보전할지어다!⁴²⁾

중국인은 하늘과 땅의 간극을 보지 않고 오직 그 연속성만을 보았다.⁴³⁾ 가장 강력한 조상은 이제 천상제(天上帝), 즉 최고의 조상과 함께 있지만, 그들도 한때는 지상에 살았다. 하늘은 신탁을 통하여 땅과 소통할 수 있으며, 지상의 거주자인 인간은 접대(賓) 제의를 통하여 조상이나 신들과 식사를 함께 할 수 있다.

중국인이 땅, 우주, 심지어 중국 제국에 관하여 말할 때도, 이 세속적인 범주에는 신성한 것이 포함된다. 그들은 '저 바깥'에서 뭔가 신성한 것을 찾는 일보다는 이 세계를 하늘의 원형과 일치시켜 더 신성하게 만드는 데 관심이 있었다. 우주와 자연의 진행 과정에서 드러나는 하늘의 도는 높은 곳에 있는, 분명하게 규정된 어떤 신보다도 중요했다. 그들은 여기 땅에서 모든 것을 하늘의 도와 일치시키는 일상적이고 실용적인 노력을 하면서 신성함을 경험했다. 하늘이 더 숭고하기는 하지만, 정치 생활의 중심은 땅이었다. 모든 중요한 집회는 지단에서 열렸다. 주나라는 여전히 전쟁이 반역자와 이단자를 벌하여 도(道)의 질서를 회복하는 방법이라고 여겼디. 군시 원정은 늘 둔덕에서 시작되었으며, 돌아오는 부대는 그곳에서 반항적인 포로들을 제물로 바쳤다. 영주가 봉토를 하사받아 하늘의 아들 가운데 하나가 되면, 왕은 그에게 지단에서 퍼온 흙을 주었다. 일식이 나타나면 왕과 봉신들은 지단 주위에 모여 각자 정확한 위치에 자리를 잡았다. 우주의 질서를 회복하려는 것이었다. 이렇게 땅은 하늘의 동반자였다. 하늘은 여기 아래에 있는 대응물의 도움 없이는 도를 이행할 수 없었다.

왕이 왕으로서 천명을 받아 제일의 천자가 되면, 지상에서 하늘을 위한 "길이 열린다." 그는 도덕(道德), 즉 '도의 힘'이라고 부르는 마법적인 능력을 부여받는데, 이 힘으로 적을 진압하고 충성스러운 추종자들을 끌어들이고 자신의 권위를 강제한다. 왕이 도덕을 올바르게 행사하지 못하면, 이 힘은 유해한 것이 된다.[44] 왕이 일단 이 힘을 지니면, 왕이 있는 것만으로도 그 힘이 발휘된다고 믿었다. 도덕은 영향력을 행사하여 사람과 자연 현상이 올바른 길로 가도록 강요한다. 왕의 머리를 스치고 지나가는 생각은 즉시 행동으로 번역된다.

왕의 생각은 가없구나 —
왕이 말을 생각하면 말들은 튼튼해진다.
왕의 생각은 늘 옳구나 —
왕이 말을 생각하면 말들은 달리기 시작한다.[45]

왕의 힘이 강하면 땅이 부서져 꽃이 피어난다. 왕의 힘이 쇠퇴하면 백성이 병이 들어 때 이르게 죽고, 흉년이 들고, 우물이 마른다. 이 경우에도 전망은 전체론적이다. 자연 세계와 인간 사회가 불가피하게 서로 묶여 있는 것이다.

왕의 과제는 인간과 자연 세계가 진정으로 조화를 이루게 하는 것이다. 전승에 따르면 지혜로운 왕들은 태양의 길을 따라 자신의 영토를 여행하여 계절이 정상적인 순환을 유지하도록 했다.[46] 황제는 온 세상을 돌아다니면서 정해진 순서에 따라 네 방위를 찾아갔다. 그러나 요(堯) 임금의 힘은 워낙 강해서 직접 순회를 할 필요가 없었다. 그래서 네 극점에 대리인을 보내 계절을 확립하게 했다. 순(舜) 임금은 한 걸음 더 나아갔다. 그냥 수도의 네 대문에서 의식을 거행한 것이다. 이 문 각각은 네 방위를 바라보고 있었다.[47] 그러나 주나라의 왕은 자신의 궁을 떠날 필요도 없었다. 그들은 궁 안에 특별한 건물을 지어놓고 동서남북을 바라보는 네 모퉁이에 서서 새로운 계절을 열었다. 한 해가 흐르는 과정에서 왕은 자신의 온몸이 자연 질서를 따르도록 옷, 장신구, 식단을 바꾸어야 했다. 겨울에는 검은 옷을 입고, 검은 말을 타고, 검은 마차를 타고, 검은 기를 들게 했다. 겨울이 자리를 잡도록 하기 위해 왕은 그 건물의 북서쪽 모퉁이에 섰고, 겨울 음식인 기장과 돼지고기를 먹었다. 봄이 다가오면 녹색 옷을 입고, 녹색 기를 들고 다니게 했다. 또 신 음식을 먹고 건물의 북동쪽 모퉁이에 섰다. 가을에는 하얀 옷을 입고 서쪽에 섰다. 여름에는 붉은 옷을 입고 남쪽에 섰다.

왕은 더할 수 없이 높은 권력을 지녔지만, 자기 마음대로 할 수 없었다. 평생 매 순간 천상의 모범과 일치해야 했다. 그가 개인적으로 좋아하느냐 싫어하느냐는 전혀 중요하지 않았다. 왕의 역할은 자신의 힘으로 대외 또는 국내 정책을 만들어내는 것이 아니라, 그냥 길을 따르는 것이었다. 이런 오래된 이상은 나중에 중국 축의 시대 영성의 많은 부분에 영감을 준다. 왕이 제의적인 의무를 정확하게 이행하면 그의 힘(도덕)이 만물을 '차분하고 온순하게' 만들었다.[48] 땅, 물, 식물, 짐승, 신, 남자, 여자, 제후, 농민이 모두 서로의 영역을 침해하지 않고 번창했다. 이런 신성한 안정 상태를 '큰 평화'(태평太平)라고 불렀다. 그러나 어떤 이유에서든 왕이 실패하고 그의 힘이 쇠퇴하면 혼돈이 생겼다. 비가 엉뚱한 시기에 내려 작물을 망치고, 해와 달이 길을 잃고, 일식이나 지진이 생겼다. 그러면 왕은 질서를 회복해야 한다는 것을 깨달았다. 왕은 큰 북을 치고, 신민에게 경계 태세를 갖추게 하고, 제후들을 각자의 봉토에서 불러들였다. 제후들은 자신의 봉토의 위치에 맞는 옷—검은색, 녹색, 붉은색, 흰색 옷—을 입고 수도에 도착하여, 수도 한가운데 있는 광장의 자기 자리에 섰다. 가뭄이 들면 왕은 공개적으로 자기 잘못을 고백하고, 나쁜 정부, 무능한 관리, 조정의 사치가 문제임을 인정하면서, 남쪽 교외에 있는 지단에서 제사를 지냈다. 이렇게 인간 세계의 질서를 마법적으로 회복하면 우주에 평화가 찾아오고, 하늘의 도가 다시 자리를 잡았다.

기원전 9세기에 이르면 제의는 더 공적인 행사가 된다.[49] 주나라 초기에 이런 왕실의 제의는 아마 비공개 가족 행사였을 것이다. 그러나 이제는 대규모 군중 앞에서 제의를 거행했다. 제의 전문가들(儒儒)이 행사를 관장하여 의식을 정확하게 거행했다. 전례가 공적 행사가 되자 사람들은 도의 이행을 보고 또 거기에 참여할 수 있었다. 수도의 모든 거주자가 밖으로 나와 왕과 왕비가 매년 새로 봄을 여는 것을 지켜보았다. 왕은 해와 달로 장식된 가운을 입고 나와 병거를 타고 도시 남쪽에 있는 지단으로 가 제물을 하늘에 바치면서 새해의 첫 종교 행사를 거행했다. 왕은 하늘을 자기 삶의 모범으로 삼았고, 백성은 왕의 인도를 따랐다. 따라서 왕은 새로운 계절이 오면 가장 먼저 그 계절의 행동에 나서야 했다. 왕은 살아 있는 원형이었다. 사람들은 하늘의 아들을 모방하여, 자신의 생활이 하늘의 도와 조화를 이루도록 했다. 따라서 왕은 겨울의 휴식이 끝난 뒤 처음으로 밭을 갈아야 했다. 그런 다음에야 농부가 농사일을 시작했다. 봄이면 농부의 아내들이 왕 앞에 나서는 의식을 거행했다. 그렇게 해서 왕은 혼인의 철을 열었다. 가을이 오면 왕은 신하들을 거느리고 북쪽 교외로 나가 겨울을 맞이하고 추위를 다시 불러들였다. 그곳에서 왕은 휴식과 어둠의 계절이 시작되었음을 알리고,

농부들에게 마을로 돌아가라고 명령했다. 평소와 마찬가지로 왕이 앞장을 서서 제물을 바치고 자신의 궁의 문을 봉했다. 그러면 성안 사람들과 농부들도 그의 예를 따라 집으로 돌아갔다.

왕실 제의에 관한 정보는 고대 중국의 고전에 나온다. 우리는 이런 묘사의 역사적 근거를 잘 모른다. 그 대부분이 유토피아적인 것일 수도 있지만, 어쨌든 여기에 표현된 이상은 중국인의 상상에 깊이 뿌리를 내렸으며 축의 시대에 핵심적인 역할을 한다. 다른 도시들에서도 그 지역의 하늘의 아들인 제후가 아마 비슷한 행사를 주관했을 것이다. 그들은 왕궁에서 가신으로 봉사했으며, 왕의 식탁에서 함께 식사를 했다. 그들은 왕이 그들에게 주는 음식을 나누어 먹음으로써 그의 도덕의 일부를 흡수했다. 수도에서 왕은 정교하고 극적인 제의를 통해 죽은 상나라와 주나라의 군주들을 숭배했다. 제후국에서 제후는 자신의 거처 옆에 있는 조상의 사당에서 나라의 건립자인 조상을 섬겼다.

상나라와 마찬가지로 주나라도 5년마다 특별한 '접대' 희생제를 거행하여 자연신과 조상을 대규모 잔치에 초대했다. 조정은 열흘 동안 금식을 하고, 신전을 청소하고, 벽감에서 조상의 위패를 가져와 궁의 마당에 세우는 등 꼼꼼하게 준비를 했다. 잔칫날에는 왕과 왕비가 따로 마당으로 가고, 조상 역할을 맡은 왕가의 젊은이들이 사제에게 이끌려 들어와 절을 받고 자기 자리로 갔다. 조상을 기려 동물을 도살했으며, 고기를 삶는 동안 사제들은 거리를 뛰어다니며 "여기 계십니까? 여기 계십니까?" 하고 외치면서 길 잃은 신들을 잔치에 불러들였다. 아름다운 음악이 흐르고, 성대한 잔치가 벌어지고, 모두가 철저하게 격식에 맞추어 자신의 역할을 수행했다. 연회―신비하게도 젊은 후손의 몸 안에 들어온 조상들과 신성한 친교를 나누는 행사―가 끝난 뒤에는 찬가로 제의의 완벽한 이행을 기념했다. 참석자들은 이렇게 노래를 불렀다. "모든 관습과 제의를 준수했고, 모든 웃음, 모든 말이 제자리에 있구나."50) 얼굴 표정 하나하나, 몸의 움직임 하나하나, 제사 동안에 해야 할 말 하나하나가 정해져 있었다. 참석자들은 자신의 개체성을 버리고 제의의 이상적 세계를 따랐다. 참석자들은 계속해서 노래한다. "우리는 제의에 실수가 없도록 매우 열심히 노력했다네."

모두 질서 정연하고 재빠르다네.
모두 곧고 확실하다네.51)

축제는 신성한 사회를 드러내는 것이었으며, 신적인 것에 가까이 다가가 사는 것이었다. 모두에게 남과 바꿀 수 없는 유일무이한 역할이 있었다. 그들은 일상의 자아를 떠남으로써 더 크고 더 중요한 것에 사로잡혀 있다는 느낌을 받았다. 제의는 극적으로 천궁(天宮)의 복제품을 창조했다. 천궁에는 최고신, 즉 제1의 조상(왕으로 상징된다)이 상나라와 주나라의 조상이나 자연신과 함께 당당하게 앉아 있었다. 영혼들은 복을 베풀었지만, 그들 또한 신성한 드라마의 제의를 따랐다. 상나라는 조상과 신들의 호의를 얻으려고 제의를 이용했으나, 기원전 9세기에 이르면 제의를 정확하고 아름답게 거행하는 일이 점점 더 중요해졌다. 제의를 완벽하게 거행하면 참석자들 내부에서 뭔가 마법적인 일이 일어나 성스러운 조화를 느끼게 되었다.52)

행사는 정교한 6막의 춤으로 끝이 났는데, 이 춤은 문왕과 무왕이 상나라의 마지막 왕과 싸운 전투를 재연한 것이었다. 비단옷을 입고 옥으로 만든 손도끼를 든 64명은 군대를 상징했다. 왕 자신은 조상 문왕의 역할을 맡았다. 각 막마다 특별한 음악과 상징적인 춤이 뒤따랐으며, 찬가로 천명(天命)의 확립을 기념했다.

> 천명을 보전함이 쉽지 않으니
> 그대 대에 잃는 일이 없게 하라.
> 그대의 좋은 이름을 세상에 밝히고
> 은(殷)이 하늘로부터 받은 것을 생각하라.
> 높은 하늘이 하는 일은 소리도 없고 냄새도 없다.
> 문왕을 본받으면
> 온 나라가 그대를 믿을 것이다.[53]

행사는 평화의 춤(대하大夏)으로 끝났는데, 이 춤은 하 왕조의 창시자인 우 임금이 만든 것이라고 전해진다. 이 춤은 훌륭한 통치와 보편적 평화를 상징하며, 주나라의 영토에 마법처럼 질서와 평정을 가져온다고 믿었다.

중국인들은 정교하게 고안한 의식의 중요성을 이해했다. 이런 복잡한 드라마를 공연하면서 그들은 완전한 인간을 향해 나아간다고 느꼈다. 기원전 9세기에 이르면 제의에서 경험하는 변화의 힘이 신들을 다루는 것보다 더 중요하다고 생각하기 시작했다. 우리는 어떤 역할을 수행하여 우리 자신과는 다른 존재가 된다. 다른 페르소나를 맡음으로써 우리는 순간적으로 다른 존재 속에서 우리 자신을 잃는다. 제의는 참여자들에게 조화, 아름다움, 신성의 전망을 제시했으며, 이 전망은 그들이 일상생활의 혼란으로 돌아가도 그대로 남아 있었다. 제의 동안에는 춤을 추는 사람, 연희자, 조신들에게 뭔가 새로운 것이 생생하게 살아났다. 전례의 미세한 내용을 그대로 따름으로써 그들은 더 큰 패턴에 자신을 내주고, 적어도 한동안은 신성한 공동체를 창조했다. 이 공동체 속에서는 과거와 현재, 하늘과 땅이 하나였다.

그러나 중국인들의 여행은 이제 시작일 뿐이었다. 그들은 아직 이런 행사의 효과에 대해 깊이 생각해보지 않았다. 지금까지는 자신들이 하는 일을 분석할 자의식이 없었다. 그러나 나중에, 기원전 3세기에, 중국 축의 시대의 가장 합리주의적인 철학자로 꼽히는 순자(荀子)는 이런 고대의 제의를 깊이 생각한 뒤, 제의의 영적 중요성을 이해할 수 있었다. "군자는 자신의 의지를 이끌려고 종과 북을 이용하고, 자신의 마음을 기쁘게 하려고 거문고와 비파를 이용한다." 순자는 그렇게 설명했다. 전쟁의 춤에서 군자는 무기를 휘둘렀다. 평화의 춤에서는 깃털 장식을 흔들어 상징적으로 투쟁에서 조화로 넘어갔다. 이런 외적인 행동은 내적인 자아에도 영향을 주었다. "음악을 연주하여 의지는 순수해진다. 제의를 이행하여 행동은 완전에 이른다. 눈과 귀가 날카로워지고, 기질은 조화롭고 차분해지며, 관습과 풍습도 쉽게 개혁된다."

무엇보다도 이 정교한 제의는 참여자들이 자신을 초월하는 데 도움을 주었다. 순자는 계속해서 이렇게 말한다. "군자는 도를 이행하는 데서 기쁨을 얻고 소인은 자신의 욕망을 충족시키는 데서 기쁨을 얻는다." 축의 시대 동안 사람들은 이기주의의 한계를 넘어서는 것이 단순한 방종보다 더 깊은 만족을 준다는 것을 깨닫게 된다. "도를 따라 욕망을 제어하는 자는 기쁨을 얻고 무질서로부터 자유롭지만, 욕망을 쫓아 도를 잊는 자는 미혹에 빠져 즐거움을 잃을 것이다."[54]

중국의 축의 시대에 일부 철학자들은 제의의 정교한 꾸밈을 거부한다. 그러나 어떤 철학자들은 이런 전례 의식을 바탕으로 심오한 영성을 구축한다. 제의의 확립은 주나라의 위대한 업적으로 꼽히며, 뒷세대들도 이 점을 인정했다. 축의 시대 이후에 완성된 텍스트인 《예기(禮記)》는 상나라는 영혼을 앞에 두고 제의를 두 번째에 놓았으나, 주나라는 제의를 앞에 두고 영혼을 두 번째에 놓았다고 말한다.[55] 상나라는 제의를 통해 신들을 통제하고 이용하기를 바랐다. 그러나 주나라는 직관적으로 제의 자체가 신보다 큰 변화의 힘을 지니고 있음을 깨달았다.

기원전 9세기가 끝날 무렵 주 왕조는 극심한 곤경에 빠졌다. 기원전 842년 여왕(厲王)은 왕의 실정에 분노한 백성들의 반란을 피해 망명을 떠날 수밖에 없었다. 왕들의 수치스러운 실패를 보면서 어떤 사람들은 회의를 품었다. 하늘의 아들이 이렇게 무능하고 근시안적이라면 최고신은 어떻게 생각해야 한단 말인가? 시인들은 풍자적인 시를 쓰기 시작했다. "상제께서 상도에서 벗어나니, 그 밑의 백성이 모두 지쳤구나." 한 시인은 그렇게 썼다. 왕과 왕실의 제의는 이제 도를 구현하지 못했다. "그대는 진실이 아닌 이야기를 하는구나. …… 제단에는 아무 것도 없네."[56] 기원전 828년 여왕이 망명지에서 죽자 그의 아들이 권좌에 올랐다. 그러나 도는 다시 세워지지 않았다. 시인들은 이 시기에 자연재해가 잇따라 일어난다는 사실에 주목했다. 제의를 꼼꼼하게 거행했지만 가뭄이 나라를 태우고, 조상들은 전혀 도와주지 않았다.

> 천명이 끝나려 하네.
> 바라볼 곳도 의지할 것도 없네.
> 대부의 무리와 과거의 통치자들이야
> 우리를 돕지 않는다 해도
> 부모와 조상들마저

어찌 우리를 이렇게 대할 수 있는가?[57]

　제의는 여전히 아름답게 거행되고, 여전히 참여자들에게 깊은 영향을 주었지만, 소수의 현실적인 비평가는 제의의 마법적인 효능에 대한 믿음을 잃기 시작했다. 그러나 이런 점증하는 위기에 맞서 중국인은 제의를 약화하는 것이 아니라 강화하는 쪽으로 대응한다.

아트만, 내 안의 진정한 나

　기원전 9세기에 이르면 인도의 제의 전문가들은 인도의 축의 시대를 여는 전례 개혁에 나선다. 그들은 희생제를 체계적으로 분석하는 과정에서 내적 자아를 발견한다. 우리는 이 제의 전문가들을 하나하나 알지 못한다. 그들의 이름도 모른다. 그들은 이런 새로운 전망에 이르는 길을 개인적 기록으로 남기지 않았다. 우리는 그들이 후기 베다 시대에 새로 두각을 나타낸 브라민 사제 계급에 속했다는 것을 알 뿐이다.[58] 그들의 작업은 기원전 9세기에서 기원전 7세기 사이에 편찬된 기술적인 제의 수행 지침서인 《브라마나》에 보존되어 있다.† 이 약간 딱딱한 논문들에서 알 수 있는 것은 이 개혁가들이 희생 제의에서 폭력을 없애

《브라마나》 각각의 베다 경전은 '찬가 본집'인 《상히타》와 본집의 주석서 성격을 띤 《브라마나》, 《아라냐카》, 《우파니샤드》의 네 부분으로 이루어져 있다. 《브라마나》는 다양한 희생제와 제의의 규칙 등을 담고 있으며, '숲의 책'이라는 뜻의 《아라냐카》는 숲에 운둔한 수행자들에게 제의의 중요성과 함께 인간과 우주의 본질을 사색하게 하는 내용이었다. 모든 인도 사상의 핵심이라고 할 수 있는 《우파니샤드》는 외적 제의가 아닌 인간의 내적 성찰과 깨달음(해탈)에 관한 내용을 담고 있다.

려는 욕망에서 출발했다는 것이다.

아리아인의 생활은 점차 정착되어 갔다. 경제는 약탈보다 농업 생산물에 더 의존하기 시작했다. 문서 증거는 없지만 약탈과 대응 약탈이라는 파괴적 순환을 중단해야 한다는 데 점차 합의가 이루어졌던 것 같다. 그러나 전통적 제의는 이런 파괴적 패턴을 정당화했을 뿐 아니라 여기에 신성한 의미를 부여하기까지 했다. 제의 자체도 종종 진짜 싸움으로 타락하기도 했으며, 공격적인 희생제가 한번 이루어지면 어김없이 다음 희생제가 이어졌다.[59] 사제들은 희생 전례를 체계적으로 평가하여, 폭력을 불러올 가능성이 있는 관행은 제외하기로 결정했다. 이들은 크샤트리아 전사들에게 이 수정된 제의를 받아들이도록 설득할 수 있었다. 또 이들의 개혁은 영적 각성을 낳기도 했다.[60]

언뜻 보면 《브라마나》만큼 축의 시대 정신과 거리가 먼 텍스트도 없을 것 같다. 이 텍스트는 전례의 세목에 사로잡혀 있는 것처럼 보이기 때문이다. 어떤 헌주(獻酒)에 어떤 국자를 사용할 것이냐, 사제가 제단에 불이 담긴 단지를 가지고 갈 때 몇 걸음을 걸어야 하느냐 같은 무의미해 보이는 토론이 어떻게 종교적 혁명에 영감을 줄 수 있을까? 그러나 《브라마나》는 변화하는 세계에서 의미와 가치의 새로운 원천을 찾으려는 용기 있는 시도를 보여준다.[61] 제의주의자들은 어떤 참여자에게도 피해를 주거나 상해를 입히지 않는 전례를 원했다. 과거 희생제의 절정은 극적으로 동물의 목을 베는 것이었으며, 이것은 인드라가 브리트라를 죽인 장면을 재연하는 것이었다. 그러나 아리아인이 처음 인도에 도착했을 때와는 달리 이제는 인드라가 가장 우뚝한 신이 아니었다. 인드라의 중요성은 차츰 줄어들었다. 개혁된 제의에서는 동물을 희생제 영역 **바깥**에 있는 헛간에서 최대한 고통 없이 질식사시킨다. "너는

2장 불안과 공포의 시대 139

죽지도 않고 해를 입지도 않는다." 제의주의자들은 그렇게 동물을 안심시켰다. "너는 좋은 길을 따라 신들에게 간다."[62] 이 텍스트들은 동물을 죽이는 것을 종종 "잔인하다"고 말하고, 속죄해야 할 악으로 묘사한다. 동물은 때때로 살려서, 주관하는 사제에게 선물로 주기도 한다. 이 이른 시기부터 이미 제의 전문가들은 인도 축의 시대의 불가결한 덕이 되는 아힘사('불살생')의 이상으로 다가가고 있었다.[63]

개혁된 제의는 인간에 대한 공격은 암시하지도 못하도록 금지했다. 전차 경주, 모의 전투, 약탈 등의 경쟁도 사라졌다. 이 모든 것이 체계적으로 제의에서 제외되고, 그 자리에 감정을 누그러뜨리는 찬가나 상징적인 행동이 들어섰다. 충돌의 가능성을 없애기 위해 제의를 의뢰한 후원자나 제물을 바치는 사람이 아니면 제의에는 전사나 바이샤는 참석할 수 없도록 했다. 과거에는 시끄럽고 혼잡했던 희생제 구역이 희생제를 바치는 부부 외에는 텅 비게 되었다. 적대적인 세력이 제의를 방해할 수도 없었다. 이의 제기를 하는 사람도 없었고, 후원자가 손님을 초대할 수도 없었다. 그들의 자리는 사제 네 명과 사제의 조수들이 대신했다. 그들은 행사 과정에서 후원자를 안내하고, 모든 행동과 만트라가 규정에 맞게 이루어지도록 보살폈다. 희생제의 불, 열광, 재미는 모두 없애버렸다. 이 무해한 제의에서 일어날 수 있는 유일한 위험은 절차상의 실수였는데, 이것은 희생제를 '치료'하는 특별한 의식으로 쉽게 고칠 수 있었다.

우리는 제의 전문가들이 없앤 것이 무엇인지 안다. 과거의 경쟁적인 관행들이 개혁된 제의에 분명한 흔적을 남겼기 때문이다. 엉뚱한 문맥에서 전쟁에 관한 어울리지 않는 언급이 나온다. 《브라마나》 텍스트는 소마를 압착하는 것이 인드라가 브리트라를 죽인 행위의 재연이라고 설명한다. 또 번갈아 노래하는 웅장한 찬가를 인드라의 치명적인 벼락에 비유한다. 사제들은 그 찬가를 '힘찬 목소리로' 주고받는다.[64] 과거에 전차 경주 동안 불렀던 고요한 찬가는 여전히 '데바들의 전차'라고 부른다. 《브라마나》는 자주 '적'을 언급하지만, 적이 없기 때문에 어색한 공백만 남는다. 제의 구역에 있는 신성한 세 개의 불 가운데 하나는 여전히 '적'에게 속한 것이다. 만트라는 벌어지지도 않는 싸움을 언급한다. — "인드라와 아그니가 나의 경쟁자들을 흩어버렸다!"[65] 원래 전사 무리의 동쪽 이주와 새로운 영토의 정복을 신성하게 여겼던 아그니카야나 제의에서도 전쟁에 대한 언급이 엄격하게 배제되었다. 처음에 희생제를 바치는 사람은 불이 담긴 단지를 들고 동쪽으로 세 걸음 걸어가 다시 단지를 내려놓으라는 말만 들었다. 그러나 이것이 지나치게 단조롭게 여겨졌는지, 나중에는 불 단지를 수레에 싣고 성스러운 땅을 가로질러 밀고 가는 것으로 바꾸었다.[66]

  제의 전문가들은 개혁된 제의를 만든 것이 《리그베다》의 후기 찬가에서 언급되는 창조의 신 프라자파티라고 주장하며, 자신들의 운동에 관한 '헌장 신화'를 들려준다.[67] 어느 날 프라자파티와 '죽음'이 함께 희생제를 드리고, 평소처럼 전차 경주, 주사위 던지기 시합, 음악 경연을 벌였다. 그러나 죽음은 프라자파티에게 안전히 졌다. 프라자파티는 전통적인 '무기'로 싸우려 하지 않았다. 대신 새로운 제의 기술을 이용

헌장 신화(charter myth) 한 사회(집단)가 지닌 전통적 관습과 행위의 근원을 좀 더 고차원적이고 초자연적인 태초의 사건으로 추적해 올라감으로써 전통에 더 큰 가치와 특권을 부여하는 신화를 가리킨다. 기능주의 신화학에서는 신화와 제의가 현실의 사회적 상황을 정당화하는 역할을 한다고 본다. 즉 신화가 사회적 헌장(social charter), 즉 집단의 관습과 행위를 합리화한다는 것이다.

했다. 프라자파티는 죽음을 이겼을 뿐 아니라 삼키기까지 했다. 이렇게 해서 죽음은 희생제 구역에서 제거되었고, 개혁된 제의에서 후원자가 그렇듯이 프라자파티도 혼자가 되었다. "이제 제의에서 시합은 없다!" 제의 전문가들은 의기양양하게 결론을 내렸다. 프라자파티는 희생제를 바치는 사람들의 원형이 되었다. 그 이후로 새로운 전례에서 프라자파티를 모방하는 사람은 시합에서 상대를 이기거나, 싸워 죽이는 것으로 죽음을 극복하지 못하게 되었다. 희생제를 바치는 사람은 죽음을 흡수하여 자기 내부에 받아들임으로써만 죽음을 정복할 수 있었다. 따라서 "죽음은 그의 자아(아트만)가 되었다."[68] 이것은 놀라운 이미지다. 프라자파티가 죽음을 삼키게 함으로써 제의 전문가들은 관심을 외부 세계로부터 내적인 영역으로 이끌었다. 프라자파티는 죽음을 자신의 일부로 만들어 죽음을 내면화하고 정복했다. 이제 죽음을 두려워할 필요가 없었다. 희생제를 바치는 인간도 그렇게 해야 했다.

과거의 제의에서 후원자는 죽음의 짐을 다른 사람들에게 옮겼다. 희생제 연회 초대를 받아들인 손님들은 동물 희생의 죽음에 책임을 져야 했다. 새로운 의식에서는 희생제를 바치는 사람이 짐승의 죽음에 책임을 졌다. 그는 죽음을 다른 사람들에게 투사하는 대신 자신의 내부로 받아들였고, 그렇게 해서 희생 제물과 하나가 되었다. 그는 새로운 제의에서 상징적으로 죽어 신들에게 자신을 바쳤으며, 동물처럼 불멸을 경험했다. "그 자신이 희생물이 됨으로써 희생제를 바치는 사람은 죽음으로부터 자유로워진다." 한 제의 전문가는 그렇게 설명했다.[69]

《브라마나》는 창조신인 프라자파티를 후기 베다 찬가에 나오는 최초의 원형적 인간 '푸루샤'(산스크리트로 '인간'이라는 뜻)와 합쳤다. 푸루샤는 세상이 태어나도록 하기 위해 신들이 자신을 제물로 바치는 것을 허용했다. 프라자파티/푸루샤는 이렇게 희생제를 드리는 사람이자 제물이 되었다. 후원자는 희생제 절차를 밟을 때마다 이 최초의 제의와 동일시를 하여 프라자파티와 하나가 되었다. "오직 하나의 희생제가 있다." 제의 전문가는 그렇게 설명한다. 모든 희생제는 태초에 이루어진 최초의 봉헌과 똑같다. 그리고 "프라자파티는 희생이다."[70] 프라자파티는 이제 따라야 할 모범이 되었다. 후원자는 인드라처럼 죽어서 불멸을 얻는 것이 아니라 제의화된 죽음을 겪었다. 그렇게 해서 적어도 의식이 진행되는 동안만이라도 시간을 초월한 신들의 세계에 들어가야 했다.

《브라마나》는 희생제를 드리는 사람이 자신이 하는 일을 이해해야 한다고 주장한다. 아무 생각 없이 움직이는 것은 의미가 없다. 그는 프라자파티가 희생이라는 것을 **알아야** 한다. 새로운 제의에 관한 지식을 갖추어야 한다. 죽음과 시합을 벌일 때 프라자파티의 '무기'는 반두(bandhu), 즉 하늘의 실재와 땅의 실재 사이의 '상응'에 관한 지식이었다. 베다 신앙에서는 늘 물리적인 물체를 신성한 존재의 복제품으로 보았다. 그러나 개혁가들은 이 초기의 직관적 통찰을 엄격한 규율로 바꾸었다. 제의 전문가들은 희생 제의에서 모든 동작, 도구, 만트라를 우주의 실재와 연결하는 유사성과 관련성을 발견하는 법을 이혔다.[71] 그것은 다양한 수준의 실재를 한데 '묶는' 집단적 요가였다.[72] 유사성과 닮음이 정체성을 구성했다. 이런 연결 네트워크를 완전히 의식하면서 제의를 거행하면 모든 것이 새로운 모습으로 보였다. 신들은 인간들과, 인간들은 동물, 식물, 제기들과, 초월한 것은 내재한 것과, 보이는 것은 보이지 않는 것과 연결되었다.

예를 들어 프라자파티는 한 해(계절의 주기)의 대응물(반두)이었다.

창조의 날에 시간이 그의 주검에서 나왔기 때문이다. 그는 동물 제물이기도 했다. 그 또한 희생으로 자신을 내주었기 때문이다. 그의 주검에서 나타난 신들 또한 프라자파티의 반두들이었다. 후원자는 희생 제의를 거행하는 동안은 자신이 불에 먹이는 봉헌물과 똑같았다. 사실 자기 자신을 바치는 것이었기 때문이다. 같은 이유로 후원자는 또 동물 제물이기도 했다. 따라서 그는 결국 프라자파티였다. 제의를 위임하여 희생제를 드리는 사람이자 희생 제물이기도 했기 때문이다. 그가 최초의 희생제를 되풀이하고, 프라자파티와 하나가 되고, 필멸의 세속적 세계를 버리고 신성한 영역에 들어섰기 때문이다. 따라서 그는 이렇게 선포할 수 있다. "나는 하늘을, 신들을 얻었다. 나는 불멸이 되었다!" 이런 원형적 사고는 물론 고대 사고의 전형이었다. 그러나 인도의 제의 개혁이 특별한 점은 이런 연결 고리들이 실제로 정신적 노력에 의해 제의 과정에서 만들어졌기 때문이다. 제의 전문가들은 참여자들이 이런 반두를 의식하고, 더 자의식을 갖게 하려고 노력했다. 가장 하찮은 도구, 예를 들어 부지깽이 하나라도 그들의 머릿속에서 최초의 제의에서 사용된 부지깽이와 합쳐져야 했다. 사제는 정화된 버터를 불에 던지면서 프라자파티가 이 제물을 바칠 때 외쳤던 소리(스바하!)를 그대로 따라했다. 희생제를 드리는 사람과 사제들의 정신적 활동에 의해 이런 지상의 물체들은 '완전해졌다.' 이들은 세속적 존재의 연약한 특수성을 버리고 신과 하나가 되었다.

고대의 모든 민족들과 마찬가지로 베다 시대 인도인은 제의가 자연 세계에서 끊임없이 고갈되는 에너지를 회복할 수 있고 회복해야 한다고 믿었다. 개혁가들은 프라자파티의 창조에 관하여 또 다른 이야기를 한다. 그들은 태초에 프라자파티가 자신이 우주에서 혼자라는 사실에 눈을 떴다고 설명한다. 그는 후손을 갈망했다. 그래서 고행을 했다. 금식을 하고, 숨을 멈추고, 열을 발산했다. 그러자 점차로 그의 몸(푸루샤)에서 데바, 아수라, 베다, 인간, 자연 세계 등 실재 전체가 나왔다. 그러나 프라자파티는 별로 능률적인 창조자가 아니라서 그의 창조물은 뒤죽박죽이었다. 피조물은 아직 프라자파티로부터 분리되지 않았다.[73] 그들은 여전히 그의 일부였으며, 프라자파티가 힘이 들어 지쳐서 쓰러져 혼수 상태에 빠지자 거의 죽을 지경에 이르렀다.[74] 그러자 그들은 그에게서 떨어져 나왔다. 분해되었다. 일부는 달아나기도 했다. 프라자파티가 자신을 삼킬까 봐 두려웠기 때문이다. 프라자파티는 정신을 차렸을 때 겁에 질렸다. "어떻게 이 피조물들을 다시 내 안으로 들여올 수 있을까?" 그는 그렇게 물었다.[75] 해결책은 한 가지밖에 없었다. 프라자파티는 다시 조립되어야 했다. 그래서 아그니가 그를 재구성하여 조각조각 짜맞추어주었다. 사라지고 흩어졌던 피조물들은 정체성을 다시 얻었으며, 세상은 유지될 수 있었다.[76] 따라서 유사성이라는 제의의 법칙에 따라 희생제를 드리는 사람이 아그니카야나 제의가 진행되는 동안 새로 불의 제단을 구축하면, 실제로 프라자파티를 재구성하고 피조물 전체에게 생명을 주는 것이 된다. 모든 제의는 세상을 더 강하게 만든다.[77] 개혁가들은 낡은 자멸적 제의를 새로운 세계 질서의 구축을 상징하는 행사로 바꾸었다. 신과 인간은 계속적인 혁신이라는 공동 기획에 함께 참여해야 했다.

제의 개혁에서 근본은 인간이 약한 피조물이라는, 프라자파티와 마찬가지로 쉽게 해체될 수 있는 존재라는 신념이었다. 인간은 결함이 많은 미완의 상태로 태어났으며, 오직 제의에서 완전한 힘을 쌓을 수 있다. 제의의 후원자는 소마 희생제에 참여할 때 제2의 출생을 경험하며,

임신의 여러 단계를 상징적으로 재현하는 입문 과정을 거친다.[78] 제의가 시작되기 전에 그는 물러나 오두막(자궁을 상징한다) 안에 웅크린다. 하얀 옷에 검은 영양 가죽(양막과 태반의 상징이다) 차림이다. 태아처럼 두 손은 주먹을 쥐고 있다. 우유를 먹고, 말을 할 때는 갓난아기처럼 더듬거려야 한다.[79] 마지막으로 그는 프라자파티가 새로운 창조를 하기 위해 그랬던 것처럼 불가에 앉아 땀을 흘린다. 일단 취하게 하는 소마를 마신 뒤에는 과거의 제의에서와는 달리 폭력적인 죽음을 겪지 않고 신들에게 올라가는 경험을 한다.[80] 그는 하늘에 오래 머물 수는 없지만, 만일 생전에 전례에서 충분한 공을 쌓는다면 죽은 뒤에 신들의 세계에 다시 태어나게 될 것이다.

따라서 의식에서 희생제를 드리는 사람은 프라자파티와 마찬가지로 그의 자아(아트만)를 재구성한다. 희생제의 작업장에서 그는 다이바 아트만(신성한 자아)을 재구성한 것이며, 이것은 그의 죽음 뒤에도 계속 살아남는다. 반두에 관한 지식을 분명하게 염두에 두고 제의를 정확하게 거행하면 전사는 자신의 푸루샤(몸)를 재구축할 수 있다. 제의 전문가의 설명에 따르면 브라민 사제들은 "몸을 만드는데, 이 몸은 제의로 구성되고, 제의의 행동으로 이루어진다."[81] 통과 제의는 또 인간을 구축한다. 아리아인 소년은 베다와 희생제 절차의 연구에 입문하는 우파나야나를 통과해야 한다. 그러지 않으면 완전하게 실현된 아트만을 절대 세울 수 없다. 오직 결혼한 사람만이 제의를 위임할 수 있으며, 자기 구축의 과정을 시작할 수 있다. 따라서 결혼은 남자와 여자(남편과 함께 희생제에 참석할 수 있다) 모두에게 또 하나의 통과 제의다. 사람이 죽은 뒤 지친 프라자파티를 닮은 주검은 올바른 장례 제의에 의해 재구성되어야 한다.[82]

그러나 이런 체제가 자동적으로 움직여 나간 것은 아니었다. 제의의 학문에 숙달되지 않으면 다음 세상에서 길을 잃게 된다. 생전에 창조해 놓은 '신성한 자아'를 인식할 수도 없고, 하늘의 영역 가운데 어디로 가야 할지도 모른다. "화장의 불에 당황하고 연기에 숨이 막혀 자신의 세계도 인식하지 못한다. 그러나 **아는 자**, 이 세상을 떠나면서 진실로 아트만을 아는 자는 이렇게 말한다. "이것이 나다." 그리고 그는 자신의 세계를 인식한다. 이제 불은 그를 하늘의 세계로 데려간다."[83] '아는 자'라는 구절은 《브라마나》 텍스트에 줄기차게 등장한다. 사제들이 모든 일을 할 수는 없다. 따라서 희생제를 드리는 크샤트리아와 바이샤 또한 전례의 학문에 숙달되어야 한다. 지식만이 제의의 힘을 끌어낼 수 있기 때문이다.

개혁가들이 창조한 전례는 영적으로 만족스러웠을 것이다. 그렇지 않고서야 브라민들이 전사들에게 전쟁 게임을 중단하도록 설득할 수 없었을 것이다. 우리가 이런 전례들의 미학적인 힘 또는 변화를 가져오는 힘을 제대로 평가하기는 어렵다. 우리가 가진 것은 《브라마나》의 단조로운 진술들뿐이기 때문이다. 희생제를 드리는 사람은 제의를 시작하기 전에 세상을 피해 일상 생활의 절박한 근심들로부터 멀어졌다. 금식, 명상, 고행, 소마 음료 마시기, 찬가의 아름다움 등이 모두 제의 전문가의 건조하고 추상적인 지침에 정서적인 울림을 주었을 것이다. 전례의 경험 없이 《브라마나》를 읽기만 하는 것은 음악을 듣지 않고 오페라의 대본을 읽는 것과 마찬가지다. 제의의 학문에 대한 '지식'은 브라민의 형이상학적 추론을 관념적으로 받아들이는 것이 아니었다. 그것은 예술에서 얻는 통찰 또는 믿음이라는 매혹적인 드라마에서 성취하는 통찰과 비슷했다.

그러나 전례의 가장 중요한 결과는 내면 세계의 발견이었다. 제의 전문가들은 희생제를 드리는 사람의 정신적 상태를 강조하여 그의 관심을 내부로 이끌었다. 고대에는 종교가 보통 바깥을, 외부의 현실을 가리켰다. 과거의 제의들은 신에게 초점을 맞추었으며, 그들의 목표는 가축, 부, 지위 등 물질적 이익을 얻는 것이었다. 자의식적인 반성은 거의 또는 전혀 없었다. 따라서 제의 개혁자들은 선구자들이었다. 그들은 희생제의 방향을 원래 가리키던 곳에서 다른 곳으로 틀어, 아트만, 즉 자아의 창조에 초점을 맞추었다. 그런데 아트만이란 정확히 무엇인가? 《브라마나》라는 제의의 학문에 몰두한 사제들은 자아의 본성을 깊이 생각하기 시작하여, '아트만'이라는 말은 점차 한 인간을 독특하게 만드는 그 사람의 본질적이고 영원한 핵심을 가리키게 되었다.

아트만은 서구에서 영혼(soul)이라고 부르는 것이 아니었다. 아트만은 전적으로 영적인 것은 아니기 때문이다. 이 추론의 초기 단계에서 일부 브라민은 자아가 육체적이라고 믿었다. 팔다리와 대립하는 몸통이라고 생각한 것이다. 그러나 다른 브라민들은 더 깊이 들여다보기 시작했다. 소리는 아주 강력하고 신성한 실재이므로, 인간의 자아는 그의 말에 존재하는 것이 아닐까? 어떤 브라민들은 숨이 없으면 생명은 불가능하므로 숨이 인간의 본질적 핵심을 이룬다고 생각했다. 희생제를 드리는 사람이 성스러운 불 옆에서 땀을 흘리는 동안 솟아오르는, 또 그를 신성한 에너지로 채우는 열(타파스)†이 핵심이라는 주장도 강력한 영향력을 행사했다. 이런 관점에서 보자면, 한 걸음 더 나아가 아트만

....

타파스(tapas) 산스크리트로 '열' 또는 '열정'을 뜻하며, 베다에서 육체의 욕망을 끊기 위해 행하는 힘들고 고통스러운 행위를 가리킨다. 이때 고행은 육체의 금욕과 함께 이루어진다.

이 인간의 내적인 불이라고 주장하는 것이 논리적이었다. 그때까지 오랫동안 불은 아리아인의 분신으로 여겨져 왔다. 제의 전문가들 가운데 일부는 태초에는 아그니만이 불멸을 소유했지만, 다른 데바들도 '계속 찬가를 부르고 제의를 거행하여' 자신을 위한 불멸의 아트만을 창조하는 방법을 발견했다고 주장했다. 이 데바들은 불의 제단을 구축하고, 전례의 작업장에서 새로운 자아를 세웠다. 마찬가지로 인간들도 불에 관해 명상하고, 만트라를 읊고, 규율에 맞게 타파스를 경험하면 신과 같은 불멸을 얻을 수 있다는 것이었다.[84]

마지막으로, 후기의 제의 텍스트 가운데 일부는 혁명적 주장을 한다. 제의 지식(ritual lore)의 전문가는 외적인 전례에 참가할 필요가 없다. 혼자서 명상을 하는 것이 외적인 제의만큼이나 효과가 있다. 제의 지식을 아는 자는 제의에 참가하지 않고도 하늘에 이르는 길을 찾을 수 있다.[85] 희생제를 드리는 자가 프라자파티라면, 그는 프라자파티의 창조력도 지니고 있을 것이 분명하다. 태초에 다른 세상 만물이 존재하기 전에 프라자파티는 오직 자신의 정신을 움직이는 것만으로 자신의 형상, 신, 인간, 물질 세계를 내놓았다. 따라서 고행자도 혼자서 적어도 자신의 신성한 아트만은 창조할 수 있을 것 아닌가?

제외 전문가들은 희생제를 드리는 사람 내부에서 일단 내적인 불―아트만―이 창조되면 그것이 그 사람의 영원하고 양도 불가능한 소유물이 된다고 주장했다. 그들은 이 점을 분명히 하기 위해 새로운 제의를 개발했다. 희생제를 드리는 사람이 제의 동안 불꽃을 불어 새 불을 일으키면 사제나 후원자가 신성한 불을 들이마셔 그것을 자신의 존재 안으로 끌어들이는 것이다.[86] 이것은 데바들이 영원한 아트만을 얻어 불멸을 성취할 때 했던 일이기도 했다. 따라서 이 순간부터 제사를 드리는 사람은 신과 동급이 되었으며, 신들을 섬길 필요가 없었다. **이것을 아는** 자는 이제 '데바야지난'('데바들에게 제사를 드리는 자')이 아니라 '아트마야지난', 즉 '자신을 희생으로 드리는 자'였다.[87] 그는 이제 전례라는 외적 행사에 계속 참석하여 자신의 아트만을 섬길 필요가 없었다. 그의 내적인 불은 연료가 필요없기 때문이다. 그는 자신의 아트만을 확실히 얻은 것이다. 자신을 제물로 드리는 자에게 필요한 것은 오로지 늘 진실만을 말하는 것이었다. 이것이 데바와 전사 모두의 특별한 덕이었다. 진실과 실재에 따라 행동하고 말함으로써 그는 브라만의 힘과 에너지를 빨아들이게 된다.[88]

 인도에서 축의 시대가 시작되었다. 현대 세계에서 제의는 종종 노예적인 순응을 장려하는 것으로 여겨진다. 그러나 브라민들은 그들의 학문을 이용하여 외적인 제의와 신들로부터 해방되어, 독립적이고 자율적인 자아라는 완전히 새로운 의미를 창조해냈다. 사제 개혁가들은 제의의 내적인 역학을 명상함으로써 내면을 들여다보게 되었다. 이제 그들은 아리아인 전사들이 인도의 미지의 밀림 속으로 파고들듯이 앞장서서 열심히 내적 세계를 탐험하기 시작했다. 축의 시대에는 지식을 축적하는 것 또한 중요한 것으로 강조된다. 제의 전문가들은 모두가 제의를 깊이 생각하며 자신이 하는 일의 의미를 깨달을 것을 요구했다. 새로운 자의식이 탄생한 것이다. 그 이후로 인도의 영적인 탐구는 외적인 신이 아니라, 영원한 자아에 초점을 맞추게 된다. 이것은 어려운 탐구다. 이 내적인 불은 분리하기가 어렵기 때문이다. 그러나 《브라마나》라는 제의 지식은 아리아인에게 불멸의 자아를 구축하는 것이 가능하다고 가르쳤다. 희생 제의에서 폭력을 제거하는 데서 시작되었던 개혁은 브라민과 그들의 비사제 후원자들을 전혀 예상하지 못한 방향으로 이 끝었다. 그러나 인도에는 이 득의양양한 자기 만족이 괴물 같은 자기중심주의로 변하지 않도록 해줄 강력한 윤리적 의무가 여전히 결여되어 있었다.

3장
자아의 발견

기원전 800년~700년경

요와 순은 성인(聖人)이 되었다.
그들은 평화의 황금 시대를 확립한 선하고 자비로운 사람들이었다.
《서경》에 나오는 그들의 전설은 왕조가 대물림으로 이어지고
힘과 강압에 기초를 둔 통치가 이루어지는 현실에 대한 암묵적 비판임이 분명하다.
요와 순은 자신의 지위와 위엄에 집착하지 않고
자신들이 본능적으로 좋아하는 것보다 백성의 유익을 앞세웠다.
그들은 예가 계발하고자 하는 절제, 겸손, 자제, 경의의 원형적 모범이었다.
중국의 정치 생활이 점점 더 이기적이고 무자비해짐에 따라
요순 전설은 계속 영감의 원천이 된다.

분노하는
야훼의 대리자 이사야

기원전 8세기는 이스라엘 왕국과 유다 왕국의 종교적 과도기였다. 이 시기에 축의 시대 영성의 첫 움직임이 나타나는 것이 보이는데, 이것은 약 200년 뒤에 열매를 맺는다. 베다 시대 인도인이 희생 제의에 관한 명상으로 새로운 통찰에 이르렀다면, 이스라엘과 유다 사람들은 중동에서 일어난 당대의 사건들을 분석하면서 그들 지역에서 펼쳐지는 역사가 자신들이 지닌 신에 관한 관념과 많은 부분에서 충돌한다는 사실을 알았다. 또 일부에서는 제의를 비판하면서 윤리적 기초가 더 단단한 종교를 원했다. 기원전 8세기에 읽고 쓰는 기술이 셈족 세계의 서부와 지중해 동부로 퍼져나갔다. 그때까지는 글이 주로 실용적이고 행정적인 목적에 이용되었다. 그러나 이제 서기들은 고대의 이야기와 관례를 보존하기 위해 왕실 문서 보관소를 만들기 시작했다. 기원전 8세기 말경에 모세오경†, 즉 성경의 첫 다섯 책 가운데 일부가 처음으로 글로 기록되었던 것으로 보인다. 그러나 더 중요한 것은 축의 시대 모든 종교 전통의 핵심이 될 '자기 버리기(케노시스kenosis)'의 씨앗이 발견된다는 점이다. 이 경우에도 변화의 촉매는 이 지역에서 분출한 폭력이었다.

기원전 8세기 초반에 북부 왕국 이스라엘은 승승장구했다. 아시리아는 점점 강성해져, 곧 이 지역 전체를 지배했다. 아시리아의 충성스러운 봉신인 이스라엘은 여로보암 2세(기원전 786~746년 재위) 치세에 경제적 호황을 누렸다. 왕국은 번창하여 이집트와 아시리아에 올리브 기름을 수출했다. 인구도 눈에 띄게 증가했다. 여로보암은 요르단 강 동부의 땅을 새로 정복하고, 메기도, 하조르(하솔), 게제르(게셀)에서 대규모 건축 사업을 벌였다. 왕국은 아주 세련된 관료제와 더불어 직업 군인으로 이루어진 군대를 갖추었다.[1] 이스라엘의 수도 사마리아의 귀족은 섬세하게 조각한 상아 벽판을 붙인 호사스러운 집에서 살았다.

그러나 어느 농업 국가에서나 그랬던 것처럼 부는 상층 계급에 한정되었다. 부자와 빈자의 차이는 비참할 정도로 확연해졌다. 지방에서 노동으로 왕의 문화적이고 정치적인 기획에 자금을 뒷받침했던 농민들은 과중한 세금과 강제 노동에 시달렸다. 도시의 장인들은 그래도 조금 나았다.[2] 이런 전체적 불의는 경제적인 문제일 뿐만 아니라 종교적 문제이기도 했다. 중동에서 빈자들에 대한 의무를 게을리하는 왕은 신들의 뜻을 위배한 것으로 여겨져 정통성에 문제가 생겼다. 따라서 예언자들이 야훼의 이름으로 일어나 정부를 공격하는 것도 당연한 일이었다. 아

모세오경 구약의 첫 다섯 권(창세기, 출애굽기, 레위기, 민수기, 신명기)을 가리킨다. 유대교에서 가장 중요한 문서이다. 유대 전통에서는 모세오경을 모세가 썼다고 한다. 하지만 19세기 중엽 독일의 벨하우젠(Julius Wellhausen, 1844~1918)을 비롯한 성서학자들은 모세오경을 복수의 저자들이 전승되어 온 이야기들을 자신들의 신학에 맞게 편집한 책자로 보았다.

모스와 호세아는 헤브라이의 첫 문서 예언자†들이었다. 제자들은 그들의 가르침을 구전했으며, 기원전 8세기 말에 그것을 글로 적고 예언적 신탁 선집을 편찬했다. 최종 텍스트에는 후대 예언자들의 말도 포함되었다. 따라서 개별적인 신탁의 저자가 누구인지는 확실히 알 수 없지만, 아모스와 호세아가 그 시대의 사회적 위기에 불안해했던 것은 분명하다.

기원전 780년경 남부 왕국 유다의 테코아(드고아) 출신의 한 목자가 갑자기 야훼의 힘에 압도당했다. 그는 아직 준비가 되지 않았다. 아모스는 훗날 이렇게 항의했다. "나는 본시 예언자가 아니다. 예언자의 무리에 어울린 적도 없는 사람이다. 나는 목자요 돌무화과를 가꾸는 농부다. 나는 양떼를 몰고 다니다가 야훼께 잡힌 사람이다. 당신의 백성 이스라엘에게 가서 말을 전하라고 하시는 야훼의 분부를 받고 왔을 뿐이다."[3] 그는 심지어 유다에 머무는 것도 허용되지 않았다. 그는 야훼로부터 여로보암의 왕국으로 가라는 명령을 받았다. 아모스는 신을 자신에게 익숙한 모든 것을 낚아채 가는 파괴적인 힘으로 경험했다. 그는 선택의 여지가 없다고 느꼈다. "사자가 으르렁거리는데 겁내지 않을 자 있겠느냐? 주 야훼께서 말씀하시는데, 그 말씀 전하지 않을 자 있겠

문서 예언자(literary/writing prophet) 구약에 등장하는 수많은 예언자들은 크게 문서 예언자와 비문서 예언자(문서 전 예언자)로 나눌 수 있다. 문서 예언자는 자신의 이름으로 된 책을 성경에 남긴 경우를 말한다. 예언자 이름과 책 제목이 같은 경우인데, '이사야, 예레미야, 에스겔, 다니엘, 바룩, 호세아, 요엘, 아모스, 오바댜, 요나, 미가, 나훔, 하박국, 스바냐, 학개, 스가랴, 말라기' 등이 있다. 그러나 반드시 예언자 자신이 예언서를 집필했다는 뜻은 아니다. 예언자의 행적이나 그가 전한 말씀이 예언자의 이름으로 남아있다는 뜻이다. 비문서 예언자는 성서에 등장하여 하느님의 말씀을 전한 사람들로서 수십 명에 이를 정도로 많고 구분하기가 힘들다. 이 구분에 따르면 모세도 비문서 예언자이다.

느냐?"⁴⁾ 헤브라이 예언자들은 신비주의자들이 아니었다. 그들은 스스로 시작한 규율 잡힌 오랜 탐구 끝에 내부로부터 깨달음을 경험한 것이 아니었다. 아모스의 경험은 앞으로 볼 인도나 중국의 축의 시대의 특징이라고 할 수 있는 깨달음과는 매우 달랐다. 그는 외부로부터 오는 어떤 힘에 사로잡힌 느낌을 받았다. 이 힘은 그의 의식적인 삶의 정상적인 질서를 헝클어놓았다. 이제 그는 자기 삶을 마음대로 할 수 없었다. 야훼가 목적을 가지고 통제하는 에고의 자리를 차지하여, 아모스를 완전히 다른 세계에 던져버린 것이다.⁵⁾ 헤브라이의 예언자들은 신을 파열, 뿌리 뽑기, 박살내는 타격으로 경험하곤 한다. 따라서 그들의 종교적 경험에는 긴장과 고뇌가 따르는 경우가 많다.

이 무렵 이스라엘과 유다의 종교는 매우 시각적이었다.《시편》의 작가들은 야훼를 보고 싶은 욕망에 사로잡혔다. "당신을 그리면서 성소에 왔사오며 당신의 힘, 당신의 영광을 뵈오려 합니다."⁶⁾ 아모스는 북부에 도착했을 때 이스라엘의 왕립 성전 가운데 하나인 베델 성전에서 야훼의 모습을 본다. 야훼는 제단 옆에 서서 자신의 신들의 모임(divine council)의 구성원들에게 이스라엘의 성전과 백성을 파괴할 것이라고 말한다. "내가 지진을 일으켜 저들을 모두 멸하리라. 살아남은 자들은 칼로 쳐죽이리니, 아무도 도망하지 못하리라. 아무도 살아남지 못하리라."⁷⁾ 아모스는 위로의 메시지를 가져오지 못한다. 가난한 자들에 대한 의무를 게을리한 여로보암은 죽임을 당하고, 이스라엘은 파괴를 당하고, 이스라엘 백성은 "제가 살던 땅에서 떠날 것이다."⁸⁾

아모스가 이런 예측을 하는 데 꼭 신성한 영감이 필요하지는 않았을 것이다. 그는 아시리아가 강력한 제국으로 성장하면서 그 지역의 작은 왕국들을 속국으로 흡수하는 것을 보았다. 신하가 된 왕은 충성을 맹세해야 했으며, 불복종은 엘리트의 국외 추방이라는 벌로 돌아왔다. 이스라엘의 예언자들은 현대의 정치 평론가 같았다. 아모스는 여로보암이 큰 권력에 운명을 걸고 위험한 게임을 한다는 사실을 알 수 있었다. 한 번만 실수를 해도 이스라엘 왕국은 아시리아의 진노를 피할 수 없었다. 이 순간에 아모스는 충격적인 새로운 메시지를 전했다. 야훼가 이집트 탈출 때와는 달리 이제 반사적으로 이스라엘 편을 들지 않는다는 것이었다. 아시리아 왕을 빌려 여로보암이 가난한 자를 무시한 죄를 벌할 것이라는 이야기였다.

왕은 아모스의 설교 내용을 전해 들었다. 대제사장은 그를 베델에서 추방했다. 그러나 아모스는 굴하지 않고 계속 설교를 했다. 물론 선택의 여지가 없었다. 야훼가 그에게 말을 하라고 강요했기 때문이다. 그의 가르침은 충격적이었다. 전통적으로 확실하게 여겼던 많은 것을 뒤집었기 때문이다. 이스라엘은 늘 야훼를 신성한 전사로 보았다. 처음부터 그들의 신이 남쪽 산에서 그들을 도우러 행군해 온다고 상상했다. 이제 야훼는 다시 출정에 나섰다. 그는 다마스쿠스, 팔레스타인(불레셋), 티레, 모아브, 암몬 등의 왕국을 박살내지만, 이번에는 이스라엘 편에서 싸우지 않을 터였다. 야훼는 아시리아를 총애하는 도구로 사용하여 이스라엘과 유다를 치는 성전을 이끌 것이다.[9)]

축의 시대의 영성은 우상 파괴적인 경우가 많다. 종교는 소중하게 간직해 온 관행이나 믿음에 매달리는 것이 아니었다. 외려 사람들에게 전통에 의문을 제기하고, 자신의 행동을 비판할 것을 요구했다. 아모스는 신성한 전사 야훼에 대한 오래된 헌신을 뒤집었을 뿐 아니라, 이스라엘이 사랑하는 제의에 경멸을 퍼붓기도 했다. "너희의 순례절이 싫어 나는 얼굴을 돌린다. 축제 때마다 바치는 분향제 냄새가 역겹구나. 너희가 바치는 번제물과 곡식 제물이 나는 조금도 달갑지 않다." 야훼는 그렇게 불평한다. 그는 노랫소리나 거문고 소리를 듣는 것도 지겹다고 한다. 대신 그는 다만 정의를 "강물처럼 흐르게 하여라. 서로 위하는 마음 개울같이 넘쳐흐르게 하여라."라고 말한다.[10] 마지막으로 아모스는 야훼와 독특한 관계를 맺고 있다는 이스라엘 백성의 자부심을 무너뜨린다. 야훼는 다른 민족들도 해방했다. 불레셋 사람들을 카프토르(갑돌)에서 해방하고, 아람 사람들을 키르(기르)에서 해방하였으며, 그들을 **그들의** 약속된 땅에 정착시켰다.[11] 이제 야훼는 이스라엘 왕국을 지도에서 없애버릴 준비를 하고 있었다.

아모스는 이스라엘의 자존감에 엄청난 타격을 입혔다. 그는 민족의 에고에 구멍을 내고 싶어했다. 이것이 이스라엘에서 '자기 버리기'의 영성―축의 시대 이상의 핵심에 자리 잡고 있는 것이다.―에 대한 최초의 표현 가운데 하나다. 이스라엘 사람들은 종교를 이용하여 자존감을 강화하는 대신 정의와 공평을 앞세워 개인적 이해 관계를 초월해야 했다. 예언자는 그리스인이 케노시스(kenosis) 즉 '비움'이라고 부른 것의 걸어다니는 본보기였다. 아모스는 자신의 주체성을 신이 차지했다고 느꼈다.[12] 그는 자신의 말이 아니라 야훼의 말을 했다. 예언자는 신에게 열정적으로 감정 이입을 하는 과정에서 자기 자신을 버렸다. 신은 이스라엘이 저지르는 불의를 개인적인 모욕으로 여겼다.[13] 이것은 중요한 순간이었다. 축의 시대 종교는 사람들이 다른 사람들과 **함께 느끼는** 공감이 기본 조건이 된다. 아모스는 스스로 분노를 경험한 것이 아니라, 야훼의 분노를 느낀 것이다.

아모스와 비슷한 시기에 북부 왕국에서 활동했던 호세아는 자신의 비극적 삶을 통해 야훼와 공감하게 되었다. 호세아의 부인 고멜은 풍요를 비는 바알 신앙에서 '신성한 매춘부'†가 되었다.14) 호세아는 이스라엘 백성이 다른 신들을 쫓아 매춘부 노릇을 했을 때 이스라엘의 신성한 자 야훼가 느낀 것이 바로 자신이 느낀 것임을 깨달았다. 호세아는 고멜을 다시 데려오고 싶어하는 자신의 갈망이 야훼가 불충한 이스라엘에게 느끼는 갈망의 증표라고 생각하여 고멜에게 다시 기회를 주고자 했다.15) 여기서도 호세아는 소중하게 간직해 온 전통을 공격하고 있다. 이 경우에는 바알 숭배를 공격한 것이다. 호세아는 사람들에게 야훼가 전쟁의 신일 뿐 아니라, 풍년을 줄 수도 있는 신이라는 점을 설득해야 했다. 그는 엘리야처럼 바알을 쫓아내고, 이스라엘이 야훼만 섬기도록 설득하려고 했다. 그러나 엘리야가 믿음을 정화하는 데 집중했던 반면, 호세아의 관심은 윤리적인 것이었다. 바알 숭배는 도덕적 타락을 가져왔다. "살인과 강도질이 꼬리를 물고 가는 데마다 간음과 강간이요, 유혈 참극이 그치지 않는다."16) 성적 방종도 나타났다. 모두 신성한 매춘부를 자주 찾아갔고, 희생제 잔치 뒤에는 술에 취해 주변에 널브러졌다. 사제들은 영적이고 윤리적인 길잡이가 되는 대신 나무토막에 불과한 우상의 자문을 구했다.17)

이 모든 일은 이스라엘 종교의 내적 결핍 때문에 벌어졌다.18) 사람들이 다른 신들을 따르는 것은 그들이 야훼를 진정으로 **알지 못하기** 때

....
신성한 매춘부 예언자 호세아는 야훼의 명령에 따라 행실이 좋지 않은 여인 고멜과 결혼을 했다. 어떤 성서학자들은 고멜이 일반적인 매춘부가 아니라 당시 바알 신전에서 일종의 제의를 행한 '신성한 매춘부'였을 것으로 추정한다. 호세아 시대에 이스라엘 사람들은 농사의 풍요를 약속하는 바알 신앙에 빠져 있었다. 바알 신앙에서는 하늘의 신 바알과 땅의 여신 아세라가 결합할 때 만물이 소생하고 열매를 맺는다고 보았기 때문에 바알 신전에서 바알을 대신하는 남자(신성한 남창)와 아세라를 대신하는 여자(신성한 매춘부)가 성적으로 결합함으로써 인간의 행동을 통해 신의 행동에 교감을 불러일으킨다고 생각했다. 즉 고멜은 아세라 역을 맡아 음란을 저지른 여자였을 것이라는 추정이다.

문일 뿐이었다. 그들의 종교 이해는 피상적이었다. 인도의 제의 전문가들과 마찬가지로 호세아는 더 큰 깨달음을 요구했다. 종교적 관행을 당연시하여 기계적으로 따르는 일은 중단해야 했다. 사람들은 자신들이 하는 일을 더 의식해야 했다. 호세아가 순수하게 관념적인 지식 이야기를 한 것은 아니다. **야다**(yada, '알다')라는 동사에는 야훼에 대한 감정적 애착, 신을 내적으로 소유하기가 포함되어 있었다. 희생제나 축제에 참가하는 것만으로는 충분하지 않았다. 야훼는 이렇게 말했다. "내가 반기는 것은 제물이 아니라 사랑이다. 제물을 바치기 전에 이 하느님의 마음을 더 알아다오."[19] 호세아는 이스라엘 사람들에게 끊임없이 신이 내 안에 살고 있음을 인식하게 하려고 노력했다. 예를 들어 이집트 탈출은 단순히 야훼가 힘을 행사한 사건이 아니었다. 야훼가 이스라엘 백성과 광야에서 40년을 사는 동안 그는 부모처럼 걸음마를 가르쳐주고, 품에 안아서 기르고, 아장아장 걷는 아이처럼 "인정으로 매어 끌어주고 사랑으로 묶어" 이끌었다고 느꼈다. 야훼는 "젖먹이를 들어올려 볼에 비비는" 사람과 같았으며, 백성에게 먹을 것을 줄 때는 "허리를 굽혔다."[20] 호세아는 사람들이 오래된 이야기의 표면 밑을 보고 신의 파토스(pathos)를 알게 하려고 노력했다.

아모스와 호세아는 둘 다 이스라엘 종교에 중요한 새로운 영역을 도입했다. 그들은 올바른 윤리적 행동이 없으면 제의는 아무런 가치가 없다고 주장했다. 종교는 공동체의 자부심이나 자존감을 부풀리는 데 이용되는 것이 아니라, 자기 중심주의를 버리도록 권유하는 데 이용되어야 한다. 특히 호세아는 이스라엘이 내적인 삶을 살피고, 감정을 분석하고, 자기 성찰에 기초한 더 깊은 전망을 갖추어 나아갈 것을 촉구했다. 이런 점들 가운데 일부는 이 무렵 이스라엘과 유다에서 생산되던 모세오경의 초기 문건에 나타나기도 했다.

학자들은 오래 전부터 모세오경에 서로 다른 층이 있음을 인정했다.† 《창세기》, 《출애굽기》, 《민수기》는 초기의 두 텍스트가 먼저 결합되었고, 이것을 나중에 기원전 6세기 무렵에 사제 저자('P', priestly writer)가 편집하면서 자신의 전승을 덧붙였다. 이 초기 자료 가운데 하나는 'J'라고 불렀다. 저자가 신을 '야훼(Jahweh)'라고 불렀기 때문이다. 두 번째는 'E'라고 불렀다. 이 자료의 저자는 좀 더 공식적인 신의 호칭인 엘로힘(Elohim)을 더 좋아했기 때문이다. 그러나 J와 E는 독창적인 구성물이 아니었다. 이들은 음유 시인들이 초기 이스라엘의 언약의 축제 때 암송하고 또 세대에서 세대로 구전되어 오던 오래된 이야기들을 일관된 서사로 기록하고 합쳤을 뿐이다. 이스라엘과 유다 두 왕국 모두 글을 행정적인 목적으로 이용했지만, 글로 나라의 역사나 이념을 기록

모세오경과 저자 성서학자들은 모세오경을 대략 500~600년에 걸쳐 구전과 문헌이 전승되면서 차츰 완성된 것으로 보고 있다. 따라서 모세오경의 원래 자료를 누가 언제 썼는지 확실히 구분하기는 어렵다. 그러나 19세기 중반 이후 성서학자들은 문장 유형과 문체, 하느님의 이름 등을 고찰한 결과, 중요한 몇 가지 기초 문헌에 대한 가설을 만들었다.

1) J계 - 하느님의 이름이 '야훼'(Yahweh, 독일어로 Jahweh)로 기록된 문헌. 남부 왕국 유다에서 형성된 것으로 보인다.
2) E계 - 하느님의 이름이 엘로힘(Elohim) 또는 엘(El)로 나오는 문헌. 북부 이스라엘을 중심으로 형성된 것으로 보인다.
3) D계 - 《신명기(Deuteronomy)》계 문헌. 《신명기》의 문학적·신학적 특징을 바탕으로 집필, 편집된 문헌을 말한다. 기원전 7세기 문헌으로 추정된다.
4) P계 - 사제(priest) 저자들이 편찬한 문헌. 최종 편찬은 바빌론으로 끌려가서 포로 생활을 할 때 이루어졌다.

학자들은 북부의 이스라엘 왕국이 기원전 722년에 패망한 뒤에 J와 E가 먼저 결합되고(JE 문서라 부름), 유다의 왕 요시아(기원전 640~609년경 재위)의 개혁기에 여기에 다시 D가 합쳐졌다고 본다. 그 뒤 이스라엘 백성들이 바빌론에 끌려가 포로 생활을 할 때 사제 저자들에 의해 앞선 문헌들이 합쳐져 오늘날의 모세오경이 완성되었다고 본다.

하지는 않았다. 기원전 8세기까지 글은 신성한 것, 인간에게 잠재적으로 위험할 수도 있는 신비한 기술로 여겨졌다.[21] 공동체의 지식은 모두에게 속한 것이지, 글을 아는 소수의 소유가 될 수 없었다. 그러나 기원전 8세기가 되면서 문자를 이해하는 능력이 근동에 더 넓게 확산되었으며, 새로운 정치 상황 때문에 왕들은 자신의 통치에 유리한 전승을 기록하여 텍스트를 보관하는 도서관에 비치했다.

비록 J와 E가 쓰여진 정확한 시기를 확정할 수는 없지만, 기원전 8세기까지는 이스라엘이나 유다 어느 쪽에도 글을 읽고 쓸 줄 아는 사람이 많았다는 흔적이 없다. 따라서 이 텍스트 둘 다 오래된 자료를 포함하고 있지만, 둘은 각각 서로 다른 계열의 전승―한쪽은 남쪽, 또 한쪽은 북쪽―을 대표했으며, 이 둘이 기원전 8세기 후반에 합쳐지고 기록되어 예루살렘의 왕실 문서 보관소에 들어갔을 것이다.[22] 두 텍스트는 역사 기록을 남기려는 초기의 시도였다. 그러나 현대의 역사가를 만족시켜주지는 못한다. 현대의 역사가는 정확히 언제 무엇이 일어났느냐 하는 문제에 일차적으로 관심이 있기 때문이다. J와 E의 이야기는 역사 이상의 것이다. 이 이야기들은 오랜 기간에 걸쳐 진화해 왔으며, 단순히 과거의 사건을 정확하게 묘사하는 것만이 아니라 사건의 의미를 발견하는 데도 관심을 가진다. 따라서 역사에 근거를 둔 서술과 더불어 신화적인 자료도 포함한다. 초기 성경 저자들의 관점에서 보자면, 인간의 삶은 세속적인 영역에만 한정된 것이 아니라 초월적인 차원도 갖고 있었다. 이 초월적 차원이 사건들의 더 깊은 의미에 빛을 던져주었고, 사건들에 모범적 전형으로서 의미를 심어주었다. 그러나 J와 E가 결정적인 텍스트가 될 것이라고는 아무도 상상하지 않았다. 이 텍스트들은 최종본이 아니었다. 뒷세대들도 자유롭게 문서들을 확장하고, 심지어 모순이 되는 이야기까지 보탠다. J와 E는 기원전 8세기 말 이스라엘과 유다 사람들의 종교 사상을 반영했지만, 기원전 7, 6, 5세기에 다른 저자들은 원래의 이야기를 확장했다. 새로운 자료를 도입하기도 하고, 자신의 시대와 관련이 있는 방식으로 이스라엘의 역사를 다시 쓰기도 했다.

J와 E에 나오는 이야기들은 아마 이스라엘의 초기 제의에서 이용되었을 것이다. 그러나 기원전 8세기가 되면 언약의 축제들은 예루살렘과 사마리아의 왕실 전례로 대체되었다. 그렇게 되자 이 이야기들은 종교적 배경을 벗어버렸고, 음유 시인을 비롯한 전승 전달자들은 초기 이스라엘 역사를 기록한 좀 더 일관성 있는 연대기를 발전시켜 나아갔다.[23)] 기본적인 윤곽은 J와 E 모두 비슷하다. 이야기는 야훼가 족장들 —아브라함, 이사악, 야곱—을 불러 친밀한 관계를 맺는 데서 시작한다. 야훼는 그들에게 언젠가 위대한 민족의 아버지가 되고, 가나안 땅을 소유하게 될 것이라고 약속한다. 이야기는 계속되어 이스라엘 백성은 이집트로 이주하고, 홍해에서 이집트인들에게 승리를 거두고, 시나이(시내)/호렙 산에서 언약의 동맹을 맺고, 약속의 땅으로 행군해 간다. 그러나 이런 기본적인 틀 안에서도 J와 E는 각각 자기 지역의 전승을 반영하여 서로 다른 대목을 강조한다.

J는 남부 왕국 유다에서 발전한 것이 거의 틀림없다. J의 서사에서 축이 되는 인물은 모세보다는 아브라함이다. E에는 《창세기》 1~11장에서 이야기되는 태초의 역사(세계 창조, 아담과 하와의 타락, 카인의 아벨 살해, 대홍수, 바벨탑의 반역)가 포함되어 있지 않다. 그러나 J에서는 이 대목이 매우 중요하다. J는 아브라함 이전에는 인류 역사가 재난의 연속임을 보여주려 한다. 인류가 반역, 죄, 벌이라는 하향 나선에 사로잡혀 있었지만, 아브라함이 이 무시무시한 흐름을 역전시켰다는 것이다. 아

브라함이 야훼와 맺은 언약이 역사의 전환점이었다. J에서 아브라함이 특별한 까닭은 그가 남부 사람이었기 때문이다. 그는 헤브론에 정착했다. 그의 아들 이사악은 베르셰바(브엘세바)에 살았다. 아브라함은 살렘/예루살렘의 왕 멜기세덱에게 축복을 받았다. 또 아브라함의 일생은 다윗 왕을 예고한다. 다윗은 남부 도시 베들레헴에서 태어나, 헤브론에서 이스라엘과 유다의 왕이 되었고, 예루살렘을 수도로 삼았다. 유다 사람들에게는 신이 다윗의 집안과 맺은 언약이 시나이 산에서 모세와 맺은 언약보다 훨씬 더 중요했다.[24] J는 시나이 산의 언약보다는 아브라함이 위대한 민족의 아버지이자 전 인류가 받을 축복의 근원이 될 것이라는 하느님의 약속에 훨씬 더 큰 관심을 가졌다.

그러나 E의 족장들 이야기는 아브라함과 맺은 언약을 한 번도 언급하지 않으며, 하느님이 '이스라엘'이라고 이름을 바꾼 아브라함의 손자 야곱을 더 부각한다. E에서 더 중요한 것은 이집트 탈출 이야기였다. 이 이야기에서 당시에 거의 알려지지 않았던 신 야훼는 이 지역에서 가장 강한 세력 이집트를 물리친다. 이 이야기는 주변부 민족이 억압을 극복하고 무명에서 벗어나는 것이 가능함을 보여준다. 기원전 9세기 동안 자그마한 이스라엘 왕국이 근동의 주요 강국이 되었던 것처럼.[25] E에선 모세가 단연 뛰어난 예언자였다. E에게 역사의 전환점을 만든 것은 아브라함이 아니라 모세였다. J는 가끔 모세를 심하게 비판하지만,[26] E의 저자는 광야를 거쳐 약속의 땅에 이르는 장정 내내 자신의 영웅에 대한 공감으로 가득하다. 야훼가 자신의 백성에게 몹시 진노했을 때 E는 모세의 고뇌를 통절하게 묘사한다. 모세는 자신의 신에게 다그친다.

어찌하여 이 종에게 이런 꼴을 보이십니까? 제가 얼마나 당신의 눈 밖에 났으면, 이 백성을 모두 저에게 지워주시는 겁니까? 이 백성이 모두 제 뱃속에서 생겼습니까? 제가 낳기라도 했습니까? 어찌하여 저더러 이 백성을 품고 선조들에게 주시겠다고 맹세하신 땅으로 가라고 하십니까? 유모가 젖먹이를 품듯이 품고 가라고 하십니까? 어디에서 이 백성이 다 먹을 만큼 고기를 얻어주란 말씀입니까? 저에게 먹을 고기를 내라고 아우성입니다. 이 많은 백성을 저 혼자서는 도저히 책임질 수 없습니다. 너무나 무거운 짐입니다. 진정 이렇게 하셔야 하겠다면, 차라리 저를 죽여주십시오. 그러나 제가 과히 밉지 않으시거든 이런 꼴을 더 이상 보지 않게 해주십시오."[27]

J가 그리는 모세의 초상에는 이와 비슷한 면이 전혀 없다.

J도 E도 모세를 위대한 입법자로 제시하지는 않는다. 시나이 산의 언약을 이야기할 때도 십계명은 언급조차 하지 않는다. J의 서사에는 입법 이야기가 전혀 나오지 않으며, E에는 빈자와 약자에 대한 정의를 실현하는 일의 중요성을 강조하는 기원전 9세기 법의 집합체—흔히 '언약 법전(Covenant Code)'이라고 부른다.—만 포함되어 있을 뿐이다.[28] 이스라엘과 유다에서 법은 아직 신성한 것이 아니었다. 시나이의 언약이 J와 E에게 중요했던 것은 모세와 장로들이 그곳에서 야훼를 **보았기** 때문이다. 두 텍스트는 이들이 신을 만나러 정상으로 올라갔다고 묘사한다. "그들은 거기에서 이스라엘의 하느님을 뵈었다. 그가 딛고 계시는 곳은 마치 사파이어를 깔아놓은 것 같았는데 맑기가 하늘빛 같았다. …… 그들은 하느님을 뵈오며 먹고 마셨다."[29] 이것이 신의 시나이 산 출현을 다룬 가장 오래된 이야기인데, 아마 신의 출현을 재연하던 옛 전례 의식—여기에는 성찬식이 포함되어 있었다.—을 반영한 것인지

도 모른다.[30]

 J는 이들이 신을 만난 것을 자연스럽게 여겼으며, 실제로 매우 의인화한 표현으로 하느님을 묘사했다. 이 이야기에서 야훼는 군주처럼 에덴 동산을 거닐며 서늘한 저녁 바람을 즐기기도 한다. 노아의 방주의 문을 닫기도 한다. 홍수 뒤에는 노아의 희생제에서 달콤한 향기를 맡기도 한다. 아브라함은 자신의 장막에서 영접한 나그네의 모습으로 야훼를 보기도 한다.[31] 그러나 E에서 하느님은 좀 더 초월적인 존재가 된다. 사람들에게 직접 나타나지 않고, '천사'를 중개자로 보낸다. E는 모세가 불타는 덤불에서 하느님의 모습을 본 것이 이스라엘의 엘로힘이 행하는 '자기 드러냄(self-exclosure)'에서 새로운 단계를 가리킨다고 보았다. "이름이 무엇입니까?" 모세는 불타는 덤불로부터 자신을 부른 신에게 물었다. 야훼는 아브라함, 이사악, 야곱은 자신을 '엘'이라고 불렀지만, 이제 자신의 진짜 이름을 자신의 백성에게 드러내겠다고 대답한다. 그 이름은 '에예 아셰르 에예(ehyeh asher ehyeh)', 즉 '나는 나(I am what I am)'다.[32] 이 수수께끼 같은 구절은 의도적으로 모호함을 자아내는 헤브라이의 관용어로서 그 뜻은 결국 "내가 누구인지 관심 갖지 마라!" 또는 심지어 "네 일에나 신경써라!"가 된다. 고대 세계에서 어떤 사람의 이름을 아는 것은 그를 지배하는 힘을 갖게 된다는 뜻이었다. 하느님은 이런 식으로 통제하고 조작할 수 없는 존재였던 것이다.

 J와 E에는 모두 케노시스 영성(비움의 영성)의 초기 증표들이 등장한다. 아브라함이 헤브론 근처 마므레의 상수리나무 곁에서 야훼를 본 J의 이야기에는 이 점이 분명하게 나타난다.[33] 아브라함이 고개를 들었을 때 그의 장막 옆에 남자 셋이 서 있는 것이 보였다. 아브라함은 즉시 그들에게 달려가 "땅에 엎드려서 절을 하였다."[34] 나그네는 잠재적으

로 위험한 사람들이었다. 지역의 피의 복수의 법칙에 얽매이지 않기 때문이었다. 그들은 죽이거나 죽임을 당해도 어느 쪽이든 아무도 처벌을 받지 않았다. 그러나 아브라함은 가족을 지키기 위해 그들을 공격하는 대신 그들이 신이나 되는 것처럼 땅에 엎드렸다. 이어 노독을 풀 수 있도록 식사를 잘 차려 대접했다. 아브라함은 이렇게 처음 보는 세 명의 완전한 이방인들에게 실질적인 친절을 베풀면서 자신을 완전히 내주는 행동을 함으로써 신과 만나게 된다. 당연한 일이지만 이어지는 대화에서 세 나그네 가운데 한 명이 다름 아닌 야훼임이 드러난다.

더 놀라운 것은 E의 이사악을 묶는 이야기다.[35] 아브라함은 큰 민족의 조상이 될 것이라는 약속을 받지만, 그에게 남은 아들은 하나밖에 없다. E는 말한다. "이런 일들이 있은 뒤에 엘로힘†께서 아브라함을 시험해보시려고 '아브라함아!' 하고 부르셨다." 하느님은 그를 이름으로 불렀다. 그러자 아브라함이 소리쳤다. "힌네니!"—"예, 여기에 있습니다!" 족장과 예언자들은 종종 하느님에게 이런 외침으로 응답한다. 이것은 완전히 준비된 상태로 대기하고 있음을 보여준다. 그러나 하느님은 충격적인 명령을 내린다. "사랑하는 네 외아들 이사악을 데리고 모리야 땅으로 가거라. 거기에서 내가 일러주는 산에 올라가, 그를 번제물로 나에게 바쳐라."[36] 이 이야기는 신의 새로운 개념을 부여준다. 고대 세계에서 장자는 종종 신의 소유물로 여겨졌으며, 인간 희생을 통해 신에게 돌려주어야 했다. 젊은 피가 신의 고갈된 에너지를 회복시켜주고, 우주에서 힘의 순환을 보장해주었기 때문이다. 그러나 여기에는 그런 이유가 나오지 않는다. 엘로힘은 순수하게 자의적인 요구를 하고 있

....
† 우리말 성경(공동번역)에는 '하느님'이라고 번역되어 있다.

3장 자아의 발견 169

다. 아브라함은 거기에 오로지 믿음으로 응답할 수 있을 뿐이다.[37] 이 신은 이 지역의 다른 신들과 완전히 달랐다. 그는 인간이 겪는 어려움을 겪지 않았으며, 사람들에게 에너지 제공을 요구하지 않았다. 대신 무엇이든 원하는 대로 요구할 수 있었다.

아브라함은 머뭇거리지 않았다. 즉시 노새에 안장을 얹고, 이사악과 하인 둘을 데리고 모리아 땅으로 떠났다. 손에는 아들을 죽일 칼과 번제에 쓸 나무를 들었다. 그는 이사악을 묶어 제단에 올려놓고 칼을 잡았다. 그것은 그의 삶에서 의미를 앗아갈 수도 있는 완전한 복종의 행동이었다. 그가 그렇게 오랫동안 섬겨 온 신은 약속을 깨뜨리고 비정하게 아이를 죽이는 존재임을 보여주었다. 마지막 순간에야 엘로힘은 '천사'를 보내 살인을 막고, 아브라함에게 이사악 대신 숫양을 제물로 바치라고 명령한다. 이 이야기는 중요한 종교적 전이를 뜻한다. 인간 희생을 동물 봉헌으로 대체하기 때문이다. 그러나 이 이야기는 전례적 타당성과 관계없이 고통을 안겨준다. 이스라엘의 엘로힘은 단지 다정하고 자비로운 존재일 뿐 아니라, 가끔은 무시무시하고 잔혹한 존재로서 자신에게 헌신하는 사람을 무의미의 벼랑 끝까지 몰고 가기 때문이다. 이 이야기는 아브라함과 그의 신에게 수상쩍은 빛을 비춘다. 또 이 이야기는 신체적이든 심리적이든 어떤 폭력도 성스러운 것과 양립할 수 없다는 관점이 확립되기 전에 신을 경험하는 일에 내재해 있던 파괴적 잠재력을 보여준다.

인간 세계와 신 사이에는 전에 없던 틈이 벌어지기 시작한다. 기원전 740년에는 새로운 예언자가 예루살렘 성전에서 야훼를 본다.[38] 남쪽 유다 왕가 출신인 이사야는 J의 저자들과 마찬가지로 남부인이었으며, 하느님을 인간 형상으로 보는 것을 자연스럽게 여겼다. 그러나 이제 야훼는 함께 다정하게 식사를 나눌 수 있는 온화한 신이 아니었다. 향이 성전을 채우자 이사야는 성전에서 이루어지는 제의들 뒤에 놓인 무시무시한 현실을 본다. 야훼는 신성한 자들에게 둘러싸여 하늘의 성좌에 앉아 있다. 그 양편에서는 천사 둘이 얼굴을 가리고 있다. "거룩하시다 (카도슈), 거룩하시다, 거룩하시다. 만군의 야훼! 그의 영광이 온 땅에 가득하시다." 그러자 성전의 기초가 흔들리고, 성전에는 연기가 가득 차 야훼는 뿌연 구름 속으로 들어간다. 그는 이제 이스라엘의 신성한 자가 아니라 세계의 통치자다. 무엇보다도 야훼는 카도슈†다. 인간과는 완전히 '다른', 인간과 '분리된' 존재다. 이사야는 공포에 사로잡혔다. 이사야는 소리쳤다. "큰일났구나! 이제 나는 죽었다." 연약하고 부정한 필멸의 존재로서 만군의 주를 바라본 것이다. 천사(스랍) 하나가 제단에서 뜨거운 돌을 집어와 이사야의 입술을 정화하자 야훼가 물었다. "내가 누구를 보낼 것인가? 누가 우리를 대신하여 갈 것인가?" 그러자 이사야가 바로 대답했다. "힌네니!† 저를 보내십시오."

신의 메시지는 냉혹했다. 사람들은 제때에 야훼의 말에 귀를 기울이려 하지 않았다.

> 도시들은 헐려 주민이 없고
> 집에는 사람의 그림자도 없고
> 농토는 짓밟혀 황무지가 될 때까지다.
> 야훼께서 사람을 멀리 쫓아내시고 나면 이곳엔 버려진 땅이 많으리라.

....

카도슈(qaddosh) 헤브라이어에서 '카도슈'는 분리, 구별의 의미가 있다.
힌네니(Hinneni) 우리말 성경(공동번역)에는 '제가 있지 않습니까?'라고 되어 있다. '힌네니'는 헤브라이어로 "저를 보십시오"라는 뜻이다.

3장 자아의 발견 171

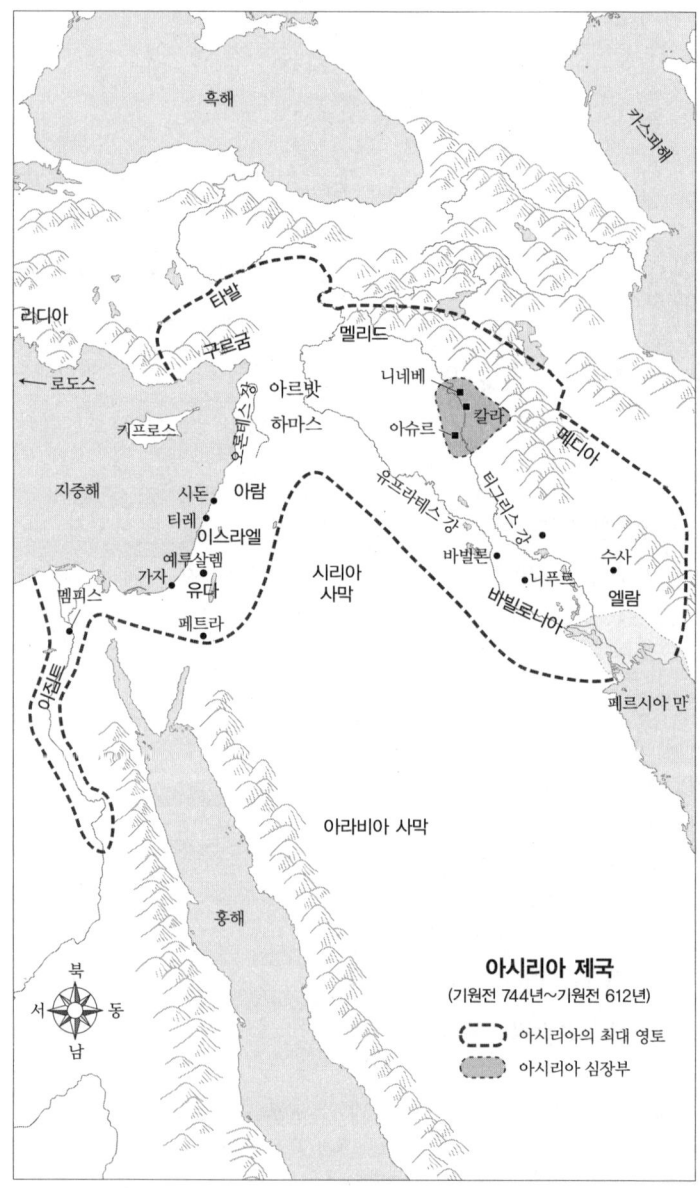

주민의 십분의 일이 그 땅에 남아 있다 하더라도 그들마저 상수리나무, 참나무가 찍히듯이 쓰러지리라.[39]

이사야가 이 메시지를 전달할 무렵, 이렇게 무시무시하게 묘사된 사람 없는 황량한 땅은 중동에서 일상적 현실이 되어 갔다. 기원전 745년에 티글라트필레세르(디글랏빌레셀) 3세가 아시리아의 왕이 되어, 완전히 새로운 유형의 제국을 창조하기 시작했다. 그는 과거의 봉신국 체제를 서서히 해체하고, 모든 신민을 직접 이 육중한 아시리아 국가에 통합했다. 그는 최신 전차와 고도로 숙련된 기병을 갖춘 매우 능률적인 직업 군인 군대를 보유하고 있어, 이 지역 사람들은 공포에 떨었다. 그는 반항의 조짐이 보이자마자 속국의 왕을 아시리아의 총독으로 교체하고, 군대를 보내 그 나라를 공격하고, 지배 계급 전체를 국외로 추방하고 제국의 다른 지역에서 온 사람들로 그 자리를 메웠다. 티글라트필레세르의 첫 번째 업적은 바빌로니아를 정복한 것이었다. 이어 그는 서쪽으로 시선을 돌렸다. 여로보암 2세가 죽고 나서 이스라엘 왕국이 혼란에 빠지자, 기원전 738년에 아시리아군을 보내 이스라엘 북부를 진압했다.

중동은 일찍이 이런 규모의 군사적 힘을 본 적이 없었다. 결국 이 지역은 두 번 다시 옛날로 돌아갈 수 없었다. 국외 추방으로 영적·물리적 혼란이 널리 확산되었다. 주민 전체가 어쩔 수 없이 제국 전역을 옮겨 다녔다. 아시리아군이 어떤 나라를 침입하면 그 뒤에는 유린의 흔적만 남았다. 사람들이 도시로 피신하는 바람에 시골은 텅 비었다. 아시리아는 중동을 군사적으로 지배할 뿐 아니라, 통일된 문화를 창조하겠다고 결심했다. 하나의 제국, 하나의 경제, 하나의 언어만 있어야 했다.

티글라트필레세르는 커 가는 제국의 행정 편의를 위해 아람 언어와 문자를 채택했다. 이것이 아시리아의 설형 문자보다 수출하기가 쉬웠다. 글은 행정과 경제 활동에서 점차 중요해졌으며, 읽고 쓰기를 배우는 사람이 늘었다. 이러한 변화가 신성한 텍스트의 구전보다는 기록을 촉진했을 것이다.

아시리아의 융성은 신학적인 문제를 제기했다. 종속된 민족들 각각은 민족의 신, 즉 야훼처럼 그 영토의 관리자 역할을 하는 '신성한 자'를 두고 있었다. 각 왕국이 독립을 유지하는 한 이런 체계는 잘 운영되었다. 그러나 한 나라의 신이 다른 신을 침해하면 문제가 생길 수 있었다. 이 점은 엘리야와 아합이 이미 발견한 것이었다. 아시리아가 나라들을 차례차례 집어삼키기 시작하자 신들 간의 세력 균형 또한 바뀌었다. 이 지역의 다른 왕들처럼 아시리아의 왕도 아시리아의 신 아슈르의 대리자였다. 아슈르는 티글라트필레세르의 왕조가 영원히 계속될 것이라고 약속했다. "당신은 그에게 권력의 운명을 주었으며, 그의 높은 제사장의 씨앗이 영원히 지속될 것이라고 말했다."[40] 따라서 만일 아슈르의 대리인이 이스라엘 왕국을 정복했다면, 아슈르가 야훼보다 더 강하다는 결론이 나오는 것 아닌가?

이사야가 기원전 740년에 환상을 보았을 때 작은 왕국 유다는 여전히 하찮은 존재라 아시리아의 눈길을 끌지 못했다. 그러나 기원전 734년에 이스라엘과 다마스쿠스의 왕들이 연합하여 아시리아의 서진을 저지하려 하자 상황이 바뀌었다. 유다의 왕 아하스가 연합을 거부하자, 연합군은 군대를 보내 예루살렘을 포위하고 아하스를 폐위시킨 뒤, 말을 잘 듣는 왕을 유다의 왕좌에 앉혔다. 아하스는 티글라트필레세르에게 도움을 청하고 아시리아의 봉신이 될 수밖에 없었다.[41] 유다 왕국이

미미한 존재로 평화롭게 살아가던 시절은 끝이 났다. 자기 의사와는 관계없이 이 지역에서 전개되는 비극에 말려든 것이다. 티글라트필레세르는 즉시 반역을 일으킨 봉신들을 벌했다. 그는 아람 왕국의 수도 다마스쿠스로 달려가 레진(르신) 왕을 처형하고, 지중해 해안을 따라 내려가면서 변절할 가능성이 있는 모든 도시를 파괴했다. 마침내 이스라엘의 차례가 왔다. 기원전 732년 아시리아군은 갈릴리와 이즈르엘 계곡 유역을 장악한 뒤, 요르단 강 동쪽의 이스라엘 영토를 침공했다. 한때 막강했던 이스라엘 왕국은 하룻밤 새에 북쪽 언덕들만 남고, 왕좌에는 꼭두각시가 앉았다. 유다 백성은 기겁을 했다.

그러나 이사야는 걱정하지 않았다. 이사야는 야훼가 세상의 왕으로 즉위한 것을 보았으며, 예루살렘이 안전하다는 것을 알았다. 그는 북부 왕국에서 일하던 아모스나 호세아와는 다른 종교 세계에 속해 있었다. 이사야는 이집트 탈출이나 광야에서 헤맨 세월을 언급한 적이 없다. 유다의 왕궁은 이런 북부의 전승이 아니라, 야훼가 다윗 왕과 맺은 영원한 언약이나 예루살렘 성전의 전승에서 위안을 구했다. 야훼는 예루살렘의 왕이었으며, 다윗과 같은 군주는 지상에서 그에게 대응하는 존재였다. 야훼가 예루살렘에서 다스리는 한—이사야는 자기 눈으로 그것을 보았다.—이 도시기 정복당할 일은 없었다.

> 그 한가운데에 하느님이 계시므로 흔들림이 없으리라.
> 첫새벽에 주께서 도움을 주시리라.
> 한 소리 크게 외치시니 땅이 흔들리고 민족들은 뒤설레며,
> 나라들이 무너진다.[42]

유다 백성은 야훼만을 믿어야 했다. 북부 왕국이 무너진 것은 자신들의 무기와 외교를 자랑했기 때문이다.[43] 예루살렘은 '빈자'들의 피난처였으며, 따라서 그 백성은 부와 군사력을 믿지 말고 야훼만을 믿어야 했다.[44]

이사야는 유다 백성들에게 신성한 전사가 다시 행군에 나섰다고 말했다. 자신의 백성을 **위하여** 싸운다는 것이었다. 유다는 아시리아를 두려워할 필요가 없었다. 아시리아는 야훼의 도구일 뿐이었기 때문이다. "아시리아야! 나의 분노의 지팡이요, 나의 징벌의 몽둥이였던 너 아시리아"[45] 이사야는 야훼가 자신의 민족을 구하러 오고 적들은 두려워서 움츠러드는 오래된 이미지들을 환기시켰다. 야훼가 일어나서 땅이 흔들리면 "그 두려운 얼굴"과 "그 빛나는 위엄"을 보고,

> 사람의 거만한 눈은 숙어지고,
> 인간의 오만은 꺾이리니
> 그날에 야훼 홀로 드높으시리라.
> 만군의 야훼께서 오시는 날,
> 뽐내고 거만한 자를 모두 꺾으시는 날,
> 높은 자리에 앉은 자를 모두 끌어내리시는 날이다.[46]

야훼는 단지 민족의 신이 아니라 역사의 신이 되어 갔다. 그러나 이렇게 야훼를 드높이는 것은 또한 공격적인 태도이기도 했다. 야훼는 강대국처럼 행동했다. 야훼는 적들의 파괴적인 무기들을 없애 이 지역에 힘으로 평화를 가져오고 있었다.

> 땅 끝까지 전쟁을 멎게 하시고,
> 창 꺾고 활 부러뜨리고
> 방패를 불살라 버리셨다.[47]

다른 나라들은 야훼가 왕이라는 사실을 받아들이고, 검을 두드려 쟁기를 만들고, 창을 두드려 낫을 만들 수밖에 없다.[48]

최후의 승리를 거두려면 유다의 왕 아하스는 세속적인 정치에 관여하지 말고 야훼만을 믿어야 한다. 시온 신앙에서 예루살렘은 '가난한 자'의 도시였다. 그러나 가난은 물질적 궁핍을 의미하지 않는다. '가난'의 반대말은 '부유함'이 아니라 '오만'이다. 사람들은 시온 산에 올라 성전으로 가면서 이런 시를 노래하곤 했다.

> 야훼여, 내 마음은 교만하지 않으며
> 내 눈 높은 데를 보지 않사옵니다.
> 나 거창한 길을 좇지 아니하고
> 주제넘게 놀라운 일을 꿈꾸지도 않사옵니다.
> 차라리 내 마음 차분히 가라앉혀,
> 젖 떨어진 어린 아기, 이미 품에 안긴 듯이 내 마음 평온합니다.
>
> 이스라엘아, 이제부터 영원토록
> 네 희망을 야훼께 두어라.[49]

이제 이사야는 아하스에게 인간의 힘, 외국과 맺은 동맹, 군사적 우세에 의존하지 말고 야훼에게 의존하라고 말한다. 오만하게 인간의 군대나 요새에만 의존하는 것은 우상 숭배다. 이렇게 오로지 야훼에게만 의존하는 것은 야훼만 배타적으로 섬기는 북부 종교 운동의 유다 판이었다. 이사야가 겸손과 굴복을 강조한 것은 언뜻 보면 축의 시대의 케노시스 영성과 비슷해 보인다. 그러나 이것은 역사적 위기 국면에 유다의 민족적 자아를 부풀리기도 한다. 야훼가 단순히 이스라엘의 수호신이 아니라, 다른 나라의 신들도 통제할 수 있다는 이사야의 혁명적인 생각은 도전적인 애국주의에 기초를 둔 것이었다. 많은 면에서 이사야는 과거의 종교 세계에 속해 있었다. 그는 폭력적이고 경쟁적인 전망을 설교했으며, 그가 내놓은 전망은 당대의 호전적인 정치를 흡수하고 승인하는 것이었다. 이것은 또 본질적으로 마법적인 신학으로서, 신의 힘이 예루살렘을 무적으로 만든다고 믿도록 권장했다. 결국 야훼에게만 의존하는 것은 외교 정책의 기초로는 아주 위험한 것임이 밝혀진다.

북부 왕국은 모든 것을 야훼의 손에 맡기고 싶어하지 않았다. 티글라트필레세르가 기원전 724년에 죽자 이스라엘의 호세아 왕은 다른 봉신들과 함께 저항 운동에 가담하여 공물을 거부하고 이집트에 지원을 요청한다. 그러자 아시리아의 새 왕 샬마네세르(샬마네셀) 5세는 호세아를 감옥에 가두고 사마리아를 포위 공격했다. 사마리아는 기원전 722년에 항복하고, 지배 계급은 아시리아로 추방당했다. 아시리아의 정책에 따라 이 지역을 재건하기 위한 새 정착민들이 들어왔다. 이제 야훼의 공식 전승은 둘이 아니라 하나가 되었다. 작은 유다 왕국은 아시리아의 원정 뒤에도 어느 정도 독립을 유지한 소수의 나라들 가운데 하나가 되었다. 고고학적 기록은 예루살렘이 기원전 8세기 말에 극적으로 팽창했음을 보여준다.[50] 북부에서 오는 이스라엘 난민을 받아들이려고 새로운 교외 지구를 세웠으며, 몇 년 안에 예루살렘은 4 내지 5헥타르의 수수한 고지대 도시에서 집과 공공건물이 빽빽하게 들어선 60헥타르 크기의 도시가 되었다. 도시를 둘러싼 시골도 광범하게 개발되었다.

난민들은 자신들의 북부 전승을 유다로 가져왔다. 아마 기원전 722년의 재앙을 예견한 아모스와 호세아의 예언도 포함되었을 것이다. 이스라엘 왕국의 파멸은 고통스러울 정도로 가까운 시기의 기억이었으며, 이 무렵에는 북부의 전승을 보전하려는 욕망이 있었을 것이다. 이 지역의 다른 왕들과 마찬가지로 유다의 왕들도 왕실 문서를 모으기 시작했으며, 여기에는 J와 E도 포함되었을 것이다. 어쩌면 이 무렵에 J와 E는 이미 하나로 통합된 상태였을지도 모른다. 이스라엘 왕국의 남은 부분과 소생하는 유다 왕국을 합쳐서 다윗과 솔로몬의 통일 왕국을 회복하자는 갈망도 있었다.

이런 갈망은 기원전 715년에 왕위를 계승한 히스기야(히즈키야) 왕의 개혁에도 반영되었다.[51] 당시 이야기는 남아 있지 않지만, 성경의 전승에 따르면 히스기야는 신앙을 중앙으로 모아 예루살렘 성전에서만 예배를 허용하고 시골의 신전들은 없애고 싶어했다. 그러나 이 개혁은 단명했다. 고고학자들은 일반 대중은 계속 다른 신들을 섬겼음을 보여준다. 어쨌든 성경 저자들은 히스기야의 종교개혁 때문에 그를 유다에서 가장 위대한 왕 가운데 한 명으로 기억한다. 그러니 그의 외교 정책은 참담했다.

기원전 705년에는 아시리아의 뛰어난 왕 사르곤 2세가 죽고 아직 검증받지 못한 아들 센나케리브(산헤립)가 그 뒤를 이었다. 이어지는 혼란 속에서 아시리아가 이제 주변 영토들을 통제할 수 없을 것처럼 보이자, 히스기야는 어리석게도 반(反) 아시리아 연합에 뛰어들어 전쟁을 준비했다. 기원전 701년 센나케리브는 막강한 군대를 끌고 유다에 도착하여, 차근차근 시골을 짓밟기 시작했다. 마침내 그의 군대는 예루살렘을 포위했다. 예루살렘은 살아남지 못할 것 같았지만, 마지막 순간에 집행유예를 얻었다. 성경 저자는 "그날 밤, 야훼의 천사가 나타나 아시리아 진영에서 군인 십팔만 오천 명을 쳤다. …… 아시리아 왕 산헤립은 막사를 걷어 니느웨로 돌아가서 그곳에 머물렀다."고 말한다.[52] 어떻게 된 일인지는 알 수 없다. 갑자기 아시리아군에 전염병이 돌았는지도 모른다. 어쨌든 이 기적처럼 보이는 구원은 예루살렘이 실제로 불가침이라는 확실한 증거로 보였다. 그러나 고고학자들이 유다의 시골에서 발견한 피해를 무시할 수는 없다.[53] 유다에서 두 번째 도시였던 라키시(라기스)는 초토화되었다. 남자, 여자, 아이 1,500명의 주검이 집단 무덤에 묻혔다. 히스기야는 번창하는 왕국을 물려받았지만, 경솔한 외교 정책으로 인해 이제 그에겐 예루살렘이라는 아주 작은 도시국가만 남았다. 애국적 자긍심과 배외주의적 신학이 나라를 거의 멸망으로 이끌었던 것이다.

오디세우스와 아킬레우스, 영웅들의 자기 중심주의

그리스에서 기원전 8세기는 놀라운 시기였다. 아주 짧은 기간에 그리스인들은 암흑 시대에서 벗어나 독특한 문화의 기초를 놓았다. 유다의 별은 내려가는 것 같았지만, 그리스의 별은 올라갔다. 아시리아는 에게해에 아무런 관심이 없었다. 따라서 그리스는 군사적 침략의 위협을 느끼지 않고 자신들의 제도를 발전시킬 수 있었다. 그들은 동방과 평화롭게 접촉했으며, 타 지역의 민족들에게서 배우려고 열심이었다.

그들의 정치는 급진적이고 혁신적이었으며, 여러 형태의 정치 체제를 실험해보기 시작했다. 그러나 이것이 그들의 종교를 건드리지는 않았다. 헤브라이 예언자들이 일신 숭배를 설교할 때 그리스인들은 다신교에 헌신했다. 낡은 형태의 종교로부터 멀어지는 대신 전통을 더 체계화했다.

기원전 8세기의 가장 중요한 발전은 작고 독립적인 도시국가 폴리스의 창조였다. 이곳에서 시민들은 자치의 기술을 배웠다. 암흑 시대가 끝난 뒤 낡은 정치 제도는 철저하게 파괴된 상태였기 때문에 그리스인은 백지에서 다시 시작할 수 있었다.[54] 기원전 8세기에는 인구가 급속하게 불어났고 농업 기술이 발전했다. 덕분에 농부는 잉여 농작물을 생산할 수 있었다. 그들은 안정을 요구했으며, 자신의 땅과 작물을 경쟁자로부터 보호해줄 수 있는 사회 조직을 원했다. 그리스인은 이제 남는 작물을 거래하고, 도시 기획에 자금을 댈 수 있었다. 어쩌면 의사 결정에 처음부터 공동체 전체가 관여했을지도 모른다.[55] 기원전 8세기 말, 고대 그리스 세계 전역에 폴리스들이 건설되었는데, 이들은 모두 가족처럼 닮은 모습이었다. 폴리스에는 성벽, 신전, 집회소, 항구가 있어야 했다.[56] 경제의 기초인 시골과 사회적 정체성의 핵심인 도심 사이에 차별은 없었다. 농민과 도시 거주자는 권리와 책임이 똑같았으며, 똑같은 통치 회의에 참석했다. 모든 시민이 공공건물과 아고라(agora)를 자유롭게 사용했다. 아고라는 각 도시 중심부에 있는 열린 공간이었는데, 이곳에서 사람들은 거래를 하거나 토론을 했다. 폴리스마다 수호신이 있었으며, 시민들을 한데 묶는 데 도움이 되는 독특한 희생제와 축제를 발전시켰다.

폴리스는 평등한 사회였다. 아주 이른 시기부터 농부들은 오래된 귀

3장 자아의 발견 181

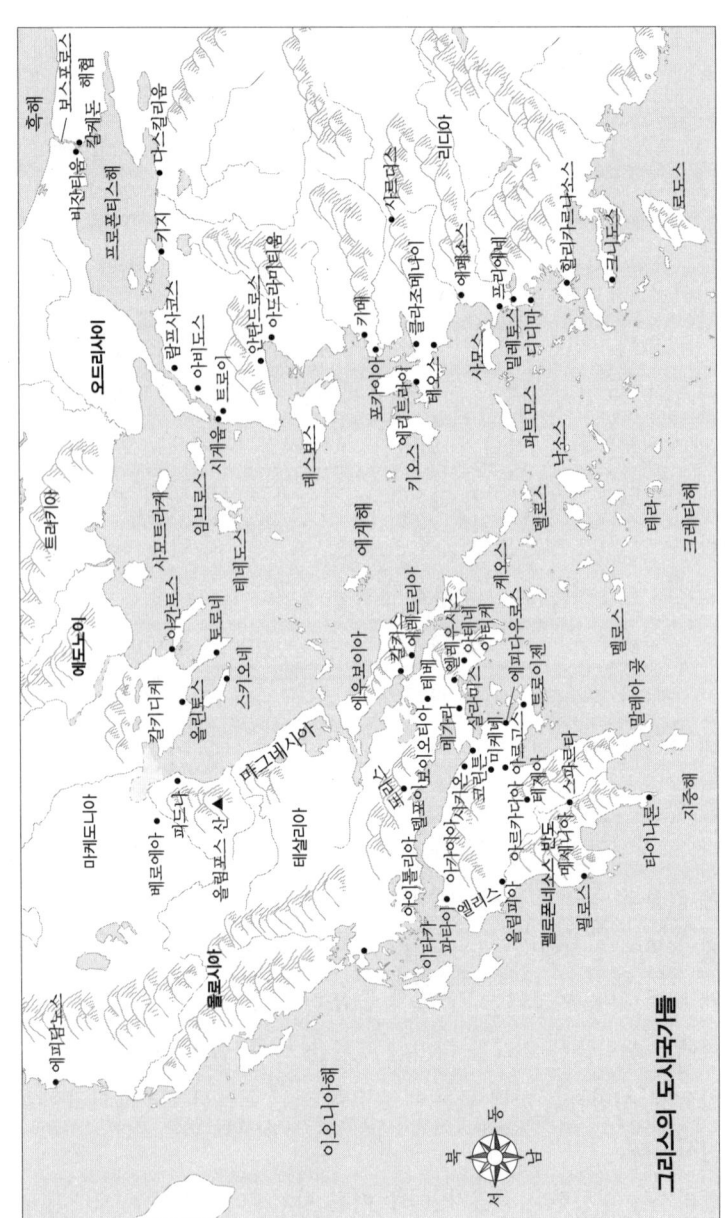

족에게 매우 비판적이었으며, 굴종적인 역할을 받아들이려 하지 않았다. 노예와 여자를 제외한 모두가 시민이 될 수 있었다. 폴리스는 호전적이고 남성적인 국가였다. 여자들은 오히려 암흑 시대에 더 나은 지위를 누렸다. 새로운 도시에서는 주변으로 밀려나, 외부에 드러나지 않는 집안 안뜰 쪽에 격리되었으며, 거리에서는 거의 찾아볼 수가 없었다. 노예의 숫자도 늘어났다. 시민은 대부분 자신의 땅을 소유했고, 남을 위해 일하거나 보수를 받는 것을 수치스럽게 여겼다. 고대 세계의 다른 지역에서는 왕들이 군주제 국가를 이루려고 신민의 독립성을 제한하기도 했다. 그러나 그리스 농민은 전통적인 자유를 포기하려 하지 않았으며, 귀족들은 지역 통치자들이 군주에게 복종해야 하는 큰 왕국보다는 자율적인 도시국가를 창조했다. 그리스인은 다른 민족들이 큰 국가나 제국으로 발전해 가면서 폐기했던 부족 집회나 평의회를 그대로 유지했던 것 같다.[57]

호메로스의 서사시에서 알 수 있듯이 기원전 8세기 그리스 귀족들에게 대중 연설은 군사적 위용만큼이나 중요했다.[58] 미케네 시대에 왕은 그저 '동등한 사람들 가운데 첫째'(primus inter pares), 즉 상대적 우위에 있는 사람에 불과했으며, 귀족들의 조언에 귀를 기울여야 했다. 폴리스에서는 공공 정책을 두고 토론이 계속되었다. 농부들도 정부에 참여했기 때문에 토론 기술을 계발해야 했다. 모든 사람이 아무리 초보적인 방식이라 해도 정의와 윤리의 추상적 원칙을 염두에 두고 실제적인 문제에 관해 이야기해야 했다. 농부들은 점점 귀족을 닮아 갔다. 폴리스의 중요한 특징은 전 시민이 점차 옛 귀족의 에토스를 흡수해 나갔다는 것이다.[59]

토론은 아곤(agon), 즉 다양한 연설자들이 벌이는 시합이었다. 가장 논쟁을 잘하는 사람이 승자였다. 베다 시대 인도인 일부는 고대 인도유럽인이 지녔던 경쟁을 사랑하는 마음을 서서히 버리기 시작했지만, 그리스인은 그 열정을 유지하고 있었다. '아곤'(경쟁)은 삶의 법칙이었다. 역설적으로 들리겠지만 귀족은 서로 경쟁하여 유대감을 형성했다.[60] 이제 폴리스 전체가 귀족적인 전사 사회로 바뀌면서, 농부들도 이런 경쟁적인 정신을 갖추기 시작했다. 호메로스는 그리스의 장군들이 다른 사람들을 희생시켜서라도 이기려는 충동에 내몰리는 모습을 보여준다. 단결심(esprit de corps)은 없었다. 각 귀족은 자신의 운명을 충실하게 따르려고 노력했기 때문이다. 모두 훌륭한 사람이 되어야 했다. 이 말은 모두가 서로 돋보이려고 싸우는 경쟁자들이었으며, 이것이 모든 활동의 특징이 되었다는 뜻이다. 따라서 폴리스에는 자기 버리기 대신 격렬한 자기 중심주의가 넘쳐났다. 또 호전성도 내재해 있었다. 폴리스의 창조는 종종 폭력적이었다. 이웃이나 경쟁자들과 싸우며 버틸 수 있는 공동체의 수립이 늘 평화로웠던 것은 아니다. 마을 공동체들은 자신들의 뜻과 관계없이 억지로 폴리스에 결합되곤 했다. '통합'(시노에시즘 synoecism)은 뿌리 뽑기, 저항, 크나큰 불행을 의미했다. 이런 산통(産痛)은 많은 폴리스 건립 신화에 반영되어 있다.[61] 도시는 사람들을 끌어모았지만, 이 과정을 폭력적으로 처리하는 일이 많았다. 각각의 폴리스는 권력과 부를 놓고 다른 폴리스들과 끊임없이 경쟁을 해야 했다.

그러나 그리스인은 또 자신들의 문화적 통일성을 자랑스러워했으며, 범 그리스적 축제와 제도로 이것을 기념했다. 올림피아에서 열린 운동 경기는 가장 유명한 행사로 꼽히는데, 이 행사는 기원전 776년에 처음 기록에 남겨졌으며 그리스 전역의 귀족들이 참석했다. 시합에서 경쟁하는 것은 정치적 행위였다. 그것은 자신의 폴리스를 지도에 올려놓는 일이었으며, 올림픽의 승자는 고향으로 돌아와 전설적인 명성을 얻었다. 그러나 그리스의 모든 것이 그렇듯이, 이 시합에는 초자연적이고 지하 세계적인 면이 있었다. 가장 초기의 운동 시합은 위대한 전사의 장례식 기간에 개최되었다.[62] 조객들이 탁월한 신체적 능력을 과시하는 것은 죽음 앞에서 도전적으로 삶을 주장하는 것이었으며, 유족의 분노, 좌절, 비통을 표현하는 것이었다. 결국 시합은 종교적 제의가 되어 지역의 영웅을 기리는 성소에서 벌어졌다. 올림픽 경기들은 포세이돈이 사랑한 전설적인 인물 펠롭스(그 자신이 훌륭한 운동 선수이기도 했다)를 기념하여 열렸다.

올림피아에서 운동 선수들은 단지 개인적인 명성을 놓고 경쟁하는 것이 아니었다. 그들은 죽음에서 삶으로 넘어가는 상징적인 통과 제의를 치렀다.[63] 경기장의 서쪽 끝에는 펠롭스의 무덤이 있었다. 땅속 깊이 아래로 내려가는 캄캄한 구덩이였다. 이 무덤은 동쪽의 제우스의 제단을 마주보고 있었다. 이곳에는 재와 흙이 잔뜩 쌓여 있었는데, 이것은 헤아릴 수 없이 많은 희생제에 쓰인 장작이 타고 남은 찌꺼기였다. 신과 영웅은 밤과 낮, 죽음과 삶이나 다름없었다. 경주가 시작되기 전날 밤에 운동 선수들은 펠롭스의 무덤에서 숫양을 희생으로 바치고, 그 피를 지하 깊은 곳에 부었다. 다음날 아침 그들은 펠롭스의 무덤에서 제우스 제단 정상까지 달려가 떠오르는 태양 속으로 뛰어들었다. 죽음과 피의 희생으로부터 정화하는 불로 달아났던 것이다. 올림피아의 우승자도 펠롭스와 마찬가지로 결국은 죽지만, 아곤에서 거둔 승리가 승자에게 준 명예(클레오스kleos)는 미래 여러 세대의 기억 속에 계속 살아남았다.

영웅 숭배는 그리스 종교의 독특한 특징이었다.[64] 필멸의 영웅은 불멸의 신의 지하 세계적인 대응물이었다. 기원전 8세기 말 대부분의 폴리스에서는 뛰어난 전사의 무덤이 명예로운 자리를 차지했다. 이것은 영웅 시대를 살았던 우월한 인간들을 늘 상기시켜주려는 것이었다. 영웅은 반신반인(半神半人)으로 숭배를 받았다. 이제 영웅은 죽었기 때문에 땅속 깊은 곳에서 어두운 삶을 살지만, 그의 정신은 여전히 공동체에서 활동하고 있었다. 그 특별한 존재의 핵심을 이루었던 특질들은 계속 살아 있었다. 그러나 죽음은 영웅을 분노에 사로잡히게 하였으며, 그의 무덤에서는 예측 불가능하고 혼란스러운 기운이 발산되었다. 사람들은 예의를 갖추어 입을 다물고 무덤을 지나갔다. 올림포스 산 꼭대기에 사는 신들과 달리 필멸의 영웅은 가까운 곳에 있었다. 영웅의 무덤에서 여는 제의는 그의 분노를 달래고 그의 도움을 얻으려는 것이었다. 숭배자들은 꽃다발 없이, 텁수룩한 모습으로, 머리를 풀어헤치고 그의 유적지를 찾아갔다. 각 폴리스는 자기 폴리스의 특별한 자질을 상징하는 영웅을 자랑스러워했다. 그의 무덤을 수호신의 신전 옆에 두는 경우도 많았다. 신전의 지하에 있는 어두운 보완물인 셈이었다.

기원전 8세기 중반에 건립된 성소 델포이에서 음악과 시의 신 아폴론을 섬기는 유쾌한 신앙은 목마를 타고 트로이에 들어갔던, 아킬레우스의 아들 네오프톨레모스의 비극적인 기억으로 상쇄되었다. 전쟁이 끝난 후 네오프톨레모스는 아폴론에게 배상을 요구하려고 델포이를 찾아왔다. 아버지의 죽음이 아폴론 때문이라고 생각했던 것이다. 그러나 네오프톨레모스는 신성한 노(爐) 옆에서 희생으로 쓰는 고기를 놓고 말다툼을 벌이던 신전 하인들의 손에 난도질을 당해 죽었다.[65] 그는 신전 현관 밑에 묻혔다. 델포이의 희생 제의는 그의 죽음의 폭력성을 반영한다. 제물이 죽임을 당하는 동안 지역 사람들은 손에 칼을 들고 제물을 둘러싼다. 동물이 죽자마자 사람들은 야만적으로 달려들어 고기를 최대한 많이 베어 간다. 그래서 사제에게는 아무것도 남지 않는 경우도 많다. 폴리스의 문명화된 가치를 침해하는 희생제의 이런 야만성은 질서와 절제의 신 아폴론을 섬기는 빛나는 믿음의 불길한 대위법적인 역할을 한다.

아폴론은 델포이에서 괴물 같은 암컷 용을 죽였다. 이 승리는 올림포스의 신들이 지하의 권세에 승리를 거둔 것을 상징한다. 아폴론은 이 용을 '피톤(Python)'이라고 불렀다. 그 주검이 땅에서 썩어 없어졌기(퍼테인pythein) 때문이다. 나중에 아폴론은 이 용을 기념하여 피톤 경기†를 만들었으며, 그리스 전역에서 아폴론의 여사제 피티아에게 자문을 구하러 왔다.[66] 피티아는 성소 내부의 신성한 불 옆, 다리가 세 개인 의자에 앉아 있었다. 아폴론의 신이 내리면 피티아는 괴로워 몸을 떨며 노래로, 때로는 심지어 비명으로 영감을 받아 떠오른 말을 했다. 그러나 그녀의 조언 자체는 실용적이고 분별력 있는 경우가 많았다.

다른 성소들과는 달리 델포이는 폴리스에 붙어 있지 않고, 경작지로부터 멀리 떨어진 가파른 산에 고립되어 있었다. 따라서 델포이는 정치권력보다는 통찰에 기반을 둔 독립적인 종교 중심이었다. 델포이는 자체의 외제를 가지지 않는 아고라, 즉 '열린 공간'이 되었다. 이곳에서는 청원자와 순례자들이 만나서 문제나 이상을 토론할 수 있었으며, 그들은 대부분 폴리스들이 그런 문제나 이상을 공유하고 있음을 알게 되었다. 델포이는 기원전 8세기 중반에 시작된 식민지 개척의 새로운 물결

피톤 경기 고대 그리스에서 아폴론 신을 기념하여 4년마다 델포이에서 열렸던 경기. 역도, 달리기, 이륜차 경주 등이 있었다.

에서 중요한 역할을 했다.67) 식민지 개척자들은 고향을 떠나기 전 피티아에게 자문을 구하곤 했으며, 피티아는 그들이 논리적인 결정을 내리도록 도와주었다. 기원전 8세기 말 에게해 주변 여러 곳에 새로운 그리스 정착지들이 형성되었다. 그리스는 다시 활기를 찾았다. 흥분을 느끼고, 발견에 기뻐하고, 새로운 교역의 기회를 찾고, 시야를 넓히고, 외국 문화에서 자극을 받았다.

교역이 늘어나면서 동방과 새로운 접촉이 이루어졌다.68) 그리스 상인들은 중동으로 진출했으며, 아시리아 침입으로 생겨난 난민들이 그리스의 폴리스들로 이주하면서 새로운 기술을 전파했다. 그리스인은 페니키아의 문자를 자신들의 용도에 맞게 고쳤으며, 덕분에 당시 유프라테스로부터 이탈리아로 뻗어가던 새로운 문자 문화에 참여할 수 있었다. 또 그리스인은 동방의 종교적인 관념도 수입했다. 그들은 기원전 8세기 동안 근동의 모델에 따라 커다란 신전을 짓고, 거기에 신상(神像)을 넣어 두기 시작했다. 피티아 숭배도 중동의 무아경에서 이루어지는 예언에서 영향을 받았던 것인지 모른다. 시인들이 묘사하는 지하 세계는 메소포타미아의 죽은 자들의 세계를 닮아 가기 시작했다. 그리스에서 가장 인기 있는 신들 몇 명도 동쪽에서 왔을지 모른다. 예를 들어 모든 신 가운데 가장 전형적인 그리스 신이 되는 아폴론도 원래는 소아시아 출신이었다. 또 키프로스 섬에서 중동의 여신 이슈타르를 만나본 뒤, 자신들의 만신전에 사랑과 다산의 여신 아프로디테로 집어넣었을 것이다. 아프로디테의 연인인 비극적인 인물 아도니스는 식물의 신 타무즈가 거의 확실하다. 중동 여자들은 그를 아돈('주님')이라고 부르며 그의 죽음을 몹시 애도했다.69)

그러나 그리스 종교 형성에 호메로스만큼 크게 영향력을 행사한 사람은 없을 것이다. 호메로스는 예루살렘에서 J와 E의 이야기들이 합쳐지던 시기인 기원전 8세기 말에 구전되던 서사시 전승을 기록으로 남겼다. 음유 시인들은 수백 년 동안 시합이나 축제 때 이 오래된 이야기들을 암송했다. 호메로스의 시대에 그 이야기들 가운데 일부는 역사가 천 년이 넘었을 것이다.[70] 그의 두 서사시 《일리아스》와 《오디세이아》는 훨씬 더 큰 서사시 덩어리 가운데 작은 부분만 보존한 것이다. 트로이 전쟁에 관한 시는 무려 8편이나 되었을지도 모른다.[71] 그외에 다른 서사시들도 있었다. 한 서사시는 테베의 왕 오이디푸스와 그의 박살이 난 가족의 역사를 추적한다. 다른 서사시는 헤라클레스의 모험을 이야기한다. 또 다른 서사시는 이아손이 황금 양털을 찾는 과정을 이야기한다.

이 고대의 서사시들은 수백 년 동안 변하고 발전해 왔지만, 《일리아스》와 《오디세이아》는 일단 기록되자 영구히 고정되었다. 모든 서사시가 그렇듯이 이 두 편도 아주 오래된 자료를 포함하고 있지만, 동시에 호메로스 자신이 살던 시대의 환경을 반영한다. 호메로스는 과도기에 살았다. 암흑 시대를 끝내고 그리스에서 등장한 새로운 문명은 이제 겨우 두 세대밖에 안 지났다. 트로이 전쟁(기원전 1200년경)이 벌어졌던 미케네 시대 후기를 배경으로 한 호메로스의 긴 서사시는 새로운 문화를 낡은 문화와 결합한다. '호메로스'가 한 사람인지 두 사람인지, 아니면 심지어 두 유파의 시인들인지 결코 알 수 없을 테지만, 그 영향력이 엄청나다는 사실은 부인할 수 없다. 《일리아스》와 《오디세이아》는 그리스 성서라고 부르기도 했다. 거기 담긴 이상과 가치가 새로운 그리스 문화에 지울 수 없는 자취를 남겼기 때문이다.

《일리아스》는 트로이 전쟁에서 벌어진 작은 사건 하나를 묘사하고 있다. 미케네의 왕이자 그리스 연합군 총사령관인 아가멤논과 그 연합군 가운데 한 부대를 지휘하는 장군 아킬레우스의 언쟁, 자아의 충돌이다. 아킬레우스는 자신의 명예가 훼손되었다고 여겨 부하들을 모두 전장에서 빼내 그리스군 전체를 위험에 빠뜨린다. 이어지는 갈등에서 아킬레우스의 가장 친한 친구 파트로클로스가 트로이의 왕 프리아모스의 아들 헥토르에게 비극적으로 죽임을 당한다. 트로이 전쟁 후를 배경으로 삼은 《오디세이아》는 10년에 걸친 오디세우스의 항해를 묘사한다. 오디세우스는 많은 낯선 나라들을 여행하다 마침내 이타카에서 아내와 재결합한다. 호메로스는 두 시에서 전쟁이 주는 흥분, 동지애의 기쁨, 아리스테이아(aristeia)—전사가 '승리의 흥분'에 사로잡혀 저항할 수 없는 힘이 되어 앞의 모든 것을 쓸어버리는 상태—의 영광을 찬양한다. 호메로스는 사람들이 전쟁터에서 더 강렬한 삶을 산다고 말하는 것 같다. 만일 영웅의 명예로운 행위가 서사시에서 기억된다면, 그는 죽음의 망각을 극복하고 소멸할 수밖에 없는 인간에게 가능한 유일한 불멸을 얻는 것이다.

따라서 명성은 생명보다 소중하며, 시는 명성을 얻기 위해 서로 필사적으로 경쟁하는 전사들을 보여준다. 이 영광의 탐구에서 모든 사람은 자신을 위해 나선다. 영웅은 명예와 지위의 문제에 시달리는 자기 중심적인 인간이며, 시끄럽게 자신의 공적을 떠벌리고, 자신의 존엄을 높이기 위해 전체의 이익을 언제든지 희생한다. 케노시스, '자기 버리기'는 없다. 전사가 자아의 경계 '밖으로 나가는' 유일한 길은 살해의 엑스타시스(ekstasis)를 경험할 때뿐이다. 전사는 전쟁의 신 아레스에게 사로잡히면 생명의 엄청난 풍요를 경험하며 신과 같은 상태에 이르고, 아리스테이아 속에서 자신을 잃고 앞에 있는 모든 것을 도륙한다. 따라서 전쟁은 삶에 의미를 줄 수 있는 유일한 활동이다. 모든 전사는 탁월해야 하지만, '최고'(아리스토스aristos)가 된다는 것은 단순하게 전투에서 탁월하다는 의미였다.[72] 다른 자질이나 재능은 중요하지 않았다. 고양된 아리스테이아 상태에서 영웅은 죽음을 경멸하며 찬란하게 너울거리는 생명의 엄청난 풍요를 경험한다.

인도에서는 사제와 전사들이 모두 서서히 아힘사(불살생)라는 이상을 향해 나아갔다. 이것은 다른 축의 시대 영성의 특징이기도 하다. 그러나 그리스인은 결코 영웅적 에토스를 완전히 버리지 않았다. 그들의 축의 시대는 정치적이고 과학적이고 철학적이지만, 종교적이지는 않았다. 호메로스가 아킬레우스 같은 전사를 모든 남자들이 갈망해야 할 탁월함의 모범으로 제시하는 것을 보면, 그와 축의 시대의 정신은 아무런 공통점이 없었다는 느낌이 든다. 그럼에도 새로운 시대의 문턱에 섰던 호메로스는 영웅적 이상을 비판적으로 바라볼 수 있었다. 그는 전사의 운명에서 지독한 아픔을 볼 수 있었다. 영웅은 자신의 존재 근거인 사후의 영광을 얻기 위해 죽어야 했기 때문이다. 영웅은 죽음과 결합되어 필멸성 때문에 괴로워한다. 영웅 숭배가 어두운 지하 세계 영역에 한정되어 있는 것과 마찬가지다. 호메로스에게도 죽음은 파국이었다.

《일리아스》는 죽음에 관한 시다. 등장 인물들은 죽이거나 죽임을 당한다는 강박에 지배당한다. 이야기는 무자비하게 불가피한 소멸을 향해 움직여 간다. 파트로클로스가 죽고, 헥토르가 죽고, 아킬레우스도 죽고, 아름다운 도시 트로이도 죽는다.《오디세이아》에서도 죽음은 말로 표현할 수도 없고 생각을 할 수도 없는 암흑의 초월이다.[73] 오디세우스는 지하 세계를 방문했을 때 떼를 지어 몰려다니며 중얼거리는 죽은 자들을 보고 겁에 질린다. 그들의 인간성은 외설적으로 해체되어 있다. 그러나 오디세우스는 아킬레우스의 유령을 만났을 때 슬퍼하지 말라고 한다. "어느 누구도 이전에 그대처럼 행복하지 못했고, 앞으로도 그럴 것이오. 그대가 아직 살았을 적에 우리 아카이아인들은 그대를 신처럼 공경했고, 지금은 그대가 여기 사자들 사이에서 강력한 통치자이기 때문이오." 그러나 아킬레우스는 그런 위로를 받아들이려 하지 않는다. 아킬레우스는 귀족적인 전사 에토스를 완전히 무시하는 말로 대답한다. "죽음에 대해 나를 위로하려 들지 마시오. 나는 죽은 자를 모두 통치하느니 차라리 시골에서 머슴이 되어 품팔이를 하고 싶소."74) 영웅적 이상의 핵심에는 무시무시한 공허가 있었던 것이다.

《일리아스》에서 전사의 폭력과 죽음은 종종 무익할 뿐 아니라 완전히 자기 파괴적인 것으로 제시되기도 한다. 이 시에서 세 번째로 죽는 사람은 트로이의 시모에이시오스다. 아름다운 청년이었던 그는 아직 가정의 따뜻함을 알지 못함에도, 전투에서 그리스의 영웅 아이아스에게 죽임을 당했다.

> 그는 큰 늪의 질척한 땅에서 자란
> 미끈한 포플러나무처럼 땅 위 먼지 속에 쓰러졌다.
> 맨 꼭대기에만 가지들이 나 있는 이 포플러나무는
> 어떤 수레 제조공이 훌륭한 수레의 바퀴 테로
> 구부려 쓸 양으로 번쩍이는 무쇠로 베어 넘겼던 것이다.
> 그래서 지금은 강둑에 누워 시들어 가고 있다.
> 꼭 그처럼 고귀한 아이아스는 안테미온의 아들 시모에이시오스를 죽였다.75)

호메로스는 이 모든 일의 안쓰러움을 깊이 생각한다. 젊은 남자의 생명이 잔혹하게 절단되어, 그 자연스러운 환경으로부터 잔인하게 옮겨졌고, 이제 살인의 도구로 바뀌었다.

아카이아인들 가운데 최고라고 숭배받던 아킬레우스의 성격은 완강해지고 뒤틀렸다.[76] 그는 위대한 사랑(필로테스philotes)과 부드러움을 갖춘 인물로 제시된다. 어머니, 절친한 친구인 파트로클로스, 늙은 스승을 대하는 태도에서 그의 사랑과 부드러운 성정을 볼 수 있다. 그러나 아가멤논과 말다툼을 하는 과정에서 분노가 이 사랑을 꺼버리며, 완강하고 독선적인 분노 때문에 그를 사랑하는 사람들로부터 고립되어버린다. "아킬레우스는 거만한 마음이 가슴속에서 사납게 날뛰도록 부추기고 있구려." 그의 동료 아이아스는 그렇게 설명한다.[77] 그는 완강하고 무자비한 사람이 된다.[78] 아킬레우스는 폭력적이고 가해적인 에토스에 사로잡히며, 그 에토스에 의문을 던지지만 버리지는 못한다. 대체로 아킬레우스의 책임이 컸던 파트로클로스의 죽음†, 그의 필로테스는 비인간적인 증오로 바뀐다. 친구의 죽음에 복수를 하기 위해 헥토르와 대결할 때는 악마 같은 모습을 보여준다. 죽어 가는 헥토르가 장례를 위해 자신의 주검을 가족에게 돌려줄 것을 부탁하자, 아킬레우스는 차라리 사신의 생살을 믹겠다고 대답한다.[79] 그런 뒤에 헥토르의 주검을 무참하게 절단하고, 그 주검을 말에 묶는다. 말들은 헥토르의 주검을 끌고 파트로클로스의 무덤을 여러 차례 돈다. 예전의 고결한 아킬레우

파트로클로스의 죽음 아킬레우스가 아가멤논과의 불화로 전쟁에서 물러났을 때 파트로클로스는 노장 네스토르의 제의로 친구를 설득하려 했으나 실패했다. 파트로클로스는 자신이 아킬레우스의 대역을 맡겠다며 아킬레우스에게서 갑옷을 빌렸는데, 결국 전투에서 트로이의 헥토르에게 아킬레우스로 오인받아 창에 찔려 전사한다.

스 같으면 절대 이렇게 행동하지 않았을 것이다. 그는 이기적인 투쟁 과정에서 자신을 잃어버린 것이다. 아폴론이 신들의 회의에서 말하듯이, 아킬레우스는 동정심도 정의도 모르는 비인격적이고 파괴적인 힘이 되었으며, 인간을 최악의 잔혹 행위로부터 지켜주는 수치심이 완전히 사라졌다. 그래서 그가 얻은 것은 무엇인가? 아폴론은 말한다. "이는 분명히 그를 위하여 더 명예롭거나 더 유익하지 않을 것이오."[80]

그러나 시의 마지막에 가서 아킬레우스는 트로이의 프리아모스 왕이 아들 헥토르의 주검을 돌려 달라고 간청하러 온 특별한 장면에서 사랑하는 마음을 회복한다. 이 늙은 왕은 트로이를 떠나 들키지 않고 적진에 들어와, 소리 없이 아킬레우스의 천막에 나타나 "두 손으로 아킬레우스의 무릎을 잡고 자기 아들들을 수없이 죽인, 남자를 죽이는 그 무시무시한 두 손에 입을 맞추는" 바람에 그곳에 있던 사람들이 깜짝 놀란다.[81] 그리스인은 함께 우는 것이 남자들 사이에 중요한 유대를 형성해준다고 믿었다. 늙은 왕의 완전한 겸손은 아킬레우스에게서 "자신의 아버지를 위하여 통곡하고 싶은 욕망"을 일으켰다. 그는 프리아모스의 손을 잡는다.

…… 그리고 두 사람 다 생각에 잠겨, 프리아모스는 아킬레우스의 발 앞에 쓰러져

남자를 죽이는 헥토르를 위하여 엉엉 울었고

아킬레우스는 그의 아버지를 위하여, 또 때로는 파트로클로스를 위하여 울었다. 그리하여 그들의 울음소리가 온 집안에 가득 찼다.

그러나 마침내 고귀한 아킬레우스는 실컷 울어

울고 싶은 욕망이 그의 마음과 사지에서 떠나자

자리에서 벌떡 일어나 노인의 손을 잡고 일으켜 세우더니,
노인의 흰 머리와 흰 수염을 불쌍히 여겼다.[82]

아킬레우스는 자신이 사랑하는 친구를 죽인 사람의 아버지에게 자비를 베푸는 과정에서 인간성과 필로테스(사랑)를 회복한다. 그는 능숙하고 다정한 태도로 헥토르의 주검을 건네주며, 노인에게는 주검이 너무 무거울 것이라고 걱정한다. 그런 뒤에 조금 전까지 적이었던 두 사람은 함께 식사를 하면서 말없이 경외심을 품고 서로를 응시한다.

다르다노스의 후예인 프리아모스는 아킬레우스를 보고 감탄했다.
그가 어찌나 크고 아름다운지 보기에 신과 같았다.
한편 아킬레우스도 다르다노스의 후예인 프리아모스의
고상한 용모와 언변을 보고 듣고 감탄해 마지않았다.[83]

아킬레우스는 이렇게 자기를 비우는 공감을 경험하면서 다른 사람에게서 성스럽고 마치 신 같은 모습을 보게 되었다.[84] 호메로스는 시의 나머지 부분에서는 몰라도 이 장면에서는 축의 시대의 정신을 완벽하게 표현한다.

그러나 호메로스의 신들은 전혀 자비심을 느끼지 않았다. 헤브라이의 예언자들이 하느님의 파토스를 탐사하기 시작한 반면, 호메로스는 올림포스 산의 신들이 인간의 수난에는 전혀 무관심하다고 묘사한다. 제우스가 순간적으로 헥토르 때문에 아픔을 느꼈는지는 몰라도, 그것은 스쳐 가는 감각이었을 뿐 지속적인 고통은 주지 못한다. 신들은 구경꾼일 뿐이다. 그들은 경주를 구경하는 귀족들처럼 사람들의 기괴한

짓을 관찰한다.[85] 파트로클로스가 죽은 뒤 아킬레우스의 신마(神馬)들은 쓰러진 영웅을 위해 울었으며, 그들의 뜨거운 눈물은 땅으로 흘러내렸다. 제우스는 잠깐 동정심을 느껴 그들에게 새로운 힘을 불어넣어주었다. 그러자 말들은 즉시 갈기에서 먼지를 털어내고 전장으로 돌아간다. 그들의 일시적인 고통은 아킬레우스의 쥐어짜는 듯한 추한 슬픔과 선명한 대비를 이룬다.

결과적으로 이 시에서 신들은 인간 등장 인물들보다 덜 진지해 보인다. 신들은 기본적으로 전혀 위험을 무릅쓰지 않는다. 그들은 죽지 않으며, 그들에게는 사실 중요한 것이 없다. 아레스가 그리스 전사 때문에 전투에서 부상을 당하지만, 그 상처는 금방 아문다. 게다가 그는 이 순간적인 수모 때문에 '승리의 영광'을 누리며 제우스 옆에 앉을 수 있다.[86] 제우스와 헤라가 말다툼을 벌여도 피해는 거의 없다. 그리스인을 지원하는 신들과 트로이인을 지원하는 신들 사이에 싸움이 벌어져도 심각한 결과는 없다. 신들의 싸움은 아래에서 인간들이 벌이는 목숨을 건 전쟁과 비교할 때 거의 희극에 가깝다.[87] 신들의 이런 안락한 삶 때문에 인간 삶의 비극적이고 유한하고 죽음에 얽매이는 본질이 통렬하게 부각된다.

그럼에도 호메로스가 그린 올림포스 신들의 생생한 초상은 그들의 성격을 영원히 고정시켜놓았다. 호메로스는 그들을 명료하게 정리했다. 그들의 만신전은 처음으로 일관성을 확보했다. 축의 시대의 다른 민족들이 낡은 신들에게 불만을 느끼거나 신성의 관념을 바꾸고 있을 때, 그리스인은 과거의 종교 양식에 더욱더 헌신한다. 그들은 신성을 초월적인 것으로 여기는 대신, 전통이 가르쳐주는 대로 자기 신들의 내재성(비초월성)을 다시 확인했다. 신과 만나는 것은 압도적인 충격이 아니었다. 오히려 그리스인은 신이 인간과 얼마든지 양립할 수 있다고 느꼈다. 모든 뛰어난 성공이나 특별한 성취에는 신 또는 여신이 드러났다.[88] 전사가 전투의 환희에 취하면 그는 아레스가 함께 있다고 생각했다. 에로틱한 사랑의 압도적 힘으로 자신의 세계가 변형되면, 이 사랑을 '아프로디테'라고 불렀다. 장인의 신 헤파이스토스는 예술가의 영감에서 드러났으며, 아테나는 문화적인 성취가 이루어질 때마다 드러났다.

만신전은 신성의 복잡성을 상징했다. 가나안의 '신들의 모임'에서는 '신의 아들들' 가운데 누구도 홀로 존재할 수 없었다. 그는 다른 신과의 관계에서만 의미가 있었다. 올림포스의 신들로 이루어진 가족 또한 신들의 통일체의 표현이었으며, 이것은 그리스인이 주변 세계에서 경험한 신성한 힘들의 관련성과 상호 의존성을 표현했다. 그리스의 만신전에 특별한 점이 한 가지 있다면, 그것은 높은 수준의 응집성과 조직성이었다. 고전 시대 그리스인은 결코 과거의 이교도 신앙을 떠나지 않았다. 대신 그들은 탁월한 분석 능력을 이용하여 과거의 전망을 드높였고, 거기에 체계와 근거를 부여했다. 올림포스의 가족은 유쾌한 대칭과 균형을 이루었다. 이들은 부모(제우스와 헤라), 숙부와 고모(포세이돈과 데메테르), 세 아들(아폴론, 아레스, 헤파이스토스)과 세 딸(아테나, 아르테미스, 아프로디테)로 이루어져 있었다. 외부인들도 있었다. 신들의 사자 헤르메스, 마법의 여신 헤카테, 올림포스의 질서에 도전하는 역할을 맡은 디오니소스가 그들이다.

신들은 한 개인으로서 독립적이고, 개별적으로 고립된 인물로 볼 수 없었다. 각각은 전체의 불가결한 구성 요소였으며, 다른 가족 구성원과 비교를 할 때에만 이해를 할 수 있다. 그리스의 만신전은 언어에 비유되어 왔다. 언어에서는 모든 단어의 의미가 사전에 나오는 다른 언어들

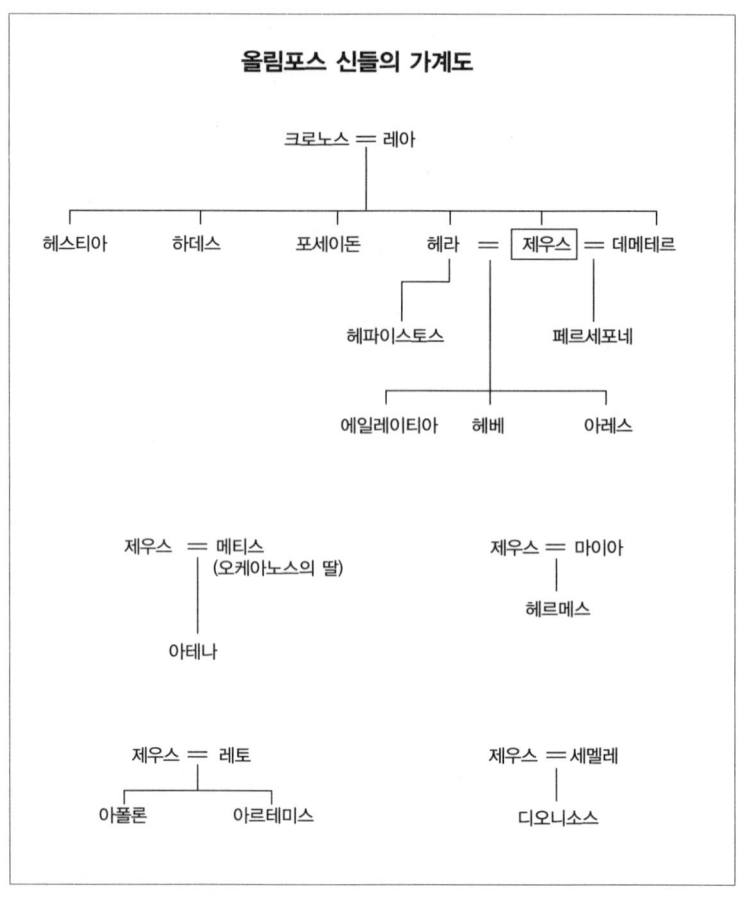

과의 유사점이나 차이점에 의해 결정되기 때문이다.[89] 실제로 오직 한 신만을 섬기고 다른 신들 숭배를 게을리하는 것은 위험한 일이었다. 그리스 세계에서 일신 숭배는 금기였으며, 끔찍한 벌을 받을 수도 있는 행위였다.[90] 어떤 신도 다른 신 숭배를 금지하지 않았다. 오히려 자신이 좋아하는 신을 고르고 고르거나 만신전에 소속된 구성원 가운데 단

하나라도 무시하는 일이 금지되었다. 신들은 싸우고 논쟁을 벌일 수도 있지만, 각각은 현실의 진정한 측면을 대표했다. 그런 측면이 없으면 우주가 영구적으로 훼손될 터였다. 다양한 신들 전체를 숭배함으로써 모순들을 함께 끌어안는 통일성을 한눈에 파악하는 것이 가능했다. 축제 때도 한 신에게만 희생제를 드리는 경우는 드물었다. 신전도 보통 하나 이상의 신에게 바쳤다. 예를 들어 아테네의 아크로폴리스에서는 수호 여신 아테나와 더불어 포세이돈을 찬미했다.

　신들은 삶의 긴장과 역설을 드러내는 방식으로 짝을 짓는 일이 많았다. 부부의 원형인 제우스와 헤라의 다툼은 가부장적 질서에 내재한 어려움을 반영하는데, 그 질서는 대립물들의 충돌을 통하여 자신을 확인한다.[91] 아레스와 아테나는 둘 다 전쟁의 신이지만, 아레스는 전쟁의 잔인하고 혐오스러운 측면을 대표하는 반면 아테나는 승리의 영광을 체현한다.[92] 포세이돈과 아테나는 종종 함께 숭배된다. 포세이돈은 바다의 신으로서 원시적이고 자연적인 힘을 대표하며, 아테나는 문명의 여신으로서 자연의 힘을 길들이고 통제해 인간이 다가갈 수 있는 것으로 만든다. 포세이돈은 말을 낳았고, 아테나는 재갈과 고삐를 발명했다. 포세이돈은 파도를 일으켰고, 아테나는 배를 만들었다. 그러나 아테나는 전쟁의 여신이기도 했기 때문에 모든 문명의 핵심에 있는 폭력과 모든 폴리스의 생존 투쟁을 반영했다.

　포세이돈은 아폴론과 짝을 짓기도 한다. 그들은 각각 노년과 젊음을 대표하는데, 이 둘은 양 극단이면서 서로를 보완하기도 한다. 헤라와 디오니소스는 서로 매우 적대적이다. 그러나 둘 다 광기와 연결되어 있다. 광기는 천벌이 될 수도 있고 해방의 환희가 될 수도 있다. 아폴론과 디오니소스는 형제 사이이며 서로 균형을 이룬다. 아폴론은 형식, 명료성, 규정, 순수를 대표하며, 디오니소스는 해체의 힘을 체현한다. 델포이 신전에서 디오니소스는 아폴론의 신비하고 어두운 세계의 짝으로서 찬미되었다. 모든 그리스 신에게는 어둡고 위험한 측면이 있었다. 누구도 전적으로 선하기만 하지는 않았다. 누구도 도덕성에 관심이 없었다. 그들은 역설을 회피하거나 세계의 어떤 부분도 부정하지 않고 함께 삶의 풍요로운 다양성과 복잡성을 표현했다. 그리스인은 새로운 종교 형식을 개발할 필요를 느끼지 않았고, 과거의 믿음에 만족했다. 이 믿음은 축의 시대가 끝난 뒤에도 700년 동안 살아남았다.

춘추시대, 새로운 감수성의 출현

중국에서도 기원전 8세기는 과도기였다. 기원전 771년 50년 이상 주 왕조를 괴롭히던 오랑캐 견융(犬戎)이 수도 종주에 침입하여 유왕(幽王, 기원전 782~771년 재위)을 살해했다. 그러나 이것으로 주 왕조가 끝난 것은 아니었다. 평왕(平王, 기원전 770~720년 재위)은 아버지를 계승하여 동도(東都) 성주(成周, 낙읍洛邑)에서 천명을 받았다. 그러나 주나라 왕들은 이전 왕들의 그림자에 불과했다. 왕은 동도 주변의 작고 궁핍한 영토를 유지하며 제의의 임무를 수행했지만, 현실적인 정치 권력은 아니었다. 주 왕조는 약화된 형태로 500년 이상 살아남았다. 왕은 명목상 통치자로 남아 있고 상징적인 권위를 유지했지만, 제후들이 실질적인 권력을 행사했다.

제후국은 꾸준히 커졌다. 점차 군주에 대한 충성보다는 제의(예禮)가 제후국들 사이의 관계를 지배했다. 제후국들은 공식적으로는 동맹국이었지만 실제로는 경쟁하는 경우가 많았다. 오랜 관습이 왕의 권위를 대체하여, 전쟁, 복수, 조약을 통제하는 일종의 국제법 역할을 했으며, 물자와 용역의 교환을 통제했다. 이것이 역사가들이 춘추시대라고 부르는 시대의 출발이었다. 봄과 가을을 뜻하는 '춘추(春秋)'는 기원전 722년부터 기원전 481년까지 노나라의 역사를 기록한 간결한 연대기의 이름이다. 당시 사람들의 눈에는 이때가 갈등과 파편화로 점철된 혼란의 시기로 보였겠지만, 돌이켜보면 중국이 낡은 군주국에서 통일된 제국으로 나아가는 복잡한 이행을 거치고 있었음을 알 수 있다. 기원전 8세기 중국에 관해서는 알려진 것이 거의 없지만, 어쨌든 이 시기에는 새로운 감수성이 나타났던 것으로 보인다.

군주제의 쇠퇴는 이 시대의 불안한 변화 가운데 한 가지일 뿐이었다. 주나라 치세에 중국인은 숲을 베어내고 땅을 개간하여 경작지를 만드는 일에서 큰 진전을 이루었다. 그러나 이런 긍정적인 발전은 걱정스러운 결과를 낳았다.[93] 이제 사냥을 하거나 양과 소를 기를 땅은 줄어들었다. 산림 벌채는 많은 생물종의 자연 서식지를 파괴하여 그 지역의 풍부했던 야생 생물의 수를 크게 줄였다. 그리하여 기원전 8세기에 중국인은 사냥을 나가도 과거에 비해 훨씬 적은 수의 동물을 가져올 수밖에 없었다. 양과 소의 숫자도 크게 줄었다. 상나라와 초기 주나라는 별 생각 없이 짐승을 수백 마리씩 죽여 희생제를 지냈다. 자신들의 자원이 무궁무진하다고 믿은 것이다. 아무런 불안도 없이 선물도 푸짐하게 주었고, 잔치에서 고기도 대량으로 소비했다. 그러나 식량 부족 사태가 벌어지자 사람들은 이런 호사를 비난의 눈길로 보게 되었다. 희생 제물의 대량 살육은 더는 일어나지 않았고, 죽이는 동물의 숫자도 예법에 따라 엄격하게 통제되었다. 제의의 주관자들은 사냥이 가능한 시기를 제한하는 방식으로 사냥도 통제하려 했다. 기원전 771년이 되자 장례식도 더 엄격하게 통제했으며, 과거의 허식에는 눈살을 찌푸리게 되었다. 새로운 절제의 정신이 점차 도시 귀족의 생활을 바꾸어 나갔다. 사냥감과 가축의 숫자가 줄어들었기 때문에 이제 그들의 부는 사냥이나 약탈보다는 농업에 의존했다. 귀족은 마음속으로는 여전히 전사였으나, 다음 장에서 보게 되듯이, 그들의 전쟁은 전보다 더 제의화되었으며 폭력도 줄었다. 전쟁이나 사냥을 위한 원정도 줄었으므로 군자(君子)는 조정에서 전보다 많은 시간을 보냈고, 의전, 예절, 제의의 세세한 면에 점점 더 몰두했다.[94]

이제 제한, 통제, 절제가 표어가 되었다. 생활은 더 신중하게 규제해야 했다. 선물을 나누어주며 흥청망청하는 과거의 잔치 대신 꼼꼼하게 조직된 교환 체계를 만들어야 했으며, 이것은 선례를 보여주는 문서 증거에 기반을 두었다.[95] 귀족 계급의 모든 활동이 정교한 의식으로 바뀌었다. 무엇을 하건 올바르게 하는 방법이 있었다. 시간이 지나면서 주나라 여러 읍성의 귀족은 사회적 조화와 집단의 복지를 장려하기 위해 고안된 관습을 발전시켜 나아갔다. 어느 사회나 그렇듯이, 이런 전통은 의식적인 협의보다는 시행착오에 의해 발전했다. 이런 행동 양식은 아마 수백 년에 걸쳐 진화하면서 세대에서 세대로 전해졌을 것이다.[96] 군자는 정교한 예절 규범을 따르며 살았다. 그는 하는 일과 하지 않는 일이 있었다. 춘추시대가 되면서 이 관습법이 기록되어 일관된 체계를 갖추기 시작했다. 사람들은 불확실한 과도기를 맞이하여 분명한 지침을 원했다. 종교도 다시 생각해야 했다. 왕은 과거의 전례에서는 핵심적 존재였다. 그러나 이제 무력한 꼭두각시가 되고 말았는데, 신민이 어떻게 그의 힘을 계속 숭배할 수 있을까? 궁핍의 시대에 어떻게 과거의 희

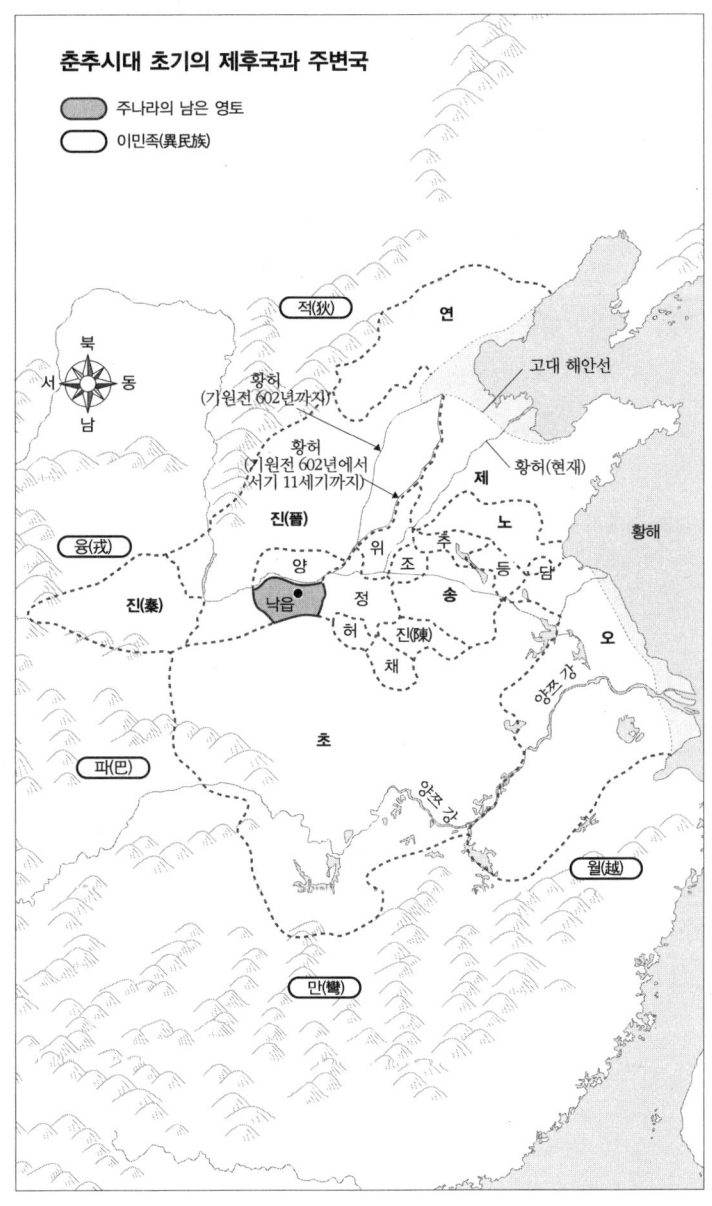

생 제사를 유지할 수 있을까?

새로운 제의 학문은 대평원의 여러 제후국에서 서기, 점쟁이, 천문학자, 문서 보관인 등으로 이루어진 소규모 집단들이 발전시켰던 것으로 보인다. 한동안 도시에서는 하급 귀족인 사(士)가 더 두드러진 역할을 맡았다. 둘째 이하의 아들이나 후처의 자식인 사는 공경대부 밑의 계급이었다. 그들은 병사, 기록된 전승의 관리자, 다양한 지식 분야의 전문가 등 위신이 떨어지는 일을 맡았다. 서기 가운데 일부는 중국의 고전이 되는 선집들을 편찬하기도 했다. 《서경(書經)》, 《시경(詩經)》, 《역경(易經)》, 《악경(樂經)》(현존하지 않는다), 《춘추》가 그런 책들이다. 이제 지식 계급 '사' 가운데 일부는 귀족 가문의 의식적이고 관습적인 관행들을 성문화했다. 이 제의 전문가들(유儒)†은 모든 사람들이 쉽게 이해할 수 있도록 분명하게 귀족 생활의 원리를 정리했다. 군자는 봉신들의 모임에서 자신이 어디에 있어야 할지, 어떻게 서서, 사람들과 어떻게 인사를 하고, 어떻게 행동해야 할지 알아야 했다. 언제 이야기를 할지, 언제 입을 다물어야 할지도 알아야 했다. 그때그때 정확한 옷을 입고, 적절한 몸짓을 사용하고, 적당한 얼굴 표정을 지어야 했다. 이 모든 것에 종교적 가치가 있었다. 주나라 초기에 왕실의 제의는 자연 질서를 유지하기 위해 고안된 것이었다. 이제 군주제가 쇠퇴하자 유는 대평원 지대에 평화와 질서를 유지하기 위해 생활 전체를 정교한 제의 수행과 다름없게 바꾸어놓았다.[97)]

....
† **유(儒)** 고대 갑골문을 보면 '유'는 제사를 지내기 전 목욕 재계하는 모습을 형상화한 글자였다. 즉 초기에 '유'라는 글자는 제사장을 뜻했다. 제사장은 제의 전문가 집단의 지도자였으며, 지도자는 여러 경험과 학식을 갖춘 사람이어야 했다. 그래서 시간이 흐르면서 점차 학자나 지식인을 가리키는 개념으로 쓰였다.

모든 제후에게는 공식적인 희생제, 조상을 위한 '접대'(빈賓) 연회, 제의의 춤 등을 올바르게 수행하도록 도와주는 훌륭한 제의 자문 팀이 필요했다. 유는 제후와 대신들이 전례를 정치적으로 이용하도록 도와주었다. 그들이 봉신들의 모임에서 패배하지 않고, 자신의 주장을 제시하고 반대 의견을 낼 수 있게 하려는 것이었다. 연대기들은 외교에서 예를 아는 것이 필수적이었음을 보여준다. 한번은 작은 도시의 제후가 유력한 제후를 방문했는데, 그가 머무는 동안 상대국 제후가 죽었다. 그러자 대신들은 손님에게 강제로 염습을 시키려 했다. 물론 이것은 계산된 행동이었다. 염습은 봉신이 하는 일이었기 때문이다. 따라서 하라는 대로 하게 되면 손님은 더 큰 나라 앞에서 자신의 정치적 독립성을 잃게 되는 셈이었다. 이것을 어떻게 예의 바르게 거절할 수 있을까? 그의 조언자들이 문제를 해결해주었다. 소국의 제후는 시키는 대로 시신을 염습했지만, 주술사를 데려갔다. 예에 따르면, 그것은 제후가 자신의 나라에서 가신을 조문할 때 하는 일이었다. 이렇게 예를 교묘하게 이용하자 상황이 완전히 역전되어, 음모를 꾸미던 대신들은 쩔쩔매게 되었다. 이 이야기는 그들이 겉으로는 겸손함을 표현하는 것 같아도, 이런 전례를 따르는 것이 사실 케노시스와 아무런 관계가 없음을 보여준다. 귀족의 제의화된 생활 양식은 귀족들에게 겉으로는 서로를 존중하며 겸손하게 행동하도록 가르쳤지만, 보통의 경우 예의 특징은 자기 이익이었다. 모든 것이 위신의 문제였다. 귀족은 특권과 명예를 선망했으며, 예를 이용하여 자신의 지위를 높였다.[98]

가장 유능하고 권위 있는 제의 학파는 노나라에 근거를 두고 있었다. 실제로 노나라는 자신이 신성한 전통의 관리인이라고 생각했다. 제의 전문가와 서기들은 점차 《예기(禮記)》를 만들어 나가는데, 이 제의 규약은 중국의 여섯 번째 고전이 된다.[99] 노나라의 제의 전문가들은 두 가지 중요한 원칙을 정리했다. 첫째는 의식의 효력은 그와 관련된 모든 행동 하나하나를 완벽하게 수행하는 데 달려 있다는 것이다. 둘째는 이런 완벽성은 참가자 모두가 전례의 가치와 의미를 완전히 인식할 때에만 가능하다는 것이다. 기원전 6세기 말에 노나라의 제의 전문가 한 사람이 이 두 가지 원칙을 출발점으로 삼아 중국의 축의 시대를 열었으며, 이로써 이 이기적이고 잠재적으로 무의미할 수도 있는 규율에 숨어 있던 영적인 힘이 드러났다.

그러나 그 이전인 초기 단계에도 노나라의 제의 전문가들 가운데 일부는 '자기 버리기'의 중요성을 이해하고 있었다.[100] 그들은 고대의 성군 요와 순을 숭배했으며,《서경》에 나오는 최초의 연대기 가운데 하나인 〈요전(堯典)〉과 〈순전(舜典)〉을 썼을지도 모른다. 요와 순은 다른 문화적 영웅들과는 달리 마법적인 업적을 쌓지 않았다. 황제처럼 괴수와 싸운 것도 아니고, 상 왕조의 건립자인 우처럼 홍수를 통제한 것도 아니다. 그들은 오로지 카리스마만으로 백성을 다스렸다. 이것은 군사적 우월성으로 다스리는 전사들이 얻는 지배권과는 크게 다르다. 〈요전〉에 따르면 요 임금은 진정으로 따뜻한 사람이었다. "공손하고 밝으며 의젓하고 우아하고 사려가 깊었다. 대하는 사람마다 그의 온화한 인품에 포근한 정을 느꼈다. 참으로 공손하고 겸양을 갖추었다."[101] 이런 자질에 내재한 힘은 세상 구석구석까지 빛을 발했고, 하늘 가장 높은 곳과 땅속 가장 깊은 곳까지 이르렀다. 이 힘은 중국의 모든 종족과 씨족에게까지 뻗어나가, 그들은 함께 조화롭게 살면서 '큰 평화'(태평太平)를 이룰 수 있었다. 왕의 힘, 즉 도덕은 변하기 시작했다. 도덕은 단지 마법적인 효력이 아니라 백성에게 영적 이득을 주는 윤리적 힘이 되었다.

순 임금은 출신이 매우 미천했다. 어떤 사람들은 순이 동쪽의 오랑캐 부족에서 태어났다고 말했다. 어떤 사람들은 그가 농민이나 도공이나 어부였다고 주장했다. 순은 자신을 죽이려는 아버지와 배다른 동생에게서 간신히 달아났다. 그러나 그들에게 악의를 품지 않고 효도의 모범을 보이며 계속 부드럽고 예의 바르게 그들을 대했다. 순은 미천한 신분에도 불구하고 자기 통제와 절제 덕분에 후계 문제를 생각하던 요 임금의 눈에 들었다. 요의 아들 단주(丹朱)는 사람을 속이고 다툼을 좋아했다. 어떻게 그가 천명을 받을 수 있겠는가? 요 임금은 곤혹스러워 신들에게 자문을 구했다. 그러자 사악†이 순에 관해서 말했다. "장님의 아들인데, 아비는 어리석고 어미는 간악하며 동생 상(象)은 오만합니다. 그러나 효성으로 가정을 화목하게 하고 지극한 정성으로 집안을 다스려 간악한 집안 사람이 모두 크게 감동하였다고 합니다."[102]

요 임금은 순을 시험해본 뒤 그가 진실로 선한 사람이라는 것을 확인하자 나라를 자신의 아들이 아니라 순에게 물려주었다. 순은 자신이 그럴 자격이 없다고 생각하여, 요가 죽자 중국의 남쪽 지방으로 물러나 요의 아들이 왕위를 차지하게 했다. 그러나 영주들은 요의 아들이 아니라 순에게 자문을 구하러 왔고, 시인들은 순을 찬양하는 노래만 불렀다. 그러자 마침내 순은 천명을 받아들였다. 그는 임금이 되어서도 계속 아버지를 공경하였으며, 물러날 때는 요 임금의 예를 따라 자신의 아들이 아니라 치수 사업을 주도했던 우에게 자리를 물려주었으며, 우 임금은 상 왕조를 창건했다.

사악(四岳) 고대 중국 요 임금 시대 사방 제후(諸侯)들의 관명(官名).

요와 순은 성인(聖人)이 되었다. 그들은 평화의 황금 시대를 확립한 선하고 자비로운 사람들이었다. 《서경》에 나오는 그들의 전설은 왕조가 대물림으로 이어지고 힘과 강압에 기초를 둔 통치가 이루어지는 현실에 대한 암묵적 비판임이 분명하다. 요와 순은 자신의 지위와 위엄에 집착하지 않고 자신들이 본능적으로 좋아하는 것보다 백성의 유익을 앞세웠다. 그들은 예가 계발하고자 하는 절제, 겸손, 자제, 경의의 원형적 모범이었다. 중국의 정치 생활이 점점 더 이기적이고 무자비해짐에 따라 요순 전설은 계속 영감의 원천이 된다. 축의 시대 현자들은 모든 인간에게 이런 위인이 될 잠재력이 있다고 주장한다.

제의화된 새로운 절제는 점차 중원의 제후국들에 뿌리를 내렸다. 비록 긴장된 시대였지만, 이러한 절제는 예로 표현되는 중국의 이상에 여전히 충성하는 이 오래된 읍성들이 평화를 유지하는 데 도움을 주었다. 그러나 이들에게는 새로운 호전적인 경쟁자들이 있었다. 기원전 8세기에 대평원 주변의 세 나라는 오랑캐의 땅으로 파고들어 크고 풍요로운 영토를 꾸준히 넓혀 나갔다. 북쪽 산악 지대의 진(晉), 산둥 북서부 자원이 풍부한 해안 지역의 제(齊), 양쯔 강 중류의 큰 나라 초(楚)가 그런 나라들이었다. 이 세 나라는 중국의 전통을 보존하고 있었지만, 이제 예와 관계가 없는 많은 토착 주민을 거느리게 되었다. 이 가운데 초가 제일 먼저 주나라의 전통을 버렸다. 바야흐로 중국은 문명의 충돌을 향해 나아가고 있었다.

숲으로 간 현자,
영적 탐구의 선구자들

인도 북부 갠지스 강 지역의 생활은 점차 안정되었으며, 가정을 가진 남자가 사회의 대들보가 되었다. 남자가 결혼을 하여 가장이 되면 자신의 집에 신성한 불을 두고 매일 전례를 거행할 수 있었다. 이것은 개혁된 공공 전례의 축소판이었다. 그의 가정은 개인적인 희생제의 영역이 되어, 이곳에서 죽음을 이겨내고 신들의 세계에 들어갈 수 있는 자아를 구축할 수 있었다. 그러나 어떤 남자들은 가족을 떠나고 사회에 등을 돌리고 숲으로 물러나는 특별한 걸음을 내디뎠다. 가족을 삶의 중심으로 삼는 대신 일부러 가정 없는 사람이 된 것이다. 그들은 초라하게 살았으며, 소유를 거부했고, 음식을 구걸했다. 어떤 사람들은 머리를 되는 대로 기르기도 했고, 어떤 사람들은 노란 가사를 입기도 했고, 어떤 사람들은 벌거벗고 돌아다니기도 했다. 이 '출가자'(삼야신)들은 울타리 너머로 나아갔으나, 인도의 영적 탐구에서는 중심이 되었다. 따라서 가장이 아니라 출가자가 종교적 변화의 동인이 된다.[103] 인도의 축의 시대의 다음 단계를 규정한 사람은 브라민 사제가 아니라 출가자였다.

이런 발전의 시기를 정확히 알기는 어렵지만, 아무래도 기원전 8세기에 시작된 것으로 보인다.[104] 출가는 훨씬 더 오래된 수양에 뿌리를 둔 것인지도 모른다. 어떤 학자들은 이것이 아리아인이 오기 전 인도 원주민의 관행이라고 생각한다.[105] 어떤 학자들은 베다 제의주의의 자연스러운 발전이라고 주장하기도 하고[106] 완전히 새로운 이데올로기라고 주장하기도 한다.[107] 《리그베다》는 "머리를 치렁치렁 늘어뜨리고", "흙 같은 노란색 옷을 입은" 방랑자들이 공중을 날아다니며, "신들이 전에 가본 곳을 가고", 멀리서 사물을 본다고 말한다. 그들은 길게 머리를 땋아 늘이고, 산과 밀림에 살면서 어린이와 가축을 잡아먹는 무시무시한 신 루드라를 섬겼다.[108] 《리그베다》에는 루드라에 대한 언급이 드문데, 루드라는 아마 원주민의 신들 가운데 하나였을 것이다. 출가자들은 브라티야 전사들과도 닮았을 것이다. 그들 역시 베다 사회의 가장자리를 끊임없이 배회했기 때문이다.[109] 브라티야는 인도유럽어 방언을 했으며, 베다 종교를 절대 받아들이지 않은 초기 아리아 이민자들이었을지도 모른다. 브라티야는 먹을 것이 필요하면 정착 공동체에서 훔쳤다. 그들의 옷은 검은색(루드라의 색)이었다. 그들은 어깨에 숫양 가죽을 걸쳤고, 그들 자신의 제의를 거행했으며, 통제된 방법으로 숨을 들이쉬고 내쉬어 의식의 변화를 가져오는 '세 번의 숨'을 연습했다. 나중에 자기 비움의 영성에서 중심을 차지하는 이 초기 형태의 요가는 브라티야와 새로운 금욕주의자들 사이에 이데올로기적인 연결이 있었을지도 모른다는 사실을 보여준다.

제의 전문가들은 전례에서 폭력을 없애고 더 내적인 영성을 계발하기 시작했는데, 어울리지 않게도 고대 전사 무리가 탁발승 비폭력 공동체의 모델이 되었다. 출가자들은 가축 약탈자들의 기동성 있는 옛 생활 방식으로 돌아갔다. 그들은 선조가 새로운 영토를 열었던 곳에서 내적 세계를 탐험하고 옛 전투를 깨달음을 위한 내적 투쟁으로 바꾸었다.[110] 인도의 축의 시대 동안 전쟁의 규율은 영적으로 해석된 평화로운 관행으로 바뀌는 경우가 많아진다. 이것은 가족을 떠나 스승의 집에서 살며 베다를 공부하는 젊은 브라마카린에게서 분명하게 드러난다.[111] 또 그의 삶은 브라티야와도 비슷하다. 그는 신성한 텍스트를 외우는 것 외에도 스승의 불을 보살피고, 숲에서 땔감을 해 오고, 탁발을 해야 했다. 브라마카린은 브라티야와 마찬가지로 동물 가죽으로 옷을 해 입고 지팡이를 들고 다녀야 했다. 세계 다른 지역에서도 인도유럽계 젊은이는 종종 일정 기간을 광야에서 지내야 했는데, 이것은 전사의 에토스를 배우는 과정의 일부였다. 젊은이는 이 시련을 거치면서 사냥, 자급자족을 비롯한 여러 생존 기술을 배웠다. 브라마카린도 어른의 삶으로 들어가는 입문 의례의 일부로 숲에서 혼자 시간을 보내야 했지만, 사냥을 하거나, 동물을 해치거나, 전차를 모는 것은 분명하게 금지되었다.[112]

브라마카리야('신성한 생활')는 베다의 삶에 입문하는 것이었다. 제자는 순결을 지켜야 했고 폭력적인 행동을 할 수 없었다. 육식을 할 수 없었으며, 불가에 앉아 땀을 흘리고 호흡을 조절하면서 타파스의 금욕 생활을 실행에 옮겨야 했다. 그는 《리그베다》를 외우고 제의의 정확한 절차를 익혔지만, 그가 얻는 지식(비드야) 가운데 말로 표현할 수 없는 것이 훨씬 더 중요했다. 인도에서 교육은 절대 사실 정보를 획득하는 것이 아니었다. 제자는 어떤 일을 해서 배웠다. 만트라를 외우거나, 과제, 제의, 고행 등을 직접 해야 했다. 이것은 텍스트 공부만큼이나 중요했으며, 또 그런 공부가 시간이 지나면서 그를 변화시켜 그는 세상을 다른 눈으로 보게 되었다. 브라마카린은 신성한 세계와 세속적인 세계의 중간 지대에 살면서 신성한 인물로 존경을 받았다. 그에게 스승은 없어선 안 될 존재였다. 기원전 8세기에 이르면 브라민 사제는 '눈에 보이는 신'으로 간주되었다.[113] 그는 베다 학문을 **아는** 자였기 때문에, 제의 동안에 나타나는 브라만의 힘으로 가득 찼다. 브라민 스승은 항상 감각을 훈련하고, 늘 진실을 말하고, 비폭력을 실행에 옮기고, 어떤 경우에나 초연한 평정심을 보여주는 '신성한 삶'의 구현자였다. 제자는 매일 매일 사소한 일에서도 스승을 모방하여 스승과 하나가 되고, 베다 지식의 내적인 의미를 배웠다. 이렇게 스승은 산파가 되어 매일 제자의 새로운 자아(아트만)가 태어나게 하려고 노력했다. 이 새로운 자아는 산도 움직일 수 있었다.[114] 입문식을 마쳐 완전한 브라민이 된 제자는 세상으로 돌아가 아내를 얻고, 신성한 불을 밝히고, 자기 계급의 의무를 이행하고, 가족을 이룰 수 있었다.

그러나 기원전 8세기의 어느 시점에 견습을 오래 전에 마친 성숙한 브라민들이 스승 없이 혼자 브라마카리야를 수행해야겠다고 생각했다. 그들은 이렇게 하면 제의가 더 효과가 있을 것이라고 생각했다.[115] 그들은 신성한 삶을 살려고 다시 숲으로 물러났다. 어떤 사람들은 일정한 기간만 그렇게 했지만, 어떤 사람들은 평생 브라마카린이 되었다. 베다의 제의 동안 희생을 바치는 사람과 사제는 신비한 승천을 했지만 짧은 시간만 그곳에 머물 수 있을 뿐이었다. 신성한 세계와 세속적 세계는 양립할 수 없었다. 만일 희생을 바치는 사람이 하늘에서 머문 뒤에 땅으로 바로 내려오면 즉시 죽는다고 생각했다. 그래서 신성한 상태에서 벗어나게 해주기 위한 특별한 제의가 고안되었다. 그래야 세속적인 시간으로 안전하게 돌아올 수 있기 때문이다. 그러나 출가자는 이렇게 다시 세속적 세계로 돌아가는 것을 원치 않았다. 늘 브라만의 영역에 남아 있고 싶어했다. 그것은 그가 이 세상에서 더는 살 수가 없다는 뜻이었다. 희생을 바치는 사람은 제의가 지속되는 시간 동안만 사회에 등을 돌렸지만, 출가자는 사회를 영원히 거부한 것이다.[116]

초기의 출가자들은 신성한 삶을 다르게 해석했다. 어떤 사람들은 공동체에 살면서 숲의 은신처에 신성한 불을 유지하고 그곳에서 제의를 거행했다. 어떤 사람들은 혼자 살면서 가끔 희생제에 참여하려고 마을에 돌아갔다. 그러나 어떤 출가자들은 외적 종교에 매우 적대적인 태도를 드러내기 시작했다.[117] 이런 급진적 출가자 가운데 한 사람은 영원히 숲에 살려고 집을 떠나기 전날 밤 제기를 모두 모으고 새로운 불을 피웠다. 다음 날 목욕을 하고, 삭발과 면도를 하고, 버터나 우유를 제물로 노에 바치고, 마지막으로 불을 껐다. 이런 제의는 신성한 불을 '내면화'하여, 출가자는 그 불을 자신의 내부에 담고 다닌다고 이야기되었다. 이것은 모든 제의를 끝내는 제의였으며, 마을을 영원히 떠나기 전에 하는 마지막 행동이었다. 출가자는 노란 가사를 입고, 바리때와 지팡이를 들고, 새로운 삶의 기초를 가르쳐줄 구루†를 찾아 떠났다.[118]

출가자는 자신이 행하는 브라마카리야를 희생제의 더 높은 형태로 보았다. 그의 신성한 불은 내부에서 타올랐으며, 그가 들이마시는, 생명을 주는 모든 숨에 나타났다. 그가 먹는 모든 음식은 이 보이지 않는 내적인 불에 바치는 제물이었다. 이제 물리적인 불에 땔감을 던져 넣을 필요가 없었다. 제의 개혁가들은 인간의 아트만, 즉 내적인 자아가 **바로 프라자파티**라고 가르쳤다. 그것이 바로 희생제인데, 왜 외적인 시늉을 하는가? 출가자는 희생제를 버리는 것이 아니라 그것을 내적인 행동으로 만드는 것이었다. 그는 결과적으로 이렇게 묻는 셈이었다. 진정한 희생제란 무엇인가? 누가 진정한 브라민인가? 외적인 제의를 거행하는 사제인가, 아니면 어디를 가나 신성한 불을 운반하는 출가자인

구루(guru) '존경할 만한'이라는 뜻의 산스크리트. 힌두교에서 혼자 힘으로 영적 깨달음을 얻은 정신적 스승이나 지도자를 가리킨다. 고대 인도에서 베다의 지식은 구루가 제자에게 구술 방식으로 전수하였다. 전통적으로 제자는 구루의 집에서 살았으며, 복종과 헌신으로 구루를 섬겼다.

가?[119] 출가자는 외적으로 표현하는 종교에서 내적으로 실행에 옮기는 종교로 이행한 셈이었다. 출가자는 축의 시대의 특징 가운데 하나인 종교의 내면화를 처음 성취한 사람들로 꼽힌다. 제의 전문가들은 오래 전부터 희생 제의가 신성하고 영원한 자아를 창조한다고 주장해 왔다. 희생제가 바로 아트만이었다. 제의에는 브라만의 힘이 들어 있었다. 출가자는 여기서 한 걸음 더 나아갔다. 그는 아트만을 발판으로 우주를 통합하는 힘에 다가갈 수 있었다. 버림, 금욕, 신성한 삶의 규율을 발판으로 삼아 출가자는 자신의 아트만, 즉 내면 깊은 곳에 신비하게 자리 잡고 있는 브라만과 통일될 수 있었다.

숲 속의 삶은 힘들고 고통스러웠다. 끝없는 희생이었다. 점차 두 종류의 금욕주의자들이 나란히 등장하여 서로 새로운 구성원을 끌어들이려고 경쟁했다. 은자는 마을이나 인간 사회와 물리적인 거리를 두고 숲에서 살면서 뿌리와 과일을 먹으며 타파스를 실행했다. 일부는 처자식과 함께 살면서 밀림 속에서 신성한 노를 중심으로 가정을 이루었다. 은자는 정착지에서 재배한 것은 먹을 수 없었지만, 다른 육식 동물이 죽인 동물의 고기는 먹을 수 있었다. 그의 모든 태도는 야생을 닮았다. 그는 숲의 사람이었으며, 정착한 가장의 정반대 존재였다. 그는 긴 머리를 빗지 않았으며, 옷은 나무껍질로 만들었고, 심지어 인간 문화의 상징인 경작지를 걷는 것도 허용되지 않았다.

출가자는 더 급진적이었다. 그의 출가는 신체적인 것이라기보다는 이념적인 것이었다. 그는 마을에서 음식을 구걸하는 것은 허용되었지만 집은 가질 수 없었다. 심지어 숲의 암자도 허락되지 않았다. 가족, 섹스, 불, 제의, 소유도 허용되지 않았다. 우기에는 한곳에 머무는 것이 허락되었다. 우기가 아니면 늘 움직여야 했다. 절대 한곳에서 이틀 밤

이상을 보낼 수 없었다. 그는 강철 같은 자기 규율을 지녀야 했으며, 말과 감각을 통제해야 했다. 머리를 산발하고 헝클어뜨린 은자와는 달리 출가자는 삭발을 하고 아힘사를 실행에 옮겼으며, '씨앗을 해치는 것'을 삼갔다. 또 "해를 주든 착하게 굴든 모든 동물을 똑같이 대했다."[120] 브라모디아 시합에서 상대를 침묵시킨 브라만과 마찬가지로 출가자는 '말 없는 현자'(무니)가 되어 언어 너머에 놓인 실재를 얻으려고 노력해야 했다.

이런 엄격한 금욕주의의 합리적 근거는 《아라냐카》, 즉 '숲의 책'에서 찾을 수 있다. 이 책은 과거의 제의를 신비하게 해석하는 내용이었다. 금식, 금욕, 타파스는 이제 과거의 베다 종교와는 달리 단순히 제의의 준비 과정이 아니었다. 그 자체가 제의였다. 금욕은 타파스의 불로 사람을 희생 제물처럼 '태웠다'. 출가자의 가장 깊은 자아가 바로 희생제였으며, 여기에 브라만의 최고의 실재가 담겨 있었다. 신은 브라만 내부에 존재했기 때문에 개인의 내면 깊은 곳에도 사는 셈이었다. 따라서 침묵의 현자는 영적인 내부의 제물로써 내적이고 외적인 데바에게 제사를 드렸다. 이 데바들은 사실상 하나였다.[121]

새로운 영성은 과거의 영성으로부터 유기적으로 또 논리적으로 자리났다. 첫째로 제의 전문가들은 제사 구역에 참가자들이 가득하던 과거의 혼란스러운 희생제 시합을 개혁했다. 새로운 제의에서 희생을 드리는 사람은 혼자였으며, 제의 동안 세속 사회와 단절했다. 이제 출가자는 이런 외로움을 한 단계 더 밀고 나아갔다. 훗날의 문헌이 출가자를 이상적인 브라민으로 제시하고 그를 베다의 정통성 안에 통합하려 하지만, 사실 그는 체제 전체에 도전했다.[122] 사람들은 출가자가 용감하게 새로운 영적인 길을 걸어간 선구자라고 찬사를 보냈다. 출가자는 마을에서 자신의 독립을 선포했으며, 자신이 만든 세계에 살았고, 어떤 제의에도 굴복하지 않았으며, 일반적인 사회적 의무는 전혀 이행하지 않았고, 근본적 자유를 끌어안았다. 사회적 이데올로기가 인간의 생활 방식은 출신 계급에 따라 결정된다고 선포하던 시대에 출가자는 스스로 결정을 내렸다. 가장은 사회적 네트워크, 부양 가족, 자식의 규정을 받았지만, 출가자는 자신의 힘으로 혼자 존재하는 개인이었다. 축의 시대의 새로운 영웅은 자신의 무예와 용맹을 자랑하는 영웅적 전사가 아니라, 자기 내면을 탐구해 스스로 절대적인 것을 발견하겠다고 결심하고 아힘사에 헌신하는 수도자였다. 출가자는 야타부타¹, 즉 '깨달음'을 추구했는데, 이것은 자신의 진정한 자아에 '눈을 뜨는 것'이기도 했다.

야타부타(yathabhuta) 산스크리트에서 '있는 그대로'라는 뜻이며, 사물의 있는 그대로의 실재를 말한다.

4장

앎을 향한 기나긴 여행

기원전 700년~600년경

《우파니샤드》의 모든 현자들과 마찬가지로 야지나발키아도 인간의 내면 깊은 곳에는 말하자면 불멸의 불꽃이 있다고 확신했다. 불멸의 불꽃은 전 우주를 유지하고 또 거기에 생명을 주는 불멸의 브라만에 참여하며 또 그 본질도 같았다. 이것은 엄청나게 중요한 발견이었으며, 모든 주요 종교 전통에서 중심을 이루는 통찰이 된다. 궁극적 실재는 모든 인간 한 사람 한 사람 안에 존재했다. 따라서 자아, 즉 아트만의 깊은 곳에서 발견할 수 있었다.

인간 내면의 정복,
《우파니샤드》

베다 종교는 베단타, 즉 '베다의 끝'이라고도 부르는 《우파니샤드》에서 성년에 이르렀다. 고대 베다 종교는 끊임없는 이주와 새로운 영토의 정복에서 영감을 받았다. 폭력적 갈등의 세계에서 등장한 것이다. 그러나 《우파니샤드》에서 한 무리의 신비주의자들은 내적 공간의 평화로운 정복에 나섰다. 이것은 종교사에서 주요한 진전을 뜻한다. 외적인 제의가 엄격한 자기 성찰로 대체되었음에도, 이것은 혁신이 아니라 고대 전통의 완성으로 여겨졌다. 기원전 7세기에서 기원전 2세기 사이에 나온 고전 《우파니샤드》 13권은 《리그베다》와 같은 지위를 부여받았다. 《우파니샤드》 또한 슈루티, 즉 '계시된' 것이라 최고의 경전으로 여겨지기 때문이다. 《우파니샤드》는 해석이 쉽지는 않지만, 그럼에도 베다 문헌 가운데 어느 것보다도 힌두 영성 형성에 큰 영향을 주었다.

최초의 두 《우파니샤드》는 《브라마나》의 세계에서 단절 없이 등장했다. '숲의 책' 《아라냐카》와 마찬가지로 이 텍스트들 역시 여러 사제 학파가 내놓은 《브라마나》 주석에 덧붙은 비의적인 부속 문헌이었다. 실제로 최초의 《우파니샤드》는 자칭 '아라냐카'라는 이름으로 불리기도 했다. 《브리드아라냐카 우파니샤드》는 '흰 야주르베다파(派)'의 '위대한 숲의 책'이다. 이 《우파니샤드》는 서두에서 왕실 의식 가운데 가장 중요한 것으로 꼽히는 동시에 흰 야주르베다의 전문 분야인 베다의 말 희생제를 논한다. 우파니샤드의 저자는 전통적인 방식의 '반두'('관련')를 지적하면서, 말의 여러 부위가 바로 자연 세계라고 밝힌다. 종마의 머리는 새벽, 눈은 해, 숨은 바람이었다. 그러나 《우파니샤드》에서는 이 제의를 정신적으로 거행하고 완수할 수 있었다. 물리적이고 외적인 희생제와는 연결이 끊어지고, 이제 온전히 현자(리시)의 정신 속에서만 이루어지게 된 것이다.

찬가를 책임지던 우드가트르 사제들의 베단타 텍스트인 《찬도기아 우파니샤드》는 그에 어울리게 우드가트르 사제들이 모든 찬가를 시작할 때 사용하는 신성한 음절 '옴(Om)'에 대한 명상으로 시작된다. 인도에서는 소리가 언제나 신성했다. 소리는 최초의 실재였다. 소리가 나오고 난 뒤 다른 모든 것이 거기에서 파생되었기 때문이다. 《찬도기아 우파니샤드》에서는 이 한 음절이 모든 소리, 나아가서 전 우주를 대표한다고 보았다. 옴은 해, 달, 별 등 존재하는 모든 것의 본질이었다. 이것은 소리의 형태로 나타난 브라만, 모든 것을 통합하는 생명의 힘이었다. "가지가 모든 잎을 붙들고 있듯이, 옴은 모든 말을 붙들고 있다. 진실로 온 세상은 옴에 다름 아니다."[1] 그러나 찬가는 그것을 읊조리는 사제의 외부에 있는 초월적 실재만이 아니다. 찬가는 인간의 몸, 아트만, 숨이나 말이나 귀나 눈이나 정신과 하나이기도 하다. 《찬도기아 우파니샤드》는 듣는 이의 관심을 내적 자아로 되돌린다. 사제가 마음속에 이런 '관련'을 확고하게 붙잡아 둔 상태에서 이 신성한 음절을 읊조리면 영적 탐구의 목표를 달성하게 된다. 옴은 브라만이기 때문에 '불멸이자 두려움 없는 것'이다.[2] 이 불멸의 두려움 없는 소리를 읊조리면서 반두를 명상하는 사람은 그 자신이 불멸을 이루고 두려움에서 벗어나게 된다.

여기에서 우리는 《우파니샤드》에 담긴 전망의 핵심에 다가가게 된다. 이제 초점은 제의를 외적으로 실행하는 것이 아니라 제의의 내적인 의미에 맞추어진다. 단순히 제의와 우주의 관련(반두)을 확립하는 것만으로는 충분하지 않다. 자신이 무엇을 하고 있는지 알아야 하며, 이런 지식을 바탕으로 존재의 근거인 브라만에 이를 수 있다. 예배를 드리는 사람은 이제 자신의 외부에 있는 데바에 관심을 기울이지 않고 내부로 눈길을 돌렸다. "실제로 이 각각의 신은 자신의 창조물이며, 그 자신이 이 모든 신이기 때문이다."[3] 《우파니샤드》의 초점은 아트만, 즉 자아였다. 아트만은 브라만과 동일하다.† 현자가 자기 존재의 내적 핵심을 발견할 수 있다면, 자동적으로 궁극적 실재로 들어가 필멸의 공포로부터 해방될 수 있다.

외부인이 보기에 이것은 솔직히 믿기지 않는 이야기다. 입증 불가능한 일련의 추상적 진술에 불과하기 때문이다. 실제로 《우파니샤드》의 가르침을 따르기는 매우 어렵다.[4] 현자들은 자신의 생각을 합리적으로 입증하지 않는다. 텍스트는 체계가 없고 논리는 괴상해 보이는 경우가 많다. 합리적인 논증 대신 경험과 환상 이야기, 뚫고 들어가기 어려운 경구와 수수께끼만 있을 뿐이다. 어떤 구절은 되풀이되는데, 이 구절들

....
아트만은 브라만과 동일하다 《우파니샤드》 가르침의 정수. 우주의 근본 원리인 브라만과 개인의 본질인 아트만(자아)이 궁극적으로 같다는 뜻이다. '범아일여(梵我一如)'라고 한다.

에는 서구의 독자가 쉽게 공유할 수 없는 중요한 의미가 담긴 것이 분명하다. 현자는 이렇게 말한다. "이 자아가 브라만이다.—아얌 아트마 브라만(Ayam atma braman)—그것이 가르침이다."5) 《찬도기아 우파니샤드》는 훨씬 더 간결하다. "그것이 바로 너다.—타트 트밤 아시(Tat tvam asi)."6) 이런 구절들은 '위대한 말씀'(마하-바키아maha-vakyas)이지만, 왜 우리가 그것을 받아들여야 하는지는 알기 어렵다. 현자들은 체계적으로 논리를 전개하기보다는 종종 겉으로 보기에 관련이 없는 일련의 통찰을 제시한다. 가끔은 부정하는 정보를 제공하는 쪽을 더 좋아한다. 그렇지 **않은** 경우를 이야기해주는 것이다. 《브라드아라냐카 우파니샤드》에서 가장 중요한 리시인 야지나발키아도 자신이 말하는 아트만이 무엇인지 정의하려 하지 않았다.

이 자아(아트만)에 관해서는 "아니다…… 아니다"(네티…… 네티) 이렇게만 말할 수 있을 뿐이다. 이것은 붙잡을 수가 없다. 본디 붙잡을 수 없는 것이기 때문이다. 이것은 썩지 않는다. 본디 썩지 않는 것이기 때문이다. 이것에 집착은 없다. 본디 이것이 어느 것에도 집착하지 않기 때문이다. 이것은 얽매이지 않는다. 두려움 때문에 떨지도 않고 해를 입지도 않는다.7)

논쟁은 종종 한쪽이 더 나아갈 수가 없어 입을 다무는 것으로 끝난다. 여기에서 힌트를 얻을 수 있을 것이다. 현자들은 브라모디아, 즉 경쟁자들이 브라만의 신비를 정의하기 위해 벌이는 논쟁을 감독한다. 그러나 이 논쟁은 늘 침묵으로 끝이 났다. 이것은 그 실재가 말이나 개념으로 파악할 수 있는 범위 밖에 있음을 암시한다. '위대한 말씀'은 정상적이고 세속적인 사고방식으로는 다가갈 수 없다. 논리나 감각적 지각에서 나온 것이 아니기 때문이다. 이것은 오랜 기간의 훈련, 명상, 또 우리 자신과 세상을 바라보는 방식을 바꾸는 자기 성찰을 계발함으로써만 파악할 수 있다. 《우파니샤드》의 방법을 채택하지 않은 독자는 그 결론을 이해할 수 없을 것이다.

'우파니샤드'라는 말은 '가까이 다가앉는다'는 뜻이다. 이것은 신비주의 경향의 현자가 발치에 앉은, 영적인 재능이 있는 소수의 제자들에게 나누어주던 신비한 지식이었다. 모든 사람을 위한 것이 아니었다. 아리아인 대부분은 전과 다름없이 전통적인 방식으로 예배와 희생을 드렸다. 이 길고 힘든 탐구를 수행할 재능도, 욕구도 없었기 때문이다. 현자들은 종교의 새로운 방법을 탐구하고 있었다. 그들은 지도 없는 정신 세계에 침투하여 선구자가 되었는데, 오직 재능 있는 소수만이 그들과 동행할 수 있었다. 그러나 삶은 변하고 있었다. 변화된 환경에 대응할 영성을 찾을 필요를 느끼는 사람들이 생겼다는 뜻이다.

첫 《우파니샤드》는 도시화 과정의 출발점에 놓인 사회가 배경이었다.[8] 이 텍스트에는 농사에 관련된 비유는 없고, 직조, 도기 제조, 야금과 관련된 언급이 많다. 사람들은 현자들과 의논을 하러 먼 거리를 여행했다. 그 말은 교통이 편리해지고 있었다는 뜻이다. 많은 토론이 라자의 궁정에서 벌어졌다. 생활은 더 안정되고, 어떤 사람들에게는 명상을 할 여가가 늘어났다. 《브라드아라냐카 우파니샤드》는 비데하 왕국에서 기록된 것이 거의 틀림없다. 비데하 왕국은 기원전 7세기 아리아인의 확장에서 동쪽으로 가장 멀리 나간 곳에 있는 변방 국가였다.[9] 서쪽 '아리아의 땅'에 사는 브라민들은 비데하가 투박한 애송이 나라라고 경멸했다. 그러나 이 동쪽 영토에서는 여러 민족이 왕성하게 뒤섞이고 있었다. 이전에 이주해 온 인도-아리아 정착민, 이란에서 온 부족들(나

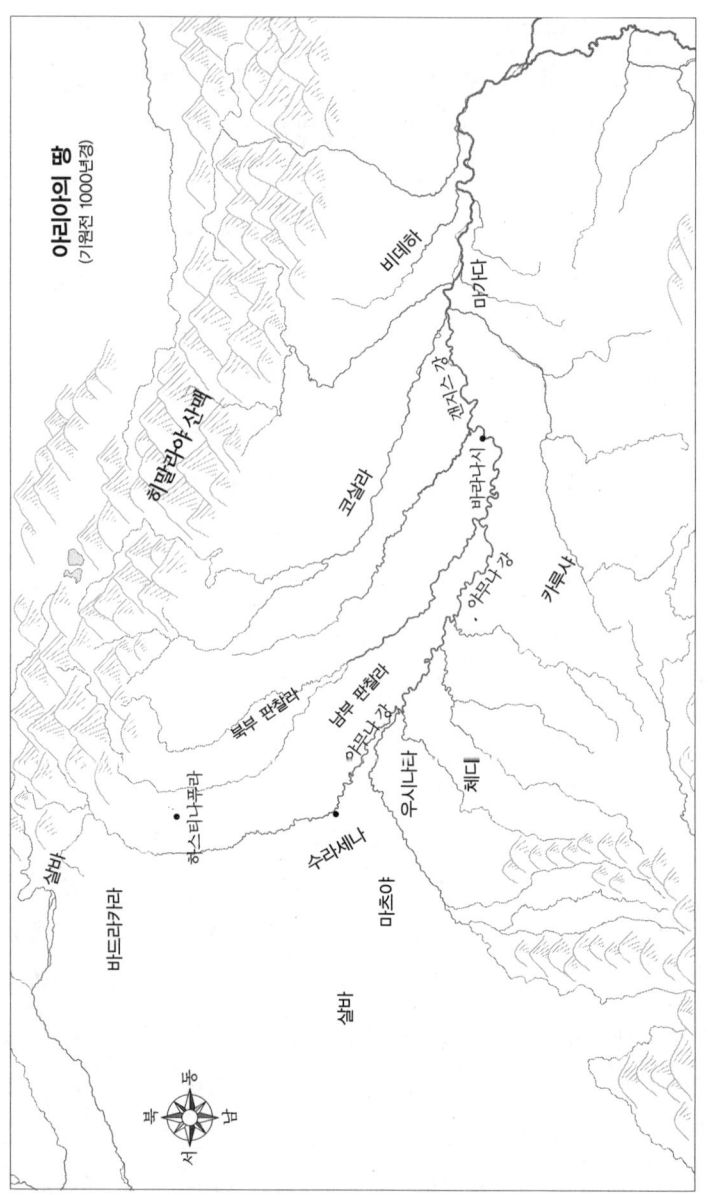

중에 말라, 밧지, 사카로 알려진다)에 인도 토착 민족들이 섞이고 있었다. 이런 새로운 만남은 지적인 자극을 주었다. 출가자들 또한 금욕적 생활 방식을 실험하면서 신선한 발상을 할 수 있었다.

최초의 《우파니샤드》 두 편은 이런 강렬한 지적·영적 흥분 상태를 반영한 것이 틀림없다. 《브라드아라냐카》도, 《찬도기아》도 한 저자가 쓴 것이 아니다. 나중에 한 편집자가 여러 텍스트를 모아 엮은 것이다. 저자와 편집자들은 모두 궁정과 마을에 떠돌던 공동의 일화와 관념에 의존했다. 사람들은 간다라에서 무려 1,500킬로미터나 떨어진 비데하까지 가서 당대의 유명한 스승에게 자문을 구하는 것을 쉽게 생각했다. 그런 스승으로는 아트만의 본질에 관해 깊이 생각했던 산딜리아, 비데하의 왕 자나카, 쿠루-판찰라의 왕 프라바나 자이발리, 카시의 왕 아자타샤트루, 평생 독신으로 살아 유명했던 사나트쿠마라 등이 있었다.[10] 새로운 관념들은 원래 브라민 사제들에게서 나왔을지도 모른다. 그러나 크샤트리아와 왕들도 논쟁과 토론에 참여했다. 여자들도 마찬가지였다. 그 가운데 가르기 바카크나비와 야지나발키아의 부인 마이트레이가 주목할 만하다. 브라모디아의 다른 논쟁자들도 두 여자를 받아들였던 것 같으며, 편집자들도 그들의 논의를 당연히 포함했다. 그러나 초기 《우파니샤드》에서 가장 유명한 두 사람은 비데하의 야지나발키아와 쿠루-판찰라 지역의 유명한 교사 우달라카 아루니였다. 두 사람 모두 기원전 7세기 후반에 활동했다.[11]

야지나발키아는 새로운 영성을 옹호하는 데 앞장섰던 비데하의 자나카 왕의 직속 철학자였다. 《우파니샤드》의 모든 현자들과 마찬가지로 야지나발키아도 인간의 내면 깊은 곳에는 말하자면 불멸의 불꽃이 있다고 확신했다. 불멸의 불꽃은 전 우주를 유지하고 또 거기에 생명을 주는 불멸의 브라만에 참여하며 또 그 본질도 같았다. 이것은 엄청나게 중요한 발견이었으며, 모든 주요 종교 전통에서 중심을 이루는 통찰이 된다. 궁극적 실재는 모든 인간 한 사람 한 사람 안에 존재했다. 따라서 자아, 즉 아트만의 깊은 곳에서 발견할 수 있었다. 《브라마나》는 이미 인간의 내면 깊은 곳—숨, 물, 불 등과 동일시된다.—이 희생제와 동일하며, 희생제의 핵심에 있는 힘은 존재하는 모든 것의 본질인 브라만이라고 결론을 내렸다. 야지나발키아를 비롯한 《우파니샤드》 현자들은 이 개념을 발전시켜 이것을 외적 제의에서 해방시켰다. 아트만은 이제 단순히 인간 존재에 생명을 주는 숨이 아니라, 들이마시고 내쉬는 그 자체이기도 했다. 이것은 모든 감각 배후에 있는 요인이었으며, 따라서 묘사가 불가능했다. 야지나발키아는 이렇게 설명한다.

보는 일을 하는 '보는 사람'을 볼 수는 없다. 듣는 일을 하는 '듣는 사람'을 들을 수는 없다. 생각하는 일을 하는 '생각하는 사람'과 함께 생각할 수는 없다. 지각하는 일을 하는 '지각하는 사람'을 지각할 수는 없다. '만물'(브라만) 안의 '자아'는 너의 이 아트만이다.[12]

처음으로 인간은 인간 의식의 더 깊은 층들을 체계적으로 인식하기 시작했다. 축의 시대 현자들은 규율 잡힌 자기 성찰로 정신의 표면 아래 놓인 자아의 방대한 영역에 눈을 떴다. 완전하게 '자의식'을 갖추어 가고 있었던 것이다.

자아는 변함없는 불멸의 브라만과 동일하기 때문에 "굶주림과 목마름, 슬픔과 미망, 노년과 죽음도 넘어서" 있다.[13] 야지나발키아는 부인 마이트레이에게 그것은 "불사이며…… 불멸"이라고 설명했다. 그러나 자아는 브라만과 마찬가지로 초월적이고 "손으로 붙잡을 수 없다." 이 원성이 있을 때만, 즉 둘로 나뉠 수 있을 때만 뭔가를 규정하거나 파악하는 것이 가능하다. 사람은 자신과 떨어져 따로 있는 것이라야 보고, 맛보고, 냄새를 맡을 수 있다. 그러나 "전체(브라만)가 한 사람의 자아(아트만)가 된다면, 그가 볼 수 있는 사람이 누구이며, 무슨 수단으로 볼 것인가? 내가 생각할 수 있는 사람이 누구이고, 무슨 수단으로 생각할 것인가?"[14] 자기 내부에서 지각하고 있는 존재를 지각하는 것은 불가능했다. 따라서 단지 "네티…… 네티"("이것은 아니다")라고 말할 수 있을 뿐이다. 현자는 아트만이 존재한다고 확언하면서도 동시에 그것이 감각으로 알 수 있는 어떤 것과도 비슷하지 않다고 생각했다.

그럼에도 새로운 영성의 목표는 알 수 없는 아트만을 아는 것이었다. 어떻게 이 목표를 달성할까? 야지냐발키아는 사실적인 정보를 제공하지는 않지만, 브라모디아 토론의 전통적인 형식을 이용하여 자신의 대화 상대에게, 브라만이나 아트만을 생각할 때는, 일반적으로는 유용한 사고 과정이 끝에 이른다는 것을 보여주었다. 이것은 나중에 소크라테스가 개발한 문답법과 비슷한 기술이었다. 야지냐발키아는 상대의 부적절한 아트만의 정의를 제거하고, 그 정의를 차례차례 분석하면서 점차 상대가 외혀인 현상에 휘둘리지 않고 내적 세계의 손에 잡히지 않는 실체를 파악하도록 이끌었다. 예를 들어 자나카 왕이 다른 브라민에게서 들은 아트만 이야기―아트만이 말이고, 숨이고, 눈이고, 바람이고, 심장이라는 이야기―를 나열하자, 야지냐발키아는 이 답들이 절반만 진실일 뿐이라고 주장했다.[15] 그들이 찾는 실재는 이런 현상 기저에 깔려 있으며, 집의 기초처럼 그 현상들을 지탱했다. 더 근본적인 이 실재는 규정할 수 없고, 다만 집에 들어가 살듯이 거기에 참여하고 그 안에서 살 수 있을 뿐이다. 야지냐발키아는 피상적 지식을 한 층 한 층 체계적으로 제거하여, 일상의 현실이 절대적인 것의 표현임을 인식하고, 자아의 핵심이 우리의 일상 생활을 지배하는 개별적인 '나', 신체적 욕구, 욕망, 공포에 둘러싸인 '나'가 아니라 그 자체로 궁극적 실재임을 볼 수 있도록 제자들을 이끌었다. 그들은 길고 더딘 자기 발견의 탐구에 나서야 했다. 이것은 축의 시대의 근본 원리를 가장 분명하게 표현한 것이라고 할 수 있다. 깨달은 사람은 자기 내부에서 세상을 초월하여 위로 올라갈 수단을 발견한다. 그들은 단지 주술적 제의에 참여하는 것이 아니라 자기 본성의 신비를 아는 과정에서 초월을 경험한다.

야지냐발키아는 제의 개혁가들과는 달리 종교의 외적 의식(儀式)을 논의하지 않았다. 대신에 진정한 자아, 즉 세속적 경험 속의 '나'를 통제하고 살아 있게 하는 '내적 인간'을 밝히려고 노력하는 과정에서 인간 존재의 심리적 구조를 탐험하기 시작했다. 사람들은 이 '나'를 넘어서서 우리의 정상적인 의식과는 다른 존재 양식을 발견해야 했다. 정상적인 의식은 감각 지각, 상식, 합리적 사고의 지배를 받기 때문이다. 야지냐발키아는 제자들에게 꿈을 꾸는 상태, 공간이나 시간에 얽매이지 않는 상태를 생각해보라고 가르쳤다. 꿈속에서 우리는 외적 세계를 해체하고 우리 자신의 기쁨, 쾌락, 환희를 창조한다. 우리는 프라자파티와 마찬가지로 창조자가 되어, 웅덩이, 수레, 길, 소떼를 만들어내고 '우리 마음 안에 있는 내적인 빛'으로 완전히 새로운 세계를 구축한다.[16] 꿈 속에서 우리는 더 자유롭고 더 높은 자아를 의식하게 된다. 잠깐 동안이나마 몸의 제약에서 벗어나기 때문이다. 그러나 악몽을 꾸기도 하는데, 그럴 때면 고통, 공포, 욕망을 예리하게 의식한다. 그러나 꿈이 없는 깊은 잠 속에서 자아는 심지어 정신적으로 표현된 이런 활동에서도 해방된다. 잠이 깊이 들면 "공포를 넘어선다." 야지나발키아는 깊은 잠이 망각이 아니라 의식의 통일 상태라고 믿었다. 그는 이것을 성교 경험에 비유했다. "남자는 사랑하는 여자에게 안길 때 안팎의 모든 것을 잊는다." 모든 이원적인 느낌을 잃어버린다. "거기에는 자신과 구별되고 분리된 것으로 보이는 제2의 실체가 없다."[17] 오직 하나인 상태만을 의식할 때 자아는 '아난다(ananda)', 즉 브라만의 '희열'을 경험한다.

그러나 우리가 잠이나 오르가슴에서 경험하는 일시적 해방은 영적 탐구의 목표인 영원한 해방, 즉 완전한 자유와 고요를 경험하는 단계를 미리 맛보는 것일 뿐이다. 이 깨달음의 상태는 현자가 아트만을 경험할 때 찾아온다. 자기 존재의 내적 핵심과 하나가 되면 "차분해지고, 안정되고, 서늘해지고, 끈기가 생기고, 침착해진다." 브라만의 세계에 들어가 있기 때문이다. 두려움 없는 불멸의 브라만으로 채워지면, "악으로부터 자유롭고, 독기로부터 자유롭고, 의심으로부터 자유롭다." "늙지 않고, 죽지 않으며, 공포에서 자유로운 불멸의 자아, 태어나지 않은 거대한 자아"를 알기 때문에 브라만을 아는 것이며 공포와 불안으로부터 해방된다.[18]

따라서 자아를 알게 된다는 것은 순수한 환희의 경험, 즉 엑스타시스다. 이 앎은 개념 너머에 있으며 논리적 연역에 의존하지 않는다. 이것은 '마음 내부에 존재하는 내적인 빛'의 자각이며 직접적이고 즉각적인 직관으로서 일반적인 기쁨과는 비교가 되지 않는다. 이 '앎'은 개인을 변화시킨다. 이 앎은 오직 오랫동안 자기 성찰 훈련을 한 뒤에만 얻을 수 있는데, 이것을 갈망하는 사람은 야지나발키아의 문답법을 연습해야 한다. 즉 일반적인 사고 습관을 체계적으로 벗어버리고, 자신의 내적 세계, 꿈, 무의식적 상태를 의식하고, 늘 자신이 원하는 앎은 말을 넘어선 것이며 세속적 생각이나 경험과는 완전히 종류가 다른 것이라고 스스로 일깨워야 한다. 야지냐발키아는 일반적인 사실 정보를 나누어주듯이 이 앎을 나누어줄 수가 없었다. 제자들이 이런 상태에 이를 수 있는 방법을 가르칠 수 있을 뿐이었다.

야지냐발키아는 **그렇게 아는 사람**—자신과 브라만이 하나임을 깨달은 사람—은 죽어서 그 '앎'을 가지고 브라만에 이를 것이라고 믿었다. 전통적인 베다 제의에서는 전례의 행동(카르마karma)에 의해서 신의 세계에서 살아남는 자아를 구축했다. 그러나 야지냐발키아에게 불멸의 자아 창조는 외적 제의가 아니라 이렇게 세심하게 얻은 앎으로 이룩하는 것이었다. 제의 전문가들은 희생제를 완벽하게 실행하는 과정을 반복함으로써 자아가 구축된다고 믿었지만, 야지냐발키아는 외적인 자아는 우리의 **모든** 행위와 경험의 규정을 받는다고 확신했다. "인간이 어떻게 되는가 하는 것은 그가 행동하는 방식과 처신하는 방식에 달려 있다. 행동이 좋으면 좋게 변할 것이다. 행동이 나쁘면 나쁘게 변할 것이다." 야지냐발키아가 말하는 것은 단지 우리의 외적 행위가 아니었다. 욕구에 따른 충동이나 집착의 감정 같은 정신적 활동이 핵심이었다. 욕망이 이 세상 것에 고착되어 있는 사람은 죽은 뒤에 하늘에 잠깐 머문 뒤에 세상으로 돌아오게 된다. 그의 정신과 인격은 여전히 세속적인 것에 집착한다. 따라서 다시 태어나 "이 세상으로 돌아와, 행동으로 돌아와" 여기 아래에서 새로운 삶을 다시 견뎌야 한다. 오직 불멸의 자아만 구하고 이 세상에 집착하지 않는 사람만이 브라만에 속한다. "바라지 않는 사람, 욕망이 없고, 욕망으로부터 자유롭고, 욕망이 이미 충족되어 있고, 유일한 욕망이 자신의 자아인 사람은 그 핵심적 기능들이 떠나지 않는다. 그가 브라만이며, 그는 브라만에게 간다."[19] 그는 두 번 다시 고통과 필멸의 삶으로 돌아오지 않는다.

여기서 우리는 처음으로 '행동'(카르마)의 교의를 듣게 된다. 이제 카르마(불교에서는 '업業'이라고 한다)는 인도 영성에서 핵심적인 자리를 차지한다. 그러나 야지냐발키아의 시대만 해도 새롭고 논란이 많은 개념이었다. 브라민 친구인 아르타바가가 사람이 죽은 뒤에 어떻게 되느냐고 묻자 야지냐발키아는 이렇게 대답했다. "그것은 공개적인 자리에서 이야기할 수 없네. 내 손을 잡게, 아르타바가. 조용한 데 가서 이야기하세."[20] 카르마라는 새로운 교의는 전복적이었다. 희생제가 하늘에서 영원한 자리를 보장해준다고 여전히 가르쳤지만, 어떤 사람들은 제의의 효과에 대한 믿음을 잃었다. 야지냐발키아를 비롯한 《우파니샤드》의 현자들은 여러 번 완벽하게 희생제를 지내도 고통과 죽음의 이 세상으로 계속 돌아와야 할지 모른다고 생각하게 되었다. 충격적인 죽음을 한 번만 겪고 끝나는 것이 아니라, 언젠가 풀려난다는 희망도 없이 되풀이하여 병, 노년, 죽음을 견뎌야 한다는 것이다. 이런 재생과 다시 죽음의 끊임없는 순환(삼사라, 윤회)에서 해방되는 유일한 방법은 자신을 알고 엑스타시스를 경험하는 것뿐이었다. 오직 이것을 통해서만 이곳 아래에 있는 덧없는 것들에 대한 욕망으로부터 자유로울 수 있었다.

그러나 욕망과 집착으로부터 자유롭기는 매우 어렵다. 우리는 본능적으로 이 삶에, 우리의 개인적 생존에 집착한다. 우리의 개별성이 보존할 가치가 있다고 생각한다. 그러나 현자는 이것이 착각이라고 주장했다. 자신이 온 우주를 포함한 브라만과 동일하다는 사실을 깨달으면 현재의 이 제한된 존재에 매달려서 얻을 것이 하나도 없음을 분명하게 깨닫게 된다는 것이다. 어떤 현자들은 이런 해방의 지식을 얻는 최선의 방법은 출가자가 되어 세속적인 이익을 완전히 포기하고 금욕 생활로 욕망을 없애는 것이라고 확신했다. 이것은 아직 의무로 여겨지지는 않았다. 그럼에도 야지나발키아는 결국 아내와 궁정을 떠나 숲에서 '집 없음의 상태'로 들어가 '분투하는 자'(슈라마나)의 삶을 끌어안는다.[21]

그러나 《찬도기아 우파니샤드》의 가장 중요한 현자로 꼽히는 우달라카 아루니는 평생 쿠루-판찰라 지역의 브라민 가장(家長) 자리를 유지했다. 이 《우파니샤드》는 세상에서 독실한 생활을 하는 가치를 긍정하며 끝맺는다. 브라마카린으로서 공부하는 과정이 끝나면 가장은 반드시 집으로 돌아가 스승에게서 배운 모든 것을 실행에 옮겨야 했다. 신성한 베다를 낭송하고, 자식을 기르고, 명상하고, 아힘사를 실천하고, 폭력을 삼가고, 다른 사람들에게 친절하게 행동해야 했다. 이 텍스트는 이렇게 끝을 맺는다. "평생 이렇게 사는 사람은 브라만의 세계를 얻으며, 다시 (이 세계로) 돌아오지 않는다."[22] 부드럽고 착한 사람 우달라카는 기본적으로는 야지나발키아와 생각이 같았다. 그는 궁극적 실재인 브라만이 인간의 아트만과 동일하다고 보았으며, 새로운 교의인 카르마를 가르쳤고, 깨달음을 미리 맛보는 것이라며 잠의 경험에 대해 명상했다. 우달라카도 야지나발키아와 마찬가지로 죽음과 재생의 고통스러운 순환에서 해방되는 것(모크샤, 해탈)이 영적 생활의 목표이며, 이것은 외적 제의의 실행이 아니라 내적인 앎의 탐구로만 얻을 수 있다고 확신했다.

《찬도기아》 6장에서 우달라카가 아들 슈베타케투를 새로운 영성의 신비한 지식에 입문시키는 것을 볼 수 있다. 이것은 이 가르침이 전달되는 방식을 볼 수 있는 소중한 기회다. 슈베타케투도 결국 중요한 현자가 되지만, 이 장에서는 이제 겨우 브라마카린으로서 12살짜리에게 배정된 공부를 마치고 집으로 돌아왔을 뿐이다. 그럼에도 베다 생활에 관해 알 것을 모두 알았다고 생각하며 "오만하기 짝이 없다."[23] 우달라카는 참을성 있게 이 그릇된 자신감을 무너뜨려, 아들에게 세상, 자신, 궁극적인 것을 인식하는 다른 방법을 가르친다. 우달라카는 우선 어떤 사물의 정체성은 그것을 만든 재료—점토, 구리, 쇠—와 분리할 수 없다고 설명한다. 우주도 마찬가지다. 우주는 원래 그냥 그 자체—절대적이고 나눌 수 없는 단순함—로 이루어져 있다. "오직 하나, 두 번째는 없다."[24] 프라자파티와 마찬가지로 이 '하나'는 열(타파스)에 의해 증식되어, 결국 그 자체로부터 전 영역의 창조물을 내놓았다. 이런 식으로 이 하나는 모든 창조물 하나하나의 기원, 본질, 따라서 진정한 자아가 되었다. "이 가장 훌륭한 본질—**그것**이 온 세상의 자아를 이룬다."[25] 이 문장들은 후렴처럼 전 장에 걸쳐 나오면서 핵심적인 가르침을 뒷받침한다. 슈베타케투가 브라만, 즉 우주의 비인격적 본질이며, 이것을 우달라카는 다른 현자들과 마찬가지로 중립적이고 간결하게 '그것'이라고 언급한다.

그러나 형이상학적 가르침만으로는 충분하지 않다. 슈베타케투는 이 지식을 내적으로 전유하여 자신의 것으로 만들고, 이런 외적인 가르침을 자신의 개인적인 정신적 풍경과 융합해야 한다. 그는 훗날 사상가들의 표현대로 그것을 '실현'해야 한다. 즉 그것을 자신의 삶에서 현실로 만들어야 한다. 우달라카는 산파 역할을 해야 했으며, 그의 아들 안에서 이 새로운 통찰을 천천히 조심스럽게 탄생시켜야 했다. 이것은 전적으로 학술적이고 추상적인 교육은 아니었다. 슈베타케투는 아버지의 형이상학적 설명을 들을 뿐 아니라, 세상을 다른 방식으로 보게 해주는 과제를 수행해야 했다. 우달라카는 일상적인 사례를 끌어들였으며, 슈베타케투를 일련의 실험에 적극적으로 참여하게 했다. 이 가운데 가장 유명한 실험은 그가 아들에게 물이 든 잔에 소금 한 덩어리를 하룻밤 넣어 두라고 한 것이다. 다음날 소금 덩어리는 완전히 녹았다. 아버지는 아들에게 물을 여러 번 마셔보게 하면서 그때마다 맛이 어떠냐고 물었다. 슈베타케투는 계속 '짜다'고 대답했다. 소금은 여전히 그곳에, 물의 모든 부분에 있었다. "물론 네 눈에는 보이지 않지만 늘 그곳에 있었단다." 온 세상의 본질이자 자아인, 눈에 보이지 않는 브라만도 마찬가지였다. "네가 **그것**이다. 슈베타케투."[26]

브라만은 소금과 마찬가지로 눈에 보이지 않지만 경험할 수 있다. 그것은 모든 생물 하나하나에 나타난다. 브라만은 바니안나무 씨앗 속에 들어 있는 눈에 보이지 않는 본질이며, 여기에서 커다란 나무가 자라난다. 그러나 슈베타케투가 그 씨앗을 잘랐을 때는 아무것도 볼 수 없었다. 우달라카는 나무의 모든 부분에 존재하면서 생명을 주는 수액이 브라만이라고 설명했다.[27] 따라서 브라만은 모든 인간의 아트만이듯이 나무의 아트만이기도 하다. 만물이 똑같은 본질을 공유하는 것이다. 그러나 대부분의 사람들은 이것을 이해하지 못했다. 그들은 자신이 특별하고 유일무이하며, 지구상의 다른 모든 존재와 다르다고 상상했다. 그들은 자신의 가장 깊은 진실을 살피는 대신 자신을 귀중하고 흥미로운 것으로 만들어주는 특징들에만 집착했다. 그러나 사실 이렇게 구별을 해주는 특징들은 같은 바다로 흘러드는 강물과 마찬가지로 지속적이지도 않고 의미도 없었다. 바다에서 합쳐지면 모두 '그냥 바다'가 될 뿐이며, 귀에 거슬리는 소리로 "나는 저 강이다.", "나는 이 강이다." 하면서 자신의 개별성을 주장하지 않는다. 우달라카는 말했다. "똑같은 것이다. 모든 창조물이 실재하는 그것에 이를 때는, '우리가 실재하는 그것에 이르고 있다'고 의식하지 못한다." 그들은 이제 개별성에 집착하지 않는다. 호랑이건, 이리건, 사자건, 각다귀건, "모두 합쳐져 **그것**이 된다." 그들은 늘 **그것**이었고, 언제나 **그것**일 수밖에 없기 때문이다. 따라서 세속적인 자아에 집착하는 것은 미망이며, 이것은 반드시 고통과 혼란을 낳는다. 브라만이 자신의 아트만, 즉 자신에게서 가장 진실한 것이라는, 해방을 안겨주는 심오한 지식을 얻을 때에만 여기에서 탈출할 수 있다.[28]

그러나 이런 지식은 얻기가 쉽지 않았다. 알 수 없는 아트만을 어떻게 찾을 수 있을까? 아트만은 서양 사람들이 '영혼'이나 정신이라고 부르는 것이 아니었다.[29] 《우파니샤드》는 몸과 영혼을 나누지 않고, 인간을 복합적 전체로 보았다. 우달라카는 아들을 15일 동안 굶기면서 물은 마음대로 마시게 했다. 단식이 끝나자 슈베타케투는 몸이 너무 약하고 영양이 부족해서, 구루와 함께 그렇게 자신 있게 습득했던 베다 텍스트를 암송할 수가 없었다. 그는 정신이 순수한 지성이 아니며, 이 또한 "음식, 숨, 물, 말, 열로 이루어져 있음"을 알게 되었다.[30] 아트만은 신체적인 동시에 영적이었다. 열과 몸에 내재하는 것이었으며, 물질적인 것이건 덧없는 것이건 **만물**의 궁극적이고 변함 없는 내적 핵심이었다. 이것은 어떤 단일한 현상과 동일시될 수 없고 또 비유될 수도 없다. 그것은 '아무것도 아니면서', 동시에 만물의 가장 깊은 진리였다.[31] 이것은 오랜 수행 끝에 인간 존재의 내면에서만 발견할 수 있는 것이었다.

수행자가 침묵과 영적 훈련으로 자아의 깊은 곳을 여는 데는 오랜 세월이 걸렸다. 그는 이 과정에서 지나가는 데 불과한 것을 바라는 일이 무익하다는 사실, 결국 꿀단지를 만드는 꽃가루 알갱이들만큼이나 하찮은 개인적 특질을 소중히 여기는 것이 어리석은 일이라는 사실을 깨닫는다.[32] 제자는 구루와 함께 열심히 노력해야 하며, 그러면 구루는 제자가 진정으로 존재하는 것, 진정으로 중요한 것을 보도록 도와준다.

초기의 《우파니샤드》는 과거의 베다 제의주의를 넘어서기는커녕 거기에 저항하지도 않았다. 현자가 외적인 제의를 꿰뚫어 내적인 의미를 보기 전에는 절대 그 핵심에 있는 브라만의 절대적 실재를 깨달을 수 없었다. 《찬도기야》는 옴이라는 음절을 아무 생각 없이 기계적으로 읊조리는 사제는 먹이를 달라고 짖어대는 개와 같다고 말했다.[33] 신들은 배경으로 물러나 희미해졌다. 초기의 《우파니샤드》에서 브라만의 인격화된 표현인 프라자파티는 이제 평범한 구루가 되어 제자들을 가르쳤다. 제자는 프라자파티를 지고의 실체로 존중하지 않으면서 그들 자신의 아트만을 구해야 했다. "악으로부터 자유롭고, 노년과 죽음으로부터 자유롭고, 슬픔으로부터 자유롭고, 굶주림과 목마름으로부터 자유로운 자아, 이것이 너희가 발견하려고 노력해야 할 자아다."[34]

데바와 아수라도 이 중요한 진리를 배워야 했으며, 그래서 인간과 마찬가지로 내부로 향하는 훈련을 열심히 했다. 《찬도기야》는 데바와 아수라가 처음으로 아트만에 관해 들었던 순간을 이야기한다. 그들은 서로 말했다. "자, 자아를 발견하면 모든 세계를 얻고 모든 욕망을 충족시킬 수 있다 하니 그 자아를 찾아보세."[35] 그래서 데바를 대표하는 인드라와 아수라의 지도자로 꼽히는 비로차나가 겸손한 베다 제자로서 스승의 불에 넣을 장작을 들고 프라자파티의 문간에 이르렀다. 그들은 프라자파티와 함께 32년 동안 공부를 했지만 여전히 아트만을 발견하는 데는 다가가지 못했다. 프라자파티는 그들에게 가장 좋은 옷을 입고 와서 그릇에 담긴 물에 자신의 모습을 비춰 보라고 말했다. "무엇이 보이는가?" "우리 자신을 베낀 모습입니다. 아름다운 옷을 입고 맵시를 냈네요." 그들이 대답했다. 그러자 프라자파티가 말했다. "그것이 아트만이다. 그것이 불멸이다. 그것이 두려움에서 자유로운 것이다. 그것이 브라만이다."[36] 그들은 기뻐서 떠났다. 비로차나는 이 지식을 아수라들에게 가지고 돌아갔다. "몸이 아트만이다." 비로차나는 아수라들에게 말했다. "신체적 욕구만 돌보아도 이 생과 다음 생에서 마음이 바라는 것을 얻을 수 있다. 희생제나 제의는 필요없다."

그러나 인드라는 하늘로 돌아가는 길에 발을 멈추었다. 아무리 우아한 옷을 입은 몸이라도 늙고, 병들고, 결국 죽을 것임을 깨달은 것이다. 그래서 인드라는 장작을 들고 프라자파티에게 돌아가, 다시 69년을 공부하여 자신의 안으로 더 깊이 들어갔다. 프라자파티는 꿈을 꾸어 자아가 신체적 속박으로부터 자유로우면 아트만을 발견할 수 있다고 말했다. 인드라는 처음에는 이 설명에 행복해했다. 그러나 잠 속에서도 두려워하고, 죽음을 무서워하고, 심지어 울 수도 있다는 생각이 들었다. 그래서 인드라는 다시 프라자파티에게 갔다. 그러자 프라자파티는 이번에는 꿈 없는 깊은 잠에 들어 '완전히 냉정하고 고요할 때' 아트만을 찾을 수 있을 것이라고 말했다. "그것이 자아다. 그것이 불멸이다. 그것이 두려움에서 자유로운 것이다. 그것이 브라만이다."[37] 다시 인드라는 이 생각에 끌렸지만, 얼마 후에 여기에서도 실망을 느꼈다. 그런 깊은 무의식 상태는 죽은 것이나 다름없기 때문이었다. 그래서 인드라는 프라자파티와 함께 5년을 더 있었고, 마침내 진리를 들을 준비가 되었다.

마침내 프라자파티는 인드라에게 깨달음을 얻은 사람은 자신의 마음과 몸을 넘어선 곳을 바라보아야 하며, 그래야 모든 신체적이고 정신적인 기능에서 독립된 내적 자아를 발견할 수 있다고 말했다. 아트만이란 사람이 냄새를 맡고, 보고, 생각할 수 있게 하는 것이다.

깨달은 자가 "이 말을 하겠다."고 말한다. 그것이 자아다. 그가 말을 할 수 있게 하는 그 능력이 자아다. 깨달은 자가 "이것을 듣겠다."고 말한다. 그것이 자아다. 그가 들을 수 있게 하는 그 능력이 자아다. 깨달은 자가 "이것에 관해 생각하겠다."고 말한다. 그것이 자아다. 정신은 볼 줄 아는 신성한 능력이다. 이 자아는 정신으로, 그 신성한 보는 능력으로 브라만의 세계에서 발견되는 욕망의 대상들을 인식하면서 기뻐한다.[38]

이 이야기는 자아 발견의 긴 과정을 보여준다. 스승은 제자에게 그냥 답을 줄 수 없다. 자기 성찰의 단계들을 거치도록 인도할 뿐이다. 드디어 문제의 뿌리에 이른 것처럼 보였을 때 제자는 **스스로** 이것이 탐구의 끝이 아니며 더 깊이 들어가야 한다는 것을 발견한다. 심지어 이 막강한 인드라도 신에게 불멸을 주는 아트만을 발견하는 데 101년이 걸렸다.[39]

《우파니샤드》의 현자들은 인성의 핵심을 찾고 있었다. 그 과정에서 어떤 현자는 말로 표현할 수 없는 기쁨과 평화를 경험했다. 구루 프라자파티는 이 내면의 여행을 한 사람을 "자신의 진정한 모습으로 나타나는…… 깊고 고요한 자"라고 불렀다.[40] 그는 특별한 정보를 얻어서가 아니라, 다르게 살아서 자기 자신에 이르렀다. 이 과정은 마지막 목표의 성취만큼이나 중요했다. 그냥 《찬도기아》의 텍스트만 읽는 사람은 이런 경험을 할 수가 없다. 제자가 실제로 명상을 하지 않는다면, 자기 성찰이라는 길고 어려운 여행을 하지 않는다면, 깨달음도 있을 수 없다. 가장 중요한 점은 형이상학적 명상이 입문의 작은 부분일 뿐이라는 것이다. 브라마카린과 마찬가지로 《우파니샤드》의 제자 또한 자기를 지우는 겸손한 삶을 살아야 했는데, 이것은 탐구의 지적인 내용만큼이나 중요했다. 언제나 자신의 공적을 자랑하던 인드라도 스승을 위해 나무를 하고, 스승의 불을 보살피고, 집을 청소하고, 금욕을 실천하고, 전쟁을 그만두고, 아힘사를 실천해야 했다. 현자와 신들은 공격적으로 자기 주장을 하던 에고를 버릴 때에만 효과가 있는 영적 기술을 발견하는 중이었다.

로고스, 그리스 영웅 시대를 끝내다

한편 그리스인은 완전히 다른 길을 걷고 있었다. 축의 시대 인도의 현자들이 영웅적 규약을 버리고 아리아 전사의 원형인 인드라를 베다를 공부하는 낮은 지위의 제자로 강등시킨 반면, 그리스인은 폴리스 전체를 군대로 만들고 있었다. 인도의 신들은 출가자의 정신적 과정 속에 통합되기 시작했지만, 그리스인은 자신의 신들에게 전보다 더 중요한 의미를 부여했다. 어떤 면에서 보자면, 고대 그리스 세계는 기원전 7세기에 번창했다. 이 시점에서 아테네는 다른 폴리스에 뒤처졌지만, 다른 도시들, 특히 펠로폰네소스 반도의 도시들은 번영을 누렸다.[41] 이때는 코린트의 세기였다. 코린트는 지중해 무역의 요소에 자리를 잡고 있었고, 공예 산업이 번창했으며, 이집트의 영향으로 대형 건물의 건축을 실험했다. 그러나 가장 급진적인 나라는 스파르타였다. 이곳은 개인의 이익을 전적으로 폴리스에 복속시키는 독특한 정치 체제를 갖추었다.[42] 시민은 호모이오이(homoioi, '평등한' 또는 '하나인' 자들)라고 불렀다. 어떤 면에서 이런 체제는 '자기 버리기'라는 축의 시대 이상의 패러디였다. 스파르타의 케노시스는 아힘사가 아니라 군사적 능률과 연결되어 있었기 때문이다. 나아가서 스파르타 시민의 평등은 다른 도시의 시민들을 무자비하게 정복하는 데 의존하고 있었다. 기원전 8세기 말 스파르타는 남서쪽의 메세니아를 정복하여 그 땅을 스파르타의 호모이오이에게 나누어주었다. 메세니아 사람들은 그들의 노예가 되었다. 이런 체제는 긴장을 만들어낼 수밖에 없었다. 기원전 670년 메세니아는 스파르타로부터 떨어져 나갔지만, 잔인한 전쟁을 치른 뒤 다시 정복당했다.

그러나 스파르타만 문제인 것이 아니었다. 그리스인의 세계는 새로운 경제적 번영에도 불구하고 위기에 놓였다.[43] 처음에 식민화는 폴리스 내부 문제를 해소하는 해결책이었다. 문제를 일으키는 사람은 다른 정착지를 세우라고 쫓아버렸던 것이다. 그러나 기원전 7세기 중반에 이르자 동방의 더 발전한 사회들과 접촉하면서 국내 상황에 대한 불만이 널리 퍼지기 시작했다. 사람들은 외국에서 보았던 물질적 사치를 즐기고 싶었다. 그러나 수요가 자원을 넘어섰다. 어떤 가문은 부자가 되었지만, 어떤 가문은 무리를 하다가 빚을 졌다. 기원전 650년이 되자 많은 도시국가의 씨족들 사이에 치열한 경쟁, 유혈이 낭자한 전투, 분파적 갈등이 발생했다. 위기의 자세한 내용은 알 수 없지만, 일부 귀족이 경제 문제를 해결하려고 가난한 농민을 착취하고 공용 토지를 개인 용도로 썼던 것으로 보인다. 어떤 소작인은 농산물의 6분의 1을 지역 귀족에게 바쳐야 했다. 귀족이 법원을 지배했기 때문에 구제 받을 도리가 없었다. 귀족과 경제의 버팀줄인 농민 사이에 위험한 틈이 생겨났다.

농민에게는 그들 나름의 문제가 있었다. 그리스인은 동방으로부터 새로운 농업 생산 방법을 배웠으며, 포도나무와 올리브나무를 심는 등 미래에 투자를 하기 시작했다. 이런 나무들은 열매를 맺는 데 10년이 걸렸다. 그들은 또 장기적인 생산성을 바라보고 가축도 길렀다. 그러나 한편으로는 많은 사람들이 먹고 사는 데 힘겨워했으며, 자본을 소비해 버리거나 장기 계획에 돈을 대려고 땅을 팔거나 둘 중 하나를 선택해야 했다. 악성 부채도 있어, 돈을 갚지 못하는 사람은 노예가 되는 경우도 많았다. 이런 불안은 더 폭넓은 사회적 문제를 낳았다. 낡은 가치는 침식되어 가는 듯했다. 기원전 8세기 말에서 기원전 7세기 초에 활동한 시인 헤시오도스(Hesiodos)는 어떤 폴리스에서는 자식이 이제 부모 말을 안 듣고, 세대 간에 반목하며, 나이 든 사람이 젊은 사람을 이끌지 못한다고 말했다. 그의 시는 이런 도덕적 진공 상태를 메워보려는 시도였다.

헤시오도스는 호메로스와는 다른 종류의 시인이었으며, 위기를 평가할 만한 완벽한 위치에 있었다.[44] 그는 전사 귀족 출신이 아니라 보이오티아의 농부였으며, 동방의 많은 새로운 사상으로부터 영감을 받았다. 그의 아버지가 소아시아에서 그리스 본토로 이주해서인지 헤시오도스는 어떤 면에서는 그리스의 영웅적 전통보다는 근동, 후르리, 히타이트의 신화에 더 친근감을 느꼈다. 헤시오도스는 물론 자신을 그리스의 음유 시인으로 여겼으며, 심지어 시로 상을 탄 적도 있었다. 그러나 그는 영웅적 공식을 사용하는 데 서툴렀으며, 시도 노래로 부르기보다는 글로 썼을지 모른다.[45] 그는 자신의 목소리로 시를 쓰고 자신의 작품에 이름을 단 첫 그리스 시인이었다. 어떤 면에서 헤시오도스는 호메로스적인 음유 시인보다는 헤브라이의 예언자에 더 가까웠다. 그는 아모스처럼 '양을 치다가' 처음으로 신이 보내준 영감이 자신을 사로잡는

것을 느꼈다. 제우스의 딸인 뮤즈들은 그에게 진실을 말하라고 명령했다. 그러고 나서

> 지팡이를 하나 뽑아 나에게 주었다.
> 피어나는 월계수 싹은 보기에도 좋았고,
> 내 입에 성스러운 목소리를 불어넣었다.
> 그 목소리로 다가올 일을,
> 전에 있었던 일을 찬양하라고.[46]

헤시오도스는 자신의 시를 계시로 경험했다. 그의 시는 사람의 마음을 달래고, 신들 사이에 다리를 놓을 수 있었다.

그는 사회 정의 실현에 관심이 있었고, 그 때문에 아모스와 더 가까워진다. 농삿일과 지혜로운 살림살이라는 신성한 과제에 대한 긴 찬가인 《일과 날》에서 헤시오도스는 자신이 형제 페르세스와 논쟁을 벌였다고 말한다. 둘은 물려받은 유산을 나누었는데 페르세스가 헤시오도스보다 더 차지하려고 지역의 바실레우스(지방 유력자 또는 '왕')에게 가서 호소를 했다. 헤시오도스는 법 체계를 거의 믿지 않았기 때문에 이 송사에서 이익을 보는 유일한 사람은 엄청난 비용을 물리는 귀족뿐일 것이라고 페르세스에게 경고했다. 헤시오도스는 이 개인적 경험에서 그리스 전역의 주요한 정치적 쟁점이 된 농업 위기에 대한 특별한 통찰을 얻었다. 헤시오도스는 예언자처럼 바실레우스에게 경고했다.

> 어르신들이여, 이 벌을 잊지 마시기를.
> 죽지 않는 신들은 결코 멀리 있는 것이 아니니……

제우스의 눈은 모든 것을 보고, 이해하며,
원할 때는 어느 도시가 어떠한지
그 속까지 하나도 빼놓지 않고 보시니까.[47]

개별적인 법적 결정(디카이dikai)은 여신 디케(dike, 정의)에게서 나왔다. 디케는 판결이 왜곡되면 상처를 받았다. 디케는 바실레우스가 뇌물을 받거나 자기 배를 채우려고 위증을 하면 제우스에게 바로 알렸고, 그러면 사회의 보호자인 제우스는 전염병, 기근, 정치적 재난으로 죄를 지은 폴리스를 벌했다.[48] 이것은 순진하기 짝이 없는 해법으로서 신의 직접적인 개입이 필요했다. 게다가 신이 그렇게 개입하는 일은 드문 것 같았다. 그럼에도 이것은 변화의 조짐이었다. 오래된 귀족의 명예 규약은 본질적으로 이기적이었다. 그러나 폴리스가 발전하면서 바실레우스와 농민이 긴밀하게 협조할 필요가 생겼기 때문에 영웅적 이상은 보통 사람들의 공정하고 균등한 기회 요구와 갈등을 빚기 시작했다. 헤시오도스는 자신의 세대가 엄혹한 선택에 직면했다고 믿었다. 앞으로 그리스 사회의 특징은 정의(디케)가 될까, 아니면 영웅적 전사의 오만하고 이기적인 무절제(히브리스hybris)가 될까?

헤시오도스는 자신의 뜻을 전달하려고 오래된 인도유럽 신화인 '인간의 네 시대'를 새로 썼다.[49] 전승에 따르면, 네 시대가 연속적으로 이어지는데 뒤로 갈수록 더 타락했다. 각각의 시대에는 금, 은, 청동, 철 등 금속의 이름이 붙었다. 헤시오도스는 청동 시대와 현재의 가장 타락한 철의 시대 사이에 영웅 시대를 집어넣어 이야기를 바꾸었다. 인간의 역사가 시작되는 황금 시대에는 인간과 신 사이에 아무런 틈이 없었다. 인간은 행복한 삶을 누렸고, 병도 노화도 몰랐다. 죽음은 잠처럼 자연스럽고 평화롭게 찾아왔다. 인간은 살기 위해 일을 할 필요가 없었다. "비옥한 땅이 청하지 않아도 열매를 내주었기" 때문이다. 이 인류는 사라졌다. 그러자 올림포스의 신들은 은의 시대의 인류를 만들었다. 인간들은 성숙하는 데 아주 오랜 시간이 걸렸지만, 마침내 성년에 이르면 '히브리스'의 지배를 받는 '짧고 괴로운 삶'을 살았다. 그들은 '자신을 통제하지 못해', 무모하고 부주의하게 서로 이용하고 상처를 주었으며, 신을 경배하는 일을 게을리했다. 제우스는 화가 나서 그들을 청동 시대 인간으로 바꾸었는데, 그들은 더 심각했다. 그들은 '이상한 사람들이었지만 힘이 넘쳤으며', '전쟁의 신음과 폭력'에 중독되었다. 그들은 또 '무시무시한 사람들'이었다. 그들의 심장은 '부싯돌처럼 단단했으며', 그들의 팔다리는 육중하고 막강했다. 이 사회는 너무 제멋대로이고 호전적이어서 청동 시대 사람들은 결국 서로 다 죽이고 말았다. 그래서 제우스는 영웅 종족을 만들었다. 이 사람들은 반신(半神)이었으며, '정의롭고 선했다.' 그들은 조상의 히브리스에 등을 돌렸지만, 그럼에도 무시무시한 트로이 전쟁을 벌였으며, 마침내 이 전쟁으로 멸망하고 말았다. 이제 이 영웅들은 세상의 끄트머리에 있는 '축복의 섬'에 산다.

영웅 시대 뒤에는 헤시오도스의 시대인 철의 시대가 이어졌다. 이 시대에는 세상이 뒤집혀 불가피한 파멸을 향해 곤두박질친다. 삶은 힘들고 희망이 없다. "낮이면 일을 하고 쉴 새 없이 비통해한다. 밤이면 쇠약해져 죽는다."[50) 그럼에도 신들은 인간에게 약간의 축복을 내려주었다. 철의 시대에는 선과 악, 고통과 쾌락을 나눌 수가 없었다. 사람들은 등이 휠 것처럼 쉴 새 없이 일을 해야 먹고 살 수 있었다. 모순된 감정이 모호하게 공존하는 시대였다. 모든 것이 뒤섞여 있었다. 그러나 철의 시대 사람들에게는 선택의 여지가 있었다. 정의의 요구에 따르거나 아니면 히브리스라는 귀족적인 죄에 빠져들거나 둘 중 하나를 선택해야 했다. 디케를 무시하면 악의 승리를 볼 것이다. 힘이 정의가 되고, 아버지가 자식에게 아무런 감정을 느끼지 않고, 자식이 나이 든 부모를 경멸하고, 과거 시대부터 이어져 온 오랜 우애가 사라질 것이다. "어느 것도 지난 시절과 같지 않을 것이다."[51]

이 이야기의 교훈은 분명했다. 사회 정의를 실행한 인간들은 신들의 사랑과 존중을 받았다. 청동 시대의 폭력적 전사들은 죽임을 당했다. 영웅들은 행복하고 근심 없는 삶으로 옮겨 갔다. 정의는 인간을 신에게 더 가까이 데려갔고, 사람들은 서로 품위 있게 행동하고, 올림포스의 신들에게 희생제로 경의를 표했다. 또 자신의 자리도 알았다. 이제 영웅 시대는 끝났다. 따라서 낡고 자멸적인 전사의 에토스는 버릴 때가 되었다는 것이 헤시오도스의 암시다. 노골적으로 그렇게 말하지는 않았지만. 철의 시대 사람들은 아킬레우스나 오디세우스처럼 행동할 수 없었다. 그들은 땅을 경작하는 농부로서 더 소박한 싸움(에리스eris), 즉 땅과 벌이는 싸움에 참여했다. 그들은 경쟁자의 군사적 능력을 흉내 내려 하는 대신 좋은 작물을 생산한 이웃을 보면 자극을 받아 건강한 경쟁에 뛰어들었다. 이런 경쟁 덕분에 신들은 농부를 귀하게 보았다. 이 시기의 역사는 경작을 할 필요가 없었던 황금 시대와 달랐다. 철의 시대에 제우스는 농사라는 고되고 규율이 필요한 일을 제대로 할 때에만 번창할 수 있다고 선포했는데, 이 농사야말로 희생제의 한 형태였으며, 매일 신들에게 헌신하는 행동이었다.[52]

헤시오도스는 올림포스의 신들이 경쟁자들에게 거둔 승리를 묘사한 《신들의 계보》에서 이런 생각들을 더 충실하게 탐사했다.[53] 이 책은 그리스 종교의 교과서가 되었다. 많은 사람들이 암흑 시대의 모호한 상태에서 등장한 신화의 세부 사항 몇 가지에 혼란을 느꼈다. 지하의 다양한 권력은 서로 어떤 관계인가? 왜 티탄들은 제우스에게 반역을 했는가? 사람과 신이 분리된 원인은 무엇인가? 헤시오도스는 메소포타미아와 다른 근동의 신화를 이용하여 이런 불확실한 부분들을 정리했다. 그는 《신들의 계보》에 등장하는 무시무시한 투쟁, 즉 원시의 무정형으로부터 신들이 출현하는 과정이 더 나은 투명성, 질서, 정의를 향한 노력으로 보이도록 전통적인 이야기를 재구성했다. 이 투쟁은 카오스의 바닥 없는 심연이 가이아와 우라노스라는 견고한 실체로 대체되었을 때 시작되었으며, 올림포스의 신들이 법의 통치에 반대한 티탄들에게 승리를 거두었을 때 끝이 났다. 헤시오도스는 아버지 신과 아들 신들이 서로 죽이고 사지를 절단하는 무시무시한 이야기가 그리스인들에게 당시 폴리스 내에서 벌어지던, 서로를 파멸시키는 싸움의 위험에 대한 경고가 되기를 바랐다. 헤시오도스의 이야기에서 제우스가 확립한 정의롭고 통제된 체제는 그 전에 있었던 부자연스러운 혼돈과 분명한 대조를 이루었다. 헤시오도스의 《신들의 계보》는 또 나중에 그리스 철학자들이 몰두하는 문제도 제기했다. 우주의 기원은 무엇인가? 어떻게 질서가 혼돈을 누르게 되었는가? 어떻게 해서 하나에서 다수가 나올 수 있었는가? 어떻게 해서 무정형이 규정된 것과 관계를 맺을 수 있었는가?

헤시오도스는 또 티탄족 프로메테우스의 이야기로 신의 구도 안에서 인간의 자리도 확정했다.[54] 황금 시대에 신과 인간들은 동등하게 살았고 정기적으로 함께 잔치를 열었다. 그러나 황금 시대가 끝나면서 신들은 인간 세계로부터 물러나기 시작했다. 이제 인간이 올림포스의 신들과 접촉을 유지하는 유일한 길은 동물 희생 제의였다. 이 자리에서 신과 인간은 희생 가운데 자신에게 할당된 양을 먹었다. 그러나 프로메테우스는 그 분배가 불공정하다고 생각하여 인간이 더 많은 양을 차지하도록 돕고 싶었다. 한번은 이런 희생제 뒤에 프로메테우스가 꾀를 써서 제우스가 제물 가운데 먹을 수 없는 뼈를 받아들이게 하려 했다. 인간이 고기를 먹을 수 있게 해주려는 것이었다. 그러나 제우스는 책략을 간파했다. 사실 신은 음식이 필요 없었다. 신들은 제단에서 희생의 뼈를 태울 때 피어오르는 연기만으로 살 수 있었다. 따라서 희생제는 신이 죽은 동물의 고기를 먹어야만 살 수 있는 인간보다 우월함을 보여주는 것이었다. 제우스는 프로메테우스의 교묘한 책략에 화가 나 인간에게서 음식을 조리할 때 필요한 불을 빼앗을 벌을 내리기로 했다. 그러나 프로메테우스는 이번에도 제우스에게 도전하여 불을 훔쳐서 인간에게 돌려주었다. 제우스는 프로메테우스를 바위에 사슬로 묶고 독수리를 보내 간을 파먹게 하여 복수했다. 그리고 인간에게는 대장장이 신 헤파이스토스가 만든 여자를 보내는 벌을 내렸다. 황금 시대에는 양성의 구분이 없었다. 인간은 성별로 규정되지 않았다. 첫 여자였던 판도라는 '아름다운 악'이었다. 판도라는 들고 온 단지를 열어 "사람들에게 고통과 고난을 뿌렸다." 남자는 이 세상에 병, 노화, 고난을 가져온 여자와 짝을 짓는 운명을 맞았다.

이 이야기는 노골적으로 여성 혐오가 드러나는, 축의 시대의 몇 안 되는 순간 가운데 하나다. 물론 헤시오도스의 의도는 인간이 신의 은총으로부터 멀어진 철의 시대 삶의 이중적이고 모호한 본질을 보여주려는 것이었다.[55] 그 이후로 선과 악은 뗄 수 없이 결합되었다. 희생제는 사람과 신을 함께 묶었지만, 동시에 둘 사이의 건널 수 없는 차이도 드러냈다. 이제 고난은 피할 수 없는 삶의 현실이 되었다. 바로 이것이 축의 시대의 주요 주제다. 인도에서 현자들은 인간이 고통과 필멸을 초월할 수 있는 영적 기술을 만들어내려고 했다. 그러나 헤시오도스에게는 그런 야심이 없었다. 사실 헤시오도스는 인간이 신의 세계로 올라가려 하지 말아야 한다고 확신했다. 프로메테우스의 이야기는 인간을 확고하게 그들의 자리에 앉혀놓는다. 인간은 신과 동물 사이에 있으며, 판도라가 풀어놓은 악으로 둘러싸여 있다. 철의 시대 인간은 고난을 피할 수 없었다. 그들은 프로메테우스처럼 반항을 하고 싶어할지 모르지만, 히브리스는 자멸을 가져왔다. 프로메테우스의 반역은 그 자신의 고통과 인간의 쉼 없는 노역이라는 결과를 가져왔을 뿐이다.

그러나 어떤 그리스인들은 체념이 답이 아니라고 생각했다. 정치적 위기가 깊어지자, 차츰 농민은 경제적 구제, 몰수당한 재산의 반환, 법의 보호를 요구했고, 그들의 대의를 옹호하는 야심만만한 귀족을 지지했으며, 이런 귀족은 대중의 환호를 이용하여 정치적 권력을 얻었다.[56] 기원전 655년에 첫 티라노스†가 코린트를 장악했고, 다른 폴리스가 그 뒤를 이었다. 이 새로운 통치자들은 현대적인 의미에서 (잔인하고 억압적인) '독재자'가 아니라 초법적으로 권력을 잡은 지도자일 뿐이었으며, 인민의 이익을 위해 관습법에서 벗어나 통치했다.[57] 참주(僭主)는 정의의 옹호자로서 처음에는 존경을 받았다. 그러나 참주제는 지속 가능한 정치 체제가 아니었다. 그리하여 불가피하게, 참주에 의해 더 강

티라노스(tyrannos) 고대 그리스의 폴리스에서 비합법적으로 독재권을 확립한 지배자인 '참주'를 말한다. 독재자라는 의미의 영어 tyrant의 어원이다. 그러나 본래 이 말은 '폭군'이라는 뜻이 아니라 거의 바실레우스(왕)와 같은 의미였으나 기원전 4세기 이후에 바실레우스는 세습적이고 합법적인 왕을, 티라노스는 초법적으로 권력을 획득한 독재적 지배자를 가리키게 되었다.

력해진 대중은 더 큰 자신감을 얻었다. 참주가 죽을 무렵이면 사람들은 그의 초법적 통치를 가혹하고 자의적인 것으로 보기 시작했다. 그래서 사람들은 보통 그의 후계자에게 저항하여 일어섰으며, 증오하는 마음으로 압제를 기억했다. 그러나 이 실험의 결과로 사람들은 제대로 조직만 되어 있으면 지배 계급의 착취를 제어할 수 있고, 자신의 운명을 스스로 결정할 수 있음을 알게 되었다.

이보다 훨씬 더 중요한 것이 참주제의 등장과 같은 시기에 이루어진 군사적 혁신이었다. 기원전 8세기 말 무기 제조가 상당히 발전하여, 폴리스는 이제 소규모 귀족 전차 부대에 의존하는 대신 대규모 병력에게 무기를 제공하는 군사 기술을 갖추었다.[58] 기원전 700년에서 기원전 650년 사이에 도시국가는 중무장 보병(호플리테스hoplites)에게 거의 전적으로 의존하게 되었으며, 일 대 일 전투를 벌이던 호메로스 방식의 구식 전사들은 점차 사라졌다. 동원 가능한 인력이 핵심이었다. 전쟁은 이제 귀족의 특권이 아니었다. 영주건 농부건 지위나 출신과 관계없이 필요한 무기(호플라hopla)를 갖출 여유가 있는 사람이면 누구나 이 위엄 있는 부대에 입대할 수 있었다. 이 중무장 보병 부대와 더불어 새로운 평등이 탄생했다.

중무장 보병의 전투는 사람들이 빼빼하게 들어선 밀집 대형, 즉 팔랑크스(palanx)가 특징이었다. 어깨를 맞댄 병사들은 여덟 줄로 늘어섰다. 각 병사는 원형 방패로 왼쪽을 보호하고 옆에 있는 사람의 오른쪽 어깨를 잡았다. 밀집 대형은 하나가 되어 적을 향해 밀고 나가면서 방패의 벽 위와 아래로 적을 찔러댔다. 결국 한쪽 편은 밀집 대형이 깨져 달아났다. 밀집 대형은 특별한 위력을 발휘했지만, 적에게는 아주 끔찍한 부상을 입혔다. 중무장 보병은 이전 어느 때보다 남성 주민 다수에게 의존하는 인민의 군대였다. 뒤집어 말하면 인민, 즉 데모스(demos)가 이제 기본적으로 군대와 다름없다는 뜻이었다. 인도에서는 전투가 크샤트리아 계급의 독점적 특권이었다. 전쟁은 전문적 활동이었으며, 다른 세 계급에게는 금지된 일이었다. 따라서 사람들은 전쟁을 제한하거나 억제했으며, 아힘사라는 이상이 자리를 잡으면서 전쟁을 점점 더 불순하고, 비극적이고, 악한 것으로 보게 되었다. 그러나 그리스는 달랐다. 그리스는 정반대 방향으로 나아갔다. 기원전 7세기에는 폴리스 전체가 군대가 되었다. 시민은 곧 군대였으며, 언제든지 불시에 동원될 수 있었다.

여기에서 과거와 근본적인 단절이 이루어졌다. 헤시오도스는 전통적인 영웅적 이상을 버릴 때가 되었다고 주장했다. 중무장 보병 군대는 이런 단절을 가져왔다. 사적 명예를 갈망하는 개인 전사는 시대 착오적 인물이었다. 새로운 이상은 집단적이었다. 중무장 보병은 기본적으로 집단에 속한 한 사람이었다. 그들은 집단적으로 함께 쓰러지거나 승리를 거두었다. 개인적인 영광은 있을 수 없었다. 군대 전체를 위기로 몰아넣었던 아킬레우스의 히브리스(오만)는 이제 걱정할 필요가 없었다. '탁월성'(아레테arete)은 다시 정의되었다. 탁월성은 이제 애국심과 공동의 선에 대한 헌신이었다. 기원전 7세기 말에 활동하던 스파르타의 시인 티르타이오스(Tyrtaeos)는 새로운 영웅을 이렇게 묘사했다.

> 한 남자가 앞줄에 굳게 서서 움직이지 않고
> 수치스러운 도주에 대한 생각을 잊고
> 정신과 마음을 가다듬어 견디고
> 말로 옆에 서 있는 전우를 격려한다면

이것이 탁월성이다, 이것이 남자의 가장 훌륭한 재산이다,
젊은 남자가 얻을 수 있는 가장 고귀한 상이다.
이것은 모든 도시와 모든 인민을 위한 공동의 선(善)이다.[59]

중무장 보병 군대는 자신의 명성과 영광을 적극적으로 구하기보다는 전체 밀집 대형(팔랑크스)의 이익에 자신의 요구를 통합했다. 축의 시대 케노시스라는 이상과 마찬가지로, 이기심을 버리는 윤리와 타인에 대한 헌신을 장려했다. 차이가 있다면 이런 자기 버리기가 전장에서는 잔인할 정도로 효율적인 살인 기계가 되는 데 기여했다는 것이다.

중무장 보병 개혁은 그리스를 바꾸어 민주주의의 기초를 놓았다. 밀집 대형에서 귀족 옆에서 싸운 농부는 귀족 계급을 절대 전과 같은 눈으로 보지 않게 되었다. 과거의 복종은 유지될 수 없었다. 오래지 않아 하층 계급들은 **자신들의** 조직—민회—이 도시 정부에서 중심적 역할을 해야 한다고 주장했다. 중무장 보병 개혁은 폴리스의 자기 이미지를 바꾸어놓았다. 이것은 평화적 혁명이었다. 농민은 상층 계급을 제거하는 대신 귀족의 에토스를 채택하였고, 이렇게 해서 도시 전체가 결과적으로 신사 전사 계급이 되었다.

언론의 자유는 원래 귀족 영웅의 특권이었다. 호메로스의 서사시에서 그리스군의 사령관들은 모두 총사령관 아가멤논 왕에게 자신의 생각을 자유롭게 힘주어 말했다. 이제 이런 권리는 밀집 대형의 모든 구성원에게 확대되었다. 새로운 군대는 다른 언어를 썼다. 로고스(logos, '대화 언어')는 호메로스와 영웅 시대의 암시적인 시와 매우 달랐다.[60] 신화적 담론은 쉽게 포착되지 않는 진실을 표현하려 했으며, 사람들도 그것이 외부 세계의 객관적 실재와 일치하지는 않을 것이라고 생각했

다. 그러나 로고스는 실용적이고 효과적이고 정확해야 했다. 전장이나 군사 회의에서 병사들은 죽느냐 사느냐의 문제와 직면했다. 로고스를 쓰는 사람들은 "이 사건의 궁극적 의미가 무엇인가?"라고 묻지 않고, "무슨 일이 있었나?" "어떻게 할 것인가?"라고 물었다. 로고스는 즉각적이고 실용적인 요구에서 나왔다. 모두에게 똑같은 영향을 주는 전투 계획에 어떤 병사라도 이의를 제기할 수 있다는 것은 아주 중요한 일이었다. 이 집단에게는 이용 가능한 모든 전문 지식이 필요했기 때문이다. 그러나 중무장 보병 군대의 로고스는 절대로 시인의 미토스를 대체하지는 못했다. 이 둘은 공존했다. 둘은 힘을 발휘할 수 있는 영역이 따로 있었다. 그러나 중무장 보병이 되는 시민이 늘어날수록, 로고스는 자기 자리가 분명한 언어이자 통치의 사고방식이 되었다.

    기원전 7세기에 스파르타는 중무장 보병의 에토스를 가장 완벽하게 구현한 나라였다.[61] 기원전 650년에는 모든 남자 시민이 중무장 보병 군대에 속했으며, 데모스, 즉 인민이 주권자가 되었다. 고대의 제의는 냉엄할 정도로 실용적인 새로운 용도로 사용되었다. 고대 오르티아의 다산 제의에서는 어린 소년들이 아르테미스의 제단에서 치즈를 훔치려다가 다른 젊은이들에게 얻어맞고 쫓겨났다. 중무장 보병의 나라 스파르타에서는 젊은 전사에게 싸우는 기술을 가르치는 데 이 제의를 이용했다. 제의는 모의 전투가 아니라 진짜 전투가 되었으며, 많은 사람들이 피를 흘렸다. 이제 스파르타 사람들은 시민으로서 삶에 입문할 시기에 들어선 젊은이들을 광야에 보내 용기와 자립을 배우게 하는 것이 아

미토스(mythos) 역사적 사실에 대한 허구의 이야기('신화')를 뜻하며, 흔히 '로고스(logos)'와 반대 개념으로 쓰인다.

니라, 어린 중무장 보병들을 선발하여 특별한 연대 의식을 갖추게 했다. 그들은 낮에는 눈에 띄지 않게 행동하다가 밤에는 시골로 파견되어 헬로트(helot, 스파르타의 국유 노예)들을 손 닿는 대로 죽였다. 인도에서는 축의 시대에 등장한 윤리가 고대 제의에서 폭력을 빼버렸다. 그러나 그리스에서는 낡은 제의가 군대의 요구에 따라 바뀌고 있었다.

혼란한 시대 삶의 모델, 군자(君子)

그러나 중국인은 실리를 제의의 아름다움에 종속시켜 전쟁을 제어하려고 시도했다. 기원전 7세기에 황허 지역은 소란스러웠다. 그러나 제후국들 사이의 끊임없는 전쟁에도 불구하고, 폭력을 일정한 테두리 안에 가두어 두는 데 성공할 수 있었다. 이것은 많은 부분 노나라 지식층이 이끈 제의의 개혁 덕분이었다. 기원전 7세기가 되자 제후국의 삶은 예로써 세밀하게 규제되어, 사회·정치·군대 생활이 주나라 조정의 정교한 제의적 의식을 닮아 가기 시작했다. 언뜻 보기에 이런 조직화된 순응은 축의 시대의 정신과 거리가 먼 것 같지만, 이런 의식 가운데 일부는 싱딩한 영적 잠재력을 지니고 있었다. 그러나 중국인은 아직 이 사실을 깨닫지 못했다. 그들의 축의 시대는 그로부터 200년이 더 지난 뒤에야 시작된다. 그럼에도 노나라 전문가들은 미래를 위한 단단한 기초를 닦았다. 물론 기원전 7세기에 그들의 일차적 목적은 절제와 자제로 우아한 삶을 사는 군자들의 사회를 건설하는 것이었다.

주나라 왕은 왕의 영토로 물러나 이제 정치의 전면에 나서지 않았다. 그의 자리는 오래된 읍성을 다스리는 제후들이 차지했으며, 이 읍성들은 집단적으로 중국(中國), 즉 '중앙의 나라들'로 알려져 있었다. 제후는 제의에서 왕의 상징적 역할 가운데 많은 부분을 떠맡았다.[62] 왕은 신성한 존재였다. 봉신들은 그를 만나기 전에 금식을 하고 정화를 해야 했다. 지상에 존재하는 하늘의 대응물로서 왕은 오염과 불순을 피해야 했기 때문이다. 봉신 또한 왕으로부터 발산되는 힘을 소유했지만, 중요한 점은 이 힘(도덕)이 그의 봉신들이 조정의 전례를 얼마나 충실하게 이행하느냐에 따라 커지기도 하고 작아지기도 한다는 점이었다. 노나라의 제의 개혁은 폭넓은 의미를 지니는 원칙에 기초를 두었다. 예는 전례를 실행에 옮기는 사람을 변화시킬 뿐 아니라, 이런 의식에서 관심을 쏟는 자의 신성함도 높여준다는 것이었다. 이것은 기본적으로 주술적인 개념이지만, 깊은 심리적 통찰에 기초를 둔 것이었다. 일관되게 최고의 존경심으로 사람을 대하면, 이 사람은 자신이 숭배를 받을 자격이 있다고 느끼게 된다. 자신에게 절대적 가치가 있음을 깨닫는 것이다. 이렇게 중국에서 예는 관계를 신성하게 만들었으며, 다른 사람들에게 신성함을 부여했다. 봉신이 군주 앞에 규정된 자세로 서 있으면, 그러니까 허리를 굽히고, 띠를 땅에 드리우고, 지붕 끝 처마를 장식하는 괴물 형상처럼 턱을 앞으로 빼고, 두 손은 "맞잡아 가능한 한 밑으로 내리고" 있으면, 이런 존경하는 태도가 군주의 덕을 유지하고 높여주었다.[63]

그러나 군주 자신의 생활도 꼼꼼하게 규제를 받았다. 그런 자리에 앉아 있다고 해서 마음대로 할 수 있는 백지수표를 쥔 것은 아니었다. 나중에 축의 시대의 철학자들에게 영감을 줄 또 하나의 원리지만, 사실 그의 행동의 특징은 무위(無爲, '아무것도 하지 않음')가 되어야 했다. 고대 중국의 군주는, 나라에 대한 자신의 전망을 표현하는 정책과 목표를 제시해야 하는 현대의 국가 수반과는 달랐다. 군주는 온전히 수동적이어야 했다. 그는 조정을 통치하지 않았다. 명령을 내리지도 않았다. 유일한 임무는 자신의 내부에 있는 힘에 집중하면서, 자기 대신 행동하는 관리들에게 자신의 힘과 권한을 위임하는 것이었다. 이렇게 하려면 엄격한 규율을 따라야 했다. 그가 실수를 하면 주의를 주는 것이 봉신의 의무였다. 사관(史官)이 그의 모든 말과 행동을 기록했다. 군주는 놀이를 하거나 농담을 할 수 없었다. 신중하게 선별된 음악만 듣고, 전례 규약에 따라 준비된 규정된 식사만 해야 했다.[64] 봉신들은 그의 앞에서는 힘차게 움직여 그에게서 발산되는 힘으로 활기를 얻는다는 것을 보여 주어야 했다. 그들은 "새의 날개처럼 팔꿈치를 밖으로 펼치고" 빠르게 걸어야 했다. 반면 군주는 정확하게 자로 잰 듯한 걸음으로 걷거나 아니면 "움직이지 않고, 아무것도 하지 않고, 거의 벙어리처럼" 가만히 있어야 했다.[65] 회의에서도 군주는 열변을 토하지 않았다. 신하들이 어떤 조치를 허락해 달라고 요청하면 간단하게 그러라고만 대답해야 했다. 그러나 일단 그 말을 하면 새로운 정책은 그 즉시 효력을 발휘했다. 오래된 노래는 그 점을 이렇게 표현한다. "그가 말을 생각하면, 말은 달리기 시작한다." 노나라의 제의 전문가들은 고대의 성군인 순 임금이 자기 내부의 힘에 완벽하게 집중하여, 정확한 위치에 서 있을 뿐 아무것도 하지 않았다고 주장했다. 그의 도덕이 워낙 커서 그것만으로 신민을 인도하고 변화시킬 수 있었다는 것이다. 그는 "무위로 다스렸다…… 무슨 행동을 하겠는가? 그저 남쪽을 바라보고 엄숙하고 공손하게 있을 뿐이었다."[66]

전례는 군자의 지위와 위엄을 고양하기 위해 고안되었다. 그러나 제대로 실행에 옮기기만 하면 조정에서 자기 중심주의를 몰아낼 수도 있었다. 여기에 역설이 있다. 이것은 전장의 예(禮)에서도 분명하게 나타난다. 기원전 7세기 동안 제후국들은 새로운 중용 정신에 따라 엄격하게 규제되는 일종의 예의 바른 전쟁을 벌이기 시작했다.[67] 제의는 전투에서 허용되는 폭력을 엄격히 제한했으며, 전사들이 적의 약점을 이용하는 것을 금지했다. 전쟁은 예의와 억제가 지배하는 정교한 야외극이 되었다. 고귀한 가문이 명예에 매달려 살아가는 귀족 사회에서는 복수가 늘 위험 요소였다. 예는 이런 경향을 억제하여 전사들이 신사처럼 싸우게 했다. 전쟁은 보통 아주 짧았다. 개인적인 이익을 얻으려는 전쟁은 할 수 없었다. 오직 오랑캐의 침입을 물리치거나 반역을 일으킨 도시를 복종시켜 천도(天道)를 회복하려 할 때에만 전쟁을 할 수 있었다. 전쟁에 참여하는 것은 형벌을 받는 것으로 여겨지기도 했다. 유죄를 선고받은 범죄자는 필요할 경우 전장에서 자신을 희생하겠다고 맹세하면 사면을 해주었다. 승리는 이긴 쪽이 정의롭다는 것을 보여주지만, 예에 따라 전투를 치러야 한다는 조건이 붙었다.

군주는 군대와 함께 움직였지만, 모든 결정은 전쟁을 책임진 대신이 내렸다. 그는 자신이 동원할 수 있는 병력과 무기를 파악하기 위해 우선 인구 조사를 했다. 인구 조사는 관습을 무시하는 행위였기 때문에 즉시 관대한 조치로 보상을 해주었다. 《춘추》의 주석서인 《좌전(左傳)》의 저자 좌구명(左丘明)은 이렇게 설명한다. "대규모 인구 조사를 시행했을 때는 채무자들은 방면하고 가난한 사람과 과부에게는 구호 물자를 주고 죄 지은 사람은 사면해주었다."[68] 그런 뒤에 군대는 조상의 사당 주위에 모였고, 이때 무기를 나누어주었다. 무기는 나쁜 영향을 준다고 여겼기 때문에 보통 무기고에 넣고 잠가 두었다. 전사들은 무기를 손에 쥐기 전에 단식을 해야 했다.[69] 마지막으로 사람들은 지단(地壇)

주위에 모였고, 군주는 희생제를 거행했다.

군대는 출정하면 가능한 한 남쪽을 보면서 행군했다. 보병은 징집된 농민들로 이루어졌다. 밭에서 끌려나온 그들은 다시 돌아갈 것이라는 희망도 없었다. 억지로 나온 병사들은 쉬지 않고 큰 소리로 탄식을 했기 때문에 행군 동안 재갈을 물려야 했다. 그러나 그들의 역할은 엄격하게 주변적인 것이었다. 전투에도 참가하지 않았다. 단순히 짐꾼, 시종, 하인 노릇만 했다. 그들은 본대와 떨어져서 행군했으며, 숲의 가장자리에서 야영을 했다.[70] 반대로 귀족들은 차분하고 명랑했다. 그들은 현악기 소리를 들으며 병거(兵車)를 타고 갔다. 병거 팀은 궁수, 창수, 마부로 이루어져 있었다. 무기에는 화려한 색을 칠하고 끈을 달았다. 말에는 모피와 가죽을 둘렀다. 마구에 달린 종은 음악에 맞추어 딸랑거렸다.[71]

적을 마주하고 진을 쳤을 때 그 구도는 도시를 그대로 복제해놓은 것이었다. 전쟁은 종교적 전례였다. 영적인 묵상에서 시작해, 조상에게 올리는 기도와 희생제로 이어졌다. 그러고 나면 전쟁 담당 대신은 적의 의도를 가늠해야 했다. 적이 정말로 싸울 의사가 있는가?[72] 적이 오랑캐 부족이거나 도를 잃은 군주라면 죽기를 각오한 전투가 벌어졌다. 이런 매우 예외적인 경우에는 전쟁 담당 대신이 사면을 받은 범죄자들 앞에 서서 적의 전선을 향해 걸어갔다. 자살 부대인 이 범죄자들은 소름끼치는 울음을 터뜨리며 처음 교전에서 일제히 자신의 목을 벴고, 그런 뒤에 전투가 시작되었다. 그러나 일반적으로 전사들은 예의 바르게 싸워야 했다. 따라서 전투는 예의의 시합이 되었다. 양편에서 군자는 점점 더 터무니없게 느껴지는 관용의 행동과 귀족의 의무(노블레스 오블리주)를 이행하느라 서로 경쟁했다.

예는 적에게 겉으로 '양보'의 태도를 보일 것을 요구했지만, 보통 그 태도에는 자부심과 허세가 섞여 있었다. 이런 기사도 시합에서 재미있는 것은 친절한 행동으로 적을 괴롭히는 것이었다. 전투를 하기 전에 전사들은 자신의 무예와 용맹을 시끄럽게 자랑하고 적에게 술 단지를 보냈으며, 군주가 눈에 띌 때마다 투구를 벗었다. 마부가 현장에서 몸값을 내면 진정한 군자는 늘 적의 전차가 달아나게 해주었다. 초(楚)나라와 진(晉)나라의 전투가 벌어졌을 때 초나라 궁수는 전차가 갈 길을 막은 수사슴을 쏘느라 마지막 화살을 써버렸다. 창수는 즉시 그 사슴을 그들을 쫓아오는 진나라 병거에 선물했다. 그러자 진은 즉시 패배를 인정하며 감탄하여 소리쳤다. "여기 훌륭한 궁수와 말씨가 점잖은 전사가 있구나! 이들은 군자다!"[73]

귀족은 사람을 너무 많이 죽이면 체신을 잃었다. 어떤 군주는 적 병사 여섯 명을 죽였다고 자랑하는 한 전사를 꾸짖었다. "너는 네 나라에 큰 불명예를 안겼다. 내일 너는 죽을 것이다. 네 능란함이 너를 죽이는 것이다!"[74] 승리를 한 뒤에도 군자는 그 분위기에 휩쓸리지 않는 것이 중요했다. 진정으로 고귀한 전사라면 탈주자를 셋 이상 죽이지 말아야 했으며, 이상적이라면 눈을 감고 활을 쏘아야 했다. 늘 예의가 능률보다 우선이었다. 한번은 병거 두 대가 전투에서 얽혔을 때 한 대가 방향을 틀어 물러나려는 것처럼 보였다. 승리를 거두는 병거의 궁수가 활을 쏘았으나 상대를 맞추지 못했다. 또 한 발을 쏘려 하자 적의 궁수가 소리쳤다. "이번에는 내가 쏠 차례가 아닌가? 그렇게 하지 않는 것은 나쁜 짓이다!" 그러자 첫 번째 궁수는 더 시끄럽게 굴지 않고 자기 활에서 화살을 빼낸 뒤 차분하게 죽음을 기다렸다.[75] 전투는 경쟁하는 명예들의 충돌이었으며, 무기의 충돌은 부차적이었다.

기원전 638년에 송(宋)나라의 제후는 초나라 군대가 오기를 기다리고 있었다. 초나라군은 송나라군보다 훨씬 많았다. 초나라 군대가 근처 강을 건너고 있다는 소식이 들리자 제후의 가신들이 당장 공격하자고 재촉했지만 제후는 거부했다. 전열을 정비하는 동안 공격을 하자는 제안도 거부했다. 마침내 전투가 시작되자 송나라는 패했고 제후는 크게 다쳤지만 그래도 후회하지 않았다. "군자의 이름값을 하는 사람은 불행에 처한 적을 이기려 하지 않는다. 대오가 형성되기 전에 진군의 북을 치지 않는 법이다."[76] 몇 년 뒤 커다란 진(晉)나라가 웨이허 유역의 주변국 가운데 하나인 진(秦)나라와 전쟁을 준비했다. 진(秦)나라는 사신을 보내 새벽에 싸울 준비가 되었다고 말했다. 그러나 진(晉)나라의 사령관은 사신이 매우 초조해하는 것을 눈치챘다. 그의 부관 몇 명은 기뻐했다. 적이 두려워합니다! 당장 적을 강 쪽으로 몰아갑시다! 그러나 사령관은 전쟁 규칙 가운데 한 구절을 인용했다. "전사자와 부상자를 거두지 않는 것은 비인간적인 짓이다. 약속한 시간까지 기다리지 않거나 위험한 통로를 통과하는 적을 몰아붙이는 것은 겁쟁이 짓이다!"[77]

승리를 거두었다고 어쭙잖게 만족해서는 안 되는 일이었다. 승리한 제후는 승전을 기념하는 비(碑)를 세우기를 거부했다. "나 때문에 두 나라의 전사들이 뼈를 해에 드러내게 되었다! 그것은 잔인한 짓이다!" 그는 그렇게 소리쳤다. 이것은 주나라 초기에 왕들이 악한 자들을 대상으로 벌이던 전투와는 달랐다. 제후는 이렇게 결론을 맺었다. "여기에 죄를 지은 자는 없다. 목적에 충실했던 봉신들이 있을 뿐이다."[78] 군자는 얼른 용서를 하고 자비를 베풀어야 했다. 그것이 그의 위엄에 도움이 되었기 때문이다. 대신들은 대부분 미래의 보복이 두려워 까다롭게 굴려 하지 않았다. 많은 사람들이 철저한 승리보다는 제한된 승리를 좋아했으며, 일부는 최소의 사상자를 내는 일시적 패배를 더 좋아하기까지 했다. 승리는 위험할 수도 있었다. 제후는 정복한 영토를 봉신에게 주어야 했고, 봉신이 이렇게 추가의 자원을 얻게 되면 훗날 그의 통치에 반역을 일으키고 싶은 유혹을 느낄 수도 있었다. 봉건제는 모두가 자기 자리를 지켜야 유지되었다. 봉신이 너무 힘이 강해지면 아슬아슬하게 유지되는 국가의 평형을 흔들 수도 있었다.

궁정의 생활에서도 모든 군자는 자신에게 부여된 역할을 충실히 이행하여 궁의 아름다움과 우아함에 기여해야 했다.[79] 늘 옷차림이 완벽해야 했으며, 태도는 "엄숙하고, 위엄 있고, 의젓하고, 빛이 나며",[80] 표정은 "상냥하고 차분하며, 태도와 기질은 규칙에 맞아 편안하다."[81] 봉신은 자신의 개성을 표현하는 대신 존재 전체를 유협(遊俠)의 원형에 양보했다. 이런 '양보'는 전심으로 이루어져야 했다. 군자의 첫 번째 의무는 정(正), 즉 '신실함'이었다. 천박하고 인색하고 위선적인 태도로는 예를 따를 수가 없었다. 그의 목표는 예의범절에 철저하게 자신을 내주어, 그것을 자신의 인격과 통합하는 것이었다. 그는 모범적인 군자와 완전히 동일시함으로써 온전하게 인간적인 존재가 될 수 있었다. 그의 인격은 이런 정교한 방법으로 완벽해질 수 있었다. 천연의 옥 조각이 예술가에 의해 아름다운 제기가 되는 것과 마찬가지였다. 따라서 궁정 생활은 진정한 인간성을 교육하는 현장이었다. 노나라의 제의 전문가들은 이렇게 설명했다. "예는 우리가 감정을 자유롭게 제어하도록 가르친다. 감정이 멋대로 가는 길을 따르는 것은 오랑캐의 도이다. 예의 도는 완전히 다르다. 전례는 도와 한계를 정한다."[82] 전례가 자기 존재의 진정한 일부가 되면 군자는 절제, 자제, 관용을 배우게 된다. 예는 폭력과 교만을 제어하기 위해 고안된 것이기 때문이다. "전례는 제방이 홍수를 방지하듯이 무질서를 방지한다."[83]

활쏘기 시합은 군자의 자질을 드러냈다. 이것은 단순히 기술과 군사적 능력의 시험이 아니라, 평화와 화합을 장려하기 위해 고안된 음악적인 행사였다. 오랑캐라도 과녁을 맞힐 수는 있지만, 군자는 고귀함을 목표로 삼았다. 군자는 이기는 것은 진정으로 원치 않았다. 지는 것이 더 명예로웠기 때문이다. 이기고 싶어하는 척해야 했으나, 그 자체가 겸손의 행동이었다. 벌거벗은 야심은 천박한 것이고, 열등한 인간이라는 표시이기 때문이다. 따라서 패한 경쟁자에게 잔을 주는 것은 존경의 행동이었다. 모든 참가자는 활을 들기 전에 꼿꼿한(직直) 자세만이 아니라, 신실한(정正) 마음가짐을 갖추어야 했다. 그러지 않으면 제후의 권력에 손상을 입히게 된다.[84] 경쟁자는 둘 다 음악에 맞추어 정확히 똑같은 순간에 활을 쏘아야 했다. 화살은 활에서 날아가면서 똑같은 음으로 노래를 해야 했다. 두 개의 화살은 과녁을 맞히는 대신 공중에서 만나야 했다. 폭력과 대결은 일치와 조화로 방향을 바꾸었다. 시합이 끝나면 활을 쏜 사람은 둘 다 울었다. 승자는 패배한 경쟁자를 동정하여 울었고, 패배한 자는 승자를 동정하여 울었다. 물론 승자가 진정한 패배자였기 때문이다. 두 전사는 무릎을 꿇고 앞으로는 아버지와 아들로서 살아가기로 약속하곤 했다.

예는 쉽게 복수를 유발할 수 있는 호전적인 배외주의를 억제하기 위해 고안된 것이었다. '양보'의 정신은 정치 생활의 특징이 되어야 했다.[85] 제후의 고문들은 자신의 의견을 열정적으로 토로하고 자리를 얻으려고 획책하는 대신 의식을 거행하듯이 제후에게 양보를 하고 또 서로 양보를 했다. 그들에게 통찰이 있다면 그것은 모두 제후의 힘에서 비롯된 것이므로, 심각한 갈등이라는 말은 그 자체가 모순이었다. 설사 어떤 정책에 반대한다 해도 제후가 일단 시행하겠다고 하면 봉신은 최선을 다해 이행해야 했다. 결정을 거부하면 그 집단으로부터 배제되었다. 조정 전체에 생명을 부여하는 힘을 거부한 것이나 다름없기 때문이었다. 만일 제후가 천도(天道)에서 멀어진다고 확신하면 봉신은 그것을 바로잡아줄 의무가 있었다. 그러나 자신이 옳다고 내세우며 분개하는 태도를 내보이면 안 되었다. 봉신은 문제를 제기하면 사직을 하고 나라를 떠나야 했다. 이것은 자아 자체의 상실을 의미할 수도 있었다. 조정의 도덕과 끊어지는 것이기 때문이다. 그는 석 달간 망명을 하며, 제후가 도(道)로 돌아가기를 바라면서 이런 제의적인 자살 행위로 제후에게 압력을 가했다.

가족 생활도 똑같은 정신이 지배했다. 아버지와 아들의 관계는 자연스러운 애정이 아니라 제후와 봉신의 유대에 기초를 두었다.[86] 중국의 제의는 늘 생물학적인 것을 다듬고 개선하려 했다. 예는 아버지와 아들의 관계를 효도로 연결하려 했는데, 이것은 물론 아들이 태어날 때는 존재하지 않는 것이다. 아들은 태어나서부터 처음 30년 동안은 아버지를 거의 보지 못했다. 어린 시절에는 여자들의 숙소에서 살다가 외삼촌의 집으로 예를 공부하러 갔다. 교육이 완성된 뒤에야 아들은 아버지를 섬기는 일을 시작할 수 있는데, 이로써 아버지와 아들의 관계가 형성되고 둘 사이에 신성한 유대가 확립된다. 여기에서는 애정이나 친밀감보다는 존경과 경의가 훨씬 더 중요했다. 아버지는 제후와 마찬가지로 하늘의 대리자였다. 둘의 유대는 멀고도 엄격해야 했다. 아버지가 아들과 친숙하고 친근한 관계를 유지하는 것은 제후가 봉신과 장난을 치고 빈둥거리는 것만큼이나 온당치 않았다.

아들은 아버지를 미래의 조상으로서 숭배했다. 아들이 효도의 전례를 꼼꼼하게 수행함으로써 부모의 내부에는 신성함이 창조되며, 이것을 바탕으로 부모는 죽은 뒤에 천상의 존재가 된다. 전례는 모든 인간을 독특하게 만들어주는 신성하고 초자연적인 특질인 '신(神)'을 육성한다. 신이 강하면 이 신성한 개별성은 몸의 죽음을 넘어서 살아남는다. 따라서 맏아들은 아버지를 절대적으로 숭배함으로써 아버지가 인간성을 완전하게 성취할 힘을 주는 것이다. 아들은 매일 아침 새벽에 일어나 의관을 정제하고 부인과 함께 부모의 시중을 든다. 아버지가 있는 자리에서는 트림을 하거나, 재채기를 하거나, 기침을 하거나, 하품을 해서는 안 된다. 아버지와 같은 층계를 밟아도 안 되고, 아버지의 그릇, 지팡이, 잔을 사용해서도 안 된다. 부모의 옷을 수선하고 세탁하며, 제의에서 지시하는 여덟 가지 요리를 준비하고, 정중하게 많이 드시라고 말하면서 식사를 하는 동안 시중을 든다. 아들은 아버지에게 늘 낮고 겸손한 목소리로 말을 해야 한다. 만일 아버지가 도를 잃고 있다는 생각이 들면 지적해야 하지만, 겸손한 표현으로 부드럽고 기분 좋게 자신의 생각을 이야기해야 한다. 그래도 아버지가 악한 행동을 고집하면 아들의 행동은 더 정중해져야 한다. 절대 분노나 원한을 표현하면 안 된다. 아버지는 일흔이 되면 공적 생활에서 물러난다. 마지막 단계에서 아들의 의무는 아버지의 모든 기분에 공감하는 것이다. 아버지가 건강하면 행복해야 하고, 아프면 슬퍼해야 하며, 아버지가 식욕이 좋을 때는 먹어야 하고, 병이 들었을 때는 굶어야 한다.[87] 이렇게 해서 아들은 서(恕, '자기 자신에게 견주다')라는 공감의 덕을 배웠으며, 이것이 중국의 축의 시대에 중심적 역할을 했다.

　아버지가 죽으면 아들은 최대한 죽음의 경험을 함께했다. 그는 가족의 집으로부터 나와 움막에 살면서 흙덩어리를 베고 땅바닥에서 잤다.

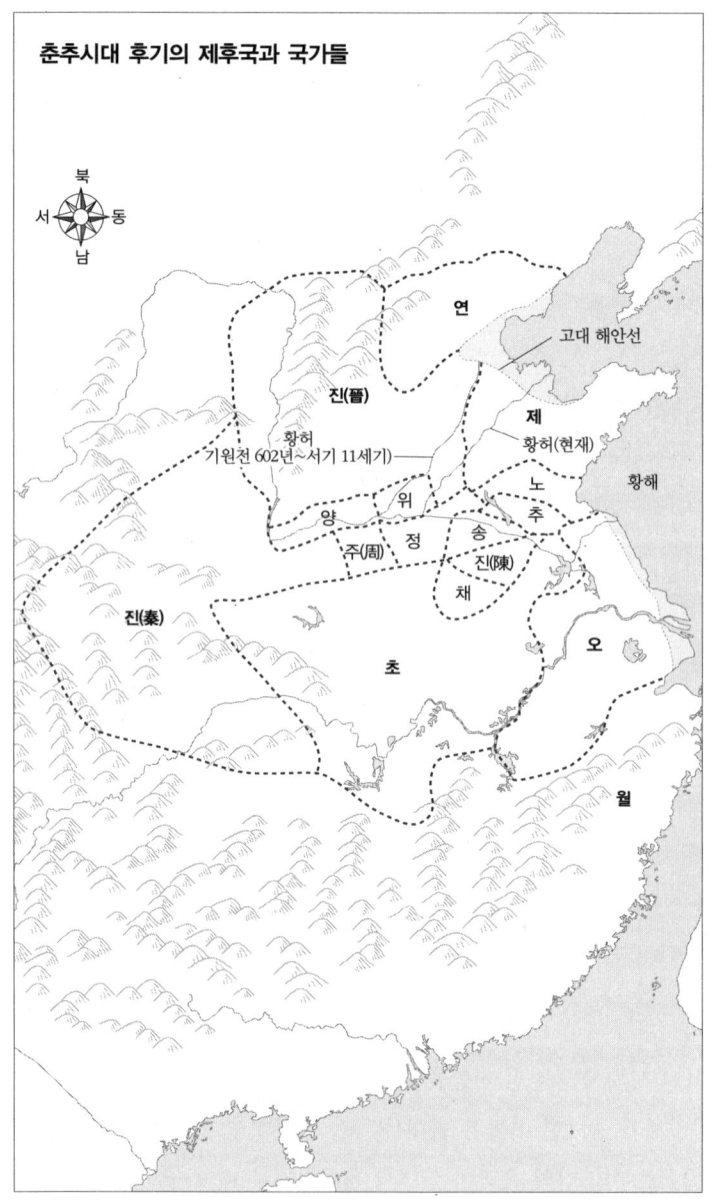

말도 하지 않고 식사도 하지 않았다. 그렇게 살다 보면 너무 힘이 없어 지팡이 없이는 일어서지도 못했다. 아들은 3년 동안 아버지의 혼령을 신으로 바꾸는 애도 의식을 치렀으며, 그러는 동안 죽은 자는 이미 인격적 생존을 획득한 조상들에게로 조금씩 다가갔다. 애도 기간이 끝나면 아버지의 신격화가 완성되며, 그 뒤부터 아들은 아버지를 모시는 제사를 주관했다. 아들은 우선 열흘 동안 영적인 묵상에 들어가 빈('접대') 제의를 준비했다. 이 기간 동안 아들은 금식을 했으며, 오직 아버지가 행동하고, 웃고, 말하던 모습만을 떠올렸다. 빈 제의에서는 손자가 죽은 할아버지 역할을 하며(그 아이를 시동尸童이라 불렀다), 제의 동안 할아버지의 영혼이 자기 안에 살아 있다고 느꼈다. 아버지를 잃은 아들은 마침내 자신의 '아버지'가 잔치에 도착한 것을 보고, 깊이 고개를 숙여 절을 하고 아버지를 잔칫상의 상석으로 모셨다. 그것으로 그의 임무는 완성되었다. 《예기》에서 말하는 대로 '조상의 빛나는 신'과 교제하여 '완벽한 깨달음'을 얻은 것이다.[88]

아버지가 죽은 뒤에도 아들은 자신의 삶을 살지 않고 아버지의 명예를 높이는 데 자신의 모든 재능을 바쳤다. 전장에서 제후의 힘을 높이는 것과 마찬가지였다. 아들은 자신의 건강을 돌볼 의무가 있었다. 그의 몸은 가족의 소유였기 때문이다. 그는 불필요한 모험을 하지 말아야 하며, "타고난 것을 있는 그대로 보존해야" 하고, 가능한 한 오래 건강하게 살아야 했다. 이런 태도는 중국의 축의 시대에 새로운 형식으로 등장하게 된다. 그러나 여러 가지 면에서 현대적 감수성으로는 혐오스럽게 느껴진다. 아들을 하찮은 존재로 전락시키기 때문이다. 그러나 중국의 가족은 실제로는 부모의 전제(專制)를 예방하는 방식으로 조직되어 있었다. 아버지의 권위는 다른 인물들에 의해 제한되었다. 제일 나이가 많은 숙부의 권한은 아버지와 동등하거나, 심지어 그것을 넘어설 수도 있었다. 아들 자신이 부모가 되면, 자신의 아버지를 공경하는 동시에 아들의 공경을 받았다. 빈 제의에서 '아버지'의 신을 영접할 때는 **자신의** 아들에게 절을 했다. 따라서 공경의 교환이 이루어지는 셈이었다. 작은아들들의 주된 의무는 아버지를 섬기는 것이 아니라 형을 숭배하고 지원하는 것이었다. 많은 형제가 형과 **더불어** 동생을 갖고 있었다. 따라서 각 가족 구성원이 어느 정도는 절대적 존경을 받도록 체계가 짜여 있었다. 예는 아들이 아버지에게 복종할 것을 요구했지만, 아버지 또한 자식들에게 공정하고, 친절하고, 예의 바르게 행동할 의무가 있었다. 중국인이 실제로 이런 예를 얼마나 철저하게 따랐는지 우리는 모른다. 《예기》는 역사적 현실이 아니라 유토피아적 현실일 수도 있다. 그럼에도 기원전 7세기에 이런 이상은 주나라를 거칠고 방종에 빠진 사회에서 중용과 절제를 중시하는 사회로 바꾸어놓았던 것으로 보인다.[89] 이런 이상은 중국의 축의 시대를 가동했으며, 독특한 방향을 제시했다.

    이때에는 대평원 주변부의 전통에 덜 얽매인 나라들―제, 진(晉), 초, 진(秦)―도 제의를 의무로 받아들였다. 그러나 시대는 변하고 있었다. 기원전 7세기 후반에 북방의 야만적인 부족들은 전보다 더 거세게 중국의 여러 나라를 침범하기 시작했다. 남쪽의 새로운 나라 초도 점점 위험한 존재가 되어 갔다. 초나라는 확장을 하고 싶어 차츰 정중한 전쟁의 규칙들을 무시하고 제후국들을 위협하기 시작했다. 주나라의 왕은 너무 허약해 초나라를 막을 만큼 효과적인 지도력을 발휘할 수 없었다. 그래서 기원전 679년 제나라의 환공(桓公)은 스스로 중국의 '패자'(覇者)라고 칭하며 방어 동맹(회맹)을 주도했다.[90]

이 시점에서 제나라는 중국에서 가장 강력한 나라였으며, 환공은 주와 관련을 맺고 있는 계몽 통치자였다. 그는 나라들 사이의 협동의 원칙을 토론하기 위한 회맹(會盟)을 조직했다. 그의 동맹에 참여한 나라들은 맹세로 서로를 묶었으며, 이로써 정치적인 합의가 종교적 성격을 띠게 되었다. 참가자들은 황소를 희생 제물로 삼고 제물의 피로 입술을 적셨으며, 참석한 모두가 그 지역의 신, 산, 강, 조상에게 의탁하는 조약 내용을 입으로 따라했다.

함께 맹약을 맺은 우리 모두는 추수한 것을 모아들이지 않으며, 이윤을 독점하지 않으며, 죄 지은 자를 보호하거나 문제를 일으키는 자를 감추어주지 않을 것이다. 우리는 재난이나 참사의 피해자를 도울 것이다. 우리는 불행을 당하거나 곤경에 처한 사람들을 동정할 것이다. 우리의 친구는 모두의 친구요, 적은 모두의 적이다. 우리는 왕가를 도울 것이다.[91]

그 목적은 연대를 이루자는 것이었다. 이 동맹의 의식은 여러 나라의 제후들 사이에 가족의 유대를 형성했으며, 그들은 심지어 새로운 '친족'의 장례도 거행하겠다고 약속했다. 이 동맹을 배반하는 자는 무서운 벌을 받을 각오를 해야 했으며, 신과 조상도 이 벌을 승인했다. "그는 백성을 잃을 것이고, 정한 것이 이루어지지 않을 것이고, 가족이 망할 것이고, 나라와 일족은 완전히 무너질 것이다."[92] 패자는 동맹국으로부터 공물을 받고 공동 방어망을 감독했다. 그는 여전히 주나라 군주의 통치권을 인정했지만, 실제로는 왕을 대신했다. 그러나 이 동맹은 오래가지 못했다. 기원전 643년 환공이 죽자 그의 아들들이 후계 다툼을 벌였으며, 제나라는 내전의 상처를 회복하지 못했다. 초나라가 다시 호전적인 태도를 보이자, 이번에는 진의 제후가 새로운 동맹체를 구성했으나, 기원전 597년 초나라는 이 동맹을 물리쳤다.

결국 폭력이 절제에 승리를 거둔 것처럼 보였다. 초나라가 점점 압박해 오자 과거의 제후국들은 자신들의 제의와 관습에 더 강하게 집착했다. 그들은 새로운 나라들의 군사력과 경쟁할 수 없었기 때문에 외교와 설득에 의존했다. 그러나 주변의 큰 나라들은 조화와 '양보'라는 이상으로부터 멀어졌다. 여러 나라가 매우 엄한 맹세로 동맹에 결속되어 있었지만, 배반자를 벌할 힘은 없다는 것을 다들 알았다. 외려 그 맹세를 지키는 나라가 가장 큰 고통을 겪었다.[93] 결국 회의적 태도가 확산되면서 과거의 전제(前提)들이 무너지기 시작했다.

'책의 종교' 유대교의 탄생

이스라엘에서 기원전 7세기는 종교로서 유대교가 시작되는 분수령이다. 히스기야는 무서운 유산을 남겼다. 그의 아들 므낫세(기원전 687~642년 재위)는 아버지의 실수를 되풀이하지 않겠다고 결심하여 아시리아의 충성스러운 봉신 역할에서 벗어나지 않았고, 유다 왕국은 그의 오랜 치세에 번영을 이루었다.[94] 아시리아인이 동맹자들에게 자신의 민족신 아슈르를 섬길 것을 요구한 적은 없지만, 그들의 종교적 상징이 눈에 많이 띄게 된 것은 불가피한 일이었다. 므낫세는 야훼만 섬기는 데는 관심이 없었다. 그는 히스기야가 파괴했던 시골의 신전들을 재건했으며, 바알을 섬기는 제단을 세우고, 아세라 상을 예루살렘 성전에 갖다놓았으며, 성전 입구에는 신성한 '태양의 말'의 조각상들을 배치하고, 예루살렘 바깥에서 아이 희생제를 올렸다.[95] 성경 역사가는 이런 사태에 경악했지만 므낫세의 신민 가운데는 이 일을 그렇게 놀랍게 생각하는 사람이 거의 없었을 것이다. 고고학자들이 발굴한 바에 따르면, 많은 사람들이 가정에도 비슷한 상을 모셔 두었기 때문이다.[96] 그럼에도 아시리아의 침략기에 유린을 당했던 시골 지방에는 불안이 널리 퍼져 있었다.[97] 히스기야의 민족주의 정책은 매우 참담한 결과를 가져왔지만, 그럼에도 어떤 사람들은 계속되는 외적의 침략 위협이나 외세의 지배 없이 평화롭게 자기 땅에서 살던 황금 시대의 꿈을 버리지 않았던 것 같다. 이렇게 부글거리던 불만은 므낫세가 죽자 터져 나왔다. 므낫세의 아들 아몬은 겨우 2년을 다스리다가 시골 귀족들이 주도한 궁정 봉기 때 살해당했다. 성경은 이 귀족들을 암 하아레츠('땅의 사람들')라고 불렀다.[98]

이 쿠데타의 주모자들은 아몬의 여덟 살 난 아들 요시아를 왕좌에 앉혔다. 요시아의 어머니는 유대의 산기슭 작은 마을 보스갓 출신이므로, 요시아도 쿠데타 일파와 같은 부류였던 것이다.[99] 권력은 이제 도시 엘리트에서 시골 지도자들에게로 옮겨 갔다. 처음에는 모든 것이 잘 풀리는 것 같았다. 이 무렵 아시리아가 쇠퇴하고 이집트가 힘을 얻기 시작했다. 기원전 656년에는 제26왕조의 창건자인 파라오 프사메티코스 1세가 아시리아 군대를 레반트에서 밀어냈다. 유다 왕국 사람들은 놀라면서도 기뻐하는 마음으로 아시리아군이 옛 북쪽 왕국 이스라엘의 영토로부터 물러나는 광경을 지켜보았다. 물론 요시아는 이제 이집트의 봉신이 되었다. 그러나 파라오는 가나안 저지대의 이익이 많이 나는 무역로를 통제하는 일에 바빠 유다 왕국에는 관심을 두지 않았다. 그 덕분에 유다 왕국은 당분간이기는 하지만 독립적인 지위를 누릴 수 있었다.

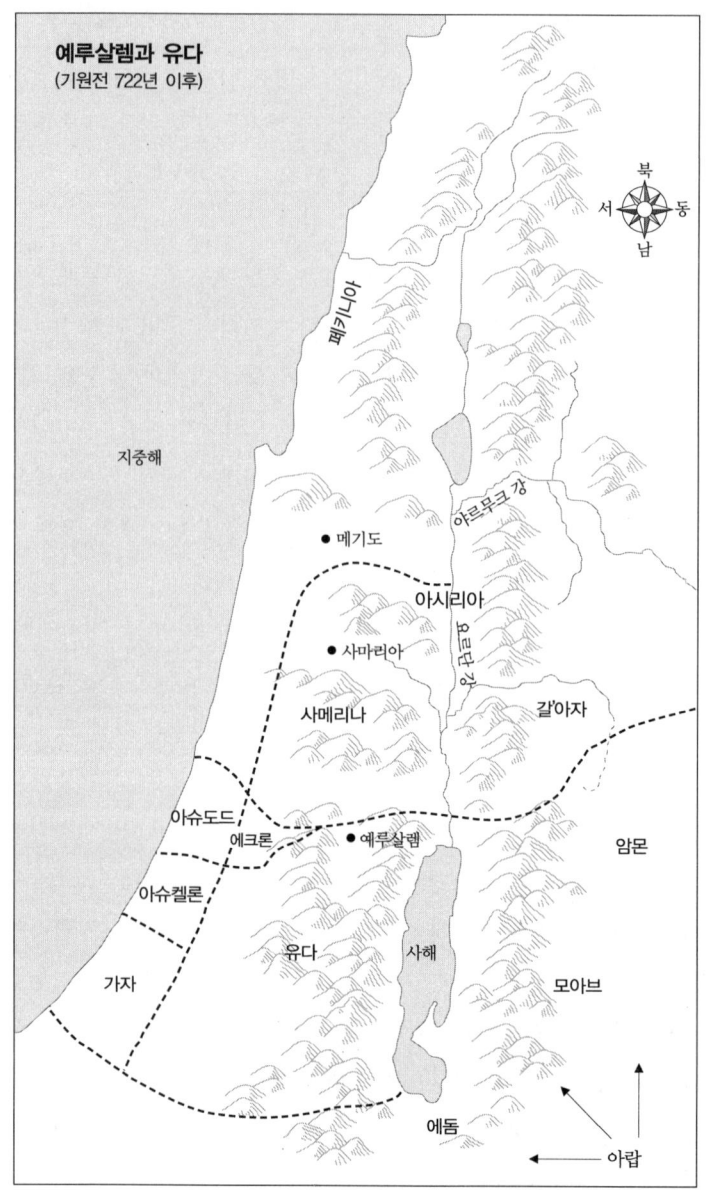

요시아는 열여섯 살쯤 되었을 때 종교적 회심 비슷한 것을 경험한다. 그는 야훼만 배타적으로 섬기고 싶어했던 것 같다.[100] 이렇게 원칙에 따라 민족신에 헌신한다는 것은 정치적 독립 선언이기도 했을 것이다. 약 10년 뒤인 기원전 622년 요시아는 유다 왕국 황금기의 위대한 기념물인 솔로몬 성전 확장 사업을 개시했다. 확장 사업 기간에 대제사장 힐기야(힐키야)는 중요한 발견을 하여 서기관 사반에게 이 놀라운 소식을 알리려고 달려간다. "대사제 힐키야는 야훼의 전에서 율법의 서(세페르 토라)를 찾았다고 하며 그 책을 궁정 율법학자 사반에게 주었다."[101] 힐기야는 이것이 야훼가 시나이 산에서 모세에게 준 진짜 율법이라고 말했다. 사반은 즉시 그 두루마리를 들고 왕에게 달려가 그 앞에서 낭독했다.

대부분의 학자들은 이 두루마리에 《신명기》의 초기 판본이 담겨 있었다고 생각한다. 《신명기》는 모세가 죽기 직전 트랜스요르단의 네보(느보) 산에서 사람들을 모아놓고 '두 번째 법'(그리스어로 데우테로노미온)을 전달하는 과정을 묘사한다. 그러나 사반과 힐기야가 주장하는 것과는 달리 이것은 고대에 씌어진 것이 아니라 완전히 새로운 경전인 것이 거의 분명하다. 기원전 8세기까지 이스라엘이든 유다 왕국이든 종교적 텍스트를 읽거나 쓰는 일은 거의 없었다. 예전에는 야훼의 가르침을 적어놓는 전통도 없었다. J와 E에서 모세는 야훼의 명령을 말로 전했으며, 사람들은 말로 응답했다. "야훼께서 **말씀하신** 대로 다 따르겠습니다."[102] J와 E는 십계명을 언급하지 않는다. "하느님께서 손수 쓰신"[103] 원래 돌판에는 야훼가 광야에서 자신의 백성과 함께 살던 장막의 설계도가 담겨 있었을 것이다.[104] 《신명기》 저자들이 J와 E 이야기를 늘리면서, 모세가 "야훼의 말씀을 다 기록한 다음", "율법의 서(세페르 토라)를 집어 들고 백성에게 읽어 들려주었다."고 설명한 것은 나중의 일이었다.[105] 이제 사반은 이것이 힐기야가 성전에서 발견한 바로 그 두루마리라고 주장한다. 이 귀중한 문서는 수백 년 동안 사라진 상태였기 때문에 그 가르침은 한 번도 이행된 적이 없다. 그러나 이제 율법의 서가 발견되었기 때문에 야훼의 백성은 새롭게 시작할 수 있다는 것이었다.

그러나 이것은 냉소적인 의도에서 나온 위조가 아니었다. 이 시기에 새로운 종교적 가르침을 전하고 싶은 사람은 자신의 말이 과거의 위대한 인물에게서 나온 것이라고 말하는 것이 관례였다. 《신명기》 저자들은 심각한 국가적 위기 상황에 자신들이 모세를 대신하여 말을 하는 것이라고 믿었다. 《출애굽기》의 시대 이후로 세상은 완전히 달라졌으며, 야훼의 종교는 위험에 처했다. 기원전 722년 북부 왕국 이스라엘은 멸망했으며, 백성 수천 명이 흔적도 없이 사라졌다. 유다 왕국은 히스기야 왕 시기에 아슬아슬하게 멸망을 피했다. 므낫세가 다시 부활시킨 신들이 아니라 오직 야훼만이 백성을 구할 수 있었다. 그동안 많은 예언자가 백성에게 오직 야훼만을 섬기라고 촉구해 왔는데, 이제 마침내 야훼는 과거의 영광을 재현할 수 있는 왕을 만났다. 만일 모세가 오늘날 '두 번째 법'을 전달한다면 요시아와 그의 백성에게 할 말이 바로 그것일 터였다.

요시아는 두루마리에 적힌 말을 듣자마자 옷을 찢으며 몹시 괴로워했다. 그는 소리쳤다. "이 책에 기록되어 있는 말씀대로 하라고 하셨는데, 우리 선조들이 그 말씀을 따르지 않았으므로 우리가 불길 같은 야훼의 진노를 사게 되었소."[106] 종교가 구전 전승에서 기록된 텍스트로 전환된 충격은 컸다. 이 경우에도 성경의 다른 경우와 마찬가지로 당혹감, 죄책감, 무능력감이 나타났다.[107] 이런 식으로 종교적 진실이 제시되자 완전히 다르게 들렸다. 모든 것이 분명하고, 미리 준비된 느낌이었다. 구전이 제공하는 모호한 '지식'과는 완전히 달랐다. 인도 사람들은 영적 가르침을 글로 전달하는 것이 가능하다고 생각하지 않았다. 예를 들어 텍스트를 정독하는 것만으로 《우파니샤드》의 완전한 의미를 이해할 수는 없었다. 그러나 《신명기》 저자들은 야훼 신앙을 책의 종교로 만들었다. 이후 서구에서 종교적 정통성의 기준은 기록된 경전이 된다.

요시아는 즉시 여자 예언자 훌다에게 자문을 구했다. 그녀에게 율법의 서는 오직 한 가지 의미밖에 없었다. 훌다는 야훼에게서 신탁을 받았다. "나 야훼가 선언한다. 유다 왕이 읽는 책에 적혀 있는 재앙을 내가 이제 이곳과 이곳 국민들에게 내리리라. 그들은 나를 저버리고 저희 손으로 만들어 세운 온갖 우상에게 제물을 살라 바쳐 나의 속을 썩여주었다. 그런즉 나의 분노가 이곳에 불길같이 떨어지면, 아무도 그 불을 끄지 못하리라."[108] 물론 개혁이 필수적인 과제가 되었다. 요시아는 온 백성을 불러 모아 두루마리의 분명한 지침을 듣게 했다.

> 왕은 유다 국민들과 예루살렘 시민들, 사제들과 예언자들, 높고 낮은 모든 백성들을 데리고 야훼의 전으로 올라가 야훼의 전에서 찾은 언약 법전을 읽어 조목조목 다 들려주었다. 그런 후에 기둥 있는 데로 올라가서, 야훼를 따르며 마음을 다 기울이고 목숨을 다 바쳐 그의 계명과 훈령과 규정을 지켜 그 책에 기록되어 있는 언약을 이루기로 야훼 앞에서 서약하였다. 백성들도 모두 따라 서약하였다.[109]

요시아는 곧 책에 나온 대로 야훼의 토라를 따를 프로그램을 짰다.

우선 할아버지 므낫세가 다시 도입한 종교 전통을 없애, 바알과 아세라의 상을 태우고, 시골의 신전을 폐지하고, 성전에 있는 신성한 남창의 집, 이스라엘 사람들이 몰록(셈족이 섬기던 신)에게 아이를 제물로 바치던 노(爐), 아시리아의 '태양의 말'의 조각상을 파괴했다. 마치 파괴의 주신제가 벌어진 느낌이다. 그러나 요시아는 옛 이스라엘 왕국의 영토 쪽으로 방향을 틀었을 때는 훨씬 더 무자비했다. 이곳에서 요시아는 베델과 사마리아의 옛 야훼 성전을 파괴했을 뿐 아니라, 신전의 사제들을 죽이고 그 제단을 더럽혔다.[110]

율법의 서는 이스라엘과 유다의 왕들이 수백 년 동안 야훼가 처음부터 분명하게 금지한 관행을 묵인했음을 드러냈다. 이 책은 야훼가 배타적 충성을 엄격하게 요구했음을 보여준다. 모세는 네보 산에서 사람들에게 말했다. "너 이스라엘아 들어라, 우리의 하느님은 야훼시다. 야훼 한 분뿐이시다!" 그들은 온 마음과 영혼으로 야훼를 사랑해야 했다.[111] 야훼를 사랑하라는 것은 이스라엘 사람들이 "주위에 있는 백성들이 섬기는 신들 가운데서 어떤 신이든지 그 신을 따라가면 안 된다."[112]는 뜻이었다. 모세는 사람들이 '약속의 땅'에 들어갈 때 가나안의 원주민을 상대하지 말아야 한다고 주장했다. 그들과 조약을 맺지도 말고, 연민을 보이지도 말고, 그들의 종교를 쓸어버려야 했다. "너희는 그들에게 이렇게 해야 한다. 그들의 제단을 허물고 석상들을 부수고 아세라 목상을 찍어버리고 우상들을 불살라라."[113] 요시아는 개혁을 하면서 야훼의 분명한 명령을 말 그대로 따랐다.

《신명기》 저자들은 자신들이 이스라엘의 원래 신앙으로 돌아가는 보수주의자들이라고 주장했다. 그러나 사실상 그들은 급진적이고 혁신적이었다. 그들은 그전에는 늘 아무 문제 없이 받아들여졌던 '신성한 기둥'(아세라)이나 '주상'(맛세보스)† 같은 상징들을 불법화했다.[114] 그들은 법전에도 놀랄 만한 새로운 법을 집어넣었다.[115] 우선 이스라엘의 예배는 엄중하게 중앙 집권적으로 바뀌었다. 희생제는 "야훼께서 당신의 이름을 붙이신"[116] 곳, 오직 그 신전 한 곳에서만 드릴 수 있었다. 예루살렘이라는 이름이 분명히 언급되지는 않았지만, 기원전 7세기에는 예루살렘 성전만이 이런 역할을 수행할 수 있는 유일한 곳이었다. 이 말은 사람들이 수백 년 동안 야훼를 섬기던 다른 성전과 신전은 파괴해야 한다는 뜻이었다. 두 번째로《신명기》저자들은 동물의 세속적 도살을 묵인했다.[117] 고대에는 일반적으로 성스러운 구역에서 제의를 거쳐 희생된 고기만 먹을 수 있었다. 그러나 이제 지역 신전들을 폐쇄했기 때문에 예루살렘에서 멀리 떨어진 곳에서 사는 사람들은 자기 마을에서 동물을 죽이는 것이 허용되었다. 생명이 담긴 피를 먹지 않고 경건하게 땅에 쏟는다는 조건만 지키면 됐다.

《신명기》저자들은 자체의 규칙과 완결성을 갖추고 종교와 나란히 기능하는 세속적 영역을 창조한 것이다.[118]《신명기》저자들의 법 개혁에도 똑같은 원리가 적용되었다. 전통적으로 재판은 부족의 장로들이 지역의 성전에서 진행했다. 그러나《신명기》저자들은 모든 도시에 국가 판관을 임명하고, 쟁점이 되는 사건은 예루살렘 최고재판소에서 다루었다.[119]

아세라와 맛세보스 '아세라'는 원래 가나안에서 섬기던 3대 여신 중 하나로서 바알의 아내이자 다산과 풍요의 여신이었다. 구약에서 아세라를 상징하는 것은 신성한 나무 또는 기둥이다. 아세라 목상은 전체가 나무로 만들어졌거나 적어도 목재가 들어 있었던 것으로 보인다. '맛세보스'는 '맛세바'의 복수형이다. 맛세바는 가나안 지방에서 기념 또는 숭배의 대상으로 세운 돌(standing stone)을 가리키는 말이며, 우리말 성경에서는 '석상' 또는 '주상'으로 번역되었다.

마지막으로《신명기》저자들은 왕에게서 전통적인 권력을 빼앗았다.[120] 왕은 이제 신성한 인물이 아니었다.《신명기》저자들은 왕의 특권을 과감하게 제한했는데, 이것은 근동의 관습으로부터 놀랄 만큼 멀어지는 것이었다. 왕의 유일한 의무는 기록된 토라를 읽는 것뿐이었다.

> 그는 왕위에 오른 다음에도 레위인 사제를 시켜 이 가르침을 두루마리에 베껴 평생 자기 옆에 두고 날마다 읽어야 한다. 그리하여 자기를 택하신 야훼 하느님을 경외하고 이 가르침에 담겨 있는 말 한마디 한마디를 성심껏 지키며 그 모든 규정을 실천하여야 한다. 마음이 부풀어 올라 제 동족을 얕잡아보는 일도 없고 이 계명을 어기는 일 또한 털끝만큼도 없어야 한다. 그리하면 그뿐 아니라 그의 후손들도 이스라엘 왕위에 오래도록 앉게 될 것이다.[121]

왕은 이제 하느님의 아들도, 야훼의 특별한 종도, 신성한 신들의 구성원도 아니었다. 그는 특권이 없었으며, 그의 백성과 마찬가지로 법을 지켜야 했다.《신명기》저자들은 수백 년간의 신성한 전통을 뒤엎는 이런 변화를 어떻게 정당화할 수 있었을까? 우리는《신명기》저자들이 누구였는지 알지 못한다. 다만 두루마리의 발견 이야기를 보면 제사장, 예언자, 서기 등이 포함되어 있음을 짐작할 수 있다. 그들의 운동은 북왕국에서 비롯되어, 기원전 722년 이스라엘 왕국이 망한 뒤에 남쪽 유다 왕국으로 내려왔을 수도 있다. 이들은 또 요시아를 왕좌에 앉힌, 특권을 빼앗긴 시골 귀족들의 관점을 반영했는지도 모른다.

《신명기》저자들에게 요시아는 핵심적인 존재였다. 그들은 요시아를 새로운 모세로 떠받들었으며, 그가 다윗보다 위대한 왕이라고 믿었다.[122] 《신명기》 저자들은 법을 개혁했을 뿐 아니라, 이스라엘의 역사를 다시 쓰기도 했다. 이스라엘의 역사가 요시아 치세에 절정에 이르렀다고 믿었기 때문이다. 우선 그들은 이전의 J와 E 이야기를 기원전 7세기의 조건에 맞게 편집했다.[123] 그들은 아브라함, 이사악, 야곱 등의 조상에게는 아무런 관심이 없었기 때문에 그들의 이야기에는 아무것도 덧붙이지 않고, 자신의 백성을 이집트의 노예제에서 해방시킨 모세에게 집중했다. 요시아가 파라오에게서 독립하기를 바라던 때였기 때문이다. 이어 그들은 이집트 탈출의 연대기를 확대하여 여호수아의 책과 그의 북부 고지대 정복 이야기를 포함시켰다. 《신명기》의 역사학자들은 여호수아의 시대를 황금기로 보았다. 사람들이 진정으로 야훼에게 헌신했고,[124] 이스라엘이 곧 새로운 영광의 시대를 열어 갈 것이라고 확신한 시대였기 때문이다. 요시아도 모세와 마찬가지로 파라오의 굴레를 벗어버릴 터였다. 또 여호수아와 마찬가지로 아시리아가 떠난 땅을 정복하고 진정한 야훼 신앙을 복원할 터였다. 마지막으로 《신명기》 저자들은 《사무엘》과 《열왕기》에서 이스라엘과 유다 왕국의 역사를 기록했다.† 이 역사는 북부 왕국을 강력하게 비판하면서 유다 왕국의 다윗 왕의 후손이 이스라엘 전체의 적법한 통치자라고 주장했다. 따라서 《신명기》 저자들의 저작은 요시아의 종교적이고 정치적인 프로그램을 강력하게 뒷받침하는 셈이었다.

신명기계 역사서 오늘날 대부분의 학자들은 모세오경의 마지막 권인 《신명기》부터 《여호수아》, 《판관기》, 《사무엘 상·하》, 《열왕기 상·하》까지를 '신명기계 역사서'로 본다. 신명기계 저자들은 북부 이스라엘 왕국과 남부 유다 왕국의 역사와 두 나라가 멸망한 원인과 그 의미를 찾는 데 집중한다. 이들은 하느님과 이스라엘 백성의 언약을 깨뜨린 것은 하느님이 아니라 이스라엘 백성이며, 다시 이스라엘을 회복하려면 하느님이 주신 율법을 충실히 따르고 하느님과의 계약을 이행해야 한다고 주장한다.

그러나 이것은 싸구려 선전물이 아니었다. 《신명기》 저자들은 학식이 뛰어난 사람들이었으며, 그들의 성취는 주목을 받을 만했다. 그들은 오래된 왕실 문서, 법전, 전설, 전례 문서 같은 이전 자료를 이용하여 완전히 새로운 판본을 만들어냈다. 고대의 전승이 요시아 치세 시기 이스라엘의 새로운 상황과 관련을 맺었다. 어떤 면에서 《신명기》는 현대의 문서처럼 읽힌다. 세속적 영역, 독립적인 사법 제도, 입헌 군주제, 중앙 집권적 국가 등의 전망은 우리 자신의 시대를 바라보는 듯하기 때문이다. 또 《신명기》 저자들은 고대의 신화를 많이 덜어내고 훨씬 더 합리적인 신학을 전개했다.[125] 하느님은 하늘에서 내려와 시나이 산에서 모세와 이야기를 나누지 않는다. 즉 일부 이스라엘 사람들이 믿는 것과는 달리 하느님은 실제로 볼 수 없고, 제물을 바쳐서 하느님을 조종할 수도 없다. 하느님은 물론 성전에 살지 않는다. 《신명기》 저자들은 솔로몬이 성전을 봉헌한 뒤 그가 했다고 하는 기도를 길게 적어놓는다. 이것을 보면 성전은 단순히 기도하는 집이지, 하늘과 땅을 연결하는 곳이 아님을 분명히 알 수 있다. "그러나 하느님, 하느님께서 이 땅에 사람과 같이 자리 잡으시기를 어찌 바라겠습니까?" 솔로몬이 믿을 수 없다는 투로 묻는다. "저 하늘, 저 꼭대기 하늘도 주를 모시지 못할 터인데 소인이 지은 이 전이야말로 말해 무엇하겠습니까?"[126] 옛 신화에서 말하는 것과는 달리 이스라엘이 자신의 땅을 소유한 것은 야훼가 시온 산에 거하기로 했기 때문이 아니다. 사람들이 야훼의 법을 준수하고 야훼만을 섬기기로 했기 때문이다.

이스라엘 사람들이 정의롭고 친절하게 서로를 대하는 것 또한 필수적이었다. 그들은 고아나 과부에게 수입의 일부를 주고, 들판에서 포도나 올리브나 밀을 수확한 뒤에는 일부를 가난한 사람들을 위해 떼어놓아야만 땅을 소유하고 사업을 물려받을 수 있었다. 그들은 이집트에서 억압받았던 것을 기억하며 야훼의 관용을 모방해야 했다.[127] 모세는 백성에게 이렇게 말한다. "너희 하느님 야훼께서 주시는 땅의 어느 한 성읍에 동족으로서 가난한 사람이 있거든 너희는 인색한 마음으로 돈을 움켜잡거나 그 가난한 형제를 못 본 체하지 마라. 손을 펴서 그가 필요한 만큼 넉넉하게 꾸어주어라."[128] 이스라엘 사람들은 남편에게 버림받은 부인의 유산을 지켜주고, 외국인 거주자(게르)의 권리를 보호하고, 노예가 6년 동안 일을 하면 풀어주어야 했다.[129] 《신명기》 저자들이 정의, 형평, 동정의 중요성을 강조한 것은 아모스와 호세아의 가르침을 훌쩍 넘어선다.

《신명기》 저자들의 개혁이 충실하게 이행되었다면, 이스라엘의 정치적·사회적·종교적·법적 생활이 완전히 바뀌었을 것이다. 이것은 중요한 점이다. 《신명기》 저자들 가운데 법률가와 역사가들은 기록된 문서에 중심적 위치를 부여하는 완전히 새로운 태도를 보여주었다. 오늘날에는 사람들이 변화에 반대하고 과거를 보존하려고 경전을 이용하는 일이 많다. 그러나 경전의 정통성이라는 관념을 앞장서 제기한 《신명기》 저자들은 근본적인 변화를 도입하려고 물려받은 텍스트를 이용했다. 그들은 기원전 9세기의 언약 법전의 낡은 법을 다시 썼다. 민간의 도살, 중앙의 성전, 종교력과 관련된 새로운 법을 뒷받침하려고 구절을 집어넣고 단어를 바꾸었던 것이다.[130] 그들은 낡은 법, 구전되는 전설, 신앙 관습으로부터 방해나 구속을 받는 대신, 이런 전승을 창조적으로 이용했다. 과거의 신성한 전승은 절대적인 것이 아니었다. 《신명기》 저자들은 과거의 전승을 현재 상황에 빛을 던져줄 수 있는 자원으로 보았다.

《신명기》 저자들은 유대교를 책의 종교로 만들었다. 그러나 이런 전개에 상당한 반대가 있었던 것으로 보인다. 문자 해득 능력은 사람들과 유산의 관계를 바꾸어놓았다. 그러나 늘 좋은 쪽의 변화는 아니었다. 예를 들어 인도에서 구전 전승은 긴 도제 기간, 카리스마를 지닌 스승과 제자의 역동적인 상호 교류, 자기를 지우는 규율 잡힌 생활 방식 등을 요구했다. 그러나 혼자서 텍스트를 읽으려면 더 개인적이고 독립적인 교육이 필요했다. 학생은 이제 구루에게 의존하지 않고, 혼자서 텍스트를 정독하며 자기 나름의 결론을 끌어낼 수 있었다. 그의 지식은 더 천박할 수도 있었다. 페이지에 적힌 말 뒤에 놓인 것을 보거나, 그 말이나 개념을 넘어서는 찬란한 침묵을 경험할 필요를 느끼지 못할 수도 있기 때문이다.

예레미야는 대제사장 힐기야가 두루마리를 발견했을 무렵에 예언자 일을 시작했다. 그는 자신의 소명을 율법의 서를 찾은 일과 연결시켰다. 예레미야 자신은 서기가 아니었지만, 그의 제자 바룩은 그의 신탁을 글로 적었다. 예레미야는 요시아를 매우 존경했으며, 아마 힐기야나 사반과도 관계가 있었을 것이다. 《예레미야》는 《신명기》와 문체나 전망을 공유하는 곳이 여러 군데 보인다.[131] 그럼에도 예레미야는 기록된 토라에 대해서는 유보적인 태도를 보인다. "너희 가운데 지혜 있다고 스스로 나설 자 있느냐? 야훼의 법을 우리가 맡았다고 할 자 있느냐?" 예레미야는 적에게 묻는다. "보아라, 거짓 서기의 붓끝에서 법이 조작되었다." 기록된 텍스트는 붓의 술책만으로도 정통성을 뒤집을 수 있고, 지혜보다는 정보를 주어 전통을 왜곡할 수 있다. 예레미야는 서기들이 당황하고 혼란에 빠지게 될 것이라고 결론을 내린다. "잘난 체하여 나(야훼)의 말(다바르)을 뿌리치더니, 그 지혜가 어찌 되었느냐?"[132] 성경의 헤브라이어에서 다바르는 하느님의 말로 이루어진 신탁을 가리키며, 예언자는 자신의 입으로 그 신탁을 말한다. '지혜'(미슈파트)는 공동체의 구전을 가리킨다. 이런 이른 단계에도 이미 글로 기록한 경전의 영적 가치에 대한 우려가 있었던 것이다.

근대 유대인 운동 연구에서 저명한 학자 하임 솔로베이치크(Haym Soloveitchik)는 구전에서 기록된 텍스트로 전환될 때 종교적인 삐걱거림이 나타나, 제자에게 본질적으로 포착하기 힘들고 말로 표현할 수 없는 문제에 관하여 그릇된 명료함이나 확실성을 줄 수 있다고 주장한다.[133] 《신명기》 저자들은 대담하고 창조적인 사상가들이었지만, 그들의 신학은 종종 삐걱거리는 소리를 냈다. 모세는 백성에게 말했다. "너희는 너희가 이제 쫓아내게 될 민족들이 그들의 신을 섬기던 자리를 말끔히 허물어버려야 한다. …… 거기에 있는 제단은 무너뜨리고 석상은 부수어버리고 아세라 목상은 불태워버려야 한다. 그들의 신상들을 깨뜨려버려야 한다. 그리하여 그 이름들을 그 자리에서 지워버려야 한다."[134] 야훼는 이스라엘 사람들에게 자기들끼리는 서로 친절하라고 가르쳤을지 모르지만, 어쨌든 그들은 외국인에게는 무자비했다. 《신명기》의 역사가는 여호수아가 아이(여호수아의 지휘로 이스라엘 사람들이 파괴한 고대 가나안의 성읍)의 거주자들을 학살한 것을 묘사하며 분명히 지지를 보낸다.

광야 벌판에서 이스라엘을 쫓던 아이 주민은 그 광야 벌판에서 다 죽었다. 그들이 한 사람 남김없이 칼날에 쓰러지자 온 이스라엘은 아이로 돌아가 그 백성을 도륙하였다. 그날 쓰러진 아이 사람은 남녀 합해서 모두 만 이천이나 되었다.[135]

지나친 확신과 명료함은 잔인한 불관용에 이를 수 있다.

《신명기》 저자들이 그들의 이야기를 마무리하면서 묘사한 것은 아마 예루살렘 성전에서 처음 치른 유월절†일 것이다. 여호수아는 사마리아의 신전들을 부수고 사제들을 죽인 뒤 모든 백성을 불러 모아 "이 언약의 두루마리에서 말하는 대로" 유월절을 기념하자고 말한다. 이것 또한 《신명기》 저자들이 이룬 또 하나의 혁신이다. 지금까지 유월절은 사적인 가족 축제로서 집에서 여는 것이었다. 그러나 이제 유월절은 민족적인 집회가 되었다.[136] 마침내 이 역사가들은 사람들이 야훼가 의도한 대로 유월절을 기념한다고 주장한다.

> 그래서 지킨 과월절(유월절) 축제는 일찍이 판관들이 이스라엘을 다스리던 시대나 왕들이 이스라엘과 유다를 다스리던 어느 시대에도 없었던 것이었다. 예루살렘에서 야훼를 기려 과월절 축제를 지킨 것은 요시아 왕이 즉위한 지 십팔 년 되던 해의 일이었다.[137]

이것은 새로운 정치적이고 종교적인 시대의 시작이었다. 작은 왕국 유다는 새로운 황금 시대로 넘어가려는 참이었다.

그러나 요시아의 위대한 실험은 눈물 속에 끝이 났다. 중동의 지도가 바뀌고 있었다. 아시리아 제국은 쇠퇴의 마지막 단계에 들어섰으며, 바빌로니아가 상승세를 타는 중이었다. 기원전 610년에 파라오 프사메티코스가 죽고, 네코 3세가 뒤를 이었다. 네코 3세는 이듬해에 곤경에 처

---

† **유월절** 유대교 3대 주요 순례 절기 가운데 하나. 기원전 13세기 이스라엘 사람들의 조상이 이집트에서 탈출한 것(출애굽)을 기념하는 축제일이다. '과월절'이라고도 한다.

한 아시리아 왕을 지원하려고 팔레스타인을 관통했다. 요시아는 메기도에서 이집트군을 가로막았으나 첫 번째 교전에서 전사했다.[138] 그가 죽자 개혁도 모두 끝이 났다. 정치적 독립의 꿈은 박살이 났다. 유다 왕국은 이제 유다의 생존 자체를 위협하는 새로운 바빌로니아 제국과 이집트 사이에서 단역 배우에 불과했다.

5장

고난의 시대

기원전 600년~530년경

예레미야는 처형을 당할 뻔했다. 그러나 그는 석방된 뒤에도 계속 도시를
돌아다니며 무시무시한 신탁을 내놓았다. 그의 이름은 과장된 비관주의의
대명사가 되었지만, 사실 예레미야는 '부정적'이지 않았다.
그는 옳았다. 그의 굽힐 줄 모르는 용기 있는 태도는 축의 시대의 핵심 원리
가운데 하나를 표현했다. 즉 사람들이 실제로 있는 그대로 보아야 한다는 것이었다.
아무리 고통스럽고 겁이 난다 해도, 모래에 머리를 박고
진실을 마주하기를 거부한다면 영적으로나 현실적으로나
제 역할을 할 수 없었다.

추방당한 자들의
트라우마

　기원전 6세기에 이스라엘은 본격적으로 축의 시대에 접어들었다. 이번에도 변화의 촉매는 걷잡을 수 없는 충격적인 폭력의 경험이었다. 요시아의 때 이른 죽음 뒤 바빌로니아의 왕 네부카드네자르 2세(느부갓네살. 기원전 604~562년 재위)가 이 지역에서 논란의 여지없는 주인이 되었다. 그 뒤로 20년 동안 신바빌로니아 제국은 가나안을 두고 이집트와 경쟁했다. 유다의 왕은 불안하게 두 강국 사이를 왔다 갔다 하면서, 한쪽을 택했다가 곧이어 다른 쪽에 보호를 바라기도 했다. 그러나 바빌로니이에 맞서는 것은 위험한 일이었다. 유다가 바빌로니아 통치에 저항할 때마다 네부카드네자르는 막강한 군대를 끌고 유다 왕국으로 내려와 이 지역을 정복했다. 이런 야만적인 원정이 세 번이나 있었다. 기원전 597년 유다 왕국의 젊은 왕 여호야긴은 바빌로니아에 항복하여, 백성 8천 명과 함께 자기 땅에서 추방당했다. 여기에는 왕족, 귀족, 군인, 뛰어난 장인 등이 포함되어 있었다. "유력자 7천 명과 은장이, 대장장이 천 명을 바빌론으로 사로잡아 갔는데 그들은 모두 싸우러 나갈 수 있는 용사들이었다."¹⁾ 새로운 축의 시대 전망을 창조한 사람들은 처음으로 바빌로니아에 끌려간 이 사람들이었다.

　네부카드네자르는 유다의 심장부를 파헤쳤지만, 유다는 바빌로니아에서 임명한 시드키야(시드기야. 여호야긴의 삼촌)를 왕위에 앉히고 10년을 더 버텼다. 기원전 587년 시드키야가 반란을 꾀하자, 네부카드네자르는 자비를 보이지 않았다. 그의 군대는 예루살렘을 공격하여 성전을 부수고, 도시를 잿더미로 만들었다. 시드키야는 아들들이 눈앞에서 살해당하는 것을 지켜본 뒤에 눈이 뽑혔고, 5천 명의 포로와 함께 바빌로니아로 끌려갔다. 이제 천민들과 바빌로니아를 피해 황폐한 땅으로 달아난 사람들만 남았다. 유다는 제국의 행정 구조에 통합되었으며, 기원전 581년에는 세 번째 집단이 또 끌려갔다.²⁾

　엄청난 고난의 시기였다. 최근에 어떤 학자들은 바빌론 유수가 사실은 그렇게 큰 충격이 아니었다고 주장했다. 약 75퍼센트의 주민은 뒤에 남았고, 그들의 삶은 전과 다름없이 계속되었다는 것이다. 포로로 잡혀간 자들도 바빌로니아에서 보살핌을 받았다. 그들은 그곳에 정착하여 세를 거두고, 사업을 하고, 운하를 관리하면서 생계를 유지했다. 일부는 봉토를 소유하기도 했다.³⁾ 그러나 최근의 고고학적 연구 결과 예루살렘, 유다, 레반트 전체에 몰아친 바빌로니아의 공격은 아시리아의 공격보다 훨씬 더 파괴적이었다는 사실이 드러났다. 나라는 암흑 시대로 접어들었다. 이스라엘 역사에서 가장 비참한 시기로 꼽을 만했다.⁴⁾ 예루살렘과 성전은 황량한 폐허가 되었다. 《예레미야 애가》는 그 텅 빈 광장, 무너진 담, 부서진 문을 묘사한다. 번영을 이루던 혼잡한 도시는 이제 자칼이 사는 곳이 되었다. 사람들은 쓰레기 더미를 뒤져 먹을 것을 찾고, 어머니는 아기를 죽여 삶아 먹었으며, 잘생긴 청년들은 시커먼 얼굴에 뼈만 앙상한 몸으로 폐허가 된 도시를 배회했다.[5] 이스라엘 사람들은 무시무시한 공허를 들여다보았다. 그러나 모든 것을 잃었기에 몇몇 사람은 슬픔, 상실, 모욕의 경험에서 새로운 전망을 창조할 수 있었다.

예언자 예레미야는 추방을 당하지 않았다. 반항이 어리석기 짝이 없는 일이라 생각하여 일관되게 바빌로니아를 지지했기 때문이다. 어떤 예언자들은 야훼가 성전에 살기 때문에 예루살렘은 파괴당할 리 없다고 생각했으나, 예레미야는 그들에게 그것은 위험하고 말도 안 되는 소리라고 말했다. "이곳은 야훼의 성전이다!"라는 말을 주문처럼 외는 것은 소용이 없다. 사람들이 행실을 고치지 않는다면 야훼는 도시를 파괴할 것이다.[6] 이것은 대역이었다. 그래서 예레미야는 처형을 당할 뻔했다. 그러나 그는 석방된 뒤에도 계속 도시를 돌아다니며 무시무시한 신탁을 내놓았다. 그의 이름은 과장된 비관주의의 대명사가 되었지만, 사실 예레미야는 '부정적'이지 않았다. 그는 옳았다. 그의 굽힐 줄 모르는 용기 있는 태도는 축의 시대의 핵심 원리 가운데 하나를 표현했다. 즉 사람들이 실제로 있는 그대로 보아야 한다는 것이었다. 아무리 고통스럽고 겁이 난다 해도, 모래에 머리를 박고 진실을 마주하기를 거부한다면 영적으로나 현실적으로나 제 역할을 할 수 없었다.

예레미야는 예언자 노릇을 싫어했다. 그러나 자신의 의사에 반하여 어쩔 수 없이 하루 종일 "파멸과 멸망!"이라고 외치고 다닐 수밖에 없었다. 입을 닫으려 하면 심장과 뼈에 불이 붙는 듯하여 다시 예언을 할 수밖에 없었다.[7] 예레미야는 아모스나 호세아와 마찬가지로 하느님이 자신을 장악했다고 느꼈다. 자신의 사지를 비트는 고통은 야훼의 고통이었다. 하느님 또한 수모를 당하고, 추방을 당하고, 버림받은 것처럼 느꼈다.[8] 예레미야는 자신의 고난을 부정하는 대신 사람들 앞에 슬픔의 인간으로 나타났다. 그는 자기 시대의 공포, 분노, 슬픔에 마음을 열고, 그것이 자기 존재의 구석구석을 침범하는 것을 받아들였다. 부인할 수가 없었다. 그것은 깨달음에 방해가 될 뿐이기 때문이었다.

기원전 597년에 첫 추방이 일어난 직후 예레미야는 바빌로니아에서 이른바 예언자라고 하는 사람들이 추방자들에게 헛된 희망을 퍼뜨리고 있다는 이야기를 들었다. 그러자 그는 추방당한 사람들에게 공개 편지를 썼다. 그들은 가까운 미래에 고향으로 돌아오지 못할 것이다. 외려 야훼는 예루살렘을 부수어버릴 것이다. 적어도 70년은 포로 생활을 해야 할 것이니, 정착을 해서 집을 짓고 부인을 얻고 자식을 낳아라. 무엇보다도 포로 생활을 한다고 해서 원한을 품지 마라. 야훼의 메시지는 이런 것이다. "나에게 쫓겨 사로잡혀 가 사는 그 나라가 잘되도록 힘쓰며 잘되기를 나에게 빌어라. 그 나라가 잘되어야 너희도 잘될 것이다." 만일 그들이 사실을 직면하여 거짓 위로에 등을 돌리고 마음이 증오에 오염되는 것을 막을 수 있다면, 그들은 '희망으로 가득한 미래'를 누릴 것이다.[9] 예레미야는 뒤에 남은 사람들이 아니라 기원전 597년에 포로로 끌려간 사람들이 이스라엘을 구할 것이라고 확신했다. 이 시련의 시기를 견디면 그들은 더 내적인 영성을 얻게 될 터였다. 야훼는 그들과 새로운 언약을 맺을 것이다. 이번에는 모세와 맺은 낡은 언약처럼 언약이 돌판에 새겨지지 않을 것이다.

> 그날 내가 이스라엘 가문과 맺을 계약이란 그들의 가슴에 새겨줄 내 법을 말한다. 내가 분명히 말해 둔다. 그 마음에 내 법을 새겨주어, 나는 그들의 하느님이 되고 그들은 내 백성이 될 것이다. 내가 그들의 잘못을 다시는 기

억하지 아니하고 그 죄를 용서하여 주리니, 다시는 이웃이나 동기끼리 서로 깨우쳐주며 야훼의 심정을 알아드리자고 하지 않아도 될 것이며, 높은 사람이나 낮은 사람이나 내 마음을 모르는 사람이 없으리라. 이는 내 말이라. 어김이 없다.[10]

이스라엘 사람들 가운데 일부는 모든 것을 잃었기 때문에 내면으로 향했다. 각 개인은 자신을 책임져야 했다. 그들은 축의 시대의 더 내적이고 직접적인 앎을 발견하기 시작했다.

그러나 포로 가운데 일부는 바빌로니아의 평안을 구하기는커녕 그 어린아이들의 머리를 바위에 메어치고 싶어했다.[11] 추방은 단지 주소만 바뀌는 것이 아니다. 그것은 영적인 혼란이다. 난민은 문화와 정체성의 뿌리와 단절되면서 표류한다는 느낌, 방향을 상실했다는 느낌, 하찮은 존재로 시들어 간다는 느낌을 받는 경우가 많다.[12] 유대인 포로는 바빌로니아에서 비교적 괜찮은 대접을 받았다. 그들은 감옥이나 수용소에서 살지 않았다. 기원전 597년에 자신의 의지로 네부카드네자르에게 항복한 여호야긴 왕은 가택 연금을 당했지만, 바빌로니아의 남쪽 성채에서 연금을 받으며 수행원들과 함께 안락하게 살았다.[13] 포로 가운데 일부는 수도에 살았지만, 일부는 새로 판 운하 근처 미개발 지역에 살았다.[14] 그들은 어느 정도는 자신의 일을 스스로 처리할 수 있었다.[15] 그럼에도 그들은 어디까지나 추방당한 사람들이었다. 그 가운데 많은 사람들이 예루살렘에서는 권위와 영향력을 자랑했다. 그러나 바빌로니아에서는 정치적 권리도 없이 사회의 주변부에서 살아야 했다. 그들의 지위는 현지 주민 가운데 가장 가난한 사람들의 지위보다 낮았다. 일부는 강제 노역에 시달리기도 했다.[16] 그들은 충격적인 지위 상실을 경험했다. 그들은 추방 생활을 묘사하면서 '차꼬'(마세라), '족쇄'(지깐) 같은 말을 자주 사용한다.[17] 그들은 명목상으로는 노예가 아니었을 수도 있지만, 실제로는 그렇게 느꼈다.

피난민 가운데 일부는 이제 야훼를 섬길 수가 없었다. 야훼가 바빌로니아의 신 마르두크에게 완전히 패배했다고 생각했기 때문이다.[18] 고대의 민간 설화에 기초한 《욥기》는 망명기에 기록되었을지도 모른다. 어느 날 야훼는 신성한 신들 앞에서 사탄과 흥미로운 내기를 한다. 당시만 해도 사탄은 아직 맹렬한 악의 존재가 아니라, 단지 '하느님의 아들' 가운데 하나로서 신들의 모임의 정당한 '반대자'였다.[19] 사탄은 야훼가 가장 사랑하는 인간 욥이 한 번도 진정으로 시험을 받은 적이 없으며, 단지 야훼가 그를 보호하고 번영을 허락했기 때문에 선한 것이라고 말했다. 가진 것을 다 잃으면 금세 눈앞에서 야훼를 저주할 것이라는 이야기였다. 그러자 야훼가 대답했다. "이제 내가 그의 소유를 모두 네 손에 부친다."[20] 사탄은 곧 욥의 소, 양, 낙타, 하인, 자식을 죽였고, 욥은 지저분한 여러 병으로 잇따라 고생을 했다. 결국 욥은 실제로 하느님에게 등을 돌렸고, 사탄은 내기에서 승리했다.

그러나 이 시점에서 저자는 일련의 긴 시와 이야기로 인간의 고난을 정의롭고, 자비롭고, 전능한 신이라는 개념에 맞추려 한다. 욥의 네 친구는 전통적인 논거들을 모두 동원하여 욥을 위로하려 한다. 야훼는 사악한 자들만 벌할 뿐이다. 우리는 그의 계획을 헤아릴 수 없다. 야훼는 온전히 의로우니 욥이 뭔가 잘못을 한 것이 틀림없다. 이 그럴듯하고 편리한 상투적 주장에 욥은 격분하여, 위로하러 온 친구들이 하느님처럼 행동하여 자신을 잔인하게 괴롭힌다고 비난한다. 야훼를 두고는, 눈에 보이지 않고, 전능하고, 자의적이고, 정의롭지 못한 신, 검사·판사 · 집행자 노릇을 동시에 하는 신과 사리를 따져 대화를 나누는 것이 불가능하다고 말한다.

마침내 야훼는 욥에게 응답을 하는데, 자신이 그렇게 잔인하게 대했던 사람에게는 아무런 동정심도 보이지 않고, 자신의 화려한 업적에 관해서만 긴 이야기를 늘어놓을 뿐이다. 자신이 땅의 기초를 놓고, 문을 닫아 바다를 가두어놓았을 때 욥은 어디 있었는가? 욥은 낚시로 레비아단을 잡거나, 말이 메뚜기처럼 뛰게 하거나, 별자리를 자기 길로 인도할 수 있는가? 이 시는 웅장하지만 현안과 아무런 관련이 없다. 이 길고 자만에 찬 장광설은 진짜 쟁점은 전혀 건드리지 않는다. 어째서 무고한 사람들이 그들을 사랑한다고 하는 하느님의 손에 고난을 겪는가? 욥과는 달리 독자는 욥의 고통이 야훼의 초월적 지혜와 아무런 상관이 없고, 단지 경박한 내기의 결과일 뿐임을 알고 있다. 시의 끝에서 욥이 야훼의 과장된 힘의 과시에 완전히 패배하여 자신의 불평을 다 거두어들이고 먼지와 재를 쓰고 회개하자, 야훼는 욥의 건강과 운을 회복해준다. 그러나 이미 죽임을 당한 자식과 하인은 되살려주지 않는다. 그들에게는 정의도 보상도 없다.

만일 《욥기》를 실제로 추방자 가운데 한 사람이 쓴 것이라면, 공동체의 일부는 야훼에 대한 믿음을 완전히 잃었을 가능성이 있음을 알 수 있다. 그러나 일부는 파국에 창의적으로 대응하며, 완전히 새로운 종교적 전망을 펼치기 시작했다. 왕실 율법학자들은 계속 이전의 텍스트들을 편집했다. 《신명기》 저자들은 불행을 설명하려고 역사에 여러 구절을 보탰고, 시제들은 예배도 신전도 없는 바빌로니아 생활에 맞추어 고대 전승을 개작하기 시작했다. 삶에 의미를 부여하는 모든 것, 즉 신전, 왕, 땅을 박탈당한 상태에서 그들은 집 없는 소수자로서 살아가는 법을 배워야 했다. 그들은 역사를 다시 쓰고, 관습을 고치고, 전통적인 신성한 상징을 근본적으로 혁신적인 방식으로 해석하는 것을 두려워하지 않았다.

이러한 축의 시대의 전망이 전개되는 과정을 젊은 사제 에스겔(에제키엘)의 예언자 인생에서 찾아볼 수 있다. 에스겔은 기원전 597년에 바빌로니아로 끌려가 체바르(그발) 운하 근처 텔아비브―'봄의 언덕'―마을에 정착했다. 에스겔은 일련의 환상을 보았으며, 이것은 그가 괴로운 공포로부터 좀 더 평화롭고 내적인 영성으로 고통스럽게 이행해 갔음을 보여준다. 추방을 당하고 나서 꼭 5년 뒤인 기원전 593년, 예루살렘과 성전이 아직 서 있던 시기에 에스겔은 체바르 강둑에서 혼란스러운 환상을 본다.[21]

강한 바람이 불었다. 번갯불이 번쩍이고, 천둥이 치고, 연기가 피어올랐다. 불 폭풍 때문에 뿌연 시야에서 에스겔은 특이한 생물 네 마리를 볼 수 있었다. 모두 머리가 넷 달렸고, 전차를 끌었다. 이들은 귀가 멍멍할 정도의 큰 소리로 날개를 쳤다. "그 날개 치는 소리가 큰 물소리 같았고 전능하신 분의 음성 같았으며 싸움터에서 나는 고함 소리처럼 요란하였다." 전차 위에는 보좌의 '형상'이 있고, 그 위에 "사람 같은 모습이 보였다." 그 팔다리에서는 불을 뿜었다. 그러나 이것은 또 "마치 야훼의 영광처럼 보였다." 두루마리를 쥔 손이 뻗어 나왔는데, 두루마리에는 "구슬프게 울부짖으며 엮어대는 상여 소리가 기록되어 있었다." 에스겔은 성스러운 메시지를 그의 백성에게 전하기 전에 억지로 그 두루마리를 먹어야 했다. 자기 시대의 폭력과 슬픔을 고통스럽게 소화해야 했던 것이다.

하느님은 불가해한 존재가 되었다. 에스겔이 텔아비브에서 느꼈던 것만큼이나 이질적이었다. 추방의 트라우마는 《신명기》 저자들이 그린 단정하고 합리적인 하느님을 부수어버렸다. 이제 야훼를 아브라함과 함께 식사를 하던 친구나 신들의 모임을 강력하게 이끄는 왕으로 보기는 불가능했다. 에스겔의 환상은 말이 되지 않았다. 완전히 초월적인 것, 인간의 범주를 넘어선 것이었다. 그에게 건네진 두루마리에는 《신명기》 저자들의 율법의 서와는 달리 분명한 지침이 적혀 있지 않았다. 확실한 것은 전혀 없고, 정리되지 않은 슬픔과 고통의 외침뿐이었다. 이것은 전쟁의 혼란과 공포가 가득한 군인의 환상이었다. 야훼는 하늘의 보좌가 아니라 전차에 나타났다. 오늘날로 치자면 탱크나 전투기에 나타난 것이나 다름없었다. 에스겔이 전달할 메시지는 협박에 가까웠다. "얼굴에 쇠가죽을 쓴 고집이 센" 추방자들에게 "듣든 안 듣든 내 말을 전하는 자가 저희 가운데 있다는 것을" 경고할 뿐이었다. 친절이나 위로는 없었다. 야훼는 에스겔을 그의 백성과 마찬가지로 '(얼굴을) 두껍게' 만들 생각이었다. "그의 결의는 금강석처럼 굳었다. 화석보다 굳은 금강석 같았다." 마침내 에스겔은 시끄러운 외침 사이에서 들어올려졌다. 그는 야훼의 손이 자신의 몸 위에 '무겁게' 놓여 있음을 느꼈다. 그는 '초조한 심정으로' 야훼에게로 갔다. 에스겔은 텔아비브로 가서 '얼빠진 사람이 되어' 일 주일을 누워 있었다.[22]

그러나 위로도 있긴 하다. 에스겔이 두루마리를 먹고 그 엄청난 슬픔과 공포를 받아들이자, "그것을 받아먹으니 마치 꿀처럼 입에 달았다."[23] 또 야훼가 아무런 위로를 주지 않았다 해도, 추방당한 그의 백성을 찾아왔다는 것만은 분명한 사실이었다. 성전은 그대로 서 있었지만, 야훼는 예루살렘의 성전을 떠나 추방당한 사람들과 운명을 같이했다. 에스겔은 나중에 환상에서 야훼가 뒤에 남은 유다 사람들의 우상 숭배와 부도덕 때문에 자신의 도시에서 쫓겨난 것임을 알게 된다.[24] 그러나 추방당한 사람들도 그런 재앙에 어느 정도 책임이 있음을 깨달아야 했다. 에스겔의 임무는 기원전 597년에 추방당한 사람들에게 이 사실을 깨닫게 하는 것이었다. 돌아갈 수 있을 것이라는 환상은 품지 말아야 했다. 그들이 해야 할 일은 회개하는 것이었고, 어떻게 해서든 바빌로니아에서 제대로 질서 잡힌 생활을 구축하는 것이었다. 그러나 슬픔의 무게를 온전히 경험하기 전에는 그렇게 할 수가 없었다.

에스겔의 개인적인 혼란은 이상하고 왜곡된 행동, 백성의 곤경을 그들에게 알리려고 보여줄 수밖에 없었던 괴상한 무언극에서 드러나는 것 같다. 에스겔의 부인이 죽었을 때 야훼는 그에게 애도를 못하게 했다. 또 한번은 에스겔에게 390일 동안 한쪽으로 모로 눕고, 40일 동안 다른 쪽으로 모로 누워 있게 했다. 야훼는 그를 묶어 집안에 가두고, 에스겔의 혀가 입천장에 달라붙어 말을 못하게 했다. 한번은 짐을 싸서 피난민처럼 텔아비브 주위를 걷게 하기도 했다. 에스겔은 심한 불안을 느끼는 바람에 계속 몸을 떨면서 가만히 앉아 있지도 못하고 계속 안절부절 못하면서 돌아다녀야 했다. 그는 이것이 추방당한 사람들에게 벌어지는 일이라고 동포에게 말하는 것 같았다. 그들은 이제 정상적인 반응을 보일 수가 없었다. 그들의 세계가 뒤집혔기 때문이다. 어디에서도 긴장을 풀거나 편안할 수가 없었다. 추방당한 사람들이 이 사실을 제대로 파악하지 못한다면, 상황을 있는 그대로 보지 못한다면, 치유될 수가 없었다. 밝은 면을 보거나 곧 집에 돌아갈 것이라고 스스로를 타이르는 것은 소용없었다. 그것이 사실이 아니었기 때문이다. 따라서 그런 미망에서 벗어나야 했다.

에스겔은 사제였으며, 그래서 위기를 성전 제의와 관련하여 해석했지만, 그의 백성이 저지른 도덕적 태만을 진단할 때는 전통적인 전례적 범주를 이용했다. 기원전 587년 예루살렘이 파괴되기 얼마 전에 에스겔은 야훼가 예루살렘에서 쫓겨난 이유를 알려주는 환상을 보았다. 에스겔은 안내를 받아 성전을 돌아다니다가 유다 백성이 파국에 직면한 상황에서도 여전히 야훼 외의 다른 신들을 섬기는 것을 보고 경악하고 말았다. 성전은 악몽의 장소가 되었다. 벽에는 몸부림치는 뱀과 역겨운 짐승들이 그려져 있었다. 이런 '더러운' 의식을 거행하는 사제들은 지저분한 빛 속에 나타났다. 마치 은밀하고 추악한 성행위에 몰두하고 있는 것 같았다. "너는 이스라엘 가문의 장로들이 따로따로 신상을 그려 놓은 컴컴한 방에서 하고 있는 짓들을 보았느냐?"²⁵⁾ 다른 방에서는 여자들이 아나톨리아†의 식물의 신 타무즈 때문에 울고 있었다. 어떤 유대 사람들은 야훼가 사는 지성소†에 등을 돌린 채 태양을 섬겼다.

그러나 사람들은 야훼를 제의에서만이 아니라 윤리에서도 거부했다. 에스겔의 신성한 안내자는 말했다. "이스라엘과 유다 가문의 죄악이 얼마나 크고 무서운지 너는 아느냐? 야훼가 이 나라를 내버리고, 돌보지도 않는다고 하며 온 나라에 유혈 참극을 벌인 것들, 부정부패로 이 수도를 채운 것들, 어떻게 내가 그들을 가엾게 여기고 불쌍히 보겠느냐? 그 소행대로 벌을 내리지 않을 수 없다."²⁶⁾ 나라 간에 서로 공격을 하는 이 세계에서 에스겔이 유다 사람들이 서로 자행하는 폭력에 몰두

아나톨리아 흑해, 에게해, 지중해에 둘러싸인 반도. 아시아의 서쪽 끝이며, 오늘날 터키 공화국 영토의 대부분을 차지하는 땅이다.

지성소(至聖所, Sanctum Sanctorum) 고대 예루살렘 성전에서 가상 깊숙한 곳에 자리 잡고 있던 가장 신성한 장소. 이스라엘 대제사장만이 1년에 한 번씩 대속죄일에 창문도 없이 막힌 이곳에 들어가 분향하고 희생 제물의 피를 뿌려 자신의 죄와 제사장들의 죄를 대속했다.

했다는 것은 중요한 의미가 있다. 개혁은 자신의 결점에 대한 객관적이고 분명한 검토에서 시작되어야 한다. 에스겔은 바빌로니아인의 잔혹성을 비난하거나 자신들의 고통을 적에게 투사하는 대신 함께 추방당한 사람들에게 더 가까운 곳을 보도록 강요했다. 성전 신앙에서 피는 핵심이었다. 사제들의 피에 대한 이야기는 이제까지 대부분 제의에 집중되어 있었다. 그러나 이제 에스겔은 피를 살인, 무법, 사회적 불의의 상징으로 바꾸었다.27) 제의는 이제 축의 시대의 새로운 도덕적 의무에 따라 해석되었다. 이 사회적 범죄들은 우상 숭배만큼이나 심각했으며, 이스라엘은 임박한 재난을 두고 남을 탓할 수 없었다. 에스겔은 환상의 끝에 야훼의 전차가 감람산 너머로 날아가는 것을 보았다. 신성한 도시에서 신의 영광을 거두어 가고 있었다.

뒤에 남은 유다 사람들에게는 희망이 없었다. 그들의 죄와 정치적 책략 때문에 예루살렘은 멸망할 터였다. 예레미야와 마찬가지로 에스겔도 이 사람들을 싫어했다. 그러나 야훼가 추방당한 사람들과 함께 살기로 했기 때문에 미래의 희망은 있었다. 에스겔은 몹시 괴로워 겉으로는 정신병자 같은 모습을 보였지만, 새로운 삶에 대한 환상을 보았다. 그의 눈앞에 사람 뼈가 가득한 들판이 보였다. 이 들판은 추방당한 사람들의 공동체를 나타냈다. 그들은 계속 말하고 있었다. "뼈는 마르고, 희망은 사라져 끝장이 났다." 그러나 에스겔이 뼈에 대고 예언을 하자, "숨이 불어왔다. 그러자 모두들 살아나 제 발로 일어서서 굉장히 큰 무리를 이루었다."28) 언젠가 그들이 완전히 회개를 하면 야훼가 추방당한 자들을 고향으로 데려갈 것이다. 그러나 이것은 단순한 복귀가 아니었다. 예레미야와 마찬가지로 에스겔도 추방의 고난이 더 깊은 전망으로 이어져야 한다는 것을 알았다. 야훼는 약속했다. "나는 그들의 마음을 바꾸어 새 마음이 일도록 해주리라. 그들의 몸에 박혔던 돌 같은 마음을 제거하고 피가 통하는 마음을 주리라. 그래서 나의 규정을 따르고 나의 법을 지켜 그대로 실행하도록 만들겠다. 그제야 그들은 나의 백성이 되고 나는 그들의 하느님이 될 것이다."[29] 야훼는 첫 번째 환상에서 에스겔에게 그의 심장을 화석처럼 단단하게 만들 것이라고 말했다. 그러나 에스겔이, 그리고 아마도 추방당한 사람들 가운데 일부도, 고통을 소화하고, 자신의 책임을 인정하고, 심장이 부서지는 것을 감수했기 때문에 그들은 인간적인 존재가 되었다.

마지막으로, 아마 말년의 일이겠지만, 에스겔은 예루살렘이 파괴된 뒤 아주 높은 산꼭대기에 있는 야훼 삼마("야훼가 거기에 있다!")라고 부르는 도시의 환상을 보았다. 이 장들은 에스겔의 제자들 일부가 편집하고 확장했을 수도 있지만, 핵심적인 부분은 에스겔 자신에게서 나왔을 것이다.[30] 예루살렘과 성전은 폐허가 되었지만, 여전히 예언자의 마음에 살아 있었으며, 에스겔은 그 신비한 의미를 보았다. 솔로몬의 성전은 에덴 동산의 복제물로 설계된 것이었으며, 에스겔은 이제 눈앞에 지상 낙원을 보았다. 도시 한가운데 성전이 있었다. 성소 밑으로 물이 졸졸 흘러 성스러운 산을 따라 내려가며, 주위의 땅을 치유하고 생명을 안겨주었다. 강둑을 따라 나무가 자라는데 "잎이 시드는 일이 없다. 그 물이 성소에서 흘러나오기 때문에, 다달이 새 과일이 나와서 열매가 끊어지는 일이 없다. 그 열매는 양식이 되고 그 잎은 약이 된다."[31] 성전이 온 세상의 핵이었다. 그곳에서 신성한 힘이 이스라엘 온 땅과 백성에게 동심원을 그리며 퍼져 나갔다. 이 힘이 출발점에서 멀어질수록 신성함은 희석되었다.

도시를 둘러싼 첫 번째 원은 왕과 성스러운 일을 하는 제사장들의 집이었다. 그 다음은 이스라엘 지파들의 구역으로서 첫 번째보다는 덜 성스러웠다. 신성함의 영역 너머에, 그 땅 바깥에 고임†, 즉 이민족들의 세계가 있었다. 성전 예배에서 야훼는 카도슈, 즉 '따로 떨어진' '다른' 존재였다. 이제 성전은 사라졌지만, 이스라엘은 세계 나머지 땅과 다른 삶을 살아 여전히 신성함에 참여할 수 있었다. 회복된 공동체를 보여주는 이 환상은 미래를 위한 세밀한 청사진도 아니고 설계도도 아니었다. 인도 사람들이라면 만다라, 즉 명상을 위한 이콘(icon)이라고 부를 만한 것으로서[32] 신을 중심에 둔 제대로 질서 잡힌 생활의 이미지였다. 야훼는 자신의 백성이 추방당했을 때도 함께 있었다. 따라서 이 백성은 이교도와 구분되어, 마치 여전히 성전 옆에서 사는 것처럼 살아야 한다. 이교도와 친하게 사귀거나 동화되지 말고, 영적으로 야훼 주위에 모여야 한다. 바빌로니아에서는 비록 주변 민족이지만, 우상을 섬기는 이웃, 지도에서 찾아보기도 힘든 이웃보다 이스라엘 백성이 중심에 더 가까이 있었다. 그러나 이 무렵의 내적 삶에 대한 강조를 고려할 때, 에스겔의 제자들은 이 묘사를 바탕으로 성전을 내면화하고 그것을 내적 현실로 만들었을 가능성도 있다. 신성함의 동심원을 명상하면서 자신의 '중심'을 발견할 수도 있었다는 것이다. 이것은 그들이 온전하게 기능할 수 있도록 방향을 잡아주었을 것이다. 이 추방당한 사람들은 《우파니샤드》의 현자들처럼 정신을 엄격하게 분석하지 않았다. 그러나 그들 가운데 일부는 이 만다라를 명상하면서 그들 존재의 핵심에서 현존하는 신을 발견하는 중이었을지도 모른다.

에스겔은 야훼 삼마의 명상에서 희생제, 제의(祭衣), 성전의 치수와

고임(goyim) 유대인 입장에서 본 이민족, 이교도를 가리키는 말.

크기에 관해 긴 시간을 들여 자세히 이야기한다. 인류학자들의 말에 따르면, 사회적 불확실성의 시기에는 제의가 새로운 중요성을 띤다.[33] 특히 추방당한 사람들에게는 다른 집단과 구분되는 경계를 유지하려는 압력이 생겨나며, 순결, 오염, 종족 간 결혼에 대한 관심이 새로이 나타난다. 공동체는 그것을 바탕으로 다수 문화에 저항할 힘을 얻는다. 에스겔의 환상이 요새의 심리를 보여주는 것은 분명하다. 그의 상상의 도시에서는 외부인은 출입이 전혀 허락되지 않았다. 어디를 가나 담과 문이 있어, 이스라엘의 성스러움을 바깥 세계의 위협으로부터 지켰다.

에스겔은 위대한 예언자들의 마지막 세대에 속한다. 예언은 늘 이스라엘과 유다의 군주제와 연결되어 있었기 때문에, 군주제가 쇠퇴하자 예언도 영향력이 줄었다. 그러나 성전 안에서 공무를 수행했던 사제들은 돌이킬 수 없이 사라져버린 듯한 세계와 이어지는 마지막 고리로서 새롭게 중요한 위치를 차지했다. 사제들은 성전이 파괴된 뒤 절망에 빠져들 수도 있었다. 그러나 추방당한 사제들로 이루어진 소규모 집단은 낡은 것의 파편 위에 새로운 영성을 구축하기 시작했다. 우리는 그들에 관해서는 거의 알지 못한다. 학자들은 성경 가운데 이 사제들과 관련된 부분을 'P'라고 부르지만, 이 P가 편집자 한 사람인지, 아니면 사제 저술가와 편집자들로 이루어진 학파인지는 알지 못한다. 물론 후자일 가능성이 높기는 하지만. 이들이 누구이건 P는 기록된 또는 구전된 오랜 전승 몇 가지를 활용했다.[34] 어쩌면 추방당한 왕 여호야긴의 궁정에 있는 왕실 서고에서 작업을 했던 것인지도 모른다. P가 이용한 문서에는 JE 서사, 족장들의 혈통, 이스라엘 백성이 40년간 광야에서 지낼 때 야영을 했다고 하는 장소들의 목록이 담긴 고대의 제의 텍스트 등이 있다. 그러나 P의 가장 중요한 자료는 '성결 법전'[35] (Holiness Code, 기원전 7세기에 모은 잡다한 율법들)과 '성막 문서(Tabernacle Document)'다. 성막 문서는 P 서사의 중심이며, 이스라엘 백성이 신을 모시려고 광야에 지은 성막을 묘사한다.[36] 이 성전은 모세가 그곳에서 야훼를 만나 지침을 받았기 때문에 회막(會幕)이라고 부른다. P의 자료 가운데 일부는 실제로 매우 오래되었다. 또 P는 언어도 의도적으로 고풍스럽게 꾸몄다. 그러나 그 목적까지 예스러운 것은 아니다. P는 백성을 위하여 새로운 미래를 구축하기를 원했다.

P는 JE 서사에 중요한 대목을 보탰으며, 《레위기》와 《민수기》에도 책임이 있다. 독자들은 대부분 이 사제의 이야기가 지나치게 어렵다고 생각한다. 그래서 유혈이 낭자한 상태에서 비비 꼬이고 끝도 없이 이어지는 희생제 이야기나 이해할 수 없을 정도로 복잡한 음식 율법 이야기는 대개 건너뛴다. 이제 성전마저 폐허가 된 마당에 그런 낡아빠진 의식을 왜 그렇게 자세히 묘사하는가? 추방을 당해 불순한 땅에 살고 있는데 왜 그렇게 순결을 강조하는가? 언뜻 보면 외적인 규칙과 제의에 강박을 느끼는 듯한 P의 이런 태도는 축의 시대로부터 멀리 떨어진 느낌이 든다. 그러나 P는 사실 베다의 희생제를 수정했던 개혁가들과 똑같은 문제에 몰두해 있었다. P는 추방당한 사람들이 다른 방식으로 살기를 바랐다. 이 율법을 충실하게 지키면, 이 율법이 그들을 영혼 없는 순응 상태에 가두는 것이 아니라 깊은 수준에서 변화시킬 것이라고 확신했다.

성막(聖幕, tabernacle) 유대 역사에서 헤브라이인들이 약속의 땅을 향해 방랑하던 시기에 예배를 드릴 수 있도록 세운 이동식 성소. 성막은 그 후 성전의 모델이 되었다. 기원전 957년경 예루살렘에 솔로몬 성전이 세워지면서 성막은 성소로서 의미를 잃었다. 이스라엘 최초의 성막은 단순한 천막으로 이루어졌으며 그 안에 야훼가 나타나 자신의 뜻을 전달한다고 믿었다.

이스라엘의 하느님이 엿새 동안 어떻게 하늘과 땅을 창조했는지 말하는 《창세기》의 첫 장이 아마 P의 가장 유명한 작품일 것이다. 따라서 여기에서부터 이야기를 시작하는 것이 좋겠다. P의 첫 독자들은 창조 이야기를 들으면서 격렬한 투쟁의 이야기를 기대했을 것이다. 추방당한 사람들은 바빌로니아에 살고 있었다. 이곳에서는 새해가 올 때마다 마르두크가 시원(始原)의 바다인 티아마트를 물리친 이야기를 화려한 의식으로 재현했다. 또 야훼가 세상을 창조하면서 바다 용을 죽인 이야기도 많았다. 따라서 독자들은 P가 서두를 열면서 바다 이야기를 했을 때 놀라지 않았을 것이다. "한처음에 하느님께서 하늘과 땅을 지어내셨다. 땅은 아직 모양을 갖추지 않고 아무것도 생기지 않았는데, 어둠이 깊은 물 위에 뒤덮여 있었고 그 물 위에 하느님의 기운이 휘돌고 있었다." 그러나 그 다음에 P는 사람들을 놀라게 했다. 싸움이나 죽임이 없었다. 하느님은 그냥 명령만 한다. "빛이 생겨라!" 그러면 아무런 갈등 없이 빛이 비추었다. 하느님은 계속해서 이어지는 명령으로 세상의 질서를 잡는다. "하늘 아래 있는 물이 한 곳으로 모여, 마른 땅이 드러나라!" "땅에서 푸른 움이 돋아나라! 땅 위에 낟알을 내는 풀과 씨 있는 온갖 과일 나무가 돋아나라!" "하늘 창공에 빛나는 것들이 생겨 밤과 낮을 갈라놓고 절기와 나날과 해를 나타내는 표가 되어라!" 그리고 마시막으로 "우리 모습을 닮은 사람(아담)을 만들자!" 그때마다 단 한 번의 다툼도 없이 "그대로 되었다."[37] 인도의 제의 전문가들이 전통적인 제의에서 폭력을 체계적으로 제거했듯이, P도 전통적인 우주 창조에서 폭력성을 꼼꼼하게 뽑아냈다.

이것은 놀라운 영적 업적이었다. 추방당한 사람들은 무시무시한 전쟁의 피해자들이었다. 바빌로니아 사람들은 그들의 조국을 유린하고,

도시를 폐허로 만들고, 성전을 박살내고, 그들을 강제로 추방했다. 그들 가운데 일부는 자신들이 당한 그대로 바빌로니아 사람들에게 갚아주기를 원했음을 우리는 알고 있다.

> 파괴자 바빌론아,
> 네가 우리에게 입힌 해악을 그대로 갚아주는 사람에게
> 행운이 있을지라.
> 네 어린것들을 잡아다가 바위에 메어치는 사람에게
> 행운이 있을지라.[38]

그러나 P는 이렇게 하면 안 된다고 말하는 것 같았다. 그의 창조 이야기는 바빌로니아 정복자들의 종교에 대한 논박으로 볼 수 있다. 야훼는 마르두크보다 훨씬 더 강했다. 우주에 명령을 할 때 다른 신들과 전투를 벌일 필요가 없었다. 바다는 무시무시한 여신이 아니라, 우주의 원료에 불과했다. 해, 달, 별도 피조물로서 자기 기능만 수행할 뿐이었다. 마르두크는 피조물을 매년 갱신해야 하지만, 야훼는 불과 엿새 만에 일을 끝내고 이레째는 쉴 수 있었다. 그는 다른 신들과 경쟁할 필요가 없었다. 다른 신들과 비교가 되지 않기 때문이다. 야훼는 우주에서 유일한 힘이었으며, 모든 대립을 뛰어넘었다.[39]

이스라엘 백성은 다른 민족의 믿음에 아주 냉혹해질 수 있는 사람들이었다. 그러나 P는 그 길을 걷지 않았다. 바빌로니아의 종교에 대한 싸구려 조롱은 없었다. 추방당한 사람들은 비록 폭력적으로 뿌리가 뽑혔지만, 이곳은 모든 것이 제자리에 있는 세상이었다. 창조의 마지막 날 "이렇게 만드신 **모든 것**을 하느님께서 보시니 참 좋았다."[40] 하느님

은 또 자신이 만든 모든 것을 축복했다. 그 모든 것에는 아마 바빌로니아 사람들도 포함되었을 것이다. 모두가 야훼처럼 행동해야 했다. 안식일에는 차분하게 쉬고, 하느님의 세계에서 봉사하고, 하느님의 모든 피조물을 축복해야 했다.

P는 의도적으로 성막의 건설을 세계 창조와 연결했다.[41] 야훼는 모세에게 이 성소의 건축을 지시하면서 엿새 만에 일을 마치라고 말했다. "이렛날은 너희가 거룩히 지내야 할 날, 곧 야훼를 위하여 푹 쉬는 안식일이라."[42] 성막을 완성하자, "모세가 이 모든 제품을 검사해보았다. 모든 것이 야훼께서 자기에게 지시하신 대로 된 것을 확인하고 모세는 그들에게 복을 빌어주었다."[43] 이집트 탈출은 P의 전망에서 결정적인 자리를 차지한다. 그러나 P는 이 이야기를 《신명기》 저자들과는 매우 다르게 해석했다. P는 시나이 산에서 맺은 언약은 묘사하지 않았다. 이제 이스라엘이 야훼가 약속한 땅에서 쫓겨났기 때문에 이 언약은 고통스럽고 문제적인 기억이 되었다.[44] P에게 이 이야기의 절정은 율법의 서를 주는 것이 아니라, 성막에 하느님이 임재하며 생명을 주는 것이었다.

야훼는 모세에게 "내가 저희 가운데 내려와 머물려고(스큰)"[45] 그들을 이집트에서 데리고 나왔다고 말했다. 이동 성전에 임재하신 하느님은 이스라엘 백성이 어디를 가나 함께 다녔다. '스큰(skn)'의 어근은 '샤칸(shakan)'이며, 이 말은 보통 '살다'로 번역되지만, 원래는 "유목민으로서 천막 거주자의 삶을 살다"라는 뜻이다. P는 비슷하게 '살다'라는 뜻이지만 영주(永住)를 뜻하는 욥보다 샤칸이라는 말을 더 좋아했다. 하느님이 그의 방랑하는 백성과 함께 '천막을 치고 살겠다'고 약속했다는 것이다. 하느님에게는 고정된 거처가 없었으며, 어느 한 성전에

5장 고난의 시대 305

묶이지도 않았다. 이스라엘 백성이 어디를 가든 함께 머물겠다고 약속한 것이다.[46] P는 JE 서사를 편집하면서 《출애굽기》를 성막의 완성으로 끝냈다. 이때 하느님은 약속을 이행했고, 야훼의 영광이 성막(미슈칸)을 채웠고, 그의 존재의 구름이 그것을 덮었다.

> 이스라엘 백성은 구름이 성막에서 걷히기만 하면 진을 거두고 떠난다. …… 그들이 헤매고 떠도는 동안, 낮에는 야훼의 구름이 성막을 덮어주었고 밤에는 그 구름에서 불이 비쳐 이스라엘 온 족속의 눈앞을 환히 밝혀준다.[47]

현재 시제는 매우 중요하다.† 최근에 바빌로니아로 행진할 때도 야훼는 여전히 그의 백성과 함께 있었기 때문이다. 이스라엘은 그들의 하느님과 마찬가지로 이동하는 민족이었다. 《신명기》 저자들과는 달리 P는 이야기를 여호수아의 정복에서 끝내지 않고, 이스라엘 백성을 '약속된 땅'의 경계에 남겨 두었다.[48] 이스라엘이 하나의 민족인 것은 그들이 어떤 특정한 나라에 살기 때문이 아니었다. 그들이 세상 어디에 있든 그들과 함께 돌아다니는, 존재하는 하느님 안에서 살아갔기 때문이다.

P가 광야에서 이스라엘의 야영지를 묘사한 것을 보면 추방당한 사람들이 지닌 질서에 대한 열망이 드러난다.[49] 밤에 장막을 치거나 낮에 행진을 할 때면 지파 각각은 장막 주위의, 하느님이 정해준 자리를 지켰다. 잔혹하게 망가진 이스라엘의 역사는 《민수기》에서는 한 장소에서 다른 장소로 당당하게 이동하는 것으로 제시된다. P는 JE 서사에 자

---

† 우리말 성경에는 과거 시제로 되어 있다('떠났다', '밝혀주었다').

신의 사제 전승을 보태면서 자기 민족의 역사를 고쳐 써서, 바빌로니아로 추방당한 것이 일련의 비극적 이주 가운데 가장 최근의 이주에 불과함을 보여주었다. 아담과 하와는 에덴을 떠나야만 했다. 카인은 동생을 죽인 뒤에 영원히 떠돌아야 했다. 바벨탑에서 반역을 한 뒤에 인간들은 지상으로 흩어졌다. 아브라함은 우르를 떠났고, 지파들은 이집트로 이주했으며, 야훼는 그들을 포로 생활에서 해방했다. 그러나 야훼는 40년 동안 시나이 사막에서 자신의 민족과 함께 '천막 생활'을 했다. 여기에 함축된 의미는 야훼가 이번에 바빌로니아로 이주를 했을 때에도 자신의 백성 가운데 여전히 존재하고 있다는 것이었다.

추방당한 사람들의 공동체는 끝도 없이 불평과 불만을 늘어놓았을 것이다. P는 자신의 이야기에 이스라엘이 광야에서 하느님을 '원망'한 이야기를 집어넣었다.[50] 추방당한 사람들도 '고집이 센 백성'이었다. 그러나 P는 그들에게 앞으로 나아갈 길을 보여준다. 그들은 추방당한 상황에서도 하느님이 다시 돌아와 머물 수 있는 공동체를 창조할 수 있었다. 그들 모두가 고대 제사장의 율법을 따라 삶으로써 가능한 일이었다. 이것은 놀라운 혁신이었다. P는 더는 쓰이지도 않는 옛 율법을 소생시키려는 것이 아니었다. 성전에서 봉사하던 제사장의 생활을 지배했던 의식의 율법, 정결에 관한 규정, 식사 규칙 등은 절대 속인을 위한 것이 아니었다.[51] 이제 P는 놀라운 주장을 한다. 민족의 성전이 파괴된 이스라엘은 사제들의 나라다. 모든 사람이 성전에서 신성한 존재를 섬기듯이 살아야 한다. 하느님이 여전히 그들 가운데 살아 계시기 때문이다. P의 율법은 삶 전체를 세의화하는 것이었지만, 그는 이 고대의 성전 율법을 이용하여 추방의 경험에 기초한 새로운 윤리적 혁명을 개시했다.

추방당한 사람들은 불순한 땅에서 살았지만, P는 추방과 신성함 사이에는 심오한 연결 고리가 있다고 주장했다. 성결 법전에서 하느님은 이스라엘 백성에게 이렇게 말한다. "나 야훼 너희 하느님이 거룩하니, 너희도 거룩한 사람이 되어라."[52] '거룩하다'는 것은 '분리된다'는 것이다. 야훼는 "달랐다." 평범하고 세속적인 현실과는 근본적으로 달랐다. P가 제시한 율법은 분리의 원칙에 따라 신성한 생활 방식을 만들어 냈다. 사람들은 바빌로니아의 이웃과 떨어져 살고, 자연 세계도 멀리해야 했다. 삶의 모든 세세한 면에서 하느님의 다름을 모방하면 야훼가 신성한 만큼 신성해질 수 있으며, 하느님이 있는 자리에 있을 수 있었다. 추방이란 본질적으로 소외된 삶이었기 때문에 바빌로니아는 이런 강령을 실행에 옮기기에 완벽한 장소였다. 《레위기》에서 야훼는 희생, 식단, 나아가 사회적·성적·종교적 삶과 관련된 자세한 규정들을 제시한다. 야훼는 만일 이스라엘이 이 율법들을 지키면 늘 그 가운데 있을 것이라고 약속한다. 하느님과 이스라엘은 함께 여행한다. 만일 이스라엘이 야훼의 계명들을 무시하면 야훼는 벌하는 힘으로서 "그들과 함께 걸을" 것이다.[53] 야훼는 그들의 땅을 황폐하게 하고, 성소와 신전을 파괴하고, 그들을 여러 나라에 흩어놓을 것이다. P는 바로 그런 일이 지금 일어난 것이라고 암시한다. 이스라엘 민족은 신성한 삶을 살지 않았으며, 그것이 그들이 지금 추방을 당한 이유다. 하지만 회개를 하면 야훼는 적의 땅에서도 그들을 기억할 것이다. "내가 너희 가운데 나의 있을 자리를 정하고 너희를 저버리지 아니하리라."[54] 바빌로니아가 하느님이 저녁 서늘할 때 아담과 함께 걸었던 새 에덴이 될 수도 있는 것이다.

축의 시대 인간이었던 P에게 신성함은 이제 단순히 예배의 문제가 아니라 강한 윤리적 구성 요소였다. 이것은 모든 피조물의 신성한 '다름'에 대한 절대적 존중과 관련된 문제였다. 자유의 율법에서 야훼는 어떤 것도, 심지어 토지도 노예로 만들거나 소유할 수 없다고 주장했다.[55] 50년마다 선포되는 희년(禧年, 구약에 나오는 규정으로서 50년마다 돌아오는 안식의 해)이면 모든 노예를 해방하고, 모든 빚은 탕감했다. 이스라엘 사람들은 별도로 성스러운 생활을 했지만, 나그네를 멸시하는 것은 금지되었다. "너에게 몸 붙여 사는 외국인을 네 나라 사람처럼 대접하고 네 몸처럼 아껴라. 너희도 이집트 나라에 몸 붙이고 살지 않았느냐?"[56] 이것은 공감에 기초한 율법이었다. 고난의 경험은 다른 사람들의 고통을 이해하게 해준다. 스스로 슬픔을 겪으면 남들과 공감하는 법을 배우게 된다. 그러나 P는 현실주의자였다. '사랑'하라는 계명은 사람들에게 늘 따뜻한 애정으로 가득한 상태가 될 것을 요구하지 않았다. P는 감정에 관해 쓴 게 아니었다. 이것은 율법 법전이었으며, P의 언어는 여느 법의 판결과 마찬가지로 전문적이고 간결하다. 여기에는 감정이 들어설 자리가 없다. 중동의 조약들에서 '사랑'이란 도움을 주고, 충성하고, 실질적인 지원을 하라는 뜻이었다. 따라서 사랑하라는 계명은 지나치게 유토피아적인 것이 아니었으며, 모두가 실행에 옮길 수 있는 것이었다.

  P의 전망은 처음부터 끝까지 모든 것을 끌어안으려 한다. 그러나 처음 읽으면 식사의 율법이 가혹하고, 또 자의적인 선택에 휘둘린다는 인상을 받는다. 창조의 날에 모든 동물을 축복했던 신이 어떻게 자신의 피조물 가운데 일부를 '불결'하다거나 심지어 '가증스러운' 것이라고 낙인찍을 수 있을까? 우리는 '불순하다'거나 '가증스럽다'는 말에 자연스럽게 윤리적이고 감정적인 의미를 부여한다. 그러나 헤브라이어에서

타메이('불순하다')는 '죄가 많다'거나 '더럽다'는 뜻이 아니다. 이것은 예배에서 사용하는 전문적인 용어이며, 감정적이거나 도덕적인 의미는 없다. 그리스의 경우와 마찬가지로 어떤 행동이나 조건이 성전을 오염시키고 하느님을 몰아내는 비인격적인 미아스마(독기)를 작동시킨다.[57] P에게 죽음은 기본적이고 원형적인 불결함이었다. 살아 있는 하느님은 주검과 양립할 수 없었다. 어떤 것이든 하느님이 창조한 피조물의 사체와 접촉한 뒤에 하느님이 있는 곳에 온다는 것은 하느님에 대한 모독이었다. 모든 주요한 오염 물질 — 부적절하게 흘린 피, 나병, 유출병(고름이 나오는 병) — 은 죽음과 연결되었고, 자신이 속하지 않은 영역을 침범했기 때문에 불순했다.[58] 성전에서 신성한 존재를 섬기는 사제는 사체나 부패의 상징과 접촉하는 일은 일체 피해야 했다. 이제는 이스라엘 사람들 모두가 사제처럼 행동해야 했다. 그들 또한 하느님과 함께 살고 있었기 때문이다.

그러나 여기서 중요한 점은 P가 다른 인간들이 불결하거나 남을 오염시킨다고 가르치지 않았다는 것이다.[59] 신성함과 불결함의 율법은 외부인이 울타리 안으로 들어오지 못하게 하려고 고안된 것이 아니었다. P 텍스트에서 외부인은 피하는 것이 아니라 '사랑해야' 했다. 오염은 적으로부터 오는 것이 아니라 우리 자신으로부터 오는 것이었다. 법전은 이스라엘 사람들에게 불결한 나그네를 피할 것이 아니라 모든 생명을 존중하라고 명령했다. '불결한' 동물의 소비를 금지하는 식사 율법에서 P는 아힘사(불살생)라는 인도의 이상에 매우 가깝게 접근했다. 다른 고대 민족들과 마찬가지로 이스라엘 민족은 제의화된 동물 희생을 살생으로 여기지 않았다. 이 제의는 희생을 더 가볍고 영적인 물질로 변화시키는 것이었으며,[60] 이런 식으로 성화(聖化)되지 않은 동물을 죽여서 먹는 것은 금지되었다. P는 《신명기》 저자들이 허락했던 '세속적 도살'을 금지했으며, 이스라엘 사람들이 자신의 양떼나 소떼에 속한 가축만 희생으로 바치고 먹을 수 있다고 규정했다. 이 짐승들은 공동체에 속한, 따라서 이스라엘과 하느님의 언약에 참여하는 '깨끗한' 또는 '정결한' 동물이었다. 이 동물들은 하느님 소유였으며, 아무도 그들을 해칠 수 없었다. '깨끗한' 동물들은 안식일에 쉬는 것을 허락해야 했으며, 사후의 생명을 주어야만 먹을 수 있었다.[61]

그러나 자연에서 살아가는 개, 사슴을 비롯한 여러 '불결한' 동물은 절대 죽일 수 없었다. 덫을 놓거나, 도살하거나, 미끼로 삼거나, 먹는 것은 어떤 상황에서도 금지되었다. 그렇다고 이런 동물들이 더럽거나 역겨운 것은 아니었다. 이 동물들이 살아 있는 동안에는 만져도 상관이 없었다. 이들이 불결해지는 것은 오직 죽은 뒤였다.[62] 불결한 동물의 사체와 접촉을 금지하는 율법은 이런 동물들을 보호했다. 사체의 가죽을 벗기거나 어떤 부위를 잘라낼 수 없다는 뜻이었기 때문이다. 따라서 그런 동물을 사냥하거나 덫으로 잡아보았자 소용이 없었다. 마찬가지로 '가증스러운 것'(셰케트)으로 분류된 동물도 살아 있을 때는 가증스러운 것이 아니었다. 이스라엘 사람들은 그런 동물이 죽었을 때만 피하면 되었다. 그 이유는 앞의 경우와 같았다. 이 바다와 공중에서 '무리 지어 다니는 피조물'은 약했으며 동정을 불러일으킬 수밖에 없었다. 예를 들어 메추라기는 아주 작았으며 바람에 날려 쉽게 경로에서 이탈했다. 이들은 숫자가 많고 '풍부했기' 때문에 하느님의 축복을 받았으며 하느님에게 속해 있었다.[63] 하느님의 모든 동물은 그의 아름다운 피조물이었다.[64] P는 하느님이 동물을 창조하던 날에 깨끗한 동물과 불결한 동물을 모두 축복했으며, 홍수가 났을 때 정결한 동물과 그렇지 않은 동물을 모두 구했다는 사실을 분명히 밝혔다. 따라서 그들 가운데 어느 것이라도 해치는 것은 하느님의 신성함을 모욕하는 일이었다.

그러나 P에는 불안의 저류가 흐르고 있다. 신체의 벽이 파괴되는 상황에 대한 두려움에서 나온, 나병이나 유출병이나 생리를 둘러싼 법은 추방당한 공동체가 분명한 경계를 확립하는 일에 관심이 있었음을 보여준다. P가 모든 것이 제자리를 잡은 세계를 환기하는 것은 추방이 남긴 트라우마 때문이다. 무자비한 제국 권력의 과시는 추방당한 사람들의 민족적 통일성을 훼손했다. 이런 상황에서 추방당한 사제와 예언자들은 원한과 복수에 기초한 믿음을 피하고, 모든 생명의 신성함을 인정하는 영성을 창조함으로써 위대한 성취를 이루었다.

아테네의 솔론, 정치를 발명하다

기원전 6세기 초, 그리스 세계의 많은 폴리스를 무너뜨린 사회적 위기가 마침내 아테네에도 타격을 주었다. 아티케 시골 지방의 농부들은 착취에 불만을 품고 단결하여 귀족들에게 대항했다. 내전은 불가피해 보였다. 귀족들은 약했다. 그들은 단결도 되지 않았으며, 군대나 경찰을 마음대로 할 수도 없었다. 반면 농부 가운데 다수는 훈련받은 중무장 보병으로서 무장을 했고 위험했다. 이 난국에서 빠져나가는 유일한 길은 대립하는 집단들을 공정하게 중재할 수 있는 공정한 조정자를 찾는 것이었다. 아테네는 솔론(Solon, 기원전 630?~560?)을 택하여, 기원전 594년에 그를 도시의 집정관으로 임명하고 제도 개혁을 위임했다.

솔론은 위기의 시기에 여러 폴리스에 조언을 해주던 독립적인 지식인 집단에 속해 있었다. 처음에 이 지식인들은 경제, 실업, 흉작 등 실제적인 문제에 관해 자문을 했다. 그러나 이 '현인'들은 점차 더 추상적이고 정치적인 쟁점들을 파고들기 시작했다. 솔론은 그리스를 널리 여행하였으며, 다른 지식인들과 폴리스를 괴롭히는 문제들을 토론했다. 솔론은 아테네 사람들에게 그들이 디스노미아(dysnomia, '무질서') 속에 살면서 파국을 향해 나아가고 있다고 말했다. 그들에게 남은 유일한 희망은 원래 그리스 사회를 관장했던 규범으로 돌아가 에우노미아(eunomia, '올바른 질서')를 수립하는 것이었다. 농부들은 중무장 보병이자 부의 생산자로서 폴리스에 필수적이었다. 귀족이 그들을 억압하려 하는 바람에 사회에 유해한 불균형이 생겼으며, 이 불균형은 자멸로 나아갈 수밖에 없었다.

솔론은 그저 법안 몇 개를 통과시키는 데 만족하지 않았다. 그는 농부와 귀족이 모두 정부의 문제와 더불어 질서가 잘 잡힌 사회의 핵심에 놓여야 하는 원칙들을 인식하기를 바랐다. 디스노미아 상태에 대해서는 시민 모두가 어느 정도 책임을 져야 했다. 디스노미아는 천벌이 아니라 인간의 이기심의 결과이며, 따라서 오직 일치된 정치적 노력으로만 평화와 안정을 복원할 수 있었다. 신들은 인간사에 개입하지 않았으며, 상황을 개선할 신성한 법을 드러내지도 않을 터였다. 이것은 축의 시대다운 돌파였다.

솔론은 단숨에 정치를 세속화했다. 고대의 전체론적 전망으로 보자면 정의는 신들까지 다스리는 우주 질서의 한 부분이었다. 이런 신성한 원리를 조롱하는 나쁜 정부는 자연의 경로를 방해할 수 있었다. 그러나 솔론은 이런 것까지 생각할 시간이 없었다. 자연은 자체의 법칙이 관장했으며, 그 법칙은 사람의 행동에 영향을 받지 않았다. 그리스 사람들은 새로운 분석적 방법으로 생각하기 시작했다. 문제의 여러 구성 요소들을 분리하여, 각각의 요소에 완결성을 부여하고, 거기에서부터 논리적 해법을 찾는 길로 나아간 것이다. 현자 집단은 원인이 결과를 낳는 과정을 연구하기 시작했으며, 이에 바탕을 두고 위기의 결과를 예측할 수 있었다. 그들은 어느 폴리스 하나의 특수한 문제를 넘어선 지점으로 시선을 돌렸으며, 보편적으로 적용될 수 있는 추상적이고 일반적인 원리들을 발견했다.[65]

솔론의 에우노미아 원리는 그리스의 정치 사상에서 결정적인 역할을 했을 뿐 아니라, 초기 그리스 과학과 철학을 형성하는 데도 도움이 되었다. 에우노미아는 균형이라는 관념에 기초를 두었다. 사회의 한 부문이 다른 부문들을 지배해서는 안 되었다. 도시는 모든 전사가 일치하여 행동하는 중무장 보병 군대의 밀집 대형처럼 움직여야 했다. 농부는 그들에게 지워진 짐에서 해방되어 그들을 억압하는 귀족 권력에 맞설 수 있어야 했다. 그래서 솔론은 농민들의 부채를 탕감했다. 옛 부족 시대까지 기원이 거슬러 올라가는 모든 시민의 민회(民會)는 귀족의 원로회와 균형을 이루어야 했다. 솔론은 또 '400인 평의회'†를 만들어 폴리스의 모든 공식적 집회를 감독하게 했다. 솔론은 귀족의 권력을 더 약화시키려고 출신이 아니라 부에 따라 지위를 규정했다. 이제 매년 곡물, 와인, 기름 가운데 하나를 200부셸 이상 생산하는 사람은 누구나 공무를 맡을 자격이 있었다. 마지막으로 솔론은 사법 제도를 개혁하여, 모

400인 평의회(400인회) 기원전 594년 아테네의 '조정자' 솔론은 정치 개혁을 단행하면서 서로 다른 두 개의 통치 기구를 두었다. 하나는 중상층 시민 중에서 추첨으로 선발하는 '400인 평의회'였고, 또 다른 하나는 모든 시민이 참여할 수 있는 '민회'였다. 400인 평의회는 일종의 심의 기구로서 민회를 지도했다.

든 시민에게 집정관을 기소할 권리를 부여했다.[66] 솔론은 새로운 법을 목판 두 개에 새겨놓아, 글을 읽는 아테네 사람이라면 누구나 살펴볼 수 있게 했다.

솔론은 사회의 불균형을 바로잡기만 하면 귀족이 저절로 더 정의롭게 통치할 것이라고 예상했을 것이다. 그러나 귀족은 특권 상실에 분개했으며, 다른 한편에서는 새 조치가 아직 완전히 실행되기 전이라 더 가난한 계급들 사이에서는 불만과 실망감이 퍼졌다. 그러자 많은 사람들이 솔론에게 아테네에 참주 정치를 확립하여 개혁을 계속 시행해 나가라고 촉구했다. 그러나 솔론은 참주 정치가 불균형한 정치라는 이유로 거부했다. 단기적으로 보자면 솔론은 실패했다. 사람들은 아직 그의 생각을 받아들일 준비가 안 되어 있었다. 그러나 그의 개혁에 폭넓은 관심이 쏟아진 덕분에 그때까지 다른 폴리스에 뒤처져 있던 아테네는 진보의 선두에 나설 수 있었다. 솔론은 참주 정치를 거부하는 과정에서 이상적 시민의 새로운 기준을 정립하는 효과도 얻었다. 이상적 시민은 개인적 보상을 바라지 않고 봉사하며, 보통 사람들보다 위에 서고자 하지 않는다는 것이었다.[67]

그러나 기원전 547년에 아테네에서는 참주가 권력을 장악하고 말았다. 마케돈 근처의 북부 평원을 장악한 집안 출신으로서 아테네 인근 브라우론에서 태어난 페이시스트라토스(Peisistratos, 기원전 6세기 초~527?)는 아테네에서 불만을 품은 많은 사람들의 옹호자가 되었다. 페이시스트라토스와 그의 아들들은 기원전 510년까지 아테네를 통치했다. 관대하고 매혹적인 데다 카리스마까지 갖춘 페이시스트라토스는 아테네에 여러 가지 좋은 일을 했다. 궁핍한 농민에게 선뜻 대출을 해주고, 중요한 건설 사업을 시작하고, 도시의 급수 체계를 정비하고 도로를 수리했다. 교역은 늘어나고, 시인들은 그의 궁정을 자주 찾아갔으며, 사람들은 영적 갱신을 이루었다.

페이시스트라토스는 아테네 고유의 종교적 중심을 만들고자 했다. 그와 그의 아들들은 아크로폴리스를 개조했다. 이곳을 석조 신전을 갖춘 멋진 예배 장소로 만들고, 바위가 많은 중턱을 편리하게 올라갈 수 있도록 손보았다. 부유한 후원자들은 신상을 헌납했다. 신상들이 성소 주위에 도열하자, 마치 돌로 만든 마법의 숲에 들어온 듯한 느낌을 주었다.[68] 페이시스트라토스는 또 아테나 신의 탄생을 축하하는 성대한 판아테나이아 축제에도 새로운 생명을 불어넣었다. 이 축제는 4년마다 열렸으며, 아테네만의 독자적인 운동 시합도 함께 개최했다.[69] 이 축제는 새해 기념 행사의 절정이었으며, 이 축제 전에는 아테네의 초기 역사를 재연하는 어둡고 당혹스러운 제의들이 거행되었다. 이런 제의 가운데 아크로폴리스에서 황소를 희생으로 바치며 깊은 죄책감을 유도하는 것도 있었다. 황소에게 치명적인 일격을 가한 사제는 달아나야 했다. 재판이 열렸다. 황소를 죽인 칼은 바다에 던졌다. 이 익살극 같은 '황소 희생제'(부포니아Bouphonia) 뒤에는 아테네의 모든 희생제와 문명 자체의 핵심에 자리 잡은, 그러나 일상적 반복에 의해 흔히 둔감해지곤 하는 폭력에 대한 공포가 숨어 있었다. 이 공포에 대해 누군가는, 아니면 뭔가는 언제나 대가를 치러야 했다.

판아테나이아의 의기양양한 분위기는 불안을 자극하는 이런 제의들의 음산한 분위기를 털어버렸다.[70] 축제의 중심은 도시를 통과해 아크로폴리스의 동쪽 끝에 있는 새 아테나 신전에서 끝나는 행렬이었다. 이곳에서 아테네 시민들은 여신에게 노란 사프란 색 새 가운을 선물했다. 예배용 여신상에 두를 이 가운에는 아테나 여신이 키클롭스(Cyclops,

그리스 신화의 외눈박이 식인 거인)와 싸우는 장면이 수놓여 있었다. 이것은 문명이 혼돈에 거둔 승리를 상징했다. 행렬에는 에페보스(ephebos, 이제 막 성년 시민이 된 사춘기 소년), 중무장 보병, 노란 키톤을 입은 소녀, 노인, 장인, 외국인 영주자, 다른 폴리스 대표 등 모든 시민의 대표자가 참석했다. 희생 제물도 있었다. 아테네가 자신에게, 또 나머지 그리스 세계에 눈부시게 당당한 모습으로 자신의 정체성을 과시하는 셈이었다.

그러나 그리스 사람들은 좀 더 개인적인 종교적 경험을 갈망하기 시작했다. 페이시스트라토스는 아테네에서 서쪽으로 30킬로미터 정도 떨어진 도시 엘레우시스에 새로 예배당을 건설했다. 엘레우시스는 데메테르 여신이 하데스에게 납치된 딸 페르세포네를 찾는 동안 머물던 곳으로 전해진다. 곧 엘레우시스에서 열리는 비밀 의식은 아테네 사람들의 종교 생활에서 떼어놓을 수 없는 부분이 되었다.[71] 이 의식은 참가자들이 마음의 변화된 상태를 경험하는 입문 의례였다. 의식은 비밀이었기 때문에 어떤 일이 진행되었는지 완벽하게 알 수는 없다. 하지만 입문자(미스타이mistai)는 데메테르의 자취를 따랐던 것으로 보인다. 딸을 잃은 데메테르의 고통, 비애, 절망, 공포, 격분을 공유했다는 것이다. 데메테르의 고통에 참여하고, 마침내 페르세포네와 재결합하는 기쁨을 누린 뒤 일부 입문자들은 이제 어둠의 속을 들여다보았으므로 전처럼 죽음이 두렵지 않다고 생각했다.

준비는 아테네에서 시작되었다. 미스타이는 이틀 동안 굶었다. 그들은 바다에 서서 페르세포네를 기려 새끼 돼지를 제물로 바쳤다. 그런 뒤에 큰 무리를 이루어 엘레우시스까지 걷기 시작했다. 이제 그들은 금식으로 몸이 약해졌으며 마음도 불안했다. 무슨 일이 생길지 알 수 없었기 때문이다. 에포프타이(epoptai), 즉 한 해 전에 입문한 사람들도 함께 여행을 했다. 그러나 그들의 행동은 위협적이고 공격적이었다. 군중은 최면에 걸린 듯 운율에 맞추어 변화의 신 디오니소스를 부르며, 광적인 흥분 상태에 빠져들었다. 마침내 엘레우시스에 도착했을 때 미스타이는 지치고, 겁에 질리고, 동시에 들떠 있었다. 이제 해는 뉘엿뉘엿 지고 있었다. 횃불이 불을 밝혔다. 딴 세상에 온 것 같은 느낌을 주는 깜빡거리는 불빛 속에서 미스타이는 이리저리 내몰리며 거리를 따라갔다. 마침내 그들은 방향을 잃고 완전한 혼란에 빠졌다. 그러다가 어느 순간 칠흑 같은 입문실 안으로 밀려 들어갔다. 그 다음 광경은 매우 혼란스럽다. 동물 희생제를 드렸다. 무시무시하고 '이루 말로 표현할 수 없는' 제의도 있었다. 이것은 어쩌면 마지막 순간에 가서야 집행이 유예되는 아동 희생과 관련된 것인지도 모른다. 또 '계시'가 있었다. 신성한 바구니에서 뭔가가 들어올려졌다는 것이다. 어쨌든 맨 마지막에는 코레(kore, 소녀)와 데메테르의 재결합이 재연되었고, 비밀 의식은 열광적이고 신성한 장면들로 끝을 맺었으며, 입문자들은 기쁨과 안도감을 느꼈다. 엘레우시스에서 입문자들은 엑스타시스를 얻었다. 정상적인 일상의 자아 '바깥으로 걸어나가' 새로운 통찰을 얻은 것이다.

이 의식에서 비밀 교리를 알려준 것은 아니다. 나중에 아리스토텔레스가 설명하듯이 미스타이가 엘레우시스에 간 것은 뭔가를 배우려는 것이 아니라 경험을 하려는 것이었다. 그들은 이 경험이 자신을 변화시킨다고 느꼈다.[72] 한 미스타이는 이렇게 회고한다. "신비의 방에서 나올 때 내가 낯설게 느껴졌다."[73] 그리스의 역사가 플루타르코스(Plutarchos, 서기 46~120?)는 죽음이 엘레우시스의 경험과 비슷할지도 모른다고 생각했다.

처음에는 길을 잃고 헤매다가, 피곤하게 맴을 돌며 걷는다. 어둠 속에 무시무시한 길들이 있지만, 아무리 가도 끝이 없다. 그러다 끝이 나기 직전 끔찍한 일이 많이 일어난다.—공포와 떨림, 땀과 놀람. 이윽고 어떤 놀라운 빛이 당신을 맞으러 온다. 순결한 땅과 초원이 당신에게 인사를 한다. 소리와 춤과 엄숙하고 신성한 말과 성스러운 광경이 당신을 맞이한다.[74]

강렬한 심리극이 마련한 마지막 환희는 사람들에게 신들이 누리는 기쁜 행복을 암시했다.

그리스인들은 사고 과정에서 논리적이고 분석적인 엄격함을 보여주지만, 그럼에도 주기적으로 비합리적인 것에 몸을 내맡길 필요를 느꼈다. 아테네의 철학자 프로클로스(Proklos, 서기 412~485?)는 엘레우시스의 입문식 때문에 심파테이아†, 즉 제의에 깊이 이끌리는 태도가 생겨났으며, 사람들은 자신을 잃어버리고 '우리는 알 수 없는 신성한 방식으로' 전례에 완전히 몰입했다. 그렇다고 모든 미스타이가 이런 상태에 이른 것은 아니었다. 일부는 그냥 '공포에 사로잡혀' 두려움에서 헤어나오지 못했다. 그러나 어떤 입문자들은 "신성한 상징에 동화되어, 자신의 정체성을 버리고, 신들과 하나가 되어 신들림을 경험했다."[75] 인도에서는 자기 성찰의 기술로 비슷한 희열을 맛보기 시작했다. 엘레우시스에 그런 내적인 여행은 없었다. 엘레우시스의 엑스타시스는 축의 시대의 일부 신비주의자가 얻은 혼자만의 엑스타시스와는 완전히 달랐다. 엘레우시스의 깨달음은 외딴 숲의 은둔지에서 이루어지는 것

심파테이아(sympatheia) 그리스어로 '정념을 함께 느낀다' 즉 타인의 기쁨이나 슬픔의 파토스를 함께 느낀다는 뜻이다. 영어 'sympathy(동정심, 연민)'가 여기서 비롯되었다.

이 아니라 사람들이 수천 명 있는 자리에서 이루어지는 것이었다. 엘레우시스는 축의 시대 이전의 옛 세계에 속했다. 미스타이는 데메테르와 페르세포네를 모방하여, 그들이 죽음에서 생명으로 이행하는 과정을 재연함으로써 개별적 자아를 버리고 신성한 모범들과 하나가 되었다.

디오니소스의 비밀 의식도 마찬가지였다.[76] 여기에서도 참가자들은 고통받는 신과 하나가 되어, 계모 헤라에게 쫓겨나 치유를 찾아 그리스의 숲을 거쳐 이집트, 시리아, 프리지아 등의 동쪽 땅을 미친 듯이 헤매던 디오니소스를 쫓아갔다. 디오니소스의 신비한 이야기들은 파멸적인 광기와 무시무시한 극단성을 보여주지만, 도시에서 이루어지는 의식은 광란의 분위기가 있기는 해도 일탈은 약간만 나타날 뿐 대체로 질서 정연했다.[77] 젊은 디오니소스가 헤라의 눈을 피해 숨어 다닐 때처럼 남자들은 여자 옷을 입었다. 모두 술을 마셨다. 음악이 흐르고 춤을 추었다. 디오니소스를 숭배하며 따르는 여자들인 마이나데스(Mainades)는 담쟁이덩굴 관을 쓰고 마법의 버드나무 지팡이를 들고 거리를 뛰어다녔다. 그러나 가끔 집단 전체가 의식이 고양된 상태인 무아경에 빠지기도 했다. 이런 상태는 참가자 한 사람 한 사람에게 퍼져 나갔다. 이런 일이 생기면 예배에 참가한 사람들은 디오니소스가 자신들과 함께 있음을 알았다. 그들은 이런 신들림의 경험을 엔테오스†, "안에 신이 있다"라고 불렀다.

디오니소스 숭배에는 늘 해학극(burlesque)적인 요소가 있었다. 도시의 행렬에는 폴리스의 모든 거주자가 함께 섞여, 노예가 귀족과 나란

엔테오스(entheos) 그리스어로 'en'+ 'theos' 즉, '내 안에 신이 있다(a God within)'라는 뜻이며, 신으로부터 영감을 받는다는 의미가 있다. 영어 'enthusiasm(열정)'의 어원이다.

히 걸었다. 주민의 모든 계층이 행렬에서 분명하게 정해진 자리를 차지했던 판아테나이아와 정반대였다.[78)] 디오니소스 숭배에는 미약하나마 반역의 기운이 감돌았으며, 참주를 지지하는 장인, 숙련공, 농민이 그 점에 매력을 느꼈기 때문에 참주들은 디오니소스 숭배를 장려하곤 했다. 기원전 534년 페이시스트라토스는 아테네에 디오니소스 축제를 만들고, 아크로폴리스의 남쪽 비탈에 작은 디오니소스 신전을 세웠다. 그 옆에 바위가 많은 언덕 중턱에는 극장이 있었다. 축제가 시작되는 날 아침에는 축제를 기념하여 디오니소스 신상을 도시로 가지고 들어가 무대에 세웠다. 이후 사흘 동안 시민들은 극장에 모여 합창단이 고대 신화를 암송하는 소리에 귀를 기울였다. 이 낭송회는 서서히 본격적인 드라마로 발전했다. 그리스인은 디오니소스 축제의 연극적 제의에서 축의 시대의 종교적 경험에 가장 가까이 다가가게 된다.

소수의 그리스인이 기원전 6세기에 일어난 두 가지 주변적인 운동에서 세계 다른 지역에 등장한 축의 시대의 전망을 향해 나아갔다. 첫 번째는 폴리스의 호전적인 에토스를 거부하고 비폭력이라는 이상을 끌어안은 오르페우스 종파였다.[79)] 오르페우스교는 심지어 의례적인 동물 희생도 하지 않고, 엄격한 채식주의를 채택했다. 희생은 도시 정치 생활의 핵심이었기 때문에 그들은 주류로부터 스스로 물러난 셈이었다. 그들의 모범은 그리스의 거칠고, 주변적이고, '문명화되지 않은' 지역인 트라케의 신화적 영웅 오르페우스였다. 슬픔의 인간 오르페우스는 평생 아내 에우리디케를 잃은 것을 애도했으며, 폭력적이고 끔찍한 죽음을 맞이했다. 그가 재혼을 거부하는 바람에 격분한 트라케 여자들이 맨손으로 그를 찢어 죽인 것이다. 그러나 오르페우스는 평화의 인간이었다. 그의 영감을 받은 시를 들으면 야수는 유순해지고, 파도는 잠잠

해지고, 사람들은 다툼을 잊었다.[80]

두 번째 운동은 사모스 출신의 수학자 피타고라스(Pythagoras, 기원전 582?~497?)가 시작했다. 피타고라스는 기원전 530년에 이탈리아로 이주하여 동방을 여행했으며, 인도의 카르마 교리의 한 변형을 가르쳤다. 피타고라스 개인에 관해서는 알려진 것이 거의 없다. 다만 그가 세운 신비주의 종파가 고기를 멀리하여 몸을 정화했고, 희생제에 참가하지 않았으며, 과학과 수학 공부로 깨달음을 구했다는 정도만 알려졌을 뿐이다. 피타고라스 학파는 순수한 추상에 집중함으로써 물리적 세계의 독기와 멀리 떨어져 신성한 질서의 전망을 조금이라도 엿볼 수 있기를 바랐다.

그리스인 대부분은 여전히 전통적이고 유서 깊은 방식으로 신들을 숭배했다. 그러나 기원전 6세기에는 완전히 새로운 합리주의가 꿈틀거리고 있었다. 소수의 철학자들이 이미 과학을 연구하기 시작했는데, 이들은 피타고라스 학파와는 달리 깨달음을 얻으려는 것이 아니라 과학 자체를 위해 과학을 연구했다.[81] 이 최초의 과학자들은 소아시아 해안에 있는 이오니아의 폴리스 밀레토스에 살았다.† 밀레토스는 흑해나 근동과 폭넓게 교류하면서 번창하던 항구였다. 처음 명성을 얻은 사람은 탈레스(Thales, 기원전 624?~546?)였는데, 그는 기원전 593년에 일식을 예언하여 하룻밤 사이에 화제의 인물이 되었다. 이것은 사실 운 좋

....
밀레토스 학파 기원전 6세기경, 소아시아 서해안, 이오니아 지방의 밀레토스에서 탄생한 그리스 최고(最古)의 철학 학파. 탈레스, 아낙시만드로스, 아낙시메네스가 중심이었다. 이들은 자연 현상을 의인화된 신들의 의지로 설명하던 기존의 신화적 사고에서 벗어나 처음으로 자연을 있는 그대로 관찰하고 자연의 바탕에 있는 만물의 근원을 통일적이고 합리적인 원리에 따라 설명하려 했다.

은 추측이었고, 그의 진정한 성취는 일식을 신성한 사건이 아니라 자연적 사건으로 본 것이었다. 탈레스는 종교에 반대하지 않았다. 그가 한 말 가운데 "모든 것은 물이며 세상은 신들로 가득 차 있다."는 말만이 지금까지 유일하게 전해진다. 태초의 바다는 오래 전부터 우주의 신성한 근원으로 여겨져 왔지만, 탈레스가 이 신비한 직관에 다가가는 방식은 엄격하게 논리적이었다. 다른 철학자들의 글에 보존된 그의 작업의 단편들을 보면, 탈레스는 모든 생물이 물이라는 원소에서 파생되었으며, 물이 없으면 생명도 불가능하다고 주장했던 것으로 보인다. 물은 형태를 바꾸어 얼음이나 증기가 될 수 있었기 때문에 다른 것으로 진화할 수 있었다. 밀레토스 출신의 또 다른 철학자 아낙시메네스(Anaximenes, 기원전 566~496)는 비슷한 생각에서 공기가 근원이라고 믿었다. 공기도 생명에 필수적이고 변화에 능했다. 바람도 되고, 구름도 되고, 물도 될 수 있었던 것이다.

경험적 증거가 없었기 때문에 이런 추측은 환상에 지나지 않았다. 그러나 설사 통념을 뒤집게 되더라도 로고스의 부추김을 따라 끝까지 가 볼 필요를 느낀 그리스인이 나타나기 시작했다는 점에서 의미가 있었다. 탈레스와 아낙시메네스는 단일하고 단순한 원인을 찾아 물질 세계를 분석하려 했다는 점에서 과학자들처럼 생각하기 시작했던 것이다. 이들보다 혁신적이었던 아낙시만드로스(Anaximandros, 기원전 610~546)는 한 걸음 더 나아갔다. 철학자가 제1의 실체를 찾아내려면 감각으로 지각할 수 있는 것을 넘어서서 더 근본적이고 손에 잡히지 않는 것을 찾아야 한다고 주장한 것이다. 아낙시만드로스는 우주의 기본 질료는 전혀 '규정할 수 없다'(아페이론apeiron)고 주장했다. 이것은 우리의 경험 너머에 있기 때문에 우리가 분별할 수 있는 특질은 없지만,

그럼에도 처음에 모든 것이 잠재적으로 그 안에 존재하고 있었다. 아페이론은 신성했지만 신들을 넘어섰다. 그것은 모든 생명의 무궁무진한 근원이었다. 아낙시만드로스는 한 번도 구체적으로 설명하지는 않았지만, 개별 현상은 어떤 과정에 따라 아페이론에서 '분리되어 나왔으며', 우주의 모든 원소들은 전쟁을 벌이며 늘 서로 잠식하고 잡아먹고 있었다. 시간은 우주에 어떤 형태의 에우노미아('올바른 질서')를 강제하면서 각 요소가 적절한 자리를 벗어나서는 안 되며, 우주의 어떤 한 가지 구성 요소도 다른 것들을 지배할 수 없다고 선포했다. 그러나 결국 만물은 다시 아페이론에 흡수될 터였다.

아페이론에는 신학자들이 '신들 너머의 신'이라고 부른 것이 될 잠재력이 있었다. 다만 인간의 일상 생활과는 아무런 관련이 없었다. 과거에는 우주론은 생명의 기원을 딱딱한 산문으로 묘사하려 하지 않았다. 창조 신화는 우리가 지상의 생명에서 느끼는 당혹스러움에 관한 근본적 통찰을 드러내려고 고안된 것이었다. 혼돈에서 질서를 끄집어내려고 신이 괴물과 싸운다는 이야기는 생명의 핵심에 자리 잡은 근본적으로 아곤('경쟁')적인 투쟁을 드러냈다. 생명은 늘 다른 손재의 죽음이나 파멸에 의존했다. 최초의 희생에 관한 이야기들은 진정한 창조성은 우리에게 우리 자신을 내줄 것을 요구한다는 사실을 보여주었다. P(사제 저자)는 추방당한 이스라엘 사람들이 절망에 빠져들던 시기에 창조 이야기에서 세상 만물이 선하다고 주장했다. 그러나 밀레토스 학파의 우주론을 치유에 이용하기는 불가능했다. 이 우주론의 존재 이유는 그런 것이 아니었다. 이 우주론은 영적 통찰과는 아무런 관계가 없었다. 밀레토스 학파는 추론 자체를 위해 추론을 했다. 미래의 서구 합리주의의 씨앗이 뿌려진 것이다. 그러나 거의 같은 시기에 인도의 철학자들은 종교적인 축의 시대를 한 걸음 더 전진시키는 창조 신화를 발전시켜 나갔다.

상키아, 인류 최초의 무신론

인도에서는 《우파니샤드》와 완전히 다르고 베다 경전에도 거의 눈길을 돌리지 않는 새로운 철학이 나타났다. 이 철학은 '상키아'('분별')라고 부른다. 그러나 원래 이 말은 그냥 '사유'나 '토론'을 의미했을 수도 있다. 상키아는 인도에 지대한 영향을 끼친다. 철학이나 영성의 거의 모든 학파, 심지어 상키아를 못마땅해하던 학파조차 상키아의 관념 가운데 적어도 한 가지는 채택한다. 그러나 그 중요성에도 불구하고 우리는 이 맹아적 운동의 기원에 관해 거의 알지 못한다. 기원전 6세기에 카필라라는 현자가 상키아를 만들었다고 하지만, 우리는 그에 관해서 전혀 모르며, 그가 실제로 존재했는지도 확실치 않다.

상키아는 밀레토스 학파와 마찬가지로 우주를 낱낱의 구성 요소로 분석해 들어가 기원까지 거슬러 올라갔으며, 우리의 세상을 만들어낸 진화의 과정을 묘사했다. 그러나 닮은 점은 거기에서 끝난다. 그리스 철학자들은 바깥 세계(객관적 세계)를 지향한 반면 상키아는 안으로 파고들었다. 밀레토스 학파는 여전히 "세상은 신들로 가득하다."라고 주장한 반면 상키아는 무신론 철학이었다. 브라만도, 아페이론도, 모든 것이 합쳐지는 세계 영혼도 없었다. 상키아 체계에서 최고 실재는 푸루샤('인간' 또는 '자아')였다. 그러나 상키아의 푸루샤는 《리그베다》의 인간 푸루샤와 조금도 비슷하지 않았으며, 《우파니샤드》의 현자들이 구했던 자아(아트만)하고도 사뭇 달랐다. 푸루샤는 상키아 세계의 다른 24 범주 어느 것과도 닮지 않았으며, 절대적이고 변화가 없었다. 그러나 푸루샤는 단일하고 유일 무이한 실재가 아니었다. 사실 당혹스러울 정도로 수가 많았다. 모든 인간에게는 개별적이고 영원한 푸루샤가 있으며, 이것은 죽음과 재생의 쉼 없는 순환인 삼사라에 말려들지 않고, 공간과 시간을 초월하여 존재했다. 아트만과 마찬가지로 푸루샤 또한 규정이 불가능하다. 우리가 인식할 수 있는 특질이 없기 때문이다. 푸루샤는 인간의 본질이지만 '영혼'은 아니다. 우리의 정신적 또는 심리적 상태와 아무런 관련이 없기 때문이다. 푸루샤는 우리가 아는 것 같은 지성이 없으며 욕망도 없다. 일상적 경험과는 너무 멀리 떨어져 있어 우리의 일반적인 깨어 있는 자아는 우리가 영원한 푸루샤를 가지고 있다는 사실을 의식하지도 못했다.

어떻게 된 일인지 태초에 푸루샤는 프라크르티[†], 즉 '자연'과 엉키게 되었다. 사실 프라크르티라는 말도 번역이 까다롭다. 단순하게 눈에 보이는 물질 세계만 가리키는 것이 아니기 때문이다. 프라크르티는 마음, 지성, 또 깨달음을 얻지 못한 인간들이 자신의 가장 영적인 부분으로 여기는 정신-심리적 경험까지 포함하기 때문이다. 프라크르티의 영역 안에 머무는 한 우리는 우리 인간성의 영원한 영역에 무지한 채 살아갈 수밖에 없다. 그렇다고 푸루샤와 프라크르티가 적대 관계인 것은 아니다. 여성으로 묘사되는 '자연'은 푸루샤를 사랑한다. 그녀의 일은 자신의 포옹으로부터 각 사람의 푸루샤를 구해내는 것이다. 이 과정에서 사

프라크르티 '물질', '자연', '본성' 등으로 이해할 수 있으며, 일반적으로 '자연'으로 번역했지만, 필요에 따라 '본성'이라는 말도 사용했다.

람들이 무지로 인해 자신의 참된 자아로 여기고 있는 것에 적대하게 되더라도 어쩔 수 없다.[82] 자연은 우리의 해방을 갈망한다. 인간 삶의 특징인 미망과 고난의 덫으로부터 푸루샤를 풀어주고 싶어한다. 실제로, 우리가 몰라서 그렇지, 자연 전체가 우리 각자의 영원한 자아(푸루샤)를 섬기기 위해 존재한다. "최고의 지식을 얻을 때까지, 브라만으로부터 풀잎 하나에 이르기까지 모든 창조물은 푸루샤를 위해 존재한다."[83]

푸루샤가 어쩌다가 자연의 덫으로 들어가게 되었을까? 어떤 원죄가 있는 것일까? 상키아는 이런 질문에 대답하지 않는다. 상키아의 형이상학적 구도는 실재에 관하여 축자적이고, 과학적이고, 역사적인 이야기를 하려는 것이 아니다. 인도에서 진실은 객관적 가치가 아니라 치유적 가치를 기준으로 평가된다. 상키아를 따르는 사람들은 인간이 참된 자아로 돌아가는 길을 찾으려면 무엇을 해야 하는지 알아내기 위해 이런 자연과 푸루샤의 관계 묘사를 명상해야 했다. 상키아의 관념들은 《우파니샤드》의 영성에 만족하지 않는 출가자 집단에서 나온 것이 거의 분명하다. 그들은 비인격적 브라만에 빠져드는 대신 자신의 개체성을 유지하고 싶었다. 삶이 불만족스럽다는 것은 그들에게 아주 분명했다. 뭔가 잘못되었다. 그러나 어쩌다가 이런 불행한 상황이 생겨났는지 생각해보는 것은 의미가 없었다. 그들은 명상하는 가운데 희미하게나마 어떤 내적인 빛을 보았다. 이 빛은 그들에게 또 다른, 더 절대적인 자아가 있음을 보여주었다. 다만 그들의 영적 성장을 방해하는 지저분한 미망과 욕망으로부터 그 자아를 분리해내야 했다. 상키아라는 말은 한때는 정신과 물질이라는 '자연'의 영역에서 자아를 '분리'하는 것을 가리켰는지도 모른다. 출가자는 이미 사회에서 물러났다. 이제 그는 다음 한 걸음을 내디뎌, 자기 존재의 진정한 중심, 진정한 영혼, 진짜 자아, 불멸의 푸루샤를 찾아야 했다.

상키아는 실상 분석을 시도했는데, 그것은 단지 출가자가 해방을 이루는 것을 도우려고 고안된 것이었다. 출가자는 숲의 은거지에서 실상을 명상하면서 인간 본성의 다양한 구성 요소를 이해할 수 있었다. 출가자는 인간이 처한 곤경의 복잡성을 알아야만 그 곤경을 넘어설 희망을 품을 수 있었다. 상키아 학파는 자연에 세 가지 서로 다른 '가닥'(구나gunas)이 있다고 가르쳤다. 이것은 우주 전체에서나 한 개인에게서나 똑같이 분별해낼 수 있었다.

- 사트바― '지혜'. 푸루샤에 가장 가깝다.
- 라자스― '열정'. 신체적 또는 정신적 에너지.
- 타마스― '타성'. 가닥 가운데 가장 저급한 수준.

태초에 개별적 창조물이 존재하기 전에 세 가닥은 제1 질료 속에 조화롭게 공존했다. 그러나 푸루샤가 등장하여 이 평형을 깨면서, 발산 과정이 시작되었다. 최초의 구분되지 않은 통일체에서 등장한 새로운 범주 가운데 첫 번째는 '위대한 존재'라고 알려진 지성(붓디buddhi)이었다. 이것은 우리의 자연적 자아의 가장 높은 부분이며, 이것을 분리하여 발전시키면 우리를 깨달음의 가장자리까지 데려다줄 수 있다. 붓디는 푸루샤와 매우 가까우며, 거울이 꽃을 비추듯이 자아를 반영할 수 있다. 그러나 깨달음에 이르지 못한 인간에게는 세상의 천한 요소들 때문에 흐려져 있다.

다음에 등장한 범주는 에고 원리(아항카라ahamkara)였다. 신, 인간, 동물, 식물, 생명 없는 세계 등 다른 모든 창조물은 아항카라에서 발산되었다. 에고 원리는 우리 문제의 근원이다. 세 가닥을 각기 다른 비율로 섞어, 자연을 온갖 존재에게 전달하기 때문이다. 데바와 신성한 사람들에게는 사트바(지혜)가 지배적이다. 보통 사람들의 특징은 라자스다. 그러나 그 감정적 에너지는 종종 방향을 잘못 잡는다. 동물의 삶은 타마스의 정신적 어둠 때문에 흐릿하다. 우리의 지위가 어떻든 간에 불행의 뿌리는 에고에 대한 느낌이다. 이것이 우리를 영원한 푸루샤와 아무런 관계가 없는 거짓 자아에 가두어버린다. 우리는 생각, 감정, 욕망을 경험한다. 우리는 "나는 생각한다.", "나는 바란다.", "나는 무서워한다."고 말하면서, 이 '나'가 우리의 존재 전체를 대표한다고 상상한다. 그래서 이 '나'를 보존하고 지탱하는 데 너무 많은 에너지를 소비하며, '나'가 천국에서 영원히 살아남기를 바란다. 그러나 이것은 환상이다. 우리가 그렇게 관심을 쏟는 에고는 덧없다. 이 에고는 시간에 묶여 있기 때문이다. 에고는 아프고, 약해지고, 나이 들어 오그라들며, 그러다 마침내 깜빡거리며 죽는다. 그런 뒤에 다시 다른 몸으로 이 비참한 과정을 모조리 반복한다. 그러나 우리의 참된 자아, 우리의 푸루샤, 영원하고, 자율적이고, 자유로운 푸루샤는 해방되기를 갈망한다. 자연도 여기에 이르기를 갈망한다. 삶의 고통과 좌절을 넘어서고 싶다면 에고가 우리의 진짜 자아가 아님을 인식해야 한다. 강렬한 인식 행위를 통해 이 구원의 지식에 이르면, 우리는 모크샤(moksha, '해방')를 달성하게 된다.

무지는 우리가 나아가지 못하게 붙든다. 우리는 자연이라는 미망에 갇혀 있기 때문에 푸루사와 우리의 일상적인 정신-심리적 삶을 혼동한다. 자신의 생각, 욕망, 감정이 인간성의 가장 높고 가장 본질적인 부분이라고 상상하는 것이다. 우리 삶이 잘못에 기초하고 있다는 뜻이다.

우리는 자아가 우리의 일상적 존재를 관장하는 에고의 고양된 변형에 불과하다고 생각한다. 출가자는 명상과 연구를 거쳐 이런 무지를 교정해야 한다. 수행자는 자연의 형식과 그 진화를 관장하는 법칙을 알아야 한다. 그렇게 하면 단지 상키아 체계를 지적으로 습득하는 것이 아니라, 자신의 진정한 조건에 대한 깨달음이라고 할 만한 앎을 얻을 수 있다. 수행자는 명상 과정에서 푸루샤를 희미하게나마 볼 수 있다는 희망을 품고 다른 모든 것은 제쳐 두고 붓디에 집중하게 된다. 푸루샤가 자신의 지성에 반영되는 것을 보면, 푸루샤가 참된 자아라는 심오한 깨달음을 얻을 수 있다. 수행자는 이렇게 외친다. "나는 인정받았다."[84] 바로 이런 순간을 갈망하던 자연은 그 즉시 "주인의 욕망을 충족시킨 뒤 떠나는 무희처럼" 물러난다.[85]

그 순간부터는 뒤로 돌아가는 것이 불가능하다. 깨달은 출가자는 자신의 진정한 본성에 눈을 뜨면 더는 고통스런 삶의 먹이가 되지 않는다. 물론 계속 자연 세계에서 살아가기는 한다. 여전히 아프고, 늙고, 죽는다. 그러나 이제 푸루샤와 하나가 되었기 때문에 고통도 그를 건드릴 수 없다. 실제로 자신도 모르게 "나는 고통스럽다." 하는 대신 "그것이 고통을 겪는구나." 하고 말하게 된다. 이제는 슬픔이 먼 경험, 자신의 진정한 정체성이라고 이해하는 것과는 멀리 떨어진 경험이 되었기 때문이다. 마침내 죽음에 이르면 자연은 활동을 중단하지만 푸루샤는 완벽한 자유를 얻으며, 다시는 시간에 얽매인 필멸의 육신으로 들어가지 않는다.

상키아는 어떤 의미에서는 베다 신앙으로부터 완전히 물러난 것처럼 보인다. 상키아의 관점에서 보자면 희생제는 소용이 없다. 신들 또한 자연에 갇혀 있으니, 그들에게 도움을 청하는 것은 쓸모 없는 일이다.

제의라는 수단으로 하늘에서 살아남을 아트만을 구축하는 것도 역효과를 낳는다. 에고-자아는 죽어야 하기 때문이다. 오직 우리의 가장 진정한 실재에 눈을 뜨는 특별한 앎만이 영원한 해방을 가져올 수 있다. 그러나 베다 정통파와는 모순이 될지언정, 상키아는 사실 영속 철학의 전통적이고 전형적인 관점이 발전한 것이었다. 사람들은 늘 천상의 모범에 몰입하기를 갈망해 왔으나 상키아는 그것이 외적 실재가 아니라 내부에 존재한다고 말한다. 신을 모방하는 것이 아니라 가장 참된 자아에 눈을 떠야 절대적인 것을 발견한다는 이야기다. 원형은 머나먼 신화의 영역에 존재하는 것이 아니라 개인 내부에 존재한다. 따라서 외부의 모범적인 인물과 합치는 것이 아니라 내면화된 푸루샤와 일체가 되어야 한다는 것이다.

상키아는 자의식에서 새로운 단계를 상징한다. 인도 사람들은 일상생활의 혼란 때문에 흐릿해지고, 우리 몸 안에 감추어지고, 우리 본능에 속박되고, 그 자신을 희미하게만 인식하는 자아를 의식하기 시작했다. 상키아의 형이상학적 드라마는 해방을 향한 특별히 인간적인 갈망을 드러냈다. 사람들은 더 큰 자기 인식을 얻어 자신을 넘어설 수 있었다. 그러나 자신을 넘어서는 것이 자기 방종을 뜻하지는 않는다. 원래 에고가 자아를 속박하고 있었기 때문이다. 인도 사람들은 우리의 세속적 존재가 욕심이 많고 이기적인 경향이 있음을 의식하기 시작했다. 우리는 에고 때문에 뭐든 보기만 하면 이렇게 묻는다. "내가 이것을 원하는가?" "내가 이것에서 어떤 이익을 얻을 수 있을까?" "이것이 나에게 위협이 될까?" "왜 내가 이것을 얻지 못했을까?" 그 결과 우리는 어떤 것도 본래 있는 그대로 보지 못한다. 이기심이라는 올가미에 갇혀 있기 때문이다. 상키아는 쉽게 떨칠 수 없는 이 무시무시한 자기 중심주의로부터 해방되어, 에고에 사로잡힌 보통 사람들은 인식할 수 없는, 존재의 어떤 상태로 들어가는 상상을 할 수 있었다. 그런 상태는 신성한 것이 아니었다. 초자연적인 것도 아니었다. 그것은 우리 인간 본성의 완성이었다. 이런 자유를 얻으려고 노력할 마음이 있는 누구나 그것을 얻을 수 있었다.

상키아는 인도의 영성에 두 가지 중요한 기여를 했다. 첫째는 모든 삶이 '두카(dukkha)'라는 인식이었다. 이 말은 흔히 '괴로움(苦)'으로 번역되지만, '불만족스럽다, 뒤틀려 있다'는 더 넓은 의미가 있다. 아무도 그 이유를 알지 못하지만, 신성함이 사라진 이 세상에 태어나는 것은 위험하고 고통스러운 일이다. 우리의 경험은 무지와 슬픔이라는 바탕 위에서 이루어진다. 우주의 만물은 해체되고, 죽고, 덧없이 사라진다. 거짓 '나'가 행복이나 만족을 느껴도 뭔가 어긋나 있다. '내'가 성공을 하면 내 경쟁자들이 슬퍼한다. 종종 '나'는 목표나 물질적 대상을 갈망하지만, 결국 실망스럽고 불만족스럽다는 것을 확인할 뿐이다. 행복한 순간 뒤에는 거의 어김없이 긴 슬픔의 시간이 뒤따른다. 어떤 것도 오래 지속되지 않는다. 우리의 혼란스러운 내적 세계는 순식간에 이런 상태에서 저런 상태로 바뀔 수 있다. 친구들은 죽는다. 사람들은 병들고, 늙고, 아름다움과 활력을 잃는다.

이 보편적인 두카를 부정하는 것 — 많은 사람들이 그렇게 하지만 — 은 미망이다. 두카가 삶의 법칙이기 때문이다. 그러나 상키아는 이런 불완전한 본성이 우리의 친구이기도 하다고 주장한다. '내'가 고통을 겪고 이 덧없는 세상과 한몸이 될수록, '나'는 푸루샤라는 절대적이고 무조건적인 실재를 더 갈망하기 때문이다. 우리 주위, 우리의 소란스러운 내적 자아를 들여다볼 때 우리는 늘 자신도 모르게 뭔가 다른 것을 갈망한다. 우리는《우파니샤드》의 현자들처럼 외칠 수밖에 없다. "네티, 네티! 이것이 아니다!" 상키아는 비관적으로 들릴지 모르지만, 사실 낙관적이고 야심이 크다. 상키아는 자연(프라크리티)이 최종적 실재가 아니라고 주장한다. 사람들은 해방을 경험할 수 있고 또 실제로 경험했다. 자신의 푸루샤, 참된 자아를 실제로 발견했다. 신, 인간, 동물, 곤충 등 모든 창조물이 고통을 겪지만 오직 인간만이 모크샤, 즉 고통으로부터 해방된 상태에 이를 수 있다.

그러나 많은 출가자들은 실제로 해방에 이르는 것이 극히 어렵다는 것을 알았다. 어떤 사람들은 공부와 명상으로 모크샤에 이르렀지만, 어떤 사람들은 뭔가 더 필요하다고 생각했다. 자연이 인간을 워낙 강력하게 틀어쥐고 있기 때문에 더 강한 방법이 필요하다는 것이었다. 이 때문에 어떤 출가자들은 현재 전 세계의 명상 강의실이나 체육관에서 이루어지고 있는 훈련 방법을 개발했다. 요가는 인도의 최고의 성취로 꼽히며, 가장 진화된 형식은 푸루샤를 자연과 엉켜 있는 상태에서 풀어내기 위해 상키아 학파에서 처음 고안한 것이 거의 틀림없다. 이 고전적인 요가는 오늘날 서구에서 가르치는 요가와 많이 달랐다.[86] 요가는 에어로빅 운동이 아니었다. 사람들이 긴장을 풀거나, 과도한 불안을 누르거나, 자기 삶에 편안함을 느끼도록 돕지도 않았다. 오히려 정반대였다. 요가는 에고에 대한 체계적인 공격이었다. 오랜 시간에 걸쳐 수행자에게 정상적인 의식과 더불어 그 의식의 잘못과 미망까지 없애버리고, 대신 푸루샤 발견의 환희를 채우도록 가르치는 가혹한 수련법이었다.

요가를 발진시킨 출가자들의 이름 또한 우리는 알 수 없다. 흔히 2000년 전쯤《요가수트라》를 쓴 파탄잘리의 이름을 거론하곤 하지만, 파탄잘리가 요가를 만든 것은 아니다. 사실 요가는 아주 오래 되었다.

어떤 학자들은 아리아 부족들이 오기 전, 인도 원주민들이 요가의 한 형태를 발전시켰을지도 모른다고 생각한다. 요가 기법 가운데 몇 가지, 특히 호흡 훈련은 초기 《우파니샤드》에서도 언급이 되며, 베다 제의의 한 부분을 이루었다. 어떻게 시작되었건 기원전 6세기에 이르면 요가는 인도의 영적 풍경 안에 완전히 자리를 잡았다. 브라민, 정통 베다 출가자, 이른바 이단 종파들 모두가 요가를 했다. 집단마다 자기들 나름으로 요가를 발전시켰다. 그러나 《요가수트라》에 묘사된 기본 훈련이 근본을 이룬다.

'요가'라는 말 자체가 의미심장하다. 이것은 '멍에를 맨다'는 뜻이다. 이 말은 베다 시대 아리아인이 습격 전에 전차를 끌 짐승을 매는 것을 묘사할 때 사용하던 말이었다. 전사들은 요가의 남자들이었다. 그들은 데바와 같아, 늘 움직이고 항상 전투적인 활동에 참여했다. 반면 게으른 아수라들은 집에 머물렀다. 그러나 기원전 6세기가 되자 새로운 요가의 남자들은 내적 공간 정복에 나섰다. 그들은 전쟁을 하는 대신 비폭력에 헌신했다. 요가는 우리가 겪는 많은 고통의 근본 원인인 무의식적 정신에 대한 습격이나 다름없었다. 파탄잘리는 우리를 속박하는 브리티('충동') 다섯 가지를 나열했다. 그것은 무지, 자아 감각, 열정, 혐오, 덧없는 삶의 유혹이었다. 이 본능들은 끝도 없고 통제할 수도 없는 에너지로 차례차례 떠오른다. 이것들은 우리 인간성의 기본이며, 요가 수행자들의 믿음에 따르면 너무 깊이 뿌리박혀 상키아 스승들이 제시하는 단순한 지식 활동으로는 없앨 수가 없다.

우리는 요가 수행자들이 '바사나'라고 부르는 것에 깊이 사로잡혀 있다. 바사나는 개별 인격에 고유한 모든 것을 만들어내는 무의식적 감각이다. 바사나는 유전, 또 과거와 현재 삶의 카르마의 결과다. 프로이트(Sigmund Freud)와 융(Carl Jung)이 영혼에 대한 근대적이고 과학적인 탐사를 시작하기 오래 전에 인도의 요가 수행자들은 이미 전례 없이 힘차게 무의식의 영역을 탐사하고 분석하기 시작했다. 이 브리티와 바사나는 제거해야 했다. '태워버려야' 했다. 그래야 자아가 그 정신적 삶의 혼돈에 거리를 두고, 자연의 올가미를 벗어던지고, 모크샤의 축복을 경험할 수 있었다. 이런 초인적인 업적은 오직 순수하게 정신적인 힘으로만 달성할 수 있었다.

그러나 요가 수행자들은 먼저 긴 준비 기간을 거쳐야 했다. 폭넓은 도덕적 훈련을 완료하지 않으면 요가 동작을 단 하나도 할 수 없었다. 수행자는 우선 야마(yama, '금제禁制')를 준수해야 했다. 야마 목록의 맨 꼭대기에는 아힘사가 있었다. 요가 수행자는 다른 생물을 죽이거나 해쳐서는 안 되었다. 모기를 때려죽일 수도, 다른 사람에게 불친절한 말을 할 수도 없었다. 두 번째로는 도둑질이 금지되었다. 이것은 원하는 것을 원하는 때에 가질 수 없다는 뜻이기도 했다. 먹을 것이나 입을 것을 아무런 이의 없이 주는 대로 받아들여, 물질적 소유에 대한 무관심을 길러야 했다. 세 번째로 거짓말을 할 수 없었다. 언제나 진실만을 말해야 했다. 예를 들어 어떤 사건을 더 재미있거나, 자신에게 유리하게 왜곡하지 말아야 했다. 마지막으로 섹스와 취하게 하는 물질을 삼가야 했다. 그런 것은 정신을 흐리게 하고, 영적 탐험에 필요한 정신적이고 육체적인 에너지를 빼앗기 때문이다. 준비 프로그램에서는 또 육체적이고 정신적인 규율(니야마niyama)을 습득할 것도 요구했다. 수행자는 빈틈없는 청결을 유지해야 했다. 구루의 가르침(다르마dharma)을 공부해야 했다. 속의 감정이 어떻든지 늘 침착한 태도를 유지하고, 모든 사람에게 친절하고 예의 바르게 행동해야 했다.

이 예비 프로그램은 요가 수행자의 영적 야망을 보여주었다. 그들은 단지 잠깐만 영감을 주는 덧없는 경험에는 관심이 없었다. 요가는 인간이 되는 다른 방식에 입문하는 것이었으며, 이것은 근본적인 정신적 변화를 의미했다. 금지와 규율은 원형적 모범의 모방이라는 전통을 축의 시대 방식으로 새롭게 변형한 것이었다. 요가 수행자들은 깨닫지 못한 자아를 떠나고, 에고 원리를 버리고, 마치 푸루샤가 이미 해방된 것처럼 행동해야 했다. 과거의 사람들은 제의로 신을 모방한 반면, 이들은 정상적인 삶을 '벗어나' 존재의 고양을 경험했다. 야마와 니야마에 대해서도 같은 말을 할 수 있었다. 연습을 하면 윤리적 규율은 제2의 천성이 된다. 파탄잘리는 그렇게 되면 수행자는 '이루 말할 수 없는 기쁨'을 경험한다고 설명한다.[87] '에고 원리'를 버리면 마지막 해방을 맛보게 된다.

수행자가 야마와 니야마를 습득했다고 스승이 판단하면, 수행자는 이제 처음으로 정식 요가 수련인 '아스나', 즉 '앉기'를 배우게 된다. 수행자는 책상다리를 하고 앉아 허리를 꼿꼿이 펴고, 꼼짝도 하지 않고 몇 시간을 버텨야 한다. 처음에는 불편하다. 가끔 견딜 수 없을 정도로 고통스럽기도 하다. 사실 움직임은 살아 있는 생물의 특징이다. 움직이는 모든 것은 살아 있다. 우리가 가만히 앉아 있다고 상상할 때도 우리는 늘 움직인다. 눈을 깜빡이고, 몸을 긁고, 엉덩이를 들썩이고, 자극에 반응하여 고개를 돌린다. 잘 때도 뒤척이고 몸을 돌린다. 그러나 아스나에서 요가 수행자는 정신과 감각을 연결하는 고리를 끊는다. 꼼짝도 않기 때문에 인간이라기보다는 조각이나 식물에 가까워 보인다. 예전에 아리아인은 하루 종일 집에 앉아 있는 아수라를 경멸했다. 그러나 이제 새로운 요가의 인간은 생명의 표시조차 드러내지 않은 채 한곳에 몇 시간이고 앉아 있었다.

다음 단계에서 요가 수행자는 호흡을 통제한다. 이것은 본능적 삶에 대한 훨씬 더 큰 공격이다. 호흡은 우리의 신체 기능에서도 가장 근본적이고 자율적인 부분이고, 생명에 절대적으로 필요한 것이기 때문이다. 그러나 '프라나야마'에서 요가 수행자는 점점 더 천천히 숨을 쉰다. 그의 목표는 들숨과 날숨 사이에 가능한 한 오래 간격을 두는 것이다. 그렇게 하면 호흡이 완전히 정지된 것처럼 보인다. 심장 박동도 느려진다. 심지어 죽은 것처럼 보일 수도 있다. 그러나 일단 프라나야마에 능숙해지면 새로운 종류의 삶을 경험하게 된다. 일상 생활의 주기적 호흡과 완전히 다른 이 통제된 호흡은 몸과 신경에 좋은 영향을 준다는 것이 확인되었다. 이 호흡은 차분한 느낌, 조화, 평정을 가져다준다. 음악의 효과와 비슷하다고 한다. 또 웅장함, 광활함, 고귀함을 느낀다. 뭔가가 존재하는 느낌을 받는 것이다.

요가 수행자는 이런 신체적 수련을 끝내면, '에카그라타', 즉 '한 지점에' 집중하는 정신 수련을 받을 수 있다. 수행자는 생각을 거부하고, 아무런 방해를 받지 않은 상태에서 하나의 대상이나 관념에 집중한다. 그 대상은 꽃일 수도 있고, 코끝일 수도 있고, 구루의 어떤 가르침일 수도 있다. 중요한 것은 다른 모든 감정이나 연상을 엄격하게 배제하고, 마음속으로 쳐들어오는 잡념을 하나하나 밀어내는 것이다. 에카그라타에는 여러 가지 형태가 있었다. 수행자는 '프라티아하라'(감각의 물러남)를 배워, 지성으로만 대상을 숙고했다. '다라나'(집중)에서는 자신의 존재 깊은 곳에서 푸루샤를 시각화하고, 마치 연못에서 떠오르는 연꽃처럼 푸루샤가 서서히 떠오르는 모습을 상상했다. 각각의 다라나는 12 프라나야마 동안 지속되어야 했다. 능숙한 요가 수행자는 이렇게 신체와 정신의 기술을 결합하여 자신의 내적 세계로 깊이 침잠하고, 일상적이고 세속적인 의식으로부터 멀어져 무아(無我)의 상태에 진입했다.

이 과정에서 수행자는 놀라울 정도로 강해졌다. 요가에 능숙해질수록 여름의 찌는 듯한 더위도, 얼어붙을 듯이 차가운 겨울비도 의식하지 않게 되었다. 이제 정신 생활을 통제할 수 있었기 때문에 외부 환경에는 무감각해졌다. 나아가 자신이 명상하는 대상도 새로운 눈으로 보게 되었다. 홍수처럼 밀려드는 기억과 그것이 일으키는 개인적 연상을 억누를 수 있기 때문에, 이제 자신의 관심사 때문에 정신이 산만해지지 않았다. 대상을 주관화하거나 독점하지 않았다. 자신의 요구와 욕망이라는 왜곡된 렌즈로 바라보는 대신 있는 그대로 볼 수 있었다. 그의 생각에서 '나'는 사라지기 시작했으며, 그 결과 아주 평범한 대상도 전혀 예기치 않은 특질을 드러냈다.

요가 수행자가 이런 식으로 자신의 특정한 학파의 관념, 예를 들어 상키아의 창조 신화를 명상하면 그것을 아주 생생하게 체험할 수 있기 때문에 이런 진리를 합리적 공식으로 만드는 것은 그 체험과 비교해보면 별 의미 없는 일이 되었다. 그가 얻은 앎은 이제 단순히 개념적인 것이 아니었다. 요가 수행자는 이런 진리를 직접적으로 알았고, 그 진실들은 그의 내적 세계의 일부가 되었다.

요가 수행자는 신이 자신과 접촉한다고 생각하지 않았다. 그의 경험에 초자연적인 것은 없었다. 사실 상키아는 무신론적 신조였으며, 데바에는 관심이 없었다. 요가 수행자는 인간의 타고난 능력을 계발할 뿐이라고 확신했다. 누구든 열심히 훈련만 하면 이런 정신적 성취를 이룰 수 있었다. 그들은 인간성의 새로운 영역을 발견했다. 이런 초월은 '저 밖에' 있는 외부의 신과 만나는 것이 아니라, 자기 존재의 깊은 곳으로 내려가는 것이었다. 요가 수행자는 자기 자신을 평상시의 에고에 묶인 존재로부터 체계적으로 분리하여 자연의 올가미에서 참된 자아를 떼어내려 했다. 이 축의 시대 사람들은 자신의 본성을 더 완전하게 자각하여, 규범으로부터 '걸어나가' 황홀경에 이르렀다.

 요가 수행자는 황홀경의 상태에 들어가면 일련의 정신적 단계를 거쳐 점점 깊은 곳으로 들어갔다. 이것은 그들의 일상 경험과는 아무런 관계가 없었다. '사마디', 즉 순수한 의식의 상태도 그런 상태의 하나였다. 이 상태에서는 '나'와 '나의 것'에 대한 감각이 완전히 사라졌다. 요가 수행자는 자신이 명상하는 대상과 완전히 하나가 되었다고 느낄 뿐 다른 것은 전혀 의식하지 못했다. 물론 자신이 그런 명상을 한다는 것도 의식하지 못했다. 극소수, 특별한 재능이 있는 요가 수행자만이 이를 수 있는 더 극단적인 상태도 있었다. 이들은 이런 상태를 역설적으로밖에 묘사하지 못했다. 부재(不在)인 동시에 존재하는 것, 풍요로운 텅 빈 상태, 영원한 현재, 죽음 속의 삶에 대한 느낌 등이 그런 묘사다. 요가 수행자들은 이런 경험을 '무(無)'라고 불렀다. 달리 묘사할 말이 없었기 때문이다. 그들은 이것을 방에 들어갔다가 그냥 텅 빈 상태, 허공, 자유만 발견했을 때의 느낌에 비유했다.

 요가 수행자는 자신들의 명상적 발견을 저마다 다르게 해석했다. 《우파니샤드》의 가르침을 따르는 사람들은 마침내 브라만과 하나가 되었다고 믿었다. 상키아 철학을 따르는 사람들은 푸루샤를 해방시켰다고 주장했다. 그러나 기본 경험은 똑같았다. 무엇을 이루었다고 생각하건 요가 수행자는 새로운 가능성을 열었다. 이 특별한 야망을 품은 사람들은 인간 조건에 내재한 괴로움을 예리하게 인식했기 때문에 근본적인 출구를 찾아나갔다. 그들은 두카로부터 해방될 수 있는 영적 기술을 발전시켰다. 그러나 요가는 모든 사람을 위한 것이 아니었다. 일상 생활을 제쳐 두고 매달려야 하는 일이었다. 그래서 훗날 다른 현자들은 속인들도 깨달음을 맛볼 수 있는 요가를 발전시킬 방법을 찾아낸다.

흔들리는 예(禮), 무너지는 도(道)

한편 중국은 위기에 처했다. 초나라가 기원전 597년에 동맹군을 물리치자, 이 지역은 완전히 새로운 종류의 폭력에 휩싸여버렸다. 이제 장갑을 벗고 맨주먹으로 싸우는 셈이었다. 초나라는 과거의 제의화된 전쟁을 좋아하지 않았다. 다른 큰 나라들도 전통의 속박을 벗어던지기 시작했다. 적을 완전히 없애는 한이 있어도 더 많은 영토를 정복하고 확장하려 했다. 전쟁은 과거의 위엄 있는 출정과는 사뭇 달라졌다. 예를 들어 기원전 593년에 장기간 포위 공격을 받을 때 송(宋)나라 사람들은 자기 자식을 먹기까지 했다. 오래된 제후국들은 정치적 멸망에 직면했다. 그들은 큰 나라들과 경쟁이 안 된다는 것을 알면서도 자신들의 의지에 반하여 싸움에 끌려들었다. 그들의 영토가 경쟁하는 군대들의 전장이 되었기 때문이다. 예를 들어 아주 작은 노(魯)나라는 제(齊)나라가 자꾸 괴롭히는 바람에 초나라에 도움을 요청할 수밖에 없었다. 그러나 소용이 없었다. 기원전 6세기 말에 초나라가 패배하고 제나라가 세력을 확장하는 바람에 노나라 군주는 서쪽 진(秦)의 도움으로 간신히 독립국을 유지할 수 있었다.

내부의 문제 때문에 약해지는 나라들도 있었다. 기원전 6세기에 제, 진(晉), 초는 모두 만성적인 내전 때문에 회복이 불가능할 정도로 약해졌다. 노나라에서는 경쟁하는 세 귀족 집안(맹손, 숙손, 계손)이 정통성 있는 제후를 꼭두각시로 만들어버렸다. 이 자체가 시대의 징후였다. 위대한 주공의 후손은 제의의 의무를 제외한 모든 권력을 빼앗겼으며, 경제적으로 찬탈자들에게 의존했다. 낡은 정치와 사회 구조는 해체되어 갔으며, 중국은 무정부 상태로 곤두박질치는 것처럼 보였다. 그러나 이런 갈등은 더 깊은 변화의 표시였다. 자신의 제후에 반역하는 귀족들은 물론 탐욕과 야망에 따라 움직였지만, 동시에 오랜 가문들의 지배로부터 자유를 얻으려고 노력하는 것이기도 했다. 중국인은 이제까지 도전을 받지 않았던 세습 제후들의 통치를 무너뜨릴 수 있는 더 평등한 정체(政體)를 향해 고통스럽게 나아가는 중이었다.[88] 정(鄭)나라와 노나라에서는 농민의 부담을 덜어주는 회계와 농업의 개혁이 있었다. 기원전 6세기 후반 정나라의 재상 자산(子産, ?~기원전 522)은 큰 청동 솥에 형법을 새겨서 전시했다. 이제 분명한 법전이 생겼기 때문에 누구나 이 법을 근거로 자의적 통치에 도전할 수 있었다.

고고학자들이 확인한 대로 제의에 대한 경멸이 확산되었다. 사람들은 친척의 무덤에 정해진 제기가 아니라 세속적인 물건을 부장(副葬)했다. 절제의 기풍도 희미해졌다. 많은 중국인이 사치에 맛을 들여, 수요가 공급을 넘어서면서 경제에 심각한 부담을 주었다. 봉건적 위계의 바닥에 있는 사(士) 가운데 일부는 세력 있는 큰 가문의 생활 방식을 흉내 내기 시작했다. 그 결과 귀족이 지나치게 늘었고, 사 가운데 심각한 궁핍을 겪는 숫자가 걱정스러울 정도로 늘었다. 졸부가 크게 늘어 귀족 가운데 일부는 봉토를 소유힐 수 없었다. 모두에게 돌아갈 만한 땅이 없었기 때문이다. 제후의 가까운 친척 일부를 포함하여 많은 사들이 땅과 직함을 잃고 평민의 지위로 전락했다. 몰락한 사 가운데는 서기, 제의 전문가, 장교로 일하던 사람들도 있었으며, 이제 이들은 어쩔 수 없이 자기 기술을 가지고 도시를 떠나 시골로 들어가 평민들과 함께 살게 되었다.

이것은 단순한 사회적·정치적 위기가 아니었다. 하늘과 땅은 상호 의존적이었기 때문에 많은 사람들이 천도(天道)를 이렇게 경멸하다가는 우주 전체가 위험에 빠질 수 있겠다고 걱정했다. 노나라의 제의 전문가들은 새로운 탐욕, 폭력, 물질주의를 신성한 제의에 대한 신성 모독적인 공격이라고 보았다. 더 회의적인 사람들도 있었다. 기원전 534년에 중국의 많은 나라들이 태풍으로 황폐해졌는데, 바로 뒤이어 치명적인 산불까지 났다. 정나라에서는 주술사가 재상 자산에게 접근하여 하늘을 달래기 위한 특별 희생제를 드릴 것을 요청했다. 그러자 자산은 고개를 저으며 이렇게 대답했다. "천도는 멀고 인도(人道)는 가까이 있으니, 천도에는 미칠 수 없다. 우리에게 그것을 알 수단이 어디 있는가?"[89] 하늘은 우리의 시야 너머에 있으니 우리가 파악할 수 있는 범위 안에 있는 것에 집중하는 것이 더 낫다는 말이었다.

이 무렵 공구(孔丘, 기원전 551~479)라는 이름의 청년이 공부를 거의 마치고 막 노나라 조정의 말단 관직을 얻으려 하고 있었다. 그의 집안은 노나라로 새로 이주한 사람들이었다. 그의 조상은 송나라 제후 집안이었다. 그러나 다른 많은 귀족들과 마찬가지로 이민을 떠나올 수밖에 없었다. 따라서 공구는 점잖기는 하지만 가난한 집안에서 성장했으며, 스스로 생계를 유지해야 했다. 그는 제의 전문가들에게 마음이 끌렸으며, 주 왕조, 특히 주공에게 정열적으로 헌신했다. 주공은 가끔 그의 꿈에 찾아오기도 했다. 공구는 열심히 공부했다. 서른이 되었을 때는 예(禮) 공부를 마치고, 마흔이 되었을 때는 학식 있는 사람이 되었다고 말했다. 궁핍해진 사(士) 가운데 많은 수가 울분을 품었지만 공구는 제의의 깊은 의미를 이해했으며, 그것을 제대로 해석하면 중국 사람들을 천도로 돌이킬 수 있다고 확신했다. 나중에 공구의 제자들은 그를 자랑스럽게 '공부자(孔夫子)', 즉 '우리 스승 공'이라고 불렀고, 우리는 흔히 그를 '공자(孔子)'라고 부른다. 중국의 축의 시대가 바야흐로 시작되려는 참이었다.

6장

공감의 발견

기원전 530년~450년경

그리스인은 슬픔과 눈물을 함께 나누는 것이 사람들 사이에
귀중한 유대를 창조한다고 굳게 믿었다. 그래서 원수들도 《일리아스》의 끝에서
아킬레우스와 프리아모스가 그러는 것처럼 공통의 인간성을 발견했다.
그들의 눈물이 카타르시스가 되어 독기 가득힌 증오가 남긴 슬픔을 정화해준 것이다.
아테네 사람들은 디오니소스 축제에서 부끄러움 없이 큰 소리로 울었다.
이것은 시민 간 유대를 강화해주었을 뿐 아니라,
개인들에게 그들이 슬픔에서 혼자가 아님을 일깨워주었다.
그들은 완전히 새로운 방식으로 모든 인간이 고나을 겪는디는 사실을 깨달았다.
키다르시스는 공감과 자비를 경험하는 데서 얻을 수 있었다.
타자와 함께 느끼는 능력이 비극적 경험의 핵심이기 때문이다.

공자, 인(仁)의 나라를
찾아 떠나다

기원전 6세기 말에 노나라는 완전한 무정부 상태에 직면했다. 합법적인 제후의 권력을 찬탈한 세 대부 집안이 서로 우위를 차지하려고 싸웠기 때문이다. 이것은 제의 전문가들에게 특히 괴로운 상황이었다. 노나라에는 중국 전역에서 사람들이 찾아왔다. 전례 행사에 참석하고 주 왕조 초기에 나온 음악을 듣기 위해서였다. 진나라에서 온 한 방문객은 이렇게 감탄했다. "주의 모든 예가 여기에 있다! 이제야 주공의 힘이 얼마나 강한지, 왜 주가 세상을 다스렸는지 이해하겠다."[1] 그러나 기원전 518년경 노나라의 정당한 통치자, 즉 주공의 후손은 너무 가난해서 조상의 사당에서 이런 제의를 거행할 음악가와 무용가들에게 줄 돈이 없었다. 그러나 그해에 권력 찬탈자 가운데 한 사람인 대부 계씨(季氏)가 자기 조상의 사당에서 천자만 누릴 수 있는 팔일무†를 거행하게

팔일무(八佾舞) 8명씩 8줄로 64명이 늘어서서 추는 제례의 춤. 천자는 팔일무, 제후는 육일무(36명), 대부는 사일무(16명)를 누릴 수 있었다.

했다. 물론 불법적인 일이었다. 사람들은 경악했다. 이제 예는 귀족 가문의 탐욕과 허세를 제어하지 못했다. 하늘은 무관심해 보였다.

공자는 왕가의 제의를 불법적으로 거행했다는 이야기를 듣고 격분했다. "도가 이루어지지 않는구나." 공자는 그렇게 탄식했다.[2] 통치자들이 사회를 올바른 방향으로 유지하는 신성한 가치를 실현할 수 없다면, 자신이 직접 그렇게 해야겠다고 생각했다. 그러나 그는 평민으로서 도를 세울 수가 없었다. 오직 왕만이 그렇게 할 수 있었다. 하지만 덕이 높고 지식을 많이 쌓은 사람들의 무리를 길러내, 그들이 중국의 통치자들에게 도를 가르쳐 다시 의무를 이행하도록 이끌 수는 있었다. 공자는 정치 경력을 쌓을 기회를 바랐지만 늘 실망했다. 너무 직설적이고 솔직해서 정치에서는 성공을 거둘 수가 없었다. 재정과 회계 관련 부서의 말직밖에 얻지 못했다. 그러나 이것은 참으로 잘된 일이었다. 정치적으로 실패했기 때문에 공자는 생각할 시간을 얻었으며, 영감이 넘치는 스승이 되었고, 스스로 성공할 수 없다면 다른 사람들이 고위직을 얻을 수 있도록 훈련하겠다는 결심을 했기 때문이다. 공자는 이 시기에 주변부로 밀려난 다른 사(士)처럼 주유하는 학자가 되어, 적어도 제후 한 사람 정도는 자신을 진지하게 받아들여줄 것이라는 희망을 품고 규모는 작지만 충실한 제자들을 이끌고 끊임없이 여러 나라를 돌아다녔다.

공자는 외로운 금욕주의자가 아니라 세상에 속한 사람이었다. 그는 좋은 식사, 훌륭한 술, 노래, 농담, 자극적인 대화를 즐겼다. 그는 상아탑에 자신을 가두지 않았으며, 내적 성찰이나 명상을 하지 않았다. 대신 다른 사람들과 대화를 나누면서 끊임없이 자신의 통찰을 발전시켰다. 우리의 주요 자료인 《논어(論語)》를 보면 공자가 늘 제자들과 토론에 몰두하는 모습을 볼 수 있다. 그의 친절과 명석함—보기 드문 조합이었다.—은 자석처럼 제자들을 끌어당겼다. 게다가 그는 누구도 돌려보낸 적이 없었다. 제자 가운데는 귀족도 있었고, 출신이 미천한 사람도 있었다. 공자가 총애하던 제자는 아마 가난하지만 신비롭게도 재능이 뛰어난 안회(顏回)였을 것이다. 그러나 공자는 차분하고 강인한 민자건(閔子騫), 활력이 넘치는 자로(子路), 늘 용감하고 정직한 자공(子貢) 등 자신의 많지 않은 제자들을 모두 사랑했다. 제자가 되고자 하는 사람이 나타나면 공자는 무엇보다 한 가지 자질을 살폈다. "열심이 터져나오지 않는 사람은 가르치지 않으며, 흥분이 부글거리지 않는 사람은 깨달음을 주지 않는다(不憤不啓不悱不發)."3) 공자는 제자들을 꾸짖고 사정없이 몰아댔지만, 결코 으스대지는 않았다. 요가 수행자들의 성취에 놀라 약간 기가 죽은 뒤에 공자를 보면 마음이 편해지기도 한다. 그가 제시하는 도는 제대로만 이해하면 누구나 접근할 수 있는 것이기 때문이다. 친절하고 차분하고 다정한 공자는 결코 거드름을 피우지 않았다. 긴 강연이나 설교도 없었다. 설사 제자들과 의견이 다르다 해도, 대개 제자들의 관점을 인정할 준비가 되어 있었다. 그러지 못할 이유가 어디 있는가? 그는 요 임금이나 순 임금처럼 성스러운 영감을 받은 현자가 아니었다. 그에게는 계시나 전망이 없었다. 그의 유일한 장점은 "배우기를 싫어하지 않고 가르치기를 게을리하지 않는다(學而不厭誨人不倦)."4)는 것이었다.

《논어》는 공자가 죽고 나서 오랜 세월이 지난 뒤 제자들이 편찬한 것이다. 따라서 공자의 격언이라고 일컬어지는 것들이 모두 진짜인지 알 두리는 없으니, 학자들은 이 텍스트를 상당히 믿을 만한 자료라고 인정한다.5) 《논어》는 수백 편의 짧고 서로 관련 없는 말로 이루어져 있으며, 분명하게 규정된 전망을 만들려 하지 않는다. 그 스타일은 중국의 풍경화와 마찬가지로 암시적이다. 독자들은 말로 표현되지 않은 것을 찾아야 하며, 행간을 보고 완전한 의미를 이해해야 하고, 하나의 생각을 다른 생각과 연결시켜야 한다. 그러나 첫인상과는 달리《논어》에는 일관성이 있다. 사실 공자의 전망은 긴밀하게 서로 연결되어 있어, 그 다양한 주제들을 풀어 분리해내는 것이 어려울 때도 있다.

공자는 축의 시대의 다른 철학자들과 마찬가지로 자신의 시대로부터 깊은 소외감을 느꼈다. 그는 오랫동안 제후국의 행동을 관장했던 전통적인 제의를 무시한 것이 당대 중국에 만연한 무질서의 뿌리 깊은 원인이라고 확신했다. 요순 시절, 나아가 초기 주 왕조 시절에는 천도(天道)가 완벽하게 실천되었고 인간들은 조화를 이루며 함께 살았다고 믿었다. 예(禮)가 중용(中庸)과 관용의 정신을 권장했다. 그러나 공자의 시대에는 대부분의 제후들이 도를 진지하게 생각하지 않았다. 사치를 쫓고 자신의 이기적인 야심을 채우느라 바빴다. 낡은 세계는 무너져 가는데, 과거의 가치를 대신할 새로운 가치는 나타나지 않았다. 공자의 관점에서 볼 때 가장 좋은 해법은 과거에 잘 운용되었던 전통으로 돌아가는 것이었다.

공자는 작은 제후국들을 말살의 위기로 몰아넣는 끊임없는 전쟁에 경악했다. 그러나 더 놀라운 일은 그들이 이런 위험을 제대로 자각하지 못한다는 것이었다. 노나라는 군사적으로 제나라 같은 큰 나라와 경쟁할 수가 없었다. 그러나 경대부(卿大夫) 가문들은 이런 외부의 위협에 대처하는 데 모든 자원을 동원하는 대신 탐욕과 허영에 젖어 자멸적인 내전을 벌였다. '세 가문'이 예를 제대로 지키기만 했다면 이런 상황은 결코 일어날 수가 없었다. 과거에는 제의가 폭력이나 복수의 위험을 억제했으며, 전투의 잔혹함을 누그러뜨렸다. 다시 그렇게 되어야 했다.

공자는 제의 전문가로서 군주들과는 달리 궁술이나 전차를 모는 법보다는 예법과 고전을 연구하는 데 훨씬 더 많은 시간을 보냈다.[6] 공자는 군자의 역할을 재규정했다. 진정한 군자는 전사가 아니라 학자여야 했다. 군자는 권력을 얻으려고 싸우는 대신 올바른 행동의 규칙을 공부해야 했다. 그 규칙들은 가족, 정치, 군사, 사회 생활과 관련된 전통적인 제의에 규정되어 있었다. 공자는 스스로 독창적 사상가라고 주장한 적이 없다. "나는 내 것을 하나도 만들어 보태지 않고 가르침을 받은 대로 전달하였다. 나는 옛것에 충실하고 옛것을 사랑했다(述而不作信而好古)."[7] 오직 덕 있는 통찰의 축복을 받은 현자만이 전통을 깰 수 있었다. "나는 그저 과거를 사랑하고, 과거를 연구하는 데 부지런한 사람이다."[8] 그러나 이렇게 부인했음에도 공자는 혁신자였다. 그는 "옛것을 익혀 새로운 것에 관한 앎을 얻는(溫故而知新)"[9] 데 열중했다. 세상은 변했지만, 어느 정도의 연속성이 없다면 보람 있는 발전도 불가능했다.

공자가 전통을 해석하는 몇 가지 방식은 그 강조점이 근본적으로 달랐다. 과거의 종교는 하늘에 초점을 맞추었다. 사람들은 그저 신과 영혼의 은혜를 얻으려고 희생제를 거행했다. 그러나 공자는 이 세상에 집중했다. 같은 시대에 살았던 정나라의 재상 자산(子産)과 마찬가지로 공자는 우리가 이미 아는 것에 초점을 맞추는 것이 더 낫다고 보았다. 사실 그는 하늘에 관해 전혀 말하지 않는 쪽을 더 좋아했다. 그의 제자 자공은 이 사실에 주목했다. "문화나 선(善)의 외적인 표지에 대한 스승의 관점은 들을 수 있지만, 스승은 천도에 관해서는 아무런 말도 하지 않으려 한다."[10] 공자는 형이상학에 관심이 없었으며, 신학적인 잡담은 권하지 않았다. 자로가 군자가 신들을 섬겨야 하느냐고 물은 적이 있는데, 공자는 이렇게 대답했다. "아직 산 사람을 섬기는 일도 모르는

데, 어떻게 신을 섬길 수 있겠느냐?" 다시 자로가 죽음에 대해 묻자 공자는 대답했다. "아직 삶을 알지도 못하는데 어떻게 죽음을 알겠느냐?"[11]

공자는 회의주의자가 아니었다. 그는 조상과 관련된 전통적인 제의를 꼼꼼하게 실행에 옮겼으며, 하늘을 생각할 때면 신비한 경외감이 가슴을 가득 채웠다. 공자는 인도의 현자들과 마찬가지로 침묵의 가치를 이해했다. "말을 할 필요가 없었으면 좋겠구나." 공자는 그렇게 말한 적이 있다. 자공은 괴로웠다. "선생님이 말씀을 하지 않으시면 저희가 어떻게 도를 사람들에게 전할 수 있겠습니까?" 그러자 공자는 이렇게 대답했다. "하늘은 말을 하지 않는다. 그러나 사계절이 하늘의 명령으로 제대로 바뀌고, 그에 따라 수많은 생물이 자신의 종류를 따라 태어난다. 하늘은 말을 하지 않는다!"[12] 하늘은 말을 하지 않을지라도 궁극의 힘을 발휘한다. 사람들은 쓸모없는 신학적 추론에 시간을 낭비하지 말고 하늘의 과묵함을 배우고 존경하는 마음으로 입을 다물어야 한다. 그렇게 하면 사람들도 세상에서 강한 힘을 지닌 존재가 될 수 있을지 모른다. 공자는 중국의 종교를 땅으로 끌어내렸다. 사람들은 내세에 관심을 두는 대신 여기 아래에서 선해져야 한다. 그의 제자들은 신이나 귀신에 관한 신비한 정보를 얻으려고 그와 함께 공부를 하는 것이 아니었다. 그들의 궁극적 관심은 하늘이 아니라 도였다. 군자의 과제는 그 길을 조심스럽게 걸어가는 것이었으며, 그 자체에 절대적 가치가 있었다. 그렇게 하면 어떤 장소나 사람에 이르는 것이 아니라, 초월적인 선(善)의 상태에 이르렀다. 제의는 그들에게 올바른 방향을 안내해줄 지도였다.

모두에게는 군자가 될 잠재력이 있다. 공자에게 군자란 완전히 계발된 인간이었다. 과거에는 귀족만 군자였다. 그러나 공자는 도를 열심히 공부하면 누구나 '군자', 즉 성숙하고 속이 깊은 사람이 될 수 있다고 주장했다. 하루는 자공이 이렇게 물었다. "가난하여도 아첨하지 않고 부유하여도 교만하지 않다면 어떻습니까?" 그러자 공자가 말했다. "나쁘지 않다. 그러나 가난하면서도 도에 기뻐하며 부유한데도 예를 좋아하는 것만 못하다." 그러자 자공은 즉시 《시경》에 나오는 한 구절을 인용했다.

끊고 가는 듯이 하며, 쪼고 가는 듯이 한다.[13]

공자는 기뻤다. 마침내 자공이 《시경》을 이해하기 시작했기 때문이다. 이 절차탁마(切磋琢磨)라는 구절은 군자가 자신의 인간성을 갈고 닦는 데 예를 이용하는 방식을 완벽하게 묘사하고 있다. 군자는 태어나는 것이 아니라 만들어지는 것이다. 군자는 조각가가 거친 돌을 다듬어 아름다운 예술품을 만들듯이 자신을 놓고 작업을 해야 한다. 진정한 군자는 늘 자신을 넘어서서 응당 되어야 할 존재가 되어야 한다. "어떻게 하면 그렇게 될 수 있습니까?" 안회가 물었다. 공자는 간단하다고 대답했다. "자기를 이기고 예로 돌아가는 것이다(克己復禮)"[14] 군자는 생활의 아주 작은 부분이라도 남을 배려하고 존중하는 예에 바쳐야 한다. 그것은 곧 "예가 아니면 보지 말고, 예가 아니면 듣지 말며, 예가 아니면 말하지도 말고, 예가 아니면 행동하지 않는 것"이었다. 만일 중국의 제후들이 이것을 지키면 세상을 구할 터였다. "하루라도 자기를 누르고 예에 돌아가면, 하늘 아래 모두가 인(仁)에 따르게 될 것이다!"[15]

공자는 인도의 현자들처럼 '에고 원리'를 인간의 편협함과 잔혹의 원천으로 보았다. 사람들이 삶의 매 순간 이기심을 버리고 예(禮)의 이타적 요구에 복종한다면 덕의 아름다움에 의해 변할 것이다. 그들은 군자, 즉 우월한 인간이라는 원형적 이상을 따를 것이다. 전례는 일상적인 행동을 다른 수준으로 올려놓았다. 전례는 우리가 다른 사람들을 경솔하게 대하거나 그들과 피상적인 관계를 맺지 않도록 한다. 또 쓸모나 자기 이익에 따라서만 움직이지 않게 한다. 예를 들어, 아들은 아버지가 드실 음식을 공경하는 마음으로 예를 갖추어 올려야 하지만 요즘에는 많은 아들들이 그저 음식을 식탁에 올려놓을 뿐이다. 공자는 이를 꾸짖었다. "개나 말도 음식을 먹여 기르기는 마찬가지다. 공경함이 없다면 무엇이 다르겠는가."[16] 공자는 축의 시대 사람으로서 사람들이 자신이 하는 일을 완전히 의식하기를 바랐다. 예의 수행은 단지 어떤 동작을 수행하는 문제가 아니었다. 여기에는 심리적인 명민함, 감수성, 각 상황에 대한 지적인 평가가 필요했다.[17] "일이 있을 때 아랫사람이 힘든 일을 하거나 어른을 먼저 술과 음식으로 대접하는 것만으로는 효가 아니다." 공자는 그렇게 설명했다. "효는 그 이상의 어떤 것이다."[18] 이 모호한 '어떤 것'은 무엇일까? 그것은 '내도'다. 공자는 그렇게 결론을 내린다.[19] 어떤 전례를 거행하는 정신은 모든 동작과 표정에서 나타난다. 만일 경멸이나 짜증으로 한다면 그 전례는 모욕이 될 수 있다.

그러나 과거의 예에는 종종 호전적인 날이 서 있었다. 정치적인 이득을 얻거나 귀족이 개인적 위엄을 높이는 데 예를 이용하기도 했다. 공자는 이런 자기 중심주의를 예에서 체계적으로 몰아냈다. 그는 전례를 오랫동안 연구한 끝에 그것은 '양보'(양讓)의 정신으로 진지하게 거행할 때에만 의미가 있다고 결론을 내렸다. 아들은 아버지에게 양보해야 하며, 전사는 적에게 양보해야 하며, 왕은 가신에게 양보해야 한다. 전례는 그들에게 개인적 선호를 버리고, 그들 세상의 중심에 있는 왕좌에서 내려와 다른 사람을 그 자리에 앉히라고 가르쳤다. 정치 생활에서 전례는 정치가가 순수하게 자기 이익에만 맞는 정책을 추진하는 것을 어렵게 만들었다. 전례는 공감이라는 훈련된 습관을 가르쳤다. 따라서 전례는 올바른 정신으로 거행하면 사람들이 자기 중심주의의 한계를 넘어서서 나아갈 수 있도록 돕는 정신 교육이 될 수 있었다. 지위와 우월이라는 낡은 강박으로부터 벗어난 개혁된 의례주의는 인간의 교류에 위엄과 품위를 회복하여 중국 전체를 인간적인 장소로 만들 수 있었다.

예는 다른 사람들을 동등하게 대하라고 가르쳤다. 그들은 같은 의식을 거행하는 동반자가 되었다. 제의의 춤에서 사소한 역할이라도 완벽하게 수행하는 사람은 불가결하며 또 전체의 아름다움에 기여한다. 사람들은 전례를 통해 삶의 성스러움을 의식하고, 신성함을 부여받는다. 전통적으로 경의의 예는 제후의 신성한 힘을 육성했다. 효의 예는 신성한 신(神)을 창조하여, 필멸의 인간이 조상이 될 수 있었다. 전례는 다른 사람들을 절대적으로 존중하여, 전례를 거행하는 사람과 그의 관심을 받아 존재의 성스러운 영역에 이르는 사람이 생겨났다.

인도에서 요가 수행자들은 절대적인 것을 향한 외로운 탐구를 시작했다. 공자는 이것을 이해하지 못했을 것이다. 공자의 관점에서 보자면 완전한 인간성을 끌어내려면 다른 사람들이 필요했다. 자기 계발은 상호적인 과정이었다. 공자는 인도의 출가자들과는 달리 가족 생활이 깨달음에 장애가 된다고 보는 대신 종교적 탐구의 극장이라고 보았다. 모든 가족 구성원에게 나른 사람을 위해 살도록 가르치기 때문이다.[20] 이런 이타주의는 군자의 자기 계발에 핵심이었다. "자기를 세우려면 남을 세우려고 해야 한다. 자기를 넓히려면 다른 사람을 넓혀야 한다."[21] 나중에 공자는 가족에게만 지나치게 집중을 했다는 비판을 받는다. 사람은 모두에게 관심을 가져야 하기 때문이다. 그러나 공자는 각 사람이 끊임없이 늘어나는 일련의 동심원 한가운데 있으며, 사람들은 그 원들과 관련을 가져야 한다고 보았다.[22] 우리 각자는 가족에서 삶을 시작하며, 따라서 가족의 예에서 자기 초월 교육이 시작된다. 그러나 거기서 끝날 수는 없다. 군자의 지평은 점점 넓어진다. 부모, 배우자, 형제를 돌보면서 배운 가르침으로 그의 마음은 넓어지며, 그렇게 해서 더 많은 사람들과 공감하게 된다. 우선 눈앞의 공동체와 이어 자신이 사는 나라와 마지막으로 전 세계와 공감하는 것이다.

공자는 덕이 이타주의와 분리될 수 없다는 점을 처음으로 분명히 밝힌 사람으로 꼽힌다. 그는 이렇게 말하곤 했다. "나의 도는 하나로써 모든 것을 꿰뚫는다(吾道一以貫之)." 공자에게는 난해한 형이상학이나 복잡한 전례적 추론이 없다. 모든 것이 늘 다른 사람을 절대적으로 신성한 존경심으로 대하는 일의 중요성으로 돌아간다. 그의 제자 한 사람은 이렇게 말했다. "스승님의 도는 남을 위하여 최선을 다하는 것(충忠)과 배려(서恕)뿐이다."[23] 도란 다른 사람들의 넋을 앙상하는 헌신적이고 끊임없는 노력일 뿐이다. 그러면 다른 사람은 나에게 내재한 덕을 끄집어낸다. "한마디 말로서 매일 종일토록 그대로 실천해야 할 것이 있습니까?" 자공이 스승에게 물었다. 그러자 공자가 대답했다. "아마 배려(恕)일 것이다. 남이 너에게 하기를 원치 않는 일을 남에게 하지 마라(其恕乎 己所不欲勿施於人)."[24] 서(恕)는 사실 "자기 자신에게 견줌"이라고 번역해야 한다. 어떤 사람들은 이것을 '황금률'이라고 불렀다. 이것은 핵심적인 종교적 관행이며, 언뜻 보기보다 훨씬 더 어렵다. 자공은 한때 자신이 이 덕을 완전히 익혔다고 주장했다. "저는 남들이 저에게 하기를 바라지 않는 일을 남에게 하고 싶은 마음이 없습니다." 그렇게 자랑스럽게 말한 것이다. 이 순간 공자가 고개를 저으며, 그러나 애정이 담긴 웃음을 짓는 모습이 눈에 보이는 듯하다. "아! 너는 아직 거기에 이르지 못했다."[25]

서(恕)는 '매일 종일토록' 우리 자신의 마음을 들여다보고, 우리에게 고통을 주는 것을 발견하고, 무슨 일이 있어도 다른 사람들에게 그런 고통을 주는 일을 삼갈 것을 요구한다. 자신을 특별한 별도의 범주에 넣지 말고, 늘 자신의 경험을 타인의 경험과 연결시킬 것을 요구한다. 공자는 황금률(golden rule)을 처음 공포한 사람이었다. 공자에게 그것은 초월적 가치였다. 예를 완벽하게 습득하면 그가 인(仁)이라고 부른 것을 얻는 길로 나아갈 수 있었다. 인이라는 말은 원래는 '고귀하다'거나 '훌륭하다'는 뜻이었지만, 공자의 시대에는 그냥 인간을 뜻했다. 공자는 이 말에 완전히 새로운 의미를 부여했지만, 규정하려 하지는 않았다. 나중에 일부 철학자들이 인을 '박애'와 같다고 보았지만, 이것은 공자에게는 그 말의 의미를 너무 좁히는 것이었다.[26]

한자에서 인(仁)은 두 개의 요소로 이루어져 있다. 하나는 인간, 즉 자기를 뜻하는 단순한 표의 문자다. 또 하나는 수평선 두 개인데, 이것은 인간 관계를 뜻한다. 따라서 인은 '공동인간성(cohumanity)'으로 번역할 수 있다. 어떤 학자들은 인의 근본적인 의미가 '부드러움' 또는 '유순함'이라고 주장하기도 한다.[27] 따라서 인은 제의의 '양보'와 분리될 수 없다. 그러나 공자에게 인은 표현할 수 없는 것이었다. 그의 시대에 존재한 어떤 익숙한 범주에도 들어가지 않았기 때문이다.[28] 오직 인을 완벽하게 실천하는 사람만이 인을 이해할 수 있다. 인은 소크라테스(Socrates, 기원전 470?~399)와 플라톤(Platon, 기원전 428?~347?)이

'선(goodness)'이라고 부르게 될 것을 닮았다. 인을 실천하는 사람은 완벽하게 성숙한 인간이 된다. 요순이나 주공의 수준에 이르는 인간이다. 공자는 인이 '도의 힘'(도덕)이며, 성군들은 이것 때문에 무력 없이 통치할 수 있었다고 믿었다. 인은 마법적 효력이 아니라 정신적 효력으로 간주해야 하며, 폭력이나 전쟁보다 훨씬 효과적으로 세상을 바꿀 수 있다.

"인이 무엇입니까?" 공자의 제자 한 사람이 그렇게 물었다. 그러자 스승은 이렇게 대답했다.

> 밖에 나가서는 중요한 손님이 앞에 있는 것처럼 행동하라. 중요한 제사를 주관하듯이 백성을 대하라. 너 자신이 하고 싶지 않은 일을 남들에게 하지 마라. 그러면 국사를 다루든 집안의 일을 다루든 너에게 원망이 없을 것이다.[29]

제후가 다른 통치자나 나라에 이런 식으로 행동하면 잔혹한 전쟁은 없을 것이다. 황금률은 다른 나라의 영토를 침범하거나 유린하지 못하게 할 것이다. 어떤 제후도 자기 나라가 그런 일을 당하는 것을 원치 않기 때문이다. 통치자들은 백성들을 착취하지 못할 것이다. 그들을 아름다운 의식을 함께 거행하는 사람들로 볼 것이고, 결국은 '자기 자신들과 다름없이' 볼 것이기 때문이다. 대립과 증오는 녹아버릴 것이다. 공자는 인이 무엇인지 설명할 수 없었지만, 인을 얻는 방법은 말해줄 수 있었다. 서(恕)는 남을 대할 때 자신의 감정을 지침으로 사용할 수 있도록 알려준다. 아주 간단했다. 공자는 자공에게 설명했다.

인이란 내가 지위와 자리를 바란다면 남이 지위와 자리를 얻도록 돕는 것이다. 자신의 장점을 이용하고 싶으면 남이 장점을 이용하도록 돕는 것이다. 사실상 자신의 감정을 안내자로 삼는 능력이다. 이것이 인의 방향에 놓여 있는 것이다.[30]

계속 이런 식으로 행동하는 통치자, 백성들에게 혜택을 주고 자신의 개인적 이익보다는 나라 전체의 선을 구하는 통치자는 요순과 동등한 수준의 현자가 될 것이다.[31]

공자는 전통적 관습과 전례의 세목에 매달리는 소심한 보수주의자가 아니었다. 그의 전망은 혁명적이었다. 그는 관례적인 예에 새로운 해석을 부여했다. 이것은 귀족의 존엄을 높이는 것이 아니라, 자기를 잊는 실천을 습관으로 만들어 자신을 변화시키기 위해 고안한 것이었다. 공자는 제의에서 자기 중심주의를 밀어내 제의의 영적이고 도덕적인 심오한 잠재력을 끄집어냈다. 공자는 굴종적인 순응을 장려하지 않았다. 각 상황이 독특하다는 것을 알고 독립적으로 판단해야 했기 때문에 예는 상상력과 지성을 요구했다. 공자는 또 새로운 평등주의를 도입했다. 전에는 오직 귀족만 예를 수행했다. 이제 공자는 누구라도 전례를 실행하면 심지어 안회처럼 출신이 미천한 사람이라도 군자가 될 수 있다고 수장했다.

축의 시대 중국의 다른 철학자들은 중국의 많은 문제에 더 현실적인 해결책을 제시하지만, 그들이 늘 공자만큼 야심이 컸던 것은 아니다. 공자는 법과 질서 이상의 것을 목표로 삼았다. 그는 인간의 존엄함, 고귀함, 신성함을 원했으며, 이것은 서(恕)라는 덕을 얻으려고 매일 노력할 때만 얻을 수 있음을 알았다. 실로 대담한 계획이었다. 공자는 사람들에게 강압 대신 고양된 인간성의 힘을 신뢰할 것을 요구했다. 실제로 자기 중심주의를 버리고 싶어하는 사람은 극소수였다. 그러나 공자의 도를 실행에 옮기려고 노력한 사람들은 그것이 자신의 삶을 바꾼다는 것을 알았다. 인(仁)은 어려웠다. 허영이나 원한, 남을 지배하고 싶은 욕망을 없앨 것을 요구했기 때문이다.[32] 그러나 역설적으로 인은 쉬웠다. "인이 정말 그렇게 먼 것이냐?" 공자는 물었다. "우리가 진정으로 인을 원하면 그것이 바로 우리 곁에 있음을 알게 될 것이다."[33] 인은 '어려운 일을 행하고 난 뒤에' 왔다. 즉 예가 제공하는 교육을 완전히 익힌 뒤에 왔다.[34] 인은 초인적인 힘보다는 인내를 요구했다. 아마도 자전거 타기를 배우는 것과 같을 것이다. 일단 그 기술을 습득하면 노력할 필요가 없다. 그러나 꾸준히 할 필요는 있다. 다른 모든 사람들에게 그들도 당신과 다름없이 근본적으로 중요한 존재인 것처럼 늘 행동하거나 아니면 그렇게 하지 않거나 둘 중 하나다. 그러나 그렇게 할 경우에는 눈에 보일 듯한 도덕적 힘을 얻게 된다.

인을 추구하는 것은 평생에 걸친 노력이었다. 죽어야만 끝나는 일이었다.[35] 공자는 제자들에게 노의 끝에 무엇이 있는지 추측하라고 귀하지 않았다. 그 길을 따라 걷는 것 자체가 초월적이고 역동적인 경험이었다. 공자가 가장 아끼는 제자 안회는 '깊이 탄식하며' 인에 관해 말했을 때 그 점을 이렇게 아름답게 표현했다.

> 그것은 더 자세히 보려고 노력할수록 더 높이 올라간다. 더 깊이 꿰뚫어 보려 할수록 더 단단해진다. 앞에서 보았는가 했는데, 어느새 뒤에 가 있다. 스승은 한 걸음씩 능숙하게 나를 이끄신다. 교양으로 나를 넓히시고, 예로써 나를 잡아주신다. 설사 멈추고 싶어도 멈출 수가 없다. 내 모든 힘을 다 쏟았

다고 느끼는 그 순간 뭔가가 솟아올라 내 위에 우뚝 서 있는 것 같다. 그러나 오랫동안 그것을 좇았지만 거기에 이를 방법을 전혀 찾을 수가 없다.[36]

인은 '얻는' 것이 아니라 주는 것이다. 인은 엄격하지만 환희에 찬 생활 방식이다. 그것은 **그 자체로** 사람들이 얻고자 하는 초월이다. 동정적이고 공감하는 삶을 살면 우리 자신을 넘어 다른 영역으로 들어가게 된다. 안회는 예와 인이라는 지속적인 규율 덕분에 성스러운 실재를 잠깐 보았다. 이 실재는 내재하는 동시에 초월하는 것이며, 안에서 어렴풋하게 나타나는 동시에 함께 벗할 수 있는 존재이며, '내 위에 우뚝 서 있는' 것이다.

기원전 483년경 안회가 죽었을 때 공자는 평소와 달리 억누르지 않고 비통하게 울었다. "아, 하늘이 나에게서 앗아갔구나, 하늘이 나에게서 앗아갔구나!"[37] 공자가 그처럼 과도하게 슬픔을 표현할 만한 죽음이 있다면 그것은 바로 안회의 죽음이었다. 공자는 늘 안회가 자신보다 도의 길에서 멀리 나아갔다고 말했다.[38] 공자의 아들도 같은 해에 죽었으며, 3년 뒤에는 가장 나이 많은 제자 자로가 죽었다. 공자는 참담했다. "봉황도 오지 않고 강도 그림을 내지 않는구나. 나는 모든 것이 끝났다."[39] 심지어 그의 영웅 주공도 꿈속에서 그를 찾지 않았다.[40] 기원전 479년 공자는 74세의 나이로 죽었다. 공자는 삼가는 태도로 자신이 실패자라고 생각했다. 그러나 그는 중국의 영성에 지울 수 없는 자취를 남겼다. 심지어 그의 가르침을 격렬하게 거부했던 축의 시대 철학자들조차 그의 영향을 피할 수 없다는 것을 알았다.

고난의 길에서
태어난 일신교

중동에는 새로운 강자가 나타났다. 기원전 559년 키루스(Cyrus II, 기원전 590?~529?)가 지금의 이란 남부에서 페르시아의 왕좌를 이어받았다. 키루스는 10년 뒤에 메디아를 정복했다. 기원전 547년에는 리디아와 더불어 소아시아 이오니아 해안의 그리스 폴리스들을 꺾었다. 마침내 기원전 539년에는 바빌로니아를 공격하여 피정복 민족들로부터 해방의 영웅으로 환영을 받았다. 키루스는 사상 최대의 제국을 다스리는 통치자가 되었다. 키루스는 조로아스터교의 가르침을 실행에 옮기는 사람이었을 테지만, 자신의 믿음을 신민에게 강요하지 않았다. 이집트에서는 키루스를 아문-레(Amun-Re, 창조의 신이자 파라오의 아버지, 전장의 지배자인 신들의 제왕)의 하인이라고 불렀다. 바빌로니아에서는 전쟁의 신 마르두크의 아들이었다. 유다의 한 예언자는 그를 메시아, 야훼의 '기름 부음을 받은 왕'이라고 불렀다.[41] 우리는 이 예언자의 이름을 모른다. 그는 기원전 6세기 후반에 바빌로니아에서 활동했으며, 그의 신탁이 이사야의 신탁과 같은 두루마리에 보존되어 있기 때문에 보통 '제2의 이사야'라고 부른다. 그는 키루스의 전진을 보며 벅찬 흥분을 느꼈으며, 추방당한 공동체의 고난이 끝나 간다고 확신했다. 야훼는 이미 키루스를 자신의 하인이라고 불렀고, 키루스 제국의 사업은 앞으로 세계사를 바꿀 터였다.[42] 키루스는 추방당한 모든 사람들을 돌려보내주겠다고 약속했다. 따라서 예루살렘도 재건하고 국토도 회복할 수 있을 터였다. 출애굽에 버금가는 새로운 민족 이동이 이루어질 터였다. 추방당한 유대인은 다시 한 번 광야를 헤치고 약속의 땅으로 가게 될 터였다.

제2의 이사야는 에스겔의 괴롭고 쓰라린 환상 대신 영광스러운 미래를 볼 수 있었으며, 이것을 마치 《시편》 같은 서정적인 시로 묘사했다. 그는 마법적인 사건과 변화된 창조 이야기를 했다. 제2의 이사야는 낡은 신화를 경멸했던 《신명기》 저자들과는 달리 모세오경과는 거의 관계가 없는 신화적 전승에 의존했다. 그는 P의 질서 정연한 창조 이야기를 외면하고 신성한 전사 야훼가 바다의 용을 죽여 원시의 혼돈에서 질서를 가져왔다는 오래된 이야기를 되살렸다.[43] P가 우주론에서 세심하게 배제한 폭력을 복권시킨 것이다. 제2의 이사야는 야훼가 이스라엘의 역사적 적들을 물리쳐 바다에 대한 우주적 승리를 곧 되풀이할 것이라고 기쁘게 선언했다.

그러나 이 환희에 찬 예언은 스스로 '야훼의 종'이라고 부르는 슬퍼하는 남자에 관한 특별한 시 네 편으로 끝난다.[44] 우리는 이 종이 누군지 모른다. 혹시 유다의 추방당한 왕일까? 아니면 추방당한 공동체 전체를 상징하는 것일까? 많은 학자들은 이 시들을 제2의 이사야의 작품이 아니라고 생각하며, 일부는 심지어 그 종이 예언자 자신이라고 주장하기도 한다. 그의 선동적인 신탁이 바빌로니아 당국의 비위를 거슬렀을지도 모른다는 것이다. 또 어떤 사람들은 이 종이 추방당한 영웅의 원형이라고 본다. 이 영웅이 축의 시대의 에토스를 심오하게 반영하는 종교적 이상을 표현했다는 것이다. 추방당한 사람들 가운데 일부에게는 신성한 전사가 아니라 고난당하는 종이 그들의 모델이었다.

첫 번째 시에서 종은 야훼가 특별한 임무를 맡기려고 자신을 선택했다고 선언한다. 하느님의 영으로 가득 찬 이 종은 세계 전역에 정의를 세우는 엄청난 일을 맡았다. 그러나 이 일은 무력으로 달성하는 것이

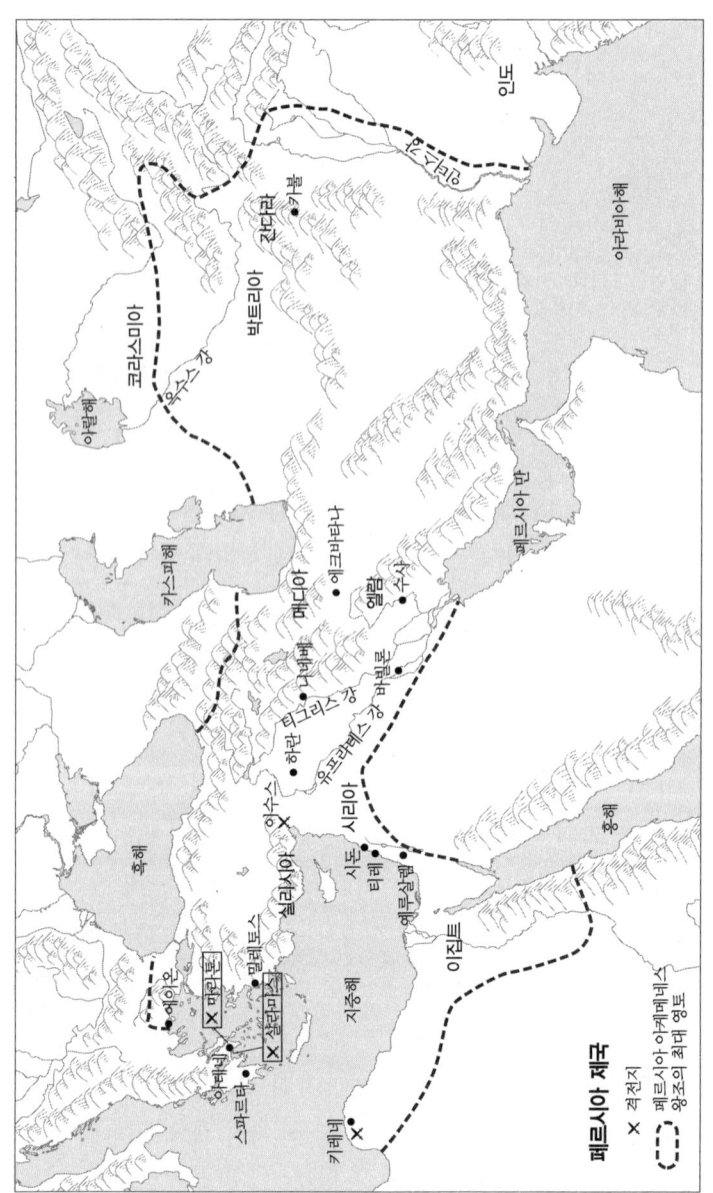

아니다. 전투도, 공격적인 자기 주장도 없을 터였다. 종은 비폭력적이고 자비로운 운동을 할 생각이었다.

> 그는 소리치거나 고함을 지르지 않아
> 밖에서 그의 소리가 들리지 않는다.
> 갈대가 부러졌다 하여 잘라버리지 아니하고,
> 심지가 깜박거린다 하여 등불을 꺼버리지 아니하며,
> 성실하게 바른 인생길만 펴리라.[45)]

종은 가끔 절망을 느끼지만, 늘 야훼가 그를 돕는다. 따라서 확고하게 버티고, 얼굴을 부싯돌처럼 단단하게 굳히고, 모욕이나 능욕에도 흔들리지 않을 수 있다. 그는 절대 폭력적으로 복수하지 않으며, 단호하게 다른 뺨을 내민다.

> 나는 거역하지도 아니하고 꽁무니를 빼지도 아니한다.
> 나는 때리는 자들에게 등을 맡기며
> 수염을 뽑는 자들에게 턱을 내민다.
> 나는 욕설과 침 뱉음을 받지 않으려고
> 얼굴을 가리지도 않는다.[46)]

하느님이 종의 적들을 심판하고 벌하실 것이며, 그러면 그들은 좀이 슨 옷처럼 녹아버리고, 해체되어버릴 것이다.
네 번째 노래는 이런 마지막 승리를 바라보고 있다. 현재 종은 혐오감만 일으키고 있다. "사람들에게 경멸당하고 거부당한다." 너무 추해서 사람으로 보이지 않을 정도다. 사람들은 겁에 질리고 역겨워 외면한다. 그러나 야훼는 그가 결국 "높이높이 솟아오르리라."고 약속을 했다. 그의 몰락을 지켜보던 사람들은 놀라서 입을 열지 못할 것이나, 결국 그가 그들 때문에 고난을 당했음을 깨닫게 될 것이다. "그는 우리가 앓을 병을 앓아주었으며, 우리가 받을 고통을 겪어주었구나. 우리는 그가 천벌을 받은 줄로만 알았고 하느님께 매를 맞아 학대받는 줄로만 여겼다. 그를 찌른 것은 우리의 반역죄요, 그를 으스러뜨린 것은 우리의 악행이었다." 그가 용기 있게 침착한 태도로 고통을 받아들였기 때문에 그들에게 평화와 치유를 가져다주었다.[47] 놀라운 고난의 전망이었다. 승리의 시간에 좋은 이스라엘에게 고통은 상존하는 현실이지만, 케노시스(자기 버리기) 덕분에 고양과 엑스타시스에 이를 수 있다고 말한다. 그의 자비심은 보편적이어서, 그와 가까운 사람들로부터 뻗어 나와 먼 섬과 외딴 곳의 민족들에 이르기까지 온 세상을 끌어안는다. 야훼는 계속해서 종에게 말씀하셨다. "야곱의 지파들을 다시 일으키는" 것으로는 충분치 않다. "나는 너를 만국의 빛으로 세운다. 너는 땅 끝까지 나의 구원이 이르게 하여라."[48]

이와는 대조적으로, 제2의 이사야가 내놓은 신탁에는 어떤 식으로든 이스라엘에 맞서는 나라들에 보내는 무자비한 전언이 담겨 있다. 그들은 바람에 흩어지는 겨처럼 "가루가 되어 사라지게" 될 것이다. 심지어 이스라엘을 도왔던 외국 통치자들도 이스라엘 민족 앞에서 땅에 엎드려 발치의 흙을 핥아야 할 것이다.[49] 이런 구절에서 이스라엘의 역할은 인류의 겸손한 종이 되는 것이 아니라 전사신 야훼의 막강한 힘을 보여주는 것이다. 따라서 이 텍스트에는 두 가지 전망이 경쟁하는 것처럼 보인다. 아마 추방당한 사람들의 공동체에 두 가지 서로 다른 생각의 흐름이 있었기 때문일 것이다. 종은 비폭력과 자신을 지우는 태도로 승리를 거둔다. 그리고 이스라엘의 고난에는 구원의 힘이 있다고 본다. 그러나 추방당한 다른 사람들은 타인의 복종에 기초한 새로운 질서를 기대한다. 앞의 에토스는 축의 시대를 깊이 반영하는 것이며, 뒤의 에토스는 거기에서 벗어나려고 안간힘을 쓰는 것이다. 이런 긴장은 이스라엘 내부에 계속 존재하게 된다.

제2의 이사야는 이 시기에 역사가 역전되어 이스라엘과 외부 민족들이 모두 '내가 야훼임을 알게' 될 것이라고 믿었다.[50] 이 말은 되풀이하여 나타난다. 야훼가 새롭게 신성한 힘을 행사함으로써 모두 그가 누구이고 무엇을 할 수 있는지 알게 된다는 것이다. 야훼는 오로지 자신의 백성을 돕고 싶은 마음 때문에 키루스가 일어서도록 했고, 전 세계적인 정치 혁명을 일으켰으며, 바빌로니아라는 막강한 제국을 무너뜨렸다. 이스라엘이 고향으로 돌아오면 야훼는 광야를 호수로 바꾸고, 송백과 아카시아와 소귀나무와 올리브를 심어 자기 백성의 귀향을 반길 것이다. 다른 어떤 신이 이에 버금가는 일을 할 수 있을까? 없다. 야훼는 이민족의 신들을 경멸하며 말한다. "참으로 너희는 아무것도 아니다. 너희가 무엇을 하여 자취라도 남기랴!" 제정신을 지닌 사람이라면 그런 신을 섬기지 않을 것이다.[51] 야훼는 다른 신들을 전멸시켰으며, 결과적으로 **유일한** 하느님이 되었다. 그의 활력은 바빌로니아 신들의 생명 없고 무기력한 우상들과 선명한 대조를 이룬다.[52] 야훼는 당당하게 선포한다. "내가 야훼다. 누가 또 있느냐? 나 이외에 다른 신은 없나."[53]

이곳에서 성경은 최초로 일신론, 오직 하나의 하느님만 존재한다는 믿음을 분명하게 주장한다. 이 교리는 종종 축의 시대에 유대가 이룬 위대한 승리로 여겨지지만, 교리가 표현된 방식에서는 축의 시대의 근본 원리로부터 후퇴한 것으로 보인다. 제2의 이사야가 보여주는 공격적인 신은 보편적인 평화와 자비의 시대를 바라보는 대신, 축의 시대 이전의 신성한 전사를 되돌아본다.

> 야훼께서 위풍당당하게 나서신다.
> 분격하여 떨치고 일어나는 군인처럼,
> 적진에 육박하며 함성을 올려 고함치신다.[54]

이 하느님은 자기를 비우는 종과는 달리 쉼 없이 자신을 내세운다. "나, 나는 야훼다!" 종은 "갈대가 부러졌다 하여 잘라버리지 아니하"는 반면,[55] 이 공격적인 신은 이민족들이 이스라엘 백성 뒤에서 사슬에 묶여 걸어가는 것을 보고 싶어 안달이다. 제2의 이사야는 축의 시대의 다른 많은 현자들과는 달리 폭력에서 물러나는 대신 폭력에 신성한 보증을 해준다.

이 예언자가 지상의 도시 예루살렘에 초점을 맞추는 것도 시계를 과거 미발달 상태의 신학적 전망으로 되돌려놓는 것으로 보인다. 인도와 중국에서는 종교가 꾸준히 내면화되고 있었으며, 이스라엘에서도 에스겔이 보는 만다라 즉, 성도(聖都)에 대한 환상은 신성한 것을 향한 내적이고 영적인 상승을 의미했다. 그러나 제2의 이사야가 품은 희망의 축은 지상의 시온이었다. 야훼는 그곳에서 기적을 이루어 그 황폐한 폐허를 지상 낙원으로 바꿀 터였다. 에스겔은 야훼의 '영광'이 예루살렘을 떠나는 것을 보았지만, 이제 그 영광이 시온 산으로 돌아올 것이다. 무엇보다 중요한 것은 "모든 사람이 그 영화를 뵈리라."는 것이다.[56] 제2

의 이사야는 뭔가 극적인 것을 기대했다. 추방 전에 '영광'은 성전의 제의에서 환기되고 재연되었다. 그러나 수복된 예루살렘(그 성벽과 성가퀴에는 귀한 보석들이 박혀 있을 것이다)에서 신의 존재는 더 분명하게 나타난다. 추방당했다가 귀환한 사람들은 영광을 직접 경험할 것이며, 야훼가 공적이고 논란의 여지없는 방식으로 자신의 백성과 함께 있을 것이기 때문에 영원히 안전할 것이다. 어떤 나라도 다시는 감히 그들을 공격하지 못할 것이다.

> 네가 정의 위에 튼튼히 서서 온갖 압박에서 풀려나리니, 두려워할 일이 없으리라. 온갖 공포가 사라져 너에게 닥쳐오지 아니하리라. ……
> 너를 치려고 벼린 무기는 아무리 잘 만들었어도 소용이 없으리라.[57]

제2의 이사야가 내놓은 약속은 예루살렘이 결코 바빌로니아인에게 함락당하지 않을 것이라고 예언했던 '거짓 예언자'들의 약속과 당혹스러울 정도로 유사하다. 이 명확한 예언이 이루어지지 않는다면 어떻게 할 것인가?

처음에는 모든 일이 놀라울 정도로 계획대로 진행되었다. 기원전 539년 가을 키루스는 바빌로니아를 정복한 직후 복속된 민족의 신들—네부카드네자르가 그 신상들을 바빌로니아로 가져왔다.—을 고향으로 돌려보내고, 그들의 신전을 다시 짓고, 예배용 가구와 집기를 복원하라는 칙령을 발표했다. 신에게는 섬기는 사람들이 필요하기 때문에 추방당한 사람들 또한 고향으로 돌아갈 수 있었다. 키루스의 정책은 관대했지만 동시에 실용적이었다. 그것이 아시리아나 바빌로니아 제국에서 시행했던 대량 재정착 프로그램보다 싸게 먹히고 능률적이기 때

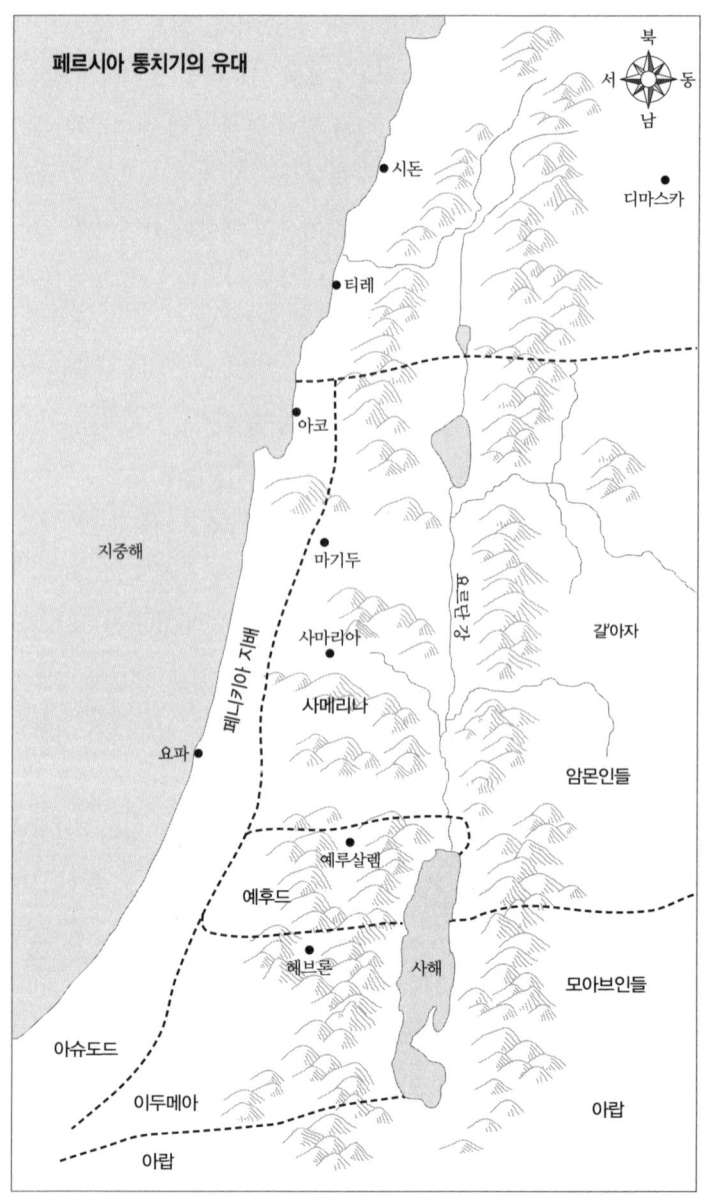

문이다. 또 키루스는 신민의 감사를 받을 뿐 아니라, 신들의 은총도 얻을 수 있었다.

　키루스의 대관식이 있고 몇 달 뒤 추방당한 유대인 한 무리가 네부카드네자르가 성전에서 징발해 갔던 금과 은 그릇들을 들고 예루살렘으로 출발했다. 성경에 따르면 유대인 42,360명이 하인과 성전에서 노래하는 사람 2백 명과 함께 고향으로 돌아갔다고 말한다.58) 그러나 실제로 처음 돌아간 무리는 규모가 아주 작았을 것이다. 추방당한 사람들 대부분이 바빌로니아에 남는 쪽을 택했기 때문이다.59) 귀환 집단의 지도자는 유다의 '나시'(nasi, 봉신 제후)인 세스바살이었다. 우리는 이 인물에 관해서는 전혀 아는 것이 없다. 그는 다윗 왕가의 한 사람이었을지도 모르지만, 그렇다 해도 충성의 표시로 키루스의 손에 입을 맞추었을 것이며, 어디까지나 페르시아 정부의 공식 대리인이었다. 유다는 페르시아 제국의 제5주(사트라피)―유프라테스 강의 서쪽 영토 전체를 포괄했다.―의 한 부분이 되었다.

　우리는 유다의 이 초기 상황에 관해 아는 것이 거의 없다. 성서의 이야기가 혼란스럽고 불완전하기 때문이다. 세스바살은 기록에서 사라졌고, 우리는 그에게 무슨 일이 일어났는지 전혀 모른다. 되돌아온 추방자들의 공동체인 '골라(Golah)'에 관해서도 기원전 520년, 즉 페르시아의 3대 황제 다리우스 1세(기원전 521~486년 재위) 치세 2년이 될 때까지 더 이야기를 듣지 못한다. 예루살렘에 있는 유대 공동체의 지도자는 이제 여호야긴 왕의 손자 스룹바벨(즈루빠벨)이었는데, 그는 대제사장 여호수아와 권력을 나누어 가셨다. 그러나 스룹바벨 또한 임기를 마친 뒤 수수께끼처럼 사라진다. 그리고 50년 동안 우리는 유다의 상황에 관하여 아무런 정보를 얻지 못한다.

골라가 유다로 돌아갈 때는 제2의 이사야의 예언이 귀에 쟁쟁하게 울려퍼졌는지 몰라도, 새로운 고향을 보는 즉시 바로 환상이 깨졌을 것이 틀림없다. 그들 대부분은 추방지에서 태어났다. 따라서 세련된 바빌로니아에 비해 유다는 황량하고, 이질적이고, 황폐해 보였을 것이다. 바빌로니아의 생활 방식에 익숙했기 때문에 자기 땅에서 외국인이 된 것처럼 느꼈을 것이다. 게다가 이 땅에는 낯선 사람들이 가득했다. 그들 또한 유대인처럼 바빌로니아가 일으킨 여러 전쟁 이후 나라의 지위를 잃어버린 사람들이었다. 유대인이 떠나 있는 동안 팔레스타인, 모아브, 암몬, 에돔, 아랍, 페니키아 사람들이 해안 지대 평원, 이즈르엘 골짜기, 고원 지대에 정착했다. 귀환자들은 그들을 한데 묶어 암 하아레츠, 즉 '땅의 사람들'이라고 불렀다. 새로 온 사람들은 또 70년 만에 이스라엘 동포와 재회했다. 유다의 행정부는 사메리나—옛 북부 왕국의 수도를 이제 그렇게 불렀다.—에 자리를 잡았다. 귀환자들은 도착하면 이곳에 있는 이스라엘 통치자들에게 증명서를 제시해야 했다.[60] 추방당한 사람들은 추방 생활 중에 종교를 근본적으로 바꾸었다. 그런 이들이 유다를 떠난 적이 없고, 야훼 외에 다른 신들도 섬기고, 야만적이고 이질적으로 보이는 관행을 고수하는 야훼주의자들과 어떻게 관계를 맺을 것인가?

건설 프로젝트는 지지부진했다. 골라가 귀환한 지 20년 뒤에도 야훼에게는 여전히 성전이 없었다. 복구는 제2의 이사야가 예언한 것과 달리 쉽지 않았다. 추방당했던 사람들은 건축 경험이 없었고, 살 곳도 없었다. 따라서 그들 대부분은 일단 새 집을 확보한 뒤에 성전 문제를 생각하기로 했다. 그러나 기원전 520년, 스룹바벨이 오고 나서 몇 달 뒤, 새로운 예언자 학개(하깨)는 돌아온 사람들에게 순서가 바뀌었다고 말했다. 흉년이 들고 경제가 불황인 것은 그들이 자기 집만 짓고 야훼의 거처는 폐허로 방치했기 때문이라는 이야기였다.[61] 당연한 책망을 들은 골라는 다시 해야 할 일로 돌아갔다.

성전의 기초는 기원전 520년 가을에 완성되었다. 골라는 전통적인 가을 축제 때 모여 재헌당을 기념했다. 사제들이 신성한 구역으로 행진해 들어가, 시편을 노래하고 심벌즈를 쳤다. 그들 가운데 소수는 솔로몬의 웅장한 성전을 기억할 만큼 나이가 많았다. 또 어떤 사람들은 아마 비현실적인 기대를 품었을 것이다. 그들은 두 번째 성전의 초라한 현장을 보자 눈물을 터뜨렸다.[62] 학개는 그들을 격려하려 했다. 그는 골라에게 두 번째 성전이 첫 번째보다 더 위대해질 것이라고 장담했다. 곧 야훼가 시온 산에서 온 세상을 다스릴 것이다. 학개의 동료인 스가랴(즈가리야)도 동의했다. 스가랴는 추방당한 사람들이 모두 고향으로 돌아오면 야훼의 '영광'도 돌아올 것이라고 예언했다. 외국인들도 예루살렘으로 모여들 것이다. 모든 민족들이 "유다 사람 하나의 옷자락을 붙잡고 '하느님께서는 당신들과 함께 계신 줄 압니다. 그러니 우리도 함께 데려가주십시오.' 하고 부탁하리라."[63] 학개와 스가랴는 자신들이 역사의 전환점에서 있다고 믿었지만, 제2의 이사야의 배타적 전망을 채택하지는 않았다. 스가랴는 유대인이 이민족을 이끌고 평화롭게 성전에 들어갈 것이라고 보았다. 그는 예루살렘이 열린 도시가 되기를 바랐다. 담도 없어야 한다. 수많은 사람과 가축이 거기에 와서 살 것이기 때문이다.[64] 학개도 스가랴도 사메리나나 옛 북부 왕국에 적대감을 드러내지 않았다.[65]

이런 포용 정신은 《역대기 상·하》에도 분명하게 나타난다. 이 책은 아마 제2차 성전을 건축하는 동안 기록되었을 것이다.[66] 이 사제 저자들은 초기 복원기의 문제에 대응하기 위해 《신명기》의 역사를 수정했다. 우선 그들은 성전이 중심이라고 강조하고, 다윗 가문은 하느님이 성전과 그곳에서 드리는 예배를 확립하기 위해 사용한 도구로만 보았다. 둘째로, 이들은 성전이 늘 유다 왕국 사람들만이 아니라 이스라엘 모든 지파의 성소였다고 주장했다. 《역대기》 기록자는 《신명기》 저자들의 북부 왕국에 반대하는 논쟁을 생략하고, 다윗의 통일 왕국 재수립을 고대했다. 그들은 히스기야 왕의 개혁을 크게 강조했으며, 히스기야가 단부터 베르셰바(브엘세바)까지 모든 지파를 초대하여 예루살렘에서 유월절을 기념했다고 상상했다.[67] 기원전 722년의 재난 뒤에 북부 왕국을 비난하는 결론도 없고, 아시리아가 이 지역에 외국인들을 들여왔다는 이야기도 없다. 《역대기》 저자들은 북부 지파나 추방당하지 않은 사람들을 배척하고 싶어하지 않았다. 그들의 목적은 성소 둘레에 야훼의 백성을 단결시키는 것이었다. 《역대기》의 첫 번째 판본은 아마 기원전 520년 제2 성전의 헌당을 맨 마지막에 기록했을 것이다. 《역대기》 저자도 인정하듯이 나이 든 사제 일부가 옛 성전의 영광을 기억하며 큰 소리로 운 것은 사실이었다. 그러나 다른 사람들은 기뻐서 환성을 지르고 목소리를 높였다. "그 소리가 어찌나 컸던지 멀리까지 들렸는데 좋아서 떠드는 소리인지 슬퍼서 우는 소리인지 갈피를 잡을 수 없을 정도였다."[68] 이 복잡한 순간에 고통과 기쁨은 뗄 수 없이 결합되어 있었다. 물론 과거의 비극으로 인한 슬픔도 있었지만, 행복과 기대도 있었다. 새 출발이 이루어졌으며, 예루살렘에 다시 모인 이스라엘 사람들은 야훼의 종처럼 온 세상을 향해 소리치는 것 같았다.

그리스 민주주의를 연 이성의 힘

유대인이 성전을 완공한 직후 아테네 사람들은 또 다른 중요한 정치적 변화를 겪기 시작했다. 페이시스트라토스 집안의 참주제는 일반적인 경로로 흘러갔다. 아테네 사람들은 이제 정부에서 더 큰 몫을 차지하기를 간절히 바랐다. 그러나 기원전 510년 스파르타가 페이시스트라토스 집안의 참주를 친(親) 스파르타 꼭두각시로 교체하려고 아테네를 침략했다. 아테네 사람들은 저항했으며, 시키온의 참주 알크마이온의 아들 클레이스테네스(Cleisthenes, 기원전 570?~507?)의 도움을 받아 스파르타 사람들을 물리치고, 참주제를 폐지하고, 클레이스테네스를 시의 집정관으로 앉혔다.

클레이스테네스는 재임 기간(기원전 508~507년경)에 놀라운 민주적 개혁을 단행했다.[69] 우선 귀족 지도자들의 권위를 약화시키는 방향으로 고대 부족 체계를 완전히 재조직했다. 또 솔론의 '400인회'를 재구성하고 확대했다. 이제 그 숫자는 500명으로 불어났으며, 이들은 새로운 각 부족으로부터 선출됐다. 구성원은 매년 중간 계급에서 선출했으며, 평생 두 번만 구성원이 될 수 있었다. 결국 대부분의 농민, 장인, 상인이 평생 언젠가는 '500인회'에서 봉사하여, 완전히 새롭고 의미 있는 방식으로 시민이 될 수 있었다는 뜻이다. 아테네는 여전히 9명의 집정관이 다스렸다. 이들은 상층 계급에서 선출했으며, 축제, 군대, 재판을 책임졌다. 귀족들의 원로회가 이들을 지휘했다. 원로회는 아고라 근처의 아레오파고스의 바위 많은 작은 언덕에서 모였다. 귀족이 여전히 도시를 다스리기는 했지만, 500인회와 민회는 권력 남용에 이의를 제기할 수 있었다.

당시 아테네의 통치 체제는 그때까지 고안된 가장 평등한 정체(政體)였으며, 그리스 세계 전체에 충격을 주었다. 다른 폴리스도 비슷한 실험을 해보았으며, 그 결과 그리스 지역 전체에 새로운 에너지가 용솟음쳤다. 클레이스테네스는 아테네 시민에게 많은 것을 요구했다. 500인회는 한 달에 세 번 모였기 때문에 일반 농부나 상인은 500인회에서 일하는 동안 자기 시간의 10분의 1 정도를 정치에 바쳐야 했다. 그러나 이들은 열의를 잃지 않았으며 경험에서 많은 것을 배웠다. 기원전 5세기에 중간 계급은 회의 토론에 참여할 수 있었으며, 아테네에서 가장 지성적인 사람들의 생각을 이해할 수 있었다. 이 실험은 시민들이 제대로 교육을 받고 동기 부여를 받기만 하면, 정부가 야만적인 힘에 의존할 필요가 없으며, 오래된 제도를 합리적인 방법으로 개혁하는 것이 가능함을 보여주었다. 아테네 사람들은 자신들의 새로운 체제를 이소노미아(isonomia, '평등한 질서')라고 불렀다.[70] 농부와 상인이 귀족과 좀 더 평등한 관계를 맺으면서 폴리스는 더욱 균형 잡힌 모습을 보여주었다.

진리는 더는 비밀이 아니었다. 선택된 소수를 위한 신비한 계시가 아니었다. 이제 진리는 정치 영역의 '중심에'(엔 메소이en mesoi) 있었다.[71] 그러나 그리스인은 여전히 정치 생활을 신성하게 여기고, 폴리스를 인간사에 신성이 확장해 들어온 것이라고 여겼다. 아테네는 점차 로고스의 도시가 되어 갔지만, 여전히 독실하게 종교적인 도시였다. 점점 많은 사람들이 정부에 참여하면서 사람들은 회의석상에서 얻은 토론 기술을 다른 지식 영역에도 적용하기 시작했다. 정치적인 연설과 법은 이제 엄중한 비판을 받아야 했으며, 중무장 보병의 언어인 로고스는 계속 공격적이었다. 토론의 특징은 갈등, 대립, 반대되는 관점을 배제하려는 욕망이었다.

이 시기의 철학은 정치 생활의 아곤(경쟁)적 특질뿐 아니라, 평형과 조화에 대한 그리스인의 갈망도 반영했다. 이 점은 에페수스의 왕족인 헤라클레이토스(Herakleitos, 기원전 540~480)의 작업에서 특히 분명하게 나타난다. 헤라클레이토스는 자신의 생각을 정교하고 이해하기 힘든 격언으로 표현했기 때문에 '수수께끼를 내는 사람'이라는 별명으로 알려졌다. 헤라클레이토스는 이렇게 말한 적이 있다. "자연은 숨는 것을 좋아한다." 사물은 겉으로 보이는 것과 반대라는 의미였다.[72] 최초의 상대주의자 헤라클레이토스는 모든 것이 맥락에 달려 있다고 주장했다. 바닷물은 물고기에게는 좋지만, 인간에게는 치명적일 수도 있다. 구타는 벌로 쓰일 때는 도움이 되지만, 살인자가 가하는 것이면 악하다.[73] 늘 불안하고 동요하는 사람이었던 헤라클레이토스는 우주가 안정된 것처럼 보이지만, 사실은 늘 변화하며 갈등하는 원소들의 전장이라고 생각했다. "차가운 것은 뜨거워지고, 뜨거운 것은 식고, 젖은 것은 마르고, 바싹 마른 것은 축축해진다."[74] 헤라클레이토스는 특히 불에 매료되었다. 불은 절대 가만히 있지 않는다. 불은 나무를 재로 바꾸고, 물을 증기로 바꾼다. 불은 또 경쟁하는 원소들 가운데 하나가 나머지 원소들을 지배하는 것을 막아 질서를 유지하는 신성한 힘이다. 회의에서 의견 충돌이 폴리스의 평형을 유지하는 것과 마찬가지다. 그러나 이런 우주적인 교란 아래에는 통일성이 있다. 변화와 안정은 대립하는 것으로 보이지만 사실은 하나다. 밤과 낮은 동전의 양면이다. 올라가는 길은 내려가는 길이기도 하고, 출구는 입구가 될 수도 있다.[75] 자신의 감각 증거에 의존하지 않고 더 깊이 보아야 자연의 지배 원리인 로고스를 찾을 수 있다. 이 원리는 인간에게도 적용되었다. 헤라클레이토스는 자기 성찰을 발견했는데, 이것은 그리스인들에게는 새로운 활동이었다. "나는 나 자신을 찾으러 갔다." 헤라클레이토스는 그렇게 말했다.[76] 꿈, 감정, 개인적 특질을 연구하여 인간 본성에 관해 약간 알 수는 있겠지만, 그래도 인간 본성은 언제까지나 수수께끼로 남아 있을 것이다. "여행을 해서 모든 극(極)을 넘어갔다 온다 해도 영혼의 한계는 찾지 못할 것이다."[77]

그리스인은 정치 개혁 과정에서 전통적 제도를 버려도 신들이 진노하지 않는다는 것을 알았다. 그러자 어떤 사람들은 다른 오래된 가정에도 의문을 제기하기 시작했다. 역시 이오니아 해변 출신의 철학자 크세노파네스(Xenophanes, 기원전 560~478)는 올림포스의 신들이 가망 없을 정도로 인간을 닮았다는 이유로 거부했다. 사람들은 신들이 "태어나고, 옷을 입고, 말을 하고, 우리처럼 생겼다."고 생각했다. 신들은 도둑질하고 간음하고 서로 속였다. 사람들이 자신의 인간적 형상을 성스러운 것에 투사한 것이 분명했다. 말이나 소도 똑같은 일을 할 수 있을 터였다.[78] 그러나 크세노파네스는 "하나의 신, 신들과 인간 가운데 가장 위대한 존재"가 있으며, 이 신은 모든 인간적 특질을 초월한다고 믿었다.[79] 이 신은 시간과 변화를 초월하여 정신(누스nous)으로 모든 것을 다스린다. 그가 생각만 하면 바로 그대로 이루어진다.[80]

크세노파네스는 소아시아에서 이탈리아 남부의 엘레아로 이주하여, 그곳에서 새로운 철학의 중요한 중심이 되었다. 엘레아 토박이로서 헤라클레이토스보다 나이가 어렸던 파르메니데스(Parmenides, 기원전 515~?)는 크세노파네스의 암울한 철학을 신성한 계시로 경험했다. 파르메니데스는 불의 전차를 타고 은하수 너머 멀리 천국까지 갔다 왔다고 했다. 그는 그곳에서 여신을 만났는데, 여신은 그의 손을 잡고 다독거렸다. "네가 이 길, 사실 사람들이 다니는 길과는 멀리 떨어진 이 길로 여행을 하는 것은 불운 때문이 아니다. 옳음과 정의 때문이다. 너는 마땅히 모든 것을 배워야 한다."[81] 파르메니데스는 자신이 인류를 미망에서 해방시키는 가치 있는 영적 봉사를 한다고 믿었다. 어떤 것도 눈에 보이는 것과는 달랐으므로, 인간의 이성은 상식, 편견, 입증되지 않은 의견 위로 올라가야 한다. 그래야 진실한 실체를 파악할 수 있다.[82] 그러나 그와 같은 시대 사람들 다수는 파르메니데스 때문에 어떤 것에 관해서도 전혀 건설적으로 생각할 수 없게 되었다고 느꼈다.[83]

파르메니데스는 세상이 밀레토스 학파가 묘사한 대로 발전할 수 없을 것이라고 주장했다. 모든 변화가 착각이기 때문이다. 실재는 하나의 단순하고, 완전하고, 영원한 '존재'로 이루어져 있다. 파르메니데스는 존재하지 않는 현상에 관해서는 설득력 있는 이야기를 전혀 할 수 없다고 주장했다. 존재는 영원하고 변화에 얽매이지 않기 때문에, 변화라는 것은 없다. 그러므로 우리는 어떤 것이 태어났다고 말해서는 안 된다. 그렇게 말하면 그것이 전에는 존재하지 **않았다**는 뜻이 되기 때문이다. 또 같은 이유로 어떤 것이 죽었다거나 사라졌다고 말할 수도 없다. 생물이 생겨났다 죽는 것처럼 **보이기는** 한다. 그러나 이것은 착각이다. 실재는 시간과 변화를 넘어선 것이기 때문이다. 또 어떤 것도 '움직일' 수 없다. 주어진 순간에 한 장소에서 다른 장소로 이동할 수 없다는 것이다. 어떤 것이 '발전했다'고, 즉 한때는 이런 식이었는데 지금은 달라졌다고 말할 수도 없다. 따라서 우주는 헤라클레이토스가 주장한 것과는 달리 변화 속에 있는 것이 아니다. 밀레토스 학파의 주장과 달리 진화하는 것도 아니다. 우주는 언제나 어디서나 똑같다. 변하지 않고, 창조되지도 않는다. 불멸이다.

밀레토스 학파는 철학의 기초를 물이나 공기 같은 자연 현상의 관찰에 두었다. 그러나 파르메니데스는 감각의 증거를 믿지 않고 순수하게 이성에만 바탕을 둔 주장에 의존했으며, 이 점에서 놀라울 정도로 가차 없는 일관성을 보여주었다. 파르메니데스는 사고 과정 자체를 사유하는 '2차적 사고' 습관을 계발했다. 축의 시대 현자들 다수와 마찬가지로 파르메니데스는 인간 지식의 한계에 대한 새롭고 중대한 자각에 이르렀다. 그는 또 순수한 존재에 대한 철학적 탐구를 시작했다. 그는 개별적 존재들을 생각하는 대신 가장 순수한 존재를 확실히 짚어내려 했다. 그러나 그 과정에서 사는 것이 불가능한 세상을 만들어버렸다. 변화와 운동이 착각이라면 사람이 어떤 행동을 할 이유가 어디에 있을까? 그의 제자 멜리소스(Melissos, 기원전 480?~400?)는 해군 지휘관이었다. 그는 움직이는 배를 어떻게 지휘해야 할까? 우리 내부에서 보는 신체적 변화는 어떻게 판단해야 할까? 인간은 정말 환영(幻影)일까? 파르메니데스는 우주에서 특질을 박탈하면서 심장도 박탈해버렸다. 인간은 로고스만 있는 세계에는 반응하지 않는다. 인간은 복잡한 삼재의 식적 생활을 하는 감정적인 존재이기도 하다. 파르메니데스는 이것을 무시하고 이성의 힘만 계발하는 바람에 공허를 발견했다. 여기에는 생각할 것이 없었다. 축의 시대 철학자들이 지속적으로 논리적인 사유를 하면서 세상은 점차 낯설어지고, 인간은 자기 자신에게도 이상하게 보이게 되었다.

그러나 순수하고 단호한 로고스는 사건들의 세계에서는 뛰어난 능력을 발휘했다. 기원전 5세기 초 로고스는 해군의 승리에 영감을 주었는데, 이것은 새로운 그리스 정신을 한눈에 보여주었다. 기원전 499년 아테네와 에레트리아는 지혜롭지 못하게도 페르시아 통치에 반항한 밀레토스를 지원하기로 했다. 다리우스는 반항을 누르고 밀레토스를 약탈한 뒤, 본토에 있는 그 동맹자들에게 눈길을 돌렸다. 페르시아 제국의 힘을 몰랐던 아테네 사람들은 자기들이 누구한테 덤빈 것인지도 잘 몰랐을 것이다. 어쨌든 전쟁을 준비할 수밖에 없었다. 기원전 493년 아테네의 상당히 명망 있는 집안 출신인 장군 테미스토클레스(Themistocles, 기원전 524?~460?)는 집정관으로 선출되자, 아레오파고스 회의†를 설득하여 함대를 건설했다.

이 결정은 놀라운 일이었다. 아테네 사람들은 해전(海戰)에 전문 지식이 없었기 때문이다. 그들의 힘은 중무장 보병에 있었으며, 이 부대가 그들의 자랑이자 기쁨이었다. 그들은 배를 만들어본 경험이 없었다. 그러나 원로회는 동의하고 항해 전문가들을 데려왔다. 아테네 사람들은 3단 노가 달린 군선(트라이림)을 200척 건조하고 해군 4만 명을 훈련시키기 시작했다.[84] 이것은 전통의 급격한 단절을 의미했다. 이전에는 오직 무장을 할 경제적 여유가 있는 남자만 중무장 보병으로 입대할 수 있었다. 그러나 이제 시민이 아닌 사람을 포함한 모든 남성이 해군에 징집된 것이다. 귀족, 농부, 테테스†, 즉 하층 계급 남자들이 똑같이

아레오파고스 회의 고대 아테네에서 아레오파고스라는 언덕에서 열린 일종의 원로회의. 고대 그리스 초기에 아레오파고스 회의는 집정관을 지낸 사람에게 의원 자격을 주었으며 한번 의원이 되면 종신직으로 유지되었다. 초창기에는 귀족 회의였으나 기원전 594년 솔론의 개혁 이후로 일정한 재산을 소유한 시민이면 누구나 집정관이 될 수 있었으므로 회의의 구성과 권한이 달라졌다.

테테스(thetes) 고대 아테네의 4개 시민 계급 가운데 최하층 계급. 솔론은 기원전 594년 정치 개혁을 실시하면서 타고난 지위가 아니라 재산의 많고 적음에 따라 아테네 시민들을 4계급으로 나누어 각각 정치적 지위를 부여했다. 제1계급(귀족), 제2계급(기사), 제3계급(농민), 제4계급(토지가 없는 일용직 노동자) 가운데 제4계급만 피선거권이 없었다.

노 젓는 의자에 앉아 함께 노를 저어야 했다. 보병의 밀집 대형에서는 적과 얼굴을 마주보고 싸웠다. 그러나 배에서는 적에게 등을 돌리고 앉아야 했기 때문에 사람들은 수치스럽게 여겼다. 많은 사람들이 테미스토클레스의 계획에 분개했다. 게다가 아테네군이 페르시아군과 싸워 얻은 첫 번째 큰 승리는 육지에서 거둔 것이었다. 기원전 490년 페르시아 함대가 에게해를 가로질러 와 낙소스를 정복하고 에레트리아를 약탈하고 마라톤 평원에 상륙했다. 마라톤은 아테네에서 북쪽으로 약 40킬로미터 떨어진 곳이었다. 밀리티아데스(Militiades, 기원전 550~489)가 이끄는 아테네 중무장 보병은 그들을 맞으러 나가, 불리한 조건을 안고서도 놀라운 승리를 거두었다.[85] 마라톤은 새로운 트로이가 되었다. 보병들은 새로운 영웅으로 존경을 받았다. 이렇게 옛날 방식으로 놀라운 성공을 거두었는데 왜 전통과 결별한단 말인가?

　기원전 480년 페르시아의 새로운 왕 크세르크세스(Xerxes, 기원전 519?~465)는 군선 1,200척에 약 10만 명의 병력을 태우고 아테네로 향했다.[86] 스파르타를 비롯하여 펠로폰네소스의 다른 도시들이 도와주었지만 아테네 해군은 숫자가 훨씬 적었다. 일부 집정관들은 함대를 버리자고 했지만, 마라톤의 영웅 밀리티아데스의 아들 키몬(Kimon, 기원전 510?~449)은 의식을 거행하듯 마구(馬具)를 아크로폴리스에 남겨두고 피라에오스 항구로 출발했다. 마라톤 전투는 과거의 일이었다. 테미스토클레스는 페르시아군이 도착하기 전에 여자, 아이, 노예를 포함한 아테네 주민 전부를 소개하여 사로니코스 만 건너 살라미스 섬으로 보냈다.[87] 페르시아군은 기괴하게 텅 비어버린 도시를 발견했다. 그들은 거리를 돌아다니며 약탈을 했고, 아크로폴리스에 새로 지은 웅장한 신전들을 태웠다. 아테네 사람들은 비참하게도 살라미스에 앉아 가까스로 이 수모를 견디고 있었다. 그러나 사실 테미스토클레스는 치명적인 덫을 설치해놓았다. 페르시아군은 노략질을 끝낸 뒤 살라미스로 건너왔다. 그런데 배가 너무 많아 좁은 만에 다 들어올 수가 없었다. 페르시아의 배들은 비좁은 곳에서 서로 엉켜 꼼짝도 하지 못했고, 아테네군은 이 배들을 하나씩 골라서 공격할 수 있었다. 저녁이 되자 살아남은 페르시아 배들은 달아났고, 크세르크세스는 국내에서 일어난 반란을 진압하기 위해 아티케를 떠났다.

살라미스 해전은 그리스 역사의 흐름을 바꾸어놓았다. 뭔가 근본적으로 새로운 것이 태어났다. 그리스인은 훈련받은 대로 이성을 활용하여 엄청난 제국을 물리쳤다. 만일 아테네 시민이 오랜 세월에 걸쳐 논리적으로 생각하고, 이성의 힘으로 감정을 제거하는 훈련을 하지 않았다면, 테미스토클레스는 결코 아테네 시민들에게 자신의 계획을 받아들이도록 설득할 수 없었을 것이다. 그의 전략은 축의 시대의 여러 가지 가치를 보여주었다. 그리스인은 과거에 등을 돌리고, 실험적인 길에 나서야 했다. 그의 계획은 자기 희생을 요구했다. 중무장 보병의 밀집대형은 그리스인의 정체성에서 핵심이었지만, 살라미스에서 그들은 이 '자아'를 버리고, 영웅적 전통에 도전하여 페르시아가 자신들의 도시와 성소를 파괴하는 것을 허용해야 했다. 살라미스는 축의 순간이기는 했지만, 그리스에서 자주 그랬듯이, 군사적 승리였으며 그 뒤로 더 많은 전쟁을 낳았다.

기원전 478년, 100개가 넘는 폴리스가 아테네의 지휘를 받아 군사 동맹을 맺었다. 이 델로스 동맹의 목적은 미래에 있을 페르시아의 공격을 격퇴하고, 이오니아 도시들을 페르시아의 통치에서 해방시키고, 그리스인들 사이에 우애를 장려하는 것이었다. 동맹 도시는 배와 장비를 내놓겠다고 약속했으며, 매년 동맹의 후원자인 아폴론의 탄생지 델로스 섬에서 만나기로 했다. 기원전 477년 아테네는 공격에 나서, 에게해 북부 해안에서 가장 중요한 페르시아 요새 도시인 에이온을 정복했다. 그러나 승리를 거두었음에도 공포와 불안이 잠복해 있었다. 기원전 476년 '대(大) 디오니소스 축제'[†]에서 극작가 프리니코스(Phrynichos)는 페르시아 전쟁에 관한 비극 3부작을 제출했다. 그중 《밀레토스의 함락》은 지금은 남아 있지 않지만, 역사가 헤로도토스(Herodotos, 기원전 485?~425?)는 이 비극이 관객에게 준 영향을 기억했다. "관객 모두가 울음을 터뜨렸다. 결국 프리니코스는 지난 지 얼마 되지도 않은 국가적 재난을 떠올리게 한 죄로 1천 드라크마의 벌금을 내야 했으며, 이 연극은 영원히 상연이 금지되었다."[88)] 대 디오니소스 축제에서 상연된 비극은 보통 진행 중인 정치·사회적 사건은 다루지 않았다. 프리니코스는 아테네 사람들이 비극에서 기대하는 카타르시스, 즉 '정화'에 필요한 거리를 얻지 못했던 것이다.

이제 아테네에서는 비극이 귀중한 제도가 되었다. 매년 도시 디오니소스 축제에서는 폴리스가 비극을 무대에 올렸다. 극작가들은 종종 그 즈음에 일어난 사건을 반영하는 주제를 선택했지만, 보통 비극적인 배경 속에 배치함으로써 관객이 거리를 두고 당면한 문제를 분석하고 사유하게 했다. 축제는 공동체의 명상이었으며, 그 과정에서 관객은 자신

....
대(大) 디오니소스 축제 원래 디오니소스 축제는 농사를 짓는 시골에서 시작되었다. 시골에서 벌어지는 디오니소스 축제는 '시골 디오니소스 축제' 또는 '소 디오니소스 축제'라 불렸고 매년 (현재 달력으로) 11~12월에 열렸다. 그에 비해 아크로폴리스를 중심으로 하는 도시 지역에서 여는 디오니소스 축제는 '대 디오니소스 축제' 또는 '도시 디오니소스 축제'라 불렸으며, 국가적 행사로 치러졌다.

들의 문제와 곤경을 풀어나갔다. 남성 시민은 모두 의무적으로 축제에 참석해야 했다. 심지어 죄수들도 축제 기간에는 석방되었다. 판아테나이아 축제 때와 마찬가지로 아테네 자체가 전시되었다. 디오니소스 축제는 시민의 자부심을 강력하게 과시하는 행사였다. 델로스 동맹의 회원 도시들은 대표와 공물을 보냈다. 훌륭한 시민에게는 화환을 선사했다. 아테네에 봉사하다 죽은 병사의 자식들이 무장을 하고 행렬을 이루어 행진했다.[89]

그러나 쉽게 쇼비니즘으로 넘어가지는 않았다. 시민들은 극장에 모여 울었다. 그리스인은 늘 자신들의 독특한 정체성을 규정하는 데 도움을 준 신화들을 극화할 때, 과거의 확실성을 심문했으며, 전통적인 절대적 가치들을 까다롭게 비판했다. 비극은 또한 축의 시대 영성의 특징인 제의의 내면화와 심화를 보여주었다. 이 새로운 장르는 은밀하고 신비한 디오니소스 제의에서 유래했는지도 모른다. 이 제의에서는 합창단이 디오니소스의 고난 이야기를 형식적인 시적 언어로 암송하고, 지도자가 앞으로 나서서 그 신비한 의미를 좀 더 일상적인 형식으로 아직 입문하지 않은 신참자들에게 설명했다.[90] 그러나 디오니소스 축제에서는 한때 은밀했던 제의가 공개적으로 상연되었다. 제의는 민주화되었으며, '중심에(en mesoi)' 자리를 잡았다.

오랜 세월에 걸쳐 새로운 등장 인물들이 나타나 합창단 지도자와 대화를 함으로써 진행 과정에 더 극적인 직접성을 부여했다. 기원전 5세기에 이르자 디오니소스 축제 기간에 상연되는 연극은 축의 시대의 자기 성찰을 반영하였다. 이 연극들은 아가멤논, 오이디푸스, 아이아스, 헤라클레스 등 신화의 유명한 인물들이 내적인 여행을 떠나 복잡한 선택 때문에 갈등을 하고 선택의 결과와 마주치는 과정을 보여주었다. 이 연극들은 축의 시대의 새로운 자의식을 보여준다. 관객은 주인공의 마음이 자기 내부를 향하고, 대안을 명상하고, 고통스럽게 결론에 이르는 과정을 지켜보았다. 비극 작가들은 철학자들과 마찬가지로 신의 본성, 그리스 문명의 가치, 삶의 의미 등 모든 것에 질문을 던졌다. 과거에는 아무도 이런 이야기로 이런 근본적인 연구를 하지 않았다. 이제 극작가들은 고대 그리스 세계에 등장하는 유례없는 복잡성을 탐사하기 위해 원래의 이야기를 늘이고, 꾸미고, 바꾸었다.

비극에는 간단한 대답이나 단일한 관점이 없었다.[91] 중심 인물들은 과거의 신화적 영웅들이고, 합창단은 보통 주변 인물들, 즉 여자, 노인, 외국인들을 대변했다. 이들은 경악한 표정으로 중심 인물들을 바라보았고, 그들의 세계를 낯설고 파악 불가능하고 위험한 곳으로 여겼다. 합창단은 폴리스를 대변하지 않았다. 이들은 주변적이고 종종 교육도 제대로 받지 못한 사람들이었지만, 양식화된 서정적인 아티케 방언을 사용했다. 외려 귀족적인 주인공이 폴리스의 일상적인 언어를 사용했다. 따라서 관점의 충돌이 일어났다. 주인공도 합창단도 '올바른' 관점을 표현하지 못했다. 관객은 평소에 평의회에서 하는 것처럼 하나의 통찰을 다른 통찰과 비교해야 했다. 관객은 폴리스에서는 보통 목소리를 내지 못하는 사람들로 이루어진 합창단이나 신화적 과거의 영웅, 머나먼 시간과 먼 장소에 살던 인물들의 주장을 분석해야만 연극의 의미를 이해할 수 있었다. 비극은 아테네 사람들에게 자신을 '타자'에게 비춰보고, 자신과 전제가 분명히 다른 사람들도 공감의 범위 안에 포함시키라고 가르쳤다.

무엇보다도 비극은 고난을 무대에 올려놓았다. 비극은 관객에게 삶이 두카라는 것, 고통스럽고, 불만스럽고, 비틀린 것임을 잊도록 허락하지 않았다. 아이스킬로스(Aeschylos, 기원전 525?~456?), 소포클레스(Sophocles, 기원전 496?~405?), 에우리피데스(Euripides, 기원전 484~406?) 등 기원전 5세기의 비극 작가들은 폴리스보다 고통받는 개인을 앞세우고, 그 사람의 고통을 분석하고, 관객이 그에게 공감하는 것을 도움으로써 축의 시대 영성의 핵심에 이르렀다. 그리스인은 슬픔과 눈물을 함께 나누는 것이 사람들 사이에 귀중한 유대를 창조한다고 굳게 믿었다.[92] 그래서 원수들도 《일리아스》의 끝에서 아킬레우스와 프리아모스가 그러는 것처럼 공통의 인간성을 발견했다. 그들의 눈물이 카타르시스가 되어 독기 가득한 증오가 담긴 슬픔을 정화해준 것이다. 아테네 사람들은 디오니소스 축제에서 부끄러움 없이 큰 소리로 울었다. 이것은 시민 간 유대를 강화해주었을 뿐 아니라, 개인들에게 그들이 슬픔에서 혼자가 아님을 일깨워주었다. 그들은 완전히 새로운 방식으로 모든 인간이 고난을 겪는다는 사실을 깨달았다. 카타르시스는 공감과 자비를 경험하는 데서 얻을 수 있었다. 타자와 **함께 느끼는** 능력이 비극적 경험의 핵심이기 때문이다. 이 점은 기원전 472년에 디오니소스 축제에 등장했던 아이스킬로스의 《페르시아인》에서 특히 뚜렷하게 나타났다.

아이스킬로스는 프리니코스의 《밀레토스의 함락》이 침덤한 결과를 맛본 지 불과 4년 뒤에 동시대의 주제를 선택하는 모험을 했다. 그러나 그의 연극은 살라미스 해전을 페르시아인의 관점에서 보게 함으로써 필요한 거리를 획득했다. 이번에 소동이 일어나지 않았다는 사실은 아이스킬로스의 공이기도 했지만 아테네 관객의 공이기도 했다. 바로 몇 년 전 페르시아인은 그들의 도시를 파괴하고 성소를 더럽혔는데, 이제 그들이 페르시아 전사자들을 위해 울 수 있었던 것이다. 크세르크세스,

그의 부인 아토사, 다리우스의 유령은 모두 혈육을 잃고 안전이라는 겉치장이 뜯겨져 나가고 삶의 공포가 드러나면서 느끼는, 가슴을 찢는 슬픔에 관하여 감동적으로 이야기한다. 의기양양해하며 독선을 부리는 태도는 없었다. 고소해하는 분위기도 없었다. 아이스킬로스는 페르시아인을 적이 아니라 애도하는 사람들로 묘사했다. 페르시아인의 용기를 칭찬하기도 했다. 그리스와 페르시아는 "하나의 종족에서 나온 자매로서 …… 아름다움이나 우아함에서 전혀 나무랄 데가 없다."고 묘사했다.[93] 이 연극은 패배를 당한 크세르크세스를 친절하고 정중하게 궁으로 인도해 들이면서 제의적인 비가(悲歌)로 끝을 맺는다. 《페르시아인》은 목숨을 건 싸움의 기억이 아직 생생한 시기에 과거의 적을 향해 뻗어나간 공감의 탁월한 예였다.

이 연극은 전쟁의 교훈을 성찰한다. 크세르크세스는 오만이라는 죄를 지었다. 그는 정해진 선을 넘어갔으며, 하늘이 정해준 제국의 경계를 받아들이려 하지 않았다. 다리우스의 유령은 엄숙하게 경고한다.

> …… 어떤 사람도,
> 그에게 닥친 운을 경멸하여, 더 많은 것에 욕심을 부리느라
> 자신의 부를 완전히 낭비하게 하지 마라. 높은 보좌에 앉으신 제우스는
> 오만하고 자만심 많은 사람들을 엄하게 질책하신다.[94]

그러나 이렇게 거들먹거리는 오만의 죄를 지은 민족은 페르시아인만이 아니다. 바로 이 시기에 일부 아테네 사람들은 다른 폴리스를 공격한다거나, 전리품을 이용하여 값비싼 건물을 짓는 따위의 행동에서 드러나는 자신들의 오만을 걱정하고 있었다. 따라서 다리우스의 경고는

그들에게 절실하게 다가왔을 것이다.[95]

　기원전 470년 부유한 섬 낙소스가 델로스 동맹에서 탈퇴하려 하자, 아테네는 곧 이 도시를 공격하여 방벽을 무너뜨리고 강제로 다시 동맹으로 끌어들였다. 동맹은 폴리스들 사이의 우애를 장려하려고 고안된 것이었으나, 이제 그 진짜 목적이 아테네의 이익에 봉사하는 것임이 분명해졌다. 이듬해에 동맹 도시들은 팜필리아에서 페르시아 함대를 무찔렀으며, 이 전투로 페르시아 전쟁은 사실상 끝이 났다. 이제 페르시아의 위협이 사라졌으므로 많은 사람들이 동맹을 더 유지할 필요가 있는지 의문을 품었을 것이다. 국내 상황은 긴장이 높아졌다. 살라미스 해전 이후로 해군의 중추가 된 하층 계급 테테스가 두각을 나타내기 시작했다. 그들은 전통적 관념에 구애받지 않았으며, 민회에서 자신들을 더 부각시킬 수 있는 것이라면 아무리 급진적인 정책이라도 지지하려 했다. 계급들 사이에 새로운 마찰이 생기면서, 아테네는 다시 분열된 도시가 되었다.

　아이스킬로스의 《테베를 공격한 일곱 장수》에서는 이런 모든 불안이 나타난다. 이 연극은 기원전 467년에 상연되었으며, 오이디푸스의 두 아들인 폴리네이케스와 에테오클레스가 벌인 무익해 보이는 전쟁 이야기를 담고 있다. 형제의 경쟁에 관한 이 냉혹한 이야기는 그리스인이 그리스인을 공격한 낙소스의 비극을 떠올리게 했을지도 모른다. 자신이 태어난 폴리스를 공격한 폴리네이케스는 오만이라는 죄를 지었으며, 에테오클레스는 진정한 시민의 특징인 절제와 자기 통제를 구현한 것처럼 보였다. 에테오클레스는 겁먹은 여자들로 이루어진 합창단의 오래 되고 비합리적인 종교를 혐오한다. 그들은 주기적으로 혼자 또는 둘씩 무대로 달려 올라가 서로 관련도 없는 질문을 던지고, 어리석고 알아들을 수도 없는 제의의 외침을 입 밖에 낸다. 그러나 이성적인 인간 에테오클레스 자신도 아버지 오이디푸스가 풀어놓아 그의 가족 전체를 오염시킨 독기에 물든다.[96] 연극 마지막에 이 미아스마(miasma) 때문에 두 형제는 마침내 테베의 벽 바깥에서 서로를 죽인다.

아이스킬로스는 화해할 수 없는 두 세계에 사로잡혀 고통스럽게 찢어진 사회를 묘사했다. 에테오클레스나 철학자들처럼 어떤 시민들은 옛 종교를 경멸했지만 완전히 털어버릴 수는 없었다. 종교는 여전히 그들 마음속 더 깊고, 덜 합리적인 영역을 쥐고 흔들었다. 연극 말미에서 고대 지하의 복수의 여신 에리니에스가 새로운 로고스의 힘을 누르고 승리를 거둔다. 아테네 사람들은 자신들이 폴리스의 합리적인 인간으로서 자신의 운명을 책임진다고 생각했지만, 여전히 나름의 생명력을 지닌 신에게서 영향을 받은 독기에 사로잡힐 수도 있다고 **느꼈다**. 낙소스에서 아테네 사람들이 보여준 오만이 새로운 독기를 만들어 그들의 도시를 파멸로 이끌 것인가? 그리스의 정신은 두 방향으로 이끌리며 긴장했다. 그러나 아이스킬로스는 쉬운 해결책을 제시하지 않았다. 합창단은 마지막 비가에서 둘로 나뉘어 반은 폴리네이케스 편을 들고, 반은 에테오클레스의 장례식에 참석하러 간다.

기원전 461년 에피알테스(Ephialtes, 기원전 ?~461)와 그의 친구 페리클레스(Perikles, 기원전 495?~429)가 이끄는 한 무리의 젊은 아테네인들이 힘을 합쳐 원로들을 공격하고 아레오파고스 회의의 모든 권한을 박탈했다. 그들의 구호는 데모크라티아(demokratia, '인민에 의한 정부')였다. 이 쿠데타는 정치 질서를 완전히 뒤집어놓았다. 아레오파고스는 500인회로 대체되었으며, 그 뒤로 모든 시민이 민회에서 결정을 내리게 되었다. 그러나 새로운 민주주의가 전적으로 자비로웠던 것은 아니다. 토론은 종종 무례하고 공격적이었다. 재판소는 시민들로 구성되어, 시민이 판사와 배심원을 모두 맡았다. 법의 지배는 없었다. 재판은 본질적으로 피고와 원고의 투쟁이었다.

아이스킬로스가 곧이어 쓴 비극 3부작 《오레스테이아》는 아테네가 이 혁명으로 얼마나 깊이 흔들렸는지 보여준다. 이번에도 아이스킬로스는 낡은 것과 새로운 것, 에리니에스(분노와 복수의 세 여신)와 올림포스의 더 새롭고 '정치적인' 신들 사이에 벌어진 충돌을 묘사한다. 이 3부작은 부족 간의 혼돈과 복수로부터 폴리스가 등장하여 시민들이 자신의 삶을 통제할 수 있는 아테네의 상대적 질서에 이르는 과정을 추적한다. 이 과정은 맹목적인 힘의 윤리로부터 비폭력적 논쟁으로 가는 고통스러운 이행의 기록이다. 그러나 아이스킬로스는 이상과 현실은 다르며, 쉬운 답은 없고, 법과 질서의 최종적인 전망은 이미 이루어진 사실이라기보다는 오직 갈망일 수밖에 없다는 점을 분명히 밝힌다.

《오레스테이아》는 축의 시대의 핵심 문제인 폭력에 정면으로 부딪친다. 이 비극은 잔혹한 살인에 오염되고 멈출 수 없는 복수의 순환에 사로잡힌 아트레우스 집안 이야기다. 시작은 아가멤논이 부인 클리템네스트라에게 살해당하는 것이다. 아들 오레스테스는 어머니 클리템네스트라를 죽여 아버지의 복수를 한다. 연극은 오레스테스가 에리니에스로부터 황급히 달아나는 것으로 끝을 맺는데, 실제 상연이 되었을 때는 에리니에스의 무시무시한 모습 때문에 유산을 한 관객도 있었다고 한다. 주인공들은 폭력을 멈출 수가 없다. 살인을 할 때마다 새로운 미아스마가 나오기 때문이다. 폴리스의 후원자로서 법과 질서의 편에 서야 하는 올림포스의 신들은 인간들에게 불가능한 명령을 내리고, 승자가 없는 상황에 말려들게 하는 데서 뒤틀린 즐거움을 맛보는 것 같다. 따라서 인간의 삶은 피할 수 없는 슬픔으로 가득하다. "행동하는 자는 고난을 겪어야 한다. 그것이 법이다." 합창단은 그렇게 말한다.[97] 그러나 아이스킬로스는 '제우스에게 드리는 기도'에서 실낱같은 가느다란 희망을 제시한다. 제우스— "제우스가 누구건 간에"—가 하늘과 땅을 다스리는 한, 고난은 인간 조건의 일부로 남아 있겠지만, 제우스는 "인간에게 생각하라고 가르쳤고" 인류를 지혜의 길 위에 올려놓았다.

> 제우스는 법을 발표했다—고난을 통해 배우라.
> 슬픔은 잠을 잘 때도 들어와 심장 속으로 똑똑 떨어진다.
> 고난을 잊을 수 없는 슬픔.
> 내키지 않는 사람들이라 해도 지혜로워져야 한다.

모든 삶이 사실 두카다. 그러나 고통은 인간을 가르친다. 그래서 인간은 희망이 없는 것처럼 보이는 곤경을 넘어설 수 있다.

비극 3부작의 마지막 《에우메니데스》에서 오레스테스는 여전히 에리니에스에게 쫓기다 아테네에 도착하여 아테나의 발치에 몸을 던진다. 아테나는 아레오파고스 회의를 소집하여 오레스테스를 재판한다. 잔혹한 복수의 정의는 평화로운 법 절차에 굴복해야 하는 것이다. 에리니에스는 오레스테스가 어머니를 죽여 신성한 피의 법을 어겼으므로 그에 합당한 벌을 받아야 한다고 주장한다. 배심은 의견이 갈린다. 그러나 결정권을 쥔 아테나는 오레스테스를 사면하고, 에리니에스에게는 아크로폴리스에 있는 신전을 주어 마음을 달랜다. 이렇게 해서 에리니에스는 '마음씨 고운 자들'이라는 뜻인 '에우메니데스'라는 별명을 얻는다. 폴리스의 덕, 즉 대립하는 힘들의 균형과 절제가 승리를 거두지만, 과거의 어두운 행위들은 여전히 살아 있다. 남자와 여자, 신과 복수의 여신들은 고난으로부터 배워야 한다. 과거에 저지른 어두운 행위의 기억을 동화하고 흡수해야 한다. 연극의 맨 마지막에서 에우메니데스는 엄숙한 행렬의 호위를 받아 새 신전으로 간다.[98] 이 제의적인 폼페(pompe, 행렬)는 폴리스 내부에 비극이 포함되어 있음을 상징했다. 유혈, 증오, 독기 있는 악몽 같은 폭력―에리니에스로 상징되었다.―은 부정할 수 없었다. 도시는 이 슬픔의 무게를 통합하고, 자기 내부에 들여와 받아들이고, 폴리스의 신성한 핵심에서 그것을 존중하고, 선을 위한 힘으로 만들어야 했다.

그러나 아테네 사람들은 역사의 교훈에서 배우지 않았다. 입으로는 자유를 떠들었지만 아테네는 그리스 세계 전역에서 억압적인 세력으로 원성을 샀다. 자유로운 도시국가들이 모인 델로스 동맹은 사실상 아테네 제국이 되었다. 동맹에서 떨어져 나오려는 폴리스는 모두 야만적으로 복속되어 공물을 바쳐야 했다. 기원전 438년 아크로폴리스에 웅장한 아테나 신전이 완공되지만, 이 신전은 같은 그리스인에게 모욕을 주고 그들을 착취하여 건설한 것이었다. 도시의 풍경을 지배하는 이 새로운 신전은 공동체의 자부심과 패권을 내세우는 것이었지만, 페리클레스는 시민들에게 위험한 길로 들어섰다고 경고했다. 아테네 사람들은 넓게 퍼져 가는 반란을 진압할 수 없을 터였다. 제국은 덫이 되었다. 어쩌면 제국을 건설한 것이 잘못인지 모르지만, 어쨌든 그대로 사태가 진행되도록 내버려 두는 것은 위험했다. 이제 아테네는 자신이 삶을 통제하는 사람들로부터 미움을 받았기 때문이다.

아테네는 자신에게 한계가 있다는 사실을 깨닫기 시작했다. 소포클레스의 《안티고네》†는 기원전 440년대 중반에 상연되었는데, 가족 간

의리와 폴리스의 법 사이에 일어난 화해할 수 없는 충돌을 묘사한다. 테베의 왕 크레온과 오이디푸스의 딸 안티고네 등 주요 인물 누구도 이 충돌을 해결하지 못한다. 사실 해결은 불가능하다. 이 작품은 확고한 믿음과 분명한 원칙이 어김없이 좋은 결과를 낳는 것은 아님을 보여준다. 등장 인물 모두가 선한 의도를 품었고 누구도 비극이 일어나기를 원치 않지만, 그들이 신실하게 최선의 노력을 기울였음에도 결과는 파국이고 참담한 상실이다.[99] 폴리스는 자유와 독립을 존중한다고 자랑스럽게 주장했지만 안티고네를 받아들일 수 없었다. 안티고네는 가장 경건한 동기 때문에 폴리스의 법을 위반했으며, 자신의 신념을 옹호했고, 열정적이고 설득력 있는 로고스로 그 신념을 주장할 수 있었다. 노인 합창단은 진보를 찬양하면서 인간의 능력으로 못할 일은 없다고 주장한다. 인간은 모든 장애를 극복할 수 있는 기술을 창조하고, 안정된 사회를 수립할 수 있는 추론 능력을 발전시켰다. 인간은 자신이 조사하는 모든 일의 주인이며, 완전히 무적으로 보인다. 다만 죽음이라는 냉혹한 현실만이 예외다. 죽음은 인간이 실제로는 무력하다는 사실을 절실하게 느끼게 한다. 이 사실을 잊으면 오만에 떨어지고, "외로운 자부심 속에서 생명의 끝을 향해" 걸어가게 된다.[100]

축의 시대 사람들은 모두 인간 조건의 한계를 강렬하게 의식하기 시

....

《안티고네》 안티고네는 눈이 먼 아버지 오이디푸스가 거지 행색으로 세상을 떠돌 때 언니 이스메네와 함께 길 안내를 하였다. 오이디푸스가 죽은 뒤 고향 테베로 돌아온 안티고네는 왕위를 놓고 싸우는 두 오빠 폴리네이케스와 에테오클레스를 화해시키려 했지만 끝내 두 사람 모두 죽고 만다. 왕위는 안티고네의 외삼촌 크레온에게 돌아갔는데, 크레온은 폴리네이케스의 시신을 짐승 밥이 되도록 버려두었다. 안티고네는 오빠의 시신을 묻어주려다가 크레온의 명령으로 감옥에 갇히고, 결국 크레온이 처형하기 전에 스스로 목을 매 자살한다.

작했다. 그러나 다른 지역에서는 이러한 한계 때문에 지고의 목적을 향해 나아가거나 삶의 고난을 넘어설 수 있게 해주는 영적 기술을 개발하려는 노력을 멈추지 않았다. 외려 많은 사람들이 이런 타고난 약한 상태 때문에 고통을 겪으면서 자신의 약한 자아 안에서 절대적인 것을 찾을 수밖에 없었다. 그러나 그리스인은 심연밖에 보지 못했다. 안티고네는 자신이 더 할 수 있는 일이 없다는 것을 깨닫자, 오이디푸스의 딸이라는 운명을 받아들이고, 자신도 가족 전체를 오염시켰던 미아스마 앞에서는 무력하다는 사실을 인정한다. 안티고네는 여동생 이스메네처럼 흔들리지 않고 당당하게 자신의 고통을 손에 쥐고 말 그대로 무덤 안으로 "외로운 자부심 속에서 걸어 들어간다."

소포클레스는 폴리스를 향해 깨달음의 꿈이 착각이라고 말하는 것 같다. 인간은 특별한 문화적·지적 성취에도 불구하고 여전히 압도적인 고통에 직면해 있다. 기술도, 원칙도, 종교도, 추론의 힘도 그들을 두카로부터 구해줄 수 없다. 그들은 이 두카를 그들 자신의 카르마의 결과로 경험하는 것이 아니라, 그들 외부의 신성한 원천에서 나온 것으로 경험한다. 필멸인 인간은 자신의 운명을 책임지지 않는다. 그들은 안티고네처럼 비극을 피하기 위해 할 수 있는 일을 다해야 한다. 그러나 노력을 할 만큼 한 뒤에는 당당하게, 용기를 내어 운명을 받아들일 수밖에 없다. 소포클레스는 이것이 인간의 위대함이라고 암시한다. 그러나 인도에서는 깨달음의 꿈이 죽지 않았다. 오히려 전보다 많은 사람들에게 손에 쥘 수 있는 현실이 되어 가는 중이었다.

자이나교,
비폭력과 불살생의 극한

인도에서도 영적인 진공 상태가 입을 벌렸다. 새로운 현인들이 새로운 해법을 찾아내고자 열심히, 심지어 필사적으로 노력했다. 야지나발키아 시대에는 논란이 되었던 카르마(행동)의 교리가 기원전 5세기 말에는 보편적으로 받아들여졌다.[101] 사람들은 모두 죽음과 재생의 끝없는 순환에 들어가 있다고 믿었다. 욕망 때문에 어쩔 수 없이 행동을 하고, 그 행동의 질이 다음 생에서 그들의 상태를 결정했다. 나쁜 카르마는 그들이 노예, 동물, 식물로 다시 태어날 수도 있다는 뜻이었다. 좋은 카르마는 왕이나 신으로 다시 태어나는 것을 보장했다. 그러나 이것은 해피엔딩이 아니었다. 신조차도 유익한 카르마를 다 써버리고 죽어서 지상에서 낮은 존재로 다시 태어날 수 있기 때문이었다. 이런 새로운 관념이 자리를 잡아 가면서 인도의 분위기는 변했고 많은 사람들이 우울해졌다. 그들은 덧없는 삶을 계속 되풀이해야 할 운명이라고 느꼈다. 좋은 카르마로도 구원을 얻을 수 없었다. 공동체를 둘러보아도 고통과 고난밖에 보이지 않았다. 부와 물질적 쾌락도 임박한 노년과 죽음이라는 모진 현실에 빛이 바랬다. 사실 그들은 세상의 부와 물질은 "모든 감각의 에너지를 …… 빨아들여" 감각의 쇠퇴를 촉진한다고 믿었다.[102] 이런 우울한 분위기가 강해지면서 사람들은 출구를 찾으려고 몸부림쳤다.

점점 더 많은 사람들이 낡은 베다 제의에 환멸을 느꼈다. 베다 제의는 이런 문제에 해법을 제시하지 못하기 때문이다. 베다 제의가 제시할 수 있는 최선은 신들의 세계에서 다시 태어난다는 것이지만, 새로운 철학의 관점에서 보자면 이것은 고난과 죽음의 무자비한 반복에서 일시적으로 해방되는 것일 뿐이었다. 나아가 사람들은 제의가 물질적 혜택마저 주지 못한다는 것을 알아채기 시작했다. 그러자 어떤 사람들은 《브라마나》의 제의학을 거부했다. 《우파니샤드》는 최종적인 해방을 약속했지만, 이 영성은 모두를 위한 것이 아니었다. 이것은 베다 사상의 세세한 내용까지 꼼꼼하게 잘 안다는 것을 전제로 삼았다. 그러나 대부분의 사람들은 잘 알지 못했다. 게다가 많은 사람들은《우파니샤드》체계 전체가 의존하고 있는 브라만과 아트만의 동일성에 의심을 품었다. 요가는 모크샤를 제시했는데, 요가 수행자는 자신이 경험하는 황홀경을 어떻게 해석했을까? 이것은 베다 전통과 양립할 수 있을까? 이 무렵 기록된 《우파니샤드》는 가능하다고 주장했다. 《카타 우파니샤드》는 전차를 모는 사람이 전차를 통제하듯이 아트만이 몸을 제어한다고 주장했다. 요가 수행자는 전차를 모는 사람이 훌륭한 말을 통제하듯이 정신과 감각을 통제할 수 있다. 이런 식으로 '이해를 하는' 사람은 '주의 깊고 늘 순수하며', 죽음과 재생의 끝없는 순환으로부터 해방된다.[103] 그러나 어떤 사람들은 요가로는 충분치 않다고 확신했다. 그 이상이 필요했다.

요가는 모든 시간을 바쳐야 하는 일이다. 매일 몇 시간씩 노력을 해야 했기 때문에 가장의 의무와 병행할 수 없다는 것은 분명했다. 기원전 6세기에 이르자 대부분의 사람들이 가장은 모크샤를 얻을 가능성이 없다고 생각했다. 가장은 카르마의 노예로서 자신이 속한 계급의 의무 때문에 계속 행동을 할 수밖에 없기 때문이었다. 각 행동은 욕망으로부터 일어났는데, 이 욕망이야말로 문세의 뿌리였다. 가장은 욕망 없이는 자식을 낳을 수 없었다. 성공하고 싶은 마음 없이는 전쟁을 할 수도, 곡식을 기를 수도, 사업을 할 수도 없었다. 모든 행동은 새로운 의무를 낳

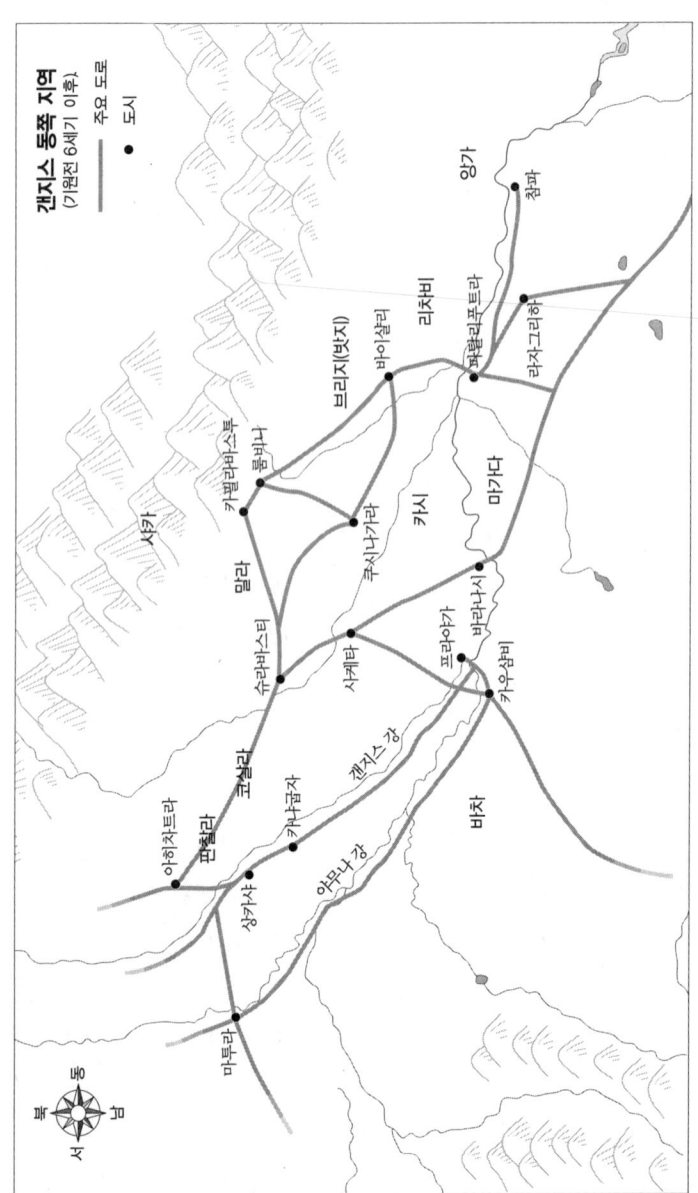

앉고, 이 때문에 삼사라(윤회)의 냉혹한 순환에 묶였다. 해방을 찾는 유일한 길은 숲으로 '나아가', 그런 의무가 전혀 없는 은자나 탁발승이 되는 것이었다. 인도 사람들은 출가자를 허약한 낙오자로 보지 않고 용맹한 선구자로 존경했다. 스스로 상당한 대가를 치르면서 인류를 위한 영적 해법을 찾고자 했기 때문이다. 이 지역에 널리 퍼진 절망 때문에 많은 사람들이 영적 정복자인 '지나'(산스크리트로 '승리자')나 존재의 다른 영역으로 '깨어난' 붓다(산스크리트로 '깨달은 자')를 갈망했다.

사회적 위기 때문에 영적 불안은 악화되었다. 인도 북부 사람들도 그리스인과 마찬가지로 극심한 정치·경제적 변화를 겪고 있었다. 베다 체계는 늘 이주하는, 기동성이 아주 높은 사회의 영성이었다. 그러나 기원전 6세기와 5세기가 되면서 사람들은 점점 커지는 영구적 공동체에 정착하여 진지하게 농업에 몰두했다. 무거운 쟁기를 포함한 철기 기술이 도입되어 더 많은 땅을 개간하고, 관개 시설을 만들고, 밀림을 깎아낼 수 있었다. 이제 마을은 세심하게 관리되는 경작지로 둘러싸이고, 도랑이 그물처럼 자리를 잡았다. 과일, 쌀, 참깨, 기장, 밀, 보리 등 새로운 농작물이 생산되었다. 농부들은 부유해졌다.[104] 정치적인 발전도 있었다. 기원전 6세기가 끝날 무렵 부족국가들은 더 큰 단위로 흡수되었다. 이런 새로운 왕국 가운데 가장 크다고 손꼽히던 곳은 남동부의 마가다와 남서부의 코살라였다. 이 영토를 다스리던 왕들은 아주 점진적으로 자신의 지배를 강요했고, 씨족의 의리에서 나오던 낡은 형식의 충성심을 친족 관계보다는 영토에 초점을 맞추는 초기 형태의 애국심으로 서서히 바꾸어 나갔다. 그 결과 국방과 행정을 책임진 크샤트리아 전사 계급의 역할이 더 두드러지게 되었다. 새로운 왕들은 낡은 이상을 향해 계속 입에 발린 말을 했을지는 몰라도, 조상들과는 달리 브라민을 존경하지 않았다.

군주제가 유일한 통치 형태는 아니었다. 새로운 왕국의 동쪽에는 다양하게 운영되는 많은 국가들이 나타났으며, 이들은 오랜 씨족들(가나ganas)의 원로 집합체(상가sangha)가 통치했다. 토론에 의지하는 이런 통치는 그리스의 폴리스와 매우 흡사했다. 그러나 사실 우리는 인도의 원로 집합체에 관해 아는 것이 거의 없다. 부족 집회에 얼마나 많은 사람들이 참여했는지, 어느 계급이 관여했는지, 회의의 구성원들이 선출직이었는지도 분명치 않다. 아마 나라마다 체제는 달랐을 것이다. 그러나 조직이 어떠했든 간에 말라, 콜리야, 비데하, 나야, 밧지, 샤카, 칼라마, 리차비 등의 이 부족 '공화국'들은 한편으로는 힘을 키웠고, 다른 한편으로는 영토를 확장하려던 코살라와 마가다의 위협을 느꼈다. 대결 가능성이 늘 잠재한 상태에서 사람들은 큰 나라들 사이의 전쟁은 예전의 씨족 습격보다 훨씬 더 파괴적일 것임을 알았다. 게다가 철기 제조 이후 무기는 훨씬 더 치명적으로 변했다.

새로운 나라들은 갠지스 강 유역의 교역을 자극했다. 이들은 도로를 건설하고 교역로를 확보했다. 소가 아니라 돈이 부의 상징이 되었으며, 상인 계급이 발달했다. 상인들은 금속, 직물, 소금, 말, 도기를 전 지역에서 거래했다. 진취적인 사람들은 상인 제국을 건설하기 시작했다. 작업장을 500개나 세우고 자신의 도기를 갠지스 계곡 전체에 실어 나를 배의 함대까지 거느린 도공의 이야기도 등장한다.[105] 교역으로 더 많은 부가 생겨났으며, 왕들과 상가-가나는 이 부를 사치품, 군대에 썼으며, 교역과 산업의 중심이 되어 가던 새로운 도시를 유지하는 데 쓸 수 있었다.

베다 텍스트들은 하스티나푸라 같은 큰 도시를 자랑하지만, 사실 이런 도시는 촌락에 지나지 않았다. 고고학은 도시화가 기원전 6세기에 들어서야 진행되었으며, 바라나시, 라자그리하, 슈라바스티, 카우샴비, 카필라바스투 같은 새로운 도시들이 갠지스 계곡 동쪽 끝에서 발달했다고 전한다. 서쪽의 옛 베다 문명 중심지는 전체적으로 농촌이었다. 권력은 브라민들이 늘 주변적이고 불순하다고 여기던 동쪽으로 이동하고 있었다. 이런 상황 전개로 베다 전통은 또 한 번 타격을 받았다. 베다 전통은 도시 환경에는 별로 적합하지 않았으며, 동쪽 땅에는 한 번도 단단하게 뿌리를 내린 적이 없었다. 왕은 사제들의 통제를 벗어나기 시작했고, 공화국은 브라민들을 완전히 무시하는 경향이 있었으며 전통적인 희생제에도 인색하게 굴었다. 공화국은 잉여를 없애기 위해 포틀래치를 열기보다는 행정으로 돌리거나 도시 건설, 교역, 산업의 자금으로 사용했다. 원시적인 자본주의가 발달했는데, 이것은 우선 순위가 완전히 달랐다. 과거에 화려한 희생제는 신들에게 감명을 주고 후원자의 위엄을 높이려고 계획되었다. 기원전 5세기에 이르자 이 동쪽 주민들은 교역과 농업의 개선이 베다 제의보다 훨씬 더 많은 부와 높은 지위를 가져다준다는 것을 깨달았다.

새로운 도시들은 전통에 순응하는 대신 개인적인 창의와 혁신을 권장했다. 성공한 상점 주인, 진취적인 제조업자, 신중한 금융업자 등 개인들이 두각을 나타내기 시작했으며, 이런 사람들은 이제 낡은 계급 체제에 쉽게 끼워 맞출 수 없었다. 개인주의가 부족적이고 공동체적인 정체성을 대체하기 시작했다. 더욱이 그렇게 성공을 거두기 시작한 사람들은 보통 베다 체제의 하층 계급 출신이었다. 상인, 농부, 금융업자는 보통 바이샤였는데, 이들은 일반적으로 이렇다 하게 내세울 혈통이 없었다. 이제 일부 바이샤는 토지를 축적하여 농업 혁명을 주도했다. 어떤 사람들은 상업과 산업에 뛰어들어 크샤트리아보다 부자가 되었다. 장인들은 보통 토착민 수드라 계급 출신이었다. 이들은 베다 제의에 참가하는 것도 허용되지 않았으며, 아리아 공동체에 소속되지도 않았다. 과거에 그들의 역할은 노동을 제공하는 것이었다. 하지만 새로운 도시에서 거대한 도기 제국을 건설한 도공 같은 일부 수드라는 전에는 상상도 할 수 없었던 부와 지위를 획득했다.

이런 발전은 긍정적이었지만 동시에 동요를 일으키기도 했다. 도시화는 대규모 사회 변화를 일으켰으며, 이로 인해 많은 사람들이 왠지 갈피를 못 잡고 길을 잃은 듯한 느낌을 받았다. 어떤 집안은 부와 권력을 손에 쥐었지만, 어떤 집안은 쇠퇴했다. 도시와 교역은 개인의 이동을 크게 장려했다. 다른 지역에 있는 사람들과 새로 접촉하는 것은 자극을 주기도 했지만, 지방의 작은 공동체를 무너뜨리기도 했다. 새로운 계급 분열이 나타났다. 브라민과 크샤트리아는 바이샤와 수드라에 대항해서 뭉쳤다. 과거의 시골 엘리트는 새로 등장하는 도시 계급으로부터 소외당했다. 새로운 계급은 바이샤와 수드라적 요소가 강했다. 상인과 금융업자가 된 부유한 바이샤는 시골에서 농업에 종사하는 바이샤와 점차 멀어졌다. 네 계급의 관계를 지배하던 규칙은 이제 어울리지 않는 것처럼 보였으며, 사람들은 함께 사는 새로운 방법을 배워야 했다. 부족적 정체성이 사라지자 어떤 사람들은 뭔가를 빼앗기고 허공에 내던져진 듯한 느낌을 받았다.

이런 사회적 긴장은 도시화가 더 진전된 동부에서 특히 첨예했으며, 바로 이 지역에서 인도 축의 시대의 다음 단계가 시작되었다. 이곳은 아리아인 정착자들이 소수였으며, 토착 전통이 여전히 강하게 살아 있었다. 사람들은 자유롭게 새로운 해법을 탐구했다. 도시의 빠른 물질적 발전 때문에 도시 거주자들은 매년 같은 시기에 같은 일을 하는 농촌 사람들보다 변화의 속도를 더 의식하게 되었다. 아마 삶이 훨씬 더 덧없고 무상해 보였을 것이고, 이것이 이제는 깊이 뿌리내린, 삶은 두카라는 믿음을 더 굳혀주었다. 붐비고 혼란스러운 도시에 만연한 질병과 사회적 무질서도 같은 역할을 했을 것이다. 전통적 가치는 무너져 내렸다. 새로운 길은 무섭고 낯설어 보였다. 도시는 흥미진진했다. 거리는 화려하게 채색된 마차들로 혼잡했고 거대한 코끼리가 먼 땅으로 물자를 나르고 또 들여왔다. 인도 각지의 상인들이 시장에서 섞였다. 도시 계급은 강력했으며, 추진력과 야망을 갖추었다. 그러나 도박, 극장, 춤, 매춘, 소동이 벌어지는 선술집은 과거의 가치에 기울어 있던 사람들에게는 충격이었을 것이다.

삶의 공격적인 면은 전보다 훨씬 더 강해졌다. 공화국에서는 내분이 벌어졌다. 왕국들은 능률적이고 중앙 집권화되어 있었는데, 그것은 신민을 강제할 수 있었기 때문이다. 군대는 전체로서 부족이 아니라 왕 한 사람에게만 충성을 선언했다. 따라서 왕은 개인 전용 전투 기계를 동원하여 명령을 강제하고, 이웃한 영토를 정복할 수 있었다. 새로운 왕권 덕분에 이 지역에는 안정이 찾아왔지만, 왕이 그런 식으로 백성에게 자신의 의지를 강요할 수 있다는 점에 혼란을 느꼈다. 탐욕은 경제 성장의 연료였다. 금융업자와 상인은 쉼 없는 경쟁에 사로잡혀 서로 잡아먹으려 했다. 이런 무자비한 사회가 어떻게 인도 북부에서 핵심적인 자리를 차지하는 아힘사라는 이상에 부응할 수 있겠는가? 가축 약탈이 경제의 주축을 이루던 시기보나 삶은 훨씬 더 폭력적이었고 무시무시했다. 베다 신앙은 당대의 현실과 점점 멀어지는 것 같았다. 상인들은 늘 길에 나서야 했기 때문에 성스러운 불을 계속 피울 수도 없었고, 전통적인 가정 제의를 준수할 수도 없었다. 가축을 기르는 것이 가장 큰 일일 때에는 동물 희생도 합당한 일인지 모르지만, 이제는 농업과 교역이 중요한 위치를 차지하면서 가축은 드물어지고 희생제는 낭비이자 잔인한 행위로 여겨졌다. 공적 생활의 폭력성을 연상시켰기 때문이다. 사람들에게는 다른 종교적 해법이 필요했다.

당연히 사람들은 출가자들을 돌아보았다. 출가자들은 상인들과 마찬가지로 그 시대의 사람들이었다. 그들 또한 베다 체제의 테두리를 벗어나 스스로 헤쳐 나가고 있었다. 이즈음 출가자는 어디에나 있었다. 어떤 은자 공동체는 숲에 그대로 남아 베다 제의를 유지했지만, 다른 공동체들은 동부의 사회 내부에서도 눈에 잘 띄었다. 기원전 6세기에 이르자 학파들이 수도 없이 등장했다. 삶의 특별한 방식을 옹호하고, 자신의 다르마('가르침')가 죽음과 재생으로부터 해방을 안겨줄 것이라고 약속하는 스승 주위로 제자들이 몰려들었다. 제자들은 스승을 '붓다'나 '지나'라고 불렀을 것이다. 스승이 깨달음의 비밀을 발견했다고 믿었기 때문이다. 우리는 이런 학파에 관해서는 거의 아는 것이 없다. 인도는 여전히 구전 사회였으며, 이 구루들 대부분은 기록된 경전을 남기지 않았다. 경쟁자들의 논박을 참조할 수 있는 경우가 종종 있지만, 경쟁자들은 그들의 가르침을 왜곡했을 것이다. 이 스승들은 시대의 경쟁적 분위기를 흡수하여 제자를 얻으려고 치열하게 다투었으며 거리로 나가 자신의 다르마를 설교했다. 수많은 출가자가 노란 가사를 입고 상인의 카라반과 나란히 교역로를 행진했으며, 사람들은 상인의 물품과 마찬가지로 이들을 열렬히 기다렸다. 새로운 스승이 나타나면 사람들이 모여들어 그의 말에 귀를 기울였다. 시장, 시청, 교외의 열대림이 무성한 공원에서는 사회의 모든 계급이 참여한 열띤 토론이 벌어졌다. 집을 떠날 생각은 없지만 새로운 영적 해답이 필요하다고 느끼던 가장들은 속인 지지자로서 학파에 들기도 했다. 출가자, '말 없는 현자'는 도시를 조용히 걸어다니면서, 바리때를 내밀어 음식을 구걸했으며, 가장과 그의 부인은 기꺼이 남은 음식을 나누어주었다. 이것은 선한 행위로서 다음 생에서는 그들도 수도자가 되도록 도와줄 수 있었다. 그렇게 되면 그들도 모크샤를 얻을 가능성이 생길 터였다.

새로 나타난 가르침에는 여러 가지 공통 요소가 있었다. 삶은 두카다. 자유로워지려면 금욕과 명상으로 행동에 이르는 욕망을 제거하라. 정교한 텍스트나 주석은 없었다. 이 다르마들은 어디까지나 실용적이었다. 구루는 배우고자 하는 이라면 누구나 다가갈 수 있는 방법을 가르쳤다. 학자나 제의 전문가가 될 필요는 없었다. 프로그램은 보통 스승 자신의 경험에 바탕을 두었다. 효과가 있어서 제자가 해방과 깨달음을 어렴풋하게라도 보게 된다면 그 다르마는 유효한 것이었다. 자신에게 효과가 없을 경우 이 스승을 버리고 다른 스승을 찾아도 아무런 양심의 가책을 느끼지 않았다. 사실 길에서 만난 수도자들은 관례적으로 이렇게 물었다. "지금 당신의 스승은 누구요? 요즘에는 어떤 다르마를 따르고 있소?"

이런 학파 가운데 일부는 극단적인 방법을 가르쳤는데, 이것 자체가 점차 커지는 사람들의 절망을 보여주는 것이었다.[106] 한사 학파는 거처가 아예 없었으며, 한 마을에서 하룻밤만 묵을 수 있었고, 소똥 위에서 살았다. 아둠바라 학파는 열매, 야생식물, 뿌리 위에서 살았다. 파라마한사 학파는 나무 밑에서, 묘지에서, 버려진 집에서 잠을 잤다. 어떤 사람들은 상키아의 가르침을 따르고, 요가를 실천하고, 해방의 지식을 얻으려 했다. 사람들은 회의적이었다. 산자야라고 불린 스승은 어떤 최종적인 답이 있을 가능성을 부인했다. 사람이 할 수 있는 일은 우애와 마음의 평화를 가꾸는 것뿐이었다. 진리는 상대적이고, 토론은 불가피하게 신랄해질 수밖에 없으므로 피해야 했기 때문이다. 아지타라는 스승은 유물론자로서 재생의 교리를 부정했다. 모든 인간은 물리적 피조물일 뿐이므로 죽은 뒤에는 그저 원소로 돌아갈 터였다. 따라서 어떻게 행동하든 중요하지 않다. 모두가 똑같은 운명을 맞이하기 때문이다. 그러나 아마도 선의와 행복을 육성하는 것이 나을 것이다. 그 방법은 원하는 대로 하되 오직 그런 것들을 기르는 카르마만 수행하는 것이다.[107]

이런 가르침들은 모두 재생과 '다시 죽음'이라는 삼사라의 막다른 골목에서 빠져나갈 길을 찾겠다는 결의를 보여주었다. 어떤 사람들은 엄청난 금욕으로 거기에 이를 수 있다고 생각했다. 어떤 사람들은 적대와 불화를 피해야 한다고 믿었다. 목표는 형이상학적 진리를 찾는 것이 아니라 마음의 평화를 얻는 것이었다. 소포클레스와는 달리 이 현자들은 자신의 고통을 위엄 있게 받아들여야 한다고 생각하지 않았다. 탈출구를 찾는 것이 **실제로** 가능하다고 확신했다. 마칼리 고살라(기원전 385년경 사망)는 이런 스승 가운데 가장 중요한 인물로 꼽힌다. 과묵하고 엄격한 금욕주의자였던 고살라는 종교적 숙명론을 설교했다. "인간의 노력은 효과가 없다." 사람들은 자신의 행동에 책임이 없다. "모든 동물, 피조물, 존재, 영혼에게는 힘과 에너지가 없다. 운명에 의해, 그들 계급에 필수적인 조건에 의해, 개인적 본성에 의해 이리저리 휘둘린다."[108] 고살라는 아지비카('삶의 길')라는 학파를 창립했다. 고살라는 예외 없이 모든 인간이 모크샤를 얻기 전에는 정해진 횟수의 삶을 살 운명이기 때문에 인간의 행동으로는 운명에 어떤 식으로든 영향을 끼칠 수 없다고 믿었다. 그럼에도 역설적으로 아지비카는 가혹한 제도를 채택했다. 그들은 옷을 입지 않고, 음식을 구걸하고, 엄격한 식사 규칙을 준수했다. 그 바람에 굶어죽는 사람이 나오기까지 했다. 그들은 또 자기 몸에 강한 고통을 가했다. 예를 들어 신참자가 이 학파에 입문할 때는 땅에 몸을 목까지 묻고 머리카락을 한 올씩 잡아당겼다. 이런 고행을 하게 한 것은 그것이 신참자에게 도움이 된다고 생각해서가 아니라, 단지 신참자가 반복되는 순환 속에서 이제 금욕을 실행하는 것이 운명이 된 단계에 이르렀기 때문이다.

이 등골이 오싹한 다르마가 매우 인기를 얻었다는 것은 이 시기의 불안이 얼마나 강렬했는지 말해준다. 고살라는 경쟁자들에게서 격렬한 공격을 받았다. 경쟁자들이 그의 성공을 두려워한 것이다. 비문을 보면 왕들은 고살라에게 선물을 보내고 아지비카 학파에게 땅을 기부했다. 아지비카 학파는 인도에서 서기 10세기까지 살아남았다. 그럼에도 우리는 이 학파의 전체를 보지 못하는 것일 수도 있다. 고살라는 특별히 효과적인 명상 형식을 가르쳤는지도 모른다. 다만 이것이 외부인에게는 비밀이었을 수도 있다. 그의 극단적인 타파스(고행)는 입문자에게 충격을 주어 고통이나 쾌락을 넘어선 상태로 몰아가려고 고안된 것이었는지도 모른다. 그의 결정론은 고요와 평화를 얻는 방법에 불과했던 것인지도 모른다. 모든 것이 미리 운명으로 정해져 있다면, 미래를 걱정할 필요가 없기 때문이다.

고살라는 바르다마나 지나트르푸트라(기원전 448?~376?)의 제자였다고 전해진다. 지나트르푸트라는 그 시대에 가장 중요한 스승으로 꼽혔으며, 제자들은 그를 마하비라, 즉 '위대한 영웅'이라고 불렀다. 마가다의 크샤트리아 족장의 둘째 아들로 태어난 지나트르푸트라는 몸집이 장대하고 힘이 세고 아름다웠지만, 서른 살의 나이에 세상을 버리고 출가자가 되기로 결심했다. 지나트르푸트라는 스승의 도움 없이 혼자 깨달음을 얻겠다고 결심했기 때문에 기존의 학파에 들어가지 않았다. 지나트르푸트라의 출가자 입문 의식은 신들이 치러주었다고 한다. 지나트르푸트라는 12년 반 동안 탁발승으로 갠지스 강 유역을 돌아다니며 보편적인 금욕 생활을 했다. 옷은 입지 않았고, 여름의 뙤약볕과 겨울의 추위에 몸을 그대로 드러냈다. 금식을 했고, 잠이나 거처를 거부했다. 이런 고행을 하던 초기에 지나트르푸트라는 고살라를 제자로 받아들여 함께 여행을 했다. 6년 뒤 고살라는 모크샤를 얻었다고 선언하며 스스로 지나, 즉 '영적 정복자'라고 불렀다. 그러나 이런 이야기는 나중에 오래된 텍스트에 끼어 넣은 것이다.[109] 이 텍스트는 고살라에게 적대적이어서, 그가 단순히 마하비라의 영적 우월성을 질투하여 너무 빨리 떠쳐나갔다고 주장한다. 결국 두 사람은 화해한다. 고살라는 죽을 때 마하비라가 진정한 스승이라고 인정했으며, 마하비라는 언젠가 고살라가 깨달음을 얻을 것이라고 예언했다. 두 학파 사이에는 어떤 역사적 관련이 있고, 마하비라는 초기에 아지비카에게서 영향을 받았지만, 독자적인 가르침을 발전시켜 나갔을 가능성이 있다.

마하비라의 가혹한 생활 방식에는 특별한 목적이 있었다. 그는 모든 금욕주의자들과 마찬가지로 육체의 구속으로부터 참된 자아를 해방시켜, 내적 통제와 마음의 평화를 얻고 싶었다. 그러나 그가 모크샤를 얻은 것은 세상을 바라보는 완전히 다른 방식을 계발하고 난 뒤였다. 이 새로운 방식은 철저한 아힘사, '불살생'을 특징으로 한다.[110] 모든 인간에게는 영혼(지바jiva), 즉 내부의 살아 있는 실체가 있는데, 이것은 빛이 나고, 행복하고, 지혜롭다. 그러나 동물, 식물, 물, 불, 공기, 심지어 바위와 돌에게도 지바가 있다. 그들은 이전 삶에서 쌓은 카르마에 의해 현재의 존재에 이른 것이다. 따라서 모든 존재는 똑같은 본성을 공유하고 있으며, 내가 받고 싶어하는 것과 똑같은 예의와 존중의 마음으로 그들을 대해야 한다.[111] 심지어 식물도 어떤 형태의 의식이 있다. 미래의 삶에서 신성한 나무가 될 수도 있고, 인간 형태로 발전하여 마침내 깨달음을 얻을 수도 있다. 동물이 폭력을 완전히 포기하면 하늘에서 다시 태어날 수도 있다. 똑같은 규칙이 인간에게도 적용된다. 인간은 자신과 같은 피조물을 해치지 않을 때에만 모크샤를 얻을 수 있다. 고행자가 공감에 바탕을 둔 이런 세계관을 얻지 못하면 모크샤도 얻을 수 없다.

마하비라에게 해방은 곧 비폭력이었다. 그는 마흔두 살에 이런 통찰을 얻자 바로 깨달음을 경험했다. 초기 텍스트에 따르면 당시 마하비라는 강가의 들판에 살고 있었다.[112] 마하비라는 이틀 반 동안 금식을 했고, 물도 마시지 않았으며, 땡볕에 몸을 그대로 드러냈다. 이때 마하비라는 '케발라(kevala)', 즉 완전히 다른 관점을 제공하는 유일무이한 지식을 얻었다. 그는 이제 마치 신이 된 것처럼 모든 수준의 현실을 동시에, 시간과 공간의 모든 차원에서 지각할 수 있었다. 사실 마하비라에게 신(데바)이란 모든 피조물 안에 존재하는 신성한 영혼을 인식히고 존중하여 케발라를 얻은 피조물에 불과했다.

이런 정신 상태는 당연히 묘사가 불가능하다. 일상적인 의식을 완전히 초월하는 것이기 때문이다. 이것은 저급한 존재를 포함한 모든 존재와 완벽하게 친해진 상태였다. 이런 깨날은 존재 수준에서는 "말은 헛되이 돌아오고, 세속적인 논리가 담긴 진술은 할 수가 없으며, 정신은 그 깊이를 헤아릴 수 없다." 이것에 관해서는 오직 "네티…… 네티"

("이것이 아니다…… 이것이 아니다.")라고 말할 수밖에 없다. 깨달은 사람이 이런 관점을 얻게 되면 '그것과 비길 것이 없음'을 알게 된다. "그 존재는 형식이 없다. …… 소리도, 형태도, 영혼도, 하늘도, 접촉도 아니다. 그런 것이 아니다."[113] 그러나 마하비라는 누구든 자신의 섭생을 따르는 자는 반드시 말로 표현할 수 없는 이 상태에 이르러 지나(Jina, 정복자, 승리자)가 될 것이라고 확신했다. 그래서 그의 추종자들은 자이나 교도라고 알려지게 되었으며, 그의 다르마는 '정복자의 길'이 되었다.

마하비라는 크샤트리아였다. 그는 자신의 해방을 얻기 위해 두카의 강을 건넌 지나들의 긴 대열에서 맨 끝에 선 사람일 뿐이라고 믿었다. 그가 죽은 뒤 자이나 교도는 정교한 전사(前史)를 만들어 나갔다. 그들은 이전 시대에는 이런 '여울을 만든 사람'[†]이 24명 있었으며, 이들은 모크샤로 가는 다리를 발견했다고 주장했다. 이들은 모두 크샤트리아였고, 신체적으로 강하고 아름다웠으며, 사자처럼 용감했다. 따라서 '위대한 영웅' 마하비라는 전사 계급에게 대안적인 에토스를 제공한 셈이었다. 새로운 영웅주의는 싸움을 철저하게 거부하면서 나름의 용기를 요구했다. 나중에 자이나 교단은 당장 군사적 의무를 버릴 수는 없지만 미래의 삶에서는 그럴 수 있기를 바라던 왕과 전사들의 후원을 받게 된다. 자이나교의 다르마는 비폭력에 헌신하면서도, 종종 군사적 이미지를 이용했다. 자이나교의 금욕주의자는 자신의 호전적인 본능과 싸

....

여울을 만든 사람 자이나교에서는 완전히 깨달은 자, 즉 해탈한 사람을 '티르탕카라'라고 불렀다. 산스크리트로 '티르탕카라'는 (걸어서 건널 수 있는) 얕은 여울을 만드는 사람이라는 뜻인데, 스스로 윤회의 강을 건너는 데 성공하고 다른 사람들이 따라서 강을 건널 곳을 만드는 구원자를 가리킨다. 자이나교에서는 마하비라를 24대 티르탕카라로 부른다.

우고, 깨닫지 못한 모든 사람의 특징인 공격성이 불러오는 나쁜 결과를 막아내는 전사였다. 금욕주의자는 아힘사의 삶을 통해 전장의 병사와 마찬가지로 자신, 가족, 교단에 영광을 안겨준다. 자이나 공동체는 '가나(gana)', 즉 '부대'라고 불렸다. 자이나 교도가 되려면 용기, 결의, 자신을 향한 무자비한 태도가 필요했는데, 이것이야말로 진정한 영웅의 표시였다.

마하비라만큼 아힘사라는 이상을 가차없이 일관되게 추구한 사람은 없었다. 나중에 자이나 교도는 내세론과 우주론을 정교하게 다듬는다. 카르마를 질이 다른 다양한 행동에서 만들어지는 먼지처럼 고운 물질이라고 보는 형이상학을 발전시키기도 한다. 이 먼지 같은 물질이 영혼에 내려앉아, 그 무게로 영혼을 짓눌러 우주의 꼭대기로 솟아오르지 못하게 막는다는 것이다. 그러나 마하비라와 그의 초기 추종자들은 이런 문제에는 관심이 없었던 것 같다. **유일한 종교적 의무는 비폭력이었다.** 아힘사가 없으면 다른 모든 윤리적 실천은 소용이 없었으며, 아힘사는 자이나 교도가 모든 피조물과 공감할 때에만 얻을 수 있었다. "숨을 쉬고, 존재하고, 살아 있고, 감각 능력이 있는 모든 피조물은 죽이지 말아야 하고, 폭력으로 대하지 말아야 하고, 학대하지 말아야 하고, 괴롭히지 말아야 하고, 쫓지 말아야 한다. 이것이 순수하고 변함없고 영원한 법이며, 앎을 얻은 깨달은 자들이 선언한 법이다."[114]

물론 이런 이해는 관념적으로 동의하는 것이 아니었다. 자이나 교도는 돌처럼 겉으로 보기에 생명이 없는 존재도 영혼이 있으며, 고통을 느낄 수 있고, 살아 있는 피조물은 그들 자신과 마찬가지로 고통을 겪고 싶어하지 않는다는 것을 깊은 수준에서 깨달아야 했다.

자이나 교도는 이런 특별한 진리를 의식하게 해주는 고행 프로그램을 거쳤다. 그들은 다르게 행동을 하면서 자신들의 관점이 바뀐다는 것을 알았으며, 세상을 새롭게 보게 되었다. 자기도 모르는 사이에 벌레를 죽이거나 풀잎을 밟지 않도록 아주 조심해서 움직여야 했다. 물건도 조심해서 내려놓아야 했으며, 다른 귀한 피조물을 해치기 쉬운 어둠 속에서는 움직이는 것이 금지되었다. 나무에서 열매도 따지 못하고, 저절로 땅에 떨어지기를 기다려야 했다. 물론 자이나 교도도 먹어야 했다. 초기에는 자신이 직접 죽인 것이 아니라면 바리때에 고기를 받는 것도 허락되었다. 사실 이런 이상을 실현하려면 전혀 움직일 수가 없었다. 조금만 움직이거나 신체적으로 힘을 써도 어떤 생물에게 피해를 줄지 모르기 때문이다.

그러나 자이나 교도의 아힘사가 살생을 하지 않는 것에 몰두하는, 전적으로 소극적인 것만은 아니었다. 자이나 교도는 만물을 향하여 적극적인 자비의 태도를 계발해야 했다. 살아 있는 모든 피조물은 서로 도와야 했다. 모든 인간, 동물, 식물, 곤충, 조약돌을 우정, 선의, 인내, 관대함으로 대해야 했다. 요가 수행자들과 마찬가지로 자이나 교도도 다섯 가지 '금제'(야마yama)를 지켜 폭력, 거짓, 섹스, 도둑질, 재산 소유를 버리겠다고 맹세했다. 그러나 마하비라의 '야마' 해석에는 만물에서 생명력을 보는 그 자신의 전망이 담겨 있었다. 물론 초기의 자이나 교도는 첫 번째 맹세인 아힘사에 집중했으며, 삶의 모든 면에서 아힘사를 실행에 옮겼다. 그러나 다른 맹세들도 비폭력 정신의 영향을 받았다. 자이나 교도는 거짓말을 안 할 뿐 아니라, 불친절이나 짜증을 조금이라도 드러내지 않으려면 말도 신중하게 통제해야 한다고 생각했다. 말은 타격을 줄 수도 있으므로 가능한 한 말을 적게 해야 했다. 다른 피조물에게 해를 주는 것이라면 진실이라도 말을 하지 **않는** 편이 훨씬 나았다. 자이나교의 맹세는 경계하고 주의하는 태도를 기르려고 고안된 것이었다. 자이나 교도에게는 도둑질을 안 하는 것으로는 충분하지 않았다. 그들은 아무것도 소유할 수 없었다. 모든 존재가 자기 자신의 신성한 영혼, 자주적이고 자유로운 영혼을 가지기 때문이었다.[115]

자이나 교도는 언제나 주위 모든 것의 생명력을 인식해야 했다. 이것을 보지 못하면 자신과 같은 피조물과 제대로 관계를 맺을 수가 없었다. 그러나 이렇게 되면 자이나 교도는 모든 국면에서 삶에 제약을 받게 되는데, 이것이야말로 진정으로 영웅적인 제약이라고 생각했다. 그들은 불을 피우지도 못하고, 땅을 파지도 못하고, 쟁기를 갈지도 못했다. 거른 물만 마셔야 했고, 한 걸음 걸을 때마다 주위를 살펴야 했고, 생각 없는 움직임은 피해야 했다. 자이나 교도는 이런 식으로 맹세를 지키며 살면 특별한 자제심과 자비에 이르고, 여기에서 깨달음으로 나아간다고 생각했다. 공감은 핵심이었다. 마하비라의 가르침에 따르면 자이나 교도는 우선 '세상의 지식'을 얻어야 했다. 그래야 모든 것에 신성한 생명력이 있음을 이해할 수 있었다. 이렇게 세상의 지식을 얻으면 그 다음에는 '세상에 대한 자비'를 길러야 했다.[116]

마하비라는 그 나름의 황금률에 이르렀다. 자이나 교도는 스스로 대접받기를 원하는 대로 다른 모두를 대접해야 했다. 온 세상에 널리 피신 누카는 무지한 사람들의 행동 때문에 생겼는데, 이들은 남을 해치면서도 자신이 뭘 하는지 모른다. 그러나 자신과 같은 피조물의 영혼을 부정하는 것은 자기 내부의 자아를 부정하는 것과 마찬가지다.[117] 자이나 교도는 만물, 만인과 우정을 원했다. 어떠한 예외도 없었다. 이런 태도에 이르면 곧바로 깨달음을 얻을 수 있었다. 모크샤는 모든 것을 굽어보는 신이 합당한 자들에게 주는 보상이 아니었다. 자이나 교도는 이런 종류의 신학에는 관심이 없었다. 그들은 자신들의 관행을 엄격하게 따르면 초월적인 평화를 얻을 수 있다고 생각했다.

마하비라는 깨달음을 얻은 뒤에 참파라는 도시 외곽에 있는 나무의 영을 모신 사당에서 첫 설교를 했다.[118] 이 사건의 자세한 이야기는 상대적으로 나중에 나온 기원전 1세기의 텍스트에서 처음 발견되지만, 어쨌든 이 사건은 자이나교 전통에서 중심을 차지한다. 이 자리에는 참파의 왕과 왕비를 비롯하여 엄청나게 많은 신, 고행자, 일반인, 동물이 참석하여 마하비라가 전하는 비폭력의 복음에 열심히 귀를 기울였다. 이 자리는 상징적인 순간이다. 베다 희생제에서 신들은 인간이 동물을 도살하는 것을 보려고 모였다. 그러나 참파에서는 신, 인간, 짐승이 아힘사 설교를 들으려고 모여 단일한 사랑의 공동체를 형성했다. 이런 통일과 보편적 공감의 전망이 삶의 모든 행동에 영향을 주어야 했다.

자이나 교도는 요가에는 관심이 없었지만, 그들 나름의 명상을 했다. 수도자는 꼼짝도 않고 서서 두 팔을 옆으로 늘어뜨린 채 몸에 손이 닿지 않게 했다. 이런 자세로 모든 적대적 생각이나 충동을 엄격하게 누르면서, 동시에 모든 피조물을 향한 사랑과 친절로 마음을 채우려고 의식적으로 노력했다.[119] 경험 많은 자이나 교도라면 '사마이카'(samayika, '평정')라고 부르는 명상의 상태 비슷한 것에 이를 수 있었으며, 이 상태에서 그는 지상의 모든 피조물이 평등하다는 것을 자신의 온 정신으로 **알았다**. 동시에 만물을 향해 똑같은 호의를 느꼈다. 특별히 좋아하는 것도 싫어하는 것도 없었고, 아무리 미천하고 불쾌하고 하찮다 해도 어느 것 하나도 자신과 구별하지 않았다. 자이나 교도는 하루에 두 번씩 스승 앞에 서서 "씨, 녹색 식물, 이슬, 딱정벌레, 곰팡이, 축축한 땅, 거미줄을 밟는" 바람에 자기도 모르게 주었을 괴로움을 회개했다. 그들은 이렇게 말을 맺었다. "저는 모든 생물에게 용서를 구합니다. 모든 피조물이 저를 용서하기를 바랍니다. 제가 모든 피조물과 우정을 나누고 어떤 피조물에게도 적의를 품지 않게 해주소서."[120] 새로운 이상은 단지 폭력을 삼가는 것이 아니라, 가없는 친절과 자비를 키워 나가는 것이었다.

7장

사유의 혁명

기원전 450년~398년경

"고통, 슬픔, 절망은 두카다. 우리가 싫어하는 것에 어쩔 수 없이
가까이 다가가야 하는 것도 괴로움이며, 사랑하는 것과 떨어지는 것도 괴로움이며,
원하는 것을 얻지 못하는 것도 괴로움이다."
고타마는 욕망들이 차례차례 자신의 정신과 마음을 차지하는 것을 관찰하면서,
자신이 끊임없이 뭔가 다른 것이 되기를 갈망하고, 어딘가 다른 곳에 가기를 갈망하고,
자기에게 없는 뭔가를 얻기를 갈망한다는 것을 알았다. ……
고타마는 결론을 내렸다. "세상의 본질은 변하는 것이기 때문에
늘 믿기 다른 것이 되려고 설정한다. 세상은 변화에 좌우된다.
세상은 변화의 과정에 사로잡혔을 때만 행복하다. 그러나 변화에 대한
이런 사랑에는 두려움이 어느 정도 포함되어 있는데, 이 두려움 자체가 두카다."

에즈라의 닫힌 길,
요나의 열린 길

이스라엘에서는 축의 시대가 끝이 나고 있었다. 기원전 5세기 후반 예루살렘은 페르시아 제국의 눈에 띄지도 않는 모퉁이에 있는 망가진 작은 도시였다. 위대한 변화는 보통 변화와 발전의 선두에 선 지역에서 일어났다. 이스라엘과 유다는 제국의 힘 때문에 큰 고난을 겪었지만, 이 제국들은 더 넓은 지평과 더 큰 세계를 보게 해주었다. 이스라엘의 축의 시대는 이 지역의 수도인 바빌론에서 절정에 이르렀다. 추방을 당했다가 예루살렘으로 돌아온 사람들은 이제 세계사의 중심에 있기는커녕 눈에 띄지도 않는 곳에서 살았다. 새로운 종교적 전망을 탐색하는 일보다는 생존 투쟁이 전면에 부각되었다. 《이사야》의 몇 장은 제2 성전 완공 뒤에 이 공동체가 몰두했던 일을 보여준다.[1] 제2의 이사야의 오랜 꿈은 죽지 않았다. 사람들은 야훼가 예루살렘에 울음이 없고 과거의 고통을 잊을 수 있는 '새 하늘과 새 땅'을 창조하기를 여전히 바랐다.[2] 어떤 사람들은 하느님의 도시가 추방당한 자, 외국인, 환관 등 모두에게 문을 열기를 고대했다. 야훼가 "나의 집은 뭇 백성이 모여 기도

7장 사유의 혁명 419

하는 집이라 불리리라." 하고 선언했기 때문이다. 언젠가 야훼는 이런 외부인들을 도시 안으로 불러들여 그들이 시온 산에서 자신에게 희생제를 드리는 것을 허용할 터였다.[3] 사실 축의 시대의 종말을 알린 것은 완강하게 배타적인 태도였다.

기원전 445년경 예루살렘에는 페르시아의 대리인인 새로운 총독이 임명되었다. 페르시아의 수도인 수사(Susa)에 자리 잡은 유대인 공동체의 구성원이었던 느헤미야는 아르타크세르크세스 1세(Artaxerxes, ?~기원전 425, 우리말 성경에선 아르닥사싸)에게 술잔을 올리는 사람이었다. 느헤미야는 예루살렘의 성벽이 여전히 무너져 있다는 이야기에 충격을 받고 왕에게 유다로 가서 조상들의 도시를 재건하게 해 달라고 간청했다. 느헤미야는 신분을 감추고 예루살렘에 와서, 어느 날 밤 몰래 말을 타고 낡고 황량한 성 주위를 돌았다. "성벽은 다 무너지고 성문들도 모두 불에 탄 채로 버려져 있었다." 한참 가다 보니 말이 나아갈 길조차 찾을 수가 없었다. 느헤미야가 다음날 장로들에게 자신의 신분을 밝히자, 시민들은 엄청난 노력을 기울이고 협력하여 불과 52일 만에 새로운 성벽을 쌓을 수 있었다. 그러나 귀환자들의 공동체인 '골라'와 이웃들의 관계가 몹시 악화되어 상당히 위험하기도 했다. 일을 하는 내내 느헤미야는 일부 지역 유지들의 완강한 반대와 싸워야 했다. 과거 북부 왕국의 영토에 있던 사메리나의 총독인 산발랏과 그의 관리 가운데 한 사람인 도비야, 에돔 총독 게셈이 그런 사람들이었다. 새로운 성벽은 공포와 긴장 속에서 건축되었다. "무거운 짐을 지는 사람들은 한 손으로는 짐을 받치고 한 손으로는 창을 잡게 하였다. 성 쌓는 사람은 모두 칼을 옆구리에 차고 쌓게 하였으며, 내 옆에는 나팔수를 두었다."[4]

이 시기의 연도를 확정하는 일은 매우 어렵다. 우리의 주된 자료는

《에즈라》와 《느헤미야》인데, 이 두 책은 나중에 편집자가 한데 엮어놓은, 서로 관련 없는 수많은 문서들로 이루어져 있다. 이 편집자는 에즈라와 느헤미야를 같은 시대에 살았던 사람으로 가정하고, 에즈라가 예루살렘에 먼저 도착한 것으로 기록해놓았다. 그러나 실제로는 에즈라의 활동이 훨씬 뒤에, 아르타크세르크세스 2세(?~기원전 358) 치세에 이루어진 것으로 볼 만한 이유들이 있다.5) 느헤미야는 예루살렘을 부흥시키는 데 많은 노력을 기울였다. 인구를 약 만 명으로 늘렸고, 귀족이 가난한 사람들을 억압하는 것을 막으려고 노력했다. 그러나 예루살렘에서 그가 한 첫 번째 행동이 성벽 구축이었다는 것은 의미심장하다. 느헤미야는 기원전 432년경에 시작된 총독 2차 임기 때 골라 구성원이 현지 주민, 심지어 추방당하지 않은 이스라엘 주민과 결혼하는 것마저 금지하는 새로운 법을 만들었다. 느헤미야는 대제사장 엘랴십이 산발랏의 딸과 결혼했다는 이유로 쫓아냈다. 추방을 당했을 때 어떤 사제들은 외국인과 동화되지 말라고 경고했다. 그런데 이제 골라는 한때 이스라엘 가족 구성원이었지만 지금은 낯선 자나 적으로 간주되는 사람들과 결혼하는 것이 금지되었다.

추방 기간에 사제들은 일반인이 사제들의 정결의 율법을 받아들일 것을 권장했다. 이것은 전문가들이 일반 유대인에게 복잡한 제이외 율법을 가르쳐야 한다는 뜻이었다. 에즈라는 이런 전문가 가운데 한 사람이었다. 그는 "야훼의 법을 깨쳐 몸소 실천할 뿐 아니라, 그 법령들을 이스라엘 사람에게 가르치고 싶은 마음밖에 없었다."6) 에즈라는 또 페르시아 궁정에서 유대인 입무들 처리하는 장관이었을지도 모른다. 이 시기에 페르시아인은 제국의 안보에 위협이 될 요소를 가려내느라 피정복 민족들의 법을 검토하는 중이었다. 에즈라는 바빌로니아의 법률 전문가로서 토라(율법)와 페르시아의 법 체계 사이에서 만족스러운 타협안을 만들어냈을 수도 있다. 에즈라의 사명은 예루살렘에 토라를 퍼뜨려, 그것을 그 땅의 공식적인 법으로 만드는 것이었다.[7] 성경 저자는 에즈라의 사명이 민족의 역사에서 전환점이라고 생각했다. 그는 에즈라가 유다로 간 것을 새로운 '출애굽'으로 묘사하고, 에즈라를 새로운 모세로 제시했다. 에즈라는 예루살렘에 도착했을 때 자기 눈에 보이는 것에 경악했다. 사제들은 여전히 암 하아레츠(땅의 사람들)와 결탁했고 사람들은 계속 외국 여자와 결혼했다. 예루살렘 거주자들은 왕의 사절이 길거리에서 머리를 쥐어뜯으며 깊이 애도하는 자세로 앉아 있는 모습을 하루 종일 곤혹스러운 심정으로 지켜보아야 했다. 이어 에즈라는 골라의 모든 구성원을 불러 회의를 열었다. 참석하지 않은 사람은 모두 공동체에서 추방하고 재산을 몰수하겠다고 말했다.

에즈라는 새해 첫날†에 토라를 수문(水門) 앞 광장으로 가져갔다. 에즈라는 나무로 만든 단에 올라가 지도자들에게 둘러싸여 사람들에게 토라를 읽으면서 설명을 해 나갔다.[8] 에즈라가 실제로 읽은 것이 어떤 텍스트인지 알 수는 없지만, 어쨌든 사람들은 충격을 받은 것이 분명하다. 종교적 진실은 기록되어 낭독을 하면 늘 다르게 들렸다. 사람들은 야훼의 종교가 요구하는 것들에 충격을 받아 울음을 터뜨렸다. 에즈라는 그들에게 지금은 기뻐해야 할 축제 기간임을 일깨워야 했으며, 이스라엘 백성에게 조상이 광야에서 40년간 방랑한 일을 기억하며 초막절† 기간 동안 특별한 초막에서 살라고 명령한 텍스트를 읽었다. 그러자 사

새해 첫날 유대력에서 한 달은 신월(新月)의 날에 시작하고 한 해는 추분(秋分)이 지난 다음에 시작한다. 정력(政曆)은 티슈리 달에 시작하며, 그 달 초하루는 로시 하샤나(신년절)라는 축일이다.

람들은 산으로 달려가 올리브 나무와 들올리브 나무와 소귀나무와 종려나무와 참나무의 가지를 꺾었다. 곧 도시 곳곳에 잎이 무성한 초막들이 나타났다. 카니발 분위기였다. 사람들은 매일 저녁 모여 에즈라의 율법 낭독에 귀를 기울였다.

다음 집회 분위기는 더 침울했다.[9] 집회는 성전 앞 광장에서 열렸으며, 사람들은 도시에 퍼붓는 거센 겨울비에 몸을 떨었다. 에즈라는 사람들에게 외국인 부인을 내보내라고 명령했다. 결국 부녀자들은 골라에서 추방을 당해 암 하아레츠에 합류하게 되었다. 이제 이스라엘의 구성원이 될 자격은 바빌로니아로 추방을 당했던 사람들의 후손과 예루살렘의 공식 법전인 토라에 복종할 각오가 된 사람들로 한정되었다. 《이사야》에 기록된 다음 글은 쫓겨난 자들의 탄식일지도 모른다.

> 아브라함은 우리를 모른다 하고,
> 이스라엘은 우리를 외면하여도,
> 당신, 야훼께서 우리의 아버지이십니다. ……
> 당신께서 우리를 다스리지 아니하시므로 당신의 백성이라는 이름을 잃은 지 이미 오래 되었습니다.[10]

고난과 지배가 방어적인 배제를 낳은 셈인데, 이것은 다른 지역에서 펼쳐지는 축의 시대 정신에는 낯선 것이었다.

초막절 '장막절'이라고도 한다. 구약성서에 나오는 3대 순례 절기(유월절, 오순절, 초막절) 가운데 마지막. 유대력 티슈리(그레고리력으로 9~10월경)의 15~21일에 지키며, 이스라엘 민족이 이집트를 탈출한 뒤 방랑하던 일을 기념한다. 이 기간 동안 나뭇가지로 초막을 세우고 하느님에게 풍성한 수확에 대한 감사 기도를 드린다.

그러나 비가 내리는 그 추운 날의 광경이 이야기의 끝은 아니다. 《에즈라》와 《느헤미야》는 헤브라이 성서의 일부분일 뿐이다. 많은 사람들이 그들의 관점을 공유했지만, 그것이 유일한 관점은 아니었다. 기원전 5세기와 기원전 4세기에 성경이 편찬되면서 이스라엘과 유다의 더 포용적인 전통도 등장했다. 어떤 인간도 불결하지 않다고 주장한 P(사제 저자)의 전통이 모세오경의 앞쪽 세 책(《창세기》, 《출애굽기》, 《레위기》)을 지배했으며, 그 결과 《신명기》 저자들의 배타적인 전망을 제한했다. 다른 책들은 유대인에게 다윗 왕 자신도 모아브의 여자 룻의 후손임을 일깨워주었다. 《요나》에는 야훼가 헤브라이의 한 예언자에게 기원전 722년에 이스라엘 왕국을 파괴한 아시리아 제국의 수도 니네베(니느웨)를 구하라는 명령을 내렸다는 이야기가 나온다. 요나가 항의하자 야훼는 축의 시대의 다른 많은 현자들, 특히 자이나교의 현자들이 지지했을 만한 발언을 한다. "이 니네베에는 앞뒤를 가리지 못하는 어린이만 해도 십이만이나 되고 가축도 많이 있다. 내가 어찌 이 큰 도시를 아끼지 않겠느냐?"[11]

이스라엘의 축의 시대는 첫 단계가 끝이 났지만, 앞으로 마지막 장에서 보게 되듯이, 두 번째 개화기, 랍비(rabbi)의 유대교, 기독교, 이슬람교 모두가 이스라엘의 축의 시대 통찰에 기초를 두고, 황금률과 '양보', 공감, 모든 사람에 대한 관심이라는 영성에 기초한 신앙을 창조하는 시기가 기다리고 있었다.

땅으로 내려온 철학,
삶을 정화하는 비극

기원전 5세기 후반에 들어서면서 아테네는 겉으로는 성공을 거둔 것처럼 보였다. 그러나 아테네 사람들 가운데 나이 든 축에 속하는 사람들 일부는 미래에 불안을 느꼈다. 페리클레스는 이 폴리스를 권력의 정점으로 이끌었다. 아크로폴리스의 새로운 건물들은 위용을 자랑했다. 조각가들은 놀라운 작품을 창조했으며, 위대한 비극 작가들은 도시 디오니소스 축제에서 계속 걸작들을 발표했다. 기원전 446년 아테네와 스파르타는 30년간 휴전하기로 하고, 둘이서 그리스 세계를 나누어 가졌다. 아테네는 에게해를 장악하고, 육상 세력인 스파르타는 펠로폰네소스 반도를 손에 넣었다. 아테네는 평화와 번영의 시기를 내다보고 있었다. 그럼에도 페리클레스는 긴 방어벽을 세워, 도시와 피레우스 항구를 둘러쌌다. 많은 아테네 사람들은 여전히 자신들이 취약하다고 느꼈다. 피지배 폴리스들이 그들의 거만한 통치에 분개하고 있다는 냉혹한 현실을 의식했기 때문이다. 아테네는 기원전 446년에 보이오티아에서 큰 손실을 입었다. 도시들이 델로스 동맹에서 이탈하려 하자 사모스에서 전쟁이 벌어졌는데, 페르시아가 개입할 위험이 있었다. 아테네는 세계의 주요 세력이 아니라, 과도하게 확장된 작은 도시국가에 불과했다. 전사 4만 명이 어떻게 그리스 전체를 통치할 수 있을까? 그러나 젊은 세대는 이 점을 대수롭지 않게 여겼다. 마라톤 전투 뒤에 태어난 이들은 쉬운 승리밖에 몰랐다. 그들은 이제 예순 살이 된 페리클레스에게 짜증이 나기 시작했으며, 기원전 430년대에 도시를 소란스럽게 만들었던 새로운 사상에 귀를 기울일 준비가 되어 있었다.

이 시기에 주요한 지적 변화가 생겼다. 사람들은 철학자들에게 당황하고, 심지어 좌절감을 느끼기도 했다. 철학자들의 작업은 점점 난해해졌다. 파르메니데스의 제자인 엘레아의 제논(Zenon, 기원전 490?~430?)은 짓궂은 일련의 역설을 만들어, 자기 스승이 내놓은 논란의 여지가 있는 사상의 타당성을 증명하려 했다. 파르메니데스는 우리의 감각 증거에도 불구하고 만물은 움직이지 않는다고 주장했다. 제논은 날아가는 화살이 사실은 움직이는 것이 아니라는 예를 들어 그 점을 설명하려 했다. 화살은 매 순간 정확하게 자신과 똑같은 크기의 공간을 점유하며, 따라서 어디에 있든 늘 정지해 있다는 것이었다. "움직이는 것은 그것이 있는 자리에서 움직이는 것도 아니고 그것이 없는 자리에서 움직이는 것도 아니다."[12] 제논은 또 누구보다 빨리 달리는 아킬레우스가 판아테나이아 경주에서 아예 출발을 할 수도 없다고 주장했다. 아킬레우스는 경주 코스를 완주하려면 우선 반을 달려야 한다. 반까지 가려면 우선 4분의 1을 가야 한다. 그러나 이 추론은 무한히 계속될 수 있다. 아킬레우스가 **어떤** 거리라도 달리려면 그 반을 먼저 가야 하는 것이다.[13] 이렇게 움직임에 관하여 설득력 있게 말을 하는 것은 불가능하므로, 파르메니데스의 충고대로 아예 아무런 말을 하지 않는 것이 더 낫다는 이야기였다.

제논은 상식의 논리적 불합리성을 증명하고 싶어했으며, 움직임이 사실은 움직이지 않음의 연속임을 발견했는데, 이 점에 훗날의 철학자들이 매혹되었다. 앞으로 보겠지만 중국의 논리학자들도 비슷한 수수께끼를 제시했다. 그러나 제논과 같은 시대 사람들 다수는 이성이 자신을 파괴한다고 느꼈다. 어떤 진실도 표현하는 게 불가능하다면 이런 논의가 무슨 소용이 있는가? 시칠리아의 철학자 엠페도클레스(Empedocles,

기원전 495~435)는 파르메니데스의 통찰 몇 가지를 바탕으로 삼아 정상적인 세계를 복원하려 했다. 그는 네 가지 원소(물, 불, 공기, 흙)는 실제로 변하지 않지만, 움직이면서 결합하여 우리 눈에 보이는 현상을 만들어낸다고 주장했다. 스미르나(현재 터키의 이즈미르)의 아낙사고라스(Anaxagoras, 기원전 508~428)는 맨눈으로 볼 수 없지만 모든 물질에는 다른 모든 물질이 부분적으로 포함되어 있다고 믿었다. 이 생각을 발전시키면, 어떤 물질이든 존재하는 만물의 씨앗을 포함하고 있으므로, 얼마든지 다른 모든 것으로 바뀔 수 있다는 결론이 나온다. 밀레토스 학파 사람들과 마찬가지로 아낙사고라스는 만물의 발전의 근원을 찾으려 했다. 그는 이것을 '누스'(nous, '정신')라고 불렀다. 이 우주의 지성은 신성했지만 초자연적이지는 않았다. 물질의 또 다른 형태에 불과했다. 누스는 일단 만물을 움직이면, 더 할 수 있는 일이 없었다. 비인격적인 자연의 힘들이 나서서, 그 과정은 안내자 없이 계속 진행되었다. 데모크리토스(Demokritos, 기원전 466~370)는 빈 공간을 질주하는 헤아릴 수 없이 많은 작은 입자들을 상상했다. 그는 이것을 '원자(atom)'라고 불렀는데, 이 말은 아토모스(atomos, '자를 수 없다')에서 나온 것이었다. 원자는 단단하고 나눌 수 없고 부술 수 없지만, 서로 부딪히면 들러붙어 우리 주위에서 볼 수 있는 익숙한 물체들을 만든다. 원자가 흩어지면 사물은 무너져 죽은 것처럼 보인다. 그러나 원자들은 계속해서 새로운 존재 형태를 창조한다.[14]

이 철학자들은 세상으로부터 차단된 상아탑에 사는 외로운 사상가들이 아니었다. 오히려 유명 인사들이었다. 예를 들어 엠페도클레스는 자신이 신이라고 주장하면서, 자주색 가운, 황금 띠, 청동 신발 차림으로 다녔다. 그가 하는 이야기를 들으려고 사람들이 몰려들었다. 돌이켜보면 이 철학자들의 몇 가지 직관은 주목할 만하다는 것을 알 수 있다. 현대 물리학자들은 데모크리토스의 원자 관념을 발전시켰다. 엠페도클레스는 '사랑'과 '싸움'이라는 두 힘의 우주적 투쟁을 상상했는데, 이것은 전자기나 빅뱅 이론과 크게 다르지 않다.[15] 그러나 이들에게는 자신의 이론을 증명할 방법이 없었다. 따라서 아무리 통찰력이 뛰어나다 해도 결국은 공상으로 끝날 수밖에 없었다. 철학은 보통 사람들로부터 너무 멀어져 갔다. 이런 공상적인 우주론은 인간의 요구에 응답하지 않았으며, 기본적 경험과 모순되었다. 자신의 감각 증거를 믿을 수 없다면 어떻게 어떤 결론에 이를 수 있단 말인가? 확실한 증거를 댈 수도 없는데 왜 파르메니데스나 데모크리토스의 독특한 사상을 믿어야 하는가? 이 논리학자들은 상식을 무자비하게 부수어버렸기 때문에 많은 사람들이 방향 감각을 상실하기 시작했다. 과학은 이런 식으로 공중을 계속 혼란에 빠뜨렸다. 코페르니쿠스(Nicolaus Copernicus, 1473~1543), 갈릴레오(Galileo Galilei, 1564~1642), 다윈(Charles Darwin, 1809~ 1882)의 가설들은 모두 처음 제시되었을 때는 불안을 자극했다. 그리스의 자연과학자들(피지코이physikoi)도 그리스 사람들에게 점차 비슷한 영향을 주기 시작했다.

아낙사고라스는 기원전 460년경 아테네에 도착했다. 그는 즉시 논란의 중심이 되었다. 매우 종교적인 폴리스였던 아테네가 새로운 사상과 직접 대면한 것은 이번이 처음이었다. 많은 사람들이 흥미를 느꼈지만 어떤 사람들은 곤혹스러워했다. 아낙사고라스는 천문학에 관심을 가지게 되었는데, 기원전 467년에 트라케에 운석이 떨어질 것이라고 예측했다고 한다. 예측이 실현되지는 않았지만, 그가 하늘에서 떨어지는 불이 붙은 커다란 바위 이야기에 흥분했던 것은 분명하다. 어쨌든 아낙사고라스는 태양은 돌이고 달은 흙덩어리라고 결론을 내렸다. 천체는 신이 아니라 붉게 달아오른 바위였다. 사람들은 천체를 섬기는 대신 피해야 했다.[16] 이런 이야기는 이오니아에서는 흔했을지 모르지만, 아테네에서는 받아들일 수 없는 것이었다.

아테네에는 새로운 지식인 그룹이 등장하여 철학을 땅으로 끌어내리고, 철학을 세상과 더 관련 있는 것으로 만들려고 했다. 그들은 아테네 사상가들에게는 깊은 영향을 주었지만, 많은 사람들은 그들을 과학자들만큼이나 괴로움을 주는 존재로 여기기도 했다.[17] 이들은 '소피스트'(sophist, '지혜로운 사람')라고 불렸다. 나중에 소크라테스, 플라톤, 아리스토텔레스는 이들을 통렬하게 비판하는데, 그래서 '소피스트'라는 말은 오늘날 겉으로는 그럴 듯하지만 사실은 그릇된 주장을 펼치는 사람을 묘사하는 말로 쓰인다. 그러나 이 말은 원래의 소피스트들에게는 온당치 않은 이야기다. 그들은 그들 나름의 방식으로 진지하게 진리를 추구했으며, 자신들에게 중요한 사명이 있다고 믿었다. 그들은 철학이 엉뚱한 방향으로 나아갔다고 주장했다. 시칠리아 레온티노이 출신의 소피스트인 고르기아스(Gorgias, 기원전 483?~376)는 밀레토스와 엘레아의 자연과학자들이 주장한 난해한 논리를 이런 식으로 패러디했다.

- 존재하는 것은 아무것도 없다.
- 설사 존재한다 해도, 그것이 무엇인지 설명하는 것은 불가능하다.
- 가능하다 해도, 그것을 다른 사람에게 전하는 것은 불가능하다.[18]

상식과 언어의 유용성을 부정하는 것이 무슨 도움이 되는가? 이제 믿을 수 없는 환상을 만드는 것이 아니라, 실제로 사람들에게 도움이 될 철학을 발전시켜야 할 때였다.

소피스트들은 교육자를 자처했다. 민주주의 덕분에 재능 있는 사람이라면 민회에서 명성을 얻을 수 있었다. 설득력 있게 웅변을 잘하면 되는 일이었다. 그러나 일반 교육 과정에서는 젊은 사람들이 이런 기술을 습득하는 것을 돕지 않았다. 그리스 소년들은 읽기, 쓰기, 운동을 배웠고, 호메로스에 관해서도 많이 배웠지만, 14살이 되면 교육은 끝이 났다. 소피스트들은 이 빈틈을 파고들어, 그들이 요구하는 돈만 내면 누구에게나 더 높은 수준의 교육을 해주겠다고 제안했다.

엘리스의 히피아스(Hippias)는 가장 주목할 만한 소피스트로 꼽힌다. 전형적인 박식가인 히피아스는 대수, 기억술, 측량, 역사, 음악, 시, 수학을 가르쳤다. 히피아스도 엠페도클레스와 마찬가지로 유명인사였다. 올림픽 경기에서 시를 낭송하기도 하고 거대한 군중에게 강연을 하기도 했다. 그는 또 장인으로서 자신의 옷과 신발을 모두 스스로 만들었다. 이런 자족성이 그의 철학의 특징이기도 했다. 사람들은 자신의 통찰에 의존해야 했다. 히피아스와 그의 동료들은 상식을 훼손하는 것이 아니라 제자들에게 그들의 정신의 힘에 대한 자신감을 불어넣어 주려 했다. 절대적 진리는 절대 알 수 없었다. 하지만 모든 생각이 주관적임을 깨달으면, 적어도 미망에 빠질 일은 없었다. 그들의 생각 또한 누구의 생각 못지않게 좋은 것이었으며, 따라서 자신의 생각을 최고이자 자율적인 것으로 여겨야 했다.

소피스트들은 앎을 소수 엘리트의 것으로 한정하지 않고 해방을 향한 욕망, 자율성, 개인주의, 보통 사람들과 소통하는 능력 등 축의 시대의 여러 주제를 건드렸다. 그러나 기본적인 차이가 있었다. 지금까지 그리스인은 요가 수행자들이 추구했던 것과 같은 근본적 변화에 대한 욕망은 보여준 적이 없었다. 인간으로서 자신이 지닌 잠재력은 강하게 느꼈지만, 이 잠재력을 실현했을 때 나타날 결과에는 관심이 없었다. 그리스인은 자신의 가능성보다는 현재의 존재에 집중했다.[19] 현재에 초점을 맞추고 주로 '테크네(techne)', 즉 지금 이곳에서 더 힘을 발휘하게 해주는 기술에 주로 관심을 가졌다. 소피스트들은 그들을 이 세상에서 벗어나게 해주는 테크네는 원치 않았다. 다른 종류의 인간을 창조하고자 하는 야망은 없고, 그저 제자들의 세속적 기술 수준을 높이기를 원할 뿐이었다. 소피스트들은 소유를 포기하기는커녕 돈을 버는 데 열심이었다. 다른 철학자들은 이 점을 경멸했지만, 그렇다고 소피스트들이 추하게 돈을 위해서만 일을 하는 사람은 아니었다. 그들은 보통 시민들이 출신이나 지위와 관계없이 새로운 기회를 활용하도록 돕는 면에서 귀중한 봉사를 하고 있다고 진지하게 믿었다.

소피스트 가운데 일부는 수사학이나 설득의 기술도 가르쳤다. 예를 들어 고르기아스는 대중 연설에 관한 안내서를 몇 권 썼으며, 어떤 주장도 가능하다고 제자들에게 가르쳤다. 한번은 도저히 옹호할 수 없을 것 같은 트로이의 헬레네†를 변호하는 유명한 글을 쓰기도 했다. 고르기아스는 또 청중을 흥분시키는 연설가이기도 했다. 그가 기원전 427년 레온티노이의 대사로 아테네에 도착했을 때, 하룻밤 사이에 센세이션을 일으켰고, 젊은 아테네인들이 그의 강의를 들으러 모여들었다. 이

헬레네(Helene) 제우스의 딸이었다고 하며 어머니는 레다 또는 네메시스라고 전한다. 스파르타의 왕 메넬라오스의 아내였는데, 메넬라오스가 집을 비운 동안 트로이 왕 프리아모스의 아들 파리스가 헬레네를 유혹해 함께 트로이로 도망갔다. 이 일로 트로이 전쟁이 일어났다고 한다. 이후 그리스인들은 헬레네를 부정한 여인이자 악녀라고 비난했다. 그러나 그리스의 소피스트 고르기아스는 〈헬레네 찬사〉라는 글에서 헬레네가 파리스의 말에 유혹당했다면 죄는 말에 있는 것이지 헬레네에겐 잘못이 없다며 옹호했다.

때 모인 학생 가운데는 페리클레스의 조카 알키비아데스(Alcibiades, 기원전 450?~404?)도 있었는데, 그는 민주주의에 관한 논쟁에서 소피스트의 방법을 사용하여 숙부를 멋지게 변호하기도 했다. 알키비아데스는 민회에서 뛰어난 연설가가 되는데, 앞으로 보겠지만 이것이 아테네에는 끔찍한 결과를 가져온다. 소피스트의 제자들 가운데 일부는 습득한 기술을 분명히 악용했지만, 이것은 소피스트의 잘못이 아니다. 고르기아스는 효과적인 웅변이 자유를 살아 있게 해준다고 믿었다. 논점을 다룰 줄 아는 사람은 무고한 사람들을 변호하여 자신의 폴리스를 발전시킬 수 있었다. 아티케의 웅변가 안티폰(Antiphon, 기원전 480~411년경에 아테네에서 활동한 웅변가)이 이야기했듯이, 민주주의에서 "승리는 가장 말을 잘하는 사람에게 돌아간다."[20] 이것을 반드시 냉소적인 발언이라고만 볼 수는 없다. 민주주의가 작동하는 방식에 관한 사실 진술인 셈이기 때문이다. 실제로 민회에서 가장 설득력 있게 말을 한 사람에게 승리가 돌아간다면, 소피스트의 기술은 옳은 것이 승리하도록 보장해줄 수 있었다.

모든 소피스트가 대중 연설에 심중한 것은 아니다. 가장 걸출한 소피스트는 아브데라의 프로타고라스(Protagoras, 기원전 485?~410?)였는데, 그는 수사학에는 거의 관심이 없었다. 그의 전문 분야는 법과 정치였다. 그러나 언어와 문법에 관해서도 글을 썼으며, 진리의 본질에 관한 철학적 논문을 쓰기도 했다. 프로타고라스는 기원전 430년대에 아테네에 도착했으며, 페리클레스의 친구가 되었다. 페리클레스는 프로타고라스에게 남이탈리아의 투리오이에 있는 새로운 식민 정착지를 위한 규약을 쓰는 일을 위임하기도 했다. 프로타고라스는 제자들에게 모든 것에 질문을 던지라고 가르쳤다. 전해 들은 말이나 간접적인 정보를 받아들여서는 안 된다. 모든 진리를 자신의 판단과 경험에 비추어 시험해보아야 한다. 확실한 증거로 뒷받침되지 않는, 우주에 관해 제멋대로 내놓는 추론은 더 받아들일 수 없다. 전통적인 신화에 순진하게 의존하는 태도도 상식의 법칙에 어긋난다면 용납될 수 없다.

소피스트들은 불안이 깊어지는 시대에 체계적인 의심을 가르쳤다. 그들은 널리 여행을 했다. 그들은 다른 문화의 다른 관습 또한 완벽하게 작동한다는 것을 알았으며, 그 결과 절대적 진리는 없다고 결론을 내렸다. 파르메니데스와 데모크리토스는 주관적 확신을 질타했지만, 프로타고라스는 그것을 끌어안았다. 한 사람의 진리는 이웃의 진리와 다를 수 있지만, 그렇다고 해서 그것이 오류라는 뜻은 아니다. 모든 사람의 인식은 그 사람에게는 타당하다. 프로타고라스는 진리를 보통 사람은 다가갈 수 없는 머나먼 실재로 본 것이 아니라, 모두가 그것을 공유할 수 있다고 주장했다. 모두 자신의 마음을 들여다보면 된다. "만물의 척도는 인간이다. 존재하는 것들에 대해서는 존재하는 대로, 존재하지 않는 것들에 대해서는 존재하지 않는 대로."[21] 프로타고라스는 인식론 논문에서 그렇게 썼다. 개인은 자신의 인간적 판단에 의존해야 한다. 초월적 권위는 없으며, 인류에게 자신의 관점을 강요할 수 있는 최고신은 없다.

일부 아테네인은 여기에서 해방을 얻어, 기본적 가정에 의문을 던지는 습관이 새로운 문을 열어주고 종교에 관하여 새로운 통찰을 얻게 해준다는 것을 발견한다. 극작가 에우리피데스도 그런 사람이었다. 프로타고라스가 신들에 관한 악명 높은 논문을 낭독한 것도 에우리피데스의 집에서였다. 그 논문은 이렇게 시작된다. "신들에 관해 말하자면, 나에게는 그들이 존재하는지 아닌지 알 수단이 없다. 그들이 어떤 형태인

지도 알 수 없다. 주제의 모호성, 인간의 짧은 수명 등 그런 앎을 얻는 데 방해가 되는 것들이 많기 때문이다."[22] 프로타고라스는 적당한 정보가 없었기 때문에 신에 관해 진술을 할 수가 없었다. 그냥 파르메니데스의 법칙을 신학에도 적용했다. 신들의 실재는 입증 불가능하기 때문에 지식이나 대화의 적당한 대상이 될 수 없다는 것이었다.

이 논문 때문에 큰 소동이 벌어졌다. 기원전 432년 아테네는 그런 불경한 태도를 가르치는 것을 불법화하는 법을 통과시켰고, 프로타고라스와 아낙사고라스는 둘 다 아테네에서 추방당했다. 그러나 새로운 회의주의는 그대로 남아, 에우리피데스의 비극에서 설득력 있게 표현되었다. 이 비극들은 늘 신에 관하여 까다로운 질문을 던진다. "신은 존재하는가?" "신은 선한가?" "그렇지 않다면 삶이 어떤 의미를 지닐 수 있는가?" 에우리피데스는 소피스트들에게 강한 영향을 받았다. "하늘에 신들이 있다고 생각하는가?" 에우리피데스는 이 무렵에 이렇게 썼다. "아니, 그런 것은 없다. 어리석게도 낡은 동화를 고수하겠다고 마음먹지 않는다면 말이다. …… 스스로 생각해보라. 그냥 내 말을 받아들이지 말고."[23]

에우리피데스의 개인적 경험은 낡은 신학과 모순되었다. 압제자들은 살인과 약탈을 일삼았으나, 품위 있게 사는 사람들보다 더 잘살았다. 그의 영웅인 헤라클레스는 제우스의 아들이었지만, 여신 헤라 때문에 미쳐버렸다. 헤라클레스는 신이 불어넣은 광기에 빠져 부인과 자식들을 죽였다. 이런 신을 어떻게 받아들일 수 있는가? "누가 그런 신에게 기도할 수 있습니까?" 헤라클레스는 희곡의 끝에 가서 아테네의 왕 테세우스에게 그렇게 물었다. "이런 이야기는 그저 시인들이 쓴 한심한 신화일 뿐입니다."[24]

그러나 에우리피데스가 신을 완전히 배격한 것은 아니다. 에우리피데스는 고대의 이야기들에 무자비한 질문을 던져 새로운 신학을 발전시키기 시작했다. "우리 각자의 누스(nous, 마음)가 신이다." 그는 그렇게 주장했다.[25] 에우리피데스는 《트로이 여인들》에서 남편을 잃고 전쟁에서 패배한, 프리아모스의 부인 헤쿠바가 미지의 신에게 기도를 하게 한다. "오, 땅을 지탱하시고 땅에 의해 지탱을 받는 분이시여, 당신이 누구시든, 우리의 앎을 넘어서는 힘이든, 제우스든, 자연의 엄격한 법칙이든, 인간의 지성이든, 어쨌든 당신에게 나는 기도합니다. 당신이 소리 없이 움직이면서 인간의 모든 일을 정의의 방향으로 이끄시기 때문입니다."[26]

기원전 431년 도시 디오니소스 축제 때 에우리피데스의 《메데이아》가 공연되었다. 이아손과 결혼하고 그가 황금 양털을 찾는 것을 돕지만, 남편에게 잔인하게 외면당한 콜키스 여자의 이야기였다. 메데이아는 그 복수로 이아손의 새 부인, 이아손의 아버지, 마지막으로 이아손과의 사이에서 낳은 자신의 두 아들을 죽인다. 그러나 이전의 영웅들과는 달리 메데이아는 신의 명령에 따라 행동하는 것이 아니다. 그녀는 오로지 자신의 절박한 로고스에 따라 움직인다. 아들들을 죽이려는 자신의 혐오스러운 계획에 저항하는 강력한 모성 본능과 싸우며, 메데이아는 그렇게 하지 않고는 이아손을 진정으로 벌할 수 없음을 깨닫는다. 이성은 무시무시한 도구가 되어 간다. 이성은 사람들을 영적이고 도덕적인 공허로 이끌 수 있으며, 능숙하게 사용하면 잔인하고 왜곡된 행동을 뒷받침할 적절한 이유를 찾아내준다. 메데이아는 너무 똑똑하기 때문에 가장 효과적인 복수 방법을 찾아내지 않을 수 없고, 너무 강하기 때문에 그것을 실행하지 않을 수 없다.[27] 메데이아는 고르기아스의 제자라 할 만했다.

논리의 구사는 비극의 카타르시스(정화)에서 핵심이었다. 훗날 아리스토텔레스는 '제대로 추론하는 능력'이 연민이라는 정화의 감정을 위한 필수 조건이라고 주장한다.[28] 분석적 엄격함이 없으면 다른 사람의 관점도 볼 수 없다. 그리스인에게 논리는 냉정하게 분석적인 것이 아니라, 감정이 가득한 것이었다. 법정과 민회의 논쟁은 극장에서 나오는 말만큼이나 정열적이고 극적이었다. 여기에서도 시민들은 자기 자신으로부터 '밖으로 나가' 다른 관점을 향해 움직이는 엑스타시스를 배웠다.[29] 청중은 이성 덕분에 자신의 공감을 얻을 자격이 없는 것으로 여겼던 사람들에 대한 자비를 느끼게 되었다. 에우리피데스는 '타자', 심지어 이루 말할 수 없는 행동을 한 메데이아나 헤라클레스 같은 사람들을 향해서도 감정적으로 손을 내미는 비극적 전통을 이어갔다. 《헤라클레스》의 결말부에서 테세우스는 더럽혀지고 망가진 사나이에게 공감하려 한다. 테세우스는 헤라클레스를 무대 뒤로 데려가면서 '우정의 굴레'의 표시로 팔짱을 낀다. 합창은 '애도와 눈물로' 탄식한다. "오늘 우리는 가장 고귀한 친구를 잃었기 때문이다."[30] 이 말에 관객도 따라서 운다. 이것은 디오니소스적인 엑스타시스로서 우리 안에 깊이 뿌리박힌 편견과 선입관에서 '밖으로 나가', 연극을 보기 전에는 불가능하다고 여겼던 자비의 행동으로 나아가는 것이었다.

에우리피데스는 《메데이아》를 내놓으면서, 자기 자신을 논리적으로 설득하여 끔찍한 범죄를 저지르는 여자 이야기를 했다. 관객은 이 이야기를 아테네 민회에서 오랜 시간에 걸쳐 진행된 논쟁에 대한 은유로 받아들였을지 모른다. 이 논쟁은 매우 수상쩍은 정치적 공작 뒤에 결국 그리스 세계를 펠로폰네소스 전쟁으로 몰아넣었다. 기원전 431년에 관객이 이 연극을 구경하는 동안 전쟁을 시작할 준비가 진행되었다. 페리클레스의 계획은 아티케를 희생하여 제국을 구한다는 것이었다. 그는 모든 시골 주민에게 도시로 이주하라는 명령을 내렸다. 그 결과 시골 거주자 10만 명이 아테네의 긴 성벽 안에 득실거리게 되었다. 그런 상황에서 스파르타 사람들은 아티케의 시골을 불태우고 약탈했으며, 아테네 함대는 펠로폰네소스를 유린했다. 기원전 430년에는 역병이 돌아 과밀한 도시가 생지옥으로 변했다. 전체 인구의 25퍼센트에 해당하는 약 2만 명이 죽었다.

많은 아테네 사람들은 독실한 신자들이 불신자들과 함께 고통을 겪는 것을 지켜보면서 공포와 비통에 사로잡혀 신에 대한 믿음을 완전히 잃어버렸다. 더불어 페리클레스에 대한 신뢰도 잃어, 페리클레스는 자리에서 밀려났다. 몇 달 뒤에 다시 권좌에 복귀하지만, 기원전 429년 가을에 세상을 뜬다. 아테네에 역병이 창궐하는 동안 전쟁은 교착 상태에 빠졌다. 아테네와 스파르타는 서로 영토를 약탈했지만, 정면 대결은 드물었다. 따라서 어느 쪽도 결정적인 승리를 주장할 수가 없었다.

페리클레스가 죽고 나서 몇 달 뒤 소포클레스는 도시 디오니소스 축제에서 《오이디푸스 왕》을 공연했다. 연극은 테베를 무대로 삼는다. 테베에 역병이 창궐했다. 오이디푸스의 아버지인 라이오스 왕이 살해되었는데도 복수가 이루어지지 않았기 때문이다. 오이디푸스는 조사를 시작한다. 물론 그는 자신이 자기도 모르는 사이에 아버지를 죽였고, 그뿐만 아니라 알지 못하는 채로 자신의 어머니와 결혼했다는 사실을 알게 된다. 소피스트들은 인간이 자유롭고 독립적이며, 자신의 삶을 통제할 수 있다고 주장했다. 그러나 아테네의 법이 주장하는 것처럼 개인이 자기 행동에 전적으로 책임을 질 수 있을까? 아무리 주의 깊게 계획을 짠다 해도, 자기 행동의 완전한 의미와 기원은 자신을 빠져나가는 것이 아닐까? 그것은 늘 모호한 채로 남아 있는 것이 아닐까? 오이디푸스는 평생 바르게 행동하려고 노력했으며, 늘 최선의 조언을 받아들였다. 그러나 자신의 잘못이 아님에도 괴물이 되고 말았으며, 자기 도시를 오염시켰고, 당시에는 의미를 몰랐던 행동 때문에 가망 없이 더럽혀지고 말았다. 오이디푸스는 유죄인 동시에 무죄였으며, 행위자인 동시에 피해자였다.

오이디푸스는 지혜로운 사람으로 평판이 높았다. 스핑크스의 수수께끼를 풀어 테베를 구한 적도 있었다. 그의 이름이 오이다(oida), 즉 '나는 안다'에서 나왔다는 이야기도 있다. 그러나 결국 오이디푸스는 스스로 생각했던 자신의 모습과 정반대 인물이 되고 말았다. 그는 무지했으며, 그것이 치명적인 결과를 낳았다. 진실은 견딜 수 없는 것이었다. 오이디푸스는 자신이 한 일을 알고는 스스로 눈을 뽑아버린다. 이 무시무시한 행동은 소포클레스가 원래 이야기에 덧붙인 것이다.[31] 오이디푸스는 그 유명한 '시력'(오이도스oidos)에도 불구하고 사실 진실에 눈이 멀었다. 오이디푸스는 지혜를 통하여 지식의 한계에 이르며, 말과 인식을 넘어선다. 신비한 통찰을 패러디하는 지경에 이르는 것이다. 연극이 시작될 때 오이디푸스는 신하들에게 성스러운 존재로 존경을 받는다. 그러나 끝에는 더럽혀진 범죄자가 되고 만다. 죽음과 병의 미아스마를 도시에 가져온 장본인인 것이다.

그러나 그의 여행은 끝나지 않았다. 오이디푸스는 눈이 멀었기 때문에 새롭게 감정적으로 약한 상태에 빠져들고 만다.[32] 그의 말에는 이제 말이 아닌 감탄사가 많이 들어가게 된다("이온…… 이온! 아이아이…… 아이아이!"). 오이디푸스는 파토스를 배웠다. 괴로워하는 두 딸 이스메네와 안티고네를 향해 마음을 열 때, 오이디푸스는 그들의 곤경에 공감하면서 자신을 잊고 만다. 합창단도 공포에 사로잡힌다. 두려움이 워낙 커서 처음에는 이 맹인을 정면으로 보지 못한다. 그러나 점차 이 말로 표현할 수 없는 고통의 광경이 그들에게 자비를 가르쳐주며, 오이디푸스의 깊은 고통을 이해하려고 애쓰는 과정에서 두려움이 녹아버린다. 합창단은 오이디푸스에게 부드럽게 말을 건네기 시작하며 그를 '나의 친구'나 '귀한 벗'이라고 부른다.[33] 비극 장르에서는 흔히 있는 일이지만, 그들의 공감은 관객에게 명령이 되어, 보통의 경우라면 혐오감을 느낄 범죄를 저지른 사람에게 자비를 느낄 것을 요구한다. 관객도 초월을 경험한다. 이전의 감정을 뒤로 하고 공감의 엑스타시스로 들어가는 것이다.

오이디푸스는 마침내 비극 작가들이 가르치고 싶은 고난의 교훈을 배운 뒤 무대에서 물러나 궁으로 사라진다. 그러나 이런 새로운 앎을 규정하기는 힘들다. 등장인물과 관객이 배운 것은 정화의 카타르시스를 가져다주는 공감이었다. 오이디푸스는 확실성, 명료함, 남들이 말하는 이른바 통찰이란 것을 버린 뒤에야 인간 조건의 어두운 모호함을 깨달을 수 있었다. 그는 그에게 큰 명성을 안겨다준 총명함을 던져버려야 했다. 또 큰 용기를 내어 자신에게 합당하지 않은 벌을 받아들였다. 그는 이제 다른 인간들로부터 놀이킬 수 없이 단절되어버렸다. 고대 그리스 종교의 논리에서 보자면 그는 터부(taboo)가 되었다. 분리되고, 떨어지고, 그래서 성스러운 인물이 된 것이다. 소포클레스가 말년에 쓴 희곡 《콜로노스의 오이디푸스》에서 오이디푸스는 숙을 때 거의 신격화 수준으로 찬양을 받으며 그의 무덤은 그에게 피난처를 제공했던 아테네 사람들에게 축복의 원천이 된다.[34]

소크라테스, 무지의 지혜를
가르친 앎의 교사

펠로폰네소스 전쟁이 질질 끌고 잔혹 행위가 잇따라 일어나던 기원전 420년대에 새로운 철학자가 아테네에서 유명인사가 되었다. 멋쟁이 소피스트들과는 달리 그는 꾀죄죄한 편이었다. 그는 돈을 버는 데는 관심이 없었으며, 학생들에게 돈을 받는다는 발상에 경악했다. 입술은 튀어나오고 납작한 들창코에 배까지 불룩한 못생긴 남자 소크라테스는 석수(石手)의 아들이었다. 그러나 무기를 구할 여유가 있어 중무장 보병 부대에 입대했으며, 펠로폰네소스 전쟁에도 참전했다. 소크라테스는 출신이 비천했지만 아테네에서 가장 좋은 집안 출신 청년 몇 명이 제자가 되겠다고 찾아왔다. 그들은 소크라테스에게 매혹되었으며, 그를 철학적 영웅으로 숭배했다.

소크라테스는 누구하고나 이야기를 했다. 사실 그는 대화가 필요했지만, 한편으로 심오한 추상에도 능했다. 군사 원정을 나갔을 때는 지적인 문제와 씨름하느라 밤새 꼼짝도 않고 서 있는 바람에 다른 병사들이 깜짝 놀라기도 했다. 또 한번은 저녁 연회에 가는 길에 깊은 연구에 빠져들어 일행보다 뒤처졌는데, 아예 이웃의 현관에서 생각에 잠겨 저녁을 보내버렸다. "알다시피 그건 그의 습관이다." 한 친구는 그렇게 설명했다. "그는 혼자 떨어져서, 어디든 간에 그냥 서서 생각을 한다."[35] 그러나 그의 생각은 매우 실용적이었다. 소크라테스는 아테네 사람들이 스스로를 더 잘 이해하게 해줄 사명이 자신에게 있다고 확신했다.

소크라테스와 대화를 나누는 것은 혼란스러운 경험이었다. 소크라테스가 지적으로 친근감을 느끼는 사람은 누구나 "그와 토론을 하게 되었다. 어떤 주제에서 시작을 했건, 소크라테스는 계속 그를 물고 늘어졌다." 소크라테스의 친구 니키아스(Nikias, 기원전 470?~413)는 그렇게 말했다. "그러다 마침내 소크라테스에게 자신의 과거와 현재의 삶을 다 이야기할 수밖에 없게 된다. 일단 걸려들면, 소크라테스는 그 사람을 완전히 철저하게 조사할 때까지 절대 놓아주지 않는다."36) 소크라테스의 목적은 앎을 주는 것이 아니라, 사람들의 선입관을 해체하고 그들이 사실 아무것도 모른다는 사실을 깨닫게 하려는 것이었다. 이 경험은 오이디푸스가 견뎠던 케노시스를 약화시킨 것이었다. 진짜 앎은 간접적으로 얻을 수 없었다. 자신의 전 자아가 관련되는 괴로운 투쟁 끝에만 발견할 수 있는 것이었다. 이것은 영웅적인 성취였다. 단지 몇 가지 사실이나 관념에 동의하느냐 하는 문제가 아니라, 제자가 자신의 과거와 현재 생활을 살펴 내부의 진실을 발견하느냐 못하느냐 하는 문제였다.

　소크라테스는 자신을 산파로 묘사했다. 자신과 대화를 하는 사람 내부에서 진리가 태어나게 해주기 때문이었다. 그들은 보통 논의되는 주제에 관한 분명하고 고정된 관념에서 대화를 시작했다. 예를 들어 아테네의 장군이고 소크라테스의 친구였던 라케스(Laches, 기원전 475?~418)는 용기가 고귀한 자질이라고 확신했다. 그러나 소크라테스는 예들을 하나씩 쌓아 올려 용기 있는 행동이 무모하고 어리석은 경우가 많다고 지적했다. 그들이 "저열하고 우리에게 해가 된다."라고 알고 있는 자질이 되어버리는 것이다. 역시 친구인 니키아스는 대화를 시작하면서, 용기에는 공포를 제대로 평가할 지성이 필요하며, 따라서 동물이나 아직 미숙하여 위험한 상황을 이해하지 못하는 아이들은 진실로 용감해질 수 없다고 주장했다. 그러자 소크라테스는 우리가 두려워하는 모든 무서운 것들은 사실 미래에 있기 때문에 우리가 알 수 없다고 대답했다. 미래의 선이나 악에 관한 앎은 현재와 과거의 선이나 악의 경험과 떼어놓을 수 없다. 우리는 용기가 여러 덕 가운데 하나일 뿐이라고 말하지만, 진정으로 용감한 사람은 용기에 핵심이 되는 절제, 정의, 지혜, 선이라는 자질을 획득해야 한다. 하나의 덕을 계발하려면, 다른 덕도 습득해야 하는 것이다. 따라서 용기와 같은 단일한 덕은 그 기반에서는 나머지 모든 덕과 똑같을 수밖에 없다. 대화가 끝날 무렵, 세 중무장 보병들은 모두 전쟁터의 트라우마를 견뎌 왔고 그 주제에 관한 전문가가 되어야 마땅함에도, 사실 용기를 제대로 정의할 수 없다는 사실을 인정해야 했다. 그들은 용기가 무엇인지 발견하지 못했으며, 용기를 다른 덕과 구별해주는 것이 무엇인지 결정할 수가 없었고, 따라서 매우 당황했다. 그들은 무지했으며, 아이들처럼 다시 학교로 가야 했다.[37]

소크라테스는 거짓 믿음을 폭로하고 진리를 이끌어내기 위해 고안한 엄격한 대화법인 변증법을 만들어냈다. 소크라테스와 그의 동료들은 질문을 하고 답에 함축된 의미를 분석하여 모든 관점에 내재한 결함이나 모순을 찾아냈다. 정의(定義)들은 차례로 퇴짜를 맞고, 결국 대화는 라케스나 니키아스의 경우처럼 참가자들이 멍하고 어리둥절한 상태에서 끝이 나는 경우도 많았다. 소크라테스의 목표는 영리하고 지적으로 만족스러운 해법을 제시하는 것이 아니었다. 이들의 노력은 대개 답이 **없다**는 사실을 인정하는 것으로 끝나기도 했다. 이런 혼란의 발견이 깔끔한 결론보다 훨씬 더 중요했다. 자신이 아무것도 모른다는 사실을 깨달았을 때 철학적 탐구가 시작될 수 있기 때문이었다.

소크라테스의 변증법은 절대적 진리를 정식화하려 하지만 늘 침묵으로 끝나고 마는 시합인 인도의 브라모디아의 합리적이고 그리스적인 변형이었다. 인도의 현자들에게 통찰의 순간은 자신의 말이 부적합하다는 것을 깨닫고, 말로 표현할 수 없는 것을 직관으로 느낄 때 찾아왔다. 그 마지막 침묵의 순간에 그들은 브라만을 느꼈다. 다만 그것을 일관되게 규정할 수 없었을 뿐이다. 소크라테스도 대화 상대로부터 인간의 무지에 깃든 창조적 심오함을 제대로 인정하는 진리의 순간을 끌어내려 했다.

이렇게 해서 얻은 앎은 덕과 떼어놓을 수 없었다. 소크라테스는 소피스트들과는 달리, 용기, 정의, 신앙, 우정 같은 것들이 비록 정의는 제대로 하지 못하더라도 공허한 허구라고 생각하지는 않았다. 그는 자신이 뭔가 진정하고 진짜인 것, 그러나 손이 닿을 수 있는 곳 바로 너머에 신비하게 놓여 있는 것을 가리키고 있다고 확신했다. 그의 대화가 보여주듯이, 진리는 콕 집어낼 수는 없지만 열심히 노력하면 그것을 삶에서 현실로 만들 수 있었다. 소크라테스는 라케스, 니키아스와 토론을 하면서 개념이 아니라 덕으로서 용기에 관심을 가졌다. 앎은 **곧** 도덕이었다. 선(goodness)의 본질을 이해한다면 올바로 행동할 수밖에 없다. 혼란에 빠져 있거나, 선에 대한 이해가 이기적이거나 피상적이면, 행동이 가장 높은 수준에 이를 수 없다. 소크라테스에게 철학의 목적은 우주에 관한 심오하고 난해한 이론을 펼치는 것이 아니었다. 철학은 사는 방법을 배우는 문제였다. 세상에는 왜 그렇게 악이 많은가? 그것은 사람들이 삶과 도덕에 관하여 적절한 생각을 하지 못하기 때문이었다. 만일 사람들이 자신의 무지가 얼마나 깊은지 인식한다면, 행동하는 방법을 더 잘 알 수 있을 터였다.

소크라테스가 정확히 어떤 말을 하고 어떤 생각을 했는지 알기는 어렵다. 그가 직접 쓴 글이 없기 때문이다. 사실 소크라테스는 글을 못마땅해했다. 겉만 번드르르하고 관념적인 진리 개념을 부추긴다고 생각했기 때문이다. 우리의 주된 정보원은 그의 제자 플라톤이 소크라테스가 죽고 나서 세월이 흐른 뒤에 기록한 대화다. 플라톤은 자신의 통찰이나 태도 가운데 많은 것, 특히 중기와 후기의 작업들이 소크라테스에게서 나왔다고 말했다. 하지만《라케스—용기에 관하여》같은 초기의 대화록은 소크라테스가 행동한 방식을 정확하게 전해주는 것 같다. 우리는 소크라테스의 주된 관심이 선임을 알 수 있다. 소크라테스는 선이 나뉠 수 없다고 믿었다. 따라서 소크라테스의 '선(善)' 개념은 공자의 '인(仁)'과 다르지 않았다. 소크라테스도 적절하게 개념화하거나 표현할 수 없는 절대적 덕이라는 초월적 개념을 향해 나아갔던 것으로 보인다. 다음 장에서 보겠지만, 플라톤은 선을 말로 표현할 수 없는 최상의 이상으로 제시한다.

소크라테스는 기록된 그의 모든 토론의 끝을 장식하는 당혹과 혼란을 넘어 나아가기를 바랐을지도 모른다. 그럼에도 거기에 머물렀던 것으로 보인다. 소크라테스는 로고스를 엄격하게 사용하여 인간 생활에 핵심적이라고 여기던 초월을 발견했다. 그러나 소크라테스와 동료들이 아무리 꼼꼼하게 추론을 해도 뭔가 늘 그들을 빠져나갔다. 소크라테스는 확고하게 유지되는 모든 의견, 교조적으로 떠받들어지는 모든 의견의 핵심에서 무지를 발견하는 데 자부심을 느꼈다. 소크라테스는 자신이 아는 것이 얼마나 적은지 이해했으며, 자기 생각의 한계에 연거푸 마주치는 것을 부끄러워하지 않았다. 남들보다 나은 점이 있다고 느꼈다면, 그것은 자신이 스스로 제기하는 문제의 답을 결코 찾지 못할 것임을 깨달았다는 점뿐이었다. 소피스트들은 이 무지로부터 실용적인 행동으로 피신했던 반면, 소크라테스는 그것을 삶의 깊은 신비를 드러내는 엑스타시스로 경험했다. 사람들은 자신의 가장 근본적인 가정에 반드시 질문을 던져야 했다. 그래야 올바르게 생각하고 행동할 수 있으며, 진짜 있는 모습 그대로 사물을 볼 수 있고, 그릇된 의견을 넘어서서 언제나 올바르게 행동하게 해주는 완벽한 직관에 조금이라도 다가갈 수 있었다. 이렇게 하지 않는 사람들은 편의에 따라 피상적인 삶을 살 수밖에 없었다. 소크라테스가 남겼다고 하는 기억할 만한 말에서 이 점은 다음과 같이 설명된다. "검토하지 않은 삶은 살 가치가 없다."[38]

의미에 관하여 깊이 생각하지 못하는 것은 '영혼(soul)'(프시케 psyche)의 배반이었다. 프시케의 발견은 소크라테스와 플라톤이 이룬 가장 중요한 성취로 꼽을 만하다. 아트만과 달리 프시케는 몸으로부터 분리된 것이었다. 프시케는 개인의 탄생 이전부터 존재하며, 죽음 이후에도 살아 있다. 영혼 덕분에 인간은 추론을 할 수 있고, 선을 찾을 수 있다. 영혼의 계발은 인간의 가장 중요한 과제였다. 세속적인 성공의 성취보다 훨씬 더 중요했다. 영혼은 잘못된 행동에는 피해를 보고, 올바르고 정의로운 행동에는 혜택을 보았다. "우리는 복수를 해서도 안 되고, 상대가 어떤 악을 저질렀건 누구에게도 악을 악으로 갚아서는 안 된다."[39] 소크라테스는 삶을 마감할 때 그렇게 말했다. 똑같이 대응을 하고 싶은 유혹이 드는 것은 사실이지만 보복은 늘 불의다. 따라서 다른 뺨도 내미는 것이 필수적이다. 이것은 복수를 신성한 명령으로 여기는 그리스 관습에서 극적으로 멀어지는 길이었다. 그러나 소크라테스는 이것이 행복에 이르는 유일한 길이라고 주장했다. 친구이건 적이건 모든 사람에게 관대하게 행동하는 것이 영혼에 유익하기 때문이다.[40]

이런 생각은 도그마로 제시된 것이 아니었다. 플라톤은 스승의 가르침을 기록하면서 대화라는 문학적 형식을 발명할 수밖에 없었다. 소크라테스는 공자와 마찬가지로 토론으로 가르쳤으며, 단정적인 명제를 제시한 적이 없었다. 모든 사람은 다른 사람과 대화를 하면서 무엇이 정의롭고 선한지 스스로 파악해야 했다. 이런 아곤(경쟁)의 과정에서 사람들은 깨달음을 얻어, 자기 자신에게 눈을 뜨게 되었다. 소크라테스에게 오는 사람들은 보통 자신이 무엇에 관한 이야기를 하는지 안다고 생각했지만, 소크라테스는 체계적인 방법으로 그들의 무지를 깨닫게 하여 내부에 있는 참된 앎, 늘 그곳에 있던 앎을 발견하게 했다. 마침내 그것이 빛을 보게 되면, 사람들은 잊고 있던 통찰을 기억하는 듯한 느낌이 들었다. 소크라테스는 이런 깨달음을 주는, 거의 신비 체험에 가까운 발견이 올바른 행동에 영감을 줄 것이라고 믿었다.

구전(口傳)이 다 그렇듯이 소크라테스의 변증법도 순전한 두뇌 활동만은 아니었다. 이것은 입문이었다. 플라톤이 설명한 소크라테스의 대화에는 논의의 매 단계마다 관념의 특징을 이루는 심오한 감정이 스며 있었다. 참가자들은 자기 존재의 내면 깊은 곳에 이르게 해준 갈망을 인식하게 되었다. 늘 분투하는 느낌은 들었지만, 광신이나 교조적 확신 같은 것은 없었다. 대신 절대적인 것을 수용하려는 태도, 열렬한 개방적 태도는 있었다. 우리는 플라톤의 대화록에서 소크라테스가 다른 사람들에게 준 영향을 느낄 수 있다. 페리클레스의 조카인 알키비아데스는 소크라테스와 사랑에 빠졌던 것 같다. 알키비아데스는 소크라테스를 전혀 예상치 못했을 때 나타나는 신비한 인물이라고 여겼다. 소크라테스는 사티로스†인 실레노스의 작은 인형 같았다. 이 인형은 나사를 풀고 안을 들여다보면 거기에 작은 입상이 들어 있었다. 또 그는 사티로스인 마르시아스를 닮았다. 마르시아스의 음악은 사람들을 황홀경으로 몰아갔으며, 신들과의 합일을 갈망하게 만들었다. 그러나 소크라테스에게는 악기가 필요 없었다. 말만으로 사람들을 흔들어 깊은 곳으로 몰고 갔다. "그의 이야기를 들을 때면 종교적인 열광에 빠져 있을 때보다도 심장 박동이 더 빨라지며, 눈물이 뺨을 타고 흘러내린다." 알키비아데스는 그렇게 고백했다. 그는 숙부 페리클레스의 이야기를 들을 때는 이런 경험을 한 적이 없었다. 알키비아데스는 소크라테스의 말을 들을 때면 "내가 아직도 불완전함의 덩어리"임을 깨달았다. 소크라테스는 세상에서 그를 수치심으로 채울 수 있는 유일한 사람이었다. 소크라테스는 어릿광대처럼 보였다. 빈둥거리고, 농담을 하고, 젊은 남자들과 사랑에 빠지고, 밤새도록 술을 마셨다. 그러나 알키비아데스는 이렇게 말했다.

소크라테스가 진지해져서 자기 안에 간직한 것을 드러낼 때 나타나는 보물을 본 사람이 있을지 의심스럽다. 나는 그것을 한 번 보았다. 그것은 신성하고 아름답고 불가사의하여, 간단히 말해서, 소크라테스가 하라는 대로 할 수밖에 없었다.

소크라테스의 로고스는 청중을 디오니소스 축제 때처럼 '열광'하게 했다. 그의 말을 듣는 사람은 깨달음 직전에 선 사람처럼 '당혹스러운'

사티로스(satyros) 반은 인간이고 반은 짐승의 모습을 한 신화 속의 창조물. 실레노스와 마르시아스는 가장 유명한 두 명의 사티로스이다. 실레노스는 신화에서 매우 현명하지만 겉모습은 못생기고 늙은 술꾼 사티로스로 등장하며 디오니소스의 스승으로 알려졌다. 소크라테스는 외적으로는 얼굴도 못생기고 부와 권력과도 거리가 멀었지만 내면에 누구보다 뛰어난 지성과 미덕을 겸비한 인물이란 점에서 곧잘 실레노스에 비유되었다. 또 소크라테스의 제자 알키비아데스는 스승이 음악으로 인간을 홀리는 마르시아스와 닮았다고 말했다. 소크라테스가 지닌 내면의 아름다움을 예찬한 것이었다.

(엑플렉시스ekplexis) 느낌을 받았다.[41]

그러나 모든 사람이 소크라테스에게 도취된 것은 아니었다. 이 불안과 전쟁의 시기에 사람들은 혼란을 느끼고 싶지 않았고, 깊은 곳까지 흔들리고 싶지 않았고, 자신의 불완전함을 과민하게 의식하고 싶지 않았다. 그들은 확실성을 원했다. 기원전 423년 아리스토파네스(Aristophanes, 기원전 445?~385?)는 희극 《구름》에서 소크라테스를 풍자적으로 묘사했다. 이 희곡은 소피스트들의 상대주의에 깊은 불편함을 드러냈다. 소피스트들은 설득력 있는 주장도 도저히 성립할 수 없는 명제로 바꾸어놓을 수 있었다. 소크라테스는 소피스트는 아니었지만, 그의 방법을 경험해보지 못한 아테네 사람들은 소크라테스가 기존의 의견을 무자비하게 박살내는 것과 소피스트가 절대적 진리를 부정하는 것의 차이를 구별할 수 없었을 것이다. 아리스토파네스는 소크라테스를 '논리 가게' 안에 있는 인물로 제시했다. 이 가게에서는 틀린 것을 옳은 것이라고 주장하며, 사람들에게 제우스 대신 구름을 섬기라고 가르쳤다. 결국 주인공인 충성스러운 아테네 시민은 격분하여 이 학교를 태워버린다. 이 희극은 아리스토파네스가 전혀 상상하지 못했던 방식으로 예언적인 역할을 하게 된다.

이 무렵 아테네는 펠로폰네소스 전쟁에서 패배에 직면했다. 이 임박한 파국이 철학자들의 반종교적 태도에 신들이 내리는 벌이라고 보는 사람들이 많았다. 소크라테스는 전통적인 믿음을 유지했고, 병역을 이행한 것과 마찬가지로 공적 제의에도 빠지지 않고 참석하는 사람이었음에도, 사람들은 그의 가르침을 신성 모독으로 여겼다. 이제 불안은 히스테리로 바뀌어 갔다. 기원전 416년 알키비아데스는 민회에서 감정적인 연설을 하여, 아테네는 시칠리아의 동맹국 세게스타를 지원하러

나서야 한다고 주장했다. 세게스타는 근처의 셀리노스로부터 공격을 받고 있었다. 니키아스 장군(소크라테스의 논쟁 상대)은 원정에 반대했다. 그러나 알키비아데스를 비롯한 젊은 세대가 승리했다. 이 결정은 불행한 일이었다. 전쟁에 찬성 투표를 한 시민 대부분은 시칠리아의 크기와 힘을 전혀 몰랐기 때문이다. 함대가 출항하기 직전 누군가가 헤르메스 주상들—거리와 집을 보호하려고 도시 전역에 세워놓은 헤르메스 신의 음경 상—을 파괴했다. 범인이 누구인지는 밝혀내지 못했지만, 이 사건은 아테네 사람들을 뿌리까지 흔들어놓았다. 사람들은 이 뻔뻔스러운 모독 행위가 신들의 복수를 부를 것이라고 확신했다. 마녀 사냥이 시작되었다. 용의자들은 처형을 당했고, 결국 알키비아데스도 시칠리아에서 소환을 당했다. 신성 모독 혐의에 답변을 하라는 것이었다.

일련의 재난이 뒤따랐다. 아테네 해군은 시라쿠사 항구에서 봉쇄당했으며, 군대는 근처의 채석장에 감금되었다. 단 한 번의 전투에서 아테네는 전사자를 4만 명가량 내고, 함대의 반을 잃었다. 기원전 411년 친 스파르타 일파가 아테네의 민주 정부를 전복했다. 쿠데타는 단명했고, 민주주의는 이듬해에 복원되었지만, 이것은 아테네의 새로운 취약점을 보여준 사건이었다. 스파르타와 벌인 전쟁은 기원전 405년까지 계속되었으며, 결국 스파르타의 장군 리산드로스(Lysandros)가 아테네의 항복을 받아냈다. 그러자 친 스파르타 귀족 30명으로 이루어진 정부가 과두 정치를 시행했다. 이들은 공포 정치를 하면서 너무 많은 시민을 죽였기 때문에 불과 1년 뒤에 무너지고 민주주의가 재확립되었다. 아테네는 독립, 민주주의, 함대를 다시 얻었지만, 그 힘은 약해졌으며, 제국은 해체되었고, 페리클레스의 위대한 방어벽은 무너졌다.

아테네에서는 이런 무시무시한 상황을 배경으로 위대한 비극 두 편이 공연되었다. 에우리피데스는 기원전 406년 아테네가 패배를 인정하기 직전에 죽었으며, 임박한 파국의 느낌이 짙게 깔린 어둡고 신랄한 최후의 희곡들은 그가 죽은 뒤에 상연되었다. 마지막 희곡은 기원전 402년에 무대에 오른 《바코스 여신도들》이었다.[42] 막이 오르면 디오니소스 신이 정체를 감추고 테베에 도착한다. 테베는 그의 어머니 세멜레가 임신을 했을 때 받아들이지 않았던 곳이고, 그 뒤로 일관되게 디오니소스 숭배를 금지했던 곳이다. 테베 사람들은 갑자기 나타난 매혹적인 나그네에게 끌린다. 디오니소스 신비주의에 제대로 입문한 적이 없는 도시의 여자들은 고삐 풀린 열광의 분위기에 사로잡혀, 동물 가죽을 걸치고 숲을 돌아다닌다. 젊은 왕 펜테오스는 질서를 회복하려 하지만 뜻대로 되지 않는다. 결국 펜테오스는 주연(酒宴)을 염탐하려고 여장을 한다. 그러나 히스테리에 빠진 여자들이 사자를 죽인다고 생각하며 펜테오스를 맨손으로 갈기갈기 찢어버린다. 펜테오스의 어머니 아가우에는 발광한 행렬 선두에 서서 아들의 머리를 손에 든 채 의기양양하게 테베로 들어간다.

비극이 친족 살해를 묘사한 일은 자주 있었다. 그러나 에우리피데스는 비극의 후원자인 디오니소스가 이 본성에 어긋하는 살인의 책임자라고 지목하여, 이 장르 전체에 의문을 제기했다. 연극의 끝에도 희망의 빛 같은 것은 보이지 않았다. 왕가는 박살나고, 여자들은 짐승이 되고, 계몽된 이성은 야만적인 '마니아'(mania, 광기)에 패배하고, 테베는 이 시기의 아테네와 마찬가지로 멸망할 운명에 놓인 것처럼 보인다. 어떤 납득할 만한 설명도 없이 인간을 죽이고 고문하고 모욕한 신을 기려 그동안 매년 감정을 방출한 것이 무슨 소용이 있는가?

아테네는 비극을 넘어 성장하기 시작했다. 그런 과정에서 축의 시대와 결별했다. 희곡은 폴리스에게 외부자의 입장을 거부하는 것은 위험하다고 경고했다. 《콜로노스의 오이디푸스》(기원전 406년)에서 소포클레스는 아테네가 죽어가는 오이디푸스라는 성스럽지만 더럽혀진 인물을 명예롭게 받아들이는 광경을 보여준다. 이것은 자비의 행동이었고, 아테네에는 축복이 된다. 그러나 《바코스 여신도들》에서 펜테오스는 나그네를 물리쳤고 결국 파멸에 이른다. 이것은 정치적인 문제에 그치지 않았다. 개인들 또한 신비주의 의식 동안 자신의 내부에서 만난 낯선 자를 인정하고 받아들여야 했다. 아테네는 매년 축제에서 디오니소스를 정당하게 대접하여, 그가 대표하는 타자성이 도시의 심장에서 명예로운 자리를 차지하게 해주었다. 그러나 세월이 흐르면서 아테네는 다른 폴리스들의 분리라는 불가침의 원칙을 존중하지 않았고, 그들을 착취하고 공격했다. 그리고 그 과정에서 '히브리스'(hybris, 오만)의 덫에 걸리고 말았다.

에우리피데스는 마지막 희곡에서 축의 시대 전망의 핵심에 다가간다. 디오니소스를 정식으로 섬기는 여신도들인 마이나데스로 이루어진 합창단은 올바르게 그의 신앙에 입문했다. 그들은 평화, 환희, 통합의 환영을 경험했다. 그러나 변용의 규율이 잡히지 않은 테베 여자들은 통제에서 벗어나, 그들이 몰랐던 프시케(영혼)의 어두운 영역 때문에 미치고 말았다. 아들의 머리라는 무시무시한 전리품을 높이 치켜든 채 도시에 들어갈 때 아가우에는 엑스타시스를 이룬 것이 아니라 자신의 성취에 홀려버렸을 뿐이다.

세상의 눈으로 볼 때 위대하다,
내가 한 일,

그곳에서 내가 한 사냥은 위대하다.[43]

이 황량한 자기 중심주의의 절정은 이루 말로 할 수 없는 잔혹한 폭력 행위였다.

또 이 희곡에서 에우리피데스는 그리스의 신 경험에서 가장 감동적이고 진정으로 초월적인 것을 보여주었다. 디오니소스는 도덕 관념이 없고 잔인하고 이질적인 존재로 보일지 몰라도, 논란의 여지없이 무대 위에 존재하며, 뜻대로 할 수도 없고 쫓아버릴 수도 없다. 나그네라는 인간의 모습으로 나타난 디오니소스는 괴기스런 느낌을 준다. 디오니소스는 늘 가면을 쓴 신이었다. 가면은 늘 그가 겉으로 보이는 것과는 다른 존재라는 사실을 일깨워주었다. 그의 최고의 현현(顯現) 방식은 인격화된 유령으로 나타나는 것이 아니라 갑자기 사라지는 것이었다. 그는 자신의 눈으로 볼 수 있는 것만 믿는 모든 사람들로부터 모습을 감추어, 갑자기 무대에서 사라졌다. 곧 커다란 정적이 땅을 덮지만, 그 정적 속에서 디오니소스의 존재가 전보다 훨씬 더 강하게 느껴졌다.[44] 오래된 올림포스의 비전이 그 자신을 넘어 상징들 뒤에 있는, 말로 표현하기 어려운 실재 그 자체에 이르고 있었던 것이다.

이 시기의 두 번째 큰 비극은 기원전 399년 소크라테스의 죽음이었다. 재판에서는 소크라테스에게 국가의 신들을 인정하지 않고, 새로운 신들을 도입하고, 젊은이들을 부패시킨 죄를 물었다. 젊은 플라톤도 재판을 보았는데, 이 재판은 그에게 깊은 인상을 남겼다. 법적인 관점에서 보자면 소크라테스의 변호는 서툴렀다. "내가 젊은 사람들을 부패시켰을 리 없소." 소크라테스는 그렇게 말했다. "나는 누구한테 뭘 가르칠 만큼 알지 못하오." 그는 아테네의 이익을 위해 일했으나, 폴리스는 그 점을 인정하지 않았다. 그럼에도 소크라테스는 자신의 사명을 버릴 수 없었다. 인간이 할 수 있는 최선은 "하루도 빠짐없이 선을 비롯하여 여러분이 나에게서 들은 다른 주제들을 토론하는 것"이었다.[45] 소크라테스는 재판관을 설득하지 못했으며, 사형 선고를 받았다.

소크라테스는 오래 전부터 의심과 공포의 대상이었다. 그가 아는 몇 사람, 예를 들어 알키비아데스는 아테네의 군사적 재난에 관련되었다. 소크라테스는 희생양이 되었다. 그는 옳은 이야기를 했지만, 때를 잘못 만났다. 아테네에 헌신했던 소크라테스는 그 법을 끝까지 준수하여, 판결이 부당했음에도 감옥에서 탈출하려 하지 않았다. 망명은 거부했다. "나는 일흔이 거의 다 되었소." 소크라테스는 그렇게 간단하게 말했다. "이제 와서 다른 데서 살고 싶지 않소." 소크라테스는 진리의 옹호자였으며, 당시에 위세를 떨치던 허위의 증인(마르티스martys)으로 죽을 터였다. 그러나 소크라테스는 분노나 비난 없이 죽었다. "죽음에는 비극적인 것이 전혀 없네." 소크라테스는 제자들에게 말했다. "아무도 죽음이 무엇인지 몰라. 어쩌면 위대한 선일 수도 있네." 소크라테스는 평생 '다이몬(daimon)', 즉 신적인 존재가 자신과 동행하며, 결정적인 순간에는 그에게 말을 했다고 믿었다. 무엇을 하라고 말한 적은 없고, 어떤 특정한 행동에 반대하여 경고를 했을 뿐이다 소크라테스는 이 내면의 목소리가 재판 과정에서 그에게 아무 말도 하지 않은 것에 고무되었다. '선'으로 향하는 올바른 길을 가고 있음에 틀림없다고 믿은 것이다.

소크라테스가 처방된 독을 마시는 동안 친구들이 주위에 모였다. 플라톤의 말에 따르면, 소크라테스는 독약을 마시기 전에 자신의 몸을 씻었다. 자신이 죽은 뒤에 여자들이 해야 할 일을 덜어주려는 것이었다. 간수에게 친절하게 대해준 것에 정중하게 감사했다. 심지어 자신의 곤경을 두고 온화한 농담을 하기도 했다. 소크라테스는 차분하게 죽음을 정면으로 바라볼 수 있었으며, 친구들에게 애도하지 말라고 하면서, 곁을 지켜주는 그들의 우정을 조용하고 다정하게 받아들였다. 파괴적이고 소모적인 슬픔 대신 조용하고 수용적인 평화가 있었다. 축의 시대 내내 현자들은 죽음에 몰두했다. 소크라테스는 고통과 고난 가운데에서도 인간이 자신의 환경을 초월하는 평온을 누릴 수 있음을 보여주었다.

묵가, 급진적인 공감의 사상

공자의 죽음 직후 중국은 혼란스럽고 무시무시한 시대에 접어들었다. 역사가들은 이 시기를 전국(戰國)시대라고 부른다. 이 시기는 중국 역사에서 결정적인 이행기였다. 기원전 453년 세 가문이 진(晉)의 제후에게 대항하여 일어나서, 진의 영토에 한(韓), 위(魏), 조(趙)의 세 나라를 만들었다. 이로써 오랫동안 쇠퇴해 오던 주 왕조는 완전히 끝이 났다. 이제까지는 중국의 모든 통치자들이 주의 왕에게서 봉토를 받았다. 그러나 이 세 나라는 순수하게 군사적 힘으로 일어섰으며, 주의 왕은 전혀 손을 쓸 수가 없었다. 이 순간부터 크고 강한 나라들이 중국의 독점적 지배를 위한 필사적인 투쟁에 들어갔다. 주요한 경쟁자들로는 우선 남쪽의 초(楚)를 꼽을 수 있는데, 이들은 반만 중국인이었다. 진(秦)은 서쪽 산시(山西)에 자리 잡은 거칠고 호전적인 국가였다. 제(齊)는 부유한 해양 왕국이었다. 새로 생긴 한, 위, 조는 '3진(晉)'이라고 불렸다. 연(燕)은 북부 초원 지대 근처에 있었다. 처음에 중원의 작은 제후국들은 외교로 나라를 보전하려 했다. 그러나 200년이 흐르는 동안 이 나라들은 하나하나 소멸하여 더 크고 더 경쟁적인 나라들에 흡수당했다.

전국시대는 변화가 잇따라 일어나, 새로운 변화가 이전의 변화를 강화하면서 발전 과정이 가속화되어 사회의 근본적인 개조를 낳는 역사상 드문 시기에 속했다.[46] 마침내 기원전 221년에 진(秦)이 통일을 이루어 이런 투쟁이 끝이 났을 때, 중국의 정치적·종교적·사회적·경제적·지적 생활은 완전히 달라졌다. 그러나 전국시대 초기에 사람들 대부분은 중원의 삶이 갑자기 전보다 더 폭력적으로 변했다는 사실을 인식했을 뿐이다. 이런 경험이 주는 공포 때문에 새로운 종교적 전망을 찾는 탐구도 강렬해졌다.

전쟁 자체가 바뀌었다.[47] 전차를 몰던 예의 바른 전사들이 관용과 예의에서 누가 더 나은지 경쟁하던 제의화된 대결은 이제 사라졌다. 군국화된 나라들은 새로운 영토를 얻고, 주민을 예속시키고, 적을 쓸어내기 위해 싸웠다. 원정은 전보다 오래 지속되었으며, 고향에서 더 먼 곳으로 나아갔다. 전투의 특징은 효율적인 살상이었다. 이를 위해서는 명령, 전략, 훈련된 부대, 풍부한 자원의 결합이 요구되었다. 이제 전쟁은 군사 전문가들이 지휘했다. 질서, 규율, 효과가 명예와 존엄보다 훨씬 더 중요했다. 옛날에는 여자, 아이, 부상자, 병자를 죽이는 것은 꿈도 꾸지 못했다. 이제 어떤 장군은 이렇게 말했다. "조금이라도 힘이 있는 사람은 설사 늙었다 해도 우리의 적이다. 부상이 치명적이지 않은 사람에게 다시 부상을 입히는 일을 왜 삼가야 하는가?"[48]

기원전 6세기 말에 이미 여러 나라가 새로운 군사 기술을 개발하기 시작했다. 전문가늘은 읍성의 성벽을 공격하려고 이동하는 탑과 바퀴가 달린 사다리를 만들었다. 굴이나 지하 통로도 파고, 적의 굴에 연기를 불어넣을 풀무도 개발했다. 자연도 전쟁에 동원되었다. 초와 진(晉)

7장 사유의 혁명 455

은 최초로 후난(湖南)과 산둥(山東)에 방어벽을 세웠다. 진(秦)은 황허의 제방을 강화했다. 국경을 따라 요새들이 건설되고 전문 수비대가 방어를 맡았다. 더 많은 땅에 배수가 이루어지고, 값비싼 원정 자금을 댈 농업 생산을 늘리려고 처음으로 운하를 팠다.

점점 더 많은 인구가 동원되었다. 옛날 예의 바른 봉건적 전쟁 시절에 농민은 주변적인 참가자였으며, 실제로 전투에 참여하지는 않았다. 그러나 이제 수십 만 농민이 보병으로 징집되었으며, 이들이 군대에서 가장 중요한 역할을 맡았다. 최초로 보병 부대를 사용한 나라는 이제는 소멸한 진(晉)이었다. 기원전 6세기 말, 전차가 움직이기 힘든 산악 지대에서 싸움이 벌어졌을 때 일이다. 호수와 수로가 많은 습지를 영토로 가진 오(吳)와 월(越)도 그 뒤를 따랐다. 점차 전사-농민이 사회적·정치적 생활에서 주요한 자리를 차지했다. 귀족적인 전차 부대는 점차 사라졌다. 하층 계급 사람들이 군인이 되었다. 군사 전문가들은 초원 지대의 유목민에게서 배웠다. 기원전 4세기에 그들은 기병대를 도입한다. 기병대는 거추장스러운 전차 부대보다 훨씬 빨리 움직였으며, 기습 공격으로 공동체 하나를 완전히 쓸어버릴 수도 있었다. 새로운 전사들은 유목민의 무기도 사용했다. 검과 쇠뇌가 그것인데, 쇠뇌는 예전의 뒤로 구부리는 활보다 더 정확하여 700~800미터 거리에서도 사람을 죽일 수 있었다.

호전적으로 팽창해 가는 큰 나라의 왕들은 중용과 절제라는 이상을 내던졌다. 장례식은 다시 잔인하고 사치스러운 과시적 행사가 되었다. 어떤 왕은 딸과 함께 엄청난 부장품을 묻고, 무희들과 평민 집안 출신의 소년과 소녀들을 희생 제물로 바쳤다.[49] 새로운 통치자들은 화려하고 사치스럽게 집을 꾸몄으며, 그곳에는 여자, 음악가, 무용수, 곡예사,

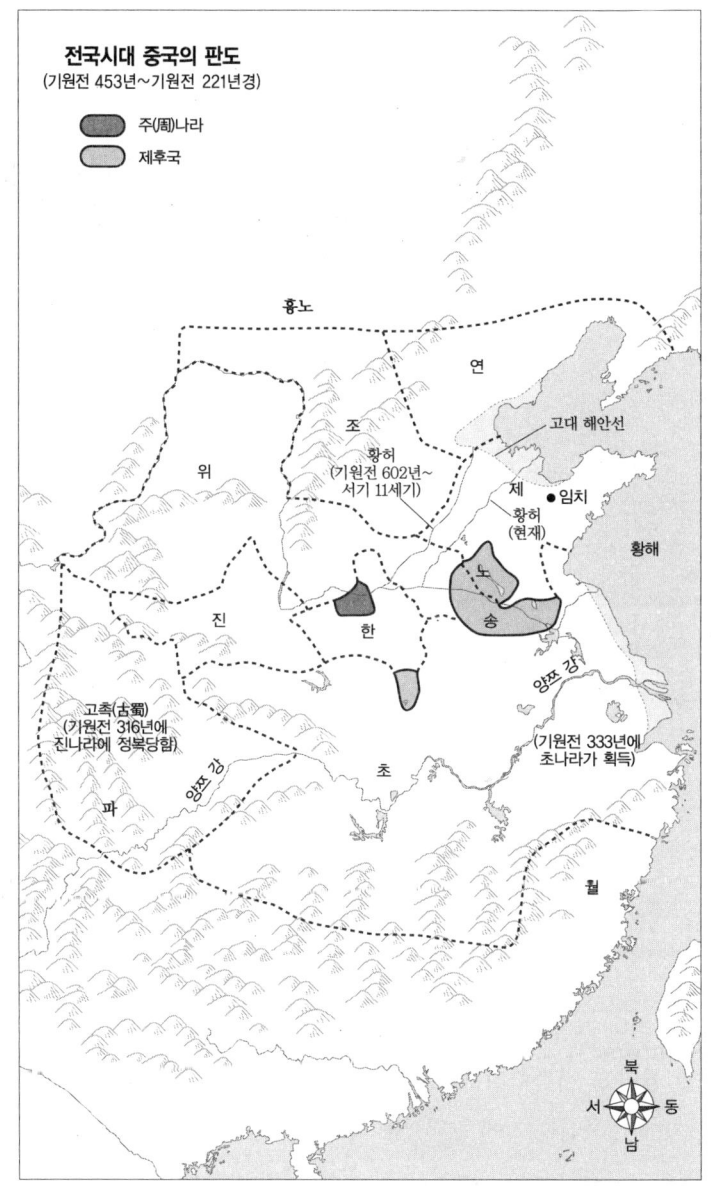

광대, 검투사들이 가득했다. 원래 제의화된 궁정의 교섭에 관하여 제후나 봉신에게 조언을 하던 논객들은 교묘한 토론 기술을 개발하여 공적인 관계나 외교에 관해 충고를 했다. 궁핍한 떠돌이 사(士)도 일자리를 얻고 싶은 마음에 궁정 주위에 모여 자신의 재능을 과시했다. 그들 가운데 일부는 학자였다. 새로운 나라 위(魏)의 통치자 문후(文侯, 기원전 446~395)는 학문의 후원자가 되어, 자신에게 의전과 윤리 문제를 조언해주는 학자 무리를 두었다. 이 왕들은 이제 자신의 경쟁자가 된 귀족을 믿지 않았으며, 이런 '현자들'에게 조언을 구하는 일이 많아졌다. 문후가 거느린 사람 가운데는 공자의 제자 자하(子夏)도 있었다.

그러나 이 실용주의 시대에 통치자들은 공자를 너무 이상주의적이라고 생각했으며, 점점 협객(俠客)에게 의존하게 되었다. 일을 찾아 이동하는 군사 전문가들의 무리 또한 사(士) 계급의 다른 구성원들처럼 도시에서 발판을 잃고 일자리를 찾아 시골을 헤맸다. 그러나 전국시대에 협객 가운데 많은 수는 하층 계급 출신이었다. 그들은 적절한 보상만 있으면 어느 부대에서라도 싸울 준비가 된 용병이었다. 좀 더 귀족적인 유생(儒生)들과는 달리 그들은 호전적인 행농형 인산들이었다. 후기의 역사가에 따르면 "그들의 말은 늘 진지하고 믿을 만했으며, 그들의 행동은 빠르고 과단성이 있었다. 그들은 늘 자신들이 약속한 것을 지켰으며, 자신의 몸을 돌보지 않고 위험에 뛰어들어 다른 사람들을 위협했다."[50]

그러나 기원전 5세기 중반에 협객 가운데 한 명이 이런 호전성에 등을 돌리고 비폭력의 메시지를 설교했으니, 그가 묵자(기원전 480~390?)다. 우리는 그에 관해서는 거의 아는 것이 없다. 그의 이름이 붙은 책에 기록된 대화는 《논어》보다 훨씬 더 비인격적이며, 묵자라는 인간은 그의 사상 뒤로 사라지기 때문이다.[51] 묵자는 180명으로 이루어진, 엄격한 규율을 갖춘 공동체를 이끌었다.[52] 느슨하게 조직된 공자와 그 제자들의 무리와 달리 묵자의 무리는 종파와 비슷했다. 규칙이 엄격했으며, 매우 평등주의적인 윤리를 추구했고, 구성원들은 농민이나 장인처럼 검은 옷을 입었다. 묵가(墨家) 협객들은 용병으로 싸우는 대신 전쟁을 막으려고 개입했으며, 작고 약한 나라의 도시들을 방어했다.[53] 《묵자》의 내용 가운데 아홉 장은 방어술과 도시의 성벽을 보호하기 위한 장비의 제조를 다룬다. 그러나 묵자는 철학자이기도 했다. 그는 규율 잡힌 행동을 하는 데서 그친 것이 아니라, 조정에서 조정으로 돌아다니면서 통치자들에게 매우 독창적인 사상을 설파했다.

책을 근거로 보자면 묵자는 원래 숙련공이나 장인이었던 것 같다. 그는 일하는 사람의 비유를 사용했다. 하늘의 세상 조직 방식을 목수가 쓰는 그림쇠나 곱자를 이용하여 비유적으로 설명하기도 했다. 이런 목수들은 그런 연장을 이용하여 "세계 전체의 원과 사각형을 측량한다."는 것이다.[54] 《논어》의 우아한 문체와 달리 《묵자》의 산문은 약간 재미가 없고 답답하여, 그가 독학을 한 사람으로서 어렵게 붓을 들었다는 느낌을 준다.[55] 묵자는 전통을 인상적으로 이해했지만, 그의 문체에 남아 있는 어색함은 그가 귀족의 높은 교양에는 별로 편치 않았음을 부여 준다. 묵자와 그의 추종자들은 야심가들이었으며, 귀족이 위엄과 지위에 집착하는 것을 못 견뎌했다. 묵자는 지출의 균일한 통제, 사치의 억제, 자기 계급의 소박한 에토스를 반영한 사회를 원했다.

예를 들어 묵자는 수 왕조에 매우 비판적이었으며, 공자의 영웅인 주공도 별로 좋아하지 않았다. 그는 공자에게 큰 영감을 주었던 주나라의 제의, 음악, 문학에 거의 관심이 없었다. 가난한 사람들은 이런 정교한 궁정 의식에 전혀 참여하지 못했으며, 묵가가 보기에 예(禮)는 시간과 돈 낭비에 지나지 않았다. 그러나 묵자는 매우 종교적이었으며, 하늘과 자연의 영들에게 희생제를 드리는 것이 매우 중요하다고 생각했다. 다만 조상의 사당에서 드리는 정교하게 격식을 차린 사치스런 전례에는 질색을 했다. 묵자는 특히 값비싼 장례와 3년이라는 긴 애도 기간에 분개했다. 한가하고 부유한 사람들이야 상관없겠지만 모두가 이 전례를 준수한다면 세상이 어찌 될 것인가? 일하는 사람들은 파멸할 것이고, 경제는 쇠퇴할 것이고, 나라는 약해질 것이다.[56] 묵자는 제의를 매우 실용적인 눈으로 보았다. 통치자들은 이런 의식에 엄청난 돈을 소비하지만, 보통 사람들은 음식이나 옷을 살 돈도 없다. 예는 영혼을 고양시키지 않는다. 제의 전문가(유가)들은 당대의 문제들로부터 물러나 신비한 의식에 대한 토론으로 피신하여 세상을 구원할 모든 희망을 버린 것이다.

공자가 죽은 지 얼마 지나지 않았지만 상황은 이미 급변했다. 앞으로 보겠지만, 기원전 4세기와 3세기에 유가(儒家)는 가난한 자들의 곤경에 괴로워하며 사회 개혁을 위해 지칠 줄 모르고 노력한다. 그러나 묵자의 시절에는 일부 제의 전문가들이 대평원의 급속한 변화에 충격을 받아 묵자가 묘사하는 대로 공적인 삶에서 물러났을지도 모른다. 그러나 묵자는 전쟁에 끌려나가 싸우고, 강제 노역에 동원되고, 중과세 때문에 궁핍해지는 농민들의 곤경에 심한 괴로움을 느꼈다. 집, 옷, 안전이라는 그들의 기본적인 요구에 부응하는 것이 중요했다. 묵자는 혁명가가 아니었다. 그는 지배 계급의 타도를 원하지 않았다. 그러나 중국의 가치에 근본적인 수정이 필요하다고 확신했다. 묵자는 성군들은 생활의 기본 필수품으로 만족했다고 믿었다. 보통 사람들의 희생을 대가로 세련되고 호사스럽고 과시적인 생활을 하지 않던 요순과 우의 이상으로 돌아가야 했다. 그들은 습기를 몰아낼 수 있을 만한 높이로만 집을 지었다. 담은 진눈깨비와 비를 막을 수 있을 만큼만 두꺼웠다. 벽은 남녀를 구분할 수 있을 만큼만 높았다.57) 묵자가 가장 좋아한 사람은 우 임금이었다. 우는 높은 지위와 많은 부에도 불구하고 물의 배급을 통제하고 홍수를 막는 기술을 개발하는 등 사람들의 이익을 위해 실용적인 일을 하는 데 평생을 바쳤다.

묵자의 메시지는 공리적이고 실용적이었다. 그러면서도 유토피아의 꿈을 키웠다. 그는 사람들이 서로 미워하지 않고 사랑하도록 설득하는 것이 가능하다고 믿었다. 공자와 마찬가지로 그의 철학을 꿰는 하나의 실은 인(仁)이었다. 그러나 묵자는 공자가 이 자비의 윤리를 가족에 한정하는 바람에 왜곡이 생겼다고 믿었다. 묵자의 관점에서 볼 때 귀족의 씨족 정신이야말로 가족 지상주의, 지위를 향한 경쟁, 복수, 엄청난 사치 등 당시 많은 문제의 뿌리였다. 묵자는 친족 이기주의를 전체를 향한 이타주의로 대체하고 싶었다.58) 모두 타인을 향해서도 자신의 친족에게 느끼는 것을 느껴야 했다. "다른 사람들도 자신처럼 여겨야 한다." 묵자는 그렇게 말했다. 이 사랑은 "모두를 포괄하고 아무도 배제하지 말아야" 했다.59) 개혁은 통치자들로부터 나와야 했다. 끔찍한 전쟁에서 중국인이 서로 죽이는 것을 막는 유일한 길은 그들이 겸애(兼愛)를 실천하도록 설득하는 것이었다.

겸애는 서양에서 종종 '보편적 사랑(universal love)'으로 번역되지만 묵자의 공리적 에토스에 비추어 보면 너무 정서적인 느낌이다.60) 묵자는 중국인이 모든 사람에게 따뜻한 애정과 친절한 마음을 지니기를 기대하지 않았다. 그는 감정보다는 정의에 관심이 있었다. 애(愛)는 의도적으로 계발된 박애의 태도다. 모든 사람, 심지어, 아니 특히 자신의 공동체에 속하지 않은 사람들도 잘되기를 바라는 것이다. 겸애는 공정, 공평한 감각과 모든 인간에 대한 예외 없는 불편부당한 관심에 기초를 둔다. 묵자는 이것이 평화와 안정에 반드시 필요하다고 확신했다. 통치자들은 자신의 나라만 사랑할 뿐, 경쟁자들을 공격하는 데는 아무런 가책을 느끼지 않았다. 그러나 자신만이 아니라 남에게도 관심을 두게 되면 그것은 불가능해질 것이다. "다른 나라를 자신의 나라처럼 존중하라. 다른 가족을 네 가족처럼 존중하라. 나라의 주인들이 서로 관심을 가진다면 전쟁을 하지 않을 것이다." 형제들이 서로 존중하지 않으면 싸울 것이다. 통치자들이 겸애를 지니지 않으면 그들은 군대를 소집할 것이다. "세상의 재난, 강탈, 원한, 증오가 일어나는 이유는 모두 겸애가 없기 때문이다."[61]

묵자의 황금률은 공자의 황금률보다 덜 우아하게 표현되었을지 모르지만, 곧 더 급진적인 것으로 여겨진다. 묵자는 공자와는 달리 가족 안에서 다른 사람을 사랑하는 법을 배운다고 보지 않고, 겸애, 즉 '모두를 향한 관심'이 자신의 가족이나 나라를 올바르게 사랑할 수 있게 해준다고 주장했다. 만일 사람들이 전 인류를 향한 박애심을 기르지 못하면 가족 사랑이나 애국주의는 집단적 자기 중심주의로 타락할 것이다. 묵자의 관점에서 보자면 공자의 '가족'은 단순히 특수 이익 집단일 뿐이었다. 범죄자도 자기 가족을 사랑하면서, 자기 친족의 부를 늘리려고 다른 사람들에게 강도질을 한다. 사람들이 자기 가족이나 나라를 넘어 관심을 펼치지 못하면 치명적인 이기주의라는 죄를 지을 가능성이 있는데, 이것이 세상의 악의 원인이다.

겸애는 바로 비폭력으로 이어진다. 묵자는 '비공(非攻)'이라는 제목이 붙은 장에서 전쟁의 혜택과 비용의 차이를 세심하게 따져본다. 전쟁은 농사를 망치고, 민간인을 수도 없이 죽이고, 무기나 말을 낭비하고, 조상에게 제사 지낼 후손을 남겨 두지 않는다. 통치자들은 정복이 나라에 유익하다고 주장하지만, 작은 도시를 하나 정복해보았자 땅을 가는 데 사람이 절실하게 필요한 때에 사상자를 수천, 수만 명 낼 수도 있다. 그것이 그들의 나라에 무슨 도움이 되겠는가? 큰 나라들은 작은 이웃의 영토를 정복하여 이득을 본다고 생각하지만, 전쟁으로 혜택을 보는 사람은 만 명 가운데 겨우 다섯 명 정도뿐이다. 훗날의 묵가가 쓴 것으로 보이는 《묵자》의 다른 장들은 자기 방어를 위한 전쟁은 허용했다. 여기에는 포위 공격을 당할 때 도시를 방어하는 지침들이 포함되어 있다. 그러나 묵자 자신은 엄격한 평화주의자였을 것이다. 그는 모든 폭력에 반대했으며 대평원의 모든 나라를 삼키기 시작한 전쟁의 순환을 깨도록 통치자들을 설득하려고 이 나라 저 나라를 돌아다녔다.[62]

가족의 가치를 신성 불가침으로 여겼던 많은 중국인들은 묵자의 생각에 충격을 받았다. 그래서 묵자는 자신의 믿음을 뒷받침하기 위하여 합리적으로 논증하는 방법을 개발했으며, 《묵자》에는 중국에서는 처음으로 논리와 변증에 관한 글들이 포함되어 있다. 기원전 3세기에 기록된 뒤쪽의 몇 장은 체계적인 변론, 정의(定義), 정확한 문법의 원리들을 높은 수준에서 이해했음을 보여준다. 그 접근 방법은 《논어》의 인상주의적인 문체와 완전히 다르다. 공자는 군자가 오랜 기간의 공부와 숙고 뒤에 직관적으로 통찰과 이해를 얻을 것이라고 생각했다. 그러나 묵자의 현자는 행동하는 사람이었으며, 진리에 이르는 길을 논리적으로 주장했다.[63] 그들은 '고결한 행동과 논증 기술에서'[64] 뛰어났다. 역사의 이런 위급한 순간에 적에게 겸애의 중요성을 설득하려면 말이 정확해야 했다. 묵가는 **스스로** 선하기보다는 **선한** 행동을 하는 데 관심이 있었다. 공자에게 인(仁)은 일차적으로 내적인 덕이었다. 그러나 현자는 외부를 향했다. 묵가는 자기 계발이라는 느린 과정에는 관심이 없고, 실용적인 기술, 논리, 의지력으로 사회에 봉사하고자 했다.

묵자는 자신의 전망을 열 개의 테제로 요약했는데, 각각은 문제로서 제시된다. 사람들이 '모든 사람에게 관심'을 가져야 하는가? 사람들은 '공격성을 거부'해야 하는가? 묵가는 호화로운 장례, 전례 음악, 하늘의 뜻에 관해 어떤 생각을 하는가? 사람들의 행동은 운명에 의해 결정될까? 묵가는 윗사람에게 어떻게 다가가야 하는가? 각각의 문제를 세 가지 기준으로 가늠해보았다. 성군들의 관행과 일치하는가? 상식으로 뒷받침되는가? 그리고 가장 중요한 것으로서, 인류에게 도움이 되는가? 이 기준 가운데 어느 하나라도 통과하지 못하면 거부해야 한다. 호화로운 장례와 음악은 사회에 도움이 되지 않으며, 따라서 사라져야 한다. 아무도 '운명'은 본 적이 없다. 따라서 유가로 하여금 세상을 바꿀 수 없다고 믿게 만들었던 결정론은 현자에게는 적절한 태도가 아니다.

묵자의 윤리적 전망은 엄격하게 공리적이었다. 어떤 행동이 가난한 자들에게 부를 주고, 불필요한 죽음을 막고, 인구를 늘리고, 공공질서에 기여한다면 그것은 덕이다. 사람들과 논쟁을 하여 이기심에서 벗어나게 해야 한다. 인간은 자기 중심성을 타고났다. 따라서 각자의 행복이 전적으로 인류 전체의 행복에 달려 있고, 공정하고 정의로운 '모든 이를 향한 관심'이 번영, 평화, 안정을 위해 필수적이라는 반박의 여지가 없는 주장으로 설득해야 한다.[65] 묵가는 통치자들에게 공격이 그들에게 최선의 이익을 주는 것이 아님을 설득해야 한다. 전쟁은 그들의 백성이 고생을 겪게 할 뿐이다. 전쟁은 경제를 망친다. 승리는 증오와 질시를 일으킨다. 모든 사람이 서로 공정하게 대하고 자기 이해 관계를 초월해야만 그들이 바라던 부, 행복, 성공을 얻을 수 있다. 통치자들은 '자신에게만 관심을 가지지 않는 법'을 배워야 한다.[66]

통치자들이 이기적이고 폭력적이면 하늘의 진노를 부를 수 있다. 하늘에 관하여 말하지 않는 쪽을 택한 공자와는 달리 묵자는 최고신인 하늘을 끌어들여 자신의 거의 모든 주장을 뒷받침했다. 하늘은 차별 없이 모든 인간을 사랑하므로 겸애의 본보기가 된다. "하늘은 모든 것을 끌어안으며 이기적이지 않다." 묵자는 그렇게 말한다.

> 하늘은 넓고 사사로움이 없다. (은혜를) 베풀면서도 덕이라 내세우지 않고, 그 밝음은 영원하면서 쇠하지 않는다. …… 하늘은 (사람들을) 평등하게 사랑하고 평등하게 이롭게 해준다. …… 하늘은 남을 사랑하고 이롭게 하는 자는 반드시 복을 내리고, 남을 미워하고 해치는 자는 반드시 재앙을 내린다.[67]

귀족은 오래 전부터 신적인 것이라는 비인격적 개념을 향하여 움직여 왔다. 그러나 묵자는 여전히 하늘을 인격화된 신으로 보는 보통 사람들의 믿음을 표현한 듯하다. 하지만 신과 귀신을 곧이곧대로 믿는 듯한 강한 믿음에도 불구하고 묵자는 종교적 감정은 거의 드러내지 않았다. 공자와 달리 묵자는 하늘 앞에서 경외감이나 경이로움을 느끼지 않았다. 그의 신학은 윤리학과 마찬가지로 엄격하게 실용적이었다. 하늘은 유용하다. 하늘은 사람들에게 모든 사람을 향한 관심을 계발**해야만** 하며, 그렇게 하지 않으면 그 결과를 감당해야 한다는 믿음을 갖도록 압력을 넣을 수 있다.

만일 모든 사람들이 스스로를 존중하듯이 남을 존중하도록 설득할 수 있다면 온 세상에 평화와 조화가 넘칠 것이다. 겸애를 실천에 옮긴다면 아무도 도시를 완전히 파괴하거나 촌락의 모든 사람을 학살하지 못할 것이다. 묵자는 이런 유토피아를 묘사할 때 가장 웅변적으로 바뀐다.

지금 우리가 장차 천하의 이로움을 일으키고 그것을 옳게 취하려면 오직 평등하게 아우르는 길만이 바른 길이다. 귀 밝은 장님과 눈 밝은 귀머거리가 협동하면 장님도 볼 수 있고 귀머거리도 들을 수 있으며, 팔 없는 사람과 다리 없는 사람이 서로 협동하면 모두 동작을 온전하게 할 수 있을 것이다. 자기가 가진 도를 널리 펴서 서로서로 가르쳐주면 모두 깨우칠 수 있을 것이다. 이로써 처자가 없는 늙은이도 부양받을 수 있어 수명을 다할 수 있고 부모가 없는 어리고 약한 고아들도 의지하여 살 곳이 있어 장성할 수 있는 것이다.[68]

묵자는 이것이 불가능한 꿈이라고 생각하지 않았다. '겸애'라는 제목의 장 전체에 걸쳐 묵자는 되풀이하여 말한다. "단지 겸애를 우리의 기준으로 삼는 것만으로 이 모든 혜택을 볼 수 있는데도 이 세상 사람들이 어떻게 이 이야기를 듣고 여전히 비판을 할 수 있는지 이해할 수가 없다!"[69] 성군들은 보편적인 이타주의에 기초하여 태평성대를 이루었다. 그 이상은 과거에 실현된 적이 있으므로 다시 실현될 수 있다. 세상을 바꾸는 것은 **진실로** 가능하다. 묵자는 그렇게 주장했다. 현자들은 나서서 이 일에 도전해야 한다.

전국시대에 묵자는 전반적으로 공자보다 더 숭배받았다. 자신이 살던 시대의 공포와 폭력에 관해 직접 발언했기 때문이다. 묵자는 중국 전체가 전쟁에 동원되는 것을 지켜보면서 인간들이 곧 지상에서 사라질 것 같은 느낌을 받았다. 인간들이 이기심과 탐욕을 억제하지 않으면 서로 파괴할 것 같았다. 그들이 살아남는 유일한 길은 감정적인 동일시가 아니라, 적이라도 나와 똑같은 요구, 욕망, 공포를 갖고 있을 수 있다는 이성적이고 실용적인 이해에 기초한 가없는 공감을 계발하는 것이었다.

고타마 싯다르타, 무아의 발견자, 마음의 혁명가

기원전 5세기 말 무렵, 히말라야 산맥 산기슭에 자리잡은 샤카 공화국에 살던 한 크샤트리아가 머리와 턱수염을 자르고, 출가자의 샛노란 가사를 입고 마가다로 가는 길에 나섰다. 그의 이름은 싯다르타, 성은 고타마였으며, 나이는 29살이었다. 나중에 고타마는 자신이 집을 떠날 때 부모가 몹시 울었다고 회고했다. 또 고타마는 떠나기 전에 부인의 방에 몰래 들어가 잠든 부인과 갓난 아들을 마지막으로 한번 보았다는 이야기도 전해진다. 만일 부인이 떠나지 말라고 애원하면 결심이 흔들릴 것이라고 생각했는지도 모른다.[70] 고타마는 아버지의 우아한 집이 옹색하게 느껴지기 시작했다. 사소한 의무들의 미아스마(독기)가 그를 짓눌렀다. 인간의 삶을 보면 냉혹한 고난의 순환밖에 보이지 않았다. 이 순환 주기는 출생의 상처에서 시작되어 "늙고, 병들고, 죽고, 슬퍼하고, 부패하는 것"으로 무자비하게 진행되다가, 다음 생의 주기에 다시 반복되었다. 그러나 고타마는 다른 은자들과 마찬가지로 이런 고통스러운 상태에는 긍정적인 대응물이 있을 것이라고 확신했다. 고타마는 말했다. "내가 이 모든 굴레로부터 태어나지 않고, 늙지 않고, 죽지 않고, 슬퍼하지 않고, 부패하지 않는 최고의 자유를 찾기 시작한다고 생각해보라."71) 고타마는 이런 행복한 해방을 '니르바나'('불어서 끄다'. 팔리어로는 '닙바나', 한자로는 '涅槃열반')라고 불렀다. 그를 묶고 있는 열정과 욕망이 불처럼 꺼질 것이었기 때문이다. 고타마는 길고 힘든 탐구를 앞두고 있었다. 그러나 우연적이고, 결함 있고 덧없는 것이 아닌—그러면서도 이 삶에서 얻을 수 있는—존재 형태에 대한 희망을 결코 버리지 않았다. "일반적인 방식으로 태어나지 않은 것이 **있다**. 이것은 창조된 것이 아니며, 손상되지 않은 상태를 유지한다." 고타마는 그렇게 주장했다. "그런 것이 존재하지 않는다면, 출구를 찾는 것은 불가능하다."72)

고타마는 자신이 그 길을 찾았다고 믿었다. 그의 가르침을 따르고 구전한 수도승들도 마찬가지였다. 이 가르침은 고타마가 죽고 나서 백 년쯤 뒤에 현재의 형태에 이르렀다. 그들은 고타마를 붓다, 즉 '깨달음을 얻은' 또는 '깨달은' 자라고 불렀다. 이 불교 경전들은 인도 북동부의 산스크리트 방언 가운데 하나인 팔리어로 기록되었으며, 붓다의 삶에 관한 주요한 정보원 역할을 한다. 갠지스 평원 동부에서 생겨난 대부분의 새 학파들과 마찬가지로, 붓다의 '다르마'('가르침'. 팔리어로는 '담마', 한자로는 '法법')와 실천은 자신의 삶의 경험에 기초를 둔 것이었다. 따라서 팔리어 텍스트들은 그의 전기 가운데 다른 사람들이 니르바나에 이르는 데 도움을 줄 수 있는 측면을 강조한다. 깨달음을 얻고자 한다면, 붓다와 마찬가지로 모든 선입관과 더불어 가정과 가족을 떠나야 한다.

나중에 불교도들은 고타마의 출가에서 더 깊은 의미를 끌어내는 신비한 이야기를 했다. 고타마가 태어났을 때 그의 아버지는 브라민 사제 몇 사람을 초대하여 아기를 살펴보고 그의 운을 이야기해 달라고 청했다. 한 브라민이 고타마가 네 가지 고통스러운 광경을 보고 출가자가 되어 새로운 영적 진리를 발견하겠다는 결심을 하게 될 것이라고 예언했다. 그러나 고타마의 아버지는 아들에게 좀 더 세속적인 야심을 품고 있었다. 그래서 아들이 그런 고통스러운 광경을 보지 못하도록 궁 둘레에 경비병을 세우고 비참한 현실이 들어오지 못하게 막았다. 그 결과 소년 고타마는 근심 없는 호사스러운 환경에서 살았지만 사실 죄수나 다름없었다. 고타마가 살았던 쾌락의 궁은 부인하는 마음의 인상적인 이미지다. 사방에서 우리를 둘러싸고 있는 슬픔에 마음을 닫겠다고 고집을 부리면, 우리는 성장과 통찰을 얻을 수 없다. 고타마가 29살이 되자, 인간만큼이나 붓다의 다르마가 필요했던 신들이 개입하기로 한다. 그들은 신 네 명을 노인, 병자, 시체, 출가자로 변장시켜 경비병을 통과하게 한다. 고타마는 이 고통의 이미지에 큰 충격을 받아, 그날 밤에 바로 노란 가사를 입고 집을 떠난다. 인간 조건에서 벗어날 수 없는 부분인 고통이 우리가 경계하여 세워놓은 장벽을 뚫고 들어오면, 우리는 두 번 다시 세상을 전과 같이 볼 수가 없다. 이렇게 두카(고통)의 앎이 고타마의 삶을 침범하자, 탐구가 시작되었다.

고타마는 마가다로 가는 길을 걷다가 아마 다른 출가자들과 인사를 나누었을 것이고, 그들의 스승이 누구인지, 그들이 어떤 다르마를 따르는지 물었을 것이다. 고타마도 '출가'의 기본을 가르쳐줄 스승을 찾고 있었기 때문이다. 처음에 그는 바이샬리에서 당대 최고의 요가 수행자 가운데 두 명인 알라라 칼라마와 우달라카 라마푸타와 함께 공부했다. 고타마는 뛰어난 학생이었다. 고타마는 곧 황홀경의 가장 높은 경지에 이르렀고 스승들은 기뻐했다. 그러나 고타마는 그들이 이런 경험을 해석하는 방식을 받아들일 수 없었다. 그들은 상키아의 가르침을 따랐으며, 일단 정신이 이런 최고 경지에 들어가면 푸루샤(자아)를 자연의 굴레에서 해방한 것이라고 믿었다. 그러나 고타마는 평생 형이상학적 교의에는 회의적이었다. 이런 황홀경은 자신의 힘으로, 요가의 전문 지식에 따라 만들어낸 것임을 잘 알고 있는데, 어떻게 이것이 절대적이고 스스로 존재하는 푸루샤일 수 있겠는가? 나아가 자기 자신으로 돌아가 보니 진정한 변화는 발견할 수가 없었다. 여전히 새로 태어나지 못하고, 탐욕을 느끼고, 갈망하는 자아였다. 고타마가 이른 황홀경은 니르바나가 아니었다. 니르바나는 일시적일 수가 없기 때문이다. 고타마는 요가를 문제 삼지는 않았지만, 자신의 경험과 일치하지 않는 해석을 받아들이려 하지 않았다.[73]

고타마는 스승들을 떠나 금욕주의자 그룹에 합류했다. 고타마는 그들과 가혹한 극단적 고행을 했으며, 이 때문에 건강을 심각하게 해쳤다. 고타마는 못 위에 눕고, 자신의 소변과 대변을 먹고, 하도 심하게 단식을 하여 뼈들이 "물렛가락을 줄 세워놓은 것처럼…… 또는 낡은 헛간의 들보처럼" 튀어나왔다. 한번은 몸이 너무 약해져서, 사람들이 죽은 줄 알고 길가에 버려두기도 했다.[74] 그러나 다 소용없었다. 아무리 가혹하게 고행을 해도, 아니 어쩌면 그랬기 때문에, 그의 몸은 여전히 관심을 가져 달라고 아우성을 쳤다. 그를 죽음과 재생의 엄혹한 순환에 묶어 두고 있는 욕정과 갈망에 계속 시달렸다. 그가 구하는 평화와 해방의 기미는 전혀 보이지 않았다.

그럼에도 고타마는 포기하지 않았다. 그때부터 그는 오로지 자신의 통찰에만 의존하려 했다. 이것이 그의 영적 방법론의 중심 교의 가운데 하나가 된다. 그는 줄곧 제자들에게 자신의 경험과 일치하지 않으면, 아무리 존엄한 사람의 가르침이라 해도 절대 받아들이지 말라고 말했다. 의심 없이 또는 간접적으로 어떤 교리를 받아들이면 안 된다. 심지어 고타마 자신의 가르침도 깨달음을 주지 못하면 버려야 한다. 권위 있는 인물에게 의존하면, 자신의 진정하지 못한 모습의 덫에서 벗어나지 못해 니르바나의 자유를 절대 얻지 못할 것이다. 결국 지나친 고행으로 건강은 망가지고 영적으로 막다른 골목에 이른 상태에서 절망과 저항이 뒤섞인 순간에 고타마는 혼자 치고 나가기로 결심했다. "틀림없이 깨달음을 얻는 다른 길이 있을 것이다!" 고타마는 그렇게 소리쳤다. 이런 독립 선언이 진짜로 전진하는 길이었음을 입증하기라도 하듯 새로운 해법이 그에게 나타나기 시작했다.[75]

고타마는 문득 아주 어릴 때 일이 떠올랐다. 유모는 어린 고타마를 갯복숭아나무 그늘에 놓아두고 작물을 심기 전에 밭을 가는 의식을 구경하러 나갔다. 혼자 남은 고타마는 일어나 앉아, 들판에 쟁기질을 하는 과정에서 어린 풀이 뜯겨 나가고, 벌레가 죽는 것을 보았다. 어린 소년은 이 살육을 보고 묘한 슬픔을 느꼈다. 마치 자신의 친척들이 죽임을 당하는 것 같은 느낌이었다.[76] 사심 없는 공감의 물결이 고타마를 영적인 해방의 순간으로 이끌었다. 아름다운 날이었다. 소년은 자기 인에서 순수한 기쁨이 솟아오르는 것을 느꼈다. 소년 고타마는 요가 교육을 받아본 적이 없음에도, 본능적으로 요가의 자세로 자신을 안정시켰고, 황홀경의 상태로 들어갔다.

고타마는 어린 시절의 이 사건을 돌아보면서 자신이 그날 느낀 기쁨이 갈망이나 욕심으로부터 완전히 자유로운 것이었음을 깨달았다. "그것이 깨달음에 이르는 길일 수도 있지 않을까?" 고타마는 자문했다. 만일 훈련받지 않은 아이가 요가의 황홀경에 들어가 니르바나를 맛볼 수 있다면, 우리 인간성의 구조 자체가 모크샤(해방)를 달성할 가능성을 내재하고 있는 것인지도 몰랐다. 어쩌면 굶어서 몸을 복종시키고, 요가로 정신을 공격하는 대신, '체토비무티', 즉 니르바나와 다름없는 '마음의 해방'으로 이끄는 이러한 타고난 경향을 계발해야 하는 것인지도 몰랐다. 아주 자연스럽게 떠올랐던 그런 사심 없는 자비의 충동 같은 유익한(쿠살라) 마음 상태를 양육하고, 동시에 해방에 방해가 되는 모든 정신적이고 육체적인 상태를 피해야 했다.[77]

고타마는 자이나 교도와 마찬가지로 폭력, 거짓말, 도둑질, 음주, 성교 등 '해로운'(아쿠살라) 다섯 가지 행동에 대한 전통적인 '금지' 옆에 이와 반대되는 긍정적인 태도를 배치하여 균형을 맞추어야 한다는 사실을 깨달았다. 단순히 폭력을 피하는 대신, 사람을 포함한 만물 앞에서 상냥하고 친절하게 행동하고, 자비로운 생각들을 계발해야 했다. 거짓말을 하지 않는 것은 매우 중요하지만, "추론을 거친, 정확하고, 분명하고, 유익한" 말만 하는 것도 매우 중요한 일이었다.[78] 도둑질을 삼갈 뿐 아니라, 최소한의 것만 소유하는 데서 즐거움을 느껴야 했다. 고타마는 또 자기 나름의 특별한 요가를 계발하기 시작했다. 우선 명상의 전 단계로 '깨어 있음'(사티)의 훈련을 했다. 이 과정에서는 매 순간 자신의 행동을 면밀하게 살폈다. 의식의 파동과 더불어 감정과 감각의 들고남에 주목했다. 한 시간 동안 그의 마음을 통과하는 욕망과 노여움과 생각의 끊임없는 흐름에 주의를 기울였다. 이런 자기 성찰은 신경증적이고 이기적인 죄책감을 유도하려는 것이 아니었다. 고타마가 정신과 육체의 작용을 알려고 한 것은 단지 그 능력들을 최대한 활용하기 위해서였다. 말을 타는 사람이 자신이 훈련시키는 말을 깊이 알려고 하는 것과 같았다.

고타마는 다른 많은 출가자들과 마찬가지로 삶이 두카(고통)이며, 우리의 고난은 욕망 탓이라고 확신했다. 깨어 있음의 훈련을 거치며 고타마는 인간 존재의 덧없는 본성과 헤아릴 수 없이 많은 좌절과 실망을 훨씬 더 예리하게 인식하게 되었다. 인생을 불만족스럽게 만드는 것은 단지 노화, 병, 죽음이라는 커다란 정신적 상처만이 아니었다. 고타마는 나중에 이렇게 설명했다. "고통, 슬픔, 절망은 두카다. 우리가 싫어하는 것에 어쩔 수 없이 가까이 다가가야 하는 것도 괴로움이며, 사랑하는 것과 떨어지는 것도 괴로움이며, 원하는 것을 얻지 못하는 것도 괴로움이다."[79] 고타마는 욕망들이 차례차례 자신의 정신과 마음을 차지하는 것을 관찰하면서, 자신이 끊임없이 뭔가 다른 것이 되기를 갈망하고, 어딘가 다른 곳에 가기를 갈망하고, 자기에게 없는 뭔가를 얻기를 갈망한다는 것을 알았다. 욕망의 끝없는 흐름 속에서 인간은 계속해서 새로운 종류의 존재—새로운 삶 또는 재생—를 구하는 것처럼 보였다. 고타마는 이것을 자신의 신체적 불안정, 즉 끊임없이 자세를 바꾸고, 숲의 다른 곳을 찾아가려 하는 것에서도 발견할 수 있었다. 고타마는 결론을 내렸다. "세상의 본질은 변하는 것이기 때문에 늘 뭔가 다른 것이 되려고 결정한다. 세상은 변화에 좌우된다. 세상은 변화의 과정에 사로잡혔을 때만 행복하다. 그러나 변화에 대한 이런 사랑에는 두려움이 어느 정도 포함되어 있는데, 이 두려움 자체가 두카다."[80]

이것은 단순한 논리적 추론이 아니었다. 고타마는 아주 능숙한 요가 수행자였기 때문에, 훈련된 집중력으로 이런 깨어 있음을 훈련했으며, 그 결과 이런 진리를 자기를 보호하려는 자기 중심주의라는 여과 장치의 왜곡 없이 '직접' 볼 수 있었다. 그러나 고타마는 이런 소극적인 진리들을 보는 데서 멈추지 않았다. 그는 더 '능숙한'(쿠살라) 상태들을 육성하면서, 동시에 다리를 꼬고 앉아 프라나야마라는 호흡 제의에 따른 요가 훈련을 했다. 고타마는 마음에서 증오를 제거했을 뿐 아니라, 마음에 "자비가 가득하고, 모든 살아 있는 존재가 잘되기를 바랄 수 있었다." 고타마는 게으름과 관성으로부터 자유로워졌을 뿐 아니라, '맑고, 스스로를 의식하고, 완전히 깨어 있는 마음"을 계발할 수 있었다. 불안한 생각을 차례차례 체계적으로 몰아내자, 그의 마음은 "차분하고 고요해졌으며…… 몸을 쇠약하게 만드는 의심으로부터 벗어났고", "해로운"(아쿠살라) 정신 상태 때문에 괴로워하지 않게 되었다."[81] 고타마는 이런 정신적 훈련을 요가의 방법으로 충분한 깊이까지 밀고 나가면, 의식적·무의식적 정신의 불안하고 파괴적인 경향도 변화시킬 수 있다고 믿었다.

훗날 고타마는 요가의 이런 '깨어 있음' 훈련을 통해 완전히 다른 종류의 인간, 즉 갈망이나 욕심이나 이기심에 지배되지 않는 새로운 인간이 태어났다고 주장했다. 고타마는 지나친 고행을 하다가 죽을 뻔했지만, 이제 훈련에 따라 체계적으로 얻은 자비가 과거의 징벌적 금욕주의를 대신할 수 있으며, 이를 통해 수행자가 자신의 인간성 가운데 이제까지는 몰랐던 영역에 이를 수 있다고 확신했다. 고타마는 매일 요가를 연습하여 의식의 다른 상태로 들어갔으며, 각각의 연속적인 황홀경을 세계 전체를 향한 적극적인 자비의 감정과 융합했다.

고타마는 이런 명상을 '가없는 마음'(아파마나 appamana, 무량심無量心)이라고 불렀다. 고타마는 정신의 깊은 곳으로 들어가는 요가 여행의 매 단계에서 의도적으로 사랑의 감정 — "증오를 모르는 거대하고, 넓고, 가없는 마음" — 을 불러일으켰으며, 그 감정이 세상 모든 곳으로 향하게 했다. 그는 식물, 동물, 악마, 친구와 적 등 살아 있는 것은 하나도 빼놓지 않고 이 공감의 방사(放射) 안으로 끌어들였다. 이것은 네 가지 단계로 이루어진 프로그램이었다. 첫 번째 단계에서는 사람을 포함한 만물에 대한 우애의 기질을 길렀다. 두 번째 단계에서는 다른 사람이나 사물과 함께 괴로워하면서, 그들의 고통에 공감하게 되었다. 갯복숭아 나무 아래에서 풀과 벌레에게 자비를 느꼈던 것과 마찬가지다. 명상의 세 번째 단계에서는 질투나 개인적으로 손해를 본다는 느낌 없이 다른 사람들의 행복을 기뻐하는 '공감의 기쁨'을 길러냈다. 고타마는 가장 깊은 황홀경에 들어가는 마지막 단계에서는 명상의 대상에 완전히 몰입하여 고통이나 쾌락을 넘어섰으며, 만물을 향한 완전한 평정 상태에 이르러 아무런 매력도 반감도 느끼지 않게 되었다. 이것은 매우 어려운 상태였다. 이 상태에서는 다른 대상이나 사람이 자신에게 이익이 될지 손해가 될지 늘 고려하는 자기 중심주의를 완전히 벗어버려야 했기 때문이다.

전통적인 요가는 요가 수행자에게 무감각한 자율의 상태를 구축했던 반면, 고타마는 자신의 전 존재를 타인들에게 개방하는 법을 체계적으로 익혔다. 그 결과 다른 모든 피조물에 대한 공감과 자비 속에서 자아를 넘어섰다.[82] 강도 높은 요가로 이런 적극적이고 능숙한 상태를 계발하면, 이런 상태는 우리 마음의 무의식적 충동 속에 좀 더 쉽게 뿌리를 내려 습관이 될 수 있었다. '가없는 마음'은 우리가 연약한 자아를 보호하기 위해 자신과 남들 사이에 세우는 벽을 허물기 위해 고안되었다. 마음은 평상시의 이기적인 제약에서 벗어나면서 "넓어지고, 제한을 모르고, 높아지고, 증오나 편협한 악의에서 벗어났다."[83] 이 자비의 요가가 아주 높은 수준에 이르면 수행자는 '마음의 해방' 또는 니르바나를

얻을 수 있었다.[84]

우리는 고타마가 이런 요법을 고안한 뒤 건강을 회복하고 최고의 깨달음을 얻는 데 얼마의 시간이 걸렸는지 모른다. 팔리어 텍스트에서는 이것이 빠른 과정이었다는 인상을 주지만, 고타마 자신도 이렇게 조금씩 변화해 가는 데 7년은 걸린다고 설명했다. 수행자들은 점차 인간의 삶과 관계에 독이 되는 이기적인 갈망 없이 사는 법을 배우고, 감당할 수 없는 욕망의 영향에서 점차 벗어나게 된다. 이렇게 자신을 해치는 생각들의 덧없는 본성을 의식하게 되면, 그런 생각들과 동일시하기가 어려워지며, 우리에게서 평화를 앗아가는 흐트러짐을 감독하는 데 점점 능숙해진다.[85] 텍스트들은 고타마가 단 하룻밤에 최고의 깨달음을 얻었다고 묘사한다. 이런 텍스트들은 역사적 사실보다는 그 과정의 전체적 윤곽을 그리는 데 더 관심을 두기 때문이다. 그러나 고타마의 깨달음이 순간적으로 '거듭나는' 경험이 아니었음은 거의 확실하다. 그는 나중에 제자들에게 이렇게 주의를 주었다. "이 방법에서 훈련, 규율, 연습은 천천히 효과가 나타나며, 궁극적인 진리를 갑자기 인식하게 되는 것은 아니다."[86]

전통적인 이야기에 따르면 고타마는 우루벨라라는 도시 근처 네란자라 강 옆의 쾌적해 보이는 숲속의 보리수 아래 앉아 있었다. 팔리어 경전에서는 고타마가 한 번의 명상 과정에서 자신을 영원히 바꾸는 통찰을 얻어, 죽음과 재생의 순환에서 해방되었다는 확신을 얻게 되었다고 말한다.[87] 그러나 보통 '네 가지 고귀한 진리'(사성제四聖諦)라고 정리하는 이 통찰에 새로운 점은 없는 것 같다. 대부분의 수행자들이 앞의 세 가지, 존재는 두카라는 것, 욕망이 이 괴로움의 원인이라는 것, 이런 곤경으로부터 벗어나는 길이 있다는 것에는 동의했을 것이다. 돌파구가 된 것은 어쩌면 네 번째 진리였을지도 모른다. 고타마는 괴로움과 고통에서 벗어나 니르바나에 이르는 길을 발견했다고 주장했다. 전통적으로 '여덟 가지 고귀한 길'(팔정도八正道)이라고 부르는 이 길은 도덕('능숙한' 상태를 기르는 것), 명상, 지혜(판냐panna)로 이루어진 행동 방침이다. 이것을 바탕으로 수행자들은 요가 수행을 통해 고타마의 가르침을 '직접' 이해하고 자신의 일상 생활과 통합할 수 있다. 고타마는 '고귀한 진리'가 유일무이한 것이라고 주장하지 않았다. 그는 자신이 이 역사 시대에 처음으로 그 진리들을 '실현했고', 또 자신의 삶에서 하나의 현실로 만들었다고 주장했을 뿐이다. 그는 자신이 인류를 속박하는 갈망과 증오와 무지를 이미 껐다는 사실을 발견했다. 그는 이미 니르바나를 얻었다. 여전히 신체적인 병을 비롯하여 다른 변화를 겪어야 하지만, 어떤 것도 그의 내적인 평화를 건드릴 수 없고 그에게 심각한 정신적 고통을 줄 수 없었다. 그의 방법은 이미 효과를 보았다. "성스러운 삶을 이미 끝까지 살았다!" 그는 보리수 아래에서 그 중요한 밤이 끝나갈 때 그렇게 의기양양하게 외쳤다. "해야 할 일을 다 이루었다. 달리 할 일이 없다!"[88]

　니르바나란 무엇일까? 우리가 이미 보았듯이, 이 말은 고타마가 깨달음을 얻으면서 '꺼졌다'는 뜻이다. 고타마는 깨달음을 얻은 뒤에 종종 '타타가타'(tathagata, '사라졌다')라고 불렸다. '그'는 이제 거기에 없다는 뜻이다. 하지만 이것은 개인적인 소멸을 뜻하지 않는다. 꺼진 것은 그의 인격이 아니라 욕심, 증오, 기만의 불이었다. 붓다(이제 고타마를 이렇게 불러야 한다)는 '해로운' 마음 상태를 눌러 없앰으로써, 자기가 없는 상태(selflessness)로부터 오는 평화를 얻었다. 여전히 자기 중심주의의 덫에 얽매인 사람들은 이것을 상상할 수도 없다. 그래서 붓다는 늘 니르바나를 규정하려 하지 않았다. 그렇게 하는 것은 '적절하지 않았다.' 깨닫지 못한 사람에게는 그러한 상태를 묘사해줄 말이 없기 때문이다.[89] 붓다도 여전히 고통을 겪을 것이다. 다른 모든 사람처럼 늙고, 병들고, 죽을 것이다. 그러나 그는 근면한 명상과 윤리적인 노력으로 내적인 안식처를 얻었다. 그의 방법을 실행에 옮긴 사람들은 이 안식처 덕분에 고통과 더불어 살아가고, 고통을 소유하고, 고통을 인정하면서도, 괴로움 한가운데서 깊은 마음의 평화를 경험할 수 있었다. 어쩌면 소크라테스도 평생에 걸친 뜨거운 정직성의 규율을 통하여 비슷한 것을 발견하였고, 이 때문에 부당하게 처형을 당하면서도 평정을 유지할 수 있었는지 모른다. 결국 니르바나는 각 사람의 내적 존재 안에서 발견되며, 완전히 자연스러운 상태다. 니르바나는 삶에 의미를 주는 고요한 중심이다. 이 내부의 고요한 곳과 접촉이 끊어진 사람들은 무너져버릴 수 있다. 그러나 이 고요한 오아시스에 다가가게 되면, 더는 서로 갈등하는 공포와 욕망에 내몰리지 않고 어떤 힘을 발견할 수 있다. 이 힘은 이기심을 넘어서는 데서, 올바르게 중심을 잡고 있는 데서 온다.

붓다는 니르바나가 초자연적인 현실은 아니지만, 이런 내적인 깨달음을 얻지 못한 사람들의 능력을 넘어선 곳에 있다는 의미에서 초월적 상태인 것은 분명하다고 생각했다. 니르바나를 묘사할 말은 없었다. 우리의 언어는 불행한 우리 존재가 얻은 감각 자료에서 파생되었고, 그 안에서는 에고를 완전히 벗어난 삶은 상상도 할 수 없기 때문이다. 순수하게 세속적인 용어로 말하자면 니르바나는 '무(無)'다. 우리가 인식할 수 있는 어떤 것과도 일치하지 않기 때문이다. 그러나 이 신성한 평화를 발견한 사람들은 자신이 측량할 수 없을 정도로 풍부한 삶을 살게 되었다고 생각했다.[90] 나중에 일신교도들도 이와 아주 비슷한 맥락에서 하느님에 관한 이야기를 한다. '하느님'은 다른 여느 존재가 아니기 때문에 '무(無)'라고 주장한 것이다. 다시 말해서 하느님은 존재하지 않는다고 말하는 것이 더 정확하다는 것이다. 우리가 생각하는 존재라는 관념은 한계가 너무 분명해 신에게는 적용할 수 없기 때문이다.[91] 그들은 또 이타적이고 동정적인 삶을 통해 사람들이 하느님의 현존 안으로 들어갈 수 있다고 주장한다.

그러나 인도의 다른 현자나 신비주의자들과 마찬가지로 붓다도 인격화된 신이라는 발상은 너무 제한적이라고 생각했다. 붓다는 늘 지고의 존재를 부정했다. 감독하는 권위적인 신 또한 깨달음을 방해하는 또 다른 버팀목이나 족쇄가 될 수 있다고 보았기 때문이다. 팔리어 텍스트들은 한 번도 브라만을 언급하지 않는다. 붓다는 브라만교의 중심지에서 멀리 떨어진 샤카 공화국 출신이었다. 따라서 브라만이라는 개념에 익숙하지 않았을 수도 있다. 어쨌든 붓다는 차분하고 신중한 태도로 하느님이나 다른 신들을 거부했다. 그냥 평화롭게 마음 밖에 둔 것이다. 이런 믿음들에 격렬하게 반대하는 것은 에고를 서투르게 주장하는 것일 수 있기 때문이다. 가끔 옛날 신들이 붓다의 삶에서 어떤 역할을 하기도 했다. 예를 들어 팔리어 텍스트에서 죽음의 신 마라는 가끔 붓다의 유혹자로 나타나, 마치 붓다 자신의 마음의 한 측면인 것처럼, 더 쉬운 길을 걸으라고 충고한다.

그러나 붓다는 제자들에게 니르바나가 무엇인지 암시를 주려 할 때, 소극직 용어와 석극적 용어를 섞어서 사용했다. 니르바나는 '탐욕, 증오, 망상의 소멸'이었다. 니르바나는 '오점이 없고', '약해지지 않고', '허물어지지 않고', '침해할 수 없는' 것이며, '괴로움이 없는 상태',

'적개심이 없는 상태'였다. 니르바나는 우리가 삶에서 견딜 수 없다고 생각하는 모든 것을 없앤다. 니르바나를 수식할 때 가장 흔히 사용하는 것 하나가 '죽음 없는' 상태였다. 그러나 니르바나에 관해 적극적으로 말할 수 있는 것들도 있었다. 그것은 '진리', '미묘한 것', '피안(彼岸)', '평화', '영속적인 것', '최고의 목표', '순수, 자유, 독립, 섬, 피난처, 항구, 의지할 것, 넘어선 것'이었다.[92] 니르바나는 인간과 신 모두에게 최고의 목표였으며, 불가해한 고요였으며, 완전히 안전한 피난처였다. 이런 이미지 가운데 다수는 일신교도가 말로 표현할 수 없는 하느님을 경험한 일을 묘사할 때 사용하는 말들을 연상시킨다.

  붓다는 니르바나를 찾음으로써 자신의 목표를 달성했다. 하지만 그것이 그의 삶과 사명의 끝은 아니었다. 처음에는 그도 그저 이 초월적 평화에 탐닉하고 싶었다. 아마 이 좋은 소식을 널리 퍼뜨려야 한다는 생각도 들었을 것이다. 하지만 그런 생각은 물리쳐버렸다. 너무 피곤하고 우울한 일이었기 때문이다. 그의 다르마는 설명하기가 너무 어려웠다. 대부분의 사람들은 자신을 포기하기는커녕, 자신이 애착을 품은 대상을 적극적으로 누리려 하였으며, 자신을 버리라는 붓다의 메시지를 듣고 싶어하지 않았다.[93] 그러자 브라마 신(갠지스 강 동부에 등장한, 브라만의 대중적 표현물)이 개입하기로 결정했다. 팔리어 텍스트에서 브라마는 마라와 마찬가지로 붓다 자신의 인격의 한 측면을 나타내는 것으로 보인다. 따라서 어떤 깊은 수준에서 고타마는 자신이 같은 인간들을 그냥 무시해버릴 수 없다는 사실을 깨달은 것이라고 볼 수 있다. 어쨌든 신과 인간의 평소의 역할이 완전히 역전되어, 신은 하늘을 떠나 땅으로 내려와 깨달음을 얻은 인간 앞에 무릎을 꿇었다. "주여, 다르마를 알려주시기 바랍니다. 고통에 빠져 죽어가는 인류를 굽어보고, 세상을 구하기 위해 멀리 또 널리 돌아다녀주십시오." 붓다는 주의 깊게 귀를 기울였으며, 팔리어 텍스트에 따르면 "자비심 때문에 붓다의 눈으로 세상을 바라보았다."[94] 이것은 중요한 언급이다. 붓다는 단지 자신의 구원에 이른 사람이 아니라, 계속 다른 사람들의 고통에 공감할 수 있는 사람인 것이다. 애초에 그에게 깨달음을 안겨준 것은 세상 모든 곳을 향한 공감과 자비였다. 따라서 이기적으로 물러나는 것은 그의 다르마의 핵심 동력을 훼손하는 것이었다. 그의 다르마는 그에게 저잣거리로 돌아가 슬퍼하는 세상에 관여하라고 요구했다. 그가 보리수 아래에서 얻은 통찰의 핵심은 타인을 위해 사는 것이 도덕적인 삶이라는 것이었다. 붓다는 이후 45년간 지칠 줄 모르고 갠지스 평원의 도시들을 돌아다니며 그의 다르마를 신과 동물과 사람들에게 가르친다.

붓다의 첫 제자들은 이미 출가한 사람들이었다. 그들 가운데 한 사람은 붓다의 첫 설교 때 깨달음을 얻었다고 전해진다. 텍스트들은 똑같은 방식으로 그 과정을 묘사한다. 콘단냐는 붓다가 고귀한 진리들을 가르치는 것을 듣다가, 그 가르침을 '직접적으로' 경험하기 시작했다. 그 가르침은 마치 콘단냐의 존재 깊은 곳에서 나오는 것처럼, 안에서 '솟아올랐다.' 마치 그가 늘 알고 있던 것을 이제 인식하게 된 것 같은 느낌이었다.[95] 오래지 않아 크샤트리아와 브라만 계급의 젊은이들이 붓다를 따르게 되었다. 바이샤 상인들 또한 자립을 강조하는 그의 가르침에 끌렸다. 수도승이 되지 못하는 사람들은 평신도나 후원자가 되었다. 붓다의 교단(상가sangha, 僧伽)은 곧 상당한 규모의 종파가 되었다. 수도승들은 매일 몇 시간씩 붓다의 가르침에 따라 자비에 바탕을 둔, 깨어 있는 마음의 요가를 연습했지만, 그 방법을 다른 사람들에게도 가르쳐야 했다. 이것은 옛날 베다 제의와는 달리, 특권을 가진 엘리트를 위한 종교가 아니었다. '다수를 위한' 것이었다. 수도승들은 도시 외곽의 공원에 살곤 했다. 그래서 도시 사람들은 자문을 구하러 가기가 편했다. 붓다가 어느 지역에 이르면, 그곳의 상인, 귀족, 창부들이 떼를 지어 나와 그의 말에 귀를 기울였다. 그러나 대부분의 경우 수도승들 자신이 길에 나섰다. "세상에 대한 자비심에서, 사람들의 안녕과 행복을 위하여" 여행을 한 것이다.[96]

니르바나를 얻는 가장 대중적인 방법 가운데 하나는 아나타(anatta, '무아無我')라는 독특한 불교 교리에 관한 명상이었다. 붓다는 영원한 자아(아트만, 푸루샤)가 최고의 실재라고 믿지 않았다. 붓다는 '깨어 있음'을 훈련함으로써 인간이 늘 변한다는 것을 알았다. 몸과 느낌은 순간마다 변했다. 정직한 사람이라면 자신의 변하는 신념, 감정, 인식을 체계적으로 검토한 뒤 이 가운데 어느 것도 그토록 많은 출가자들이 구하는 자아일 수 없다는 결론에 이를 수밖에 없다. 그것들은 너무 결함이 많고 덧없기 때문이다. "이것은 나의 것이 아니다. 이것은 진짜 나가 아니다. 이것은 나의 '자아'가 아니다."[97] 그러나 붓다는 여기서 더 나아가, 안정된 '일반적' 자아라는 실재도 부정했다. 그는 '사기'나 '나 자신' 같은 말은 단순한 관행에 지나지 않는다고 믿었다. 모든 지각 있는 존재는 그저 존재의 일시적이고 변하기 쉬운 상태들의 연속에 지나지 않기 때문이다. 우리가 사는 이 시대에도 일부 포스트모더니즘 철학자나 문학 평론가들은 비슷한 결론에 이르렀다.

붓다는 인격을 묘사할 때 타오르는 불이나 내달리는 물 같은 비유를 사용하기를 좋아했다. 이런 것들은 어떤 정체성이 있기는 하지만, 절대 이 순간과 다음 순간이 똑같지 않다. 그러나 포스트모더니즘적인 관념과는 달리 아나타는 추상적이고 형이상학적 교의가 아니라, 붓다의 모든 가르침이 그렇듯이 행동 강령이었다. 아나타는 불교도에게 매일, 매시간, 자아가 존재하지 않는 것처럼 **행동**할 것을 요구했다. '자아'라는 개념은 '나', '나의 것'에 관한 해로운 생각들을 낳는다. 그뿐만 아니라 자아를 앞세우면 질투, 경쟁자에 대한 증오, 자만, 오만, 잔인함이 생기며, 자아가 위협을 받는다고 느낄 때면 폭력도 생긴다. 붓다는 제자들에게 남을 희생하면서까지 옹호하고, 부풀리고, 구슬리고, 드높여야 하는 '자아'는 없다는 사실을 깨닫게 하려고 노력했다. 수도승이 '깨어 있음' 수행의 전문가가 되면, 이제 지나가는 정신 상태에 자기를 던져 넣는 것이 아니라, 두려움과 욕망을 자신과는 관계가 없는 멀고 덧없는 현상으로 여기게 된다. 이런 수준의 냉정을 얻으면 이제 깨달음을 얻을 준비가 된 것이라고 붓다는 설명했다. "탐욕이 희미해지고 갈망이 사라지면, 마음의 해방을 경험하게 된다."[98]

텍스트들은 붓다의 첫 제자들이 붓다가 아나타를 설명하는 것을 듣고, 마음이 기쁨으로 가득 차 바로 니르바나를 경험했다고 말한다. 왜 그들은 우리가 모두 소중히 여기는 자아가 존재하지 않는다는 말을 듣고 그렇게 기뻐했을까? 붓다는 아나타가 무시무시할 수도 있다는 것을 알았다. 외부인이라면 아마 공황에 빠져 이렇게 생각했을지도 모른다. "나는 말살되고 파괴되겠구나. 나의 존재는 끝이 나겠구나!"[99] 그러니 팔리어 텍스트들은 사람들이 아나타를 받아들이면서 엄청난 안도와 기쁨을 느꼈음을 보여준다. 사람들은 자아가 존재하지 않는 것처럼 살 때 더 행복해짐을 알게 되었고, '가없는 마음'을 수행할 때와 똑같이 존재가 확대되는 느낌을 경험했다. 지위와 생존에 대한 심한 불안과 겹치게 마련인 탐욕, 증오, 공포의 영역 너머에서 산다는 것은 해방감을 주는 일이기 때문이다.

그러나 이것을 합리적으로 증명할 방법은 없었다. 붓다의 방법을 평가하는 유일한 길은 그것을 실행해보는 것이었다. 붓다는 행동으로부터 분리된 추상적인 교리적 공식을 싫어했다. 붓다는 어떤 사람의 신학에는 전혀 관심이 없었다. 사실 다른 사람의 권위에 의지하여 도그마를 받아들이는 것은 해로운 일이다. 그것은 개인적 책임을 포기하는 것과 같기 때문에 깨달음에 이를 수 없다. 신앙은 니르바나가 존재한다는 믿음과 그것을 실현하겠다는 결의를 의미했다. 붓다는 늘 자신이 가르치는 모든 것을 시험해보라고 제자들에게 강조했다. 종교적 관념은 정신적 우상, 또 한 가지 집착의 대상이 되기 십상이다. 그러나 다르마의 목적은 사람들이 버리도록 돕는 것이다. 붓다 자신의 가르침도 그 목적을 달성하면 버려야 했다.

붓다는 커다란 강에 이르러 그곳을 건너기를 간절히 바라는 나그네의 이야기를 하곤 했다. 그곳에는 다리나 나룻배가 없었다. 그래서 나그네는 뗏목을 대충 만들어 노를 저어 건너갔다. 붓다는 청중에게 물었다. 건너간 뒤에 나그네는 뗏목을 어떻게 해야 할까? 자신에게 큰 도움을 주었으니 어디를 가든 등에 지고 다녀야 할까? 아니면 그냥 물가에 잡아매 두고 자기 갈 길을 가야 할까? 답은 분명했다. "수도승들이여, 내 가르침 역시 뗏목과 같다. 강을 건널 때만 쓰면 되지, 늘 거기 매달릴 필요는 없다."[100] 붓다의 과제는 오류가 없는 명제를 제시하거나 지적 호기심을 충족시키는 것이 아니라, 사람들이 고통의 강을 건너 '피안'에 이르게 하는 것이었다. 이런 목적에 도움이 되지 않는 것은 전혀 중요하지 않았다.

따라서 붓다에게는 세계 창조나 하느님의 존재에 관한 이론이 없다. 물론 이런 주제가 대단히 매혹적이기는 하지만, 붓다는 그와 관련된 토론을 거부했다. 왜? "제자들이여, 그것이 여러분에게 도움이 되지 않고, 신성함을 추구하는 데 유용하지 않고, 평화와 니르바나에 대한 직접적 지식으로 이끌지 못하기 때문이다."[101] 붓다는 우주에 관한 문제로 계속 그를 귀찮게 하면서 요가와 윤리적 실천을 제대로 하지 않는 한 수도승에게 그가 부상을 입고도 자기에게 활을 쏜 사람의 이름과 출신지를 알기 전에는 치료를 받지 않으려는 사람과 같다고 말했다. 그런 쓸데없는 정보를 얻기도 전에 죽기 십상이었다. 세상을 창조한 하느님을 아는 것이 뭐가 중요한가? 그것을 안다 해도 비통과 고통과 비참함은 계속될 것이다. 붓다는 형이상학으로 기운 수도승에게 말했다. "나는 지금 이곳의 이 불행한 조건들에 대한 치유책을 설교하는 것이다. 따라서 내가 너에게 설명하지 않은 것과 그것을 설명하지 않은 이유를 늘 기억하기 바란다."[102]

붓다는 설명을 최소로 줄이고 싶어했다. 소크라테스와 마찬가지로 제자가 자기 내부에서 진리를 발견하기를 바랐다. 이것은 평신도에게도 적용된다. 한번은 갠지스의 북쪽 강변에 사는 부족인 칼라마 사람들이 붓다에게 대표를 보냈다. 여러 출가자들이 그들 앞에 나타났지만, 각 출가자가 다른 출가자들의 교리를 멸시한다는 것이었다. 누구 말이 옳은지 어떻게 알 수 있겠는가? 붓다는 왜 칼라마 사람들이 그렇게 혼란에 빠져 있는지 알겠다고 대답했다. 붓다는 그들에게 '네 가지 고귀한 진리'를 길게 이야기하여 그들의 혼란을 가중시키지 않고, 즉흥적으로 가르침을 베풀었다. 붓다는 칼라마 사람들이 다른 사람들로부터 답을 듣기를 기대한다고 지적했다. 그러나 자신의 마음을 들여다보면 이미 올바르게 사는 법을 알고 있음을 깨닫게 될 것이다. 예를 들어 탐욕은 좋은가, 나쁜가? 누군가 욕망에 사로잡혀 훔치고, 거짓말을 하고,

심지어 살인까지 하는 것을 본 적이 없는가? 이런 행동을 하는 이기적인 사람은 평판이 좋지 못하고, 따라서 불행해지는 것 아닌가? 증오와 미망 또한 고통과 고난을 낳지 않는가? 토론의 끝에 이르자 칼라마 사람들은 자신들이 실제로 붓다의 다르마를 그동안 쭉 알고 있었음을 깨달았다. "그래서 내가 어떤 선생에게도 의지하지 말라고 한 것이다." 붓다는 결론을 내렸다. "너희가 너희 자신 속에서 이런 것들은 도움이 되고 저런 것들은 도움이 되지 않는다는 것을 안다면, 다른 누가 뭐라 하든 간에 그 윤리를 실행에 옮기고 그것을 고수하라."[103] 붓다는 가없는 마음에 관한 명상의 한 형태를 평신도에 맞게 조정했다. 그들이 다음과 같은 초기 불교의 시에서 묘사된 능숙한 태도를 얻도록 도와주려는 것이었다.

> 모든 존재가 행복하게 하라! 약하든 강하든, 높든 중간이든 낮든,
> 작든 크든, 보이든 보이지 않든, 가깝든 멀든,
> 살아 있든 태어날 것이든—모두가 온전히 행복할지어다!
>
> 아무에게도 거짓말하지 말고, 어디에 있는 누구도 경멸하지 말라.
> 분노에서든 증오에서든 살아 있는 것이 해를 입기를 바라지 말라!
>
> 어머니가 하나뿐인 자식을 소중히 여기듯이 모든 생물을 소중하게 여기라!
> 우리가 하는 사랑의 생각들이 위든 아래든 옆이든 가없이 온 세상을 채울지어다.
> 속박 없고, 증오와 적의에서 자유로운,

가없는 호의로 온 세상을 대할지어다!¹⁰⁴⁾

붓다는 칼라마 사람들이 이런 식으로 행동한다면, 그리고 다음 생이란 것이 있다면, 그들이 좋은 카르마를 쌓아 신으로 다시 태어날 수도 있다고 말했다. 설사 다음 생이 없다 해도 사려 깊고 친절한 생활 방식은 다른 사람들도 똑같이 반응하도록 자극을 줄 터였다. 다른 것을 다 떠나서 자신이 올바르게 행동했다는 것은 알 수 있으며, 이것은 언제나 위안이 되었다.¹⁰⁵⁾

붓다는 설사 생각이 다르다 해도, 이야기를 나누는 상대의 입장이 되어보았다. 늘 그렇듯이 자비가 열쇠였다. 코살라 왕국의 파세나디 왕도 붓다를 따르는 평신도 가운데 한 사람이었다. 그는 어느 날 자신과 부인이 그 무렵 자기 자신보다 더 귀한 것이 없음을 서로 인정했다고 말했다. 물론 이것은 붓다가 동의할 수 없는 견해였다. 그러나 붓다는 왕을 꾸짖거나, 아나타를 토론하지 않았다. 대신 파세나디에게 이렇게 한 번 생각해보라고 권했다. 만일 파세나디가 자기보다 귀한 것이 없다고 생각한다면, 다른 사람들도 똑같이 생각할 것이 틀림없다. 따라서 "자기를 사랑하는 사람은 남들도 해치지 말아야 한다."¹⁰⁶⁾ 이것이 황금률의 붓다식 표현이었다. 일반인은 수도승처럼 철저하게 자기 중심주의를 꺼버릴 수 없다. 수도승과는 달리 늘 그 일에 정진할 수가 없기 때문이다. 그러나 자신의 이기심의 경험을 이용하여 다른 사람들도 약한 상태에 있다는 것에 공감할 수는 있다. 이렇게 하면 일반인도 자기 탐닉에서 벗어나 자비라는 핵심적 가치에 이르게 된다.

파세나디 왕은 말년에 부인이 죽자 만성적인 우울증에 시달렸다. 그는 시골을 정처없이 돌아다니곤 했다. 어느 날은 멋진 늙은 나무들이 가득한 공원을 발견했다. 왕은 마차에서 내려 거대한 뿌리들 사이를 걷다가 이 나무들이 "신뢰와 자신감을 불어넣어준다"는 것을 알았다. "이 나무들은 고요했다. 어떤 시끄러운 목소리도 그들의 평화를 방해하지 않았다. 그들은 일상적인 세계로부터 떨어져, 잔혹한 삶으로부터 피난처를 제공하는 것 같았다." 왕은 이 멋진 나무들을 보다가 바로 붓다를 떠올리고, 마차에 올라타 먼 길을 달려 이제 여든의 노인이 된 붓다가 머물던 집을 찾아갔다.[107]

붓다는 폭력적이고 슬픈 세상에 살던 자기 시대의 많은 사람들에게 평화로운 안식처 역할을 했다. 축의 시대의 많은 사람들은 세상으로부터 구별되고 떨어져 있으면서도 동시에 놀랍게도 세상 안에 있는 장소, 불편부당하고, 철저하게 공정하고, 차분한 장소, 어떤 역경에도 불구하고 우리 삶에는 가치가 있다며 자신감을 채워주는 장소를 찾는 마음으로 하느님, 브라만, 니르바나를 찾았다. 붓다는 그런 장소를 인격화하고 있었다.

사람들은 그의 냉정함에 불쾌함을 느끼지 않았으며, 어떤 대상 또는 어떤 사람을 특별히 더 좋아하지 않는 태도에 풀이 죽지도 않았다. 붓다는 유머가 없고 엄격하고 비인간적인 사람이 아니었다. 외려 그를 만나는 모두에게 특별한 감정을 불러일으켰던 것 같다. 그의 변함없고 끈질긴 관대함, 고요, 공정함은 심금을 울리고 사람들의 가장 깊은 갈망과 공명했던 것 같다. 붓다는 소크라테스나 공자와 마찬가지로 카를 야스퍼스가 '인격의 모범(paradigmatic personality)'이라고 부른 사람이 되었다. 인간이라면 될 수 있고 되어야만 하는 목표를 예증하는 사람이 된 것이다.[108] 이 축의 시대의 선각자들은 원형적 모델이 되었다. 다른 사람들도 그들을 모방함으로써 그들이 구현한 고양된 인간성을 성취하는 길로 조금이라도 더 나아갈 수 있었기 때문이다.

어느 날 한 브라민이 붓다가 나무 밑에 앉아 있는 것을 보았다. 그 고요, 정적, 자기 수양 때문에 브라민 사제는 경외감에 사로잡혔다. 붓다를 보자 큰 엄니가 있는 코끼리가 떠올랐다. 자기를 다스리는 상태에서 엄청난 힘과 커다란 잠재력이 큰 평화와 연결되고 있다는 느낌을 받았다. 브라민은 전에 이런 사람을 본 적이 없었다. "선생님은 신이십니까?" 그가 물었다. "천사입니까…… 아니면 영혼입니까?" "아니오." 붓다가 대답했다. 붓다는 인간 본성의 새로운 잠재력을 드러냈을 뿐이다. 이 고통의 세계에서도 스스로를 다스리고, 자신을 비롯한 모든 생물과 조화를 이루며 평화롭게 사는 것이 가능하다. 사람들이 자기 중심주의의 뿌리를 잘라버리면, 자신의 능력의 정점에서 살고, 자신의 존재 가운데 평소에는 잠들어 있던 부분을 움직일 수 있었다. 브라민은 붓다를 어떻게 묘사해야 할지 알 수 없었다. 그러자 붓다는 그에게 말했다. "나를 깨어 있는 사람으로 기억해주시오."[109]

8장

철학의 모험

기원전 400년~300년경

장자는 묵가와 유가에 짜증이 났다. 그들이 자존심으로 터져나갈 듯한
태도로 오만하게 자신들에게 세상을 구할 사명이 있다고 확신했기 때문이다.
정치는 인간 본성을 바꿀 수 없다. 왕이나 정치가가
백성의 생활에 간섭하면 어김없이 상황은 더 악화되었다.
장자는 '다스리지 않음(無爲之治)'을 믿었다.
사람들에게 인간이 만든 법칙에 복종하도록 강요하는 것은
부자연스럽고 잘못된 일이었다. 그것은 학의 다리가 길다고 잘라서 짧게 줄이거나,
말머리에 고삐를 씌우거나, 소의 코를 뚫는 것과 같은 일이었다.

혜자의 역설, 장자의 무위,
맹자의 자애

　기원전 4세기에 중국의 경제와 정치는 놀라운 속도로 변화했다. 전쟁은 계속되었고 제후들은 비용이 많이 드는 원정에 들어갈 자금이 필요했다. 그래서 새로운 상업 경제를 장려했다.[1] 기원전 5세기에 중국인은 철을 주조하는 법을 발견했으며, 강력한 철제 도구로 방대한 삼림 지대를 개간할 수 있었다. 기원전 4세기 말에도 웨이허(渭河) 계곡, 청두(成都) 분지, 중원은 계속 개간되었다. 농부들은 거름을 치고, 여러 종류의 토양을 구별하는 법을 배웠고, 땅을 갈고 씨를 뿌리고 물을 빼는 데 가장 좋은 때를 판단할 수 있었다 수확량이 늘었으며, 파괴적인 전쟁에도 불구하고 인구가 급속하게 증가했다. 새로운 계급의 상인들이 생겨나 제후들과 긴밀하게 협력하면서 주물 공장을 건설하고 광산을 개발했다. 진취적인 상인들은 커다란 교역 제국을 건설하여 물자를 한반도 북부, 초원 지대, 심지어 인도까지 가져갔다. 그들은 직물, 곡물, 소금, 금속, 모피, 가죽을 거래했으며, 장인, 중개인을 점점 더 많이 고용하고, 수레와 배도 이용했다.

8장 철학의 모험　493

이제 읍성은 단순히 정치적이고 종교적인 수도가 아니라 교역과 산업의 중심이 되어 주민 수천 명이 모여 살았다. 봉건 시대에 궁이 있는 작은 읍성들의 성벽은 길이가 불과 450여 미터밖에 안 되었다. 그러나 이제 어떤 읍성의 성벽은 길이가 3킬로미터가 넘었다. 기원전 4세기에 제나라의 수도 임치(臨淄)는 중국에서 가장 큰 읍성이었는데, 주민이 30만 명이었다. 이곳에서 왕궁에 예속되지 않은 장인과 공예가가 새로운 도시의 계급으로 등장했다. 부자들은 새로운 사치품을 즐겼으며, 그들을 위한 오락 산업도 번창했다. 제나라의 제후들은 중국의 지도적인 학자들을 후원했다. 기원전 357년에는 임치의 서문인 직문(稷門) 근처에 학궁이 생겨 사(士)에 속하는 학자들이 푸짐한 장학금을 받으며 살았기 때문에 직하지학(稷下之學)이라는 말도 생겨났다.[2]

많은 사람들이 이런 변화를 즐겼다. 그러나 어떤 사람들은 자신의 삶이 조상들의 제의화된 삶과 많이 다르다는 점을 자각하며 불편해했다. 크고 성공적인 나라의 제후들은 이제 의식의 속박에 얽매이지 않았다. 통치자들은 왕의 예(禮)가 요구하는 '무위(無爲)' 대신 열정적으로 야심만만한 정책을 추구했으며 권력을 독점하는 데 열중했다. 기원전 4세기 초 위(魏)나라 왕은 세습 귀족과 고관들을 보수를 받는 관리들로 대체하여 새로운 관료 제도를 도입했다. 과거의 행정직은 큰 가문과 연결되어 있었다. 그러나 이제는 왕이 자신의 관리를 선택할 수 있었다. 복종하지 않으면 쫓아내면 그만이었다. 불만을 품은 정치가들은 바로 귀양을 보내거나 처형했다. 다른 나라들도 위나라의 예를 따랐다. 정치는 매우 위험한 게임이 되었다. 제후들은 가끔 사(士) 도학자들의 자문을 구했지만, 상인들에게 훨씬 더 큰 관심을 기울였다. 그들의 정책은 점차 새로운 상업적 에토스의 빈틈없는 실용주의와 계산을 반영하게 되었다.

경제 호황은 불평등을 심화하고 심각한 사회적 분열을 일으켰다. 농민은 정기적으로 군대에 끌려가 가정과 경작지로부터 멀어졌다. 일부는 농부로서 성공을 하기도 했으나, 일부는 빚을 지고 자기 땅에서 쫓겨났다. 통치자들은 농민이 물고기를 잡고 사냥을 하고 땔감을 모으던 많은 늪지와 숲을 가로챘다. 마을 공동체들은 치명적인 피해를 입었다. 많은 농민이 어쩔 수 없이 공장이나 주물 공장에 들어가 노동자가 되었다. 일부 귀족 가문은 망했고, 작은 구식 제후국은 늘 멸망의 위기에 시달렸다. 많은 사람들의 삶에 커다란 공허가 생겼다. "합법적인 것은 무엇이고, 불법적인 것은 무엇인가?" 초나라의 왕족이자 시인인 굴원(屈原, 기원전 343?~278?)은 그렇게 물었다. "이 나라는 실망의 진창이다! 순수한 것은 이제 없다! 밀고자들이 찬사를 받는다! 귀한 집안의 현자들은 명성을 잃었다!"3) 굴원은 그의 군주에게 성인의 자문을 구하여 도(道)로 돌아오라고 간청했지만, 퇴짜를 맞고 추방을 당하여 멱라수(汨羅水)에 몸을 던져 자살했다.

어떤 사람들은 이 멋진 신세계와 아무런 관련을 맺고 싶지 않아 숲으로 물러났다. 은자들은 한동안 도시 생활에서 벗어나는 쪽을 택했다. 공자도 이런 우자들을 몇 사람 만났는데, 그들은 사회를 개혁하겠다는 공자의 시도를 조롱했다.4) 이 은자들은 인도의 출가자와는 완전히 달랐다. 이들은 그저 조용한 생활을 원했다. 그러나 일부는 도덕의 높은 터에 발을 딛고 당시의 상황을 "비판하고 비난했다."5) 그들의 영웅은 농사를 발명한 전설적인 성군 신농이었다.6) 신농은 그들 시대의 야심 많은 통치자들과는 달리 자신의 제국을 중앙 집권화하려 하지 않고 각 봉건국에 자율권을 주었다. 신농은 고관들을 공포에 떨게 하지 않았으며, 농작물을 정기적으로 검사하는 대신 '무위(無爲)'로 통치했다. 다른 은자들은 그냥 숲과 늪지에서 사냥과 낚시를 하면서 전원의 삶을 사는 데 만족했다.[7] 그러나 기원전 4세기 중반에 들어서면 그들 또한 철학을 발전시키게 되는데, 그들은 이 철학이 양자(楊子, 기원전 440?~360?, 본명은 양주楊朱)에게서 나왔다고 말했다.[8]

양자는 책을 남기지 않았지만, 그의 사상은 다른 텍스트들에 보존되어 있다. 그는 유가와 묵가에 직접적이고 곤혹스러운 도전을 했다. 가족의 예(禮)는 한 개인의 목숨이 그 자신의 것이 아니라고 주장했다. 하늘은 모든 인간에게 고정된 수명을 할당했으며, 따라서 자신의 목숨을 위험에 빠뜨리는 것은 하늘의 뜻을 어기는 것이다. 그런데 이제 궁정에서는 목숨이 매우 위험하므로 정치적 직위를 구하는 것은 분명히 잘못된 것이다.[9] 따라서 양가(楊家)는 원칙에 따라 공적 생활에서 물러났다. 그들은 유가의 주장과는 달리 요와 순 임금이 겸손 때문에 물러난 것이 아니라 자신이나 다른 사람의 삶을 위험에 빠뜨리지 않으려고 물러났다고 주장했다. 양가는 침략군과 맞서 싸우기보다는 왕위를 거부한 주나라 왕들의 조상 고공단보(古公亶父)의 사례를 인용했다. "나와 함께 살고 있는 사람들의 아들이나 동생을 사지로 모는 것은 내가 견딜 수 없는 일이다." 고공단보는 양위 연설에서 그렇게 설명했다.[10]

양가는 인(仁), 즉 '모든 사람에 대한 관심'을 좋아하지 않았다. 그들의 철학은 '모든 사람은 각자'라는 것이었다.[11] 양가의 철학은 유가가 보기에는 터무니없이 이기적인 태도였다. 유학자들은 양자가 "털 한 올을 뽑아서 천하를 이롭게 할 수 있다 해도 그렇게 하지 않을 사람"이라고 비판했다.[12] 그러나 양가는 다른 사람의 일이나 제도에 개입하는 것은 무책임하다고 주장했다. 최고의 의무는 자신의 목숨을 보존하고 자연스럽게 다가오는 일만 하는 것이라는 이야기였다.[13] 양가는 인간 본성에 관여하지 말고 하늘이 세워 놓은 도만 따라야 했다. 쾌락을 거부하거나 궁정 생활의 인위적인 제의를 따르는 것은 인간 관계를 왜곡하기 때문에 잘못이었다. 자신의 감정이 아니라 예를 따르면 사람들과 진정으로 접촉할 수가 없었다. 삶은 자발적이고 진지해야 했다.

전국시대에 중국의 많은 사람들이 양가의 이상에 이끌렸지만, 어떤 사람들은 양가의 이상을 곤혹스럽게 여겼다.[14] 그런 사람들은 예(禮)가 하늘의 도를 땅에 수립해준다고 믿었다. 이런 예가 진실로 피해를 주는 것일까? 양자가 옳다면 백성을 위하여 쾌락을 거부한 덕이 높은 왕들은 어리석고 비뚤어진 것이며, 단순히 향락을 추구한 부도덕한 압제자들이 하늘에 훨씬 더 가깝다는 말이 된다. 인간은 기본적으로 이기적인 것일까? 그렇다면 세상을 더 나은 곳으로 만들려면 어떤 일을 해야 할까? 도덕성의 기초는 무엇일까? 자기 도야라는 유가의 이상이 잘못된 것일까? 양가가 그렇게 높이 치는 '인간 본성'이란 과연 무엇일까? 직문 근처의 학궁에서는 이런 질문들을 놓고 토론했으며, 그 학자들 가운데 한 사람은 통치자를 인도하기 위해 유가의 입장에서 양자를 반박하는 〈심술〉†이라는 신비한 논문을 쓰기도 했다.

이 글의 서사는 인(仁)이 인간 본성의 왜곡이 아니라 완성이라고 주장했다. 사실 인이라는 말 자체가 인간성(휴머니티)과 동의어다. 군주가 진정으로 '인간적인 마음'을 갖고자 한다면 자신의 내면 깊은 곳을 발견해야 한다. 숲으로 달아나 평화와 안정을 찾는 대신 명상으로 내적인 고요를 길러 나가야 한다. 깨달음을 얻은 군주는 열정을 제어하고 욕망

....
〈심술(心術)〉《관자(管子)》의 한 부분이다.

을 가라앉히고 마음에서 산만한 생각을 비워 진실하고 참된 자아를 발견할 것이다. 그러면 자신의 정신적인 힘을 분명하게 정리하게 되고, 몸의 건강이 나아질 것이며, 굳이 더 노력을 하지 않아도 '자연스럽게' 인(仁)의 인간이 되었음을 깨닫게 될 것이다. 중국인은 자기 성찰을 발견했으며, 기원전 4세기에는 자신들 나름의 명상법을 개발했다. 우리는 이 초기 형태의 명상에 관해서는 거의 알지 못하지만, 집중과 호흡 제어 훈련이 포함되어 있었던 것으로 보인다. 옛날에 왕들은 신체의 정확한 방향을 잡아 도를 확립했다. 이제 〈심술〉에 따르면 군주는 자기 내면에서 진정한 중심을 발견하여 세상을 바로잡을 수 있었다.

중국의 명상은 기(氣)의 관리에 기초를 둔다. 기는 서양어로는 번역이 어려운데, 삶의 원료이며, 삶의 기초적 에너지이고, 삶의 원초적 정신이다. 기는 모든 존재에 생명을 주며, 만물에 독특한 모양과 형식을 부여한다. 실재의 역동적이고 활동적인 토대인 기는 데모크리토스의 원자와 다르지 않으나, 다만 더 신비할 뿐이다. 궁극적인 제어력인 도(道)의 인도를 받아 기는 주기적으로 다양한 조합으로 축적되어 바위, 식물, 인간을 형성한다. 그러나 이런 피조물 어느 것도 영원하지 않다. 결국 기는 흩어진다. 사람이나 식물은 죽고, 바위는 해체된다. 그러나 기는 여전히 살아 있다. 기는 쉼 없는 변화의 솥 안에서 계속 넘실거리며, 결국 다시 모여서 또 다른 형태를 띠게 된다. 따라서 우주 만물은 강도는 달라도 똑같은 생명을 공유하고 있다.

기(氣)의 가장 순수하고 가장 집중된 형태는 존재 자체, 실재의 정수 즉 '정(精)'이다. 명상을 하는 사람은 자신의 기를 해방시키게 된다. 기의 자연스러운 흐름을 막는 모든 욕망, 증오, 불안한 정신적 활동을 체계적으로 제거하여 기가 방해받지 않고 하늘이 의도한 대로 마음, 정신, 몸을 흐르게 한다. 이렇게 도와 완전히 일치를 이루었을 때 명상을 하는 사람은 황홀경에 빠지며, 내부에서 신성한 평화가 솟아오른다. 이것이 자신의 가장 깊고 가장 신성한 자아인 신(神)인데, 이것은 존재의 정수와 하나다. 따라서 깨달은 군주는 명상에서 자신의 진정한 본성을 발견한다. 그의 사고 기관인 '심(心)'만 완벽해지는 것이 아니라, 청력, 시력, 팔다리도 더 건강해진다.[15] 그렇게 해서 자신에게 할당된 수명을 채울 수 있다. 그는 존재하는 만물의 '정수'와 하나가 되었기 때문에 실재 전체와 합일되는 느낌을 경험할 수 있다. 그래서 그는 이렇게 소리친다. "만물이 내 뜻대로이며, 내 자신 안에 있다."[16]

중국이 무시무시한 전쟁으로 갈가리 찢길 때 중국의 신비주의자들은 자기 내부에서 모든 것을 한데 끌어모으는 평정을 발견했다. 이런 통일을 향한 욕망은 변증과 토론이라는 새로운 유행의 특징이기도 했다. 묵가, 유가, 양가 사이에서 벌어진 열띤 토론의 결과 사람들은 논쟁의 기술에 매혹되었다. 그리스의 소피스트들과 마찬가지로 변자(辯者, '논쟁자')들은 논쟁의 양쪽을 모두 입증하고 기존의 통념을 무너뜨리는 능력을 과시하기를 즐겼다. 많은 사람들이 이 변증을 하찮고 무책임하다고 생각했지만, 논쟁자들은 자신의 작업이 일관성 있는 힘을 보여주며, 겉으로 보기에 공통점이 없는 대상들을 한데 묶어 그 밑에 깔린 통일성을 드러낸다고 보았다. 그들 가운데 한 사람은 이렇게 소리쳤다. "나는 유사성과 차이점을 한데 모으고, 단단함과 결백함을 분별했다. 확실한 것과 확실하지 않은 것, 가능한 것과 가능하지 않은 것을 분별했다."[17]

이 초기의 변증가 가운데 가장 유명한 사람은 놀라운 인물인 혜자(惠子, 기원전 370~309?, 본명은 혜시惠施)였다. 혜자는 전국(戰國) 가운데 가장 앞서 나간 나라로 꼽히던 위나라의 재상이었다.[18] 그의 글 가운데 남아 있는 것은 거의 없지만 그는 묵자의 사상에 강한 친밀감을 느낀 듯하다. 지금까지 전해지는 그의 유일한 작업은 열 가지 역설(歷物+事)인데, 이것은 자기 내면 깊은 곳에서 그가 분별해낸 불안정성을 드러낸다.[19] 혜자는 말은 사물이 영속적이고 견고하다는 착각을 일으키기 때문에 오해를 불러일으킨다는 사실을 보여주고 싶어했다. 그는 이렇게 말했다. "오늘 나는 월나라로 떠났고 어제 그곳에 도착했다." 시간은 전적으로 상대적인 것이다. 오늘의 '어제'는 어제의 '오늘'이며, 오늘의 '오늘'은 내일의 '어제'다. 또 혜자는 다른 역설에서 우리가 지닌 공간 개념의 상대성을 보여준다. "나는 온 세상의 중심이 어디인지 안다. 연나라의 북쪽이고 월나라의 남쪽이다." 연나라는 중국의 북쪽이고 월나라는 남쪽이기 때문에 '중심'은 논리적으로 이 양극단의 사이에 자리 잡고 있어야 한다. 그러나 중국인의 관점에서 벗어나면 어느 지점이나 세상의 중심이 될 수 있다는 것은 자명하다. 직선상의 어느 지점이든 원의 출발점이 될 수 있는 것과 마찬가지다.

 이 명제들은 사실 명상을 위한 참조점들로서 우리가 안다고 상상하는 차이점들이 망상임을 보여주려는 것이다. 심지어 삶과 죽음도 동전의 양면과 같다. "해가 중천에 있으면 지는 것이다." 혜자는 그렇게 말한다. "태어나는 것은 죽는 것이다." 모든 것은 흐르며, 따라서 어떤 피조물의 생명이든 존재하는 첫 순간부터 이미 부패하기 시작하는 것이다. 사람들은 절대적인 의미에서 '높다'나 '낮다'라는 말을 쓴다. 하나의 대상이 다른 것과 비교했을 때만 '높을' 뿐임을 깨닫지 못하는 것이다. 따라서 "하늘은 땅과 같은 높이에 있고, 산은 연못과 같은 높이에 있다." 사물을 단단하고 확고한 범주에 집어넣는 것은 잘못이다. 모든 것, 심지어 피상적으로 비슷해 보이는 것들조차 독특하기 때문이다.

"합쳐진 것은 나뉜 것이다." 따라서 하늘과 땅, 삶과 죽음, 우월한 것과 비천한 것 등 만물은 하나다. 혜자는 정치가이자 활동가, 묵가로서, 모든 인간은 동등한 가치가 있으며 사회적인 운 또한 변할 수 있음을 보여주고 싶어했던 것 같다.[20]

혜자는 첫 번째 명제에서 우리가 일상 생활에서 경험하는 모든 것 너머에 있는 어떤 실재를 가리킨다. "가장 큰 것은 바깥에 아무것도 없는데 이것을 '가장 큰 일자(大一)'라고 부른다. 가장 작은 것은 그 안에 아무것도 없는데 이것을 '가장 작은 일자(小一)'라고 부른다." 우리는 어떤 물체가 다른 것보다 크기 때문에 그것을 '크다'고 한다. 그러나 사실상 모든 것은 '크다.' 우리 세상에서 다른 어떤 것보다 크지 않은 것은 없기 때문이다. 그럼에도 '가장 크다'와 '가장 작다'라는 범주가 우리 마음에 존재한다. 이것은 우리에게 절대적인 것을 상상할 힘이 있음을 보여준다. 언어는 우리 생각의 구조에 내재한 초월을 드러낸다. 혜자의 역설들은 제논의 역설들과는 달리 정신적이고 사회적인 반향을 일으켰다. 그의 명제 열 가지는 초월과 자비의 관념이라는 틀 안에 있다. 혜자는 첫 번째 명제에서 우리의 관심을 그 자체 너머에 아무것도 없는 큰 것으로 돌린다. 열 번째이자 마지막 명제는 묵가적이다. "두루 만물을 사랑하면 하늘과 땅도 하나가 된다." 좋아하고 싫어하는 기초가 되는 구별 자체가 망상이므로, 우리는 모든 존재에게 똑같은 관심을 기울여야 한다. 마지막 명제는 첫 번째 명제를 돌아본다. '큰 것'은 실재 전체를 포괄하기 때문이다. 하늘과 땅은 구별되거나 대립하지 않는 하나다.[21] 따라서 만물은 우리의 사랑과 궁극적인 관심을 받을 자격이 있다.

이런 영적인 전망은 언뜻 보면 어울리지 않게 혜자가 중국 축의 시대의 가장 중요한 인물 가운데 하나인 장자(莊子, 기원전 370~311?)와 우정을 나누게 된 이유를 설명해주는 듯하다.[22] 은자인 장자는 언뜻 보기에는 위나라의 위엄 있는 재상 혜자와 아무런 공통점이 없는 듯하다. 장자는 평생 아웃사이더로 살았다. 한번은 누더기를 입고 신은 끈으로 묶은 채 위나라 왕을 찾아간 적도 있었다. 몇 년 동안은 신을 짜서 생계를 유지하며 빈민가에 살았다. 그러나 장자는 원기 왕성하고, 독창적이고, 총명한 정신을 지녔으며, 부유하고 권세 있는 자들 앞에서도 절대 당황하지 않았다. 그는 혜자와 논쟁을 즐겼으며, 혜자가 죽은 뒤에는 이제 이야기를 나눌 사람이 없다고 한탄했다. 그러나 결국 장자는 변증이 너무 편협하다고 생각했다. 예를 들어 혜자는 묵가였다. 그러나 유가도 옳을 수는 없는가? 혜자가 말한 대로 모든 것이 상대적이라면 왜 한 가지 철학만 옳겠는가? 장자의 관점에서 볼 때 철학자들이 말다툼을 하고 점수를 따는 것은 순전한 자기 중심주의의 발로였다. 도(道)는 옳고 그름, 참과 거짓에 관한 인간의 제한된 관념 너머에 있었다.

장자가 썼다고 하는 책(《장자》)은 사실 기원전 4세기부터 기원전 3세기 말까지 나온 글들의 묶음이다. 전통적으로 앞부분의 일곱 장만 장자 자신이 직접 썼다고 여겨졌지만, 현대의 분석 결과 이 '내편(內篇)'도 후기의 자료를 담고 있으며, 다른 부분에 있는 글 가운데 일부가 역사적인 인물 장자의 문체에 더 가깝다는 사실이 드러났다. 이 책은 사생활의 방어에서 시작한다. 장자는 묵가와 유가에 짜증이 났다. 그들이 자존심으로 터져나갈 듯한 태도로 오만하게 자신들에게 세상을 구할 사명이 있다고 확신했기 때문이다. 정치는 인간 본성을 바꿀 수 없다. 왕이나 정치가가 백성의 생활에 간섭하면 어김없이 상황은 더 악화되었다. 장자는 '다스리지 않음(無爲之治)'을 믿었다. 사람들에게 인간이 만든 법칙에 복종하도록 강요하는 것은 부자연스럽고 잘못된 일이었다. 그것은 학의 다리가 길다고 잘라서 짧게 줄이거나, 말머리에 고삐를 씌우거나, 소의 코를 뚫는 것과 같은 일이었다.[23]

장자는 처음에 평화와 안정을 찾아 공적 생활에서 물러났을 때는 양가였다. 그러나 어느 날 어떤 생물이든 완벽히 안전하게 보호를 받으며 살아가는 것은 불가능하다는 사실을 깨달았다.[24] 장자는 어느 날 숲을 지나다가 밤나무 한 그루에 커다란 까치가 앉아 있는 것을 보고 활을 들어 신중하게 겨냥했다. 까치는 장자가 있는 것을 알아채지도 못했다. 까치는 그늘진 아늑한 곳에 앉아 버마재비 한 마리를 노리고 있었다. 그런데 또 그 버마재비는 햇볕을 쬐는 맛 좋은 매미에게 눈독을 들이는 바람에 자신의 위험을 까맣게 몰랐다. 장자는 슬픈 듯 한숨을 쉬었다. "아, 이렇게 해서 어떤 것이 다른 것에게 재난을 가져오고, 또 자신도 재난을 당하는구나." 이 생물들 가운데 어느 것도 임박한 위험을 깨닫지 못했다. 서로 사냥을 하도록 프로그램되어 있기 때문이다. 그들은 의도했건 의도하지 않았건 상호 파괴의 사슬에 얽혀 있었다. 아무도 완전히 고립된 삶을 살 수는 없다. 은자도 마찬가지다. 장자 자신도 까치를 겨냥하느라 바빠서 숲지기가 나타난 것도 몰랐다. 숲지기는 화가 나서 장자를 쫓아버렸다. 이 사건은 장자에게 깊은 인상을 남겼다. 그는 석 달 동안 우울했다. 장자는 이제 양가의 신조가 착각에 기초를 두고 있음을 알 수 있었다. 양자가 가르친 대로 자신을 보호하는 것은 불가능했다. 우리는 파괴하고 파괴를 당하고, 먹고 먹히는 조건 속에서 살아간다. 우리는 이러한 우리 운명을 벗어날 수 없다. 파괴와 사멸이라는 무한한 과정에 적응하지 않으면 평화를 얻을 수 없다.

장자는 이 일을 겪은 뒤 세상을 완전히 다르게 보게 되었다. 그는 모든 것이 유동적이며 늘 다른 뭔가가 되어 가는 과정에 있음을 깨닫기 시작했다. 그럼에도 우리는 늘 자신의 생각이나 경험을 동결시켜 그것을 절대적인 것으로 만들려 한다. 그러나 이것은 천도(天道)가 이루어지는 방식이 아니다. 생명의 무한한 변화로부터 차단되어 자율적이고 자족적인 것이 되려는 시도는 우주의 자연스러운 리듬에 어긋나는 것이다. 장자는 이것을 완전히 파악한 뒤 환희와 더불어 자유를 느꼈다. 그는 이제 죽음이 두렵지 않았다. 자신의 생명을 무한히 보전하려는 노력은 쓸모없는 것이기 때문이다. 죽음과 삶, 기쁨과 슬픔은 낮과 밤처럼 서로 이어지는 것이었다. 죽어서 '장자'이기를 그쳐도 아무것도 변하지 않을 터였다. 그는 늘 본질적으로 자신이었던 상태―우주의 가없이 변하는 매트릭스의 아주 작은 한 부분―를 유지할 터였다.

장자는 가끔 친구와 제자들에게 이런 진실을 전달하려고 충격 전술을 사용했다. 장자의 부인이 죽었을 때 혜자는 조문을 하러 갔다가 장자가 아무렇게나 앉아 떠들썩하게 노래를 부르며 망가진 낡은 통을 두들기는 것을 보고 경악했다. 애도 기간에 지켜야 할 엄숙한 의식들을 말도 안 되게 모독하고 있었기 때문이다. 혜자가 말했다. "저 여인은 당신 부인이었소! 당신 자식들을 낳아주었소! 최소한 저 여인을 위해 눈물이라도 흘려주어야 하는 것 아니오!" 그러자 장자는 웃음을 지었다. 아내가 죽은 직후에는 장자도 다른 사람들처럼 애도를 했다. 그러나 아내가 태어나기 전, 아내가 우주의 원료인, 무한히 부글거리는 기(氣)의 일부에 불과했던 때를 생각해보았다. 어느 날 놀라운 변화가 일어났다. 기가 새로운 방식으로 뒤섞여 갑자기 자신의 귀중한 아내가 나타난 것이다! 그런데 이제 아내는 죽어 다른 변화를 겪는다. "내 아내의 삶과 죽음은 봄, 여름, 가을, 겨울 네 계절이 번갈아 찾아드는 것과 같다네." 이제 장자의 아내는 가장 큰 저택인 도(道)의 가슴에 누워 편히 쉬고 있었다. 그가 울고 불평을 한다면 사물의 진정한 존재 방식인 도에 완전히 어긋나는 짓을 하는 것일 터였다.[25]

장자와 그의 친구들은 축의 시대의 다른 많은 현자들을 곤혹스럽게 했던 변화, 죽음, 해체를 보며 생각에 잠긴 채 초연한 기쁨을 느꼈다. 어느 날 장자의 제자인 자려(子黎)가 죽어가는 친구 자래(子來)를 문병 갔다. 자려는 친구의 처자식이 침상 옆에서 흐느끼는 것을 보고 언짢아하며 말했다. "쉬이, 비키시오. 변화가 이루어지는 데 간섭하지 마시오!" 이어 병든 친구를 보며 묘한 표정을 지으며 말했다. "놀랍구나, 조화여! 이번에는 자네를 무엇으로 만들까? 자네를 어디로 보낼까? 자네를 쥐의 간으로 만들려나? 벌레의 팔뚝으로 만들려나?" 그러자 죽어가는 친구가 대답했다.

부모는 우리의 일부라네. 동서남북 어디로 가든 우리는 부모의 뜻을 따르지. 하물며 음양의 기운이 내리는 명령은 훨씬 더 완벽하게 따라야 하지 않겠나. 음양이 나를 여기 죽음의 문턱으로 데려왔으니, 그 뜻에 저항하는 것은 매우 무례한 일일 것이네.

우리가 삶을 축복이라 부르니, 죽음도 축복임에 틀림없네. 힘센 대장장이가 쇠붙이를 다루는데 그 쇠붙이가 벌떡 일어나 이렇게 말한다고 해보세. "아니, 아니, 나는 그 전설적인 검 막야가 되어야겠소!" 그러면 대장장이가 그 쇠붙이를 상서롭게 여기겠는가? 따라서 내가 우연히 사람의 형상으로 나왔다고 해서 "인간, 인간, 오로지 인간!" 하고 고집한다고 해보세. 그러면 조화가 나를 상서로운 사람으로 보겠는가? 나는 천지를 힘센 대장간으로, 조화를 힘센 대장장이로 본다네. 따라서 나를 어디로 보내건, 내가 어찌 불평

을 하겠는가? 나는 푹 잠이 들걸세. 그랬다가 갑자기 깨어날 거야.[26]

장자와 그의 친구들은 자신들이 무슨 일이 있어도 생명을 보전해야 할 독특하고 귀중한 개인이라는 생각을 버리자 곤경이 닥쳐도 초연한 태도로 명랑하고 주의 깊게 관찰하면서 차분하고 만족스러운 상태를 유지할 수 있다는 것을 알았다.[27] 일단 하늘의 도와 완전히 조화를 이루면 현실과 조율되기 때문에 평화를 얻는다.

도(道)란 무엇일까? 장자는 여러 번 도는 생각할 수도 없고, 표현할 수도 없고, 규정할 수도 없다고 주장했다. 어떤 특질도, 어떤 형태도 없다. 경험할 수는 있지만 볼 수는 없다. 신은 아니다. 천지가 있기 전부터 존재했으며, 신을 초월한다. 태고보다 더 오래 되었지만 그렇다고 낡지는 않았다. 도는 존재인 동시에 비존재이다.[28] 도는 자연을 자연으로 만드는 모든 무수한 패턴, 형식, 잠재력을 표현한다.[29] 도는 신비하게 기(氣)의 변화를 명령하지만, 우리의 정상적인 사고 양식의 특징을 이루는 모든 구분이 멈추는 지점에 존재한다. 이 말로 표현할 수 없는 물질에 관하여 잘난 체하면서 이야기하려고 하는 모든 시도는 우스꽝스럽고 자기 중심적인 언쟁을 낳을 뿐이다. 우리는 아무것도 모른다는 사실을 깨달아야 한다. 한 이론을 선택하고 다른 이론을 거부한다는 것은 실재를 왜곡하고, 삶의 창조적인 흐름을 우리 자신이 만든 통로로 강제로 밀어넣으려 하는 것과 다름없다. 유일하게 타당한 주장은 우리에게 의심과 스스로 알지 못한다는 명료한 인식을 가져다주는 질문뿐이다. 확실성 같은 것이 없다는 것을 알고 당황해서는 안 된다. 이런 혼란이 우리를 도(道)로 이끌기 때문이다.

자기 중심주의는 깨달음의 가장 큰 장애다. 우리가 어느 한 의견과 동일시를 하게 되는 것은 자기에 대한 부풀려진 느낌 때문이다. 에고 때문에 우리는 말다툼을 하고 간섭을 한다. 다른 사람들을 우리에게 맞게 바꾸고 싶기 때문이다. 장자는 종종 짓궂게도 공자를 빌려 자신의 생각을 표현하곤 했다. 어느 날 안회가 공자에게 난폭하고 무모하고 무책임한 위나라의 젊은 왕을 고치러 떠난다고 말했다. 그러자 공자가 말했다. "그런데 너는 너 자신도 완전히 도를 깨닫지 못했는데 어떻게 다른 사람을 바꾸려는가?" 안회가 할 수 있는 일은 법을 제시하고 유가의 원리 몇 가지를 설명하는 것뿐이었다. 어떻게 이런 외적인 지시로 왕의 잔혹성의 원천을 이루는 모호한 잠재 의식적 충동에 영향을 줄 수 있겠는가? 안회가 할 수 있는 일은 한 가지뿐이었다. 자신의 마음을 비우고, 이런 부산한 자존심을 모두 버리고, 자신의 내적 핵심을 찾는 것이었다. 공자는 말했다.

> 관심을 집중하라. 귀로 듣기를 그치고 마음으로 들어라. 그런 다음 마음으로 듣기를 그치고 네 근본 정신(기氣)으로 들어라. 듣는 것은 귀에서 그친다. 마음은 사물들을 합하는 데서 그친다. 그러나 기는 텅 비어 있어 모든 사물을 다 받아들인다. 도는 이 텅 빈 곳에 깃든다. 비우는 것이 곧 마음의 재계†이다.[30]

우리는 자아를 먹일 기회를 모두 사용할 것이 아니라 자아를 굶겨야 한다. 최선의 의도조차 우리의 자기 중심주의의 방앗간에 들어가는 곡

마음의 재계(心齋) 마음을 굶주리게 한다는 뜻으로 풀이된다. 이것은 또 자신의 마음에서 선입견을 없앤다는 뜻으로도 볼 수 있다.

식이 될 수 있다. 그러나 기에는 아무런 계획이 없다. 그냥 도에 의해 형성되고 변하도록 내버려 둘 뿐이다. 그러면 모든 것이 잘 된다. 안회가 기를 막는 일, 기를 자연적 흐름으로부터 빗나가게 하는 일을 그만두면, 도가 그를 통해 움직일 수 있다. 그래야 안회는 세상에서 선을 위한 힘이 될 수 있다. 그러나 대화의 끝에 이르자 안회는 그 기획에는 관심을 완전히 잃어버린 듯하다.

사람들이 교의와 이론에 관한 주장을 멈추면 장자가 '큰 앎(大知)'이라고 일컬은 것을 얻을 수 있다. 그러면 **이것**은 **저것**을 뜻하지 않는다고 주장하지 않으며, 겉으로 나타나는 모든 모순이 신비하고 초자연적인 통일을 이루는 것을 보게 된다. 이런 대립의 일치는 그들을 바퀴의 축, 도(道)의 축, '원의 중심에 있는 축'으로 데려다줄 것이다. "그것은 존재하는 것과 존재하지 않는 것에 똑같이 반응할 수 있기 때문이다."[31] 깨닫지 못한 상태는 우물 안 개구리의 시야와 같다. 조그만 하늘 조각을 보면서 그것이 전부라고 착각한다. 장자는 실재 전체를 본 뒤에 관점이 영원히 바뀌었다.[32] 큰 앎은 결코 규정할 수 없다. 장자는 그 결과만 묘사할 터였다. 현자는 이런 앎이 있기 때문에 상황이 벌어지는 대로 민감하고 똑똑하게 대응한다. 그는 미리 어떻게 행동할지 계획하지 않는다. 행동의 대안을 두고 고민하지도 않고 꽉 짜인 규칙을 고수하지도 않는다. 도를 막는 일을 그만두고 나면 재능 있는 장인의 교묘한 솜씨를 닮은 자연스러움을 얻게 될 것이다.

장자는 공자 이야기를 또 한다. 공자가 어느 날 제자들과 함께 숲을 지나다가 끈적끈적한 막대로 매미를 잡는 꼽추 노인을 만났다. 노인이 한 마리도 놓치지 않는 것을 보고 공자는 놀랐다. 어떻게 저럴 수 있을까? 노인은 집중력을 완벽하게 발휘하여 자신의 일에 몰입함으로써 엑스타시스, 즉 자기 망각을 이루어 도(道)와 완벽한 조화를 이룬 것이 분명했다. "당신의 재주는 정말 교묘하군요. 당신에게 어떤 방법(道)이 있는 것입니까?" 공자가 물었다. "있고말고요!" 꼽추 노인이 대답했다. 노인 자신도 어떻게 이것이 가능한지는 몰랐다! 그러나 몇 달을 연습하다 보니 매미를 잡는 일에 완전히 집중한 상태에 이를 수 있었다. "지치지도 않고, 몸이 기울지도 않고, 매미 외에는 수많은 생물 가운데 어느 것도 절대 의식하지 않습니다. 이런 방법을 따르는데 어떻게 실패하겠습니까?" 노인은 자신의 의식적인 자아를 떠나 기(氣)가 자신을 장악하게 한 것이다. 공자는 제자들에게 이렇게 설명했다. "의지를 모아 흩뜨리지 않고 유지하면 그의 정신에는 힘이 넘친다." 그래서 그의 두 손이 저절로 움직이는 것처럼 보이는 것이다. 의식적으로 숙고한 계획은 혼란을 일으키고 역효과를 낳는다. 또 장자는 목수 윤편(輪扁)의 이야기를 떠올린다. 윤편은 이렇게 설명했다. "제가 수레바퀴를 깎을 때 너무 많이 깎으면 (굴대가) 헐거워서 튼튼하지 못하고 덜 깎으면 빡빡하여 (굴대가) 들어가지 않습니다. 따라서 너무 많이도 너무 적게도 깎지 말아야 합니다. 저는 그것을 손으로 터득하고 마음으로 느낄 뿐입니다. 말로는 표현할 수 없지만 그냥 아는 것입니다. 저는 이것을 제 아들에게 말로써 깨우쳐줄 수 없고, 제 아들 역시 제게서 배울 수가 없습니다."[33] 마찬가지로 분석이나 구분이나 대안들을 염두에 두지 않게 된 현자는 '에고 원리'를 떠나 자연스럽게 다가오는 일을 하며 우주의 가장 깊고 가장 신성한 리듬과 하나가 된다.

이것은 어떤 느낌일까? 《장자》에는 은자인 자기(子綦)에 관한 이야기가 나온다. 어느 날 제자인 안성자유가 스승이 "하늘을 바라보며 얕은 숨을 쉬는 것을 보았다. 표정은 멍하니 마치 몸을 잊은 듯했다." 전에는 이런 일이 한 번도 없었다. 자기는 완전히 다른 사람처럼 보였다. 어떻게 된 일일까? 자기가 말했다. "자네도 그것을 알았던가? 나는 막 나 자신을 완전히 잃었다네." 자기는 장인이 자신의 일 속으로 완전히 사라지는 것과 마찬가지로 '사라졌던' 것이다. 우리가 우리 자신에게 매달릴 때 우리는 도의 '큰 변화'로부터 소외된다. 자기는 자기 자신을 잊었기 때문에 자기 중심주의의 속박에서 해방되었다. 그는 이제 전보다 더 분명하게 볼 수 있었다. 그는 말했다. "자네도 사람의 음악을 들어보았겠지. 하지만 대지의 음악을 들어보지는 못했을걸세. 설사 대지의 음악은 들어보았다 해도 하늘의 음악은 못 들어보았을걸세." 이런 더 큰 전망을 얻게 되면 모든 것이 함께 노래하는 소리를 들으면서 동시에 각각을 분리해낼 수 있다. 이것이 큰 앎이었다. 큰 앎은 "크고 서둘지 않는" 반면 "작은 이해(小知)는 비좁고 바쁘다."[34]

이전의 모든 사고 습관을 버리지 않으면 이런 깨달음은 얻을 수 없다. 진정한 현자는 지식을 쌓지 않고 하나씩 잊는다. 그러다 마침내 자신을 잊고 기쁘게 도 안에 합쳐 들어갈 수 있다. 장자는 공자와 안회에 관하여 한 가지 이야기를 더 해준다.

"제게 진전이 있었습니다." 어느 날 안회가 말했다.

"무슨 소리냐?" 공자가 물었다.

"인과 의를 완전히 잊었습니다."

"나쁘지 않구나. 하지만 아직 멀었다."

며칠 뒤에 안회가 다시 찾아와 말했다.

"이제는 예와 악을 완전히 잊었습니다."

"그래도 아직 멀었다."

다음날 안회가 또 찾아왔다. 그리고 마침내 스승을 놀라게 했다.

"제가 나아졌습니다!" 안회가 활짝 웃었다. "저는 가만히 앉아서 잊고 있습니다(좌망坐忘)."

공자가 깜짝 놀라 물었다. "그게 무슨 소리냐?"

"몸이 멀어지고 지성이 희미해지게 놓아둡니다. 형체를 버리고 지각(智覺)을 버립니다. 그런 다음 자유롭게 움직여 커다란 변화(도道) 속으로 섞여 들어갑니다. 그것이 제가 말한 가만히 앉아서 잊는다는 것입니다." 공자는 창백해졌다. 제자가 자신을 뛰어넘었기 때문이다.

네가 그렇게 섞여 들어간다면 좋고 싫음에서 벗어난 것이다. 네가 모든 변화라면 영구적인 것에서 벗어난 것이다. 따라서 결국 진정한 현자는 여기 있는 너로구나! 이제부터 나도 너를 따르고 싶구나.[35]

사물을 '안다'는 것은 그것을 다른 모든 것과 구별한다는 것이다. 이런 구별을 잊는다는 것은 구분되지 않는 통일성을 깨닫고 분리된 개인이라는 감각을 모두 잊는다는 것이다.

장자의 깨달음은 붓다의 깨달음과 달랐다. 그 깨달음은 단번에 이루어진 것처럼 보이지 않는다. 장자는 영원한 황홀경에 사로잡혀 걸어다닐 수 없었다. 정상적인 생활을 영위하기 위해서 사물을 분석하고 구별을 할 수밖에 없을 때도 있었다.[36] 때로는 '하늘과 함께' 있지만, 때로는 '인간과 하나'일 때도 있었다.[37] 그러나 장자는 삶의 중심에서 도, 즉 만물이 성장하는 '뿌리' 또는 '씨앗'이자 만물이 회전하는 축과 평화를 이루었다.

장자가 묵가의 '사랑'이나 '관심'이라는 이상을 전적으로 즐겁게 받아들였던 것은 아니다. 그렇게 관심을 쏟고 주의를 기울이기에는 개별적 존재들이 너무 덧없기 때문이었다. 그러면서도 그는 공감의 영성을 가르쳤다. 장자는 현자는 본질적으로 자기 중심적이지 않다고 믿었다. "완벽한 인간에게는 자기가 없다." 장자는 그렇게 설명했다.[38] 그는 다른 사람들을 '나'처럼 여긴다. "사람들이 울면 그도 운다. 그는 모든 것이 자기 자신이라고 여긴다." 분리된 특수한 자기 자신이라는 느낌이 완전히 사라졌기 때문이다.[39] 그의 마음은 '텅 비었으며' 에고라는 왜곡시키는 렌즈 없이 거울처럼 다른 존재들을 있는 그대로 비출 뿐이다.[40] 진정한 현자에게는 인에 관한 규칙이 필요 없다. 그는 구태여 자신이 다른 사람들에게 관심을 둔다고 생각하지도 않으면서 자연스럽게 다른 사람을 위하는 길을 찾는다.[41] 큰 앎을 가졌다는 것은 이미 자의식 없이 자비를 베푸는 기술을 획득한 셈이기 때문이다.

장자는 자신과 같은 시대를 살았던 맹가(孟軻, 기원전 372~289)—흔히 맹자(孟子)라고 부른다.—를 자기 본위의 참견하기 좋아하는 사람이라고 여겼을 것이다. 맹자는 공적 생활에서 적극적인 역할을 하려고 필사적으로 노력했기 때문이다.[42] 헌신적인 유가인 맹자는 직하 학궁에서 학자가 되었지만, 그의 진짜 야망은 조정에서 일하는 것이었다. 그러나 맹자도 공자와 마찬가지로 성공을 거두지 못했다. 그는 제(齊)나라의 선왕(宣王)이나 양(梁)나라 혜왕(惠王)을 찾아갔으나 신임을 얻지 못했다. 둘 다 맹자의 사상이 우스꽝스러울 정도로 비실용적이라고 생각했다. 그러나 맹자는 쉽게 포기하지 않았다. 오랫동안 이 나라 저 나라를 떠돌며 군주들에게 도(道)로 돌아오라고 설득했다. 맹자는 장자처럼 세상에 등을 돌리지 못했으며, 자신이 하늘로부터 세상을 구하는 일을 위임받았다고 믿었다.

맹자는 역사에서 하나의 유형을 보았다. 대략 5백 년마다 성군이 나타났으며, 그러기 전에는 평범한 '명망가'들이 통치했다. 초기 주나라 왕들의 통치 이래로 7백 년이 흘렀기 때문에 새로운 성군의 출현은 안타깝게도 너무 늦어지고 있는 셈이었다. 맹자는 중국이 변했다는 사실을 예리하게 의식했다. 그가 보기에는 나쁜 쪽으로 변했다. "오늘날만큼 백성이 압제적인 통치에 시달린 적이 없었다. 하늘이 세상에 평화를 주고 싶지 않은 것이 분명하다." 맹자는 그렇게 탄식했다. 하늘이 정말로 세상을 구하고 싶어한다면, 자신 외에 누가 그 일을 할 수 있겠는가?[43] 맹자는 평민에 불과했기 때문에 성군은 될 수 없었다. 그러나 자신이 군주들에게 하늘이 보낸 사자로 임명을 받았다고 믿었다. 백성은 선한 지도자를 찾아 울부짖고 있었다. 그들은 자비와 정의를 보여주고 그들을 따뜻하게 대접하는 통치자에게 언제라도 모여들 터였다.

군주들이 자신을 절대 진지하게 받아들이지 않는다는 사실이 분명해지자 맹자는 물러나 자신이 섬기려 했던 통치자들과 토론한 기록을 남기기 시작했다. 그는 힘으로 다스리는 것은 불가능하다고 믿었다. 사람들은 선택의 여지가 없을 때는 강압적인 통치에 복종했다. 그러나 평화를 사랑하는 왕이 권좌에 오르면 '사모하는 마음으로' 그에게 몰려들 것이다. 선(善)은 '변화시키는 힘'이 있기 때문이다.[44] 그는 혜왕에게 군사적 힘에 의존하는 대신 "형벌과 세금을 줄여 사람들이 밭을 깊이 갈고 빨리 잡초를 뽑게" 해야 한다고 말했다. 그러면 힘 있는 젊은 사람들은 남는 시간에 가족의 예에 따라 살 것이며, 좋은 형제와 아들이 될 것이다. 이들이 이런 도덕적 기초를 닦게 되면 자연스럽게 충성스러운 백성이 되어 큰 힘을 발휘할 것이다. 그들은 "몽둥이로만 무장을" 한다 해도 큰 나라의 "견고한 갑옷과 날카로운 무기에 패배를 안길" 것이다.[45] 왜? 훌륭한 신하들은 모두 정의롭고 자비로운 왕의 조정에서 봉사하고 싶어할 것이기 때문이다. 농부들은 그 왕의 땅을 경작하고 싶어할 것이기 때문이다. 상인들은 그 왕의 도시에서 장사를 하고 싶어할 것이기 때문이다. 맹자는 왕에게 말했다. "(이렇게 되면) 천하에 자신의 통치자를 미워하던 모든 자들이 전하에게 와서 하소연을 하려 할 것입니다. 그런 일이 벌어지면 누가 그것을 막을 수 있겠습니까?"[46]

공자는 예만이 사회를 변화시킬 수 있다고 믿었다. 그러나 맹자는 전국시대의 경제와 농업 혁명을 지켜보았다. 맹자는 요순의 예의 능숙함을 존경하는 대신 그들을 공학자로, 행동하는 실천적인 인간으로서 존경했다. 요 임금 시대에 중국에 무시무시한 홍수가 일어났으나 모든 사람 가운데 요 임금만이 "불안으로 가득했다."[47] 요는 수로를 파 물이 바다로 흘러들게 했다. 그러자 사람들은 땅을 고르게 다듬어 살 만한 곳으로 만들 수 있었다. 순 임금은 우에게 토목 사업을 맡겼으며, 우는 8년이라는 긴 세월 동안 강을 준설하고 강바닥을 깊이 파고 새로운 제방을 건설했다. 그 기간 동안 우는 단 하루도 자기 집에서 자지 않았다. 농사를 지을 여유도 없었다. 그래서 순이 후직(后稷)에게 곡식을 재배하는 방법을 사람들에게 가르치는 일을 맡겼다. 그러나 사람들이 배가 부르자 도덕적 기준이 낮아졌으며, 순은 이것 때문에 크게 걱정했다. 그래서 순은 설(契)을 사도(司徒)로 임명하여 사람들에게 인륜(人倫)의 예를 가르치게 했다.[48]

맹자는 성군들이 백성에게 느꼈던 애정 어린 관심을 강조했다. 그의 이야기에서 요와 순 두 임금에게서 나타나는 성군의 첫 번째 표시는 그들이 백성을 걱정하고, 백성의 곤경에 불안해하며, 늘 우려와 고민으로 가득했다는 것이다. 현자는 다른 사람들이 고통을 겪는 것을 두고 보지 못한다. 모두 "다른 사람들의 고통에 민감한 마음"을 지녔으며, "이것은 자애로운 통치로 표현된다." 성군들은 그저 자신의 백성에게 안타까움을 느끼는 것으로 끝내지 않았다. 그들은 정력적으로, 또 창조적으로 이 관심을 효과적인 행동으로 바꾸었다. 그들의 선하고 실용적인 통치는 자비(仁), 자기 이해 관계 너머를 보는 능력, "자신의 활동 범위를 확장하여 다른 사람들을 받아들이는 것"에서 생겨났다.[49]

전국시대의 군주들은 요순 같은 특별한 재능은 없었는지 모르지만 그들의 이타주의는 모방할 수 있었고 모방해야 했다. 공자는 인을 정의하려 하지 않았다. 그러나 맹자는 거기에 분명하고 좁은 의미를 부여했다. '자애'였다. 이것은 군주가 세상에 등을 돌릴 수 없게 만드는 핵심적인 덕이었다. 그는 묵자의 '모든 사람을 향한 관심'을 불신했다. 이런 일반화된 호의는 사회의 핵심을 이루는 가족의 유대를 훼손할 것이라고 걱정했기 때문이다.[50] 그러나 관심이 가족에 머물 수 없다는 것에는 동의했다. 맹자는 선왕에게 그의 가족 가운데 나이 든 구성원들을 정중하게 대하는 데서 시작하라고 말했다. 이런 존경의 습관을 익히면 자연스럽게 그것을 다른 가족의 나이 든 사람들에게로 확장할 수 있을 터였다. 그러다 보면 마침내 자신의 모든 백성을 자애심으로 대하고, 백성은 기쁜 마음으로 그의 통치에 복종할 터였다.[51]

맹자는 인(仁)의 통치가 인위적이라는 데 동의하지 않았으며, 사람들이 타인의 고난에 동정적으로 반응하는 것은 자연스러운 일이라고 믿었다. 그는 제나라 선왕에게 왕이 그 무렵 제물로 끌려가는 황소의 생명을 구해준 일이 있다는 사실을 지적했다. 왕은 그 가엾은 짐승이 궁을 사로지르는 것을 보고 그 애처로운 울음을 듣자 신하에게 소리쳤다. "살려주어라! 처형장으로 끌려가는 죄 없는 사람처럼 소가 두려움에 움츠리든 모습을 두고 볼 수가 없구나."[52] 이것은 선한 충동이었지만 시작에 불과했다. 왕은 이런 본능적인 자비심을 그의 백성에게 적용하고 그들에게 더 인정 있는 태도를 보여야 하며, 마지막으로 그의 관심을 다른 나라들로 넓혀야 한다. 맹자는 인간의 본성이 본래 선하다고 믿었다. 자연 발생적으로 인으로 기운다는 것이었다. 묵가는 사람들이 오직 자기 이익에 따라서만 움직이며 선은 외부에서 그들에게 주입해야 하는 것이라고 믿었다. 그러나 맹자는 우리가 도덕적으로 행동하는 것은 우리 몸이 성숙한 인간으로 발달하는 것과 마찬가지로 자연스러운 일이라고 주장했다. 나쁜 습관이 신체적 성장과 도덕적 성장을 방해할 수는 있지만 선을 향한 본능적인 경향은 그대로 남아 있다는 것이다.

모든 사람에게는 근본적인 네 가지 '충동'(단端)이 있어, 이것을 제대로 계발하면 네 가지 기본적인 덕이 자란다. 즉 인(仁), 의(義), 예(禮)와 옳고 그름을 구별하는 지(智)다. 네 가지 충동은 언젠가 크게 자라날 새싹과 같다.[53] 이 '싹'들은 우리에게 팔다리와 마찬가지로 자연스러운 것이다. 다른 사람에게 전혀 자비심을 품지 않는 사람은 없다. 아이가 우물가에서 비틀거리며 우물에 빠질 것처럼 보이면 누구나 즉시 아이를 구하려고 달려나간다. 이 행동은 아이 부모의 환심을 사려는 것도 아니고, 친구들의 존경을 얻으려는 것도 아니고, 아이의 울음이 짜증나서도 아니다. 자비심이라는 본능적 충동 때문에 움직이는 것이다. 조금도 동요하지 않고 아이가 죽음으로 떨어지는 것을 지켜볼 수 있는 사람에게는 근본적인 문제가 있다. 마찬가지로 수치심이 전혀 없거나 기본적인 옳고 그름의 감각조차 없는 사람은 결함이 있는 인간이다. 사람을 불구자나 기형으로 만들듯이 그 '싹'을 짓밟을 수도 있지만 싹을 제대로 길러만 준다면 스스로 힘차고 역동적인 힘을 얻게 된다. 일단 이 싹이 움직이게 되면 그것을 실행에 옮기는 사람을 바꿀 뿐 아니라 접촉하는 모든 사람을 바꾼다. 왕의 힘과 마찬가지다. 이 네 가지 '싹'을 모두 계발하는 데 성공하는 사람은 세상을 구할 수 있다.[54]

맹자는 전국시대의 혼란기에 살았다. 그는 선(善)의 맹아가 쉽게 파괴될 수 있음을 알았다. 어디를 보나 탐욕과 이기심이었으며, 그는 이것이 기의 흐름을 막고 선으로 향하는 자연스러운 경향을 왜곡시킨다고 믿었다. '싹'은 생각을 하고 감정을 느끼는 기관인 '마음'에 자연스럽게 자리 잡는다. 그러나 많은 사람들이 자신의 마음을 그냥 던져버렸다. 보통 사람들은 잔혹, 굶주림, 착취에 의해 부패했다. 상층 계급은 사치, 쾌락, 권력, 명성에 탐닉하는 바람에 '싹'을 소홀히 하여 오그라들어 죽게 내버려 둔다. 오직 성숙한 사람인 군자만이 자신의 마음이 살아 있도록 유지해 나간다.[55] 대부분 사람들의 마음은 우산(牛山)을 닮았다. 우산은 한때는 잎이 무성한 숲으로 덮여 있었는데 무모하고 야만적인 벌목으로 헐벗게 되었다. 이제는 우산에 나무가 있었다는 사실조차 믿기 어렵게 되었다. 이와 마찬가지로 잔인하고 이기적인 사람에게 좋은 자질이 있었다고 상상하기는 어렵다. 그러나 그 잠재력은 분명히 있다. "진실로 기르는 기회를 얻으면 자라지 않을 것이 없고, 그런 기르는 기회를 잃으면 시들지 않을 것이 없다."[56]

맹자는 낙관주의자였다. 설사 마음을 잃더라도 언제나 다시 찾을 수 있다고 보았다. 무위(無爲)는 답이 아니다. 세상은 유위(有爲, 스스로 노력하는 것)를 요구하며, 이것을 바탕으로 인간들은 하늘과 조화를 이룰 수 있다. 유가에서 교육의 목적은 길을 잃은 자비심을 찾는 것이었다. 사람들이 자신의 인간성이 이렇게 위축되는 것에 관심을 두지 않다니 이상하지 않은가! 사람들은 사라진 닭이나 개를 찾는 데는 많은 시간과 에너지를 쏟지만 자신의 마음을 되찾기 위해서는 아무런 일도 하지 않는다.⁵⁷⁾ 네 가지 핵심 덕(인·의·예·지)을 계발하여 요순과 같은 현자가 될 능력이 없는 사람은 없다. 자비심을 찾아내 양육하면 그 마음은 원래의 본성상 숲의 불처럼 타오르거나 땅 깊은 곳에서 솟구쳐 올라오는 샘처럼 공중으로 터져 나올 것이다. 현자는 자신의 인간성을 완전히 실현하여 하늘과 하나가 된 사람에 불과하다.⁵⁸⁾ 처음에는 우리 대부분에게 자비심이 어렵다. 우리는 자애, 존경, 정의, 공정을 갖춘 행동을 늘 되풀이하여 내적인 덕을 길러야만 한다. 우리가 올바르게 행동할 때마다 '싹'은 힘을 얻어, 마침내 기본적인 덕은 습관이 된다. 유위를 힘차게 강화하면 '움직이지 않고' '확고부동한' 마음을 만들 수 있으며, 이것이 제어하기 어려운 습관들을 제어할 수 있다.

이 선을 향한 투쟁에서 버티는 사람은 맹자가 '큰 물 같은 기'(호연지기浩然之氣)라고 부르는 것에 이를 수 있다. 이것은 맹자 자신이 만들어 낸 말이지만 그 자신도 설명하는 것은 어려워했다. 이것은 인간을 신성한 경지로 들어올리는 특별한 종류의 기였다.

> 이것은 가장 높은 수준의 광대하고 굽힘이 없는(浩然) 기다. 이것을 성실하게 길러 그 앞에 아무런 장애를 놓지 않으면, 이것은 하늘과 땅 사이의 공간을 채운다. 이것은 의와 도를 결합하는 기다. 이것이 없으면 다 무너진다. 이것은 축적된 의에서 태어나며, 어떤 사람이 간헐적으로 의를 보인다고 해서 얻을 수 있는 것이 아니다.⁵⁹⁾

평범하고 약한 인간이라도 인을 실천하면 도(道)와 조화로운 상태에 이를 수 있다. 장자도 비슷한 경험을 했지만 자의식은 기의 흐름을 방해할 뿐이라고 주장했다. 그렇지 않다. 맹자는 그렇게 반박한다. 도와 통일을 이루는 상태는 규율이 잡힌 지속적인 정신적 노력으로 얻을 수 있다.

황금률이 핵심이었다. 이것이야말로 군자를 진정 인간적인 존재로 만드는 것이었으며, 개인이 전 우주와 신비한 관계를 맺게 해주는 것이었다. 맹자는 가장 중요한 가르침으로 꼽히는 대목에서 이렇게 말했다. "만물이 내 안에 있다. 자신을 돌이켜보아 내가 나 자신에게 성실하면 그보다 큰 기쁨이 없다. 너 자신이 대접받고 싶은 대로 남들을 대접하려고 최선을 다하면 이것이 인에 이르는 가장 빠른 길임을 알게 될 것이다."[60] 다른 사람들이 너 자신만큼 중요한 것처럼 행동하면 만물과 환희에 찬 통일을 경험할 수 있다. 군자는 이제 자신과 다른 생물 사이에 구분이 있다고 느끼지 않는다. 그런 사람은 이 괴로운 세상에서 영원히 신성한 힘이 된다.

맹자는 왕의 자기 중심주의가 예(禮)의 구속을 받았던 봉건 시대를 돌아보면서 그런 왕의 백성은 만족했을 것이라고 믿었다. 전국시대의 폭력과 공포를 생각하면 그 머나먼 시절은 황금기처럼 보였다. 왕은 도의 힘을 발산했으며, 백성에게 깊은 도덕적 영향력을 발휘했고, 백성은 "행복했고, 느긋했고 만족했다." 그들은 "누구 덕분인지도 모르면서 매일 선을 향해 나아갔다." 그러나 이제는 그런 역량이 있는 왕이 없었다. 대신 누구나 군자, 즉 완전하게 성숙한 사람이 될 수 있으며, 자신의 환경에 그런 왕과 똑같은 영향을 줄 수 있었다. "군자는 그가 지나가는 곳은 변화시키고, 그가 거하는 곳에서는 놀라운 일을 해낸다. 그는 위의 하늘이나 밑의 땅과 같은 흐름에 있다. 그런데 그가 작은 혜택밖에 주지 못한다고 말할 수 있겠는가?"[61]

두려움에 떠는 전사들의 서사시
《마하바라타》

중국에서는 축의 시대가 늦게 출발했지만 이제 만개하고 있었다. 다른 지역에서는 쇠퇴하거나 다른 것으로 바뀌는 중이었다. 이 점은 인도의 위대한 서사시 《마하바라타》에서 분명하게 볼 수 있다.[62] 이 이야기는 국가 체계가 형성되기 전인 《브라마나》 시기의 쿠루-판찰라 지역이 배경이지만, 서사시의 구전은 기원전 500년경에 시작되었다. 글로 기록된 것은 서력 기원이 시작되고 나서 몇백 년 사이의 일이며, 이때 최종적인 형태로 정착되었다. 따라서 《마하바라타》는 복잡한 다층의 텍스트이며, 전통의 다양한 가닥들이 모여 있다. 그러나 이야기의 전체 윤곽은 기원전 4세기 말에 확립되었을 것이다. 축의 시대의 결정적 텍스트들이 사제와 출가자들의 저작인 반면, 이 서사시는 크샤트리아 전사 계급의 에토스를 반영한다. 축의 시대의 종교 혁명은 그들에게 곤혹스러운 딜레마를 안겨주었다. 왕이나 전사는 공동체를 방어하기 위하여 싸우거나 죽여야 하는 자신의 소명을 이행하면서 어떻게 동시에 아힘사(불살생)라는 이상을 존중할 수 있는가?

각 계급의 의무는 신성했다. 각 계급에게는 각각 침해 불가능한 다르마, 즉 신이 정한 생활 방식이 있었다. 브라민의 의무는 베다 전승의 전문가가 되는 것이었다. 크샤트리아는 법, 질서, 방어를 책임졌다. 바이샤는 부의 생산에 에너지를 쏟아부어야 했다. 출가자들은 전사와 상인들의 지원에 의존했다. 이들이 출가자들에게 보시를 하고 먹을 것을 주고 안전을 제공해주는 덕분에 출가자들은 하루 종일 종교적 탐구에 몰두할 수 있었다. 그러나 왕, 전사, 상인은 자신의 의무를 성공적으로 이행하려면 붓다의 표현을 빌리면 '해로운(아쿠살라)' 방식으로, 또는 아예 죄가 되는 방식으로 행동할 수밖에 없었다. 바이샤는 시장에서 성공을 거두려면 야망을 가져야 했고, 재화를 원해야 했고, 경쟁자들과 공격적으로 경쟁해야 했다. 그들은 이런 '욕망' 때문에 어쩔 수 없이 죽음과 재생의 순환에 묶일 수밖에 없었다. 특히 문제가 되었던 것은 크샤트리아의 소명이었다. 군사 작전을 벌이다 보면 진실을 감추기도 하고, 심지어 거짓말도 해야 했다. 예전 친구와 동맹자들을 배신하기도 하고, 무고한 사람들을 죽이기도 했다. 이런 행동은 비폭력과 더불어 언제나 엄격하게 진실을 고수할 것을 요구하는 요가의 에토스와 양립할 수가 없었다. 크샤트리아는 다음 생에서나 수도자가 되기를 바랄 수밖에 없었지만, 일상의 카르마의 성격에 비추어볼 때 이런 제한적인 목적도 달성할 가능성이 적어 보였다. 그렇다면 희망은 없는 것인가? 《마하바라타》는 이런 문제들을 놓고 고민을 했지만 만족스러운 해법을 찾을 수가 없었다.

《마하바라타》의 어떤 한 구절이 기록된 연대를 정확히 밝히는 것도, 심지어 최초의 이야기를 분리해내는 것도 매우 어렵다. 오랜 전달 과정에서 오래된 자료와 새로운 자료가 서로 뗄 수 없이 결합되었으며, 서력 기원이 시작되고 나서 몇백 년 동안 사제 학자들은 이 서사시를 재해석했다. 그럼에도 서사의 전체적인 움직임은 축의 시대가 끝나 갈 무렵 크샤트리아가 관심을 집중했던 일들에 관하여 어떤 통찰을 보여준다. 《마하바라타》는 친척 간인 카우라바 집안과 판다바 집안이 쿠루-판찰라 지역의 지배권을 둘러싸고 벌인 격렬한 전쟁 이야기를 전한다. 집안만 분열된 것이 아니었다. 이 전쟁으로 인해 인류 전체가 소멸될 뻔했다. 이것으로 영웅 시대는 끝이 나고, 우리가 사는 매우 결함 많은 시대인 칼리 유가†가 시작되었다.

이 전쟁은 묵시록적인 성격을 띠었지만, 《마하바라타》에서는 이 전쟁을 선과 악의 갈등으로 제시하지 않는다. 이 전쟁에서는 판다바 집안이 이길 수밖에 없는 운명이었다. 그러나 그들은 친구이자 동맹자인 야다바 씨족의 족장 크리슈나가 제안한 매우 수상쩍은 작전에 의지할 수밖에 없었다. 판다바 집안은 어쩔 수 없이 그렇게 행동을 했다 해도, 그 불명예스러운 행동에 스스로 깊은 상처를 입었으며, 전쟁이 끝나고 나서 사람이 사라진 황폐한 세상을 살필 때는 그들이 거둔 승리가 공허하게 느껴졌다. 반면 카우라바 집안의 많은 사람들은 고귀하고 모범적인 전사들이었다. 그들의 지도자 두리오다나가 전투에서 죽자, 그 영혼은 곧바로 하늘로 올라갔고, 하늘의 꽃잎이 소나기처럼 그의 죽음을 덮었다.

어떤 면에서 《마하바라타》의 종교 세계는 축의 시대의 영향을 받지 않은 것처럼 보인다. 이 서사시를 읽다 보면 오직 엘리트 집단만 위대한 변화에 관여했음을 알게 된다. 대부분의 사람들은 이전의 종교적 관행을 유지했고, 적어도 피상적으로는 새로운 상황 전개에 전혀 영향을 받지 않은 것처럼 보인다. 예를 들어 《마하바라타》에서 가장 중요한 신은 여전히 인드라다. 인드라는 사제들의 세련된 추론에서는 희미해진 지 오래지만 크샤트리아 사이에서는 여전히 인기를 누렸던 것이 분명하다. 이 서사시에서는 고대 베다 신화의 우주적 사건들이 역사적 사건으로 바뀐다. 판다바 집안과 카우라바 집안의 전쟁은 데바와 아수라의 전쟁을 베낀 것이며, 판다바 형제들 각각은 베다 신들의 아들이자 지상

....
† **칼리 유가** 고대 인도에서 신화적 시대 구분의 명칭. 말세에 해당한다.

의 대응물이다. 이 서사시는 초기 베다 시대의 신학에 기초를 두고 있다. 전투에서 죽은 전사는 신들의 세계로 바로 올라간다. 그가 돌아와 다시 죽음을 겪게 될 것이라는 암시는 없다. 시에는 새로운 시대의 출가자는 등장하지 않고, 숲에서 희생의 불을 돌보는 구식 은자만 나온다. 요가 수행자도 몇 명 나오지만, 그들은 보통 에고를 억누르기보다는 고양된 정신력의 마법적 잠재력을 활용하는 데 더 관심을 기울인다. 축의 시대는 개인의 책임을 강조하지만, 이 서사시에서는 주요 등장 인물들에게 선택권이 거의 없으며, 신들의 강요로 자신의 더 나은 판단에 반하는 행동을 하는 경우도 많다. 《마하바라타》의 낡은 정신은 특히 고대의 희생 전승에 몰두할 때 분명하게 나타난다. 예를 들어 판다바의 다섯 형제는 모두 누이인 드라우파디와 결혼한다. 이것은 물론 매우 비관습적인 것이지만, 이 결혼은 고대의 '아슈바메다' 제의, 즉 왕에게 통치권을 부여하는 '말 희생제'를 연상시킨다. 이 제의에서는 왕비가 제물이 되는 말과 성교하는 흉내를 냈으며, 그렇게 해서 말이 상징하는 주권을 남편에게 전할 수 있었다. 서사시에서 드라우파디는 왕의 권한을 상징하며, 그녀는 이 권한을 남자 형제들에게 전해준다.

그러나 《마하바라타》는 또 제의 전문가들에 의해 개혁이 이루어지기 전에 거행되었던 제의 시합에 대한 공포를 반영하기도 한다. 이야기가 시작되는 대목에서 판다바 형제들 가운데 맏형인 유디슈티라는 무력으로 왕국을 얻고, 족장들을 왕위 즉위식(라자수야)에 불러 모은다. 유디슈티라는 제의의 도전과 시련을 받아들여 자신이 브라만을 가졌음을 증명해야 했다. 그는 정상적으로 축복을 받고 기름 부음을 받은 왕이었지만, 즉위식은 참담한 결과를 낳는다. 질투심에 사로잡힌 두리오다나가 제의에서 빠지지 않는 주사위 게임에서 유디슈티라에게 도전한 것이다. 그러나 신들이 유디슈티라에게 불리하게 주사위를 만드는 바람에 그는 아내, 재산, 왕국을 잃는다. 판다바 집안은 어쩔 수 없이 12년간 망명을 하게 된다. 그리고 불가피하게 전쟁이 벌어지고, 세상은 파멸에 직면한다. 제의 경쟁이 파국적 결과를 낳는다고 하는 이 이야기의 관점을 보면,《브라마나》의 제의 개혁을 불러왔던 불안이 얼마나 심각했는지 짐작해볼 수 있다.

유디슈티라의 곤경은 결국 《마하바라타》가 축의 시대의 영향을 받지 않은 것이 아님을 보여준다. 오히려 유디슈티라는 새로운 이상으로부터 깊은 영향을 받은 것처럼 보인다. 그는 부드럽고, 관대하며, 특이하게 전사의 에토스가 보이지 않는다. 이 점 때문에 그의 형제들은 자주 화를 낸다. 유디슈티라는 관습적인 방식으로 자신을 주장하거나 자신의 에고를 과시할 욕망이 없을 뿐 아니라, 그렇게 하는 것이 불가능하다고 생각하는 것처럼 보인다. 또 전쟁을 악하고, 야만적이고, 잔인한 것이라고 생각한다.[63] 유디슈티라는 축의 시대 사람이었다. 그리고 이것은 그에게 거의 감당할 수 없는 약점이 된다. 그는 숲에 가서 아힘사를 실행에 옮길 수 없었다. 다르마 신의 아들이었기 때문이다. 다르마 신은 바루나의 또 다른 모습인데, 바루나는 삶을 가능하게 만드는 질서를 유지하는 존재였다. 바루나의 지상 대리자로서 유디슈티라의 피할 수 없는 의무는 세상에 질서를 가져올 수 있는 유일한 주권을 얻는 것이었다. 동시에 다르마 신의 아들로서 철저하게 진실한 태도로 자신이 맹세한 말을 충실하게 지킨다는 전통적인 덕을 실행에 옮겨야 했다. 이것이 없으면 사회 질서가 유지될 수 없었다. 그러나 전쟁 동안 유디슈티라는 어쩔 수 없이, 매우 큰 수치심을 느끼며 거짓말을 해야 했다.

18일 동안 벌어진 전투에서 판다바 집안은 카우라바 편에서 싸우던 장군 둘을 죽여야 했다. 이 서사시의 배경이 영웅 시대인 만큼, 이들 가운데 평범한 인간은 없었다. 이들은 반신(半神)으로서 초자연적인 힘을 갖추고 있었다. 예를 들어 판다바 집안이 전투에 나갈 때 그들의 전차는 땅에 닿지 않았다. 전사들은 타락한 칼리 유가의 인간들을 제약하는 속박에 얽매이지 않았기 때문에, 카우라바 군대를 이끈 비슈마와 드로나는 일반적인 방법으로는 죽일 수가 없었다. 그들로 인해 판다바 군대에 너무 많은 사상자가 났기 때문에 판다바 형제들은 승리를 단념했다. 세상의 미래가 암담해졌다. 유디슈티라가 통치권을 얻지 못하면 신성한 질서가 어찌할 도리 없이 침해당할 판이었기 때문이다. 이 무시무시한 순간에 크리슈나가 개입하여 조언을 했는데, 그 조언을 듣고 형제들은 크게 당황했다.

판다바 사람들은 놀라운 용기와 명예를 갖춘 상대편 장군들을 잘 알았고 또 존경했다. 형제들이 어렸을 때 비슈마는 판다바 집안 사람들에게 크샤트리아 법전과 무술을 알려주었다. 비슈마는 완벽한 전사였으며 양심적인 진실성으로도 유명했다. 드로나는 판다바 사람들에게 궁술과 전차 모는 법을 가르쳐주었다. 그는 브라민으로서 헌신적이고 종교적인 사람이었다. 그들은 거짓말을 하거나 맹세를 어기는 것은 꿈도 꾸지 못했다. 마찬가지로 다르마 신의 아들 유디슈티라가 거짓말을 한다거나 그들을 이용하리라고는 생각도 하지 못했다. 그러나 바로 이것이 크리슈나가 두 번에 걸친 전략회의에서 판다바 사람들에게 권한 일이었다. 크리슈나는 유디슈티라가 나서서 비슈마를 함정에 옭아넣어, 양심적으로 진실만 말하는 평소의 태도로 자신을 죽일 수 있는 유일한 방법을 밝히도록 해야 한다고 주장했다. 또 드로나에게는 더러운 거짓말, 즉 그의 아들 아스와타만이 죽임을 당했다는 거짓말을 해야 했다.

그러면 전투 중에 드로나가 무기를 내려놓을 것이며, 그 순간을 놓치지 말고 공격하라는 것이었다.

크리슈나가 이런 비열한 전략의 윤곽을 자세한 부분까지 꼼꼼하게 말해주자 판다바 형제들은 경악했다. 그들 가운데 가장 위대한 전사였던 아르주나는 비통과 수치에 몸이 활활 타오르는 듯하여, 처음에는 크리슈나의 음모에 가담하지 않겠다고 말했다. 크리슈나가 아르주나에게 다른 전사 뒤에 숨어 몰래 비슈마에게 다가가라고 말한 것이다. 게다가 그 전사는 설상가상으로 전생에 여자였다! 아르주나는 인드라의 아들이었다. 그런 아르주나가 어떻게 그런 행동을 할 수 있단 말인가? 그러나 크리슈나는 아르주나가 비슈마를 죽이겠다고 엄숙하게 맹세했다는 점을 지적하며, 이것이 그의 맹세를 지킬 수 있는 유일한 방법이라고 말했다. 인드라의 아들이 어떻게 신성한 맹세를 깨뜨릴 수 있는가?[64]

크리슈나의 계획에 따라 비슈마가 죽임을 당했을 때 모든 사람은 최대한 고귀하게 행동했다. 아르주나는 화살로 땅의 깊은 곳으로부터 물을 가져왔다. 그래서 그의 옛 스승은 갈증을 해소하고 상처를 씻을 수 있었다. 죽어가는 비슈마의 몸은 땅에 닿지 않았다. 영웅적이고 도덕적인 고양 상태에 있었던 것이다. 그러나 드로나의 죽음은 판다바 사람들에게 돌이킬 수 없는 상처를 입혔다. 크리슈나는 아르주나에게 세상을 구하려면 "덕은 옆으로 치워야" 한다고 말했으며, 유디슈티라는 내키지 않는 마음으로 '어렵게' 드로나에게 잔인한 거짓말을 하겠다고 약속했다.[65] "진실이 아닌 것이 진실보다 나을 수도 있다." 크리슈나는 주장했다. "생명을 구하기 위해 거짓말을 하면, 거짓도 우리에게 아무런 영향을 주지 못한다."[66]

그러나 크리슈나의 다짐에도 불구하고 유디슈티라는 오염되었다. 그

전까지 그의 전차는 늘 땅에서 손가락 네 개의 폭만큼 둥둥 떠다녔으나, 드로나에게 그의 아들이 죽었다고 거짓말을 하는 순간, 전차가 땅과 세게 충돌했다. 그러나 드로나는 가장 성스러운 죽음을 맞이하여 하늘로 바로 올라갔다. 유디슈티라가 아들 아스와타만이 죽었다고 거짓말을 했을 때, 드로나는 처음에는 계속 싸우려 했다. 그러나 환상 속에서 리시 한 무리가 나타나 무기를 내려놓으라고 설득하며, 곧 죽을 것이라고 미리 알려주었다. 드로나는 브라민으로서 자신의 마지막 순간을 싸움으로 보낼 수는 없었다. 곧 드로나는 무기를 내려놓고 전차 안에 요가 자세로 앉아 황홀경에 빠져들더니 평화롭게 신들의 세계로 올라갔다. 판다바 집안의 동맹자가 그의 목을 베었을 때는 이미 그의 몸에서 생명이 떠난 뒤였다. 유디슈티라의 실추와 황홀경 상태에 든 드로나의 승천이 내포한 의미는 엄청났다. 아르주나는 유디슈티라를 신랄하게 비난했다. 그의 야비한 거짓말 때문에 모두가 더럽혀질 것이라는 이야기였다.[67]

크리슈나의 수상쩍은 역할은 어떻게 보아야 할까? 그는 판다바 사람들을 죄로 유혹하는 사탄이 아니었다. 판다바 형제들과 마찬가지로 크리슈나 또한 베다 신의 아들이었다. 그의 아버지는 희생제의 수호자 비슈누†였다.[68] 《브라마나》에서 비슈누의 임무는 제의 과정에서 실수로 망쳐진 희생제를 '복구'하여, 제의가 그 기능을 수행하고 우주적 질서를 갱신할 수 있도록 하는 것이었다. 《마하바라타》에서 크리슈나는 지상에서 비슈누에 대응하는 존재이다. 영웅 시대가 폭력적인 결말에 다

비슈누 브라마, 시바와 더불어 힌두교의 3대 신. 세계의 질서를 유지하는 신으로서 후에 크리슈나로 화신한다.

가가고 있었기 때문에 대규모 희생 제의로 질서를 회복해야 했다. 바로 전투가 이런 희생제였다. 그 희생자들—전투 중에 죽은 전사들—은 유디슈티라에게 주권을 돌려주어 역사를 궤도에 다시 올려놓을 터였다. 그러나 이 전쟁은 보통 수단으로는 이길 수가 없었다. 크리슈나가 지적했듯이 드로나와 비슈마는 "공정한 싸움으로는 죽일 수 없는" 초인간이었기 때문이다.[69] 그의 필사적인 전략은 희생제를 다시 궤도에 올려놓으려는 사제가 사용한 특별한 제의적 절차와 같았다.

과거 베다의 에토스라는 관점에서 보자면 크리슈나의 주장은 흠잡을 데가 없었다. 크리슈나는 심지어 인드라가 괴물 브리트라를 죽이고 혼돈에서 질서를 가져왔을 때 비슷한 거짓말에 의존했던 사례를 들 수도 있었다. 그러나 유디슈티라는 축의 시대의 인간이었으며, 이런 낡은 제의 전승으로는 그를 설득할 수 없었다. 아무도 유디슈티라를 위로할 수 없었다. 서사시 내내 유디슈티라는 필사적으로 외친다. "크샤트리아의 다르마보다 더 악한 것은 없다."[70] 전쟁은 신들이 받아들일 수 있는 피의 희생제가 아니었다. 잔혹 행위였다. 이 서사시의 이야기는 폭력이 더 큰 폭력을 낳으며, 불명예스러운 배신은 또 다른 배신을 낳는다는 것을 보여준다.

드로나의 아들 아스와타만은 슬픔에 제정신이 아닌 상태에서 아버지의 죽음에 복수하겠다고 맹세하며 인도 토착민의 오래된 신 시바*에게 자신을 '자기 희생(아트마야지나)'으로 바친다. 그의 순교는 출가자들이 실행에 옮기는 비폭력적인 자기 포기의 무시무시한 패러디다. 시바는

시바 힌두교의 파괴와 생식의 신. 네 개의 팔과 네 개의 얼굴, 그리고 과거·현재·미래를 투시하는 세 개의 눈이 있으며, 이마에 반달을 붙이고 목에 뱀을 감은 모습을 하고 있다.

아스와타만에게 반짝이는 검을 건네주고 그의 몸을 차지한다. 이제 그의 몸은 비현세적인 광채를 발한다. 아스와타만은 신성한 광기에 사로잡혀 모두 잠든 사이에 판다바의 진영으로 들어가 적들을 학살한다. 이것은 유디슈티라가 그의 아버지를 배신한 것만큼이나 불명예스러운 일이었다. 아스와타만은 브라민이었다. 그는 이 학살을 신성한 제의로 경험했지만 사실 통제를 벗어난 희생제일 뿐이었다. 베다 제의에서 동물은 빠르게 고통 없이 죽여야 했다. 그러나 아스와타만은 첫 적—아버지의 목을 벤 사람이었다.—을 잡았을 때 발로 차서 죽였다. 빨리 끝내려 하지 않았다. "머리를 으스러뜨려 …… 짐승처럼 죽게 했다."[71]

판다바 형제들은 습격을 피했다. 크리슈나가 그날 밤 진지 밖에서 자라고 조언을 했기 때문이다. 그러나 아이들을 포함한 가족 대부분이 학살을 당하고 말았다. 판다바 형제들이 마침내 아스와타만을 따라잡았을 때, 그는 제의 복장으로 갠지스 강가에 고요하게 앉아 있었다. 고전적인 브라민의 자세였다. 옆에는 출가자들이 한 무리 있었다. 아스와타만은 판다바 형제들을 보자마자 풀잎 하나를 뽑아 그것을 엄청난 파괴의 무기인 브라마시리스로 바꾸었다. 그는 "아판다바가!(판다바 집안의 절멸을 위하여!)"라고 외치며 그 무기를 던졌다. 곧 엄청나게 큰 불이 일어나 세상을 삼키려 했다. 아르주나는 아스와타만의 공격을 무력하게 만들려고 즉시 자신의 브라마시리스를 발사했다. 이 또한 유가*의 종말의 불처럼 타올랐다.[72]

치명적인 난국이었다. 다시 한 번 세계의 운명이 암담해졌다. 그러나

유가(yuga) 힌두교 우주관에서 인류의 한 시기를 말한다. 각 유가는 도덕과 육체 상태의 쇠퇴를 기준으로 나뉜다.

아스와타만과 함께 있던 출가자 두 명이 서로 싸우는 무기 사이에 자리를 잡았다. 그들은 "모든 생명체와 모든 세상의 행복을 바라는" 축의 시대 정신으로 두 전사에게 무기를 거두어줄 것을 요청했다. 아르주나는 그동안 전사의 '신성한 삶'을 살아왔다. 요가를 수행했고 진실과 충실이라는 신성한 크샤트리아의 덕을 세심하게 지켜 왔다.[73] 그래서 아르주나는 분노를 제어할 수 있었다. 화가 나서 무기를 발사한 것이 아니었기 때문에 거두어들일 수도 있었다. 그러나 아스와타만은 격분해서 브라마시리스를 던졌다. 따라서 그것을 억제하지는 못하고 방향만 바꿀 수 있었다. 이 무기는 이제 판다바 형제의 부인들의 자궁으로 들어가게 되었고, 부인들이 자식을 낳지 못하여 판다바 혈통이 끊기게 되었다. 크리슈나는 아스와타만을 저주했다. 아스와타만은 3천 년 동안 혼자 땅을 방랑해야 했으며, 되다 만 출가자로서 숲과 사람이 살지 않는 땅에 살아야 했다.

유디슈티라는 15년 동안 다스렸지만 그의 삶에서는 빛이 사라졌다. 그는 크샤트리아에게 주어진 폭력의 소명을 자신의 마음에서 발견한 아힘사나 동정심의 다르마와 도저히 일치시킬 수가 없었다. 《마하바라타》에는 전사의 소명을 옹호하고 싸움과 죽임을 기뻐하는 구절도 헤아릴 수 없이 많지만, 그럼에도 근본적인 의심은 남아 있다. 이 서사시는 축의 시대의 영성이 인도의 보통 사람들을 불안하게 뒤흔든 면을 보여준다. 그들은 림보로 밀려 들어간 느낌을 받았다. 그들은 세상의 다르마에 묶여 있기 때문에 출가자나 요가 수행자들에게 가담할 수 없었다. 그러나 낡은 베다 신앙은 자신을 지탱해줄 수 없다고 생각했다. 실제로 낡은 신앙은 때때로 악마적으로 보였다. 아스와타만의 환희에 찬 '자기 희생'은 세계를 파괴할 뻔했다. 그의 야간 습격—그와 더불어 대학살, 순교, 점점 수위가 높아지는 보복, 무모한 무기 발사—이야기는 오늘날의 우리에게도 거의 예언적인 울림을 일으킨다. 폭력, 배신, 진실 은폐라는 파괴적인 순환은 비극적인 허무주의를 낳을 수 있다.

> 여신인 땅은 몸을 떨었고 산들은 흔들렸다. 바람은 불지 않았다. 불을 붙여도 불이 붙지 않았다. 심지어 하늘의 별들도 흥분하여 제멋대로 떠돌았다. 해는 빛나지 않았다. 달은 광채를 잃었다. 모두가 뒤죽박죽이 되어, 우주는 어둠으로 덮였다. 압도당한 신들은 자신의 영토를 몰랐으며, 희생은 빛나지 않았고, 베다는 그들을 버렸다.[74]

세상을 파괴로부터 구한 것은 두 현자의 축의 시대 정신이었다. 그들은 "모든 피조물과 모든 세상의 행복을 바랐다." 일반 전사나 가장도 어떻게 해서든 이 정신에 더 쉽게 다가갈 수 있어야 했다. 그들 가운데 일부는 절망에 빠질 위험에 처해 있었기 때문이다.

동굴에서 나온 이데아의 탐구자, 플라톤

기원전 399년 소크라테스가 아테네의 민주주의에 의해 죽임을 당하게 되었을 때 그의 제자 플라톤은 서른 살이었다. 이 비극은 젊은 플라톤에게 지울 수 없는 인상을 남겼으며, 그의 철학에도 깊은 영향을 주었다.[75] 플라톤은 원래 정치적인 길로 나아갈 생각이었다. 플라톤은 그의 영웅 소크라테스와는 달리 부유한 귀족 집안 출신이었다. 그의 아버지는 아테네의 마지막 왕의 후손이었다. 막내 작은아버지는 페리클레스의 가까운 친구였다. 숙부 두 사람은 아테네가 펠로폰네소스 전쟁에서 패배한 뒤 30인 참주 정부에서 활동했다. 그들은 플라톤에게 함께 일을 하자고 권유했다. 이것은 큰 기회로 보였지만, 플라톤은 이 비열한 정부의 약점들을 볼 수 있었다. 그는 민주주의가 회복되었을 때 기뻐하였고, 자신의 때가 왔다고 믿었다. 그러나 소크라테스의 재판과 죽음이 그의 희망을 박살내버리는 바람에 환멸과 혐오감을 느끼며 공적 생활에서 물러났다. 어느 폴리스를 보아도 정부 체제는 나빴다.

> 따라서 나는 이렇게 말할 수밖에 없다. …… 올바르게 또 진정으로 철학을 따르는 사람들이 정치적 권한을 얻을 때까지, 또는 정치적 통제력을 지닌 계급이 어떤 섭리에 이끌려 진정한 철학자가 되기 전까지 인류는 더 나은 날을 볼 수 없을 것이다.[76]

축의 시대의 통찰이 정치라는 폭력적이고 부정직한 세계에 어떻게 통합될 수 있을까? 플라톤의 철학은 종종 다른 세상에 속한 것처럼 보이고, 속세를 떠나 추상의 차가운 순수성으로 도피하는 것처럼 느껴지기도 한다. 그러나 플라톤은 철학자들이 세상으로부터 물러나기를 바라지 않았다. 플라톤은 공자의 추종자들과 마찬가지로 현자가 행동하는 사람이 되어 공적인 정책에 영향을 끼쳐야 한다고 믿었다. 이상적으로 보자면 철학자는 사람들을 직접 다스려야 한다. 플라톤은 붓다와 마찬가지로 현자는 깨달음을 얻은 뒤에는 아고라로 돌아가 그곳에서 인류의 개선을 위해 일해야 한다고 주장했다.

소크라테스가 죽은 뒤 플라톤은 영감을 얻고자 지중해 동부를 여행했다. 그는 소크라테스의 제자이자 엘레아 학파의 철학자인 에우클레이데스(Eucleides)와 함께 메가라에 머물렀다. 그들은 파르메니데스(Parmenides)에게 매혹되었다. 플라톤은 또 피타고라스 공동체에도 마음이 끌려, 그들과 평생에 걸쳐 우정을 나누었다. 플라톤은 그들의 수학을 향한 열정에 특히 감명을 받았다. 수학은 그들의 정신을 훈련시켜 특수한 것들의 혼란스러운 늪으로부터 벗어나 순수한 수와 기하학적 형태들로 이루어진 세계에 살게 해주었다. 플라톤은 이집트와 리비아도 여행했으며, 시라쿠사의 참주 디오니시오스 1세의 궁정에서는 디온(Dion, 기원전 408?~354)을 만났다. 디온은 플라톤의 사상에 무척 열광했다. 플라톤은 디온이 시칠리아에서 철학적 활동가가 되기를 바랐을지도 모른다. 그러나 그의 1차 시라쿠사 방문은 좋지 않게 끝이 났다. 전해지는 말에 따르면, 디오니시오스가 플라톤을 노예로 팔았고, 플라톤은 막판에 친구들의 도움으로 간신히 빠져나올 수 있었다고 한다. 이 경험으로 상처를 받은 플라톤은 기원전 387년에 고향 아테네로 돌아왔다.

그러나 아테네에도 기운이 날 만한 일은 없었다. 아테네는 테베와 동맹을 맺어 스파르타와 대항함으로써 펠로폰네소스 전쟁의 여파에서 회복하려고 노력해 왔다. 그러나 평화는 지속되지 않았다. 이후 30년 동안 일어난 사건은 그리스 본토 도시들 사이의 만성적으로 불안정한 정치적 관계를 보여준다. 폴리스들은 계속 싸웠으며, 어떤 도시도 일관된 외교 정책을 집행할 수 없었다. 끝없는 갈등으로 모두 쇠약해졌다. 교역도 쇠퇴했다. 부자와 빈자 사이에 다시 갈등이 생겼다. 이런 내적인 분쟁이 가끔 잔학 행위로 폭발하기도 했다. 기원전 370년에는 아르고스의 민주주의자들이 귀족 1,200명을 곤봉으로 때려 죽였다. 테게아에서는 과두 정치의 지도자들이 폭력적인 군중에게 학살당했다.

이런 폭력에 대한 플라톤의 대응은 수학과 철학 학파를 세우는 것이었다. 이 학파는 '아카데메이아(Akademeia)'라고 불렀다. 영웅 아카데모스에게 바쳐진 아테네 외곽의 신성한 숲에서 학자들이 만났기 때문이다. 가르침은 강의보다는 소크라테스 방식의 토론으로 이루어졌다. 플라톤은 이 초기 단계에는 자신의 관점을 제자들에게 강요하려 하지 않고 독립적인 사고를 권장했다. 동시에 글을 써서 자신의 개인적 사상을 발전시켜 나갔으며, 결국 전 저작이 지금까지 살아남은 최초의 철학자가 되었다. 플라톤은 자신의 통찰을 교조적으로 기록하지 않고, 대화의 형식을 사용했다. 이렇게 하면 다양한 관점을 표현할 수 있었다. 소크라테스가 이런 대화들의 주인공이었기 때문에, 대화는 어떤 확고한 결론에 이르지 않았다. 플라톤의 대화는 결정적인 주장이 아니라, 더 많은 생각을 해보라는 권유였다. 독자들은 그의 대화를 읽고 논의되는 쟁점의 복잡한 면들을 더 깊이 생각해볼 수 있었다. 플라톤은 현대의 학자와는 달랐다. 그는 자신의 생각을 엄숙하게 논리적으로 설명하는 대신 장난스럽게, 간접적으로, 넌지시 제시하곤 했다. 우화를 사용하기도 하고 에둘러서 모호하게 근본적인 진리를 언급하기도 했다. 플라톤은 진리에 이르는 과정이 어려우며, 길고 엄격한 변증법 훈련이 필요하다고 믿었다. 그러나 자신의 글에서는 오랜 구전의 방법을 유지하기도 했다. 이는 진실이 단지 사실들을 이야기하는 것으로는 전달될 수 없으며, 경험적 관찰과 규율 잡힌 논리만이 아니라 직관, 미학적 통찰, 상상력도 요구한다는 사실을 인정하는 것이었다.

플라톤의 철학에서는 보통 '형상(idea) 학설'이라고 부르는 것이 중심에 자리를 잡고 있다. 물론 이 학설이 일관된 이론이 된 적은 없다. 현대의 학자들은 플라톤 사상의 발전을 추적해 왔는데, 어떤 학자들은 그가 말년에 형상 학설을 완전히 버렸다고 생각하기도 한다. 그러나 플라톤의 작업에서 분명한 지적 진화를 찾는 것은 잘못이다.[77] 플라톤은 이미 진행 중인 대화를 마무리하기 전에 새로운 대화를 시작하고, 몇 개의 대화를 동시에 진행하기도 했던 것 같다. 그는 이런 때는 이런 방법을, 저런 때는 저런 방법을 시도한다. 어떤 경우에는 형상을 신성한 형상으로 신비하게 묘사한다. 또 어느 때는 더 지적으로 규정하기도 한다. 플라톤은 대화마다 서로 다른 출발점에서 이 어려운 개념에 다가간다. 따라서 지금 남아 있는 것은 서로 겹치는 일련의 주장이다. 이 주장들은 서로 다른 수많은 철학적 질문을 던짐으로써 형상이라는 일반적 관념을 사고의 추상적 대상으로 제시한다. 그러면서도 겉으로 보기에 난해한 이 개념이 기원전 4세기의 불안정하고 혼란스러운 세계와 어떤 현실적 관련을 맺었는지 파악하려고 노력한다.

소크라테스는 선(goodness)의 진실한 본성을 찾으려 했다. 그러나 누구에게나 만족스러운 방식으로 이것을 정리하지 못했던 것 같다. 아마 그 자신도 만족하지 못했을 것이다. 초기의 대화에서 플라톤은 스승의 절차를 꼼꼼하게 따랐던 것 같다. 우리가 보았듯이 플라톤은 소크라테스를 등장시켜, 대화 상대들에게 용기와 같은 덕의 여러 사례를 생각해보게 했다. 어떤 공통분모를 찾아내려는 시도였다. 만일 이런 유형의 행동이 용감한 것이고 저것은 용감한 것이 아니라면, 이것은 용기 그 자체의 본성에 관해서 우리에게 무엇을 말해주는가? 덕이 무엇인지 모르면서 어떻게 덕행을 할 수 있는가? 서로 경쟁하는 정체(政體)—민주제, 과두제, 참주제, 귀족제, 군주제—의 지지자들이 시끄럽게 자신의 주장을 펼치던 그 시대의 정치적 혼란 속에서 플라톤은 해법을 찾을 유일한 희망은 좋은 통치의 바탕에 깔린 원리를 찾는 것이라고 믿었다.

플라톤은 소크라테스와 마찬가지로 소피스트의 상대주의에 혼란을 느꼈다. 그는 지속적으로 합리적 사고를 발휘하면 파악할 수 있는, 항상적이고 변함 없는 실재의 영역을 찾아내고자 했다.

그러나 플라톤은 독특한 주장을 하여 소크라테스의 길에서 벗어났다. 그는 덕이 일상 생활에서 행동의 사례들을 축적하여 구축할 수 있는 개념이 아니라고 주장했다. 덕은 독립된 실체였다. 물질 세계보다 높은 수준에 존재하는 객관적 실재였다. 선, 정의, 아름다움이라는 관념은 감각으로 경험할 수 없다. 그것은 보거나 듣거나 만질 수 없다. 다만 모든 인간의 영혼(프시케)에 존재하는 추론의 힘으로 파악할 수 있다. 우리의 물질 세계의 모든 것에는 영원하고 변함없는 형상(이데아)이 있다. 용기, 정의, 크다는 느낌, 심지어 탁자도 마찬가지다. 강둑에 서 있을 때 우리 앞에 있는 물을 웅덩이나 바다가 아니라 강이라고 인식하는 것은 우리의 정신에 강의 형상이 있기 때문이다. 그러나 이런 보편적 개념은 우리 자신의 편의를 위해 만들어낸 것이 아니다. 이것은 그 자체로 존재한다. 예를 들어 이 세상에서는 어떤 두 사물도 완전히 똑같지 않다. 그럼에도 우리는 절대적 동일성이라는 관념을 지니고 있다. 우리의 일상 생활에서 그것을 경험하지 못하는데도 그런 관념이 존재하는 것이다. "사물은 그 나름의 고정된 존재 또는 본질을 지니고 있다." 플라톤은 소크라테스의 입을 빌려 이렇게 말한다. "이것은 우리와 관계도 없고, 우리에게 어떻게 보이느냐에 따라 달라지지도 않는다. 그들은 스스로 존재하며, 자신의 존재나 본질하고만 관계가 있다. 이런 존재나 본질은 본래 그들 자신의 것이다."[78]

그리스의 이데아라는 말은 현대 영어의 'idea'와 의미가 같지 않았다. 이데아 또는 에이도스(eidos)는 사적이고 주관적인 정신적 구축물이 아니라, '형상', '패턴', '본질'이었다. 형상 또는 이데아는 원형, 각각의 특수한 실체에 독특한 형태나 조건을 부여하는 최초의 패턴이었다. 플라톤의 철학적 개념은 고대 영속 철학이 합리화되고 내면화된 표현으로 볼 수 있다. 이 철학에서는 지상의 모든 대상이나 경험이 천상의 영역에 대응물을 가진다.[79] 이런 인식은 축의 시대 이전 종교에서는 핵심적이었다. 따라서 절대적인 것들의 세계가 세속적인 영역에 불완전하게 표현되어 있다는 플라톤의 사상을 당시 사람들은 현대의 독자만큼 낯설게 받아들이지 않았을 것이다. 형상은 시간의 세계에 자신을 표현하지만, 그보다 우월하고, 초자연적이고, 영원하다. 이 형상들은 우리 삶에 형태를 부여하지만, 그것을 초월한다. 이곳 지상에 있는 모든 것은 변하고 쇠퇴한다.

그러나 플라톤은 아름다운 사람이 그 외모를 잃고 죽는다 해도 아름다움 자체는 계속 존재한다는 점을 지적했다. 이 미인은 절대적 아름다움을 소유하지는 못한다. 지상의 어떤 실체도 그럴 수 없다. 그러나 그녀는 아름다움이라는 특징을 지니고 있으며 이 영원한 특질에 참여한다. 그녀의 아름다움은 그녀의 자매의 아름다움이나 시, 산, 건물의 아름다움과는 매우 다르다. 하지만 사람들이 그것을 인식하는 것은 우리 각자에게 영원한 형상에 관한 타고난 앎이 있기 때문이다. 우리가 아름다운 사람과 사랑에 빠질 때 우리는 그녀에게 드러난 아름다움에 굴복하는 것이다. 깨달은 사람은 자신을 훈련하여(플라톤은 여자도 이런 앎을 가질 수 있다고 보았다) 지상에서 아름다움의 불완전한 표현물을 통하여 그 밑에 놓인 영원한 형상을 볼 수 있다.

따라서 형상의 영역이 일차적이며, 우리의 물질적 세계는 2차적이고 파생적이다. 영속 철학에서 천상의 영역이 속세보다 더 우월하고 더 지속적인 것과 마찬가지다. 형상에는 덧없는 현상이 소유하지 못한 강렬한 현실성이 있다. 어떤 사람, 행동, 대상에 불완전하게 드러난 형상이 잠깐 보일 때 우리는 그 감추어진 본질을 본 것이며 지상에 표현된 것보다 더 진정한 수준의 존재와 만난 것이다. 장자나 붓다와 마찬가지로 플라톤은 우리가 여기 아래에서 보는 모든 것은 늘 다른 것으로 변한다는 사실을 깨달았다. 그러나 형상은 생성의 흐름과는 관계가 없다. 형상은 정적이며 변화가 없고 불멸이다. 플라톤은 감각 자료보다는 순수한 이성의 성과에 기초한 앎을 계발하여 더 깊은 수준의 의미와 만나고자 했다. 감각 자료는 본디 불만족스럽기─붓다라면 두카라고 말했을 것이다.─때문이다.

플라톤은 과거의 신화적 인식으로 되돌아가기도 했지만, 동시에 당대의 수학에서 영감을 얻기도 했다. 아카데메이아의 문에는 "기하학을 모르는 자는 이곳에 들어올 수 없다."고 새겨져 있었다. 수학 훈련은 핵심적이었다. 피타고라스와 마찬가지로 플라톤도 우주가 숫자와 기하라는 근본 관념을 바탕으로 질서를 잡고 있다고 믿었다. 자연의 대상에서는 완전한 원이나 삼각형을 결코 볼 수 없다. 그러나 이런 형상들은 모든 경험적으로 관찰되는 대상의 바탕이 된다. 그렇다고 플라톤은 질서를 잡는 정신이 이런 형상을 우리 주위의 어수선한 세계에 강요한다고 생각하지는 않았다. 이런 형상들은 그것을 인식하는 지성과 독립적으로, 그것을 초월하여 존재한다. 따라서 그 형상은 일반적인 사고 양식이 아니라, 훈련받은 지성이 **찾아내고** 발견하는 것이다. 수학은 플라톤이 구했으나 우리의 일상 경험에서는 파생되지 않았던 절대적으로 확실한 앎의 예였다.[80] 오늘날에도 수학자들은 자신들의 학문에 대해 플라톤과 같은 방식으로 말한다. 영국의 이론물리학자인 로저 펜로즈

(Roger Penrose)는 이렇게 말했다. "어떤 사람이 수학적 진실을 '본다'는 것은 그 사람의 의식이 이 이데아들의 세계까지 뚫고 들어가 그 세계와 접촉한다는 뜻이다."[81]

이런 앎은 오직 고통스럽게, 힘겹게 얻을 수 있는 것이지만, 그럼에도 전적으로 인간의 자연스러운 능력으로 얻을 수 있다는 것이 플라톤의 신념이었다. 우리는 그런 능력을 지니고 태어났다. 그것을 깨우기만 하면 된다. 진실은 외부에서 정신에 도입되는 것이 아니라, 각자가 형상에 대한 직접적인 앎을 지니고 있던 태어나기 전의 존재로부터 '다시 모아야(re-collect)'[†] 하는 것이었다. 플라톤이 소크라테스의 입을 빌려 하는 설명에 따르면, 각각의 영혼(프시케)은 여러 번 태어났으며, "이곳과 지하 세계의 모든 것을 보았다. 영혼이 배우지 않은 것은 없으며, 따라서 덕에 관해서건 다른 것에 관해서건 전에 알았던 것을 기억한다는 것은 전혀 놀랍지 않다. …… 탐구하고 배우는 것은 전체적으로 보아 회상이기 때문이다."[82] 플라톤은 한 노예 소년을 옆으로 불러 소년이 까다로운 기하학 문제의 해법을 찾는 것을 도와준 일을 자기 이론을 뒷받침하는 예로 든다. 자신은 그 소년이 전생에 알았으나 잊어버린 것을 일깨워주었을 뿐이라는 것이다.[83]

플라톤은 우리의 정상적 경험을 초월하지만 그럼에도 접근 가능하고 우리 인간성에 자연스럽게 어울리는 실재의 영역이 있다는 축의 시대 많은 철학자들의 신념을 공유했다. 그러나 다른 철학자들이 이런 통찰을 추론으로는 얻을 수 없다고 믿은 반면, 플라톤은 그것이 가능하다고 믿었다. 그러나 앎이 본실석으로 회상이라는 그의 주장은 이런 엄격한

---

re-collect 회상한다, 상기한다는 뜻도 된다.

변증법이 차가운 분석이 아니라 직관임을 보여준다. 타고난 앎을 회복하는 것은 정신 자체를 기습하는 것처럼 보이기 때문이다. 사실 플라톤은 일부 대화에서는 어떤 개념을 조사하거나 문제의 근원으로 들어가려고 형상을 단순하게 발판으로 삼기만 했다.[84] 그러나 플라톤의 이성적 탐구가 정열적이고 낭만적이었다는 것 또한 사실이다. 고대 그리스에서 이성은 '차갑지' 않고 '뜨거웠으며', 의미와 가치를 찾는 영적 탐구였다.[85] 이성은 프시케(영혼)가 목표를 확인하고 그것을 달성하기 위해 욕망을 이용하는 것을 도왔다. 지금까지 남아 있는 단편적인 텍스트들로 판단하건대, 그때까지 그리스 철학자들은 경험을 관념적이고 사변적으로 해석하는 데 만족하는 일이 많았다. 그러나 아카데메이아에서 그리스 교육은 더 영적으로 변했다.

플라톤은 엘레우시스와 디오니소스의 비밀 의식의 이미지와 어휘를 이용하는 일이 많았다. 그러나 그의 제자들은 의식과 극적인 재현을 통해 통찰을 얻는 대신, 변증법을 구사하여 형상들의 비전에 이르렀다. 이 변증법은 엄격하고 부담스러워서, 그들은 의식의 다른 상태로 밀려 들어가는 것처럼 보이곤 했다. 이 과정은 존재의 더 높은 상태로 신비하게 상승하는 것으로 묘사되었다. 엘레우시스의 미스타이가 경험하는, 축복의 상태로 들어가는 입문과 크게 다르지 않은 과정이었다. 《향연》(심포지온symposion)에서 플라톤은 소크라테스의 입을 빌려 이런 탐구를 탐구자의 전 존재를 사로잡는 연애로 묘사했다. 탐구자는 마침내 엑스타시스에 이르러 정상적인 인식 너머로 나아간다는 것이다. 소크라테스는 디오티마(Diotima)라는 이름의 여사제에게서 이런 정보를 얻었다고 설명한다. 디오티마는 자신의 미스타이에게 아름다운 몸을 사랑하는 것이 이상적 아름다움에 대한 환희에 찬 명상(테오리아teoria)

으로 정화되고 변형될 수 있음을 보여주었다. 철학 입문자들은 예컨대 처음에는 사랑하는 사람의 신체적 완벽성에 사로잡힐 뿐이다. 그러나 시간이 지나면서 이 사람이 아름다움의 한 표현에 불과할 뿐이며, 이런 아름다움은 다른 존재에게도 있다는 것을 보기 시작한다. 입문의 다음 단계에 이르면, 신체의 아름다움은 신체적으로 추한 사람에게도 존재할 수 있는 영혼의 아름다움, 즉 파악하기 더 어려운 아름다움보다 급이 낮다는 것을 깨닫는다. 디오티마는 마지막으로 설명한다. "입문의 마지막 단계에 이르면 놀라운 비전이 갑자기 나타난다. 그것은 그가 그토록 오랫동안 찾으려고 노력했던 아름다움의 영혼이다." 이 아름다움은 영원하다. 이것은 특수한 대상에 한정될 수 없으며, "절대적이고, 그 자체로 홀로 존재하며, 유일무이하고, 영원하다." 다른 모든 것도 거기에 참여하지만, "그것들이 나타났다 사라지는 동안에도 그 아름다움은 증가하지도 감소하지도 않고, 어떤 변화를 겪지도 않는다." 프시케는 "사랑의 신비에 입문하여" 물질적 세계를 떠나며, 절대적 아름다움 자체에 관한 황홀한 앎을 얻는다.[86]

　우리 현대인은 생각을 무언가 우리가 **하는** 일로서 경험한다. 하지만 플라톤은 생각을 정신에 일어나는 일로 보았다. 사고의 대상은 그것을 보게 된 사람의 프시케에 존재하는 살아 있는 실재였다. 이런 아름다움의 비전은 단지 미적인 경험이 아니었다. 사람들은 일단 그것을 경험하면 아주 깊은 정신적 변화를 겪어 초라하고 비윤리적인 방식으로는 더는 살 수 없다는 것을 알게 된다. 이런 앎을 얻은 사람은 "단지 선의 반영된 이미지가 아니라 진정한 선을 낳는다. 반영된 것이 아니라 진실과 접촉할 것이기 때문이다." 그는 근본적인 변화를 겪었다. "진정한 선을 낳고 양육했기 때문에, 신의 사랑을 받는 특권을 누릴 것이며, 인간에게 가능한 일이라면, 그 자신이 불멸이 될 것이다."[87] 플라톤의 아름다움 묘사는 다른 사람들이 '신(神)'이나 '도(道)'라고 불렀던 것과 매우 유사하다.

이 '아름다움'은 얼굴이나 손이나 다른 육체적인 것의 아름다움처럼 상상 속에 나타나지 않는다. 생각이나 과학의 아름다움처럼 나타나지도 않는다. 자기 자신 외의 다른 어떤 것—살아 있는 것이건 땅이건 하늘이건 다른 무엇이건—에 자리 잡고 있는 아름다움으로 나타나지 않는다.

신, 브라만, 니르바나와 마찬가지로 이 아름다움은 완전히 초월적이다. "절대적이고, 그 자체로 홀로 존재하며, 유일무이하고, 영원하다."[88] 그러나 아름다움의 비전이 탐구의 목적은 아니었다. 그 목적지는 인간이 바라는 모든 것의 본질인 '선'을 똑바로 가리켰다. 다른 모든 형상은 선 안에 포함되어 있으며, 선에 의해 양육된다. 선 안에서 만물은 하나가 된다. 선은 묘사가 불가능하며, 플라톤의 소크라테스는 그것을 우화로만 이야기할 수 있을 뿐이었다. 가장 기억에 남는 우화는 《국가》에 나오는 동굴의 알레고리다.[89] 여기서 소크라테스는 평생 죄수처럼 동굴 안에 묶여 있는 사람들을 상상한다. 그들은 태어날 때부터 동굴 안쪽 벽만 바라볼 수 있도록 묶여 있어 바깥 세계로부터 동굴 벽에 비친 그림자만 볼 수 있다. 이것은 깨달음을 얻지 못한 인간 조건의 이미지다. 이런 상태에서는 형상을 직접 보는 것이 불가능하다. 우리는 불행한 환경에서만 살아 왔기 때문에 이런 덧없는 그림자를 진정한 현실이라고 생각한다. 만일 이런 포로 상태에서 해방된다면 동굴 바깥 세계의 찬란한 햇빛과 떨리는 존재에 눈이 부시고 당황할 것이다. 그것은 어쩌면 우리가 감당할 수 없는 것인지도 모른다. 그리하여 우리에게 익숙한 어스레한 상태로 돌아가고 싶어할지도 모른다.

그래서 소크라테스는 빛으로 올라가는 것은 점진적으로 이루어져야 한다고 설명한다. 햇빛은 선을 상징한다. 물리적인 빛 때문에 명료하게 볼 수 있듯이, 선은 진정한 앎의 원천이다. 선을 보게 되면, 해방된 죄수처럼 우리는 진실한 본질을 인식할 수 있다. 해 덕분에 사물은 자라고 번창할 수 있다. 선과 마찬가지로 해는 존재의 원인이며, 따라서 우리의 일상 경험을 넘어선 곳에 있다. 깨달음을 얻은 영혼은 긴 입문 끝에 보통 사람들이 해를 보듯이 선을 명료하게 볼 수 있다. 그러나 이것도 여행의 끝은 아니다. 해방을 얻은 사람은 그대로 바깥에 머물며 햇빛을 받고 싶어할지도 모른다. 붓다가 니르바나의 평화를 만끽하고 싶어했던 것처럼. 그러나 그들에게는 동굴의 어둠으로 돌아가 동지들을 도와주어야 할 의무가 있다. "따라서 너희 각각은 이제 아래로 내려가 다른 사람들과 함께 사는 거처에서 살아야 한다." 소크라테스는 그렇게 주장했다. "너희는 그곳에 있는 사람들보다 훨씬 더 잘 보게 될 것이다. 훌륭하고, 정의롭고, 선한 것들의 진실을 보았기 때문에, 이제 눈에 보이는 모든 것의 있는 그대로의 모습을 알게 될 것이다."[90] 그들은 적대적인 태도에 직면할 수도 있다. 어둠에 당황할 수도 있다. 괴거의 동무가 조롱을 하며 미망에 빠졌다고 말할 수도 있다. 깨달음을 얻은 자가 어떻게 "어둠을 인식하는 일에서 영원한 죄수와 다시 경쟁을 할" 수 있을까?[91] 포로는 해방자에게 반발하여 그를 죽일 수도 있다. 플라톤은 여기서 아테네 사람들이 실제로 소크라테스를 죽인 사실을 암시하고 있다.

동굴의 우화는 이상적인 국가에 대한 플라톤의 정치적 묘사 가운데 일부다. 그는 늘 이상의 실제적 적용이라는 문제로 돌아온다. 벽에 드리운 그림자는 깨달음을 얻지 못한 사람들의 빈약한 비전을 묘사할 뿐 아니라, 강제와 자족적인 환상에 의존했던 당대 정치의 덧없는 착각을 표현한다. 플라톤은 《국가》에서 정의가 합리적인 것이며, 통치자가 이성의 지배를 받는 훌륭한 사회에서 성장하기만 하면 사람들이 살아 마땅한 방식으로 살 수 있다는 것을 보여주고 싶어했다. 그러나 이 텍스트에는 혐오스럽고 엘리트주의적인 요소가 많다. 플라톤의 유토피아 도시에는 예를 들어 우생학이 위세를 떨칠 것 같다. 덜 유능한 시민들은 생식을 단념해야 할 것이다. 결함이 있는 갓난아기는 신중하게 처리해버릴 것이다. 장래가 유망한 아기들은 부모에게서 데려와 폴리스의 격리된 구역에 있는 국영 탁아소에서 기를 것이다. 가장 재능이 뛰어난 아이들은 오랫동안 끈기 있게 교육을 받아야 하며, 이것은 동굴에서 밖으로 올라가는 것에서 절정에 이른다. 깨달음을 얻은 공민 생활에 완전히 입문하게 되면, 이들은 스스로 선을 보고 거기에서 내적인 안정을 얻을 것이며, 이것이 국가에 평화와 정의를 가져올 것이다.

따라서 도시는 요즘의 대다수 도시들과는 달리 그림자들을 두고 싸우고 통치하기 위해 서로 투쟁하는—그것이 무슨 대단한 선이나 된다는 듯이—사람들이 아니라, 꿈을 꾸는 사람들이 아니라, 깨어 있는 사람들이 다스리게 될 것이다. 통치하고자 하는 마음이 가장 적은 통치자가 다스리는 도시가 내전으로부터 가장 자유로운 도시가 될 수밖에 없다.[92]

플라톤도 자신의 상상의 국가를 진짜 국가의 청사진으로 여기지는 않고, 아마 토론을 자극하는 용도로 활용했을 것이다. 그러나 그의 유토피아에 내재한 잔인성은 축의 시대의 동정적인 에토스와 멀리 떨어져 있다.

《국가》는 권위적이다. 자신의 전망을 타인에게 강요한다. 예를 들어 붓다라면 '해롭다'고 생각했을 만한 수단이었다. 플라톤은 인문학을 좋아하지 않았다. 시와 음악을 강조하는 전통적인 그리스 교육을 의심의 눈길로 보았다. 예술이 비합리적인 감정을 자극한다고 보았기 때문이다. 플라톤의 국가는 개인적 관계를 장려하지 않는다. 섹스는 유전적으로 받아들일 만한 시민을 양육하기 위한 수단일 뿐이다. 플라톤은 자신의 이상적인 폴리스에서 비극을 금지하고 싶어했다. 기원전 4세기에는 아티케 전역에서 새로운 비극들이 계속 많은 청중을 끌어들이고 있었다.[93] 그러나 아테네 사람들은 아이스킬로스, 소포클레스, 에우리피데스의 위대한 시절에 향수를 느꼈으며, 여전히 그들의 비극적 통찰을 갈망했다.[94] 그러나 플라톤은 비극에 등을 돌렸다.

플라톤은 비극에 깃든 비관주의, 인간의 잠재력에 대한 부정적 평가를 불신했으며, 신들에 대한 회의적 관점으로 인해 치명적인 허무주의가 나타날 수도 있다고 생각했다. 비극의 영웅들과 공감하는 것은 은연중에 삶에 대한 그들의 황량한 평가를 묵인하는 것이며, 따라서 위로할 수 없는 슬픔과 통제할 수 없는 분노를 조장하는 것이었다 비극은 고결한 시민의 영혼조차 '마비시켜' 그것을 본 사람들의 삶을 '더 나쁘고 더 비참하게' 만드는 힘이 있었다. 무엇보다도 비극은 슬픔을 향한 자연스러운 경향을 자극하여 '감정적 굴복(emotional surrender)'을 불러올 수 있었다.[95] 자신을 향한 슬픔이나 타인을 향한 동정은 통제하고 제어해야 했다. 사실 합창단(코러스)이 청중에게 요구하는 대로 타인과 공감하고 고통을 함께 나누는 것은 선한 사람의 절제와 자기 통제를 파괴하는 위험한 상황을 초래했다. 사회는 이런 자연스러운 공감을 억누르기 위한 적극적 조치를 취해야 한다. 이런 공감은 덕과 양립할 수 없기 때문이다.[96]

플라톤은 맹자와는 달리 자비의 '싹'을 기르는 대신 제거하기를 원했다. 그의 후기 작업에 나타나는 가혹한 태도는 두 번째 시칠리아 모험으로 인해 강화된 것일 수도 있다. 시라쿠사의 압제자 디오니시오스 1세가 죽은 뒤 플라톤은 지혜롭지 못하게도 정치적 음모에 관여했고, 그 결과 기원전 354년 그의 옛 후견인인 디온이 암살을 당하는 일이 벌어졌다. 플라톤도 가택 연금을 당하고, 처형을 아슬아슬하게 피하기도 했다. 결국 그의 철학적 사상이 전혀 힘이 없다는 것이 증명되었을 뿐 아니라, 플라톤 자신도 개인적인 상처를 입었다. 이때부터 그는 더 강경해졌다.

플라톤의 형상이라는 비전 덕분에 그리스 종교는 새로운 역동성을 얻었다. 호메로스 이래 그리스인들은 현실을 있는 그대로 받아들이는 것을 자연스럽게 여겼으며, 자신의 조건을 초월하거나 급격하게 바꾸고자 하는 야망이 없었다. 시인, 과학자, 비극 작가들은 존재란 덧없고, 죽어 가는 것이고, 종종 잔인하게 파괴적이기도 하다고 주장해 왔다. 인간의 삶은 두카였다. 신들도 이런 불만스러운 상태를 바꿀 수가 없었다. 이것이 진정한 현실이었다. 성숙한 인간이라면 영웅적 도전 정신으로든, 아니면 비극적이거나 철학적인 통찰로든 이 현실과 맞서야 했다. 그러나 플라톤은 이것을 뒤집었다. 지상에서 육신을 입은 우리의 삶은 비참하게 일그러져 있지만, 이것은 진정한 현실이 **아니다**. 지상의 삶은 형상의 변함없는 영원한 세계와 비교하면 오히려 **비현실적이다**. 인간도 그런 영원하고 완벽한 세계에 다가갈 수 있다. 사람들은 고난과 죽음을 견딜 필요가 없다. 길고 가혹한 철학적 입문에 헌신할 각오가 되어 있으면, 그들의 영혼도 신들의 도움 없이 신의 세계로 올라갈 수 있으며, 한때 올림포스 존재들의 특권이었던 불멸을 얻을 수 있다. 결국 플라톤 이후에는 신들 너머에 존재하는, 말로 표현할 수 없는 실재에 대한 갈망이 나타났다.

그러나 말년에 플라톤은 세상으로 돌아오며, 그의 신학도 더 구체적으로 바뀐다. 《티마이오스》에서 플라톤은 신성한 장인(데미우르고스)이 세상을 창조했다고 주장한다. 이 장인은 영원하고 한없이 선하지만, 전능하지는 않다. 그는 자기 마음대로 우주를 만들지 못하고, 설계도에 따라 창조를 해야 한다. 이 장인은 종교적 탐구에 영향을 줄 수 있는 인물이 아니다. 인간에게 관심이 없기 때문이다. 그는 최고신이 아니다. 더 높은 신이 존재하지만, 그 신 또한 인간의 곤경과 관련이 없다. 플라톤은 이렇게 말했다. "우주의 창조자이자 아버지를 찾아내는 것은 어려운 일이다. 설사 찾아낸다 해도 모든 사람에게 그를 알리는 것은 불가능하다."[97] 플라톤의 목표는 종교적인 것이 아니었다. 그냥 합리적인 우주론을 만들고 싶었을 뿐이다. 형상에 따라 창조되고 이성이 스며든 그의 우주에는 경험적으로 연구가 가능한 명료한 패턴이 있다. 이곳에는 이제 올림포스의 자의적인 개입이 없다. 우주는 포괄적인 계획이 통치하며, 인간은 논리적으로 연구하면 그것을 이해할 수 있다.

사실 이렇게 창조된 우주는 그 자체로 살아 있는 존재이며, 여기에는 합리적인 정신(누스)과 영혼(프시케)이 있다. 이것은 우주의 수학적 비율과 천체의 규칙적인 회전에서 찾아볼 수 있다. 별들도 창조주의 신성에 참여한다. 이들은 "눈에 보이는, 생성된 신들"이며, 지구 가이아는 "최초의 존재이자 가장 늙은 존재"이다. 가이아 또한 완벽한 모델에 따라 창조되었다.[98] 마찬가지로 각 인간의 누스는 신성하다. 각 인간의 내부에 다이몬, 즉 신성한 불꽃이 있기 때문이다. 이 불꽃의 목표는 "지상으로부터 멀리 올라가 하늘에서 우리와 비슷한 것을 향해 나아가는 것"이다.[99] 따라서 인간은 완벽하게 합리적인 세계에 살고 있으며, 그 탐사는 과학적인 동시에 영적인 작업이었다. 플라톤은 새로운 우주 종교를 만들어냈으며, 이것이 낡은 올림포스의 비전을 대신하여 계몽된 철학자들의 믿음이 되었다. 해석은 달라지지만, 이것은 플라톤의 제자들에게 받아들여졌으며, 훗날 유일신론적 전망과 결합하면서 서기 12세기까지 서유럽에서 기본적인 우주론의 자리를 지켰다.

   플라톤의 신성한 우주는 철학자들에게 영감을 주었다. 철학자들은 고무되어 경험적으로 우주를 연구했으며, 자연의 신비를 해결하는 것이 가능하다고 믿었다. 이 우주론은 그들의 정신―약간의 신성한 면이 포함되어 있었다.―이 그 과제를 감당할 수 있다고 장담했다. 이것은 또 신을 인간의 틀 안으로 가져왔으며, 신을 인식할 수 있게 해주었다. 매일 하늘에서 빛나는 신들―해, 달, 별―을 실제로 보는 것이 가능했다. 지구를 과학적으로 연구하는 것은 신의 신비를 탐구하는 것이었다. 그러나 플라톤의 우주론은 철학적 훈련을 받지 않은 보통 사람들에게는 아무런 의미가 없었다. 인류에게 아무런 관심이 없는 신은 그들의 삶에 의미를 줄 수 없기 때문이다. 플라톤은 이 문제에 대책을 세우려 했다. 그는 올림포스의 신과 영웅들을 다이몬, 즉 수호신으로 활동하며 말로 표현할 수 없는 천상의 세계와 메시지를 주고받을 때 중계자 역할을 하는 하급의 신으로 간주했다. 파악할 수도 없는 최고신과 교류하는 것은 불가능했지만, 도시 경계의 수호자로서 나그네들을 돌보는 제우스를 숭배하는 것은 가능했다. 결혼의 후원자인 헤라, 전쟁 때 중무장 보병을 돌보는 아테나와 아레스를 숭배하는 것도 가능했다.[100] 올림포스의 신들은 축의 시대 종교에서 점차 밀려나고 있던 자연의 영과 비슷한 수호천사†로 축소된 것이다.

올림포스의 신들은 지위를 상실했을지 모르지만, 플라톤은 그들에 대한 숭배가 폴리스에서 핵심적인 자리를 차지한다고 주장했다. 마지막 저작인 《법률》에서 플라톤은 오래된 종교가 여전히 중요한 또 하나의 유토피아적 폴리스를 묘사했다. 플라톤은 이성과 전통적인 그리스 종교 사이에 아무런 갈등이 없다고 생각했다. 올림포스의 다이몬들의 존재에 대한 강력한 증거는 없지만, 그렇다고 고대의 신화를 부인하는 것은 비이성적이고 비지성적인 일이었다. 동화와 마찬가지로 신화에는 약간의 진실이 담겨 있기 때문이다. 플라톤은 이 종교를 개혁하기를 바랐다. 플라톤은 희생제나 기도로 올림포스의 신들에게 영향을 줄 수는 없지만, 사람들은 말로 표현할 수 없는 신성한 세계와 인간을 매개하는 이 중개자들에게 감사해야 한다고 주장했다.[101] 그의 이상 도시에는 아크로폴리스에 헤라, 제우스, 아테나를 위한 성소가 각각 있어야 했다. 아고라 주위에는 성전들이 있어야 하고, 축제, 행렬, 희생제, 기도 또한 꼼꼼하게 이행해야 했다. 플라톤이 상상하는 도시에서 가장 중요한 신은 아폴론과 헬리오스였다. 이들은 오래 전부터 대양과 동일시되었으며, 플라톤의 우주론적 신학에 쉽게 통합될 수 있었다. 플라톤은 낡은 것과 새로운 것을 통합하려 했다. 그의 폴리스의 축제 동안에는 눈에 보이지는 않지만 신과 다이몬이 인간 참가자들과 함께 춤을 추었

....
수호천사 천사를 뜻하는 그리스어의 aggelos와 라틴어의 angelus는 인간보다 우월한 영적 존재로서 신을 수행하는 '메신저', 봉사하는 영을 뜻한다.(저자 주)

다. 사실 이런 제의의 목적은 오로지 "(신의) 축일을 함께 즐기는 것"이었다.[102] 축제에는 오르기아제인(orgiazein)이 포함되었다. 이 말은 황홀경의 신비 축제를 묘사하는 데 사용되었다.[103] 희생제는 올림포스 신들의 비위를 맞출 수 없었지만, 그럼에도 분위기를 띄우고 인간에게 초월의 암시를 줄 수 있었다. 플라톤은 이렇게 오래된 종교를 인정하기는 했지만 종교가 철학보다 열등하다고 생각했다. 종교는 진정한 깨달음을 줄 수 없었다. 형상은 신화의 통찰이나 제의의 신성한 드라마가 아니라, 오직 정신의 이성적인 힘으로만 파악할 수 있었다. 전통적인 종교는 격하되었다. **미토스**(신화, 이야기)는 플라톤의 신비한 **로고스**에 비하면 부차적인 것이었다.

《법률》에는 플라톤을 축의 시대로부터 더 멀어지게 하는 불길한 명령이 있었다.[104] 플라톤의 상상의 도시는 신정(神政) 체제였다. 폴리스의 첫 번째 임무는 "신들에 관한 올바른 생각"을 가르치고, "잘 하든 못 하든 그에 따라 살게 하는 것"이었다.[105] 올바른 믿음이 먼저였다. 윤리적 행동은 부차적인 것에 불과했다. 정통적인 신학이 도덕성의 필수 전제 조건이었다. "법이 지시하는 대로 신을 믿는 사람은 스스로 신성하지 못한 행동을 하지 못하며, 법에 어긋나는 말이 입에서 나오지도 않는다."[106] 축의 시대 사상가 가운데 형이상학을 강조한 사람은 없었다. 어떤 사상가들은 심지어 이런 유형의 사변을 오도된 것이라고 생각하기도 했다. 윤리적인 행동이 먼저였다. 인간은 정통적 신학이 아니라 자비심 넘치는 행동의 힘으로 신성한 것을 파악할 수 있었다. 그러나 플라톤에게는 올바른 믿음이 필수였다. 이것이 워낙 중요하기 때문에 '야간 위원회(nocturnal council)'는 시민의 신학적 의견들을 감독해야 했다.

믿음의 필수 조항은 세 가지였다. 첫째, 신들은 존재한다. 둘째, 신들은 인간을 돌본다. 셋째, 희생제나 기도로는 신들에게 영향을 줄 수 없다. 제의의 실제적 효능에 관한 미신적 믿음과 무신론은 플라톤의 이상적인 폴리스에서는 중죄였다. 이런 생각이 국가에 해를 끼칠 수 있기 때문이었다. 시민은 올림포스 신들의 존재를 의심하는 것도, 그들에 관하여 탐색하는 질문을 던지는 것도 허용되지 않았다. 시인은 우화를 이용하여 대중을 가르칠 수 있지만, 그 이야기가 지나치게 공상적이지 않아야 했다. 그들은 정의의 중요성, 영혼의 이동, 잘못을 저지르는 사람들이 내세에 받을 벌에 초점을 맞추어 이야기해야 했다. 이런 교리는 교육받지 못한 사람들이 선한 행동을 하도록 보장할 수 있었다. 플라톤은 무신론자들 가운데 모범적인 생활을 하는 사람도 있다는 것을 알았기 때문에, 유죄가 선언된 불신자에게 회개하고 돌아올 수 있는 기간을 5년 허용했다. 이 기간 동안 불신자는 반성을 하도록 격리된 장소에 구금되었다. 그래도 진정한 믿음에 복종하지 않으면 처형을 당했다.[107]

플라톤은 철학적 탐구 초기에 그릇된 종교적 관념을 가르친다는 이유로 사형 선고를 받은 소크라테스의 처형에 경악했다. 그러나 말년에 가서는 자신의 관점을 공유하지 않는 사람들에 대한 사형 선고를 옹호했다. 플라톤의 전망은 힘을 잃었다. 그것은 강제적이고, 편협하고, 징벌적인 것이 되었다. 그는 외부로부터 덕을 강요하려 했으며, 자비로운 욕구를 불신했고, 자신의 철학적 종교를 전적으로 지성적인 것으로 만들었다. 그리스의 축의 시대는 수학, 변증법, 의학, 과학에는 놀라운 기여를 했을지 몰라도 영성으로부터는 점점 멀어지고 있었다.

로고스의 건축가,
아리스토텔레스

플라톤의 가장 뛰어난 제자는 이런 분열을 더 절대적인 것으로 만들었다. 아리스토텔레스(Aristoteles, 기원전 384~322?)는 아테네 출신이 아니었다. 칼키디키 반도의 그리스 식민지 출신이었다. 그의 아버지가 마케도니아의 왕 아민타스 2세(Amyntas II)의 친구이자 주치의였기 때문에, 아리스토텔레스는 아민타스의 아들 필리포스(Philippos II, 기원전 359~336년 재위)와 함께 성장했다. 아리스토텔레스는 열여덟 살이 되자 아테네로 갔으며, 아카데메이아에 들어가 20년 동안 플라톤 밑에서 공부했다. 이 시기 동안 아리스토텔레스는 플라톤의 충성스러운 제자로서 그의 형상 이론을 받아들였다. 그러나 시간이 지나면서 형상은 독립적이고 객관적인 존재가 아니라고 확신하게 되었다. 아름다움, 용기, 원, 흰색 같은 특질들은 그것이 내재하는 물질적 대상 안에만 존재할 뿐이었다. 아리스토텔레스는 관념의 세계가 물질 세계보다 더 현실적이라는 생각에 매우 비판적인 입장을 취하게 되었다. 어떤 것은 진실로 영원하고 신성했으며, 소멸하는 대상들보다 우월했다. 그러나 그것에 관한 정확한 지식을 얻기는 매우 어려웠다. 우리의 감각 너머에 존재하기 때문이었다. 따라서 식물이나 동물의 구조처럼 우리가 파악할 수 있는 것에 집중하는 편이 더 나았다.

기원전 347년에 플라톤이 죽자 아리스토텔레스는 아테네를 떠났다. 아카데메이아의 수장으로 임명되지 못한 것에 실망했기 때문일 수도 있지만, 마케도니아와 관련이 있는 사람으로서 아테네에서는 기피 인물이었기 때문인지도 모른다. 친구 필리포스는 기원전 359년에 아버지의 뒤를 이었다. 뛰어난 군인이자 정치가였던 필리포스는 약하고 후진적이고 고립된 나라 마케도니아를 지역의 강국으로 만들었고, 이제 마케도니아는 아테네에게 위협적 존재가 되었다. 아테네는 일련의 전투에서 패배한 뒤 기원전 346년에 마케도니아와 조약을 맺을 수밖에 없었다. 그러나 이 역동적인 새로운 나라에 적대적이었고, 원한을 품고 있었다. 마케도니아는 꾸준히 영토를 넓혀 가며 그리스 본토를 잠식해 들어오고 있었다.

기원전 342년 필리포스는 마케도니아에서 아들 알렉산드로스(Alexandros, 기원전 336~323년 재위)를 가르쳐 달라고 아리스토텔레스를 초대했다. 아리스토텔레스는 적어도 3년은 알렉산드로스를 가르쳤다. 그 무렵 필리포스는 그리스의 최고 군주가 되었다. 기원전 338년에는 아테네에게 결정적 패배를 안겨준 뒤 이 지역에 새로운 안정을 가져왔다. 모든 폴리스가 평화로운 시대의 혜택을 누렸으며, 특히 아테네는 새로운 번영의 시기를 맞이했다. 필리포스는 페르시아를 침략할 계획이었으나 기원전 336년에 암살을 당하고, 아들 알렉산드로스가 그 뒤를 이었다. 이듬해 아리스토텔레스는 아테네로 돌아가 자신의 학교를 세웠다. 이 학교는 아폴론 리케이오스의 신전 옆에 있었기 때문에 '리케이온(Lykeion)'으로 알려졌다.

이 무렵 아리스토텔레스는 생물학자였다. 그는 소아시아에서 몇 년을 보내며 동물과 식물을 해부하고 쪼개보고 자신의 연구 결과를 세밀하게 묘사했다. 아리스토텔레스는 철학을 땅으로 끌어내렸다. 그는 특히 발달과 부패 과정에 관심을 쏟았다. 한번은 매일 달걀을 깨 닭의 배(胚)의 성장을 도표로 만들기도 했다. 플라톤을 비롯한 축의 시대 현자들이 흐름과 변화 가능성에 혼란을 느꼈던 반면, 아리스토텔레스는

'생성' 과정 전체에 흥미를 느꼈다. 변화는 두카가 아니었다. 모든 생물에게 자연스러운 것이었다. 아리스토텔레스는 비물질적 세계에서 의미를 찾지 않고 변화의 물리적 형상에서 의미를 찾았다. 아리스토텔레스에게 '형상(eidos)'이란 감각의 영역 너머에 있는 영원한 실재가 아니었다. 그것은 각 물질 내부에 내재하는 구조였으며, 그 물질이 성숙해질 때까지 진화를 통제했다. 각 사람이나 사물은 그것이 그 형상으로 성장하도록 추동하는 디나미스(dynamis)를 가지고 있었다. 도토리가 그 안에 떡갈나무가 될 '잠재력'을 갖추고 있는 것과 마찬가지였다. 변화란 두려워할 일이 아니라 축하할 일이었다. 그것은 완성을 향한 보편적 노력을 상징했다.

그러나 이것은 순수하게 지상에서 이루어지는 성취였다. 아리스토텔레스는 플라톤의 동굴을 떠나려는 야심이 없었다. 철학자가 자신의 이성을 이용하는 방법을 알면, 현상 세계에서 발견할 수 있는 아름다움이 많았다. 아리스토텔레스는 아테네로 돌아온 뒤 형이상학과 윤리학이라는 주제에 관심을 돌리기 시작했지만, 그의 관심은 변함없이 이성의 기능과 행사에 고정되어 있었다. 아리스토텔레스는 로고스의 인간이었다. 인간을 다른 동물과 구별해주는 것은 이성적으로 생각할 수 있는 능력이었다. 모든 생물은 자신 내부의 형상을 성취하려고 노력했다. 진리 자체를 위하여 진리를 추구하는 테오리아(관조, 명상)는 인간(이때 인간은 남자로서, 아리스토텔레스는 여성을 결함이 있는 인간 형태로 간주하여 낮게 평가했다)의 마지막 '형상' 또는 목표였다. 따라서 인간의 에우다이모니아(eudaimonia, '복지')는 지성에 있었다. 그에게 '선'은 분명하고 효과적인 방식으로 생각하고, 계획하고, 계산하고, 연구하고, 일을 풀어 나가는 것이었다. 인간의 도덕적 복지 또한 로고스에 달려 있었다. 용기나 관용 같은 특질도 이성의 규제를 받아야 하기 때문이었다. "이성에 따르는 삶이 최선이고 가장 쾌적하다." 아리스토텔레스는 후기의 한 논문에서 그렇게 썼다. "이성이야말로 다른 무엇보다도 인간적이기 때문이다."[108] 인간의 지성(누스nous)은 신성하고 불멸이었다. 이것은 인간을 신들과 연결시켰으며, 인간에게 궁극적 진리를 파악할 능력을 주었다. 테오리아의 쾌락은 감각적 기쁨과는 달리 밀려왔다 나가는 것이 아니라 꾸준히 지속되는 것으로서 생각하는 사람에게 자족성을 주며, 이것이 가장 높은 수준에 오른 삶의 특징이었다. 우리는 "할 수 있는 한 우리 안의 최선의 것에 따라 살도록 모든 노력을 기울여야 한다." 아리스토텔레스는 그렇게 주장했다. 우리는 신과는 달리 지적인 명상에 완전히 몰입할 수는 없다. 하지만 그런 명상에 몰입할 경우에 우리 내부의 신성한 원리가 작동하게 된다. 인간은 "자신의 내부에 어떤 신성한 것이 존재하는 한에서만" 이런 신적인 속성을 향해 나아갈 수 있을 뿐이다.[109]

테오리아는 어떤 점에서는 다른 축의 시대 현자 가운데 몇 사람이 달성했던 황홀경의 상태와 비슷하다. 이런 현자들 역시 자신의 인간적 잠재력을 실현하려고 했으며, 부풀거나 이울지 않는 기쁨, 또 절대적 자족성을 찾았다. 그러나 그들은 이성과 로고스를 넘어서려고 노력했다. 우리는 아리스토텔레스의 테오리아에 무엇이 포함되었는지 모른다.[110] 과학 연구를 포함시켰을까? 아니면 더 명상적이고 초월적인 활동을 했던 것일까? 아리스토텔레스에게 노에톤(noeton, '생각')이 존재의 최고 형태였던 것은 분명하다. 노에시스 노에세오스(noesis noeseos, '생각하기에 관하여 생각하기')야말로 존재 그 자체였다. 그것은 만물의 기원이었으며, 신의 감추어진 삶의 특징이었다.

아리스토텔레스는 플라톤과 마찬가지로 테올로기아(theologia), 즉 신의 연구를 '제1의 철학'이라고 생각했다. 존재의 가장 높은 근거와 관련되기 때문이었다. 아리스토텔레스는 플라톤의 우주 종교를 받아들여 우주를 신성하게 여겼으며, 별을 살아 있는 신으로 보았고, 신성한 장인과 그의 창조물 너머에 존재하는 지고의 존재를 상상했다. 아리스토텔레스의 신은 제1 원인이 아니었다. 우주는 신성하고 영원하기 때문이다. 대신 아리스토텔레스는 신을 '움직이지 않고 움직이게 하는 자(Unmoved Mover)'로 보았다. 아리스토텔레스는 움직이는 모든 것이 다른 어떤 것의 작용에 의해 움직인다는 사실을 알았다. 별을 비롯한 천체들이 변함없이 지구 둘레를 돌게 만든 것은 무엇인가? 무엇이 이들의 운동을 시작하게 만들었건 그 자체는 움직이지 않을 것이 틀림없었다. 그렇지 않다면 이것을 움직이게 한 더 높은 존재를 또 가정해야 하기 때문이다. 이성은 인과(因果)의 사슬이 하나의 출발점을 가지고 있을 것을 요구했다. 따라서 아리스토텔레스의 신은 신비한 직관을 통해 파악한 실재라기보다는 그의 우주론이 낳은 논리적 결과였다. 아리스토텔레스는 동물의 왕국에서는 욕망이 운동을 일으킬 수 있다고 주장했다. 굶주린 사자는 먹고자 하는 갈망 때문에 양에게 살금살금 다가간다. 어쩌면 별도 욕망에 의해 움직이게 되었을지도 모른다. 그러나 별은 그 자체로 워낙 완벽하기 때문에 오직 더 큰 완벽을 갈망할 수 있을 뿐이다. 이런 갈망은 지고한 활동에 종사하는 존재에 대한 지적인 사랑에서 생겨난다. 아리스토텔레스의 신은 자신에 대한 명상에 잠긴 '노에시스 노에세오스'였다.

따라서 아리스토텔레스의 '움직이지 않고 움직이게 하는 자'는 영원하다. 이것은 지고의 형상이다. 물질과 따로 떨어져 존재하는 유일한 형상이기 때문이다. 이것은 지고의 신성으로서 순수한 누스이며, 자기 도취적이고 자족적이다. 자신보다 열등한 것에는 전혀 관심을 기울일 수 없기 때문이다. 신은 순수한 테오리아였다. 플라톤의 신학에서와 마찬가지로 여기에도 보통 사람을 위한 종교는 없다.[111] 움직이지 않고 움직이게 하는 자는 인류에게 관심이 없다. 그뿐만 아니라 아리스토텔레스는 그 밑에 있는 올림포스 신들이 인간에게 관심을 가진다는 생각에도 의심을 품었다. 플라톤에게 올림포스의 신들이 인간사에 관여한다는 것은 신조였지만, 아리스토텔레스에게 그것은 단지 가설일 뿐이었다.[112]

그러나 아리스토텔레스도 플라톤과 마찬가지로 전통적인 신앙의 폐지를 원하지는 않았다. 사람들은 늘 우월한 존재를 갈망한다. 그들이 신을 존중하는 것은 당연하다. 이런 유형의 숭배는 당연하게 받아들여야 한다. 오래된 신화들은 매우 의심스럽지만, 거기에도 어쩌면 고대의 지혜의 화석 몇 가지가 담겨 있을 것이다. 천체에 신성을 부여하는 것이 그런 예다. 종교는 또 폴리스의 법과 통치가 신의 승인을 받았음을 보여줄 때도 유용할 수 있다.[113]

철학은 새로운 신을 만들어냈지만, 이것은 야훼와 아무런 공통점이 없었다. 아리스토텔레스는 갑자기 세상을 창조하기로 결정하고 인간 역사에 직접 개입하는 지고의 신이라는 개념을 아주 우스꽝스럽다고 생각했을 것이다. 유일신론자들은 나중에 '움직이지 않고 움직이게 하는 자'에 대한 아리스토텔레스의 미덥지 않은 '증거들'을 이용해 신의 존재를 증명하지만, 철학자들의 신은 결국 더 분별력 있는 사람들에게는 데우스 오티오수스†로 여겨졌으며 영적인 탐구에는 쓸모가 없었다.[114] 아리스토텔레스도 그런 생각에 동의했을 것이다. 그의 형이상학에는 신성한 면이 전혀 없었다. 형이상학(metaphysics)이라는 용어 자체가 그의 단편적인 글과 강연 노트를 묶은 편집자와 사서들이 만들어낸 말이었다. 그들은 서로 관계없는 주제에 관한 열네 편의 에세이를 한 권으로 묶으면서, 거기에 '메타 타 피지카(meta ta physika)', 즉 '《자연학》 다음'이라는 이름을 붙인 것이다.

어떤 면에서 아리스토텔레스가 플라톤보다는 전통적인 영성을 더 잘 이해했던 것으로 보인다. 그는 정통성에 몰두하지 않았으며, 신비주의에 참여하는 입문자는 사실이나 교리를 배우는 것이 아니라, "어떤 감정들을 경험하고 어떤 경향 속에 놓이기" 위하여 그렇게 한다는 점을 지적했다.[115] 이런 유형의 종교는 생각이 아니라 느낌(파테인 patein)과 관련된 것이었다. 아리스토텔레스는 플라톤보다 감정을 더 편하게 받아들였다. 예를 들어 가끔은 화를 내는 것도 좋은 일이었다. 분노가 극단으로 흐르지만 않는다면 말이다. 플라톤이 자신의 이상적인 국가에서 비극을 금지한 반면, 아리스토텔레스는 비극에도 나름의 기능이 있다고 믿었다. 어떤 경우에는 동정심과 공포를 느끼는 것이 당연한 일이었으며, 비극은 감정을 교육하고 사람들이 감정을 적절하게 경험하도록 가르치는 데 도움을 주었다.[116] 예를 들어 겁 많은 사람은 오이디푸스의 고난을 보면서 자신의 괴로움이 결국 그렇게 나쁜 것이 아님을 깨닫게 될 것이다. 오만한 사람은 자신보다 약한 사람에게 동정심을 느끼게 될 것이다. 비극은 심각하고 무시무시한 사건들을 모방하여 그런 감정들의 정화를 이끌어낸다.[117] 감정은 잠재적으로 위험한 상태로부터 빨려나와 개인과 공동체에게 도움을 준다. 사실 이런 감정들은 비극이

데우스 오티오수스(deus otiosus) 게으른 신, 물러난 신 정도의 의미.

주는 독특한 쾌락에 필수적이다. 아리스토텔레스는 제의 전문가들이 늘 직관으로 파악하던 것을 이성적으로 이해했다. 일상 생활에서 견딜 수 없는 사건을 상징적으로, 신화적으로, 제의적으로 재연하면 우리의 가장 깊은 공포를 뭔가 순수하고 초월적인 것, 심지어 즐길 수 있는 것으로 바꿀 수 있다. 그럼에도 아리스토텔레스는 비극을 개인적인 독서를 위한 문학적 텍스트로 보았다. 아리스토텔레스는 비극에 관해 논의하면서 공민이나 정치에 끼치는 영향보다는 개인에게 주는 영향을 강조했다. 비극의 제의적인 영역은 논의하지 않았으며, 신들에게는 거의 관심을 보이지 않았다. 그의 문학 비평은 인간 중심적이었으며, 그의 철학과 마찬가지로 전적으로 현세의 세계를 향해 있었다. 아리스토텔레스의 합리적 지성은 심오한 종교적 경험도 은근히 뭔가 더 실용적인 것으로 바꾸어놓았다.

아리스토텔레스는 위대한 천재성을 지닌 선구자였다. 그는 거의 혼자서 서구 과학, 논리학, 철학의 기초를 닦았다. 안타깝게도 그는 또 서구 기독교에도 지울 수 없는 자국을 남겼다. 12세기에 유럽인이 그의 글을 발견한 이후로, 많은 사람들이 '움직이지 않고 움직이게 하는 자'에 대한 그의 합리적 증명—실제로는 그의 성취 가운데 그렇게 빛나는 대목은 아니었다.—에 매혹되었다. 아리스토텔레스는 신에 종교적인 가치를 담을 생각이 없었으며, 이런 신은 축의 시대의 주요한 흐름에는 낯선 것이었다. 이 흐름은 궁극적 실재는 말로 표현할 수 없고, 묘사할 수 없고, 파악할 수 없지만, 그럼에도 인간이 경험**할 수**는 있다고 주장했다. 물론 이성으로 경험하는 것은 아니었다. 그러나 아리스토텔레스는 서구를 과학의 길 위에 올려놓았다. 그 길은 첫 번째 축의 시대 이후 거의 2천 년 만에 제2의 위대한 변화를 부르게 된다.

9장

제국의 시대

기원전 300년~220년경

제논, 에피쿠로스, 피론은 모두 조용한 삶을 원했으며,
위대한 축의 시대 철학자들의 극단성과 노력을 피하겠다고 결심했다.
그들은 단순하게 아타락시아를 원했다. 번민에서 벗어나기를 바랐다.
축의 시대 현자들은 모두 삶이란 본질적으로 불만족스럽고
고통스러운 것이라고 지적하면서, 이런 고통을 초월하고자 했다.
그러나 단순히 괴로움을 피하거나, 모든 것,
모든 사람에 대한 관심을 끊는 것으로 만족하지는 않았다.
그들은 구원은 고통과 맞서는 데 있지, 물러나 부인하는 데 있지 않다고 주장했다.

한비자 · 순자 · 노자의
도덕 군주론

　기원전 3세기가 시작되면서 다른 지역에서는 종말을 향해 다가가던 축의 시대가 중국에서는 여전히 꽃을 피우고 있었다. 그러나 이곳에서도 원래의 이상 가운데 몇 가지는 경화되고 있었다. 몇 세대 동안 이 지역에서는 위(魏)와 진(秦)이 가장 강한 나라였다. 필사적인 생존 투쟁에서 작은 나라들은 위나라나 진나라에 지원을 요청했다. 사람들은 끝도 없는 싸움에 물리고 있었다. 많은 사람들이 요순 시절 같은 통일된 중국을 만들어낼 만한 강한 통치자를 갈망했다. 평화를 향한 갈망이 어디에서나 뚜렷하게 느껴졌다. 중국은 그리스인을 매혹시켰던 과학적 · 형이상학적 · 논리적 문제들에 별 관심이 없었다. 정치 상황이 워낙 심각해서 그런 쟁점들은 하찮아 보였다. 그들이 급하게 여긴 것은 법과 질서를 회복하는 것이었다. 중국의 철학자, 도학자, 신비주의자들은 그런 목적을 위해 통치의 문제를 해결하는 데 집중했다. 이 무렵 새로운 접근 방법이 필요하다는 점은 분명해졌다. 변화가 가속도를 내는 바람에 사람들은 한 세대가 다르게 큰 차이들이 생기는 것을 볼 수 있었다. 전국시대의 혼돈으로부터 새로운 제국이 등장한다 해도 그 나라는 고대 요순의 나라처럼, 심지어 초기 주나라처럼 운영될 수 없다는 확신이 커졌다. 계속 팽창하는 커다란 나라의 군주들은 이제 그들이 가진 직책의 마법적 능력(도덕)에 의존하지 않았다. 그들은 현실주의자들이었으며, 경제가 성공의 열쇠임을 알았다. 승리는 영토가 가장 넓고, 인력이 가장 많고, 자원이 가장 풍부하고, 곡식을 가장 많이 저장해 둔 나라의 통치자에게 돌아갈 터였다.

기원전 4세기 말에 이르자 통치자들은 유가나 묵가의 조언자들에게 귀를 기울이는 척하던 태도도 버렸다. 대신 그들은 새로운 상인 계급에게 의존했다. 상인들은 고집스러운 현실주의를 군주들과 공유했다. 그들은 계산과 재정 법칙에 의지했다. 그들은 도를 생각하는 대신 이득과 사치를 향한 욕망을 생각했으며, 모든 것을 돈이나 계약의 관점에서 바라보았다. 그런 와중에 또 다른 철학 학파가 등장하고 있었다. 나라마다 통치자들은 정치과학자들, '방법을 가진 자들'에게 의지하기 시작했다. 중국 역사가들은 이들을 집단적으로 법가(法家)라고 부른다.[1] 그러나 이 말은 오해의 소지가 있다. 방법론자들은 물론 법에 관심을 두었지만, 법학에 몰두했던 것은 아니다. 여기서 법이란 '기준, 모델'을 뜻한다. 이 말은 원래 고정된 패턴에 원료의 모양을 맞출 때 사용하는 다림줄이나 목수의 자 같은 연장을 묘사할 때 사용했다.[2] 그러나 법가는 사람들을 그들의 이상에 적응시키고 싶어, 법이라는 말이 사회적 행동을 통제하는 규범적인 방법들을 포함하도록 그 의미를 확대했다. 따라서 법은 종종 벌을 뜻하는 형(刑)이라는 말과 짝을 이루는 경우가 많다. 그들은 자가 불규칙한 재료를 똑바르게 맞추는 것처럼 나라는 사람들을 개혁하기 위해 엄한 벌을 주어야 한다고 주장했다. 묵가와 유가는 자애와 도덕성을 갖춘 성군만이 사회를 개혁할 수 있다고 믿었다. 그러나 법가는 군주의 도덕성에 관심이 없었다. 그들은 자신들의 방법을 제대로 정리하고, 거기에 가혹한 벌과 엄격한 형법의 뒷받침만 있으면, 그 방법이 자동적으로 효과를 볼 것이라고 믿었다.

방법론자들은 늘 조정에서 적극적으로 활동했을 것이다. 이상화된 봉건 시대에도 늘 정치에 어느 정도 강제는 있었을 것이다. 그러나 시대는 변했다. 지난 백 년 동안 대평원에는 엄청난 인구 폭발이 있었다. 끊임없는 확장 전쟁 때문에 나라의 규모는 봉건 시대의 작은 제후국들과 비교가 되지 않았다. 군주가 이런 거대한 왕국을 다스리려면 인과 예 이상의 것이 필요했다. 법가는 실제로 기능하는 정부를 만들고 싶어 했다. 그들은 역사가 황금 시대로부터 안타깝게 퇴조한다고 보지 않았다. 그렇게 되면 과거에 대한 향수밖에 남을 것이 없었다. 구원은 현재에 대한 합리적 평가에 달려 있었다. 위나라나 진나라 같은 성공한 나라들은 끊임없이 팽창했기 때문에 정복을 당하여 원한을 품은 사람들에게 그들의 통치를 강요해야 했으며, 따라서 통치자의 카리스마에 의존하지 않고 부자든 가난하든, 중국인이든 오랑캐든 모두에게 똑같이 적용되는 능률적인 통치 방법을 찾았다.

법가는 법의 구조를 저울에 비교하기를 좋아했다. 상인은 고객에게서 더 많은 돈을 긁어내고 싶을지 모르지만, 저울은 그들이 정확히 얼마를 받아야 하는지 말해준다. 그래서 "사람들은 저울을 쓰려 하지 않는다. 무게를 속일 수 없어 이익이 되지 않는다는 것을 알기 때문이다." 기원전 4세기에 힌 지자는 그렇게 썼다.

그러므로 현명한 통치자가 왕좌에 앉아 있으면, 관리들은 법을 구부릴 기회가 없고, 판관들은 사사로이 일을 처리할 기회가 없다. 사람들은 판관에게 영향을 주려 해보았자 소용이 없다는 것을 안다. 저울은 저울대가 정확하게 평형을 잡고 나서 물건을 올려놓아야 한다. (마찬가지로 모든 일을 공정히 처리하려면 법에 기대야 한다. 법으로 일을 처리하면) 배신자와 사기꾼들은 자신들에게 유리한 판결을 얻을 기회가 없다.3)

법가의 정치 이론은 일단 확립되면 자동적으로 불편부당하게 운용될 터였다. 법가는 봉건 시대의 개인 대 개인 통치에서 객관적인 법률 체계로 중요한 지적 이행을 이루었다. 이런 법률 체계는 현대 서구의 법 개념과 다르지 않았다. 다만 고대 중국에서 법은 개인을 보호하는 것이 아니라 위로부터 통제를 위해 고안되었다는 점이 다를 뿐이다. 통치자의 지적 또는 도덕적 상태는 상관없었다. 그의 개인적 개입 없이 체제가 기능을 할 수 있었기 때문이다. 통치자는 물러나 앉아 "아무것도 하지 않을"(무위) 수 있고, 또 그래야 한다.

묘하게도 법가는 '무위'의 중요성을 가르치고 하늘의 도가 인간의 의도와 관계없이 작동한다고 주장한 장자 같은 도가(道家)에게 친밀감을 느꼈다. 초기의 법가도 도가의 그런 생각에 동의했다. 그래서 맹자와 같은 시대에 직하에서 공부했던 신도(愼到, 기원전 395~315)는 질서가 잘 잡힌 국가에서 운용되는 비인격적인 권위를 가진 제도들을 개인들의 욕망이나 기질에 영향을 받지 않는 천도의 작용에 비유했다. 현자들이 도의 작용을 막는다는 이유로 의도적인 활동(유위)을 삼갔듯이, 왕은 체제의 기계적 작용을 막는 개인적 간섭을 삼가야 했다. 신도는 자신의 완전히 실용적인 통치관의 이념적인 맥락을 찾고 싶어했는데, 법가의 수동적이고 활동하지 않는 왕이라는 이상은 중국에서 뿌리가 깊었다. 봉건 시대 예법도 제후가 "아무것도 하지 않고" 그냥 도의 마법의 힘이 자신을 통해 움직이게 하라고 권했다.

법가는 기원전 5세기에 오래된 진(晉)나라에서 떨어져 나온 위(魏)나라, 한(韓)나라, 조(趙)나라에서 처음 발전했다. 이들은 이탈 국가들이었다. 따라서 그 통치자들도 전통에 얽매이지 않았고 혁신적인 정부 이론에 개방적이었다. 기원전 370년경 상앙(商鞅, 기원전 390~338?)이라는 야심만만한 젊은이가 위나라에 자리를 잡고 그 나라의 정치과학자들의 토론에 끼어들었다. 이들은 거대한 영적 프로그램은 없이 단지 군대를 개혁하고, 곡물 생산을 늘리고, 지역 귀족을 약화시켜 통치자의 권력을 강화하고, 분명하고 효과적인 법률을 개발하고 싶을 뿐이었다. 상앙은 위나라 왕의 총애는 얻지 못했지만, 기원전 361년 마침내 진(秦)나라 군주의 중요한 자문이 되었다. 이것은 큰 기회였다. 진나라에는 주의 전통을 거의 모르는 야만적인 주민이 많았다. 귀족은 너무 약하고 가난하여 상앙의 혁명적인 프로그램을 실질적으로 막고 나설 수가 없었다. 축의 시대의 많은 주요 원리들을 비웃는 상앙의 개혁은 고립되어 있던 후진적인 진나라를 중국에서 가장 강력하고 발전적인 나라로 만들었다. 상앙의 광범위한 개혁의 결과 기원전 3세기 말에 진은 다른 모든 나라를 정복하고, 기원전 221년에 그 통치자는 중국 역사에 기록된 최초의 황제가 된다.

상앙은 과거의 전통에 아무런 충성심을 느끼지 않았다. "인민을 이끄는 원리가 그들이 놓인 상황에 맞지 않으면 그들의 가치 기준(법)이 바뀌어야 한다. 세상의 조건이 바뀌면 다른 원칙이 실행된다."[4] 동정심 많은 성군들의 황금 시대를 꿈꾸어보아야 소용없었다. 과거에 사람들이 더 너그러웠다 해도 그것은 그들이 인을 실행에 옮겼기 때문이 아니라 인구가 적고 먹을 것이 부족하지 않았기 때문이다. 마찬가지로 전국시대의 부패와 갈등도 부정직의 결과가 아니라 자원이 빈약한 결과일 뿐이다.5) 상앙은 비폭력을 장려하는 대신 진나라 사람들이 굶주린 이리처럼 전쟁과 유혈을 갈망하기를 바랐다. 그에게는 한 가지 목표밖에 없었다. "나라를 부유하게 만들고 군사적 능력을 강화하는 것(부국강병)."6) 조정은 그 목표를 달성하기 위해 주민의 공포와 탐욕을 이용해야 했다. 새로운 전쟁 방식의 위험을 무릅쓰고자 하는 사람은 거의 없었다. 그러나 상앙은 탈영병에게 아주 무서운 벌을 주어 병사들이 차라리 전장에서 죽기를 바라게 만들었다. 그는 또 농민이든 귀족이든 뛰어난 무공을 세운 사람에게는 경작지를 상으로 내렸다.

상앙의 조직적이고 합리적인 개혁은 진나라의 일상 생활을 완전히 바꾸어놓았다. 진나라는 상앙의 지도를 받아 무시무시하게 능률적인 전투 기계가 되었다. 병역과 부역은 강제였다. 군대 생활의 엄격한 규율이 온 나라에 적용되었다. 상앙의 가장 중요한 혁신은 농업 생산을 군대와 결합한 것이었다. 공을 세운 농민 겸 병사는 지주가 되고 관직과 연금을 얻었다. 반면 옛 귀족은 특권을 박탈당했다. 전장에서 제대로 싸우지 못하는 귀족은 강등되어 평민으로 떨어졌다. 상앙의 야심만만한 토지 정리 계획에 능률적으로 참여하지 못하는 사람들은 노예로 팔렸다. 모두가 똑같은 법의 적용을 받았다. 심지어 태자도 법의 적용을 피할 순 없었다. 태자가 법을 어긴 것을 안 상앙은 법에 따라 처형하려 했으나 왕의 후사를 끊을 수 없어 대신 태자의 스승을 처벌했다.

상앙은 군주의 도덕성에 관심이 없는 정도가 아니라 덕이 많은 현자는 왕으로서는 실패한다고 믿었다. "선한 사람들을 이용하여 악한 사람들을 다스리는 나라는 무질서가 판을 쳐 망하게 된다. 사악한 자들을 이용하여 선한 자들을 다스리는 나라는 늘 질서를 누리며 강해진다."[7]
평화를 설교했던 유가는 위험했다. 모두가 예를 실행한다면 너무 온건하고 자제력이 강해져 군주는 그들을 싸움터에 데리고 나갈 수가 없을 것이다. 상앙은 황금률을 노골적으로 비웃었다. 진정으로 유능한 군주라면 자신의 군대에게 하고 싶지 **않은** 일을 적에게 할 것이다. 상앙은 관리들에게 이렇게 말했다. "전쟁에서는 적이 감히 하지 못하는 일을 하면 강해진다. 어떤 일을 계획할 때 적이 창피해서 하지 못할 일을 한다면 유리한 위치에 서게 된다."[8]

그의 가혹한 개혁은 큰 성공을 거두었다. 기원전 340년에 진나라는 주요 경쟁자인 위나라를 공격하여 큰 피해를 주어 천하 통일의 주요한 후보가 되었다. 상앙은 자신이 한 일로 큰 보상을 받을 것이라고 생각했으나, 자신이 만든 무자비한 제도의 희생자가 되었다. 기원전 338년 그를 후원하던 효공(孝公)이 죽은 뒤 경쟁자들이 새 군주를 부추기는 바람에 그 자신이 진나라를 위해 조달한 전차에 갈가리 찢겨 죽고 만 것이다. 그러나 새로운 세대의 법가는 상앙이 제시한 노선을 따르게 되며, 다른 나라들도 진의 예를 따르게 된다.

진의 시황제 밑에서 일했던 한비(韓非, 기원전 280~233)는 법가의 가장 뛰어난 학자로 꼽힌다. 그는 상앙보다는 훨씬 덜 냉소적이어서 자신에게 인류를 돕는 고귀한 사명이 있다고 믿었다. 그는 〈고분(孤憤)〉이라는 글에서 자신이 쓸모없고 비실용적인 생각을 팔러 돌아다니는 다른 사(士)들과 완전히 다르다고 보았다. 그를 비롯한 다른 법가는 흠 없는 도덕성을 갖추어야 하며, 군주의 최고의 이익을 위해 흔들림 없이 몸을 바쳐야 했다.[9] 한비는 왕이 도덕의 모범이 되는 것은 거의 불가능한 일임을 알았지만, 효율적인 체계를 세워 보통 사람이 유능한 통치자가 되도록 돕고 싶었다. 통치자는 적당한 관리를 골라 자신을 위해 일하게 해야 하며, 자신의 백성을 돕고자 하는 욕망에 사로잡혀야 한다. "군주는 그저 앞을 보며 무엇이 백성에게 유익할지 살펴야 한다. 그러므로 백성에게 벌을 주더라도 증오가 아니라 그들을 사랑하는 마음에서 그렇게 해야 한다."10) 군주는 공평하고 이기적이지 않아야 하며, 필요하다면 친구와 친족을 벌하고 적에게 상을 주어야 한다. 한비가 썼다는 다음 글은 통치자의 무위에 거의 신비한 의미를 부여하고 있다.

(군주는) 지식을 버림으로써 오히려 명민함을 얻고,
슬기를 버림으로써 결과를 얻고,
용기를 버림으로써 힘을 얻는다.11)

법은 벌과 억압의 방법이 아니었다. 법은 왕과 신민이 다른 방식으로 행동하는 데 익숙하게 해주는 교육이었다. 이런 개혁이 완성되면 벌은 필요 없어진다. 모든 사람이 나라에 최선의 이익이 되는 행동을 할 것이기 때문이다. 그러나 이런 좋은 의도에도 불구하고 한비 또한 비참한 종말을 맞이한다. 기원전 233년에 모함을 당하여 감옥에 갇혔다가 처형당하는 대신 자살을 택한 것이다.

한비는 법가가 되기 전에 당대의 가장 유명한 유가 철학자 순자(荀子, 기원전 300?~230?, 이름은 황況) 밑에서 공부를 했다. 순자는 정열적이고 시적이면서도 매우 합리적인 사상가로서 다른 철학자들의 통찰을 자신의 유가적 전망 속에 통합하여 강력한 종합적 사상을 이루어내려 했다.12) 그는 묵가, 양가, 법가가 틀렸다고 생각하지 않았다. 그들 모두 복잡한 주장의 한 측면만 강조했을 뿐이며, 그들 모두로부터 뭔가 배울 수 있다고 보았다. 순자는 또 도교 사상에서도 깊은 영향을 받았다. 그의 책은 축의 시대 중국의 다른 글들보다는 주장도 설득력 있고 정리도 잘 되어 있지만, 그럼에도 가끔 그의 산문은 시로 바뀌기도 하고 논리는 신비한 통찰로 바뀌기도 한다.

순자는 새로운 실용주의에 경악했다. 그것이 도덕적 기준의 쇠퇴라고 믿었기 때문이다. 그는 어디를 가나 '음모와 계략', 또 이기적으로 부, 권력, 사치를 추구하는 태도를 보았다.[13] 군주들은 예로써 자제하려 하지 않았기 때문에 무자비하게 자신의 야심을 쫓았으며, 폭력과 전쟁이 만연했다. 순자는 법가의 현실주의를 받아들이지 않았다. 그는 여전히 자비심 있는 왕만이 평화와 질서를 회복할 수 있다고 믿었다. 그럼에도 구원을 가져올 수 있는 체제라면, 설사 그것이 전통적인 유가의 원리에서 멀어진다 해도 고려해볼 용의가 있었다. 순자는 행동주의자였다. 그는 조정의 직책을 갈망했으나 공자나 맹자와 마찬가지로 뜻대로 되지 않았다. 세 번이나 직하 학궁의 최고위직인 좨주(祭酒)로 임명되었으나, 질시와 모함을 받아 제나라를 떠나야 했다. 기원전 255년에 순자는 주(周)나라로 옮겨 갔고, 그곳에서 재상이 그를 지방 수령으로 임명했으나, 안타깝게도 기원전 238년 재상이 암살을 당하면서 그 자리도 잃었다. 이후 순자는 공직에서 물러나 세상을 떠날 때까지 자신의 학설을 정리하는 데 힘을 쏟았다.

순자의 글 가운데 진(秦)나라를 찾아갔던 일을 묘사한 것이 있다. 법가의 이상만큼 그의 이상과 거리가 먼 것이 없지만, 그럼에도 순자는 자신이 본 것에 감명을 받았다. 관리들은 능률적으로 성실하게 일했다. 부패가 없었고, 조정 안에 암투가 없었으며, 백성들은 순박하고 건전했다. 그들은 정부를 두려워했을지는 모르지만 어쨌든 복종했으며, 새로운 법의 안정성과 공정성을 높이 샀다.14) 그러나 진나라는 완벽하지 않았다. 순자는 그곳 백성이 높은 수준의 문명을 경험한 적이 없기 때문에 그런 개혁들이 가능했음을 깨달았다. 순자는 엄격한 형법이 필요할지도 모른다고 생각했지만, 동시에 진나라가 편치 않은 곳이라는 점에도 주목했다. 진나라 사람들은 늘 "천하가 힘을 합쳐 진을 정복할 것"이라고 걱정했다.15) 순자는 가혹한 통치 방식이 다른 나라 백성의 마음을 사지 못할 것이기 때문에 진이 중국 전체를 다스리는 일은 없을 것이라고 믿었다. 진나라는 군자, 즉 성숙하고 인도적인 통치자의 인도를 받아들일 때에만 생존할 수 있을 터였다. 순자는 옳기도 하고 틀리기도 했다. 진은 실제로 다른 나라들을 물리치고 제국을 건설했다. 그러나 그 무지비한 통치 방식은 왕조의 붕괴를 낳아, 불과 14년 만에 무너지고 말았다.

그럼에도 진나라는 유가에게는 까다로운 문제였다. 순자는 소왕(昭王)을 알현했을 때 진의 조정에 제의 전문가가 전혀 없어 아쉽다고 말했다. 그러자 왕은 이렇게 되물었다. "국가를 운영하는 데 유(儒)는 필요 없지 않소?"16) 유의 비참한 실적으로 볼 때 순자는 소왕에게 반박하기가 어려웠을 것이다. 또 그의 야심만만한 젊은 제자 이사(李斯, ?~기원전 208)에게 줄 효과적인 답을 찾을 수도 없었다. 순자는 군자가 권좌에 오르면 도덕성(의義)과 자비(인仁)가 영원히 저항할 수 없는 힘이 될 것이기 때문에 평화가 찾아올 것이라고 주장했다. 이 주장은 아름다운 유가적 비전이었다. 순자는 군주의 자비심이 성군들의 영향력처럼 발산될 것이라고 설명했다. 어진 군주는 어디를 가나 어려움 없이 환경을 변화시킬 것이다. 그런 군주는 단순히 자신의 야망을 채우려고 다른 나라를 공격하는 일이 결코 없다.

어진 사람은 폭력을 끝내고 해로운 일을 없애려고 무기를 들지 다른 사람들과 싸워서 빼앗으려고 무기를 들지 않는다. 따라서 어진 사람의 병사들이 진을 치면 신과 같은 존경을 받고, 그들은 지나가는 곳마다 사람들을 변화시켜 마치 모든 사람들이 기뻐하는 단비와 같다.

그러나 이사는 의문을 품었다. 4대에 걸쳐 계속 승리를 거두는 진나라는 어떻게 설명할 것인가? "그 군대는 세상에서 제일 강하며 그 권위는 다른 제후들을 좌지우지합니다. 진나라는 스승님이 말씀하시는 것처럼 인이나 의가 아니라 기회를 이용했을 뿐인데 그렇게 된 게 아닙니까?"[17] 이사는 오래지 않아 순자를 버리고 법가가 되어 진나라로 가서 승상이 된다. 이사는 번개 같은 원정을 지휘하여 기원전 221년 진나라가 최종 승리를 거두는 데 결정적으로 기여한다.

순자가 진나라를 방문하고 나서 몇 년 뒤인 기원전 260년 진나라 군대는 순자의 조국인 조(趙)나라를 정복했다. 왕이 항복을 했는데도 진의 군대는 조나라 병사 40만 명을 학살했다. 조정의 말직조차 유지할 수 없는 군자가 그런 무자비한 통치를 억제하는 힘을 어떻게 발휘할 수 있을 것인가? 그러나 정치적 상황이 어두워지고 법가 체제를 채택하는 나라가 늘어났음에도 순자는 결코 믿음을 잃지 않았다. 그 모든 일에도 불구하고 순자는 예의 '양보' 정신과 인의 자비의 윤리가 중국에 평화와 질서를 가져올 것이라고 믿었다. 물론 순자도 어려운 시기에는 벌과 상으로 그것을 뒷받침해야 한다는 사실을 인정했다. 어쨌든 성군의 경지는 순자에게 불가능한 이상이 아니었다. 자신을 변화시키기 위해 열심히 헌신적으로 노력을 기울이면 거리의 누구라도 요 임금처럼 되어 세상을 구할 수 있었다.

《순자》 전체에 걸쳐 유위(有爲), 즉 규율 잡힌 의식적 노력에 대한 끈질긴 호소가 나타난다. 순자는 진나라를 돌아보고 나서 인간들이 열심히 노력만 하면 사회를 바꿀 수 있다는 사실을 배웠다. 하늘은 세상사에 간섭하는 신이 아니었다. 하늘에 도움을 청하거나 신탁을 구해 하늘의 뜻을 왜곡하려 하는 것은 소용없는 일이었다. 순자는 그런 낡고 조작적인 미신을 싫어했다. 하늘은 자연 그 자체였다. 천도는 천체의 질서와 규칙성 또는 계절의 연속에서 찾아볼 수 있었다. 천도는 인간과 완전히 분리된 것이었다. 인간을 인도하지도 않고 인간에게 도움을 주지도 않는다. 다만 인간이 자신의 길을 찾는 데 필요한 자원을 이용하게 해줄 뿐이었다. 이런 길을 찾는 것이 군자의 임무였다. 장자처럼 천도를 명상한답시고 인간의 일을 무시하는 것은 의미가 없다. 사회에서 물러나는 것은 잘못이었다. 문명은 엄청난 업적이었다. 문명은 인간에게 신의 지위를 주었고, 하늘이나 땅과 동등한 짝이 되게 해주었다. "하늘에 복종하고 하늘을 기리는 것이 나은가, 아니면 천명을 이해하고 그것을 이용하는 것이 나은가?" 도가처럼 하늘을 사모하고 갈망하는 것이 나은가, 아니면 하늘이 제공한 자원을 이용하여 "그것을 완성시키는 것"이 나은가?[18] 만일 하늘에 집중하여 인간이 할 수 있는 일을 태만히 한다면 "우리는 만물의 본질을 이해할 수 없다."고 순자는 되풀이하여 주장한다.[19]

그러나 여기에는 끈질기고 헌신적인 노력이 필요하다. 순자는 법가로부터 사람들에게 개혁이 필요하다는 사실을 배웠다. 순자는 맹자와는 달리 인간 본성은 선이 아니라 악이라고 믿었다. 순자에 따르면 모든 사람은 "질투와 증오의 감정을 품고 태어나며, 그런 감정에 빠져들면 폭력과 범죄로 나아가고, 충성과 믿음은 모두 사라진다."[20] 순자는 법가와 똑같은 비유를 사용했다. "굽은 나무는 도지개에 대놓고 쪄서 억지로 펴야만 곧게 만들 수 있다."[21] 그러나 열심히 노력만 하면 누구나 현자가 될 수 있다. 단 이것을 혼자 이룰 수는 없다. 우선 스승을 찾아서 예에 복종해야 한다. 그런 다음에야 예를 지키고 겸손하게 행동하라는 명령을 따르고, 사회의 규칙을 준수하고, 질서를 이룰 수 있다.[22] 양가나 도가처럼 자연스럽게 찾아오는 일을 해서는 아무런 소용이 없다. 선은 의식적인 노력의 결과이다. 군자는 교묘하게 자신의 정열을 건설적인 방향으로 돌린다. 이렇게 하면 인간 본성이 왜곡되는 것이 아니라 최대의 잠재력을 끌어낼 수 있다.

순자는 사람들이 지성과 사고 능력을 사용하면 평화와 선한 질서를 회복하는 유일한 길이 도덕적 사회를 창조하는 것임을 깨달을 것이라고 확신했다. 결국 '교육'이 핵심이었다. 그는 어리석은 사람들은 이것을 이해하지 못하므로 법과 벌이라는 현명한 제도에 따라 도덕적 교육 프로그램에 복종하도록 강요해야 한다고 인정하여 법가 주장의 한 면에 동조했다. 그러나 지혜로운 사람들은 과거의 지혜를 연구하여 자발적으로 스스로 변화하는 쪽을 택할 것이다. 요, 순, 우는 세상을 바라보고 오직 집단적인 지적 노력에 의해서만 주변에 보이는 견딜 수 없는 비참한 상태를 끝낼 수 있으며, 그런 노력은 자기 자신의 변화에서 시작된다는 사실을 깨달았다. 그래서 그들은 존경, 예의, '양보'(양讓)의 예를 만들었다. 이것이 그들의 감당하기 힘든 감정을 조절했으며, 그 결과 그들은 내적인 평화를 얻었다. 현자들은 자신의 마음을 들여다보고, 행동을 비판적으로 관찰하고, 삶의 고통과 기쁨에 대한 자신의 반응을 관찰하여 사회 관계의 질서를 잡는 방법을 발견했다.[23] 따라서 예는 '자신에게 견주는' 서(恕)의 원리에 기초를 두었다. 통치자는 자신을 정복해야만 사회 전체에 평화와 질서를 가져올 수 있었다.

따라서 현자들은 백성에게 이질적인 규칙들을 강요하지 않았다. 예는 그들의 인간성 분석에서 영감을 받아 나온 것이었다. 예는 감정을 인간화하고, 예술가가 하찮은 재료에서 형식과 아름다움을 이끌어내듯이 감정을 다듬었다. 예는 "너무 긴 것을 자르고 너무 짧은 것을 늘이며, 남는 것을 덜어내고 모자란 것을 채우며, 사랑과 존경의 형식을 확대하고, 올바른 행동의 아름다움을 한 단계씩 완성시킨다."[24] 예는 일종의 자연법이었다. 우주 자체가 잠재적 혼돈에서 질서를 끌어내는 규칙들에 복종해야 했다. 심지어 천체와 계절도 서로를 호전적으로 잠식하는 대신 '양보'를 해야 했다. 순자는 말한다. "하늘과 땅은 예에 의해 조화를 이루고, 해와 달은 예의 빛을 받는다. 사계절은 예에서 질서를 끌어내고, 별과 행성은 예에 의해 움직인다." 그러지 않으면 혼돈이 생길 것이다. 만물이 우주의 질서 속에서 적당한 자리를 지킬 것을 요구하는 예는 또 인간의 감정을 정화한다.[25] 따라서 예는 비자연적이기는커녕 사람들을 실재의 핵심으로 이끈다. "예의 원리는 실로 깊다." 순자는 계속 강조한다. "체계를 만드는 자들의 거칠고 공허한 이론을 가지고 거기에 들어가려 하는 자는 망할 것이다."[26]

순자는 하늘보다는 땅에 집중했지만 그렇다고 세속적인 인본주의자는 아니었다. 모든 중국인과 마찬가지로 순자도 자연을 '신(神)처럼' 숭배했다. 그의 종교적 합리주의는 신비한 침묵에 기초를 두었다. 그는 한 가지 교조적 입장을 자기 중심적으로 고집하는 것을 '강박'이라고 부르며 개탄했다. 사회를 개혁하려면 도를 이해해야 한다. 그러나 자신의 의견은 옳고 다른 사람들의 의견은 다 틀렸다고 고집을 해서는 도를 이해할 수가 없다. 도는 '텅 비고 통일되고 고요한' 정신만 이해할 수 있다. 이 점에서 순자는 장자와 완전히 일치한다. 새로운 인상에 개방되어 있는 정신은 그 **자신의** 의견에 매달리지 않고 '비어 있다.' 삶의 복잡성을 일관되고 이기적인 체계 안에 집어넣으려 하지 않기 때문에 '통일되어' 있다. '몽상이나 번거로운 환상'에 빠져들지 않고 진정한 이해를 막는 야심적인 '음모나 계략'을 조장하지 않기 때문에 '고요하다.'[27] "(마음이) 텅 비고 한결같고 고요한 것을 일러 크게 맑고 밝다고 한다." 그것이 바로 위대하고 순수한 깨달음을 얻은 사람, 올바로 도를 체득한 이의 특징이다. 순자는 그렇게 말한다.

자기 중심적인 강박에서 벗어나면 평범한 사람도 현자처럼 모든 것을 한눈에 볼 수 있다. 편협하고 이기적인 관점에 갇히는 대신 통치의 더 깊은 원리들을 직관적으로 파악할 수 있다.

그런 깨달음을 얻은 사람은 자기 방에 앉아서도 온 세상을 볼 수 있으며, 현재에 살면서도 먼 과거를 이야기할 수 있다. 그는 모든 존재를 꿰뚫는 통찰을 얻으며 그 존재들의 진정한 본질을 이해하고, 질서와 무질서의 일들을 연구하여 그 뒤에 놓인 원리를 이해하게 된다. 그는 하늘과 땅을 모두 살피며, 모든 존재를 다스리고, 위대한 원리와 우주 안의 만물의 주인이 된다.[28]

그의 지성은 "신과 같아진다." 순자가 보기에 법가는 야망이 크지 않았다. 도를 깨달은 사람은 경제 또는 군사 기계의 톱니가 아니라 신성한 존재였다. "넓고 크다. 누가 그런 사람의 한계를 알겠는가?" 순자는 물었다. "밝고 이해력이 뛰어나다. 누가 그의 덕을 알겠는가? 끓어오르고 뒤섞여 늘 변한다. 누가 그의 형태를 알겠는가? 그의 밝음은 해와 달에 비길 만하다. 그는 커서 사방을 채운다. 이것이 '대인(大人)'이다."[29)] 이런 식으로 자신의 인간성의 잠재력을 실현한 사람은 세상을 구할 수 있다.

아무도 순자의 정치 사상을 아주 진지하게 받아들이지는 않았지만, 기원전 3세기 중반이 되자 모두들 또 하나의 신비한 통치 교본 이야기를 했다. 이 책은 곧 많은 사람의 관심을 끌었다.[30)] 특히 한비 같은 법가들이 이 새로운 텍스트에 공감했다. 《도덕경》은 원래 개인이 아니라 작은 나라의 제후들을 위해 쓴 것임에도 서구에서는 개인의 수양을 위한 인기 있는 고전이 되었다. 우리는 사실 노자(老子)라고 불리는 이 책을 쓴 저자에 관해서는 거의 아는 것이 없다. 그에 관해서는 여러 이야기가 떠돌았지만 어느 것도 역사적 근거는 없다. 무명(無名)과 무욕(無欲)을 주제로 글을 쓴 저자는 잘 파악되지 않으며, 어쩌면 그것이 그가 바라던 것이었는지도 모른다.

《도덕경》은 81개의 작은 장으로 나뉘어 있고, 수수께끼 같은 운문으로 기록되어 있다. 노자는 법가보다 훨씬 더 영적이지만 둘 사이에는 친화성이 있으며, 법가는 그 점을 즉시 간파했다. 둘 다 유가를 경멸했다. 둘 다 반대되는 것을 추구할 때에만 목표에 이를 수 있다는 역설적 세계관을 지녔다. 둘 다 통치자는 '무위'를 유지해야 하며 나라의 삶에 가능한 한 개입하지 말아야 한다고 믿었다. 노자는 법가와는 달리 왕에게 덕이 있기를 바랐지만 끝도 없이 백성을 위해 일을 **하려고** 노력하는 유가의 성군을 바란 것은 아니었다. 반대로 무위의 삼가는 태도와 완전한 공정성을 실행에 옮기는 군주라야 전국시대의 폭력을 끝낼 수 있다고 보았다. 고대의 왕들은 일련의 외적인 의식을 거행하여 지상에 하늘의 도를 확립하는 마법적인 능력으로 통치를 했다고 전해진다. 노자는 이런 오래된 의식을 내재화했으며, 군주들에게 도와 내적으로 영적인 일치를 이루라고 충고했다.

곧 진나라에 의해 소멸될 운명인 작은 제후국들에게는 무시무시한 시대였다. 《도덕경》에는 임박한 소멸에 대한 공포가 주제처럼 흐르고 있다. 《도덕경》은 약한 군주에게 생존의 전략을 제시한다. 호전적인 태도를 보이는 대신 물러나서 스스로를 작게 만들어라. 음모와 계략을 짜는 대신 생각을 버리고 마음을 진정시키고 몸의 긴장을 풀고 세상을 보는 관습적인 방법에서 자유로워져라. 무위를 훈련해 문제들이 저절로 풀리도록 내버려 두어야 한다.[31] 그러나 이것은 자신의 마음을 개조할 때에만 이룰 수 있다. 마음은 고요와 공허(텅 빔)에 뿌리를 두어야 한다. 그래서 노자는 자신의 책의 30장을 군주의 내적 삶을 변화시켜 그에게 고대 성군들처럼 세상을 다시 채우고 복원할 힘을 부여해줄 신비한 훈련에 할애했다.

우리는 첫 장에서 노자의 방법을 만나게 된다. 현명한 통치자는 완전히 다른 방식으로 생각해야 한다. 일반적인 합리적 사고는 소용없다. 교의, 이론, 체계는 그의 진전에 방해만 될 뿐이다. 언어와 개념을 넘어선 영역으로 들어가야 하기 때문이다. 그래서 노자는 이렇게 시작한다.

> 말로 할 수 있는 도는 영원한 도가 아니다(道可道非常道).
> 부를 수 있는 이름은 영원한 이름이 아니다(名可名非常名).
> 이름 없는 것이 하늘과 땅의 시초였다(無名天地之始).

세상 만물에는 이름이 있다. 그러니 노자는 세속적인 것을 넘어선 것, 우리가 생각할 수 있는 어떤 것보다 더 근본적인 것에 관해 말한다. 따라서 그것은 이름이 없고 보이지 않는 것이다. 그러나 대부분의 사람들은 이 감추어진 영역을 모른다. 이것은 욕망을 완전히 없앤 사람만이 알 수 있다. 정신과 마음에서 욕망을 제거한 적이 없는 사람은 이 이름 없는 실재의 외적 표현, 즉 눈에 보이는 현상 세계만을 볼 수 있을 뿐이다. 그러나 보이지 않는 것과 표현된 것은 둘 다 훨씬 더 깊은 존재 수준에 뿌리를 두고 있다. 이 만물의 은밀한 핵심은 '신비 위의 신비(玄之又玄)'다. 이것을 무엇이라고 부를까? 어쩌면 노자는 그 심오한 모호함을 일깨워주려고 그것을 '어둠(玄)'이라고 불러야 한다고 결론을 내렸는지도 모른다. 이것은 "온갖 오묘한 것의 관문이다!"[32]

노자는 양파의 껍질을 까듯이 실재의 깊은 층들을 드러냈다. 현명한 통치자는 탐구를 시작하기 전에 언어의 부적합성을 이해해야 한다. 그는 보이지 않는 것을 흘끗 보았다고 생각한 바로 그 순간에 더 깊은 신비를 깨닫게 된다. 그런 다음에는 이런 앎이 특권을 가진 정보를 획득하는 문제가 아니라는 경고를 받는다. 축의 시대의 모든 위대한 현자들이 강조한 케노시스를 요구하는 것이다. 그는 "나는 원한다!"고 쉴 새 없이 아우성치는 '욕망'을 포기해야 한다. 그러나 이것을 실현했다 해도 그는 여전히 최송석인 신비의 '관문'에 서 있을 뿐이다. 노자는 도를 그의 전망의 중심에 놓으면서 영적 삶의 유동성을 강조했다. 목표는 감추어져 있고 접근할 수 없다. 길은 늘 새로 비틀리거나 방향을 튼다. 계속 멀리 물러나면서 우리더러 더 다가오라고 계속 다그친다.

    섞여서 형성된 어떤 것이
    하늘과 땅보다 먼저 태어났다.
    소리도 없이 텅 비어 있으며,
    홀로 서서 변하지 않으며,

두루 행하며 움직여도 위태롭지 않아

세상의 어머니가 될 수 있다.

나는 그 이름을 모른다.

그래서 그냥 '도'라고 부른다.

굳이 이름을 붙인다면 임시로 '크다(大)'라는 이름을 준다.

크기 때문에 물러난다고 말할 수 있다.[33]

잘 빠져나가고 물러나는 이 '것', 그가 '임시로'만 이름을 부여한 것에 이름을 붙이려는 노자의 시도에는 태평한 면이 있다. 우리는 이 '것'에 관하여 이야기할 수는 없지만, 그것을 본으로 삼으면 그것은 어떻게든 우리에게 알려지게 된다.

노자의 모호한 시는 논리적으로는 말이 되지 않는다. 그는 역설을 퍼부어 독자들을 일부러 혼란에 빠뜨린다. 노자는 숭고한 것에는 이름이 없다고 말하고 나서 몇 줄 뒤에는 '이름이 있는 것'과 '이름 없는 것'이 같은 출처에서 나왔다고 말한다. 현명한 통치자는 이런 모순들을 마음에 품고 일반적인 사고 과정이 부적당하다는 사실을 인식해야 한다. 노자의 글은 추론이 아니라 명상을 위한 참조점들이다. 노자는 결론만 기록할 뿐, 이런 통찰에 이르게 된 단계들을 짚어주지는 않는다. 현명한 통치자는 표현된 것으로부터 보이지 않는 것으로, 그리고 마지막으로 어둠 가운데 가장 어두운 곳까지 혼자서 도를 따라 내려가야 하기 때문이다. 다른 사람들이 도에 관해 하는 이야기에 의지하여 간접적으로 이런 통찰들을 얻을 수는 없다. 중국인에게는 그들 나름의 요가(좌망坐忘)가 있었다. 이것은 그들에게 바깥 세계를 차단하고 일반적인 인식 방식을 폐쇄하라고 가르쳤다. 장자는 이것을 '잊음(망忘)', 즉 앎의 버림이라고 불렀다. 노자도 이따금씩 이 요가 훈련을 언급한다.[34] 그러나 자세하게 묘사하지는 않는다. 그럼에도 이것은 그가 요약한 신비한 과정의 핵심이었다. 독자가 그의 결론을 평가할 수 있는 유일한 방법은 그 여행을 해보는 것뿐이었다.

노자는 보이지 않는 그 실재를 종종 '허(虛)'라고 불렀다. 규정을 할 수 없기 때문이다. '허'라는 말은 바쁜 유위의 정신이 두려워하는 텅 빈 상태를 암시한다. 우리의 본성은 진공을 싫어한다. 우리는 우리 정신을 관념, 말, 생각으로 가득 채운다. 그렇게 하면 생명으로 가득 찬 듯 보이지만 사실 이것은 아무런 의미가 없다. 그러나 《도덕경》에서는 허를 만물의 '자궁'이라고도 부른다. 새로운 생명을 낳기 때문이다.[35] 노자의 허, '골짜기', '우묵한 곳'의 이미지들은 모두 거기에 없는 것에 관해 말한다. 묘사 불가능한 존재의 신비를 가리킬 뿐 아니라, 에고가 사라진 무위의 마음 즉 케노시스를 가리키기도 한다. 현명한 통치자의 존재에는 허가 있음에 틀림없다. 그는 명상의 황홀경 속에서 '텅 빈 상태'를 경험할 수 있다. 이것은 노자에 따르면 사람들이 문명—인간 삶에 그릇된 책략을 들여왔다.—에 감염되기 전에 누리던 진정한 인간성으로 돌아가는 것이다. 인간은 자연에 개입하는 바람에 도를 잃은 것이다.

다른 생물들은 자신에게 마련된 도를 지키는 반면 인간은 항상 바쁜 유위의 사고에 의해 도로부터 자신을 분리시켰다. 인간은 존재하지 않는 구분을 만들어냈으며, 실제로는 자기 중심적 투사에 불과한 엄숙한 행동 원리들을 고안했다. 노자는 이 점에 관하여 장자와 의견이 같았다. 현자가 이런 정신적 습관을 버리는 훈련을 하면 원래의 본성으로 돌아가 올바른 길로 복귀할 수 있다.

나는 허(虛)를 얻으려 최선을 다한다.
나는 고요(靜)를 굳게 유지한다.
만물이 모두 함께 생기지만
나는 그들이 되돌아가는 것을 지켜본다.
온갖 사물과 사건들이 어지럽게 변화할지라도
모두 그들 각각의 뿌리로 돌아간다.
자신의 뿌리로 돌아가는 것을 고요라 한다.[36]

다른 모든 것은 왔던 곳으로 돌아간다. 나뭇잎이 나무 뿌리에 떨어지고 퇴비가 되어 생명의 순환으로 다시 들어가는 것과 마찬가지다. 잎은 보이지 않는 세계에서 나타나 잠시 보이다가, 이어 어둠으로 돌아간다. 깨달음을 얻은 현명한 통치자는 이런 흐름에 초연하다. 보이지 않는 것과 조화를 이루면 완벽한 지혜와 공정성을 얻는다. 자신과 도를 동일시할 수 있다. 이 시는 이렇게 끝맺는다. "그는 견딜 수 있으며, 그의 날이 다할 때까지 위태롭지 않을 것이다."[37]

텅 빈 상태는 《도덕경》에 스며들어 있는 두려움에서 해방을 가져온다. 소멸을 두려워하는 통치자는 망상을 두려워하는 것이다. 무(無)를 두려워해서는 안 된다. 그것이 실재의 핵심이기 때문이다. "하나의 바퀴통에 서른 개의 살이 꽂혀 있지만 바퀴를 움직이게 하는 것은 아무것도 없는 곳(축을 꽂는 빈 곳)이다."[38] 노자는 그렇게 말한다. 또 단지를 만들 때 점토를 반죽하여 매력적인 모양으로 만들지만 그 그릇의 존재 근거는 아무것도 없는 곳(無)이다. 노자는 이렇게 결론을 내린다.

따라서 우리는 지각할 수 있는 것에서 유익을 얻는다 하지만

진정한 힘이 놓인 곳은 우리가 아무것도 지각할 수 없는 곳이다.[39]

공적인 정책도 마찬가지다. 통치자가 자기 내부에서 비옥한 허를 발견하면 통치할 준비가 된 것이다. 하늘과 도를 본받아 '왕다움'을 얻은 것이다.[40] 현명한 통치자는 하늘처럼 행동해야 한다. 하늘은 다른 생물들의 도에 간섭하지 않고 자신의 불가사의한 경로를 따른다. 이것이 사물이 따라 마땅한 도다. 목적이 있는 쉼 없는 행동주의가 아니라 이것이 세상에 평화를 가져온다.

어디에서나 통치자, 정치가, 관리는 음모와 계략을 짰다. 많은 철학자들이 도움을 주기보다는 해를 주었다. 묵가는 분석, 전략, 행동의 중요성을 강조했다. 유가는 문화를 찬양했지만, 노자가 보기에 문화는 도의 흐름을 방해했다. 유가의 영웅인 요, 순, 우는 강의 흐름을 돌리고, 경작지를 만들려고 숲과 산에 불을 놓는 등 늘 자연에 간섭했다. 유가는 예를 사회에 강요하여 사람들이 순수하게 외적인 영성에만 집중하도록 장려했다. 목표 지향적인 유위의 활동이 너무 많았다. 이것은 생물을 그대로 놓아두는 도의 부드럽고 독단적이지 않고 자연스러운 흐름과는 양립할 수가 없었다.

도는 행동하지 않지만 이루지 못하는 일이 없다.
군주와 제후가 도를 지킬 수만 있다면
만물이 스스로 변할 것이다.

도가를 따르는 통치자는 이렇게 결론을 내린다. "내가 바라기를 그만두고 고요하게 있으면 천하가 스스로 평화로워질 것이다."[41]

생존의 비결은 직관과는 반대로 행동하는 것이다.[42] 사람들은 정치 생활에서 늘 아무것도 안 하는 것보다는 미친 듯이 행동하는 것을 좋아하고, 무지보다는 앎을 좋아하고, 약함보다는 강함을 좋아한다. 그러나 노자는 정반대로 해야 한다고 주장했다. 따라서 이 새로운 생각에 관심을 가졌던 그 시대 사람들은 깜짝 놀랄 수밖에 없었다.[43]

> 세상에서 물보다 더 부드럽고 약한 것이 없지만
> 단단하고 강한 것을 공격하는 데는 물을 능가하는 것이 없다.
> 물을 대신할 수 있는 것이 없기 때문이다.
> 약한 것이 강한 것을 이기고,
> 부드러운 것이 단단한 것을 이긴다는 것을
> 세상 누구나 다 알지만,
> 아무도 그것을 실천에 옮기지는 않는다.[44]

모든 인간의 노력은 수동성을 거스르는 방향으로 나아간다. 따라서 도의 자연스러움으로 돌아가는 방법은 적극적으로 계획을 짜는 정치가들이 예상하는 것과 정반대로 하는 것이다.[45] 올라간 것은 모두 내려오는 것이 자연의 법칙이다. 따라서 적에게 복종하여 적을 강하게 하는 것이 사실 그의 쇠퇴를 재촉하는 것이다. 하늘과 땅이 영원히 지속되는 이유는 다름이 아니라 자신의 존재를 연장하려고 노력하지 않기 때문이다.

> 따라서 성인은 자신을 마지막에 놓지만 오히려 앞서게 되며……
> 그가 자신의 개인적인 목적을 달성할 수 있는 것은 자신을 생각하지 않기

때문이 아니겠는가?[46]

 이렇게 자기를 비우는 데는 길고 신비한 훈련이 필요하다. 그러나 일단 이런 내적인 공허를 달성하면, 그는 삶의 이른바 약한 것들처럼 활기차고, 유연하고, 비옥해진다.
 힘과 강제는 본래 자멸적이다. 이 점에서 노자는 전사들에게 적에게 '항복'하라고 촉구했던 고대 전쟁 의식의 정신으로 돌아간다. "무기는 상서롭지 못한 도구이니 군자의 도구가 아니다. 군자는 달리 방법이 없을 때만 무기를 쓴다."[47] 노자는 그렇게 주장한다. 때로는 전쟁이 안타깝지만 필요하기도 하다. 그러나 싸울 수밖에 없을 때에도 군자는 안타까운 마음으로 무기를 들어야 한다. 자기 중심적인 승리주의, 잔인한 배외주의, 손쉬운 애국주의를 받아들이면 안 된다. 군자는 무기를 과시하여 세상을 위협할 수 없다. 이런 호전성은 거의 틀림없이 자신에게 돌아오기 때문이다. 군자는 늘 군사력을 함부로 사용하지 않도록 노력해야 한다. "끝을 맺되 자만하지 마라. 끝을 맺되 자랑하지 마라. 끝을 맺되 오만하지 마라. 끝을 맺되 선택의 여지가 없을 때에만 하라. 끝을 맺되 위협하지 마라."[48]
 따라서 '무위'는 행동을 완전히 삼가라는 뜻이 아니라 증오의 상승을 막는, 비호전적이며 자기를 내세우지 않는 태도다.

> 훌륭한 전쟁 지도자는 호전적이지 않고
> 훌륭한 투사는 격렬하지 않으며
> 적을 잘 이기는 자는 절대 공세를 취하지 않고
> 사람들에게서 많은 것을 얻는 자는 사람들을 겸손하게 대한다.[49]

노자는 이렇게 말을 맺는다. 이것이 "내가 비폭력의 덕이라고 부르는 것이다." 현명한 전사는 이렇게 행동하면 "하늘의 숭고함에 비길 수 있게" 된다.[50]

우리가 하는 일의 결과를 결정하는 것은 우리 행동이 아니라 태도다. 사람들은 늘 우리의 말과 행동 뒤에 놓인 감정과 동기를 느낄 수 있다. 군자는 적대감을 흡수해야 한다. 잔학 행위에 보복을 하면 틀림없이 새로운 공격이 나타나게 된다. 도전은 무시해야 한다. "굽히는 것이 전체를 보전하는 것이다. …… (군자는) 다투지 않기 때문에 세상 누구도 그와 다툴 수가 없다."[51] 압제자는 스스로 자신의 무덤을 파는 것이다. 제후가 다른 사람들에게 어떤 작용을 하려고 하면 사람들은 자동적으로 저항하며, 그 결과는 보통 의도한 것의 반대가 되기 때문이다. 무위는 겸손과 결합해야 한다. 군자는 지붕 위에서 자신의 원칙을 큰소리로 떠들지 않는다. 사실 그에게는 고정된 의견이 없다. 군자는 사람들을 **자신이** 원하는 대로 만들려 하지 않고, "사람들의 마음을 자기 것으로 삼는다."[52] 노자는 인간 본성이 원래 친절하고 선하다고 확신했다. 오직 정교한 법과 도덕률에 강제로 따라야 한다고 느낄 때만 격해진다는 것이다.[53] 군자는 더 큰 나라의 공격과 마주치면 증오가 더 큰 증오를 낳지는 않는지, 증오가 동정심에 반응하여 약해지지 않는지 물어야 한다. 노자가 공개적으로 언급한 적은 거의 없지만, 남들 자리에 자신을 놓아보려고 노력하라는 말에는 자비가 암시되어 있다.

> 큰 괴로움이 있는 이유는 나에게 사기가 있기 때문이다.
> 나에게 자기가 없으면 무슨 괴로움이 있겠는가?
> 따라서 세상을 자기처럼 존중하는 사람에게

세상은 맡겨질 것이며,
세상을 자기처럼 사랑하는 사람에게
세상은 넘겨질 것이다.[54]

노자는 우리가 축의 시대 중국에서 만나는 마지막 현자이다. 그의 이상은 본질적으로 유토피아적이었다. 이런 수준의 '비움'에 이른 군자는 권좌에 오르기 어려울 것이다. 그 자리를 얻는 데 필요한 계산을 할 수 없을 것이기 때문이다.[55] 노자는 맹자와 마찬가지로 사람들이 시대의 공포 때문에 자연스럽게 신비한 경향을 가진 통치자에게 끌릴 것이라는 일종의 메시아적 희망을 품었는지도 모른다. 물론 전국시대의 폭력을 끝장내고 제국을 통일한 것은 도가의 현자가 아니라 진(秦)이라는 법가의 나라였다. 이 놀라운 성공은 군사적 힘에 의존하지 않으면 왕권을 얻을 수 없다는 사실을 증명한 것처럼 보였다. 이로써 일종의 평화가 찾아오기는 했지만, 도덕성, 자비, 비폭력을 향한 축의 시대의 희망에는 조종이 울렸다. 제국의 시기에 축의 시대 영성들은 종합되면서 완전히 다른 것으로 바뀌게 된다.

헬레니즘,
문명을 만든 최초의 문명 충돌

중국인은 축의 시대의 다른 민족들로부터 고립되어 있었기 때문에 알렉산드로스 대제의 특별한 업적에 관하여 전혀 알지 못했다. 아리스토텔레스의 제자인 알렉산드로스는 기원전 333년에 실리시아의 이수스 강에서 다리우스 3세(기원전 336~330년 재위)의 군대를 무찌르고 페르시아 제국을 정복했다. 이어 알렉산드로스는 군대를 이끌고 아시아를 짓밟으며, 알려진 세계 대부분을 망라하는 제국을 창조했다. 그의 전진은 폭력적이고 무자비했다. 반대는 허용하지 않았으며, 그의 길을 막아서는 만용을 부리는 모든 도시를 무자비하게 파괴하고 주민을 학살했다. 그의 제국은 공포에 기초를 두었지만, 그래도 알렉산드로스는 정치적이고 문화적인 통일의 비전을 품었다. 그러나 그의 제국은 기원전 323년에 그가 바빌로니아에서 요절하자 살아남지 못했다. 거의 즉시 그의 주요 장군들 사이에 싸움이 벌어졌으며, 그 후 20년 동안 알렉산드로스가 정복했던 땅은 이 여섯 디아도코이(diadochoi, '후계자들')의 전투로 유린되었다. 제국의 '평화'는 사라지고 파괴적인 전쟁만 남았다. 마침내 그 세기가 끝날 무렵 디아도코이 가운데 둘이 나머지를 없애고, 알렉산드로스의 영토를 나누어 가졌다. 알렉산드로스의 장군들 가운데 가장 주도면밀했던 프톨레마이오스(Ptolemaeos, 기원전 367~283)는 이집트, 아프리카 해안, 팔레스타인, 시리아 남부를 차지했다. 알렉산드로스가 바빌론의 총독으로 임명했던 셀레우코스(Seleucos, 기원전 358?~281)는 이란을 포함한, 옛 페르시아 제국의 큰 부분을 지배했다. 그는 유지가 불가능했던 인도 영토를 포기하고, 동쪽의 경계를 확정했다.

알렉산드로스는 인도 사람들에게 거의 영향을 주지 못했다. 그는 소수의 작은 부족만 정복했을 뿐이며, 초기 인도 역사가들 몇 명은 그의 침략을 언급하지도 않았다. 그의 업적은 인도를 정복한 것이 아니라, 실제로 거기에 도착했다는 사실이었다. 그가 인도에서 보낸 2년도 군사 원정이라기보다는 지리적 탐험에 가까웠다. 알렉산드로스는 그리스 에토스의 구현자로 보였다. 그는 호메로스의 신화를 배우며 자랐고, 아테네의 이상에서 영감을 얻었으며, 아리스토텔레스에게서 교육을 받았다. 그리스는 다른 지역과는 달리 축의 시대의 종교적 비전에 완전히 참여하지 않았다. 그리스가 이룩한 '축의 시대'의 가장 놀라운 업적 몇 가지는 군사적인 것이었다. 알렉산드로스가 2년에 걸쳐 감행한 인도 모험도 그런 순간으로 꼽을 만하다. 그리스 군대는 세상의 끝으로 여기던 곳에 이르렀기 때문이다. 그들은 요가 수행자들이 인간 심리의 한계를 돌파하려고 노력했던 것처럼 용감하게 궁극적인 것에 맞섰다. 신비주의자들은 내적인 공간을 정복하려 한 반면, 알렉산드로스는 물리적 세계의 가장 먼 곳을 탐험했다. 축의 시대의 많은 현자들처럼 알렉산드로스도 늘 "더 많은 것을 얻으려고 노력했다."[56] 그는 페르시아 왕들보다 인도로 더 깊이 들어가고 싶어했으며, 지구를 둘러싸고 있다고 여기던 바다에 이르고 싶어했다. 이것은 늘 서양의 탐험가들이 매력을 느끼던 '깨달음'이었지만,[57] 인도의 신비주의자들이 구했던 니르바나나 해탈—이것은 자기를 지우는 것, 아힘사, 자비를 특징으로 삼는다.—과는 매우 달랐다.

그리스 병사들은 인도의 웅장함에 매혹과 함께 공포를 느꼈다. 이곳에는 무시무시한 몬순이 있었으며, 놀라운 전투용 코끼리가 있었고, 불타는 듯한 여름이 있었으며, 넘을 수 없는 고개가 있었다. 그들은 특히 우연히 마주치는 '벌거벗은 철학자들'에게 흥미를 느꼈는데, 아마 그들은 자이나 교도였을 것이다. 인도인은 그리스인에게 지속적인 관심을 보이지 않았지만, 알렉산드로스와 그의 후계자들은 우리가 이 책에서 언급했던 다른 민족 가운데 일부의 운명을 결정적으로 바꾸어놓았다. 이란의 조로아스터 교도는 알렉산드로스를 역사상 최악의 죄인으로 기억한다. 그가 사제와 학자를 수도 없이 죽이고, 신성한 불을 수도 없이 짓밟았기 때문이다. 그는 '저주받은 자'였는데, 이 호칭은 '적대적인 영혼(앙그라 마이뉴)' 외에는 오직 알렉산드로스에게만 사용되었다. 사제 학살은 회복 불가능한 손실을 안겨주었다. 조로아스터교의 텍스트는 그때까지도 구전되고 있었다. 따라서 살해당한 사제들의 머릿속에만 들어 있던 많은 텍스트가 결국 복원 불가능하게 파괴되고 말았다.

유대인은 알렉산드로스보다는 디아도코이에게 더 큰 영향을 받았다. 에즈라와 느헤미야 시대 이후로 예루살렘은 늘 벽지였다. 예루살렘은 모든 주요 교역로에서 벗어나 있었다. 페트라나 가자에서 발을 멈춘 대상들은 원료가 없어 자체의 산업이 발달하지 않은 예루살렘에 갈 이유가 없었다. 그러나 디아도코이의 전쟁이 벌어지면서, 유다는 계속 이 군대 저 군대의 침입을 받았다. 이 침략군들은 소아시아, 시리아, 이집트에서 짐, 장비, 가족, 노예를 이끌고 왔다. 예루살렘은 기원전 320년에서 기원전 301년 사이에 무려 여섯 번이나 지배자가 바뀌었다. 예루살렘의 유대인은 그리스인을 파괴적이고, 폭력적이고, 군사주의적인 존재로 경험했다. 기원전 301년 이집트의 왕인 프톨레마이오스 소테르†가 유다, 사메리나, 페니키아를 비롯하여 해안 지역 전체를 장악하였고, 그 이후 백 년 동안 예루살렘은 프톨레마이오스 왕조의 지배를 받았다. 그러나 이 왕조는 지역의 일에는 별로 개입하지 않았다.

그럼에도 이 지역은 변하고 있었다. 알렉산드로스와 그의 후계자들은 근동에 새로운 도시를 여럿 건설했으며, 이 도시들은 헬레니즘 학문과 문화의 중심이 되었다. 이집트의 알렉산드리아, 시리아의 안티오크,

---

프톨레마이오스 소테르 알렉산드로스 대제 사후 여섯 디아도코이 중 하나였으며 기원전 323년 이집트의 왕이 되었다. '소테르'는 이 프톨레마이오스 1세의 별칭으로서 '구원자'라는 뜻이다.

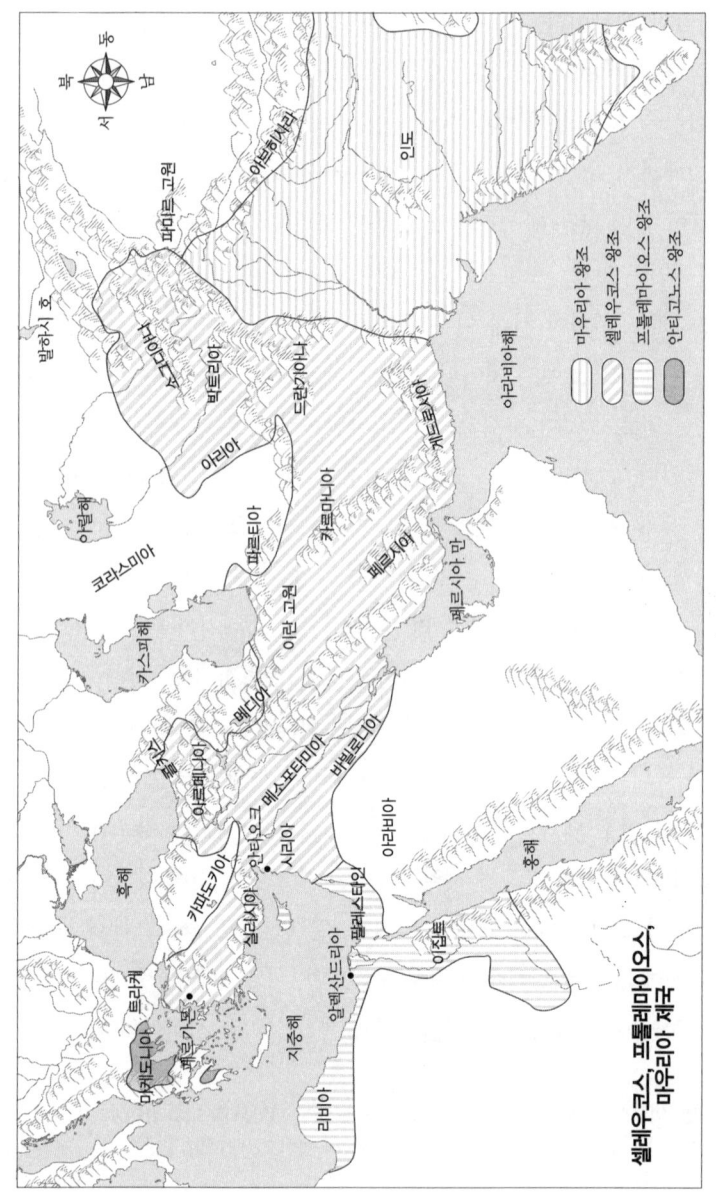

소아시아의 페르가몬 등이 그런 도시였다. 이런 도시는 그리스의 폴리스였으며, 보통 원주민을 배제했고, 헬레니즘 세계에서 전에 본 적이 없는 규모로 건설되었다. 이것이 코스모폴리스(cosmopolis), 즉 '세계 도시'였다. 이때는 위대한 이주 시대였다. 그리스인은 이제 자신이 태어난 작은 도시 국가와 결합돼 있다고 느끼지 않았다. 알렉산드로스의 영웅적 원정이 그들의 지평을 확대했으며, 이제 많은 사람들이 자신을 코스모폴리탄(cosmopolitan), 즉 세계 시민이라고 느꼈다. 그리스인은 상인, 용병, 대사로서 세계 여행자가 되었다. 많은 사람들이 폴리스가 비좁고 지방적이라고 생각하기 시작했다. 어떤 사람들은 근동에 새 폴리스를 세웠다. 알렉산드로스는 마케도니아인을 사메리나에 정착시켰으며, 나중에 그리스 이주민은 시리아에도 도착하여, 가자, 셰켐, 마리사, 암만 등의 고대 도시들을 헬레니즘적 모델을 따르는 폴리스로 바꾸었다. 그리스 군인, 상인, 기업가는 이런 그리스 문화권에 정착하여 새로운 기회를 활용했다. 그리스어를 말하고 쓰는 법을 배운 지역민 또한 '헬레네스(Hellenes)'가 되어 군대와 행정부의 하위직에 진입하는 것이 허용되었다.

이렇게 해서 문명의 충돌이 생겨났다. 지역민 가운데 일부는 그리스 문화에 매력을 느꼈다. 어떤 사람들은 폴리스 생활의 세속적 경향, 그리스 신들의 부도덕한 활동, 젊은이들이 연무장에서 벌거벗고 운동하는 광경에 경악했다. 그리스인에 대한 유대인의 반응은 일치하지 않았다. 프톨레마이오스는 알렉산드리아에서 이집트인이 연무장에 들어오는 것은 허락하지 않았지만, 외국인들의 출입은 허락했다. 그래서 이 지역 유대인은 연무장에서 훈련을 하며 그리스와 유대 문화의 독특한 융합을 이루기도 했다. 이보다 보수적이었던 예루살렘에서는 두 분파가 생겨났다. 한 분파는 느헤미야를 몹시 괴롭혔던 토비아의 후손인 토비아드 씨족이었다. 그들은 그리스 세계에서 편안함을 느꼈으며, 예루살렘에서 새로운 사상의 선구자가 되었다. 그러나 다른 사람들은 이 이질적인 영향력이 대단히 위험하다고 보고 방어적으로 옛 전통에 매달리면서, 단호하게 오랜 율법과 관습을 유지하려 했던 사제 집안인 오니아드 씨족 주위에 모여들었다. 기원전 3세기는 예루살렘의 역사에서 분명치 않은 시기지만, 어쨌든 이때는 두 진영 사이의 긴장이 통제 상태였던 것 같다. 그러나 나중에 축의 시대가 끝난 뒤에는 일부 유대인이 예루살렘을 '유대의 안티오크'라고 부르는 폴리스로 바꾸려고 하면서 심각한 갈등이 생겼다.

이 혼란의 시기는 또 다른 방식으로 예루살렘 역사에 영향을 끼쳤다. 페르시아 제국에 대항한 반역은 거의 없었다. 페르시아 왕들은 그들이 영원히 지속될 제국을 상속받았다는 신화를 퍼뜨렸다. 이 신화는 아시리아인이 시작한 것이었으며, 바빌로니아인에게 넘어갔다가, 마지막으로 키루스에게 간 것이다. 따라서 모든 반역은 패할 운명이었다. 그러나 근동 사람들은 디아도코이가 이 지역을 장악하려고 싸우면서 후계자가 바뀌는 것을 보았으며, 이 때문에 분위기도 변했다. 세상은 뒤집혔다. 어떤 유대인은 그들 자신의 **메시아** 밑에서 독립할 희망을 품기 시작했다. 기원전 201년 셀레우코스 왕조가 프톨레마이오스 왕조를 몰아내자 그런 희망에 다시 불이 붙었다. 기원전 2세기에 셀레우코스 왕조의 안티오코스 4세(Antiochos IV Epiphanes, 기원전 175~163년 재위)가 한 행동은 유대인의 묵시록적 열정의 분출을 자극했는데,[†] 이 열정은 다윗 왕 시대의 옛 신앙 체계에 의존했다. 그러나 이런 메시아 신앙은 축의 시대에 뿌리를 내린 것은 아니었으며, 유대교를 다른 방향, 축의 시대 이후의 방향으로 이끌었다.

알렉산드로스는 그리스의 지적 성취가 정점에 이르렀을 때 제국을 이루었으며, 그의 업적은 새로운 시대의 시작을 알렸다. 그가 죽은 뒤 그리스 본토에서 아테네를 포함한 몇 개 폴리스가 마케도니아의 통치에 저항했는데, 최초의 여섯 디아도코이 가운데 한 명이며 마케도니아를 통치했던 안티파트로스(Antipatros)는 반역에 잔인하게 보복했다. 그는 아테네의 자치권을 빼앗고 괴뢰 정부를 세웠다. 이로써 아테네의 민주주의는 끝장이 났다. 그리스 이주자와 식민지 개척자가 새로운 영토에 정착하면서 그리스 문명은 동방의 문화와 융합하기 시작했다. 19세기 학자들은 이런 융합을 '헬레니즘(Hellenism)'이라고 불렀다. 이런 만남으로 제기되는 어려움은 오히려 문화를 풍요롭게 했지만, 그 과정에서 그리스인의 실험의 강렬함이 희석되었다. 이국의 거대한 지역으로 엷게 퍼지면서 그 실험은 파편화되었으며, 진정으로 그리스적인 것이라기보다는 그와 비슷한 것이 되었다. 주요한 사회 변화의 시기는 어느 때든 혼란스럽다. 옛 질서의 붕괴와 불가피한 정치적 분열은 불안정을 가져왔다.[58] 당혹과 불안이 널리 퍼졌다. 그리스의 정체성에는 개인적이고 정치적인 자율이 늘 핵심이었다. 그러나 이제 그들의 세계가 극적으로 팽창하는 바람에 사람들은 자신들의 운명이 거대한 비인격적인 힘에 의해 통제된다고 느꼈다.

안티오코스 4세와 유대인의 반란 기원전 167년 안티오코스 4세가 유대인들에게 그리스 종교인 제우스 숭배를 강요하자 나이 든 유대 성직자 마타시아스가 반란을 일으켰다. 마타시아스가 죽은 뒤에는 아들인 마카베오가 반란군을 이끌었는데, 마카베오는 탁월한 군사적 능력을 발휘해 예루살렘 성전을 되찾았다. 기원전 163년 안티오코스 4세가 죽자 셀레우코스 왕국은 유대인들에게 종교의 자유를 주겠다고 했으나 마카베오는 종교의 자유뿐 아니라 정치적 자유를 위해 계속 싸우다 2년 뒤에 살해당했다.

기원전 3세기에는 이 시기의 고통에 뿌리를 내린 새로운 철학자 세 명이 이런 소외감을 어루만져주려고 노력했다.[59] 예를 들어 에피쿠로스(Epicuros, 기원전 341~270)는 그의 삶에서 첫 35년 동안은 거의 안정을 경험하지 못했다. 그의 가족은 마케도니아인에 의해 사모스에서 추방당했다. 그래서 그는 이 폴리스에서 저 폴리스로 방랑하다 기원전 306년에 아테네에 도착했다. 이곳에서 그는 아카데메이아 근처에 정원이 딸린 집을 한 채 사고, 가까운 친구들을 모아 공동체를 만들었다. 그는 쾌락이 인간 존재의 주된 목표라고 가르쳤지만, 이 쾌락은 그를 비방한 사람들이 생각하듯이 쾌락주의적 즐거움에 광적으로 뛰어든다는 뜻이 아니었다. 사실 이 공동체는 '정원' 안에서 운영되는 고요하고 소박한 체제를 채택했다. 쾌락은 호색과 자기 방종으로 이루어지는 것이 아니라, 아타락시아(ataraxia, 고통으로부터 해방)로 이루어지는 것이었다. 에피쿠로스 학파는 모든 정신적 혼란을 피했다. 폴리스 생활은 워낙 긴장되고 예측 불가능했기 때문에 자산이 있는 사람들은 공무에서 물러나, 마음이 맞는 사람들과 평화로운 삶을 누려야 했다. 불운한 사람들에게 큰 고통을 안겨주는 변덕스러운 신들에 대한 미신적인 믿음을 비롯하여, 번민을 일으키는 모든 것을 피해야 했다. 무엇보다도 죽을 운명이 마음의 독이 되는 것을 용납하지 말아야 했다. 죽음은 의식의 소멸에 불과하며, 에피쿠로스가 지적했듯이 "우리가 존재할 때 죽음은 존재하지 않으며, 죽음이 존재할 때 우리는 존재하지 않는다는 사실을 알아야" 했다. 죽음을 걱정하는 것은 소용없는 일이었다. "죽음이 아무것도 아니라는 올바른 이해는 무한한 시간을 보태주는 것이 아니라 불멸을 향한 욕망을 없애줌으로써 유한한 삶을 즐길 수 있게 해준다."[60]

에피쿠로스와 그의 친구들이 '정원'에서 한적한 삶을 즐기는 동안, 키프로스 출신의 그리스화된 페니키아인 제논(Zenon, 기원전 342~270)은 아테네에서 아고라에 있던 공회당인 '채색 주랑(Stoa, 스토아)'에서 제자들을 가르쳤다. 그래서 제논과 그의 추종자들은 스토아 학파로 알려졌다. 제논은 알렉산드로스가 그의 지배 아래 세계를 통일한 듯했던 특별한 순간에서 큰 영감을 받았다. 그는 우주가 통일체라고 믿었다. 몸과 영혼은 나뉘지 않는다. 실재 전체가 물리적이고, 살아 있으며, 불 같고 증기 같은 숨에 의해 조직되어 있다. 제논은 이 숨을 로고스(Logos, '이성'), 프네우마(Pneuma, '영혼'), 신 등으로 불렀다. 지능이 있는 이 신성한 힘은 모든 것에 스며들어 있다. 이것은 어디에나 내재한다. 인간은 이성적인 로고스에 따라 살 때에만 행복을 얻을 수 있는데, 이 로고스는 자연 질서에서 드러난다. 자유는 신의 의지에 굴복하는 데 있다. 신이 모든 것을 미리 결정하기 때문에 운명에 반항하는 것은 소용없다. 따라서 올바른 태도는 체념하고 묵종하는 것이다. 스토아 학파는 외적 환경에 관심을 두지 않고 가볍게 삶을 통과해 가야 했다. 내적인 평화를 기르고, 불안한 상황은 피하며, 양심적으로 자신의 의무를 이행하고, 침착하게 행동하며, 모든 극단적인 것을 피해야 했다. 그 목적은 신성한 로고스의 무자비한 과정에 저항하지 않고, 그것과 조화를 이루어 사는 것이었다.

아타락시아는 회의주의의 아버지로 불리는 엘리스의 피론(Pyrrhon, 기원전 365~275)의 목표이기도 했다. 우리는 그에 관해 아는 것이 거의 없다. 그는 아무것도 쓰지 않았다. 실제로 회의주의 텍스트는 그가 죽고 나서 500년 정도가 지난 뒤에야 나왔다. 피론은 어떤 것에 관해서도 확신을 갖는 것은 불가능하므로 판단을 중지하는 것이 평화롭게 사는 최선의 방법이라고 주장했던 것 같다. 교조적으로 자기 주장을 펴는 사람은 불행해질 수밖에 없다. "명예롭거나 비열한 것, 정의롭거나 불의한 것은 없다." 피론은 그렇게 말했다고 전해진다. "인간이 하는 모든 일의 기초는 관습과 습관이다. 모든 것은 이것이 아니듯이 저것도 아니기 때문이다."[61] 물론 이 말은 앞뒤가 맞지 않는다. 우리가 아무것도 모른다는 주장이 사실이라면, 그 주장이 사실이라는 것은 어떻게 알 수 있겠는가? 또 어떤 철학을 만들어내는 것이 어떻게 가능하겠는가? 그러나 피론은 회의주의를 인식론적 이론이 아니라 하나의 치료법으로 본 것 같다. 사람들은 강한 의견에 지나치게 흥분한다. 너무 불안하여 진실을 발견하지 못한다. 그래서 회의주의자는 친절하게 그들의 확실성을 무너뜨리고, 이런 지적인 소란을 그들의 체계에서 씻어냈다. 서기 3세기에 살았던 최초의 회의주의 저자 섹스토스 엠피리코스(Sextus Empiricus)는 피론과 그의 제자들도 처음에는 마음의 평화를 얻기 위해 진실을 찾으려고 노력했다고 설명했다. 그러나 이 목적을 만족스럽게 달성할 수 없게 되자 포기했고, 그 즉시 마음이 훨씬 더 편해졌다. "그들이 판단을 중지하자, 뜻밖에도 몸에 그림자가 따르듯이 고요가 따라 왔다."[62] 그래서 그들은 스켑티코이(skeptikoi, '묻는 자들')라고 알려졌다. 마음을 닫지 않고 모든 가능성에 마음을 열어 두는, 정돈된 태도가 행복의 비결임을 아는 사람들처럼 보였기 때문이다.

이 헬레니즘 철학자들에게 축의 시대는 실제로 완전히 끝이 난 상태였다. 그럼에도 그들의 작업에서는 현자와 예언자들이 500년 이상 탐험해 왔던 위대한 선구적 영성의 잔재들이 희끄무레하게 나타난다. 공자, 붓다, 에스겔, 소크라테스의 영웅적 노력은 더 온건하고, 성취 가능한, 말하자면 '특가(特價)'판으로 바뀌었다. 자연에 조율된 제논의 삶의 이상에는 도교의 느낌도 있지만, 스토아 학파는 자신을 자연 과정에 일치시켜 세상을 바꾸기를 갈망하는 대신, 단순히 현상에 체념해버렸다. 이 기원전 3세기 그리스 철학에는 모두 축의 시대에는 질색을 하던 숙명론이 들어 있다. 붓다는 제자들에게 형이상학적 의견에 집착하지 말라고 경고했다. 《우파니샤드》의 신비주의자들은 합리적 사고의 오류를 지적하여 대화 상대의 입을 다물게 했지만, 그들은 회의주의자들처럼 단순하게 '판단을 중지'한 것이 아니었다. 그들은 일반적인 사고 습관을 부수는 경험을 활용하여 사람들에게 말과 개념 너머에 놓인 신비를 맛보게 해주었다. 인도의 출가자들은 세상을 등졌지만, 에피쿠로스 학파처럼 교외의 '정원'에 살려던 것이 아니었다. 붓다는 수도자들에게 아고라로 돌아가, 모든 살아 있는 것들을 향한 자비심을 실행에 옮겨야 한다고 주장했다.

여기에 차이가 있다. 이 헬레니즘 철학자들은 영웅적인 윤리적 요구를 하지 않았다. 그들 모두 플라톤과 아리스토텔레스의 난해한 형이상학을 밀어내고, 사람들에게 어떻게 살아야 하는지 가르치려고 노력했던 소크라테스로 돌아간다고 주장했다. 그들은 소크라테스가 부당한 죽음에 침착하게 맞서면서 가졌던 마음의 평화를 원했다. 그들은 또 소크라테스와 같은 대중적 철학자로서, 학식이 많든 배우지 못했든 가리지 않고 모든 사람과 이야기를 나누었다. 그러나 소크라테스는 인간의 유일한 목적이 혼란을 제거하는 것이라고 주장한 적이 없었다. 반면 제논, 에피쿠로스, 피론은 모두 조용한 삶을 원했으며, 위대한 축의 시대 철학자들의 극단성과 노력을 피하겠다고 결심했다. 그들은 단순하게 아타락시아를 원했다. 번민에서 벗어나기를 바랐다. 축의 시대 현자들은 모두 삶이란 본질적으로 불만족스럽고 고통스러운 것이라고 지적하면서, 이런 고통을 초월하고자 했다. 그러나 단순히 괴로움을 피하거나, 모든 것, 모든 사람에 대한 관심을 끊는 것으로 만족하지는 않았다. 현자들은 구원은 고통과 맞서는 데 있지, 물러나 부인하는 데 있지 않다고 주장했다. 에피쿠로스의 격리된 '정원'에서는 붓다의 숲의 느낌이 강하게 묻어난다. 에피쿠로스 학파 대부분이 이런 은둔의 삶을 뒷받침할 만한 자산이 있었으며, 일반 대중(hoi polloi)에게는 이런 삶이 가능하지 않았다는 점을 생각해보면 이런 유사성은 더 두드러진다.

축의 시대 사상가들은 아타락시아를 구하는 대신 사람들에게 고통이라는 현실을 받아들이라고 강요했다. 예레미야는 물러나서 고통을 부인하던 사람들을 '거짓 선지자'라고 비난했다. 아테네의 비극 작가들은 고통을 무대에 올리고, 관객에게 울 것을 명령했다. 슬픔이 보호 받는 삶에 절대 영향을 주지 못하도록 꼼꼼하게 노력을 기울이는 것이 아니라 슬픔을 **통과해야만** 해방을 얻을 수 있다고 보았기 때문이다. 두카의 경험은 깨달음의 전제 조건이었다. 그 과정에서 수행자가 다른 사람들의 슬픔에 감정 이입을 할 수 있었기 때문이다.

그러나 헬레니즘의 철학자들은 오로지 자기에게만 초점을 맞추었다. 물론 스토아 학파는 공적 생활에 참여하고, 관대하게 다른 사람들을 위하여 일하라고 촉구했다. 그러나 그들이 봉사하는 대상과 감정 이입을 하는 것은 허락하지 않았다. 그러면 자신의 평정이 깨지기 때문이었다. 이런 냉정한 자족성은 축의 시대에는 낯선 것이었다. 에피쿠로스의 코뮌에서 우정과 환대는 핵심이었지만, 이것은 '정원' 바깥으로 확대되지는 않았다. 회의주의자들의 치료에도, 비록 그 의도는 좋은 것이라 해도, 공격성이 강하게 들어 있었다. 사람들의 확신을 무너뜨리려고 다른 사람들에게 논쟁을 걸며 돌아다녔기 때문이다. 이러한 접근 방법은 붓다나 소크라테스의 경우와는 확연히 달랐다. 붓다와 소크라테스는 늘 자신의 대화 상대가 실제로 있는 곳에서 시작했지, 그들이 있어야 한다고 생각한 곳에서 시작한 것이 아니었기 때문이다.

축의 시대의 많은 사상가들은 순수한 로고스와 이성을 불신했다. 하지만 헬레니즘 철학자들은 직관보다는 과학에 기반을 두었다. 예를 들어 에피쿠로스는 데모크리토스의 원자론을 발전시켜 죽음을 두려워하는 것은 우리의 귀중한 삶을 낭비하는 일임을 보여주었다. 죽음이란 원자들이 해체하면 불가피하게 일어나는 일이라는 것이었다. 신들에게 도움을 청하는 것은 소용없는 일이었다. 그들 또한 원자로 이루어지고, 원자의 지배를 받기 때문이다. 스토아 학파는 자연의 신성한 과정이 로고스에 의해 계획되어 있어 바꿀 수 없다는 것을 과학적으로 이해할 때에만 그 과정과 자신을 일치시킬 수 있다고 가르쳤다. 기원전 3세기는 그리스 과학의 위대한 시기였다. 프톨레마이오스와 셀레우코스의 새로운 헬레니즘 왕국은 과거의 폴리스보다 훨씬 더 부유했다. 왕들은 학자들을 자신의 수도로 끌어오려고 서로 경쟁했으며, 학자들에게 지원금과 보수로 뇌물을 주기도 했다. 에우클레이데스(Eucleides, 기원전 330?~275?)와 아르키메데스(Archimedes, 기원전 290?~211?)는 둘 다 알렉산드리아에 살면서 일을 했다. 밀레토스와 엘레아의 철학자들은 오늘날의 대중 과학자들과 비슷하게 자연과학 가운데 인간과 관련이 있는 측면에만 집중했다. 반면 기원전 3세기의 새로운 과학자들은 수학, 물리학, 천문학, 공학의 첨단을 달렸다. 과학은 이제 초기의 종교적 방향성을 잃고 선적으로 세속적인 일이 되었다.

헬레니즘 철학은 오래된 다신교적 종교에 영향을 끼치지 않았다. 희생, 축제, 제의는 중단 없이 계속되었다. 신비주의는 더 인기를 끌었으며, 종종 비슷한 동양의 종교와 결합하기도 했다. 기원전 399년에 소크라테스는 사람들과 전통적인 신들 사이를 이간한다는 죄로 처형을 당했다. 그러나 기원전 4세기가 지나면서 철학자들은 종교적인 견해로 박해를 받지 않았다. 에피쿠로스, 제논, 피론은 과거의 종교를 의심했지만 문제가 생기지 않았다. 권력 기구가 새로운 관용적 태도를 공식적으로 승인한 적은 없지만, 엘리트 사이에서 지지 기반을 넓혀 갔다.[63] 대부분의 사람들은 계속 고대의 제의를 거행했으며, 이것은 축의 시대에도 거의 변함이 없었고, 훗날 서기 5세기에 기독교가 국가 종교로 강제로 자리를 잡기 전까지 변함없이 유지된다.

헬레니즘 철학자들은 그들의 선배들 같은 혁명가는 아니었을지 모르지만, 그럼에도 지속적인 영향력을 확보했으며, 많은 면에서 막 등장하던 서양 정신의 축도 역할을 했다. 서양에서는 사람들이 과학과 로고스를 향해 모여들었으며, 인도나 중국의 현자들에 비해 영적인 야망이 크지 않았다. 헬레니즘 철학자들은 내부에서 초월적 평화의 영역을 발견하려고 영웅적인 노력을 기울이는 대신 고요한 생활에 만족할 준비가 되어 있었다. 그들은 정신의 직관적 능력을 훈련하는 대신 과학적 로고스에 의지했다. 서양은 신비한 깨달음을 얻는 대신 세속적인 계몽에 더 흥분했다. 서양의 과학적 소질은 결국 세계를 바꾸며, 16세기의 과학 혁명은 새로운 축의 시대를 출범시켰다. 이것은 인류에게 큰 혜택을 주지만, 과거와는 다른 종류의 정신에 영감을 받은 것이었다. 제2의 축의 시대의 영웅들은 붓다, 소크라테스, 공자가 아니라 뉴턴(Isaac Newton), 프로이트, 아인슈타인(Albert Einstein)이었다.

《바가바드기타》,
축의 시대 마지막 위대한 노래

인도에서도 새로운 제국이 세워졌다. 그러나 이것은 알렉산드로스의 제국과는 매우 달랐다. 마가다 왕국은 기원전 4세기 이래로 갠지스 강 유역을 지배해 왔으며, 강력한 난다 왕조 때 영토를 크게 확장했다. 그러다가 기원전 321년 부족 공화국들 가운데 한 곳 출신인 듯한 바이샤 출신(크샤트리아 출신이라는 설도 있다)의 찬드라굽타 마우리아(기원전 349?~298?)가 왕좌를 차지했다. 그는 그리스인이 떠나 권력 공백 상태가 된 펀자브에 이미 권력 기지를 구축해놓고 있었다. 우리는 그의 통치나 군사 원정에 관해서는 아는 것이 거의 없지만, 마우리아 제국은 벵골로부터 아프가니스탄으로 확장되었으며, 그 뒤로 찬드라굽타는 인도 중부와 남부로 뚫고 들어갔다. 마우리아 황제들은 주변부의 부족 국가 출신이었기 때문에 베다 종교와는 강력한 연계가 없었으며, 비정통적인 교파에 더 관심이 많았다. 찬드라굽타 자신은 자이나교를 좋아하여, 자이나 교도들은 그의 군대를 따라다니다 남부에 자리를 잡았다. 그의 아들 빈두사라 마우리아는 아지비카교를 장려했으며, 기원전 268년에 왕좌를 물려받은 3대 황제 아소카는 불교의 후원자가 되었고, 그의 형제인 비타쇼카는 아예 불교 승려가 되었다. 팔리어 자료들은 아소카가 개종 전에는 잔혹하고 자기 방종적인 통치자였으며, 왕좌에 오른 것도 다른 형제들을 죽인 결과라고 주장한다. 그는 왕좌에 오를 때 데바남삐야, 즉 '신들의 사랑을 받는 자'라는 칭호를 얻었으며, 계속 새로운 영토를 정복하다가 심각한 충격을 받게 되었다.

기원전 260년 마우리아 군대는 현대의 오리사에 해당하는 칼링가 왕국을 정복했다. 아소카는 칙령에 자신의 승리를 기록하고, 그 내용을 육중한 바윗면에 새기기도 했다. 그러나 자신의 군사 전략에 관해서는 아무 이야기도 하지 않았다. 또 승리를 축하하는 대신 비극적인 수의 사상자 이야기를 길게 했다. 전투에서는 칼링가 병사 십만 명이 죽었다. '그 수의 몇 배'가 그 뒤에 부상과 굶주림으로 죽었으며, 칼링가인 15만 명이 포로로 잡혔다. 아소카는 그런 고난의 광경에 참담한 심정이었다. 그는 '신들의 사랑을 받는 자'가 양심의 가책을 느낀다고 말했다.

> 독립 국가를 정복할 때 학살, 죽음, 추방은 데바남피야에게 무척 슬픈 일이며, 그의 마음을 무겁게 짓누른다. …… 운 좋게 피한 사람들, 그 사랑이 줄지 않은 자들조차 친구들, 친지들, 동료들, 친척들의 불행 때문에 괴로워한다. …… 오늘 칼링가가 합병될 때 죽임을 당하거나 죽거나 추방을 당한 사람들 가운데 백분의 일 또는 천분의 일이 비슷한 고통을 겪는다 해도, 그것은 데바남피야의 마음을 무겁게 짓누를 것이다.[64]

이 칙령의 목적은 다른 왕들이 정복 전쟁을 더 벌이는 것을 경고하는 것이었다. 만일 그들이 원정을 이끌고자 한다면, 그 싸움은 인간적으로 해야 했다. 승리는 '인내와 가벼운 처벌'로 얻어야 했다. 진정한 정복은 다르마뿐이었다. 아소카가 말하는 다르마란 이생과 내생에서 사람들에게 도움이 되는 도덕적인 노력을 뜻했다.[65]

이것은 의미심장한 순간이었다. 찬드라굽타 마우리아의 스승인 브라민 카우틸리아가 기록한 일종의 국가 운영 지침인 《아르타샤스트라》는 이웃한 영토를 정복하는 것이 왕의 신성한 의무 가운데 하나라고 분명히 밝혔다. 그러나 아소카는 군사적인 힘을 아힘사로 바꾸자고 제안했다. 물론 이 사건의 세목에 관해서는 약간 의심이 간다. 아소카는 아마 사상자 수를 과장했을 것이다. 마우리아 군대는 불과 6만 명 남짓이었으므로 이들이 어떻게 칼링가인을 십만 명이나 죽였는지 이해하기 어렵다. 이들은 규율이 잘 잡혀 있었으며, 보통 비전투원을 괴롭히지 않았다. 아소카가 추방당한 사람들의 곤경에 그렇게 마음이 괴로웠다면 왜 간단하게 그들을 돌려보내주지 않았을까? 아소카는 어쩌면 자신이 거둔 승리의 규모나 잔혹성을 강조하여 반역을 막고 싶었던 것인지도 모른다. 그가 그날 이후 모든 전쟁을 포기한 것은 분명히 아니다. 다른 칙령에서 아소카는 전쟁이 가끔 필요하다고 인정했으며, 군대를 해산한 적도 없다.[66]

그러나 어쩌면 이것은 너무 많은 것을 기대하는 것인지도 모른다. 아소카가 칼링가에서 폭력과 고통에 진짜로 충격을 받았고, 다르마에 기초한 정책을 도입하려고 노력한 것은 분명하기 때문이다. 그는 이제 전례 없는 규모의 인도 왕국을 통치하였다. 그는 영토 구석구석의 절벽면과 기둥에 자신의 혁신적인 정책을 요약한 칙령들†을 새겨 두었다. 이 칙령들은 눈에 잘 띄는 곳에 자리 잡고 있었으며, 아마 국가 행사 때는 주민들에게 읽어주었을 것이다. 팔리어로 기록되고, 동물 형태나 바퀴 같은 불교의 모티브들이 새겨진 이 칙령은 모두 "신들의 사랑을 받는

아소카 왕의 칙령 아소카 왕은 기원전 260년경 수많은 사상자를 낸 칼링가 전투를 치른 뒤 힘에 의한 지배가 아니라 '다르마(法)'에 바탕을 둔 정치를 하기로 결심했다. 다르마란 합리적이고 올바른 윤리이자 붓다의 가르침이었다. 아소카는 다르마의 이미지 법칙(法勅, 통치 이념)을 인도 각지에 널리 알리기 위해, 바위를 갈아 평평하게 만든 면이나, 거대한 돌기둥에 칙령을 새겨 넣도록 했다. 칙령은 가정과 사회 제도, 통치 전반에 적용될 것이었는데, 관용과 자비를 실천하는 것이 기본 정신이었다. 기록에 따르면 181개의 칙령 비문이 있었다고 하는데, 현재까지 약 60여 개가 발견되었다.

자는 이렇게 말한다."라는 말로 시작하여, 비폭력과 도덕적 개혁이라는 인간적 윤리를 설교한다. 이런 칙령들의 분포 범위는 놀랍다. 스코틀랜드의 그램피언스 산맥, 이탈리아, 독일, 지브롤터에서 똑같은 룬 문자들이 발견된 것에 비견할 만한 일이다.[67]

아소카가 그런 정책이 실행 가능하다고 생각했다는 사실은 축의 시대의 자비심과 아힘사라는 덕이, 설사 한 정치가에 의해 완전하게 실행에 옮겨질 수는 없다 해도 단단히 뿌리를 내리기는 했다는 것을 보여준다. 아소카는 폭력은 단지 더 큰 폭력을 낳고, 학살과 정복은 역효과를 낳을 뿐이라고 진지하게 믿었을지도 모른다. 그의 다르마는 딱히 불교적인 것은 아니었으며, 주요 학파 누구에게나 호소력을 지니는 것이었다. 아소카는 넓은 제국의 신민을 한데 묶을 수 있는, 합의에 기초한 정책을 장려하고 싶어했을지도 모른다. 이 다르마는 아나타('무아無我')나 요가의 실행이라는 불교의 독특한 교의를 언급하지 않고 친절과 자비라는 덕에 집중했다.[68] "다르마의 선물 ...... 다르마를 나누는 것에 비길 만한 선물은 없다." 아소카는 '제11 주요 바위 칙령'에 그렇게 썼다.

(이것은) 노예와 하인을 향한 선한 행동, 어머니와 아버지에 대한 복종, 친구, 친지, 친척, 그리고 출가자와 브라민들에 대한 관용, 생물을 죽이는 일의 자제로 이루어진다. 아버지, 아들, 형제, 주인, 친구, 친지, 친척, 이웃은 "이것이 좋다, 우리는 이것을 할 것이다." 하고 말해야 한다. 이렇게 함으로써 이 세상에서는 이득이 생기며, 다음 세상에서는 다르마의 선물로 무한한 상을 받는다.[69]

아소카의 칙령들은 신민에게 불교를 강요하기는커녕 어떤 종교적 배외주의도 허용되어서는 안 된다고 강조했다. 베다 체계를 거부한 출가자만이 아니라 브라민도 존중해야 한다. 왕은 "모든 종파, 고행자와 평신도를 똑같이 존중하여 선물을 주고 인정해야 한다."고 '제12 주요 바위 칙령'은 말한다. "나머지 모든 사람들의 핵심적인 교의도 널리 알리는 것"이 가장 중요했다. 누구도 다른 사람의 가르침을 비방하지 말아야 한다. 이런 식으로 모든 서로 다른 종파들이 번성할 수 있었다. "사람들이 서로의 원칙을 들을 수 있도록 화합을 권장해야 한다."[70]

아소카는 현실주의자였다. 그는 폭력을 불법으로 규정하지 않았다. 폭력이 불가피한 경우가 있었다.―예를 들어 숲의 거주자들이 문제를 일으키는 경우였다. 사형도 하나의 선택 사항으로 남겨 두었다. 그러나 아소카는 자신의 집에서 고기의 소비를 줄였으며, 사냥할 수 없는 새·동물·물고기의 명단을 작성했다. 이것은 용감한 실험이었지만 결국 실패했다. 아소카는 그의 치세의 마지막 10년 동안은 새로운 칙령을 새기지 않았다. 그의 광대한 제국은 이미 해체되는 중이었을지도 모른다. 기원전 231년에 그가 죽고 나자 다르마는 소멸했다. 사회적 긴장과 종파 간 갈등이 시작되었다. 제국은 무너지기 시작했다. 아소카가 비폭력에 몰두하는 바람에 군대가 약해지고 나라가 침략에 무방비 상대가 되었다는 주장도 있지만, 아소카는 아힘사에 관하여 교조주의적 태도를 취한 적이 없었다. 제국이 그냥 자신의 자원으로는 감당할 수 없을 정도로 커버렸을 가능성이 더 높다. 그러나 아소카는 결코 잊히지 않았다. 불교 선승에서 아소카는 '차카바티', 즉 통치를 통하여 법(다르마)의 수레바퀴를 돌려 세계를 지배하는 왕(전륜성왕轉輪聖王)이 되었다. 훗날 시크교의 건립자인 구루 나네크나 마하트마 간디 같은 후세의

지도자들은 종파적이고 사회적인 분열을 넘어서는 화합과 통일의 이상을 부활시킨다.

아소카가 죽은 뒤 인도는 암흑 시대에 들어섰다. 많은 문건이 남아 있기는 하지만, 정치적으로 불안정한 이 수백 년 동안 나타났다 사라진 왕국과 왕조에 관한 믿을 만한 정보는 거의 없다. 이런 불안정은 서기 320년 굽타 왕조가 등장할 때까지 이어졌다. 그러나 우리는 인도가 이 기간에 중요한 영적 변화를 겪었다는 것을 알고 있다. 이 시기에 인도의 종교는 유신론적으로 변했으며, 사람들은 인격신을 발견했다. 신들의 역할을 과감하게 축소한 베다와 출가자들의 건실하고 반(反)우상적인 신앙은 화려하게 채색한 신전, 다채로운 행렬, 대중적인 순례, 수많은 이국적 신상 숭배라는 힌두교의 화려한 쇼에 자리를 내주었다.

이런 변화의 첫 조짐은 《슈베타슈바타라 우파니샤드》에서 찾아볼 수 있다. '하얀 노새를 탄 현자'의 가르침은 아마 기원전 4세기 말에 기록되었을 것이다. 전통적인 베다 신앙은 별로 시각적이지 않았다. 심지어 그 전성기에도 인드라나 비슈누가 어떻게 생겼는지 아무도 큰 관심을 갖지 않았다. 사람들은 조각상이나 초상이 아니라 찬가나 만트라에서 신을 경험했다. 《슈베타슈바타라 우파니샤드》는 원래 금욕주의 학파인 상키아-요가 학파의 가르침에서 큰 영향을 받았지만, 여기에서 브라만, 즉 절대적 실재는 인격화된 신 루드라/시바와 동일시되었다. 요가 수행자들을 삼사라의 고통스러운 순환에서 해방시켜주는 것이 이 신이었다. 깨달음을 얻은 요가 수행자가 이 모크샤를 성취하면 자기 내부에서 신을 보게 된다.

이것은 아마 완전한 혁신은 아니었을 것이다. 베다 신앙은 상층 계급들이 실행에 옮기고 장려했지만, 일반 숭배자들은 늘 지금은 남아 있지 않은 썩기 쉬운 재료로 신상을 만들었을지도 모른다.[71] 축의 시대가 끝날 무렵, 인더스 문명 시절부터 계속 존재해 왔을지도 모르는 이 대중적인 신앙은 현자들의 세련된 관행과 융합하기 시작했다. 《리그베다》에서 루드라는 주변적인 신이었다. 그러나 이제 토착 신 시바와 합쳐지면서 브라만의 인격적 구현체이자 우주의 주인으로서 전면에 나서서 요가를 실행하는 숭배자들에게 자신을 알렸다. 요가 수행자들은 자연과 자아(아트만)의 통치자인 이 신과 하나가 될 때에만 삼사라의 굴레에서 벗어날 수 있었다. "그는 신을 알게 되자 모든 족쇄로부터 해방되었다. …… 신에 관해 명상하고, 신을 향해 나아가고, 결국에는 신과 같은 존재가 됨으로써 모든 망상이 사라진다."[72] 모든 장애는 스러지고, 죽음을 맞는 순간에 자아는 루드라 신과 뗄 수 없이 결합한다.

이 신은 단지 초월적 존재가 아니라 자아 내부에 살기도 했다. 불이라는 형상(무르티)이 나무 안에 잠재적으로 존재하는 것과 마찬가지였다. 두 개의 나무 막대기를 마찰시켜 나무에서 불길이 일어나기 전에는 그것을 볼 수 없을 뿐이다. 신은 참깨 안의 기름이나 응유(凝乳) 안의 버터처럼 우리 안에 살았다. 요가 수행자는 명상을 통해 '브라만의 진정한 본성'과 직접 접촉했으며, 이 본성은 이제 비인격적 실재가 아니라 '태어나지 않은, 변하지 않는' 루드라, 즉 산에 거주하는 자였다.[73] 그는 심지어 "브라만보다 높으며, 종류마다 각각의 모든 존재 안에 감추어져 있는 거대한 자이고, 혼자서 온 우주를 덮는다."[74] 그러나 루드라는 또 '엄지 만했고', 자아 안에 숨어 있었다.[75] 요가 수행자는 명상을 하면 자기 인격의 더 깊은 곳에서 신의 물리적 형상(무르티)을 볼 수 있었다.

《슈베타슈바타라 우파니샤드》는 일관된 유신론적 전망을 수립하기 위해 수많은 다양한 영성에 의지했다. 브라만과 아트만의 동일성이라는 《우파니샤드》의 개념, 재생과 모크샤라는 개념, 또 상키아, 요가, 신성한 음절인 '옴'을 읊조리는 관행 등이 그 예다. 《슈베타슈바타라 우파니샤드》는 이 모든 비유신론(非有神論)적 학파들을 창조주 신이라는 이미지와 결합했다. 훗날의 고전적 힌두교에서 이런 종합은 새로운 신학을 낳으며, 이 신학은 루드라/시바만이 아니라 모든 신에게 적용될 수 있었다. 어떤 신의 구체적인 정체성보다도 명상을 통해 어떤 신에게 접근할 수 있게 되었다는 사실이 더 중요했다. 요가 수행자들이 이런 신이 존재하는 것을 아는 것은, 일군의 형이상학적 증거 때문이 아니라 그 신을 보았기 때문이었다.

《슈베타슈바타라 우파니샤드》의 맨 마지막 절에서 우리는 중요하고 새로운 단어와 만난다. 이 《우파니샤드》는 그것이 묘사하는 해방이 "신을 향하여 가장 깊은 사랑(바크티)을 품고 스승을 향하여 똑같은 사랑을 보여주는 사람에게서만" 빛이 날 것이라고 말한다.[76] 종교적 혁명이 시작된 것이다. 《우파니샤드》와 세상에서 물러난 금욕주의자의 난해한 신비주의에서 배제되었다고 느끼던 사람들은 그들의 삶의 방식에 어울리는 영성을 창조하기 시작했다. 그들은 축의 시대의 통찰에 참여하고 싶었지만, 덜 추상적이고 더 감정적인 종교를 원했다. 그래서 그들은 자신을 섬기는 사람들을 사랑하고 돌보는 신에 대한 바크티(bhakti, '헌신')라는 개념을 개발했다.[77] 바크티의 중심적인 행동은 '자기 버리기'였다. 신자들은 신에게 저항하는 것을 중단하고, 자신의 무력함을 의식하면서 신이 자신을 도와줄 것이라고 믿었다.

바크티라는 말은 복잡하다. 어떤 학자들은 이 말이 '분리'라는 뜻의 '바리지'에서 나왔다고 생각한다. 사람들이 자신과 신성한 존재 사이의 간극을 의식하게 되었으며, 동시에 그들이 선택한 신 또한 서서히 자신이 창조한 우주에 거리를 두고 사람들과 인격 대 인격으로 대면하게 되었다는 것이다. 또 어떤 학자들은 그 말이 '바지(bharj)'—함께 나눈다, 참여한다—와 관련이 있다고 본다. 《슈베타슈바타라 우파니샤드》의 요가 수행자가 루드라 신과 하나가 되었다는 것이 그 예라는 것이다. 이 단계에서 바크티는 아직 유아기였다. 핵심적인 텍스트는 《바가바드기타》인데, 어떤 학자들 말에 따르면 이것은 기원전 3세기 말에 기록되었다. 《바가바드기타》는 《슈베타슈바타라 우파니샤드》의 신학을 발전시켜 그것을 새로운 방향으로 이끌고 가는데, 이것은 암흑 시대에 등장한 힌두 영성에 깊은 영향을 주었다.

《바가바드기타》('주님의 노래')는 원래는 별도의 텍스트였는지 모르지만, 어느 시점에 위대한 서사시인 《마하바라타》의 여섯 번째 책으로 통합되었다. 이것은 판다바 형제들 가운데 최고의 전사인 아르주나와 그의 친구 크리슈나가 주고받는 대화의 형태를 띠고 있다. 이제 아르주나의 맏형인 유디슈티라가 피하고 싶어하던 무시무시한 전쟁이 곧 시작될 참이었다. 아르주나는 전차에 서서 두려움에 사로잡힌 눈으로 전장을 보았다. 크리슈나는 그의 마부였다. 그 전까지 아르주나는 전쟁을 생각할 때 유디슈티라만큼 혼란을 느끼지 않았다. 그러나 이제 그는 곧 일어날 일의 극악무도함을 예상하며 혼란에 빠져 있었다. 가족은 비극적으로 분열되어 있었다. 판다바 형제들은 친족을 공격할 계획이었다. 고래의 가르침에 따르면 친척을 죽이는 것은 가족 전체를 지옥에 넘기는 것이나 다름없었다. 따라서 용감한 사촌들이나 사랑하는 스승 비슈마와 드로나를 죽이느니 차라리 왕국을 포기하는 것이 나았다. 큰 혼란이 나타날 것이 뻔했다. 사회적 질서는 파괴당할 터였다. 만일 자신 때문에 사촌들이 죽게 된다면, 그는 앞으로 결코 행복을 알지 못할 터였다. 그리고 판다바 형제들의 여생 동안 악이 그들을 따라다닐 터였다. "왕권, 기쁨, 삶 자체가 우리한테 무슨 쓸모가 있는가?" 그가 크리슈나에게 물었다.[78] 무장하지 않고, 아무런 저항을 하지 않으면서 전투에서 죽임을 당하는 것이 훨씬 더 영광스러울 것 같았다.

> 전쟁 때 아르주나는 이 말을 하고
> 자신의 전차 속으로 몸을 구부려
> 활과 화살을 내려놓았다.
> 그의 마음은 슬픔 때문에 괴로웠다.[79]

《바가바드기타》는 축의 시대의 마지막 위대한 텍스트로 꼽히는데, 이 책은 종교적 변화의 순간을 기록하고 있다. 우리 이야기에 자주 나왔듯이, 새로운 종교적 통찰은 폭력에 대한 혐오에서 영감을 얻는 경우가 많았다. 크리슈나는 전쟁을 옹호하는 모든 전통적인 논거를 인용하여 아르주나에게 용기를 불어넣으려 했다. 다가올 전투에서 쓰러져 죽는 전사는 진짜로 죽는 것이 아니다. 크리슈나는 그렇게 말했다. 아트만은 영원하기 때문이다. 전투에서 죽는 전사는 곧장 천국으로 가는 것이므로, 아르주나는 사촌들에게 호의를 베푸는 것일 수 있다. 아르주나가 전투를 거부한다면 겁쟁이라고 비난을 받을 수도 있다. 더 심각한 것은 크샤트리아 계급의 다르마를 위반할 수도 있다는 것이다. 전사로서 싸우는 것이 아르주나가 부여받은 신성한 의무였다. 그것은 신들, 우주의 신성한 질서, 사회가 그에게 요구하는 것이었다. 아르주나는 그의 형제 유디슈티라와 마찬가지로 크샤트리아의 다르마의 비극적

딜레마와 직면하고 있었다. 황제 아소카는 비폭력을 공언했지만, 군대를 해산할 수는 없었다. 브라민 사제들은 전쟁을 포기할 수 있었다. 출가자들은 안쓰럽고 혼란스러운 상태 전체에 등을 돌리고 숲으로 피신할 수 있었다. 그러나 누군가는 공동체를 지키고, 법과 질서를 유지해야 했다. 그것은, 비록 자기 방어 때문이라 해도, 싸움을 해야 한다는 의미였다. 전사는 어떻게 하면 자신이 실행에 옮길 수밖에 없는 폭력적 카르마의 악영향을 피하면서 사회에 대한 신성한 의무를 이행할 수 있을까?

아르주나는 크리슈나의 첫 번째 논거들에는 별다른 감동을 받지 않았다. "나는 싸우지 않을 걸세!" 그는 그렇게 고집을 부렸다.[80] 이런 규모의 전쟁은 잘못된 것이 틀림없었다. 세속적 이득을 얻으려고 피를 흘리는 것을 옳은 일이라고 할 수는 없었다. 그러면 그는 출가자가 되어야 하는가? 그러나 그는 크리슈나를 존경했기 때문에, 자포자기 상태에서 다시 그를 돌아보며 도와 달라고 간청했다. 크리슈나는 아르주나의 구루가 되는 데 동의하는 순간, 모든 세속적인 행동은 모크샤와 양립할 수 없다고 믿는 자이나 교도, 불교도, 금욕주의자들의 주장을 반박하는 어려운 일을 맡게 되었다. 그런 주장은 곧 대다수 사람들에게는 구원의 희망이 없다는 뜻이었다. 아르주나는 인도 축의 시대의 주요한 결함을 짚어냈다. 크리슈나는 그가 다른 각도에서 문제를 생각해보기를 바랐지만, 다른 학파의 주장을 뒤엎는 완전히 새로운 가르침을 제시하는 대신 과거의 영적 학파들과 새로운 바크티 개념을 종합하려 했다.

크리슈나는 아르주나에게 다른 종류의 요가, 즉 카르마-요가를 시행할 것을 제안했다. 그는 충격적인 주장을 내놓았다. 목숨을 빼앗는 전투를 하는 전사도 모크샤를 얻을 수 있다는 것이었다. 모크샤를 얻으려면 전사는 자신의 행동의 결과—이 경우에는 전투, 그리고 친족의 죽음—로부터 자신을 분리해야 했다. 다른 요가 수행자들과 마찬가지로 행동(카르마)의 인간도 욕망을 포기해야 했다. 군사 원정에서 생기는 명성, 부, 권력을 향한 욕망을 자신에게 허용하지 말아야 했다. 인간을 무한한 환생의 고리에 묶는 것은 행동 자체가 아니라, 이런 행위의 열매에 집착하는 것이었다. 전사는 개인적 이득을 얻고자 하는 바람 없이 자신의 의무를 수행하여, 요가 수행자와 똑같은 초연함을 보여주어야 했다.

> 행동의 결과가 아니라
> 행동 그 자체에 집중하라.
> 결과에 집착하지도 말고
> 행동하지 않음에도 집착하지 마라.
>
> 규율을 확고하게 지켜,
> 집착을 버리고,
> 실패와 성공에 연연하지 말고 행동하라.
> 이런 평정을 요가라고 부른다.[81]

그러나 탐욕과 야망은 인간 의식에 깊이 뿌리를 내리고 있다. 따라서 전사는 에고를 벗겨내는 요가의 훈련에 의해서만 이런 평정의 상태에 이를 수 있다. 전사는 그의 행위에서 '나'와 '나의 것'을 떼어내고 비인격적으로 행동해야 한다. 이런 경지에 이르면 '그는 전쟁에 참여하지 않기 때문에 실제로 '활동하지 않을 수' 있다. "늘 만족하고, 독립적이며, 행동에 관여하더라도 아무것도 하지 않는다."[82] 크샤트리아에게는 책임이 있었다. 그냥 숲으로 물러날 수는 없었다. 그러나 카르마-요가를 실행하면 그는 세상에서 살고 행동을 하면서도 실제로는 세상에 거리를 둘 수 있었다. 크리슈나는 아르주나에게 일반적인 요가 규율을 가르쳤지만, 그가 제시한 명상은 매일 몇 시간씩 묵상을 할 수 없는 크샤트리아를 위해 만든 것이었다. 직업적인 금욕주의자를 위한 더 부담스러운 형식의 명상이 있었지만, 카르마-요가는 세속적인 의무가 있는 남자나 여자도 실행할 수 있었다. 전통적인 요가는 신을 중심에 둔 적이 없었지만, 카르마-요가는 그렇게 했다. 《슈베타슈바타라 우파니샤드》는 요가 수행자가 루드라/시바에게 초점을 맞추라고 했지만, 크리슈나는 아르주나에게 비슈누에 관해서 명상을 해야 한다고 말했다.

크리슈나는 또 아르주나가 놀랄 만한 말을 했다. 크리슈나는 자신이 비슈누의 아들일 뿐 아니라, 사실은 인간의 형태를 가진 신이라고 설명한 것이다. 비슈누는 "태어나지도 않고, 죽지도 않는, 생물들의 주(主)"이지만 여러 번 인간의 몸으로 내려왔다.[83] 비슈누는 세상의 창조자이자 세상을 유지하는 자이지만, 심각한 위기가 생기면—"신성한 의무의 이행을 찾아보기 힘들고 혼돈이 지배할 때마다"—스스로 자신을 위한 지상의 형태를 창조하여 세상에 왔다.

> 덕이 있는 자들을 보호하고
> 악을 행하는 자들을 파괴하고
> 신성한 의무의 기순을 확립하기 위하여
> 나는 시대마다 나타난다.[84]

이제 이런 놀라운 소식을 전했기 때문에 크리슈나는 바크티의 헌신에 관하여 아르주나에게 더 공개적으로 말할 수 있었다. 아르주나는 크리슈나 자신을 모방하여 에고 중심적인 욕망에 거리를 둘 수 있다. 세상의 주이자 통치자로서 크리슈나/비슈누는 계속 활동하지만 그 행위들(카르마)은 그에게 피해를 주지 않는다.

> 이 행동들은 나를 구속하지 않는다.
> 이 모든 행동에서
> 나는 마치 그것들과 떨어져 서 있는 것처럼
> 거리를 유지하기 때문이다.[85]

하지만 아르주나는 크리슈나를 모방하고 싶다면 신성의 본질을 이해해야 한다. 크리슈나/비슈누를 진정으로 있는 그대로 **보아야만** 하는 것이다.

크리슈나는 바로 그곳 전장에서 아르주나에게 자신의 신성한 본질을 드러냈고, 아르주나는 친구의 영원한 형체를 보고 깜짝 놀라 두려움에 사로잡혔다. 바로 그가 모든 존재가 돌아가야 할 창조자이자 파괴자 비슈누 신이었기 때문이다. 그는 크리슈나가 신성한 광채에 의해 형상이 바뀌는 것을 보았다. 그 광채는 전 우주를 끌어안고 있었다. "나는 당신의 몸에서 신들을 봅니다!" 아르주나는 그렇게 소리쳤다.

> 나는 어디에서나
> 당신의 가없는 형상을 봅니다.
> 수없이 많은 팔,

배, 입, 눈을 봅니다.
만물의 주여,
나는 당신 전체의 끝을
또는 중간이나 시작을 보지 못합니다.[86]

어떻게 된 것인지 크리슈나의 몸에는 인간이든 신이든 모든 것이 존재했다. 크리슈나는 공간을 가득 채웠으며, 그 자신 내부에 "울부짖는 폭풍의 신들, 태양의 신들, 밝은 신들, 제의의 신들" 등 신의 가능한 모든 형상을 다 포함하고 있었다. 그러나 크리슈나/비슈누는 또 "인간의 지칠 줄 모르는 영", 즉 인간성의 본질이었다.[87] 강물이 바다를 향하여 넘실거리고 나방이 타오르는 불 속으로 냉혹하게 끌려들듯이, 만물이 그를 향해 빠르게 다가갔다. 그곳에서 아르주나는 판다바와 카우라바 전사들도 보았다. 모두 신의 불타오르는 입 안으로 돌진하고 있었다.

아르주나는 그동안 크리슈나를 완전히 안다고 생각해 왔는데, 이제 놀라서 "당신은 누구입니까?" 하고 외쳤다. "나는 늙은 시간이다." 크리슈나는 그렇게 대답했다. 세상을 움직이고 또 없애는 시간이라는 뜻이었다. 크리슈나/비슈누는 영원하다. 역사적 과정을 초월한다. 크리슈나/비슈누는 파괴자로서 전선에 정렬해 있는 것처럼 보이는 군대를 **이미** 없애버렸다. 물론 아르주나의 인간적 관점에서는 싸움은 아직 시작도 안 했다. 그러나 결과는 이미 확정되었고 바꿀 수 없었다. 우주가 계속 존재하려면 하나의 시대에 다음 시대가 이어져야 했다. 판다바와 카우라바의 전쟁은 영웅 시대를 끝내고 새로운 역사적 시대를 열었다. 크리슈나가 아르주나에게 말했다. "네가 없다 해도 서로 싸우려고 늘 어선 이 모든 전사들은 존재하지 않게 될 것이다."

> 그들은 이미
> 나에게 죽임을 당했다.
> 그저 내 도구가 되어라
> 내 옆에서 궁수가 되어라.[88]

따라서 아르주나는 전투에 참여하여 세상에 다르마를 회복하는 과정에서 자신에게 맡겨진 역할을 해야 했다.

이것은 당혹스러운 전망이었다. 크리슈나의 가르침은 인간이 저지르는 살육에 대해 어떤 책임도 묻지 않는 것처럼 보였기 때문이다. 너무나 많은 정치가와 전사들이 자신은 단지 운명의 도구라고 주장하며, 이 주장을 이용해 무시무시한 행동을 정당화했다. 그러나 크리슈나가 핵심적이라고 주장한 개인적 이익을 얻고자 하는 욕망을 비운 사람은 거의 없었다. 전사-요가 수행자의 규율 잡힌 행동만이 파괴적인 세상에 질서를 가져올 수 있었다. 크리슈나는 무자비해 보였다. 그럼에도 그는 아르주나에게 자신이 구원자인 신이며, 자신을 사랑하는 사람들을 카르마의 악영향으로부터 구출할 수 있다고 말했다. 바크티의 사람들만이 크리슈나의 진정한 본성을 볼 수 있으며, 이러한 헌신은 완전한 자기 버리기를 요구했다.

> 오직 나를 위해 행동하고, 나에게 집중하라.
> 애착에서 해방되고
> 어떤 생물도 적대하지 마라, 아르주나,
> 헌신의 인간은 나에게 올 수 있다.[89]

거리 두기와 무관심은 신과 결합하기 위한 첫걸음이며, 신은 삶의 모든 고난으로부터 인간을 구할 수 있었다.[90]

《바가바드기타》는 아마 어떤 인도 경전보다도 큰 영향력을 발휘해 왔을 것이다. 접근하기 쉽다는 것이야말로 큰 장점이다. 다른 영성들은 소수의 재능 있고 영웅적인 금욕주의자들만 구원을 얻을 수 있다고 말한 반면, 이것은 만인을 위한 종교였다. 자신의 삶을 요가에 바칠 시간이나 재능이 있는 사람은 거의 없었다. 가족을 포기하고 숲으로 물러날 수 있는 사람도 많지 않았다. 하지만 크리슈나는 약속한다. "나에게 의지한다면, 여자, 바이샤, 수드라, 심지어 악의 자궁에서 태어난 자들도 가장 높은 길에 이를 수 있다."[91] 누구나 신을 사랑하고 모방할 수 있었으며, 일상 생활의 일반적 의무를 이행하면서도 자기 중심주의를 넘어설 수 있었다. 다르마 때문에 살인을 해야 하는 전사조차 카르마-요가를 실행할 수 있었다. 크리슈나는 이 위대한 현현(顯現) 뒤에 물질 세계 전체가 인간들이 깨달음을 얻고자 투쟁하는 전장이며, 그 무기는 초연한 태도, 겸손, 비폭력, 정직성, 자제라고 설명했다.[92] 《바가바드기타》는 축의 시대 영성을 부정하는 것이 아니라, 모든 사람이 그것을 실행에 옮기는 것을 가능하게 해주었다.

10장
축의 시대의 귀환

기원전 2세기~

우리는 축의 시대 현자들이 무시무시하고 끔찍한 상황에서
자비의 윤리를 발전시켰다는 사실을 우리 자신에게 늘 일깨워야 한다.
그들은 상아탑에서 명상을 한 것이 아니라, 전쟁으로 찢긴 무시무시한 사회,
오랜 가치들이 사라져 가는 사회에 살았다. 그들도 우리와 마찬가지로
공허와 심연을 의식했다. 이 현자들은 유토피아를 꿈꾸는 사람들이 아니라
실용적인 사람들이었다. 그들은 공감이 단지 유익하게 들리는 이야기일 뿐 아니라,
실제로 효과가 있다고 확신했다. 자비와 모든 이에 대한 관심은 최선의 정책이었다.
우리는 그들의 통찰을 신지하게 받아들여야 한다.
그들은 전문가들이었기 때문이다.

천하 통일과
사상의 통합

축의 시대의 영적 혁명은 혼란, 이주, 정복을 배경으로 이루어졌다. 하나의 제국이 망하고 다른 제국이 일어서는 사이에 이루어지는 경우도 많았다. 중국에서 축의 시대는 주 왕조의 붕괴와 더불어 마침내 시작되었으며 진나라가 전국시대를 통일하면서 끝을 맺었다. 인도의 축의 시대는 하라파 문명(인더스 문명)이 해체된 후에 일어나 마우리아 제국과 더불어 끝을 맺었다. 그리스의 변화는 미케네 왕국과 마케도니아 제국 사이에 이루어졌다. 축의 시대 현자들은 정박지에서 떨어져 나와 떠도는 사회에 살았다. 카를 야스퍼스는 이렇게 말했다. "축의 시대는 큰 두 제국 사이의 공백기, 자유를 위한 휴식, 가장 명료한 의식을 가져다주는 깊은 숨이라고 부를 수 있다."[1] 중동에서 제국의 모험 때문에 혹심한 고통을 겪었던 유대인마저 조국의 붕괴와 그에 뒤이은 추방이라는 트라우마로 인해 과거와 난설하고 새로 시작해야만 하는 무시무시한 자유를 얻게 되면서 축의 시대로 밀려 들어갔다. 그러나 기원전 2세기 말에 이르자 세계는 안정되었다. 축의 시대 후에 확립된 제국에서는 새로운 정치적 통일을 긍정하는 정신성을 찾는 것이 문제가 되었다.

중국인은 아주 오랫동안 평화와 통합을 갈망해 왔다. 따라서 전국칠웅의 하나였던 진(秦)이 다른 나라들을 정복하고 기원전 221년에 중앙집권적 제국을 수립했을 때 많은 사람들이 안도했을 것이다. 그러나 그들은 충격적으로 제국의 통치에 입문해야 했다. 진의 승리는 곧 법가의 큰 승리이기도 했다. 전설의 성군들도 봉건 영주였기 때문에 이런 제국은 이루지 못했다. 진은 중국에 자신과 같은 선례가 없음을 알았으며, 왕 스스로 자신을 '첫 번째 황제(시황始皇)'라고 불렀다. 궁정의 사관은 크게 기뻐했다. "이제 사해 안 모든 곳에 군현을 설치했으며 법령이 하나의 중심에서 나온다. 이런 일은 아주 먼 과거로부터 지금까지 한 번도 없었다."[2] 새로운 시대였기 때문에 황제는 천명을 받았다고 주장하지 않았다. 대신 전통과 단절하고 중국 축의 시대에 아무런 역할을 하지 않았던 철학자들의 학파에 의지했다. 크고 경쟁력 있는 나라의 통치자들에게는 아마 그 전부터 궁정의 점술가나 연대기 기록자나 점성술사가 묵가나 유가보다 더 중요했을 것이다. 이제 그들이 진의 통치에 이론적 근거를 제공했다.

나중에 음양가(陰陽家)로 알려지는 이런 우주론 — 마법적인 원시 과학의 한 형태 — 은 기원전 3세기와 기원전 1세기 사이에 중국의 상상력을 확고하게 사로잡았다.[3] 앞서도 보았듯이 음양이라는 개념은 아마 중국의 농민 공동체에서 시작되었을 것이며, 진나라가 채택한 유사한 우주론은 그 기원이 신석기 시대까지 거슬러 올라갈 수도 있다. 이 시점에 이것이 다시 나타났다는 것은 지적 퇴행의 표시였다. 축의 시대의 까다로운 요구들을 회피하는 것이나 다름없었다. 그 목적은 인간과 자연 현상 사이의 일치점을 찾는 것이었다. 궁정 철학자들은 현재의 사건들이 더 큰 우주 법칙에 의해 예측과 통제가 가능하다고 주장했으며, 사람들은 그 말을 듣고 자신들이 이 주요한 과도기에 '사정을 잘 파악하고 있다'는 생각에 위로를 받았다. 이 이론은 전국시대 제(齊)나라의 철학자 추연(鄒衍)이 정리했다. 그는 흙, 나무, 쇠, 불, 물 등 5가지 기본 원소가 엄격하게 순서를 지켜 서로 뒤를 잇는다고 주장했다. 나무는 불을 낳고, 불은 재와 흙을 낳고, 흙은 쇠를 낳고, 쇠는 물을 낳는다. 각 원소는 계절과 연관되어 있으며, 가을이 여름 뒤에 오듯이 전에 있던 원소를 제압한다. 예를 들어 불은 나무를 삼키고, 흙은 불을 틀어막는다. 축의 시대 철학자들은 이런 유형의 추론에 관심을 가질 여유가 없었다. 묵가는 무뚝뚝하게 한마디 했다. "다섯 원소가 늘 서로를 이기는 것은 아니다."[4] 그러나 추연은 이런 구도를 큰 왕조의 역사적 승계에도 적용할 수 있다고 보았다. 황제(黃帝)는 중국의 황토(黃土)와 연관이 있었다. 하(夏)는 나무, 상(商)은 청동, 주(周)는 불과 연관이 있었다. 이 이론에 따르면, 새로운 진나라는 물의 지배를 받아야 했으며, 물은 겨울과 연결되어 있었다.

시황제는 이런 음양의 논리가 자신의 통치를 승인해주는 것이라고 여겼다. 그래서 겨울의 색깔인 검은색 옷을 입었다. 검은색은 "모든 일을 법으로 결정하고, 자비, 관용, 온유를 없앤 단호하고 가혹한 태도"[5]를 보여주는 법가의 어둡고 차가운 정책에도 어울렸다. 시황제는 동시에 불사(不死)의 약을 찾는 최신 실험도 지원했다. 진 궁정에 들어가 있던 추연의 제자들 가운데 일부는 약초와 광물을 조합하여 불사의 약을 조제하려 했다. 나중에 철학적인 도가와 연결되는, 마법의 타락한 형태였다.[6] 이런 초기 과학자 가운데 일부는 제약 실험을 했다. 어떤 사람들은 호흡과 체조로 장수를 누리려 했다. 중국 북동부 해안 너머에 있다는 신선들이 산다는 전설의 섬을 찾으러 탐험대를 보내기도 했다. 그 섬에서는 특권을 누리는 인간들이 영원히 산다고 생각했기 때문이다. 이 모든 것이 영적인 수단보다는 물리적인 수단으로 통제력을 얻고, 미래를 예측하고, 죽음을 막으려는 욕망을 표현한다. 이것은 이런 유형의 영속과 안정을 찾으려는 탐구가 미성숙하고 비현실적이라고 믿었던 축의 시대 현자들의 전망으로부터 뒤로 물러난 것이기도 했다.

시황제는 자신이 정복한 방대한 영토를 조직할 방법을 결정해야 했다. 주나라처럼 자식들에게 봉토를 하사할 것인가? 순자의 제자이기도 한 승상 이사(李斯)는 자식들에게 땅 대신 돈을 주고 제국에 대한 절대적 통제력을 유지하라고 조언했다. 기원전 213년 옛 제나라 출신의 박사 순우월(淳于越)이 이런 식으로 전통과 단절하는 것을 비판하자 이사는 황제에게 운명적인 건의서를 제출했다. 이사는 과거에는 사람들이 독립적인 학자들의 의견을 구하고 다양한 학파의 사상을 추종했으나, 이제는 그것을 허용해서는 안 된다고 주장했다.

　　폐하는 천하를 통일하셨습니다. 그럼에도 개별적으로 학문하고 가르치는 자들은 모여서 서로 부추기며 우리의 법과 관습을 불신하고 비판합니다. 이런 상태를 그대로 놓아두면 위로는 제국의 힘이 쇠퇴하고 아래로는 당파가 나타날 것입니다.[7]

따라서 이사는 "진의 역사 기록을 제외한 모든 역사 기록, 백가(百家)의 글, 박사관에 보관한 것이나 농업, 의학, 약학, 점술, 농사에 관한 일부 서적을 제외한 다른 모든 문헌을 몰수하여 불살라야 한다."고 조언했다.[8] 이렇게 해서 엄청난 책을 불살랐을 뿐 아니라 학자 460명을 처

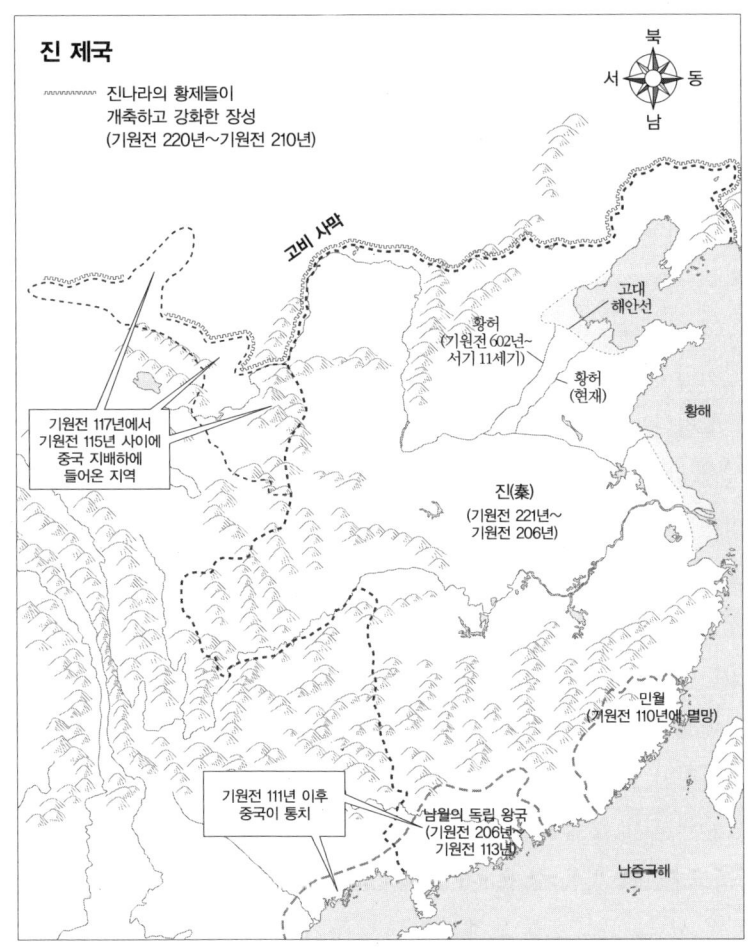

형했다(분서갱유). 중국 축의 시대 철학자들은 만물의 통일에 대한 영적 이해에 이르렀다. 그러나 이사에게 통일이란 반대자의 폭력적 파괴를 뜻했다. 세상에는 하나의 세계, 하나의 정부, 하나의 역사, 하나의 이데올로기밖에 없었다.

다행히도 황제는 체제 안의 공식 철학자 70명이 중국 고전 사본들을 보관하는 것을 허락했다. 그러지 않았다면 모든 것이 사라졌을지도 모른다. 그러나 이런 야만적인 정책은 역효과를 낳았다. 기원전 210년에 시황제가 죽고 나자 제국의 백성은 반란을 일으켰다. 3년간 혼돈의 세월이 지난 후 지역의 하급 관리로 인생을 시작했던 평민 유방(劉邦, 기원전 247?~195)이 승리를 거두고 한(漢)나라를 창건했다. 유방은 진의 중앙 집권적 정치 체제를 보존하고 싶었다. 이사의 정책이 오도된 면이 있지만 제국에는 교훈적인 이데올로기만이 아니라 법가의 현실주의도 필요하다는 것을 알았기 때문이다. 유방은 황로(黃老)라고 알려진 철학에서 타협책을 찾았는데, 이것은 법가와 도가를 절충한 것이었다.9) 두 학파는 늘 친근감을 느꼈으며, 그래서 아마 유가나 묵가에서는 전혀 중요하게 여기지 않았던 전설의 황제(黃帝)를 자신들의 수호자로 삼았던 것인지도 모른다. 사람들은 자의적인 제국적 통치에 염증을 느끼고 있었는데, 황제는 '무위(無爲)'로 통치를 했다고 전해졌다. 통치자는 장관들에게 권력을 위임하고 직접 공적 정책에 개입하는 일을 삼가야 했다. 합리적인 형법은 있지만 엄벌은 없었다.

축의 시대 중국의 마지막 현자들은 단일한 정통적 입장을 교조적으로 고수하는 것을 경계하여, 종합을 향하여 나아가고 있었다. 그러나 많은 사람들은 혼란을 느껴 다양한 학파 사이에서 선택을 하지 못했다. 한나라 초기에 기록된 것으로 보이는 〈천하(天下)〉라는 글의 저자는 중국의 정신 세계가 해체되고 있다고 느꼈다. 성군들의 가르침은 명료했다. 그러나 지금은 달랐다.

천하가 큰 혼란에 빠져 훌륭한 사람과 현자들은 빛을 뿌리지 못하고, 도

와 덕은 통일되지 못하며, 온 세상이 오직 한 측면만 보면서 전체를 파악했다고 생각하곤 한다.[10]

중국인은 축의 시대의 중요한 교훈을 흡수했다. 그들은 어떤 학파도 진리를 독점할 수 없다는 사실을 알았다. 도는 초월적이고 말로 표현할 수 없기 때문이다. 이 시기에는 도가가 우세한 위치를 차지했다. 〈천하〉의 저자가 보기에 거의 모든 현자가 중요한 통찰력을 갖추었지만, 그 가운데서도 장자가 가장 믿을 만했다. 그는 "자신이 믿는 것을 가르쳤지만 결코 파당적이지 않았으며, 한 가지 관점에서만 사물을 보지 않았다." 그는 개방적이고 인간적 정통성에 얽매이지 않았기 때문에 "도와 일치를 이루어 가장 높은 경지로 올라갔다."[11]

그러나 점차 유가의 장점들이 분명해지기 시작했다.[12] 한나라 황제들은 의식과 예의 중요성을 파악했다. 한나라의 태조는 지역의 제의 전문가들에게 궁정의 전례를 정리하게 했으며, 처음으로 이것이 거행되자 이렇게 소리쳤다. "이제야 천자됨의 고귀함을 깨달았다!"[13] 사람들이 진나라가 행한 탄압의 정신적 상처에서 회복되자 도가는 비실용적으로 보이기 시작했다. 도가에는 늘 무정부와 무법 상태의 분위기가 감돌았으며, 이제 사람들은 도덕적 안내가 필요하다고 느끼고 있었다. '유위'의 장단점이 무엇이든, 황제가 전적으로 '텅 빈 상태'로만 통치를 할 수는 없었다. 황로의 인기는 한의 문제(文帝, 기원전 180~157년 재위) 치세에 절정에 이르렀으며, 그 뒤에는 변화의 조짐을 나타냈다.

기원전 136년 궁정의 학자 동중서(董仲舒, 기원전 179?~104?)는 무제(武帝, 기원전 140~87년 재위)에게 너무 많은 학파들이 경쟁하고 있으니 유가에서 가르치는 여섯 고전†을 국가의 공식 가르침으로 채택할 것을 권고하는 상소문을 올렸다. 황제도 동의했지만, 진나라 때와는 달리 모든 학파를 없애는 대신 다른 학파도 계속 유지하도록 허락했다. 유가의 철학은 과거(科擧)로 공무원을 선발하던 한나라의 능력주의 체제를 뒷받침했다. 유가는 늘 태생에 관계없이 덕과 학식이 높은 사람이 정부에서 고위직을 맡아야 한다고 생각했기 때문이다. 그들은 사회의 기본 단위인 가족을 지원했다. 무엇보다도 그들은 사상가일 뿐만 아니라 학자로서 중국의 민족 정체성에서 핵심을 이루는 문화사를 소상히 파악하고 있었다.

따라서 기원전 1세기에 유가는 매우 존경을 받았지만, 중국인은 여전히 축의 시대의 다른 철학적 통찰도 높이 평가했다. 역사가 유흠(劉歆, 기원전 46년~서기 23년경)은 제의 전문가들의 도가 "모든 것 가운데 가장 높다."고 주장했다. 유가는 "육경의 우아함에서 기쁨을 느끼며, 자비와 정의의 테두리 안에 생각을 가두고, 요순의 전통을 전수하며, 문왕과 무왕을 전거로, 공자를 창시자로 삼는다." 그러나 유가가 진리의 전부는 아니다. "그 앎에는 빈 곳이 있으며, 그곳은 다른 학파들이 채울 수 있다." 각각의 철학에는 장단점이 있다. 도가는 영적 생활의 중심에 이르는 방법을 알고, "그 핵심을 파악하고, 기본적인 것을 고수하며, 명료하고 텅 빈 상태로써 자신을 유지하고, 겸손과 양보로 자신을 드높인다." 그러나 도가는 제의 역할이나 도덕의 통치를 과소평가한다. 음양가는 사람들에게 자연과학을 가르칠 수 있지만, 이 학파는 미신으로 전락할 수 있다. 법가는 정부가 법이나 억지력에 의존해야 한다

유가의 여섯 고전 육경(六經)이라 한다. 《시경》, 《서경》, 《예기》, 《악기》, 《역경》(주역), 《춘추》를 말한다.

는 것을 알고 있다. 그러나 그들의 약점은 자비와 도덕을 내버리는 것이다. 묵가가 사치나 숙명론을 비난하는 것이나 "만인에게 관심을 갖는 태도"는 귀중하다. 그러나 유흠은 그들이 제의를 거부하는 것이나 "친족과 낯선 사람의 구별"을 무시하는 태도를 못마땅하게 여겼다.[14]

중국인은 누구도 진리의 문제에서 결정권을 가질 수 없다는 점을 이해했다. 아무리 당당한 정설이라 해도 완전한 충성을 요구할 수는 없었다. 다른 사람들의 견해를 존중하는 것이 하나의 무오류의 전망을 얻는 것보다 중요했다. 중국의 포괄적인 정신은 독특하다.[15] 나중에 중국인은 토착의 영성과 더불어 불교를 흡수하게 된다. 인도와 서양에서 종교는 종종 호전적일 정도로 경쟁적이다. 그러나 중국에서는 한 사람이 낮에는 유가에 속하고 밤에는 도가에 속할 수 있다고 말하곤 한다. 심지어 법가도 버리지 않았다. 제국이 팽창할 때는 그들의 통찰이 필요했기 때문이다. 그래서 정통 유가는 종종 그들의 통치자가 "겉으로는 유가지만 실제로는 법가"라고 비난하곤 했다.[16] 중국인은 보통 각각의 믿음에 각각의 영역이 있음을 인정한다. 이런 축의 시대의 태도는 지금 우리 시대에 간절히 필요한 것이기도 하다.

새로운 불교 영웅
보디사트바(보살)

인도에서는 기원전 231년 아소카 왕이 죽은 뒤에 마우리아 제국이 급속하게 해체되었다. 남쪽에서는 지역 왕국들이 발전하고, 마가다는 미미한 존재가 되었으며, 아프가니스탄 북부의 박트리아에 있는 그리스-페르시아 식민지로부터 온 그리스 침략군이 인더스 강 유역을 장악했다. 기원전 1세기 중반이 되자 그리스인의 자리에는 이란과 중앙아시아의 스키타이와 파르티아 부족으로 이루어진 침략군이 들어섰다. 이 외부 통치자들은 인도 종교에 적대적이지는 않았지만, 브라민들이 이들을 불결하다고 여겼기 때문에 이들은 베다와 관련 없는 종파에 끌리는 경향이 있었다. 기원전 200년부터 서기 200년 사이에 인도에서 가장 인기 있는 종교는 불교와 자이나교였을 것이다. 또 더 친밀하고 개인적이고 감정적인 영성에 대한 갈망을 반영하여 바크티 신앙도 강렬하게 폭발했는데, 이는 거의 대중적 혁명의 수준에 이르렀다.

마우리아 제국이 붕괴한 뒤에 벌어진 사건들에 관해서 우리는 단편적으로밖에 알지 못한다. 이때부터 이른바 이단 운동들을 몰아낸 북쪽 마투라의 굽타 왕조(서기 320~415)와 남부의 팔라바 왕조(서기 300~888)가 등장할 때까지 인도의 암흑 시대가 이어지기 때문이다. 그러나 불교는 스리랑카, 일본, 동남아시아, 중국에 뿌리를 내렸다. 인도에서는 고전적인 힌두교가 두각을 나타냈지만, 이것은 축의 시대의 베다 종교와는 매우 달랐다. 엄격하게 우상을 반대하던 종교가 화려한 신, 신상, 신전을 눈부시게 배치하기 시작했다. 소리에서 신성을 경험하던 인도인은 이제 이미지에서 신성을 보고자 했으며, 이런 이미지에 신이 물리적으로 현존한다고 믿었다. 신성한 것은 무한했기 때문에 하나의 표현에 한정될 수 없었다. 각각의 신은 비인격적 브라만의 특정한 측면을 간직하고 있었다. 그러나 가장 인기 있는 신은 시바와 비슈누, 바크티의 신들이었다. 어떤 면에서 보자면 베다의 엘리트 종교가 덜 발달된 대중 신앙에 밀린 것으로 보인다.

그러나 인도 종교의 발달에 관하여 너무 도식적인 방식으로 말하는 것은 지혜롭지 못하다. 겉으로 보기에 '새로운' 이런 종교 가운데 일부는 인더스 강 유역 문명이나 아리아인 문명이 아닌 인도 남부의 드라비다 문화로 거슬러 올라갈 수 있기 때문이다.[17] 게다가 겉보기와는 달리 베다 종교는 전혀 죽은 것이 아니었다. 사실 브라만 신앙은 마우리아 제국이 붕괴한 뒤에 중요한 발전을 이루었다.[18] 새로운 제의 텍스트들은 축의 시대의 노선을 따라 가정이 가정에서 드리는 희생제를 재해석했다. 이 희생제는 이제 공공 제의의 창백한 그림자가 아니라 그 핵심으로 여겨졌다. 가장이 자기 행동의 의미를 알기만 한다면, 우유 한 컵을 신성한 불에 붓는 것과 같은 단순한 행동도 희생제 신앙의 복잡한 의식 전체를 요약하고, 그의 모든 희생제 의무를 대신해줄 수 있었다. 값비싼 베다 의식을 위탁할 경제적 여유가 있는 사람은 거의 없었지만, '자기 희생'의 상징으로 불에 땔감 하나를 던지는 것은 누구나 할 수 있는 일이었다. "비록 옴이라는 음절 하나라 해도 베다의 한 부분은 반드시 암송해야만 한다. 그것으로 브라만에 대한 희생제는 완료된다."[19] 이런 최소한의 행동으로 가장은 신들에 대한 자신의 '빚'을 갚을 뿐 아니라, 자신이 일상 생활에서 저지르는 불가피한 폭력을 배상했다. 축의 시대의 아힘사라는 이상은 이제 인도의 종교 의식에 깊이 뿌리를 내렸다. 사람들은 겉으로 보기에 살아 있지 않은 사물에 줄 수 있는 피해까지도 강하게 의식하였다. 새로운 텍스트는 가장이 집에 다섯 가지 '살육의 집'을 두고 있다는 사실에 주목했다. 노(爐), 숫돌, 빗자루, 절구, 물동이 다섯 가지는 매일 그를 '죽임'의 죄에 '묶는다'는 것이다. 따라서 규모가 축소된 가정 내 제의를 의식적으로 수행하여 '구속(救贖)'을 얻어야 했다.[20]

이 텍스트들은 또 축의 시대의 이상으로부터 분명하게 벗어나는 상황도 기록하고 있다.[21] 인도에는 아마 오래 전부터 '불가촉천민'이 있었을 것이다. 브라만과 불가촉천민 두 계급이 거의 같은 시기에 위계의 양극으로 확립되었다는 주장도 있다.[22] 《마누법전》은 이런 낡은 관념을 거부하지 않고, 세 개의 가장 낮은 타락한 등급을 인정했다. 목수, 고기 써는 사람, 고약한 불가촉천민들(찬달라)은 바이샤, 크샤트리아, 브라민의 계급 간 결혼의 결과물이었다. 그들은 베다 사회로부터 완전히 쫓겨나 마을 변두리에서 살면서, 무두질이나 마을의 똥을 치우는 것 같은 천하고 자신을 더럽히는 일을 해야 했다.[23]

바크티 혁명은 브라민과 출가자의 엄격한 종교를 일반 사람들에게 맞게 고치려 했다. 이런 헌신적 믿음의 인기는 유신론에 대한 새로운 갈망을 드러냈다. 모두가 비인격적 브라만과 융합하기를 바라는 것은 아니었다. 사람들은 그들이 관계를 맺을 수 있는 신과 더 인간적으로 만나기를 바랐다. 바크티는 "온 마음으로 주를 열정적으로 갈망하는 것"으로 정의되었다. 주에 대한 사랑으로 사람들은 이기심을 넘어섰으며, "완벽해지고, 만족하고, 증오와 자만과 자기 이익으로부터 자유로워졌다."[24] 따라서 바크티는 마음에서 자기 중심주의와 공격성을 비우는 또 하나의 방법이었다. 내면에서 지적으로 정리된 인간성의 모범을 기준으로 자신의 삶을 맞출 수 없는 사람들은 사랑과 이타심이 쉽게 눈에 드러나는 신을 모방할 수 있었다. 그래서 크리슈나는 《바가바드기타》에서 아르주나에게 이렇게 가르쳤다.

너의 마음을 나에게 집중하라.
너의 이해가 나에게 들어오게 하라.
그러면 너는 틀림없이
내 안에서 살게 될 것이다.

네가 네 생각을 확고하게
나에게 집중할 수 없다면
행동을 훈련하여
나에게 이르려 하라, 아르주나.[25]

바크티 신앙은 모든 사람의 집중력이 똑같지 않다는 사실을 인정했다. 어떤 사람들은 오랜 시간 명상을 하는 것보다 일상 생활에서 크리슈나를 엄격하게 모방하는 것을 더 쉽게 생각할 수도 있었다.

이것은 기를 꺾는 신앙이 아니었다. 오랜 시간에 걸쳐 단순하게 헌신하는 행동만 해도 그런 믿음이 자랄 수 있다고 보았기 때문이다. 헌신자들은 우선 비슈누/크리슈나에 관한 이야기를 듣는 데서 시작할 수 있었다. 그런 다음에 그가 인류 사랑에서 이룩한 큰 업적을 생각하며 그의 이름을 암송할 수 있었다. 그의 신전에서 간단한 제물을 바치고 그를 친구로 생각할 수 있었다. 그러다 보면 결국 지나치게 노력을 하지 않아도 그에게 완전히 굴복할 수 있었다.[26] 자기를 내주는 것은 바크티의 핵심적인 행동이었다. 그것은 사람을 '바크타'(bhakta, 신에 대한 헌신을 실천하는 수행자)로 바꾸는 케노시스의 행동이었다. 이 지점에서 섬기는 자는 신에게 저항하는 것을 멈추고, 신과 마찬가지로 다른 사람들을 사랑하는 행동을 하게 된다. 《바가바드기타》는 공자가 서(恕), 즉 '자기 자신에게 견줌'이라고 부른 것을 실행하게 된 바크타를 가장 높이 칭찬했다.

> 자신과의 비교를 통하여
> 기쁨이든 고통이든
> 모든 것에서 동일성을 보게 될 때
> 그를 순수한 규율을 갖춘 인간으로 여길 수 있다.[27]

바크티는 신을 섬기는 사람에게 자신의 무력함과 욕망을 인정하라고 권한다. 이렇게 자신의 약한 면을 경험하면 다른 사람들에게 감정 이입을 할 수 있다. 따라서 이 새로운 영성은 축의 시대와 깊은 조화를 이루는 것이었다.

신 자신이 사랑의 모범이었다. 비슈누 신앙의 핵심은 '아바타라(化身)', 즉 신이 지상의 또는 인간의 형상으로 '표현'되거나 '내려오는' 것이었다. 역사적 위기의 순간에 비슈누는 세상을 구하려고 하늘의 행복을 포기했다.[28] 그는 열 번이나 그렇게 나타났다고 전해진다. 이런 아바타라 가운데 가장 중요한 것은 크리슈나였지만, 비슈누는 또 물고기, 곰, 난쟁이, 거북이로도 나타났다. 이것들은 토착신의 상징으로서 훗날 베다 체계에 접목된 것일 수도 있다. 아바타라라는 관념의 발달은 복잡하다. 이것은 다양한 신앙―그 가운데 일부는 아주 오래된 것일 수도 있었다.―의 융합에서 파생되었을 것이다. 그러나 바크티에서 그들은 축의 시대의 의미를 얻었다. 비슈누는 사랑으로 자신의 아바타라에 '내려옴'으로써 자신이 고통받는 인류를 돕기 위해 신의 외적 장식들을 내던지는 최고의 구세주임을 드러냈다.

비슈누는 늘 이런 잠재력을 지니고 있었다. 그는 《리그베다》에서는 가끔만 언급되지만, 그의 이름은 아마 '비슈', 즉 '들어가다'에서 파생되었을 것이다.[29] 그는 세상에 참여하고 세상에 가득 차 있을 뿐 아니라, 지칠 줄 모르고 어깨에 땅을 지탱하는 악시스 문디(Axis Mundi, 세계의 축)이기도 했다. 그는 또 창조의 신이었지만, 인드라와는 달리 폭력과 기만으로 혼돈에서 질서를 가져오지는 않았다. 그는 우주 전체를 포괄하는 거대한 걸음을 세 번 내디뎌 신과 인간들의 세계를 정복했다. "자유와 생명을 위해서 넓은 걸음으로 땅의 영역을 세 번 걸었다."[30] 그는 자비로운 신으로서 인간의 친구이자 태어나지 않은 아이의 보호자였다.[31] 《브라마나》는 그를 희생제의 치유의 힘과 동일시했다. 베다 전승에서 그는 푸루샤, 즉 세상이 태어날 수 있도록 자신의 생명을 자발적으로 내놓음으로써 자신을 비우는 사랑의 원리를 소중하게 여긴 최초의 '인간'과 연결했다.

바크티의 다른 신 시바는 사뭇 달랐다.[32] 사람들이 자신의 정착지와 가축에 가까이 오지 말아 달라고 비는 괴기한 산의 신인 무시무시한 루드라와 연결되는 시바는 무서우면서도 자비로웠다. 그의 미토스에는 폭력이 있었지만, 그는 또 큰 행복의 원천이기도 했다. 시바는 자신을 섬기지 않으면 무자비했지만, 늘 자신의 바크타를 구원했다. 그러나 그는 질투심이 많은 신이었다. 가장 초기의 이야기에서 그는 비슈누에게 헌신하는 사람으로서, 희생제에 시바를 초대하지 않으려 했던 다크샤를 죽였다. 이 두 종파 사이에는 심한 경쟁이 벌어졌다. 그러나 파르바티의 연인으로서 시바는 매혹적인 춤의 신이 되었으며 구원의 아이콘이 되었다. 시바의 발 밑에 있는 난쟁이는 시바가 제압한 악의 이미지였다. 그가 뻗은 손은 은총의 표시였다. 들어올린 발은 자유의 상징이었다. 목에 두른 뱀은 불멸의 상징이었다. 시바는 창조자이자 파괴자였으며, 위대한 요가 수행자이자 가장이었다. 시바는 자신의 인격 속에서 영적 삶의 모순으로 보이는 것들을 종합했으니, 자신을 섬기는 사람들에게 지상의 범주를 넘어서는 초월과 통일을 넌지시 보여주었다.

바크티에서는 신상이 매우 중요했다. 시바, 비슈누, 크리슈나의 상(무르티)은 그들의 '체현'으로서, 물리적으로 분명히 드러나는 신성한 현존이 진짜로 담겨 있는 것으로 여겨졌다.[33] 신은 자신의 상이 신성화되는 순간에 그 안으로 내려오며, 따라서 그 상은 신성의 거처가 되었다. 오래된 사원 몇 곳에서는 신상이 '발견'되었다거나, 그것을 신이 보냈다거나, 그 소재가 꿈에서 드러났다는 이야기가 전해진다. 따라서 상 자체가 아바타라로서, 신의 자기 희생적인 사랑을 표현했다. 어떤 텍스트들은 심지어 인류에 대한 자비심 때문에 인간이 만든 이미지로 자신을 압축할 때 신이 겪는 고통을 이야기하기도 했다. 신상은 명상의 대상이 되면서 이타주의의 아이콘이 되었다. 불교도와 자이나 교도 또한 힌두의 이런 새로운 헌신에서 영향을 받았다. 서기 1세기에 그들은 처음으로 붓다의 상과 티르탕카라('여울을 만든 사람')라고 부르는 영적 지도자 스물네 명―마하비라보다 앞서서 깨달음으로 가는 길을 밝힌 사람들―의 상을 만들기 시작했다. 이런 상들은 인도 북서부의 간다라와 야무나 강변의 마투라에서 처음 나타났다.

붓다는 늘 개인 숭배를 막았으며, 제자들의 관심이 자기 자신으로부터 자신이 가르치는 메시지와 방법으로 향하게 하려고 지칠 줄 모르고 노력했다. 인간에 대한 헌신은 의존과 집착 같은 깨닫지 못한 자들의 습관을 부추기는 '족쇄'가 될 수 있기 때문이었다. 붓다의 죽음 이후 수백 년 동안 불교도는 붓다의 상을 공경하는 것을 어울리지 않는 일로 여겼을 것이다. 붓다는 니르바나의 축복 속으로 '사라졌기' 때문이다. 그러나 붓다의 아이콘들은 점차 매우 중요해졌다. 사람들은 붓다의 얼굴에서 고요와 충족을 보면서 인간의 가능성을 인식하게 되었다. 붓다는 깨달은 인간의 이미지였다. 말로 표현할 수 없는 니르바나가 충만했기 때문에 니르바나와 동일시되었다. 따라서 중요한 외미에서 그는 니르바나였으며, 인간의 형상으로 초월적 실재를 표현했다.

이 무렵 불교는 두 학파로 나뉘었는데, 둘 다 믿음의 진정한 발전 형태로 간주된다. 역사적으로 이 둘 사이에는 적의나 경쟁이 거의 없었다. 더 엄격하고 은둔적인 경향의 소승 불교는 세상으로부터 물러나 고독 속에서 깨달음을 구했다. 대승 불교는 더 민주적이었으며 자비심이라는 덕을 강조했다. 그들은 붓다가 깨달음을 얻은 뒤에 장터로 돌아가

40년 동안 삶의 어디에나 존재하는 고통을 다루는 방법을 가르쳤음을 지적했다. 서기 1세기에 여기에서 새로운 불교 영웅 보디사트바(보살)가 탄생했다. 그는 깨달음을 얻기 직전에 있는 사람이었다. 그러나 보디사트바는 니르바나의 축복 속으로 사라지는 대신 사람들을 위해 자신의 행복을 희생하고 다른 사람들에게 해방을 발견하라는 가르침을 주려고 삼사라의 세계로 돌아왔다. 그들은 고통받는 인류를 도우려고 하늘에서 내려온 바크티의 구원의 신들과 다르지 않았다. 다음 1세기의 텍스트가 보여주듯이, 보디사트바는 개인화된 니르바나를 얻는 데는 관심이 없었다.

반대로 그들은 존재의 매우 고통스러운 세계를 관찰하지만, 최고의 깨달음을 얻고자 하기 때문에 출생과 죽음에 떨지 않는다. 그들은 세상의 유익, 세상의 편안함을 위하여 세상을 동정하는 마음에서 출발했다. 그들은 결심했다. "우리는 세상의 피난처, 세상의 쉴 곳, 세상의 마지막 구원, 세상의 섬, 세상의 빛, 세상의 구원 수단의 안내자가 될 것이다."[34]

보디사트바는 자비의 새로운 모델이었으며, 축의 시대의 오래된 이상을 새로운 형식으로 번역한 존재였다.

토라의 원리, "이웃을 네 몸처럼 사랑하라"

유대인의 축의 시대는 이산과 재정착이라는 어려운 상황 때문에 갑자기 중단되고 막혀버렸다. 어쩌면 너무 때 이르게 그렇게 되었다고 말할 수도 있을 것이다. 그러나 놀랍게도 2차, 3차 개화가 이루어지면서 완성에 이르게 된다. 서기 1세기에 로마 제국이 성지 예루살렘을 점령했을 때 이 나라는 혼란에 빠져 있었다. 열렬한 정치적 민족주의자 집단이 로마의 강압적 지배에 격렬하게 맞서며 서기 66년에 반역을 주도했는데, 놀랍게도 4년이나 로마 군대를 궁지에 몰아넣었다. 로마 당국은 이 불길이 흩어진 유대인들에게도 미칠 것을 걱정하여 봉기를 무자비하게 짓밟았다. 서기 70년, 훗날 로마 황제가 되는 베스파시아누스 장군(Titus Vespasianus, 서기 79~81년 재위)은 예루살렘을 정복하고 성전을 불태워버렸다. 이 두 번째 성전 파괴는 큰 충격이었지만, 지금 보면 흩어진 유대인보다 더 보수적인 경향을 드러냈던 팔레스타인의 유대인은 이미 이 재난에 대비하고 있었던 것으로 보인다. 에세네파와 쿰란파†는 예루살렘 성전이 부패했다고 생각하여 이미 주류 사회에서 물러나 있었다. 자신들의 정화된 공동체가 영혼의 새로운 성전이 될 것이라고 믿었던 것이다. 그들은 축의 시대 이후 발전한 묵시록적 경건함에 물들어 있었으며, 조로아스터 교도와 마찬가지로 시간이 끝날 때 빛의 자녀와 어둠의 자녀 사이에 벌어질 큰 전투를 고대했다. 자기 시대의 폭력을 내면화하여 그것을 신성한 방식으로 승인한 것이었다.

에세네파와 쿰란파 에세네파는 기원전 2세기경부터 서기 1세기 말까지 팔레스타인 지역에서 활동한 유대교 교파를 말한다. 수도원 공동체를 이루고 살았으며, 재산을 공유하고 금욕적이고 경건한 삶을 추구했다. 바리사이파와 마찬가지로 모세 율법, 안식일, 정결 의식을 철저히 지켰고 불멸과 죄에 대한 하느님의 심판을 믿었다. 그러나 바리사이파와 달리 육체의 부활을 부정했고, 두루 섞여 살기를 거부했다. 에세네파에 여러 분파가 있었던 것으로 추정하는데, 쿰란파(쿰란 공동체)도 그중 하나이다. 쿰란파는 사해문서 가운데 쿰란 사본을 만들어낸 사람들 일파를 말한다. 쿰란파는 자신들을 '언약의 백성', '선택된 자', '참된 이스라엘' 등으로 불렀다. 이들은 철저하게 율법을 지키며 살았다.

팔레스타인에서 가장 진보적인 유대인은 바리사이파로서 그들은 유대교의 축의 시대에서 가장 포용력 있고 진보적인 영성을 발전시켰다. 그들은 이스라엘 전체를 사제들의 신성한 나라로 불러야 하며, 신은 성전만이 아니라 가장 초라한 집에서도 경험할 수 있다고 믿었다. 신은 일상 생활의 아주 작고 세밀한 것들 속에 존재하며, 유대인은 정교한 제의 없이 신에게 다가갈 수 있었다. 동물 희생보다는 자비의 행동으로 죄를 씻을 수 있었다. 자선은 율법 가운데 가장 중요한 계명이었다. 아마 바리사이파 가운데 가장 위대한 인물은 바빌로니아에서 팔레스타인으로 이주한 랍비 힐렐(기원전 1세기~서기 1세기)일 것이다. 그의 관점에서 볼 때 토라의 본질은 율법의 글자가 아니라 그 정신이었다. 힐렐은 그것을 황금률로 요약했다. 유명한 탈무드 이야기를 보면 어느 날 이교도 한 사람이 힐렐을 찾아와 자신이 한 다리로 서 있는 동안 토라 전체를 가르쳐주면 유대교로 개종하겠노라고 약속했다. 힐렐은 간단하게 대꾸했다. "당신 자신에게 가증스러운 일을 다른 사람에게 하지 마시오. 그게 토라의 전부이고, 나머지는 그 주석일 뿐이오. 가서 그것을 공부하시오."35)

바리사이파는 그들 주위에서 파괴적으로 분출하는 폭력에 관여하기를 원치 않았다. 로마에 저항한 봉기 때 그들의 지도자는 힐렐의 제자 가운데 가장 훌륭하다고 손꼽히던 랍비 요하난 벤 자카이였다. 그는 유대인이 로마 제국을 이길 가능성이 없다는 것을 깨닫고 전쟁에 반대했다. 종교의 보존이 민족 독립보다 더 중요했기 때문이다. 사람들이 그의 조언을 받아들이지 않자 그는 관에 숨어 예루살렘에서 몰래 빠져나왔다. 유대인 열심당†원들이 도시 성문을 지키고 있었기 때문이다. 그는 그 길로 로마 진영으로 가 베스파시아누스 장군에게 자신의 제자들과 함께 팔레스타인 남부 해안의 야브네에서 살게 해 달라고 요청했다. 성전이 파괴된 뒤 야브네는 유대 종교의 새로운 수도가 되었다. 유대의 축의 시대는 랍비 유대교†에서 성년에 이르게 되었다.

황금률, 동정심, 사랑, 환대는 이 새로운 유대교의 중심을 이루었다. 성전이 파괴될 무렵 바리사이파의 일부는 이미 신을 섬길 성전이 필요하지 않다는 사실을 이해했는데, 이 점은 다음과 같은 탈무드 이야기에서 분명하게 나타난다.

어느 날 랍비 요하난 벤 자카이는 예루살렘 밖으로 나갔다. 랍비 여호수아가 그 뒤를 따르다 불에 탄 성전의 폐허를 보고 말했다. "이스라엘의 죄를 씻던 곳이 황폐해졌으니 안타까운 일이로군요." 그러자 랍비 요하난이 말했다. "슬퍼 마시오. 우리는 성전에서처럼 속죄를 할 수 있소. 바로 사랑의 행동을 하는 거요. '나는 사랑을 바라지 희생을 바라지 않는다'고 하셨잖소."36)

환대가 미래의 핵심이었다. 유대인은 전쟁 시절의 폭력과 분열에서 고개를 돌려 '하나의 몸과 하나의 영혼'으로 통일된 공동체를 창조해야 했다.37) 공동체가 사랑과 상호 존중 안에서 통일될 때 신은 그 공동체와 함께 있지만, 서로 싸울 때는 천사들이 '한 목소리와 한 선율'로 노

열심당 젤로트 당. 유대교 분파 가운데 공격적인 정치적 당파로서 로마와 로마가 신봉하는 다신교를 철저히 배척했다. 유대인 가운데 로마와 평화나 화해를 바라는 자들을 경멸했으며, 서기 66년에 일어난 로마와의 전쟁 때 선봉에 섰다. 서기 73년 로마 제국에게 마사다 요새를 넘겨주게 되자 집단 자살을 택했다.
랍비 유대교 서기 70년 예루살렘 성전이 로마 제국에 의해 파괴된 뒤에 바리사이파 랍비들이 발전시킨 율법적 형태의 유대교. 이 유대교는 《탈무드》 안에 있는 법률 문서와 주석서에 근거를 두고 있으며, 지금까지 전 세계에 퍼져 있는 모든 유대인이 지켜야 할 예배 양식과 생활 원칙을 세웠다.

래를 하는 하늘로 돌아가버린다.[38] 유대인 두세 명이 함께 조화를 이루어 공부를 하면, 신성한 존재가 그 가운데 자리를 잡는다.[39]

서기 132년에 로마인들에게 죽임을 당한 랍비 아키바 벤 요셉은 "이웃을 네 몸처럼 사랑하라."는 계명이 '토라의 가장 위대한 원리'라고 가르쳤다.[40] 랍비들은 누가 되었든 신의 형상대로 창조된 인간을 존중하지 않는 것은 바로 신 자체를 부인하는 것이며, 무신론과 다를 바 없다고 보았다. 살인은 신성 모독이었다. "성경은 우리에게 인간의 피를 흘리는 것은 신성한 형상을 더럽히는 것과 다름없다고 여기라고 가르친다."[41] 신이 태초에 오직 한 사람을 창조한 것은 단 한 사람의 생명을 파괴하는 것도 온 세상을 없애는 것과 똑같으며, 한 생명을 구하는 것이 인류 전체를 구원하는 것과 같다는 점을 우리에게 가르치려는 것이었다.[42] 누구라도, 심지어 노예나 유대인이 아닌 사람이라도 모욕을 하는 것은 살인과 같으며, 신의 형상을 모독하고 지워버리는 것이다.[43] 다른 사람에 관하여 거짓된 추문을 퍼뜨리는 것은 신의 존재를 부정하는 것이다.[44] 종교는 다른 모든 인간을 항상 존중하는 마음을 실천에 옮기는 것과 분리될 수 없다. 황금률을 실천하지 않고 누가 되었건 같은 인간을 존중하지 않는다면 신을 섬길 수 없다.

랍비 유대교에서 공부는 다른 종교 전통의 명상만큼 중요했다. 그것은 영적인 탐구였다. 공부를 뜻하는 단어 '다라슈'는 '탐색한다', '추구한다'는 뜻이다. 이것은 다른 사람의 생각을 지적으로 파악하는 것이 아니라 새로운 통찰로 이끄는 것이다. 이렇게 랍비의 미드라슈('주석')는 원래의 텍스트보다 더 나아가, 그 텍스트가 말하지 **않은** 것을 발견하고, 완전히 새로운 해석을 찾아낼 수 있었다. 한 랍비 텍스트는 그 점을 이렇게 설명한다. "모세에게 드러나지 않았던 것들이 랍비 아키바와 그의 세대에게 드러났다."⁴⁵⁾ 공부는 또 행동과 떨어질 수 없었다. 랍비 힐렐이 회의적인 이교도에게 황금률을 설명했을 때 그는 "가서 그것을 공부하라."고 말했다. 황금률의 진실성은 그것을 일상 생활에서 실행에 옮길 때만 드러날 터였다.

공부는 신과의 역동적인 만남이었다. 어느 날 어떤 사람이 랍비 아키바를 찾아와 시메온 벤 아자이가 앉아서 성경을 해설하는데 불이 번쩍거리며 그의 주위를 맴돈다고 말했다. 랍비 아키바는 조사를 하러 갔다. 혹시 에스겔이 본 전차 이야기를 하고 있었던 겁니까? 그래서 거기에서 영감을 받아 신비주의적인 경향을 가진 사람들이 그들 나름으로 하늘로 올라간 겁니까? 아닙니다. 벤 아자이는 대답했다.

나는 그저 토라의 말을 서로, 또 그 다음에는 예언자들의 말과 연결하고 있었을 뿐입니다. 그런 뒤에 예언자들을 그 글과 연결했습니다. 그러자 말이 기뻐했습니다. 처음에 시나이 산에서 전달될 때와 마찬가지였습니다. 말은 처음 입에서 나올 때와 마찬가지로 달콤했습니다.⁴⁶⁾

성경은 닫힌 책이 아니었다. 계시는 먼 시대에 일어난 역사적 사건이 아니었다. 성경은 유대인이 텍스트와 대면하여, 거기에 마음을 열고, 자신의 상황을 거기에 적용하려 할 때마다 새로워졌다. 이 역동적인 비전은 세상에 불을 붙일 수 있었다.

따라서 '정통적' 신앙이란 없었다. 아무도—심지어 신의 목소리도—유대인에게 무엇을 생각하라고 말할 수 없었다. 한 의미심장한 이야기에서 랍비 엘리에제르 벤 히르카누스는 유대교 율법의 한 조항을 두고 동료들과 까다로운 논쟁을 하게 되었다. 그는 동료들의 관점을 자기 관점으로 바꿀 수 없었기 때문에, 신에게 멋진 기적을 보여주어 자신의 주장을 뒷받침해 달라고 요청했다. 그러자 캐럽나무 한 그루가 스스로 200미터 정도 움직였다. 도관을 흐르던 물이 거꾸로 흘렀다. 공부하는 집의 벽이 심하게 흔들려 건물이 곧 무너질 것 같았다. 그랬음에도 랍비 엘리에제르의 동료들은 무덤덤했다. 마침내 랍비 엘리에제르는 필사적인 마음에 '하늘의 목소리'(바트 콜)에게 도와주러 와 달라고 요청했다. 그러자 자상하게도 신의 목소리가 말했다. "왜 랍비 엘리에제르와 싸우는가? 법적인 판단은 늘 그의 관점을 따르면 된다." 그러자 랍비 여호수아가 일어서서 《신명기》에 나온 말을 인용했다. "그것은 하늘에 있지 않다." 신의 가르침이 이제 신의 영역에 한정되어 있지 않다는 말이었다. 그것은 이미 시나이 산에서 공표되었으며, 따라서 모든 유대인의 양도 불가능한 소유물이 되었다. 그것은 이제 신에게 속하지 않으며, "따라서 우리는 하늘의 목소리에 귀를 기울이지 않는다."[47]

랍비들은 궁극적 실재가 초월적이며 말로 표현할 수 없다는 축의 시대의 원리를 받아들였다. 신이라는 주제에 관해서는 아무도 결정적인 말을 할 수가 없었다. 유대인은 신의 이름을 말하는 것이 금지되었다. 신을 표현하려는 모든 시도는 매우 부적절하기 때문에 잠재적으로 신성 모독이 될 수 있다는 사실을 강하게 일깨워주려는 것이었다. 랍비들은 심지어 이스라엘 사람들에게 기도를 하면서 신을 너무 자주 찬미하지도 말라고 경고했다. 그들의 말에는 결함이 있을 수밖에 없기 때문이었다. 그들은 지상에서 신의 현존 이야기를 할 때 신이 우리에게 보도록 허용해주는 특질과 우리에게는 늘 접근 불가인 신의 신비를 세심하게 구분했다. 그들은 간단하게 '신'이라는 말을 쓰는 대신 신의 '영광'(카보드), 신의 현존을 뜻하는 '셰키나', '성령' 등의 표현을 쓰는 것을 좋아했다. 이것은 그들이 경험하는 실재가 신의 본질과 일치하지 않는다는 사실을 늘 일깨워주었다. 어떤 신학도 결정적일 수 없었다. 랍비들은 시나이 산에서 이스라엘 사람 각각이 서로 다르게 신을 경험했다고 주장하는 일이 많았다. 신은, 말하자면, '각자의 이해에 따라' 각 사람에게 자신을 맞추었다.[48] 우리가 '신'이라고 부르는 것은 모든 사람에게 똑같지 않았다. 예언자들은 각기 서로 다른 '신'을 경험했다. 각자의 인격이 각자의 신이라는 개념에 영향을 주었기 때문이다. 이런 심오한 과묵함은 그 뒤로도 유대교 신학과 신비주의의 특징으로 남게 된다.

기독교는 유대인이 되는 새로운 방법을 찾고자 했던 서기 1세기 운동 가운데 하나로서 시작되었다. 기독교는 서기 30년경 로마인에게 십자가형을 당한 갈릴리의 한 신앙 요법사의 삶과 죽음이 중심이 되었다. 그의 추종자들은 그가 죽은 자들 가운데서 부활했다고 주장했다. 그들은 이 나사렛 예수가 오랫동안 기다리던 유대인 메시아이며, 그가 곧 영광 속에 다시 돌아와 지상에 신의 왕국을 열 것이라고 믿었다. 그는 '신의 아들'이었다. 이것은 유대인들이 사용하는 의미로는 신으로부터 특별한 임무를 부여받고 신과 친밀한 관계를 누리는 특권을 부여받은 사람을 가리키는 말이었다. 고대 왕실 신학에서는 이스라엘 왕을 야훼의 아들이자 종이라고 보았다. 제2 이사야의 고통받는 종이 예수와 연결되있는데, 그 종 또한 인간들 때문에 수모를 겪고 신에 의해 특별히 높은 지위로 들어올려졌다.[49] 예수는 새로운 종교를 만들 의도가 없었으며, 뿌리 깊은 유대교도였다. 복음에 기록된 그의 많은 말은 바리사이파의 가르침과 비슷했다. 예수도 힐렐처럼 황금률의 한 형태를 가르쳤다.[50] 예수는 랍비들과 마찬가지로 온 마음과 영혼으로 신을 사랑하고, 이웃을 자기 몸같이 사랑하라는 계명이 토라의 가장 훌륭한 계율이

라고 믿었다.[51]

 기독교를 이방인의 종교로 만든 사람은 최초의 기독교 저술가 바울로였다. 그는 예수가 '메시아', '기름 부음을 받은 자'(그리스어로 크리스토스Christos)이기도 했다고 믿었다. 바울로는 실리시아 타르수스 출신의 유대인이었다. 바리사이파 출신인 바울로는 코이네 그리스어†로 글을 썼다. 그는 두 세계를 연결하면서 자신이 비유대인(고임), 즉 외국에 사명이 있다고 확신했다. 예수는 유대인만이 아니라 이방인의 메시아이기도 했다. 바울로는 축의 시대의 보편적인 ─ '가없는' ─ 전망을 가졌다. 하느님은 '만인에게 관심'이 있었다. 바울로는 예수의 죽음과 부활이 인류 전체에게 열려 있는 새로운 이스라엘을 창조했다고 확신했다.

 예수의 죽음 이후 약 25년 뒤인 서기 50년대 중반에 마케도니아의 필리피(필립비)에 있는 개종자들에게 편지를 쓰면서 바울로는 기독교도가 처음부터 예수의 사명을 케노시스로 경험했음을 보여주는 초기 기독교의 찬송가를 인용했다.[52] 이 찬송가는 우선 예수가 다른 모든 인간과 마찬가지로 하느님의 모습을 지녔으나, 그럼에도 이런 높은 지위에 매달리지 않았음을 지적한다.

> 오히려 당신의 것을 다 내어놓고(헤아우톤 에케노센)
> 종의 신분을 취하셔서 우리와 똑같은 인간이 되셨습니다. ……
> 당신 자신을 낮추셔서 죽기까지,

코이네 그리스어 기원전 5세기부터 기원전 3세기의 표준 그리스어. 신약 성서가 이 언어로 기록되었다.

아니, 십자가에 달려서 죽기까지 순종하셨습니다.

그러나 이런 겸손한 '낮춤' 때문에 하느님은 그를 높이 올려 그에게 키리오스('주主')라는 최고의 호칭을 받게 하고, 이로써 하느님 아버지가 영광을 얻었다. 이 전망은 인류의 고난 때문에 스스로 니르바나의 행복을 젖혀놓은 보디사트바의 이상과 다르지 않다. 기독교도는 예수를 사랑 때문에 인류 구원을 위하여 고통스러운 '낮춤'을 시도한 하느님의 아바타라로 보게 되었다. 그러나 바울로는 성육신(成肉身)의 교리를 설명하려고 이 찬송가를 인용한 것이 아니었다. 바리사이파 출신인 그는 종교적 진리는 행동으로 번역되어야 한다는 것을 알았다. 그래서 필리피의 기독교인들에게 그 찬송가를 소개하면서 이런 지침을 내렸다. "여러분은 이런 태도를 가지십시오. 그것은 곧 그리스도 예수께서 보여주신 태도입니다." 그들은 또 자기 중심주의, 이기심, 자만심을 마음에서 비워야 했다. 그들은 "같은 목적과 같은 마음을 가지고" 사랑 안에서 통일되어야 했다.[53]

무슨 일에나 이기적인 야심이나 허영을 버리고 다만 겸손한 마음으로 서로 남을 자기보다 낮게 여기십시오. 저마다 제 실속만 차리지 말고 남의 이익도 돌보십시오.[54]

이런 이타적인 방식으로 다른 사람들을 존중하면, 그들도 예수가 행한 케노시스의 미토스를 이해할 수 있었다.

예수는 기독교인의 모범이었다. 기독교인은 예수를 모방하여 '신의 아들들'로서 고양된 삶을 누릴 수 있었다. 그들은 새로운 교회의 제의에서 세례를 받을 때 그리스도와 함께 상징적으로 무덤으로 내려가 그의 죽음과 동일시를 하며, 그 뒤로 다른 종류의 삶을 살았다.[55] 세속적인 자아는 버리고, 키리오스(주)의 고양된 인간성을 함께 나누었다.[56] 바울로는 자신이 제한된 개별적 자아를 초월했다고 주장한다. "이제는 내가 사는 것이 아니라 그리스도가 내 안에서 사시는 것입니다."[57] 이것은 오랜 원형적인 종교가 사랑이라는 덕의 지배를 받는 새로운 축의 시대의 지형 안에 다시 자리를 잡은 것이었다. 훗날의 기독교인은 정통성, 즉 '올바른 가르침'의 수용을 중시한다. 그들은 결국 종교와 믿음을 동일한 것으로 만들어버린다. 그러나 바울로라면 이것을 잘 이해하지 못했을 것이다. 바울로에게 종교의 핵심은 케노시스와 사랑이었기 때문이다. 바울로의 눈으로 볼 때 그 둘은 갈라놓을 수 없는 것이었다. 산을 옮길 수 있는 믿음을 갖는다 해도 사랑이 없으면 가치가 없으며, 사랑은 자기 중심주의를 계속 넘어설 것을 요구했다.

사랑은 오래 참습니다. 사랑은 친절합니다. 사랑은 시기하지 않습니다. 사랑은 자랑하지 않습니다. 사랑은 교만하지 않습니다. 사랑은 무례하지 않습니다. 사랑은 사욕을 품지 않습니다. 사랑은 성을 내지 않습니다. 사랑은 앙심을 품지 않습니다. 사랑은 불의를 보고 기뻐하지 아니하고 진리를 보고 기뻐합니다. 사랑은 모든 것을 덮어주고 모든 것을 믿고 모든 것을 바라고 모든 것을 견디어냅니다.[58]

사랑은 자만심으로 부풀어올라 자기에 대한 과장된 관념에 매달리는 것이 아니라, 텅 빈 것이고, 자기를 잊는 것이고, 끝없이 타인을 존중하는 것이었다.

서기 70년에서 100년경에 기록된 복음은 바울로의 노선을 따른다. 복음서들은 예수가 나중에 유행하는 삼위일체나 원죄 같은 교리를 가르치는 모습을 보여주지 않는다. 대신 예수는 묵자라면 겸애, 즉 '모든 이에 대한 관심'이라고 불렀을 만한 것을 실행에 옮긴다. 현대의 어떤 사람들이 보면 놀랄지 모르지만, 예수는 매춘부, 문둥병자, 간질병자, 로마의 세금을 징수하기 때문에 따돌림을 당하는 세리 등 '죄인'들과 사귀었다. 그의 행동은 종종 붓다의 '가없는 마음(무량심)'을 떠올리게 한다. 예수는 자신의 관심의 범위에서 아무도 배제하지 않았기 때문이다. 그는 자신을 따르는 사람들에게 남을 판단하지 말라고 강조했다.[59] 왕국에 받아들여지는 사람은 굶주린 자에게 먹을 것을 주고 병든 자나 옥에 갇힌 자를 찾아가는 등 실제적인 자비심을 실행에 옮긴 사람들일 터였다.[60] 그를 따르는 사람들은 자신의 부를 가난한 사람들에게 나누어주어야 했다.[61] 그들은 자신의 선행을 자랑하지 않고, 자신을 지우는 조용한 삶을 살아야 했다.[62]

예수는 또 아힘사의 인간이었던 것으로 보인다. 그는 산상수훈에서 사람들에게 이렇게 말했다. "'눈은 눈으로, 이는 이로.' 하신 말씀을 너희는 들었다. 그러나 나는 이렇게 말한다. 앙갚음하지 마라. 누가 오른뺨을 치거든 왼뺨마저 돌려 대고 또 재판에 걸어 속옷을 가지려고 하거든 겉옷까지도 내주어라."[63] 예수는 체포될 때 제자들이 그를 위하여 싸우지 못하게 했다. "칼을 쓰는 사람은 모두 칼로 망한다."[64] 그는 자신을 처형한 자들을 용서하며 죽었다.[65] 그의 가장 놀라운 가르침—학자들은 이것이 진짜일 가능성이 아주 높다고 말한다.—은 보는 증오를 금지한 것이다.

"네 이웃을 사랑하고 원수를 미워하여라." 하신 말씀을 너희는 들었다. 그러나 나는 이렇게 말한다. 원수를 사랑하고 너희를 박해하는 사람들을 위하여 기도하여라. 그래야만 너희는 하늘에 계신 아버지의 아들이 될 것이다. 아버지께서는 악한 사람에게나 선한 사람에게나 똑같이 햇빛을 주시고 옳은 사람에게나 옳지 못한 사람에게나 똑같이 비를 내려주신다. 너희가 자기를 사랑하는 사람들만 사랑한다면 무슨 상을 받겠느냐? 세리들도 그만큼은 하지 않느냐? 너희가 자기 형제들에게만 인사를 한다면 남보다 나을 것이 무엇이냐? 이방인들도 그만큼은 하지 않느냐? 하늘에 계신 아버지께서 완전하신 것같이 너희도 완전한 사람이 되어라.[66)]

"너희의 원수를 사랑하라."는 역설에는 아마 청중에게 충격을 주어 새로운 통찰을 얻게 하려는 의도가 담겨 있을 것이다. 여기에는 케노시스가 필요하다. 보답을 받을 것이라는 희망 없이 자비를 베풀어야 하기 때문이다.

축의 시대의 마지막 개화는 서기 7세기 아라비아에서 이루어졌다. 예언자 무함마드(서기 530?~632)가 신성한 영감을 받은 경전 《쿠란》을 히자즈 사람들에게 가져온 것이다. 물론 무함마드는 축의 시대에 관해 들은 적이 없었지만, 그 개념은 아마 이해했을 것이다. 《쿠란》은 새로운 계시라고 주장하지 않고, 그저 인류의 아버지이자 첫 번째 예언자인 아담에게 주어진 메시지를 다시 말하는 것일 뿐이라고 주장했다. 또 무함마드가 과거의 예언자들을 대신하려고 온 것이 아니라, 토라와 복음이 나오기 전, 그러니까 하느님의 종교들이 서로 싸우는 종파들로 갈라지기 전에 살았던 아브라함의 원시 신앙으로 돌아가려고 왔다고 주장했다.[67)] 하느님은 지상의 모든 사람에게 사자(使者)를 보냈기 때문에,

오늘날 이슬람 학자들은 아랍이 붓다나 공자에 관해 알았다면 《쿠란》은 그들의 가르침도 승인했을 것이라고 주장한다. 《쿠란》의 기본 메시지는 교의가 아니라—사실 《쿠란》은 이른바 '잔나', 즉 '자기 탐닉적인 어림짐작'이라고 여기는 신학적 추론에 회의적이다.—자비심을 실천하라는 명령이다. 남들의 희생을 대가로 이기적으로 사적인 재산을 모으는 것은 그른 일이고, 부를 공정하게 나누어 가난하고 약한 사람들이 존중받는 정의롭고 품위 있는 사회를 만드는 것이 훌륭한 일이다.

무함마드는 축의 시대의 모든 위대한 현자들과 마찬가지로 오래된 가치들이 무너지는 폭력적인 사회에 살았다. 아라비아는 부족 전쟁이라는 악순환에 사로잡혀 있었으며, 복수는 어김없이 다른 복수를 불렀다. 이때는 또 경제적이고 물질적인 진보의 시기이기도 했다. 아라비아 반도의 험한 지형과 기후 때문에 아라비아인은 고립되어 있었지만, 서기 6세기에 메카는 시장경제가 확립되어 번창했으며, 상인들은 대상을 이끌고 페르시아, 시리아, 비잔티움 등 더 발전한 지역으로 갔다. 무함마드 자신이 성공을 거둔 상인이었으며, 살인적인 자본주의와 대형 금융 거래가 지배하던 메카의 사람들에게 자신의 메시지를 전달했다. 메카 사람들은 전에는 꿈도 꾸지 못했을 정도로 부유해졌지만, 부를 향한 대질주 속에서 공동체가 씨족의 약한 구성원들을 보호하려고 노력하던 오랜 부족적 전통은 잊어버렸다. 불안이 널리 퍼졌으며, 사막의 유목민 시절에는 아라비아인에게 큰 도움이 되던 오랜 이교도 신앙은 바뀐 상황에는 어울리지 않았다.

서기 610년경 무함마드가 첫 계시를 받았을 때 많은 아라비아인은 그들의 만신전의 최고신 알라†가 유대인과 기독교인의 하느님과 똑같다고 확신했다. 실제로 아라비아인 기독교도는 이교도와 함께 보통 메카의 알라 성전으로 간주되는 카바로 하지 순례를 갔다. 무함마드의 첫 가르침 가운데 하나가 자신의 종교로 개종한 사람들에게 예루살렘을 향하여 기도하라는 것이었다. 예루살렘은 유대인과 기독교인의 도시였으며, 이제 그들의 하느님을 아라비아인도 섬기게 되었기 때문이다. 유대인이나 기독교인은 특별히 원하지 않는 한 새로운 아라비아 종교에 들어올 필요가 없었고, 그렇게 권하지도 않았다. 그들에게는 그들 나름의 정당한 계시가 있었기 때문이다. 《쿠란》에서 하느님은 이슬람교도에게 '아흘 알키타브', 즉 '이전 계시의 사람들'을 예의 바르게 대접하고 존경해야 한다고 말했다.

가장 친절한 방식이 아니라면 이전 계시를 따르는 자들과 논쟁하지 마라. 악행을 일삼는 자들이 아니라면. 이렇게 말하라. "우리는 높은 곳으로부터 우리에게 계시된 것만이 아니라 당신들에게 계시된 것도 믿노라. 우리의 하느님과 당신들의 하느님은 한 분이시며, 우리 모두 하느님께 복종하노라."[68]

이 가르침은 무함마드가 죽은 뒤에도 오랫동안 이슬람 제국의 정책으로 유지되었다. 서기 8세기 중반까지 이슬람 개종은 권장되지 않았다. 유대교가 이사악과 야곱의 자녀들의 종교고, 기독교가 복음을 따르는 사람들을 위한 종교이듯이, 이슬람은 아라비아인의 종교라고 생각했다. 오늘날 어떤 이슬람교도는 유대교와 기독교를 모독하고, 어떤 극단주의자들은 이슬람을 위해 전 세계를 정복하는 것이 이슬람의 의무라고 말하지만, 이것은 수백 년의 신성한 전통과 결별하는 것이다.

알라 Al-lah는 아랍어로 단순히 '하느님'이라는 뜻이다.(저자 주)

결국 무함마드의 종교는 '이슬람'('내어놓다')이라고 부르게 된다. '이슬람 교도(무슬림)'는 하느님에게 자신의 삶을 존재론적으로 내어놓은 사람들이다. 이것은 바로 축의 시대의 핵심과 이어진다. 무함마드가 그의 개종자들에게 하루에 몇 번씩 기도(살라트)를 하며 엎드리라고 했을 때, 이것은 아라비아인에게는 힘든 일이었다. 그들은 군주제를 인정하지 않았으며, 노예처럼 땅에 엎드리는 것은 불명예스러운 일이라고 생각했기 때문이다. 그러나 몸을 구부려 엎드리는 것은 그들에게 이슬람이 요구하는 것을 이성적인 수준보다 더 깊은 수준에서 가르치려고 고안된 것이었다. 즉 날뛰고, 우쭐하고, 젠체하고, 언제나 자신에게 관심을 끌려고 하는 에고를 넘어서라는 것이었다.

이슬람 교도는 또 자신의 수입 가운데 일정한 비율을 가난한 사람들에게 주어야 한다. 이 '자카트'('정화')는 그들의 마음에 뿌리박은 이기심을 씻어낸다. 처음에는 무함마드의 종교를 '타자카'라고 불렀던 것 같다. 자카트와 관련이 있는 이 모호한 말은 번역이 까다롭다. '순화', '관용', '기사도' 등의 후보들이 나왔지만, 모두 딱 들어맞는다고 할 수는 없다. 이슬람 교도는 타자카에 의해 자비와 관용의 미덕으로 몸을 감싸게 되었다. 그들은 지성을 이용하여 돌보고 책임지는 정신을 계발해야 했다. 이렇게 되면 그들은 자신이 가진 것을 하느님의 모든 피조물에게 자비롭게 내주고 싶어진다. 그들은 자연의 '징조'(아야트)를 관찰하여 알라가 인간에게 보여준 관대한 행동을 세심하게 관찰해야 한다.

하느님께서는 피조물들을 위하여 대지를 펼쳐놓으셨으며, 그 안에 온갖 종류의 과일과 엽초 달린 종려나무를 놓아 두셨으며, 껍질이 있는 곡식과 향

기로운 식물이 자라게 하셨느니라.[69]

이슬람 교도는 창조의 신비를 명상하여 그와 비슷한 관대한 자세로 행동해야 한다. 알라의 친절 덕분에 혼돈과 불모 대신 질서와 다산이 나타났다. 이슬람 교도가 알라의 모범을 따르면, 그들 자신의 삶이 신성해진다는 것을 알게 될 것이다. 이기적인 야만 대신 영적 순화를 얻게 될 것이다.

새로운 종교는 그 평등주의적 정신을 못마땅하게 여긴 메카 주류의 분노를 샀다. 가장 잘 나가던 가문들은 이슬람 교도를 박해했고, 예언자를 암살하려 했다. 결국 무함마드와 이슬람 70 가족은 북쪽으로 400 킬로미터 떨어진 메디나로 달아나야 했다. 혈연이 가장 신성한 가치였던 이교도 아라비아의 환경에서 이 일은 신성 모독이나 다름없었다. 자신의 친족을 떠나 관계도 없는 부족과 영원히 함께 산다는 것은 전례가 없는 일이었다. 이주(히즈라) 뒤에 이슬람 교도는 아라비아에서 가장 강한 도시 메카와 전쟁을 벌이게 되었다. 그들은 5년 동안 생존을 위해 필사적으로 싸웠다. 이슬람 이전의 아라비아에서 전사들은 무자비했다. 메카 사람들이 이슬람 공동체를 정복했다면, 틀림없이 남자는 모두 죽이고 여자와 아이는 모두 노예로 삼았을 것이다.

이 어두운 시기에 《쿠란》의 계시 가운데 일부는 전장에서의 행동을 가르쳤다. 이슬람은 아힘사의 종교가 아니었지만, 《쿠란》은 방어 전쟁만 허락했다. 《쿠란》은 전쟁을 '무서운 악'이라고 비난하며, 이슬람 교도가 먼저 적대 행위를 시작하는 것을 금지했다.[70] 침략은 엄격하게 금지되었으며, 선제 공격은 있을 수 없었다. 그러나 훌륭한 가치를 보존하기 위해서는 안타깝게도 싸움을 피할 수 없는 경우가 있었다.[71] 공격을 당하면 자신을 방어하는 것은 허용되었다. 일단 전쟁이 지속되는 동안 이슬람 교도는 상황을 정상으로 되돌리기 위해 전심을 다해 싸우고, 적을 힘차게 쫓아야 했다. 그러나 적이 평화를 간청하는 순간, 적대 행위는 중단해야 했고, 이슬람 교도는 적이 제시하는 어떤 조건이라도 받아들여야 했다.[72] 전쟁은 갈등을 처리하는 최선의 방법이 아니었다. '아주 친절한 방식으로' 토론을 할 수만 있으면 앉아서 적을 설득하는 것이 더 나았다. 용서하고 참는 것이 훨씬 더 나았다. "하느님께서는 역경에서 인내하는 자들과 함께 계시기 때문이다."[73]

'지하드'라는 말은 '성전(聖戰)'이라는 뜻이 아니다. 그 일차적 의미는 '투쟁'이다. 잔인하고 위험한 세상에서 하느님의 뜻을 실행에 옮기기는 어려웠다. 그래서 이슬람 교도는 사회, 경제, 지성, 영혼 등 모든 전선에서 노력을 기울이라는 명령을 받았다. 때로는 싸우는 것이 필요할 수도 있지만, 전쟁을 종속적 지위에 놓는 것은 중요하고 매우 영향력이 큰 전통이었다. 무함마드는 전투에서 돌아오면서 그를 따르는 사람들에게 이렇게 말했다고 한다. "우리는 지금 '작은 지하드'(전쟁)를 떠나 '더 큰 지하드'로 돌아가고 있다." 즉 우리 사회와 우리 마음을 개혁하는 것이 훨씬 더 중요하고 다급한 일이라는 뜻이었다. 나중에 이슬람 율법은 《쿠란》의 이런 지침들을 자세히 설명했다. 이슬람 교도는 자기 방어가 아니면 싸우는 것이 금지되었다. 복수는 엄격하게 균형이 맞아야 했다. 이슬람 교도가 자신의 종교를 자유롭게 실행에 옮길 수 있는 나라에서 전쟁을 하는 것은 허용되지 않았다. 민간인을 죽이는 것은 피해야 했다. 나무를 벨 수 없었다. 건물을 태울 수도 없었다.

메카와 전쟁을 하는 5년 동안 양편 모두 이슬람 이전 아라비아의 피바다에서 확립된 관습에 따라 신체를 절단하는 등 잔혹 행위를 했다.

또 메디나의 한 유대인 집안이 예언자를 암살하려 하고 메카와 공모하여 공격을 받는 동안 성문을 열자, 그 씨족을 모두 처형해버렸다. 그러나 무함마드는 형세가 자신에게 유리해지자 공격과 반격의 파괴적인 고리를 끊고, 놀라울 정도로 과감한 비폭력 정책을 추구했다.

 서기 628년 무함마드는 하지 순례를 하고 싶다고 발표하고, 자신과 동행할 이슬람 교도 자원자를 모았다. 이것은 매우 위험한 일이었다. 하지 동안 아랍 순례자는 무기를 소지할 수 없었다. 메카의 성소에서는 모든 폭력이 금지되었다. 심지어 험한 말을 하거나 벌레를 죽이는 것도 금지되었다. 따라서 비무장으로 메카에 들어간다는 것은 무함마드로서는 사자 굴에 들어가는 것이나 다름없었다. 그럼에도 이슬람 교도 천 명이 그와 동행하겠다고 나섰다. 메카는 순례자들을 죽이려고 기병대를 보냈지만, 현지 베두인족이 다른 길을 이용해 그들을 성지로 안내했다. 무함마드는 성지에 들어서자 이슬람 교도에게 앉아서 평화의 자세를 보여주게 했다. 그렇게 하면 메카인이 곤경에 처할 것을 알았기 때문이다. 만일 메카인이 아라비아에서 가장 성스러운 곳에서 순례자들을 해쳐 카바의 신성한 전통을 침해하는 신성 모독을 저지른다면, 그들의 명분은 돌이킬 수 없이 손상을 입을 터였다. 결국 메카 사람들은 협상 사절단을 보냈다. 그때 그곳에 있던 이슬람 교도가 경악할 일이 벌어졌다. 무함마드는 《쿠란》의 가르침에 순종하여, 수치스러울 뿐 아니라 이슬람이 이제까지 목숨을 바치며 싸워서 얻었던 모든 유리한 위치를 내던져야 하는 조건을 받아들인 것이다. 무함마드가 그런 조약에 합의하자, 이슬람 교도 순례자들은 격분했다. 내란은 가까스로 피했지만, 이슬람 교도들은 화가 나 입을 다물고 집으로 돌아가기 시작했다.

 무함마드는 집으로 가는 길에 하느님으로부터 계시를 받았는데, 하느님은 패배로 보이는 이 사건을 '분명한 승리'라고 불렀다.[74] 옛 종교의 폭력에 고무된 메카인은 "마음속에 고집스러운 경멸감을 품었지만", 하느님이 이슬람 교도에게 "내적인 평화(사키나)라는 선물"을 내려준 덕분에 그들은 차분하고 고요한 태도로 적을 상대할 수 있었던 것이다.[75] 그들은 하느님에게 완전히 내어주는 행동으로 이교도 메카인과 완전히 구별되는 새로운 모습을 보여주었으며, 우리가 축의 시대의 종교라고 부르게 되는 것과 연결되었다. 《쿠란》에 따르면 평화의 정신은 그들을 토라나 복음과 연결해주는 것이었다. "그들은 싹이 트는 한 알의 씨와 같으니라. 그러면 그는 그것을 강하게 해주고, 싹은 성장하여 굵어지고 단단한 줄기로서 일어나, 씨를 뿌린 자를 기쁘게 해주느니라."[76] 전망이 어두워 보이던 조약은 결국 궁극적인 평화를 낳았다. 2년 뒤 메카인은 자발적으로 무함마드에게 성문을 열었고, 무함마드는 피를 흘리지 않고 이 도시를 차지했다.

이 위험한 시대에
우리에게는 새로운 비전이 필요하다

축의 시대의 모든 종교에서 개인들은 자신의 높은 이상에 맞추어 살지 못했다. 이 모든 종교에서 사람들은 배타성, 잔혹성, 미신, 심지어 잔혹 행위의 피해자가 되었다. 그러나 축의 시대 종교들은 그 핵심에서 자비, 존중, 보편적 관심이라는 이상을 공유한다. 이 시대 현자들은 모두 우리 시대와 다를 바 없는 폭력석 사회에 살았다. 그러나 그들은 타고난 인간적 에너지를 활용하여 이 공격에 맞서는 영적 기술을 창조했다. 그들 가운데 가장 재능이 있는 사람들은 야만적이고 압제적인 행동

⟨표⟩ 축의 시대 종교의 분포(현재)

종교	신도 수	종교	신도 수
기독교	1,965,993,000명	도교	22,050,000명
이슬람교	1,179,326,000명	유대교	15,050,000명
힌두교	767,424,000명	유교	5,067,000명
불교	356,875,000명	자이나교	4,152,000명
시크교	22,874,000명	조로아스터교	479,000명

을 불법으로 만들고자 할 때 단지 외적인 명령만 내려서는 아무런 소용이 없음을 깨달았다. 《장자》에서 예화로 든 이야기에서 안회가 유가의 고상한 원리를 설파하여 위나라의 제후를 개혁하려고 시도한 것은 쓸모없는 일이었다. 그것이 통치자의 잔혹한 행동을 낳는 마음속의 무의식적 경향을 건드리지 못하기 때문이었다.

어떤 사회에 전쟁과 테러가 만연하면, 이것은 사람들이 하는 모든 일에 영향을 끼친다. 증오와 공포는 그들의 꿈, 관계, 욕망, 야망에 스며든다. 축의 시대 현자들은 이런 일이 자기 시대 사람들에게 일어나는 것을 보고, 이것을 극복하는 것을 돕기 위해 자아의 더 깊고, 덜 의식적인 수준에 뿌리를 둔 교육을 만들어냈다. 그들이 서로 다른 경로를 거쳤음에도 깊은 수준에서는 서로 비슷한 해결책을 제시했다는 사실은 그들이 인간이 움직이는 방식에서 어떤 중요한 것을 실제로 발견했음을 보여준다. 그들은 각각의 신학적 '믿음'—우리가 보았듯이 이것은 이 현자들과는 별 관계가 없다.—과 관계없이, 사람들이 자신을 재교육하려고 훈련을 받고 노력을 기울이면 인간성의 고양을 경험할 수 있다고 결론을 내렸다. 그들의 프로그램은 이런 저런 방식으로 폭력의 주된 원인인 자기 중심주의를 없애기 위해 고안된 것이었으며, 황금률의 감정 이입적 영성을 장려하는 것이었다. 그들은 이것이 사람들을 다른 수준의 인간 경험으로 안내한다는 것을 알았다. 사람들은 엑스타시스, 즉 습관적이고 자기에게 얽매인 의식으로부터 '바깥으로 나가기'를 경험했으며, 이때 흔히 하느님, 니르바나, 브라만, 아트만, 도(道)라고 부르는 실재를 파악할 수 있었다. '하느님'에 대한 믿음을 먼저 발견한 다음, 자비로운 삶을 사는 것이 아니었다. 훈련된 자비의 실천 자체만으로 초월을 맛볼 수 있었다. 인간은 아무래도 자기 방어를 할 수밖에 없는 것 같다. 우리는 동굴에서 산 이후로 동물이나 인간 약탈자의 위협을 받아왔다. 우리 자신의 공동체와 가족 내에서도 다른 사람들이 우리의 이익을 해치고 자존감을 파괴한다. 따라서 우리는 지속적으로, 언어, 정신, 신체를 이용한 반격과 선제 공격을 준비한다. 하지만 현자들은 우리가 체계적으로 완전히 다른 심리적 태도를 계발하면, 다른 의식 상태를 경험할 수 있다는 것을 알았다. 축의 시대 현자들이 서로 의논한 것도 아닌데 일관되게 황금률로 돌아갔다는 것은 인간 본성의 구조에 관해 중요한 점을 이야기해준다.

예를 들어 우리가 동료, 형제나 자매, 적국(敵國)에 관하여 뭔가 적대적인 이야기를 하려는 유혹을 느낄 때마다, 만일 남이 우리에게 그런 이야기를 하면 기분이 어떨지 생각하고 참는다면, 그 순간 우리는 우리 사신을 넘어선 것이다. 바로 초월의 순간이다. 그런 태도가 습관이 되면, 사람들은 항상적인 엑스타시스의 상태에서 살 수 있다. 오묘한 황홀경에 빠지기 때문이 아니라, 자기 중심주의의 한계를 넘어서 살기 때문이다. 축의 시대 프로그램은 모두 이런 태도를 장려했다. 랍비 힐렐이 지적했듯이, 그것이 종교의 핵심이었다. 유가의 '양보' 제의는 다른 사람들을 존중하는 습관을 기르려고 고안된 것이다. 수행자는 요가 훈련에 들어가기에 앞서 아힘사, 즉 비폭력에 숙달되어야 했으며, 단 하나의 말이나 행동으로도 적대감을 드러내지 않아야 했다. 이것이 제2의 천성이 되기 전에는 구루로부터 명상을 진전시켜도 좋다는 허락을 받을 수 없었다. 그러나 이런 '무해함'을 얻는 과정에서 수행자는 '이루 말할 수 없는 기쁨'을 경험한다고 텍스트들은 설명한다.

축의 시대 현자들은 이기심을 버리고 자비의 영성을 계발하는 것을 그들의 의제의 맨 위에 두었다. 그들에게 종교란 곧 황금률이었다. 그들은 사람들이 초월해야 하는 **대상**—탐욕, 자기 중심주의, 증오, 폭력—에 집중했다. 사람들이 그런 것을 초월하여 **이르게** 되는 곳은 쉽게 규정할 수 있는 장소나 사람이 아니라, 여전히 에고 원리(아항카라)의 함정에 갇힌, 깨달음을 얻지 못한 사람은 생각도 할 수 없는 지복의 상태였다. 사람들이 초월하여 이르고자 하는 곳에 집중을 하고 그것에 관해 교조적이 되면, 공연히 캐묻기만 하며 삐걱댈 수 있었다. 불교 용어로 '해로운' 상태에 빠질 수 있는 것이다.

그렇다고 모든 신학을 없애야 한다거나, 신이나 궁극적인 것에 관한 관습적인 믿음들이 '틀렸다'는 말은 아니다. 다만, 아주 간단히 말해서, 그런 믿음들은 진실 전체를 표현할 수 없다. 초월적 가치는 그 본성상 **정의(define)**—원래의 의미가 '제한을 둔다'는 것이다.—할 수 없는 것이다. 예를 들어 기독교는 교조적 정통성을 매우 중시하며, 많은 기독교인이 종교를 상상할 때면 관습적인 믿음들을 떠올린다. 이것은 물론 좋다. 교조가 심오한 영적 진리를 표현하는 경우도 많기 때문이다. 그런지 안 그런지 알아보는 시험은 간단하다. 만일 사람들이 자신의 믿음—세속적인 것이든 종교적인 것이든—때문에 다른 사람들의 믿음에 호전적이고, 편협하고, 불친절해진다면, 그것은 '유익한(쿠살라)' 것이 아니다. 그러나 신념 때문에 자비로운 행동을 하고 낯선 사람을 존중한다면, 그것은 좋고, 도움이 되고, 건전한 것이다. 이것이 모든 주요 전통의 진정한 종교성을 검증하는 잣대다.

우리는 종교적 교리를 버리는 대신, 그 영적 핵심을 찾아보아야 한다. 종교적 가르침은 결코 단순한 객관적 사실의 진술이 아니다. 그것은 행동 강령이다. 바울로가 필리피 사람들에게 초기 기독교 찬송가를 인용한 것은 성육신에 관한 율법을 정하려는 것이 아니라, 스스로 케노시스를 실천하라고 촉구하려는 것이었다. 그리스도처럼 행동하면 그리스도에 관한 그들의 믿음의 진실을 발견할 것이라는 이야기였다. 마찬가지로 '삼위일체' 교리 또한 한편으로는 기독교인에게 하느님을 단순한 인격체로 생각할 수 없다는 점, 신의 본질은 그들의 이해 너머에 있다는 점을 일깨워주려는 것이었다. 어떤 사람들은 삼위일체 교리를 관계나 공동체의 맥락에서 신을 보려는 시도로 여겼다. 어떤 사람들은 삼위일체의 핵심에서 케노시스를 분별해냈다. 그러나 이 교리의 목적은 명상과 윤리적 행동을 끌어내려는 것이었다. 서기 14세기 그리스 정교 신학자들은 축의 시대의 핵심과 바로 이어지는 신학 원리를 계발했다. 그들은 하느님에 관한 모든 진술에는 두 가지 특질이 있어야 한다고 말했다. 우선 그것은 역설적이어야 했다. 신과 관련된 것은 우리의 제한된 인간적 범주에 들어맞을 수 없다는 것을 일깨워주어야 한다는 것이다. 두 번째는 부정적이어야 했다. 우리가 입을 다물게 해야 한다는 것이다.[77] 따라서 신학적 논의는 말로 표현할 수 없는 신성에 관한 우리의 모든 의문에 답을 해주는 것이 아니라, 시합에 나선 사람들을 말 없는 경외감에 사로잡히게 만드는 브라모디아와 같아야 한다.

수백 년에 걸친 제도적·정치적·지적 발전은 종교에서 자비의 중요성을 흐릿하게 만든 경향이 있다. 공중의 담론을 지배해 온 종교는 제도적 자기 중심주의를 표현하는 경우가 많다. **나의 신앙이 너의 신앙보다 낫다!** 장자가 주목했듯이, 사람들은 신앙에 자신을 던져넣으면, 시비를 걸고, 간섭을 하고, 심지어 불친절해질 수도 있다. 자비는 인기 있는 덕이 아니다. 이것은 우리가 우리의 가장 깊은 자아와 동일시하는 에고를 옆으로 밀어놓을 것을 요구하기 때문이다. 그래서 사람들은 자비를 보이기보다는 옳은 쪽이 되는 것을 선호한다. 근본주의적 종교는 우리 시대의 폭력을 흡수하여 극단화된 전망을 발전시켰다. 그래서 근본주의자들은 초기 조로아스터 교도처럼 인류를 두 적대적 진영으로 나누고, 신자들의 진영이 '악행을 저지르는 자들'에 대항하여 목숨을 건 싸움을 벌인다고 본다. 우리가 많은 대가를 치르며 목격했듯이, 이런 태도는 곧바로 잔혹 행위로 이어지기 십상이다. 이것은 또 역효과를 낳기도 한다. 《도덕경》이 지적했듯이, 폭력은 아무리 의도가 좋다 해도 보통 폭력을 휘두르는 자에게 되돌아간다. 사람들이 내가 원하는 대로 행동하도록 강요할 수는 없는 법이다. 실제로 강제 수단은 사람들을 반대 방향으로 몰아갈 가능성이 더 높다.

세상의 모든 종교가 이런 유형의 전투적 신앙의 분출을 목격해 왔다. 그 결과 어떤 사람들은 종교 자체가 불가피하게 폭력적이라거나 폭력과 편협성은 특정 전통의 풍토병과 같은 것이라고 결론을 내렸다. 그러나 축의 시대 이야기는 그 반대임을 보여준다. 축의 시대의 종교적 탐구는 모두 자기 시대의 전례 없는 폭력으로부터 원칙적으로 또 본능적으로 물러나는 데서 출발했다. 인도에서 축의 시대는 제의 개혁가들이 희생 경쟁에서 갈등과 공격성을 빼내면서 시작되었다. 이스라엘의 축의 시대는 예루살렘이 무너지고 유대인이 바빌로니아로 강제 추방을 당하면서부터 본격적으로 시작되었다. 바빌로니아에서 사제들이 화해와 아힘사라는 이상을 발전시켜 나가기 시작한 것이다. 중국의 축의 시대는 전국시대에 시작되었는데, 이 시기에 유가, 묵가, 도가는 모두 널리 퍼진 무법적이고 치명적인 공격성을 제어하는 방법을 찾았다. 폴리스가 폭력을 제도화했던 그리스에서는 축의 시대의 이상에 주목할 만한 기여를 했지만—특히 비극의 영역에서—궁극적으로 종교적인 변화는 없었다.

그럼에도 폭력과 신성한 것 사이의 관련을 지적하는 종교 비판자들의 말은 옳다. 호모 렐리기오수스(homo religiosus, 종교적 인간)는 늘 삶의 잔혹성에 몰두했기 때문이다. 고대의 보편적 관행이었던 동물 희생은 우리 안에 내재하는 공격성을 다른 곳으로 돌리고 통제하기 위해 고안된 화려하고 폭력적인 행위다. 이것은 어쩌면 구석기 시대의 사냥꾼들이 같은 인간을 학살할 때 경험하던 죄책감에 뿌리를 두고 있는 것인지도 모른다. 종교 경전들은 자신이 등장했던 아곤적인 맥락을 반영하는 경우가 많다. 살인에 대한 종교적 정당화를 찾는 것은 어렵지 않다. 전통 전체로부터 떼어놓고 본다면, 예를 들어 헤브라이 성경, 신약, 《쿠란》의 개별 텍스트들은 비도덕적인 폭력과 잔혹성을 승인하는 데 쉽게 이용될 수 있다. 실제로 경전들은 늘 이런 식으로 이용되어 왔으며, 대부분의 종교 전통이 과거에 수치스러운 에피소드를 가지고 있다. 우리 시대에도 전 세계에서 많은 사람들이 종교적인 영감에 기초한 테러리즘에 의존하고 있다. 그들은 때때로 공포, 절망, 좌절에 내몰린다. 때로는 축의 시대의 이상을 완전히 훼손하는 증오와 분노에 내몰리기도 한다. 그 결과 종교는 최근의 역사에서 가장 어두운 에피소드 몇 가지와 관련을 맺기도 했다.

우리의 대응은 어때야 하는가? 축의 시대 현자들은 우리에게 두 가지 중요한 조언을 했다. **첫째**로, 자기 비판이 있어야 한다. 그냥 '다른 쪽'을 야단치는 대신, 먼저 자신의 행동을 살펴야 한다. 이 점에서는 유대의 예언자들이 특히 강력한 모범을 보였다. 이스라엘과 유다가 제국들의 위협에 시달리던 시절, 아모스, 호세아, 예레미야는 모두 자신의 행동을 정밀하게 검토하라고 말했다. 그들은 위험한 독선을 부추기는 대신, 민족의 에고를 무너뜨리려 했다. 하느님이 무조건 **우리** 편이고 우리의 적과 맞서줄 것이라고 상상하는 것은 성숙한 종교적 태도가 아니었다. 아모스는 신성한 전사 야훼가 아시리아를 자신의 도구로 삼아 이스라엘 왕국이 저지른 체계적인 불의와 사회적 무책임을 벌한다고 보았다. 에스겔은 유다 사람들이 국가의 심각한 폭력의 피해자가 되어 바빌로니아로 추방당한 뒤 사람들에게 그들 **자신의** 폭력적 행동을 살펴보라고 강조했다. 예수는 나중에 자신을 따르는 사람들에게 자기 눈의 들보는 무시하고 이웃의 눈의 티를 비난하지 말라고 말했다.[78]

축의 시대의 믿음은 사람들에게 그들 자신의 행동에 책임질 것을 요구했다. 인도의 카르마 교리는 우리의 모든 행동이 장기적인 영향을 끼친다고 주장했다. 우리 자신의 결점이 참담한 상황을 만드는 데 어떻게 일조하는지 살피지 않고 남을 비난하는 것은 '해롭고', 비현실적이고, 비종교적인 태도였다. 따라서 축의 시대 현자들이 지금 우리가 놓인 이 곤란한 상황을 본다면, 아마 우리에게 개혁은 집에서 시작되어야 한다고 말할 것이다. 우리는 다른 종교에게 깨끗한 행동을 하라고 시끄럽게 떠들기 전에 먼저 우리 자신의 전통, 경전, 역사를 살펴야 한다. 그리고 우리 자신의 행동을 고쳐야 한다. 우리 자신을 개혁하기 전에는 남의 개혁을 바랄 수 없다. 종교를 거부하는 세속주의자들 또한 세속적 근본주의의 조짐들을 살펴야 한다. 이런 근본주의는 종교의 근본주의가 세속주의를 두고 그렇듯이 종교를 두고 시끄럽고 고집스러운 태도를 보인다. 세속주의 또한 짧은 역사에서 그 나름의 참사를 빚어냈다. 히틀러, 스탈린, 사담 후세인은 호전적인 태도로 공공 정책에서 종교를 배제하는 것이 전투적 믿음에 기초한 십자군만큼이나 치명적일 수 있음을 보여준다.

둘째로, 우리는 축의 시대 현자들의 본을 따라 실천적이고 효과적인 행동을 해야 한다. 그들은 그들 자신의 전통에서 공격성과 마주했을 때 그런 것이 없는 척하지 않고 그들의 종교를 바꾸려고 힘껏 노력했다. 오랜 세월에 걸쳐 축적된 폭력을 제거하기 위해 제의와 경전을 다시 쓰고 다시 정비했다. 인도의 제의 개혁가들은 희생제에서 아곤(경쟁)을 제거했다. 공자는 예(禮)를 왜곡시킨 전투적인 자기 중심주의를 빼내려 했다. 사제 저자 P는 고대 창조 이야기들에서 공격성을 제거하고, 야훼가 모든 피조물―오래된 이야기에서는 야훼가 죽인 것으로 되어 있는 레비아단을 포함하여―을 축복하는 우주 창조론을 만들어냈다.

오늘날 극단주의자들은 자비와 다른 사람들의 신성한 권리 존중을 이야기하는 사람들은 무시하고 수백 년에 걸쳐 진화해 온 호전적 요소들을 강조하여 축의 시대 전통들을 왜곡해 왔다. 이들과 같은 종교를 믿는 사람들이 그들의 믿음을 되찾으려면 규율 잡힌 창조적 연구, 토론, 사유, 행동의 프로그램을 시작해야 한다. 제도의 '완결성'을 보존하려면 불편한 경전과 역사적 참사들을 감추는 것이 아니라, 학자, 성직자, 일반 신도가 어려운 텍스트를 공부하고, 탐색하는 질문을 던지고, 과거의 결함들을 분석해야 한다. 동시에 우리 모두 자비로운 전망을 회복하고 그것을 혁신적이고 영향력 있는 방식으로 표현할 방법을 찾으려고 노력해야 한다. 그것이 축의 시대 현자들이 했던 일이기도 하다.

이것은 순수하게 지적인 운동이 아니다. 정신적인 과정이기도 해야 한다. 이 위험한 시대에 우리에게는 새로운 전망이 필요하다. 그러나 축의 시대 현자들이 지칠 줄 모르고 설명했듯이 종교적인 이해는 단순히 관념적인 것이 아니다. 많은 현자들이 기록된 경전이라는 관념에 반대한다. 그것이 통속적이고 피상적인 앎을 낳을 것이라고 걱정했기 때문이다. 자신을 지우는 자비롭고 비폭력적인 생활 방식도 텍스트 연구만큼이나 중요했다. 인드라조차도 호전적인 생활 방식을 바꾸고 겸손하게 베다를 공부하고 나서야 전통의 가장 깊은 의미를 이해할 수 있었다. 그 과정에서 시간도 많이 걸렸다. 우리는 즉각적인 의사소통의 사회에 살기 때문에, 종교도 즉각적으로 이해하고 싶어하며, 그것을 즉시 파악하지 못하면 뭔가 잘못된 것이 있다고 느끼기도 한다. 그러나 축의 시대 현자들은 진정한 앎은 쉽게 손에 잡히지 않는다고 꾸준히 설명했다. 소크라테스는 우리가 아무리 엄격하게 논리적이라 해도, 진실의 어떤 측면은 늘 우리를 빠져나간다는 사실을 합리적인 그리스인들에게 일깨우는 것을 사명으로 삼았다. 이해는 지적인 케노시스 뒤에야, 즉 우리가 아무것도 알지 못하며 우리의 마음에서 이미 받아들였던 관념들이 '비워졌을' 때에야 찾아온다. 축의 시대 현자들은 과감하게 근본적인 가정들에 의문을 제기했다. 우리도 우리 시대의 문제들에 직면해 있는 만큼, 늘 새로운 생각에 마음을 열어놓을 필요가 있다.

우리는 큰 공포와 고통의 시기에 살고 있다. 축의 시대는 우리에게 인간 삶의 피할 수 없는 사실인 고난과 직면하라고 가르쳤다. 우리 자신의 고통을 인정할 때에만 타인과 공감할 수 있기 때문이다. 오늘날에는 이전 어떤 세대보다 고난의 이미지들이 넘쳐나고 있다. 전쟁, 자연

재해, 기근, 궁핍, 질병이 매일 밤 우리 거실에 비친다. 삶은 진실로 두카다. 어디에나 존재하는 이 참사로부터 물러나고, 그것이 우리와 전혀 관계가 없다고 부정하고, 나 외에 다른 사람들의 고통은 모두 의도적으로 배제하여 '긍정적인' 태도를 계발하고 싶은 마음이 들지 않을 수 없다. 그러나 축의 시대 현자들은 이것은 대안이 아니라고 주장했다. 삶의 고난을 부정하고 타조처럼 모래에 머리를 박는 사람들은 '거짓 예언자들'이다. 사방에서 밀려 들어와 우리 의식을 공격하는 슬픔을 인정하지 않으면 우리는 영적인 탐구를 시작할 수 없다. 국제적인 테러의 시대에는 붓다의 숲에서 살 수 있다고 상상하는 것이 결코 쉬운 일이 아니다. 심지어 보호를 받는 제1세계 사회에서도, 고난은 조만간 모두의 삶에 영향을 줄 것이다.

축의 시대 현자들이라면 이런 사실에 분개하는 대신 이것을 종교적 기회로 보아야 한다고 우리에게 말할 것이다. 우리의 고통이 곪아서 폭력, 불관용, 증오로 터지도록 놓아두는 대신, 그것을 건설적으로 이용하려는 영웅적인 노력을 해야 한다는 것이다. 예레미야가 추방당한 사람들에게 한 말에 따르면, 그 비결은 원한에 휘둘리지 않는 것이었다. 복수는 답이 아니었다. 사제 저자는 추방당한 유대인에게 그들이 이집트에서 나그네였으니 그들 가운데 있는 나그네를 존중하라고 말했다. 과거의 고통의 기억을 바탕으로 우리는 황금률로 돌아간다. 다른 사람들의 고통이 우리 자신의 고통만큼이나 중요하다는 것을 알게 된다. 우리의 적의 괴로움도 마찬가지다(이 점이 특히 중요하다). 그리스인은 인간의 비참한 상황을 무대에 올려, 아테네 관객이 불과 몇 년 전에 그들의 도시를 유린했던 페르시아인에게 공감할 수 있게 했다. 비극에서 합창은 늘 관객에게, 정상적인 경우라면 혐오감을 느낄 만한 범죄를 저지른 사람들을 위해 울라고 말했다. 이들은 비극을 부정할 수 없었다. 비극은 바로 도시의 신성한 핵심 안에 놓여야 했으며 영원한 힘이 되어야 했다. 《오레스테이아》의 끝에 복수심에 불타는 에리니에스가 '마음씨 고운 사람들'인 에우메니데스로 변하여, 아크로폴리스에 신전을 얻는 것과 마찬가지다. 우리는 우리가 미워하고 해친 사람들과 **함께** 느껴야 한다. 《일리아스》의 마지막에서 아킬레우스와 프리아모스는 함께 눈물을 흘린다. 분노와 독기 서린 원한은 우리를 비인간적으로 만들 수 있다. 그러나 아킬레우스는 프리아모스와 함께 슬픔을 나누고 그에게서 거울에 비친 자신의 모습을 보고 나서 잃었던 인간성을 회복할 수 있었다.

우리는 축의 시대 현자들이 무시무시하고 끔찍한 상황에서 자비의 윤리를 발전시켰다는 사실을 우리 자신에게 늘 일깨워야 한다. 그들은 상아탑에서 명상을 한 것이 아니라, 전쟁으로 찢긴 무시무시한 사회, 오랜 가치들이 사라져 가는 사회에 살았다. 그들도 우리와 마찬가지로 공허와 심연을 의식했다. 이 현자들은 유토피아를 꿈꾸는 사람들이 아니라 실용적인 사람들이었다. 많은 수가 정치와 정부에 몰두했다. 그들은 공감이 단지 유익하게 들리는 이야기일 뿐 아니라, 실제로 효과가 있다고 확신했다. 자비와 모든 이에 대한 관심은 최선의 정책이었다. 우리는 그들의 통찰을 진지하게 받아들여야 한다. 그들은 전문가들이었기 때문이다. 그들은 선(善)의 본질에 관해 생각하는 데 많은 시간과 에너지를 쏟았다. 그들은 오늘날의 과학자들이 암 치료법을 찾아내는 데 쏟아붓는 것만큼이나 많은 창조적 에너지를 인류의 영적 불안의 치료법을 찾는 데 쏟아부었다. 물론 우리는 상황이 다르다. 축의 시대는 영적 천재들의 시대였다. 우리는 과학과 기술의 천재들의 시대에 살고 있다. 우리의 영성은 미발달 상태인 경우가 많다.

축의 시대에는 인류가 사회적·심리적 도약을 했기 때문에 새로운 전망을 만들 필요가 있었다. 사람들은 각 사람이 유일무이하다는 사실을 발견했다. 집단의 생존을 확보하기 위해 공동체 정신을 장려했던 예전의 부족 윤리는 새로운 개인주의에 자리를 내주었다. 이런 이유 때문에 축의 시대 영성의 아주 많은 부분이 **자기**의 발견에 몰입했던 것이다. 출가자는 상인과 마찬가지로 자수성가한 사람이었다. 현자들은 각자가 자의식을 갖고, 자신이 하는 일을 의식하라고 요구했다. 희생제를 드리는 사람 각자가 제의를 떠맡아야 했다. 개인은 자기 행동에 책임을 져야 했다. 오늘날 우리는 다시 비약적인 도약을 하고 있다. 우리의 과학기술은 세계화된 사회를 만들었으며, 이 사회는 전자, 군사, 경제, 정치 등 모든 면에서 서로 관련되어 있다. 우리는 이제 세계화된 의식을 계발해야 한다. 마음에 들든 들지 않든, 우리는 한 세계에 살고 있기 때문이다. 우리의 문제가 축의 시대 현자들의 문제와 다르다 해도, 그들은 여전히 우리를 도울 수 있다. 그들은 옛 종교의 통찰들을 버린 것이 아니라 그것을 심화하고 확대했다. 우리도 마찬가지로 축의 시대 통찰들을 발전시켜야 한다.

현자들은 우리보다 먼저 공감이 우리 자신의 집단에만 한정될 수 없음을 인식했다. 우리는 불교에서 '가없는' 전망이라고 부르는 것, 그 관심의 반경에서 어떤 생물도 빠뜨리지 않고 지구 끝까지 뻗어나가는 전망을 계발해야 한다. 황금률은 축의 시대에 막 태어난 개인들에게 내가 나 자신을 귀하게 여기듯이 다인도 자기 사신을 귀하게 여긴다는 사실을 일깨웠다. 내가 만일 나의 개별적 자아를 절대적 가치로 만들어버리면, 인간 사회는 유지가 불가능해지므로, 우리는 모두 서로 '양보'하는 것을 배워야 한다. 우리의 과제는 이런 통찰을 발전시켜, 여기에 전 지구적 의미를 부여하는 것이다. 성결 법전에서 사제 저자는 살아 있는 생물은 어떤 것도 불결하지 않으며, 모두가—심지어 노예도—독립적인 자유를 누린다고 주장했다. 우리는 이웃을 내 몸같이 '사랑'해야 한다. 이미 보았듯이 사제 저자는 우리가 모든 사람에 대한 감정적인 부드러움으로 가득 차야 한다고 말한 것이 아니다. 그의 율법적 용어에서 '사랑'이란 우리 이웃에게 도움을 주고, 의리를 지키고, 실질적인 지원을 하는 것이었다. 오늘날에는 이 행성의 모두가 우리의 이웃이다. 묵자는 자기 시대의 군주들에게 겸애, 즉 의도적이고 불편부당한 '모든 사람에 대한 관심'을 계발하는 것이 실용적으로도 얼마든지 의미가 있는 일이라고 설득하려 했다. 묵자는 그것이 그들 자신에게 가장 이익이 되는 일이라고 주장했다. 우리는 이제 그 말이 사실임을 안다. 오늘날 아프가니스탄이나 이라크에서 일어나는 일은 어떤 식으로든 내일 런던이나 워싱턴에 영향을 줄 것이다. 결국 '사랑'과 '관심'은 이기적인 또는 근시안적인 정책보다 모두에게 더 이롭다.

에우리피데스는 《바코스 여신도들》에서 '나그네'를 물리치는 것이 위험한 일임을 보여주었다. 그러나 낯설고 이질적인 것을 받아들이는 데는 시간이 걸린다. 우리 세계관의 중심에서 자기를 치우려면 진지한 노력이 필요하다. 불교는 다른 심리를 계발하기 위해 '가없는 것'에 관한 명상을 권한다. 그러나 요가를 할 시간이나 재능이 없는 사람은 붓다의 시 〈만물이 행복하게 하라〉를 되풀이해 암송할 수도 있다. 이것은 신학적이거나 종파적인 믿음을 전혀 요구하지 않는 기도다. 유가 또한 자기 계발 프로그램의 중요성을 인정한다. 제의는 군자, 즉 남을 부주의하게, 의례적으로, 이기적으로 대하지 않는 성숙하고 완전히 발달한 인간을 창조하기 위해 고안된 것이다. 그러나 이런 제의는 제의가 관심을 기울이는 대상인 사람을 바꾸어 그의 유일무이한 신성함을 끌어내기도 한다. 타자에 대한 존중을 실용적으로 표현하는 것은 평화로운 지구 사회를 위하여 불가결할 것이며, 어쩌면 악당 국가를 '개혁'하는 유일한 길일지도 모른다. 그러나 이런 존중은 진실해야 한다. 《도덕경》이 지적하듯이 사람들은 늘 우리 행동 뒤에 숨은 동기를 느끼기 때문이다. 나라도 마찬가지로 다른 나라가 이기심 때문에 자신을 이용하거나 자신의 비위를 맞추면 금방 알아챌 것이다.

고난은 말끔하고 합리적인 신학을 박살낸다. 에스겔의 무시무시하고 혼란스러운 환상은 《신명기》 저자들의 매끈한 이념과 매우 달랐다. 아우슈비츠, 보스니아, 세계무역센터 파괴는 인간 마음의 어둠을 드러냈다. 오늘날 우리는 비극적 세계에 살고 있으며, 그리스인이 알고 있었듯이, 여기에는 간단한 답이 있을 수 없다. 비극이라는 장르는 우리가 다른 사람들의 관점에서 사물을 볼 것을 요구한다. 종교가 우리의 부서진 세계에 빛을 가져오게 하려면, 맹자가 주장했듯이, 우리는 사라진 마음, 우리의 모든 전통의 핵심에 놓여 있는 자비의 정신을 찾으러 나서야 한다.

| 주석 |

머리말

1) Karl Jaspers, *The Origin and Goal of History*, Michael Bullock 역(London, 1953), pp. 1-70.
2) Mircea Eliade, *Myths, Dreams and Mysteries: The Encounter Between Contemporary Faiths and Archaic Realities*, Philip Mairet 역(London, 1960년), pp. 172-178; Wilhelm Schmidt, The Origin of the Idea of God(New York, 1912).
3) Walter Burkert, *Homo Necans: The Anthropology of Ancient Greek Sacrificial Ritual and Myth*, Peter Bing 역(Berkeley, Los Angeles, and London, 1983), pp.16-22; Joseph Campbell과 Bill Moyers, *The Power of Myth*(New York, 1988), pp.72-74.
4) Eliade, *Myths, Dreams and Mysteries*, pp. 80-81; Mircea Eliade, *The Myth of the Eternal Return, or, Cosmos and History*, Willard R. Trask 역(Princeton, 1959), pp. 17-20.
5) Eliade, *The Myth of the Eternal Return*, pp. 1-34.
6) Huston Smith, *The World's Religions: Our Great Wisdom Traditions*(San Francisco, 1991), p.235.
7) Eliade, *The Myth of the Eternal Return*, pp. 34-35.
8) Jaspers, *The Origin and Goal of History*, p. 40.

1장 축의 시대 문명 벨트

1) Mary Boyce, *Zoroastrians: Their Religious Beliefs and Practices*, 2판(London and New York, 2001), p. 2; Peter Clark, *Zoroastrians: An Introduction to an Ancient Faith* (Brighton and Portland, Ore., 1998), p 18
2) Mircea Eliade, *Patterns of Comparative Religion*, Rosemary Sheed 역(London, 1958), pp. 66-68.
3) Boyce, *Zoroastrians*, pp. 9-11.
4) 같은 책, p. 8.
5) Yasht 48:5.
6) Boyce, *Zoroastrians*, pp. 11 12.
7) Thomas J. Hopkins, *The Hindu Religious Tradition*(Belmont, Calif., 1971), p. 14.
8) Gavin Flood, *An Introduction to Hinduism*(Cambridge and New York, 1996), p. 44; John Keay, *India: A History*(London, 2000), p. 32.

9) Boyce, *Zoroastrians*, pp. 12-15.
10) Eliade, *Patterns of Comparative Religion*, pp.188-89; Norman Cohn, *Cosmos, Chaos and the World to Come: The Ancient Roots of Apocalyptic Faith*(New Haven and London, 1993), pp. 94-95; Boyce, *Zoroastrians*, pp. xiv-xv, 19.
11) Rig Veda 4.42.5, in Ralph T. H. Griffith 역, *The Rig Veda*(New York, 1992).
12) Cohn, *Cosmos, Chaos and the World to Come*, p. 77; Boyce, *Zoroastrians*, p. xiii; Clark, *Zoroastrians*, p. 19.
13) Yasna 43.
14) Clark, *Zoroastrians*, pp. 4-6.
15) Yasna 19:16-18. 조로아스터교 경전에서 인용한 대목은 Mary Boyce 편역, *Textual Sources for the Study of Zoroasterianism*(Chicago, 1984)에서 가져온 것이다.
16) Boyce, *Zoroastrians*, pp. 20-23; Cohn, *Cosmos, Chaos and the World to Come*, p. 81.
17) Yasna 46:2, 11; 50:1.
18) Yasna 29:1-10.
19) Yasna 30.
20) Yasna 30:6.
21) Yasna 46:4.
22) Jamsheed K. Choksy, *Purity and Pollution in Zoroastrianism: Triumph over Evil*(Austin, 1989), pp. 1-5.
23) Boyce, *Zoroastrians*, p. 32.
24) Yasna 44:15, 51:9.
25) Yasna 43:3.
26) Yasna 29, 33.
27) Yasna 33.
28) Boyce, *Zoroastrians*, pp. 23-24.
29) 같은 책, p. 30; Cohn, *Cosmos, Chaos and the World to Come*, p. 78.
30) Edwin Bryant, *The Quest for the Origins of Vedic Culture: The Indo-Aryan Debate*(Oxford and New York, 2001); S. C. Kak, "On the Chronology of Ancient India", *Indian Journal of History and Science 22*, no. 3(1987); Colin Renfrew, *Archaeology and Language: The Puzzle of Indo-European Origins*(London, 1987).
31) Keay, *India*, pp. 5-18; Hopkins, *Hindu Religious Tradition*, pp. 3-10; Flood, *Introduction to Hinduism*, pp. 24-30.
32) Shatapatha Brahmana(SB) 6.8.1.1. in J. C. Heesterman, *The Broken World of Sacrifice: An Essay in Ancient Indian Ritual*(Chicago and London, 1993), p. 123.
33) Mircea Eliade, *A History of Religious Ideas*, Willard R. Trask 역, 총 3권(Chicago and London, 1978, 1982, 1985), I:200-201; J. C. Heesterman, "Ritual, Revelation and the Axial Age", in S. N. Eisenstadt 편, *The Origins and Diversity of Axial Age Civilizations*(Albany, 1986), p. 404.
34) Louis Renou, *Religions of Ancient India*(London, 1953), p. 20.

35) J. C. Heesterman, *The Inner Conflict of Tradition: Essays in Indian Ritual, Kingship and Society*(Chicago and London, 1985), pp. 85-87.
36) Jan Gonda, *The Vision of the Vedic Poets*(The Hague, 1963), pp. 14-23.
37) Renou, *Religions of Ancient India*, pp. 10, 16-18; Michael Witzel, "Vedas and Upanishads", in Gavin Flood 편, *The Blackwell Companion to Hinduism*(Oxford, 2003), pp. 70-71; Heesterman, "Ritual, Revelation and the Axial Age", p. 398.
38) Rig Veda 9.10.6, Gonda, *The Vision of the Vedic Poets*, p. 17에 수록된 번역.
39) Heesterman, *The Inner Conflict of Tradition*, pp. 118-124.
40) SB 7.2.1.4, in Mircea Eliade, *The Myth of the Eternal Return, or, Cosmos and History*, Willard R. Trask 역(Princeton, 1959), p. 21.
41) Taittiriya Brahmana(TB) 1.5.9.4, 같은 책.
42) Heesterman, *The Inner Conflict of Tradition*, p. 206; Heesterman, "Ritual, Revelation and the Axial Age", pp. 396-398; Keay, *India*, pp.31-33; Romila Thapar, *Early India: From the Origins to AD 1300*(Berkeley and Los angeles, 2002), pp. 126-130.
43) Jaiminiya Brahmana(JB) 2.297; Heesterman, *The Broken World of Sacrifice*, p. 52.
44) Heesterman, *The Broken World of Sacrifice*, pp. 2, 27, 76-79.
45) JB 2.297-99, in Heesterman, *The Broken World of Sacrifice*, p. 52.; Heesterman, "Ritual, Revelation and the Axial Age", p. 397.
46) Rig Veda 10.33.2-3. Griffith 역.
47) Hermann Kulke, "The Historical Background of India's Axial Age", in Eisenstadt, *Origins and Diversity of Axial Age Civilizations*, p. 376; Flood, *Introduction to Hinduism*, pp. 67-68; Keay, *India*, pp. 37-40, 50-53.
48) Heesterman, *The Broken World of Sacrifice*, pp. 136-137.
49) Arthashastra 6.13-15, in Heesterman, *The Inner Conflict of Tradition*, p. 149.
50) TB 1.8.4.1, in Heesterman, "Ritual, Revelation and the Axial Age", p. 403.
51) SB 5.5.2.5, 같은 책.
52) Mantra in Taittiriya Samhita(TS) 1.3.3, in Heesterman, *The Broken World of Sacrifice*, p. 126.
53) Maitrayani Samhita 4.2.1.23:2, 같은 책, pp. 23-24, 134-137.
54) SB 2.2.2.8-10, 같은 책, p. 24.
55) Hopkins, *Hindu Religious Tradition*, pp. 17-18.
56) Kathaka Samhita(KS) 8.9.92-3; TS 4.1.2.2., in Heesterman, *The Broken World of Sacrifice*, p. 113.
57) SB 7.1.1.1-4, in Eliade, *The Myth of the Eternal Return*, pp. 10-11.
58) Rig Veda 10.119.1, 7-8. Griffith 역.
59) Heesterman, *The Broken World of Sacrifice*, pp. 171-173.
60) Louis Renou, "Sur la notion de brahman", *Journal asiatique* 237(1949).
61) Jan Gonda, *Change and Continuity in Indian Religion*(The Hague, 1965), p. 200.
62) Heesterman, *The Inner Conflict of Tradition*, pp. 70-72, 126.

63) Rig Veda 10.129.
64) Rig Veda 10.129:6-7. Griffith 역.
65) Rig Veda 10.90.
66) *Classic of Odes*(《시경(詩經)》) 253, in Arthur Waley 편역, *The Book of Songs*(London, 1937).
67) Jacques Gernet, *A History of Chinese Civilization*, 2판, J. R. Foster와 Charles Hartman 역 (Cambridge and New York, 1996), pp. 39-40.
68) Sima Qian, *Records of the Grand Historian*(사마천의 《사기(史記)》) 1.101; Marcel Granet, *Chinese Civilization*, Kathleen Innes and Mabel Brailsford 역(London and New York, 1951), pp. 11-16; Henri Maspero, *China in Antiquity*, 2판, Frank A. Kierman Jr. 역 (Folkestone, 1978), pp. 15-19.
69) D. Howard Smith, *Chinese Religions*(London, 1968), pp. 1-11; Gernet, *History*, pp. 41-50; Jacques Gernet, *Ancient China: From the Beginnings to the Empire*, Raymond Rudorff 역(London, 1968), pp. 37-65; Wm. Theodore de Bary and Irene Bloom 편, *Sources of Chinese Tradition*, vol. 1, *From Earliest Times to 1600*, 2판(New York, 1999), pp. 3-23.
70) Gernet, *A History of Chinese Civilization*, pp. 45-46; Gernet, *Ancient China*, pp. 50-53; Marcel Granet, *The Religion of the Chinese People*, Maurice Freedman 편역(Oxford, 1975), pp. 37-54.
71) Eliade, *The Myth of the Eternal Return*, pp. 46-47.
72) Michael J. Puett, *To Become a God: Cosmology, Sacrifice, and Self-Divinization in Early China*(Cambridge, Mass. and London, 2002), pp. 32-76.
73) De Bary and Bloom, *Sources of Chinese Tradition*, pp. 10-23.
74) Oracle 38. De Bary and Bloom 역.
75) Oracle 15a-b.
76) Oracle 22a. De Bary and Bloom 역.
77) Oracle 23. De Barry and Bloom 역.
78) De Bary and Bloom, *Sources of Chinese Tradition*, p. 12.
79) Gernet, *Ancient China*, p. 62.
80) *The Book of Mozi*(《묵자》), 3.25, in *Ancient China*, p. 65.
81) *Classic of Documents*, (《서경》) "The Shao Announcement", in de Bary and Bloom, Sources of Chinese Tradition, pp. 35-37. 어떤 학자들은 소공(召公)이 이 연설을 했다고 생각하지만, de Bary와 Bloom은 다른 많은 학자들과 마찬가지로 주공 단이 한 연설이라고 본다.
82) 같은 책, p. 37.
83) Edward L. Shaughnessy, "Western Zhou Civilization", in Michael Loewe and Edward L. Shaughnessy 편, *The Cambridge History of Ancient China*(Cambridge, U.K., 1999), pp. 313-317.
84) 같은 책, p. 317.
85) Israel Finkelstein and Neil Asher Silberman, *The Bible Unearthed: Archaeology's New*

Vision of Ancient Israel and the Origin of Its Sacred Texts(New York and London, 2001), pp. 89-92.
86) 같은 책, pp. 103-107; William G. Dever, *What Did the Biblical Writers Know and When Did They Know It? What Archaeology Can Tell Us About the Reality of Ancient Israel*(Grand Rapids, Mich., and Cambridge, U.K., 2001), pp. 110-118.
87) Gosta W. Ahlström, *The History of Ancient Palestine*(Minneapolis, 1993), pp. 234-235, 247-248.
88) George E. Mendenhall, *The Tenth Generation: The Origins of Biblical Tradition*(Baltimore and London, 1973); N. P. Lemche, *Early Israel: Anthropological and Historical Studies on the Israelite Society Before the Monarch*(Leiden, 1985); D. C. Hopkins, *The Highlands of Canaan*(Sheffield, 1985); James D. Martin, "Israel as a Tribal Society", in R.E. Clements 편, *The World of Ancient Israel: Sociological, Anthropological and Political Perspectives*(Cambridge, 1989), pp. 94-114; H. G. M. Williamson, "The Concept of Israel in Transition", in Clements, *World of Ancient Israel*, pp. 141-163.
89) Dever, *What Did the Biblical Writers Know*, pp. 121, 124, 267.
90) Joshua(《여호수아》) 9:15; 4:11; 1 Samuel(《사무엘 상》) 27:10; 30:29; Judges(《판관기》) 1:16; 4:11; Exodus(《출애굽기》) 6:15; Mark S. Smith, *The Early History of God: Yahweh and the Other Deities in Ancient Israel*(New York and London, 1990), p. 4; Frank Moore Cross, *Canaanite Myth and Hebrew Epic: Essays in the History of the Religion of Israel*(Cambridge, Mass., and London, 1973), pp. 49-50.
91) Joshua 9; Judges 8:33; 9:4, 46; Joshua 24.
92) Cross, *Canaanite Myth*, p. 69; Peter Machinist, "Distinctiveness in Ancient Israel", in Mordechai Cogan and Israel Ephal 편, *Studies in Assyrian History and Ancient Near Eastern Historiography*(Jerusalem, 1991).
93) Genesis(《창세기》) 29:14; 2 Samuel 5:1; Judges 9:1-4도 참조.
94) Frank Moore Cross, *From Epic to Canon: History and Literature in Ancient Israel*(Baltimore and London, 1998), pp. 3-6.
95) Mendenhall, *The Tenth Generation*, p. 177.
96) Cross, *From Epic to Canon*, p. 13.
97) Numbers(《민수기》) 10:35. 이것은 아주 오래된 텍스트다. 다른 언급이 없을 경우 성경의 모든 인용은 The Jerusalem Bible에서 가져온 것이다.
98) Cross, *Canaanite Myth*, pp. 41-84; Smith, *The Early History of God*, pp. 7-12.
99) Exodus 6:3.
100) Psalms(《시편》) 89:10-13; 93:1-4; Isaiah(《이사야》) 27:1; Job(《욥》) 7:12; 9:8; 26:12; 38:7-11; 《이사야》 51:9-11.
101) 우가리드의 찬가도 Cross, *Canaanite Myth*, pp. 148-150에 인용되어 있다.
102) 같은 곳.
103) 같은 책, pp. 162-163.
104) Judges 5:4-5.

105) Habakkuk(《하박국》) 3:4-8.
106) David S. Sperling, *The Original Torah: The Political Intent of the Bible's Writers*(New York and London, 1998), pp. 89-90.
107) Joshua 3:1-5:15; Cross, *From Epic to Canon*, p. 44; Cross, *Canaanite Myth*, pp. 103-105, 138.
108) Joshua 3:15.
109) Joshua 5:1.
110) Joshua 4:10-12.
111) Joshua 5:13-15.
112) Joshua 6:21.
113) Cross, *Canaanite Myth*, pp. 103-124.
114) Exodus 15:1-18.
115) Exodus 15:15-16.
116) Cross, *Canaanite Myth*, pp. 133-134.
117) 같은 책, pp. 112-124.
118) Exodus 15:3, 6-7.
119) Exodus 15:8.
120) Deuteronomy(《신명기》) 32:8-9.
121) R. A. Di Vito, *Studies in Third Millennium Sumerian and Akkadian Personal Names: The Designation and Conception of the Personal God*(Rome, 1993), pp. 93-96.
122) Finkelstein and Silberman, *The Bible Unearthed*, pp. 124-142; Dever, *What Did the Biblical Writers Know*, pp. 124-164.
123) Psalms 2:7.
124) 예를 들어 Psalms 77편과 89편 참조.
125) Psalms 24.
126) Psalms 29:8-10.
127) 우가리트의 찬가로, Smith, *Early History of God*, p. 46에 인용되어 있다.

2장 불안과 공포의 시대

1) Walter Burkert, *Greek Religion*, John Raffar 역(Cambridge, Mass., 1985), p. 47.
2) 같은 책, pp. 10-16; Oswyn Murray, *Early Greece*, 2판(London, 1993), pp. 10-11; Jacob Burckhardt, *The Greeks and Greek Civilization*, Sheila Stern 역; Oswyn Murray의 개정판(New York, 1998), pp. 13-16.
3) Robert Parker, *Athenian Religion: A History*(Oxford and New York, 1996), pp. 10-16.
4) Murray, *Early Greece*, pp. 69-74.
5) Burkert, *Greek Religion*, pp. 49-50.
6) Walter Burkert, *Savage Energies: Lessons of Myth and Ritual in Ancient Greece*, Peter Bing 역(Chicago and London, 2001), p. 91; Walter Burkert, *Homo Necans: The*

Anthropology of Ancient Greek Sacrificial Ritual and Myth, Peter Bing 역(Berkeley, Los Angeles and London, 1983), pp. 27–34; Walter Burkert, *Structure and History in Greek mythology and Religion*(Berkeley, Los Angeles and London, 1980), pp. 50–52.
7) Hesiod, *Theogony* 116–32, in Dorothea Wender 역, *Hesiod and Theognis*(London and New York, 1976).
8) 같은 책, 118–22. Wender 역.
9) Homer, *Odyssey*, 1:31–32.
10) Anthony Gottlieb, *The Dream of Reason: A History of Philosophy from the Greeks to the Renaissance*(London, 2000), pp. 123–125; Burkert, *Greek Religion*, pp. 134–135.
11) Gottlieb, *Dream of Reason*, pp. 138–140; Burkert, *Greek Religion*, p. 200.
12) Burkert, *Greek Religion*, pp. 237–42; Burkert, *Homo Necans*, pp. 213–235.
13) Israel Finkelstein and Neil Asher Silberman, *The Bible Unearthed: Archaeology's New Vision of Ancient Israel and the Origin of Its Sacred Texts*(New York and London, 2001), pp. 158–159.
14) 1 Kings(《열왕기상》) 11:5, 7–8; Mark S. Smith, *The Early History of God: Yahweh and the Other Deities in Ancient Israel*(New York and London, 1990), pp. xxiii–xxv.
15) Smith, *The Early History of God*, pp. 44–49.
16) Mark S. Smith, *The Origins of Biblical Monotheism: Israel's Polytheistic Background and the Ugaritic Texts*(New York and London, 2001), pp. 41–79.
17) 같은 책, pp. 47–48, 96, 148–151.
18) Psalms 89:5–8.
19) Smith, *The Origins of Biblical Monotheism*, p. 9.
20) 1 Kings 18:3, 10, 19.
21) 1 Kings 18:20–46.
22) S. David Sperling, "Israel's Religion in the Near East", in Arthur Green 편, *Jewish Spirituality*, 전 2권(London and New York, 1986, 1988), I:27–28.
23) 1 Kings 19:1–9.
24) 1 Kings 19:11–13. 이 번역은 Frank Moore Cross가 *Canaanite Myth and Hebrew Epic: Essays in the History of the Religion of Israel*(Cambridge, Mass., and London, 1973), p. 194에서 제시한 것이다.
25) 1 Kings 19:18.
26) Cross, *Canaaite Myth*, pp. 190–191.
27) Psalms 82.
28) 1 Kings 21:19.
29) F. Charles Fensham, "Widow, Orphan and the Poor in Ancient Near Eastern Legal and Wisdom Literature", in Frederick E. Greensphan 편, *Essential Papers on Israel and the Ancient Near East*(New York and London, 1991), pp. 176–182.
30) W.G. Lambert, *Babylonian Wisdom Literature*(London, 1960), pp.134–135.
31) Anastasi II.6:5; Papyrus Harris I.

32) Norman Cohn, *Cosmos, Chaos and the World to Come: The Ancient Roots of Apocalyptic Faith*(New Haven and London, 1993), p. 120.
33) John Dominic Crossan, *The Birth of Christianity: Discovering What Happened in the Years Immediately After the Execution of Jesus*(New York, 1998), pp. 198-199.
34) 1 Kings 17:8-16; 2 Kings 4:1-7.
35) S. David Sperling, "Joshua 24 Reexamined", *Hebrew Union College Annual* 58(1987).
36) Joshua 24:19-20, 23.
37) S. David Sperling, *The Original Torah: The Political Intent of the Bible's Writers*(New York and London, 1998), pp. 68-72; John Bowker, *The Religious Imagination and the Sense of God*(Oxford, 1978), pp. 58-68.
38) Jacques Gernet, *A History of Chinese Civilization*, J. R. Foster and Charles Hartman 역, 2판(Cambridge, U.K., and New York, 1996), pp. 54-65.
39) Marcel Granet, *The Religion of the Chinese People*, Maurice Freedman 편역(Oxford, 1975), pp. 56-82; Henri Maspero, *China in Antiquity*, Frank A. Kierman Jr. 역 (Folkestone, 1978), pp. 134-159; D. Howard Smith, *Chinese Religions*(London, 1968), pp. 12-31.
40) *Classic of Odes*(《시경》) 151, in Arthur Waley, 편역, *The Book of Songs*(London, 1934).
41) Michael J. Puett, *The Ambivalence of Creation: Debates Concerning Innovation and Artfice in Early China*(Stanford, 2001), pp. 28-36.
42) *Classic of Odes* 270. Waley 역.
43) Huston Smith, *The World's Religions: Our Great Wisdom Traditions*(San Francisco, 1991), pp. 183-185; Gernet, *History of Chinese Civilization*, pp. 31-32.
44) Smith, *Chinese Religions*, p. 24.
45) Marcel Granet, *Festivals and Songs of Ancient China*, E. D. Edwards 역(London, 1932), p. 75.
46) Granet, *Chinese Civilization*, pp. 11-12; Granet, *The Religion of the Chinese People*, pp. 66-68.
47) Sima Qian, *Records of a Master Historian*(사마천, 《사기》) I.56, 79, Granet, *Chinese Civilization*, p. 12에 인용.
48) Sima Qian, *Records of a Master Historian* 38, 같은 곳에 인용.
49) Edward L. Shaughnessy, "Western Zhou Civilization", in Michael Loewe and Edward L. Shaughnessy 편, *The Cambridge History of Ancient China*(Cambridge, U.K., 1999), pp. 323-334.
50) *Classic of Odes* 199. Waley 역.
51) 같은 곳.
52) Benjamin I. Schwartz, *The World of Thought in Ancient China*(Cambridge, Mass., and London, 1985), pp. 49-50.
53) Classic of Odes 235. in Wm. Theodore de Bary and Irene Bloom 편, *Sources of Chinese Tradition*, 2판, vol. 1: *From Earliest Times to 1600*(New York, 1999), p. 38.

54) *The Book of Xunzi*(《순자》) 20, "A Discussion of Music(악론樂論)", in *Xunzi: Basic Writings*, Burton Watson 편역(New York, 2003).
55) Schwartz, *World of Thought*, p. 49.
56) *Classic of Odes* 254, Waley 역.
57) *Classic of Odes* 258, in Bernhard Karlgren 역, *The Book of Odes*(Stockholm, 1950), p. 214.
58) Louis Renou, "Sur la notion de brahman", *Journal asiatique* 237(1949).
59) J. C. Heesterman, "Ritual, Revelation and the Axial Age", in S. N. Eisenstadt 편, *The Origins and Diversity of Axial Age Civilizations*(Albany, 1986), pp. 396–397.
60) 같은 책, p. 403.
61) J. C. Heesterman, *The Inner Conflict of Tradition: Essays in Indian Ritual, Kingship and Society*(Chicago and London, 1985), p. 91.
62) Taittiriya Brahmana(TB) 3.7.7.14, in J. C. Heesterman, *The Broken World of Sacrifice: An Essay in Ancient Indian Ritual*(Chicago and London, 1993), p. 34.
63) Taittiriya Samhita(TS) 6.4.8.1, 같은 책, p. 209.
64) Pancavimsha Brahmana(PB) 7.7.9–10, 같은 책, p. 62.
65) Jaiminiya Brahmana(JB) 1.135; TS 6.3.1.1; Shatapatha Brahmana(SB) 36.1.27–29; 같은 책, p. 67.
66) SB 6.8.1.4, in Heesterman, "Ritual, Revelation and the Axial Age", p. 402.
67) JB 2.60–70, in Heesterman, *The Broken World of Sacrifice*, p. 54.
68) SB 10.5.2.23; 10.6.5.8, 같은 책, p. 57.
69) SB 11.2.2.5, 같은 책, p. 34; Brian K. Smith, *Reflections on Resemblance, Ritual and Religion*(Oxford and New York, 1989), p. 103 참조.
70) JB, 2.70, in Heesterman, *The Broken World of Sacrifice*, pp. 54, 57.
71) R.C. Zaehner, *Hinduism*(London, New York, and Toronto, 1962), pp. 59–60; Smith, *Reflections on Resemblance*, pp. 30–34, 72–81.
72) Louis Renou, *Religions of Ancient India*(London, 1953), p. 18.
73) PB 24.11.2, Smith, *Reflections on Resemblance*, p. 59에 인용.
74) PB 7.10.15; JB 3.153; SB 7.1.22, 같은 책, p. 61.
75) SB 10.4.2.3, 같은 책, p.60.
76) SB 7.4.2.11; 6.1.2.17; PB 24.11.2; 21.2.3, 같은 책, pp.64–65.
77) SB 4.2.2.16, 같은 책, p. 68; Mircea Eliade, *Yoga, Immortality and Freedom*, Willard R. Trask 역(London, 1958), p. 109; Mircea Eliade, *A History of Religious Ideas*, Willard R. Trask 역, 전 3권(Chicago and London, 1978, 1982, 1985), I:228–29; Thomas J. Hopkins, *The Hindu Religious Tradition*(Belmont, Calif., 1971), p. 33 참조.
78) Eliade, *Yoga*, pp. 109–111; Jan Gonda, *Change and Continuity in Indian Religion*(The Hague, 1965), pp. 316–339; Hopkins, *Hindu Religious Tradition*, pp. 31–32.
79) AB 1.3, Hopkins, *Hindu Religious Tradition*, pp. 31–32에 인용.
80) Smith, *Reflections on Resemblance*, pp. 104–112.

81) SB 11.2.6.13, 같은 책, p. 101에 인용.
82) Smith, *Reflections on Resemblance*, pp. 116-118.
83) TB 3.10.11.1-2, 같은 책, p. 117; 강조는 저자.
84) SB 11.2.3.6; 2.2.2.8, in Heesterman, *The Broken World of Sacrifice*, pp. 97, 140; pp. 215-218 참조.
85) Hopkins, *Hindu Religious Tradition*, pp. 36-37.
86) SB 2.2.2.15, n Heesterman, *The Broken World of Sacrifice*, p. 216에 인용.
87) SB. II.2.6.3, 같은 곳에서 인용.
88) SB 1.1.1.4; 3.3.2.2, Gonda, *Change and Continuity*, pp.338-339; Heesterman, *The Broken World of Sacrifice*, p. 216.

3장 자아의 발견

1) Israel Finkelstein and Neil Asher Silberman, *The Bible Unearthed: Archaeology's New Vision of Ancient Israel and the Origin of Its Sacred Texts*(New York and London, 2001), pp. 206-212.
2) G. Lenski with J. Lenski, *Power and Privilege: A Theory of Social Stratification*(New York, 1966), pp. 161-217, 273; Andrew Mein, *Ezekiel and the Ethics of Exile*(Oxford and New York, 2001), pp. 20-38.
3) Amos(《아모스》) 7:14-15.
4) Amos 3:8.
5) Michael Fishbane, "Biblical Prophecy as a Religious Phenomenon", in Arthur Green 편, *Jewish Spirituality*, 전 2권(London and New York, 1986, 1988), I:63-68.
6) Psalms 63:1-2; 84:2; C. F. Whitley, *The Prophetic Achivement*(London, 1963), pp. 16-17.
7) Amos 9:1.
8) Amos 7:17.
9) Amos 1:3-2:3; 6:14;2:4-16.
10) Amos 5:21-24.
11) Amos 3:1-2; 9:7-8.
12) Fishbane, "Biblical Prophecy", p. 70.
13) Abraham J. Heschel, *The Prophets*, 전 2권(New York, 1962), I:22-38.
14) Hosea(《호세아》) 1:2; Heschel, *The Prophets*, I:52-57.
15) Hosea 3:1-5.
16) Hosea 4:2.
17) Hosea 4:4-6, 12-14, 17; 5:13-14; 10:4-11; 14:4.
18) Heschel, *The Prophets*, I:57-59.
19) Hosea 6:6.
20) Hosea 11:3-4.
21) William M. Schniedewind, *How the Bible Became a Book: The Textualization of Ancient*

Israel(Cambridge, U.K., 2004), pp. 24-34.
22) William G. Dever, *What Did the Biblical Writers Know and When Did They Know It? What Archaeology Can Tell Us About the Reality of Ancient Israel*(Grand Rapids, Mich., and Cambridge, U.K., 2001), p. 280.
23) Frank Moore Cross, *From Epic to Canon: History and Literature in Ancient Israel*(Baltimore and London, 1998), pp. 41-42.
24) R. E. Clements, *Abraham and David*(London, 1967).
25) Peter Machinist, "Distinctiveness in Ancient Israel", in Mordechai Cogan and Israel Ephal 편, *Studies in Assyrian History and Ancient Near Eastern Historiography*(Jerusalem, 1991), p. 434; Michael Fishbane, *Text and Texture: Close Readings of Selected Biblical Texts*(New York, 1979), pp. 64, 124-125.
26) Exodus(《출애굽기》) 24:1-2, 9-11.
27) Numbers(《민수기》) 11:11, 14-15.
28) Exodus 21:1-27; 22:1-30; 23:1-33.
29) Exodus 24:9-11.
30) Exodus 33:16-23; Mark S. Smith, *The Origins of Biblical Monotheism: Israel's Polytheistic Background and the Ugaritic Texts*(New York and London, 2001), p. 86.
31) Genesis(《창세기》) 3:8-9; 6:6; 8:21; 18:1-15.
32) Exodus 3:13-15.
33) Genesis 18:1-15.
34) Genesis 18:2.
35) Genesis 22:1-10.
36) Genesis 22:1-2.
37) Mircea Eliade, *The Myth of the Eternal Return, or, Cosmos and History*, Willard R. Trask 역(Princeton, 1959), pp. 108-110.
38) Isaiah(《이사야》) 6:1-9.
39) Isaiah 6:11-12.
40) E. A. W. Budge and L. W. King, *Annals of the Kings of Assyria*(London, 1902), p. 31.
41) 1 Kings 16; Isaiah 7.
42) Psalms 46:5-6.
43) Isaiah 9:8; 10:12; 14:12; 16:6;23:9.
44) Isaiah 14:30-32.
45) Isaiah 10:5-7.
46) Isaiah 2:10-13.
47) Psalms 46:9, Isaiah 9:1, Psalms 76:1-3 참조.
48) Isaiah 2:2-4.
49) Psalms 131, Psalms 9:10-13, 10, Ben C. Ollenburger, *Zion, City of the Great King: A Theological Symbol of the Jerusalem Cult*(Sheffield, 187), pp. 58-69 참조.
50) Finkelstein and Silberman, *The Bible Unearthed*, pp. 239, 243-246.

51) 2 Kings 18:3-7.
52) 2 Kings 19:35.
53) Finkelstein and Silberman, *The Bible Unearthed*, pp. 263-264.
54) Oswyn Murray, *Early Greece*, 2판(London, 1993), pp. 62-65.
55) Charles Freeman, *The Greek Achievement: The Foundation of the Western World*(New York and London, 1999), pp. 49-50, 116-121.
56) *Odyssey*, 6:262.
57) Christian Meier, "The Emergence of Autonomous Intelligence Among the Greeks", in S. N. Eisenstadt 편, *The Origins and Diversity of Axial Age Civilizations*(Albany, 1986), pp. 71-73.
58) *Iliad* 2:273; 18:105, 252; Freeman, *Greek Achievement*, p. 89.
59) Jean-Pierre Vernant, *Myth and Society in Ancient Greece*, 3판, Janet Lloyd 역(New York, 1996), p. 90.
60) 같은 책, pp. 29-32.
61) Walter Burkert, *Greek Religion*, John Raffar 역(Cambridge, Mass., 1985), pp. 44-49.
62) *Iliad* 23.
63) Walter Burkert, *Homo Necans: The Anthropology of Ancient Greek Sacrificial Ritual and Myth*, Peter Bing 역(Berkeley, Los Angeles, and London, 1983), pp. 94-103.
64) Walter Burkert, *The Orientalizing Revolution: Near Eastern Influence on Greek Culture in the Early Archaic Age*, Margaret E. Pinder and Walter Burkert 역(Cambridge, Mass., and London, 1992), pp. 65-67; Burkert, *Greek Religion*, 199-208; Robert Parker, *Athenian Religion: A History*(Oxford and New York, 1996), pp. 34-41.
65) Pindar, *Nemean Ode* 7:44-47. 신화의 어떤 판본에서는 아폴론이 네오프톨레모스를 직접 죽였다고 말한다.
66) Burkert, *Homo Necans*, pp. 117-130; Meier, "The Emergence of Autonomous Intelligence ", pp. 79-81.
67) Burkert, *Greek Religion*, p. 116; Murray, *Early Greece*, pp. 102-114; Freeman, *Greek Achievement*, pp. 65-72.
68) Burkert, *The Orientalizing Revolution*, pp. 56-67.
69) Robert A. Segal, "Adonis: A Greek Eternal Child", in Dora C. Pozzi and John M. Wickersham 편, *Myth and the Polis*(Ithaca and London, 1991); Anthony Gottlieb, *The Dream of Reason: A History of Philosophy from the Greeks to the Renaissance*(London, 2000), pp. 105-110; Pierre Vidal-Naquet, "The Black Hunter and the Origin of the Athenian Ephebia", in R.L. Gordon 편, *Myth, Religion and Society*(Cambridge, U.K., 1981).
70) S.L. Schein, *The Mortal Hero: An Introduction to Homer's Iliad*(Berkeley, Los Angeles, and London, 1984), p. 1.
71) Burkert, *Greek Religion*, p. 121.
72) Schein, *Mortal Hero*, p. 80.

73) 같은 책, p. 70; Jean-Pierre Vernant, "Death with Two Faces", in Seth L. Schein 편, *Reading the Odyssey: Selective Interpretive Essays*(Princeton, 1996), pp. 58-60.
74) *Odyssey* 11:500, in Walter Shewring 역, *Homer: The Odyssey*(Oxford and New York, 1980). (우리말 번역은 《오뒤세이아》, 천병희 번역(단국대학교 출판부, 1996)을 기초로 삼았다. —옮긴이)
75) *Iliad* 4:482-89, Richmond Lattimore 역, *The Ilad of Homer*(Chicago and London, 1951). (우리말 번역은 《일리아스》, 천병희 번역(단국대학교 출판부, 2001)을 기초로 삼았다.—옮긴이)
76) Schein, *Mortal Hero*, pp. 98-128.
77) *Iliad* 9:629. Lattimore 역.
78) *Iliad* 9:629-52.
79) *Iliad* 22:345-48.
80) *Iliad* 24:39-54. Lattimore 역.
81) *Iliad* 24:479-81. Lattimore 역.
82) *Iliad* 24:507-16. Lattimore 역.
83) *Iliad* 24:629-32. Lattimore 역.
84) *Iliad* 24:634. Lattimore 역.
85) *Iliad* 22:158-66.
86) *Iliad* 5:906.
87) *Iliad* 21:385-513; 20:56-65.
88) Burkert, *Greek Religion*, pp.114, 152; Schein, *Mortal Hero*, pp. 57-58.
89) Vernant, *Myth and Society*, pp. 102-104.
90) 같은 책, p. 113; Burkert, *Greek Religion*, pp. 216-217.
91) Burkert, *Greek Religion*, pp. 219-225.
92) Iliad 20:48-53; 15:110-42; 21:391-433.
93) Jacques Gernet, *Ancient China: From the Beginnings to the Empire*, Raymond Rudorff 역(London, 1968), pp. 71-75.
94) Remarks of Jacques Gernet, in Vernant, *Myth and Society*, pp. 80-82.
95) 같은 책, p.81.
96) Huston Smith, *The World's Religions: Our Great Wisdom Traditions*(San Francisco, 1991), pp. 161-162.
97) Marcel Granet, *Chinese Civilization*, Kathleen Innes and Mabel Brailsford 역(London and New York, 1951), pp. 97-100.
98) Marcel Granet, *The Religion of the Chinese People*, Maurice Freedman 편역(Oxford, 1975), pp. 97-99.
99) 같은 책, pp. 99-102.
100) Fung Yu-Lan, *A Short History of Chinese Philosophy*, Derk Bodde 편역(New York and London, 1976), pp. 32-37.
101) "The 'Canon of Yao' and the 'Canon of Shun'", in Wm. Theodore de Bary and Irene Bloom 편, *Sources of Chinese Tradition, vol. I: From Earliest Times to 1600*, 2판(New

York, 1999), p. 29.
102) 같은 책, p. 30.
103) Paul Dundas, The Jains, 2판(London and New York, 2002), p. 17; Steven Collins, *Selfless Persons: Imagery and Thought in Theravada Buddhism*(Cambridge, U.K., 1982), p. 64; L. Dumont, *Homo Hierarhicus: The Caste System and Its Implications*(Chicago and London, 1980), p. 46.
104) Gavin Flood, *An Introduction to Hinduism*(Cambridge, U.K., and New York, 1996), p. 91; Patrick Olivelle, "The Renouncer Tradition", in Gavin Flood 편, *The Blackwell Companion to Hinduism*(Oxford, 2003), p. 271.
105) Mircea Eliade, *Yoga, Immortality and Freedom*, Willard R. Trask 역(London, 1958), p. 186.
106) J.C. Heesterman, *The Inner Conflict of Tradition: Essays in Indian Ritual, Kingship and Society*(Chicago and London, 1985), pp. 39-40.
107) Patrick Olivelle, *Samnyasa Upanisads: Hindu Scriptures on Asceticism and Renunciation*(Oxford and New York, 1992).
108) Rig Veda 10:136; 1:114, in Ralph T. H. Griffith 역, *The Rig Veda*(New York, 1992).
109) Flood, *An Introduction to Hinduism*, pp. 79-80; Eliade, Yoga, pp.103-104.
110) Dundas, *Jains*, p.17.
111) Heesterman, *Broken World of Sacrifice*, pp.164-174; Jan Gonda, *Change and Continuity in Indian Religion*(The Hague, 1965), pp. 228-235, 285-294.
112) Manara Gryha Sutra 1.1.6, Heesterman, *Broken World of Sacrifice*, p.170에 인용.
113) Shatapatha Brahmana(SB) 2.2.2.6; Taittiriya Samhita(TS) 1.7.3.1, Gonda, *Change and Continuity*, p. 229에 인용.
114) SB 11.3.3:3-6; 11.5.4; 5.7.10; 11.5.6:3, 같은 곳.
115) Gonda, *Change and Continuity*, p. 289-290.
116) Collins, *Selfless Persons*, pp. 48-49; Flood, *Introduction to Hinduism*, pp. 87-88; Heesterman, *Inner Conflict*, pp. 42-43.
117) Gonda, *Change and Continuity*, pp. 380-384.
118) 같은 책, pp.381-82; Olivelle, "The Renouncer Tradition", pp. 281-282.
119) Collins, *Selfless Persons*, pp. 56-60; Heesterman, *Inner Conflict*, p. 42.
120) Gautama Dharma Sutra 3:26-25, Olivelle, "The Renouncer Tradition", p. 272에 인용.
121) Aitirya Aranyaka 3.2.3; Thomas J. Hopkins, *The Hindu Religious Tradition*(Belmont, Calif., 1971), p. 50; Mircea Eliade, *A History of Religious Ideas*, Willard R. Trask 역, 전 3권(Chicago and London, 1978, 1982, 1985), I:232.
122) Olivelle, *Samnyasa Upanisads*, p. 21.

4장 앎을 향한 기나긴 여행

1) Chandogya Upanishad(CU) 2.23.3. 《우파니샤드》의 모든 인용은 Patrick Olivelle 편역,

Upanisads(Oxford and New York, 1996)에서 나온 것이다.
2) CU 2.4.4-5.
3) Brhadaranyaka Upanishad(BU).
4) Klaus K. Klostermaier, *A Survey of Hinduism*, 2판(Albany, 1994), p. 196.
5) BU 2.5.19.
6) CU 6.8.7.
7) BU 4.5.15.
8) Olivelle, *Upanisads*, p. xxix.
9) 같은 책, p. xxxix; Michael Witzel,
10) Olivelle, *Upanisads*, p. xxix; Witzel, "Vedas and Upanisads", pp. 83-84; BU 3.5.8; 2.4.1.
11) Olivelle, *Upanisads*, p. xxxvii.
12) BU 3.4.
13) BU 3.5.1.
14) BU 4.5.13-15.
15) BU 4.1.1-7.
16) BU 4.3.
17) BU 4.3.21.
18) BU 4.4.23-35.
19) BU 4.4.5-7.
20) BU 3.2.13.
21) BU 4.5.15.
22) CU 8.15.
23) CU 6.1.2.
24) CU 6.2.
25) CU 6.8.7. 저자의 강조.
26) CU 6.13. 저자의 강조.
27) CU 6.11; 6.12.
28) CU 6.10. 저자의 강조.
29) Klostermaier, *Survey of Hinduism*, p. 522.
30) CU 6.7.
31) CU 3.7.
32) CU 6:9.
33) CU 1.12.
34) CU 8.7.1.
35) CU 8.7.2.
36) CU 8.8.3.
37) CU 8.11.1.
38) CU 8.12.4-5.
39) CU 8.11.3.

40) CU 8.12.3.
41) Charles Freeman, *The Greek Achievement: The Foundation of the Western World*(New York and London, 1999), p. 72.
42) Oswyn Murray, *Early Greece*, 2판(London, 1993), pp. 173-185; Christian Meier, *Athens: A Portrait of the City in Its Golden Age*, Robert and Rita Kimber 역(London, 1998), p. 41.
43) Freeman, *Greek Achievement*, p. 101; Meier, *Athens*, pp. 54-56; Walter Burkert, *The Orientalizing Revolution: Near Eastern Influence on Greek Culture in the Early Archaic Age*, Margaret E. Pinder and Walter Burkert 역(Cambridge, Mass., and London, 1992), pp. 76-77.
44) Burkert, *Orientalizing Revolution*, p. 90.
45) Murray, *Early Greece*, p. 18.
46) *Theogony* 31-35, in Dorothea Wender 역, *Hesiod and Theognis*(London and New York, 1973).
47) *Works and Days* 248-249; 68-70. Wender 번역.
48) *Works and Days* 258-267.
49) *Works and Days* 106-201. Wender 번역.
50) *Works and Days* 116-118. Wender 번역.
51) *Works and Days* 184. Wender 번역.
52) Jean-Pierre Vernant, "At Man's Table", in Marcel Detienne with Jean-Pierre Vernant, *The Cuisine of Sacrifice Among the Greeks*, Paula Wissing 역(Chicago and London, 1989), pp. 30-37.
53) Mircea Eliade, *Pattern in Comparative Religion*, Rosemary Sheed 역(London, 1958), pp. 75-77; Burkert, *Orientalizing Revolution*, pp. 87-90; Walter Burket, *Greek Religion*, John Raffar 역(Cambridge, Mass., 1985), pp. 122-123; Jean-Pierre Vernant with Pierre Vidal-Naquet, *Myth and Tragedy in Ancient Greece*, Janet Lloyd 역(New York, 1990), pp.95-101.
54) *Theogony* 535-616; *Works and Days* 66-104.
55) Vernant, "At Man's Table", pp. 22-86.
56) Freeman, *Greek Achievement*, pp. 98-192; Murray, *Early Greece*, pp. 137-145.
57) Aristotle, *Politics*, 5.13.10b.
58) Murray, *Early Greece*, pp. 124-137; Freeman, *Greek Achievement*, pp. 91-95; Jean-Pierre Vernant, *Myth and Society in Ancient Greece*, Janet Lloyd 역, 3판(New York, 1996), pp. 39-53.
59) Fragment 12.13-19, in Murray, *Early Greece*, p. 133.
60) Mary Douglas, *Leviticus as Literature*(Oxford and New York, 1999), pp. 26-29.
61) Murray, *Early Greece*, pp. 164-86; Vernant, *Myth and Society*, p. 47.
62) Marcel Granet, *Chinese Civilization*, Kathleen Innes and Mabel Brailsford 역(London and New York, 1951), pp. 259-260, 308-309.
63) *Record of Rites*(《예기》) 1:704, in James Legge 역, *The Li Ki*(Oxford, 1885).

64) *Record of Rites* 1:719.
65) *Record of Rites* 1:720.
66) Confucius, Analects(《논어》) 15:4, in Arthur Waley 역, *The Analects of Confucius*(New York, 1992).
67) Granet, *Chinese Civilization*, pp. 261-279. Jacques Gernet, *Ancient China: From the Beginnings to the Empire*, Raymond Rudorff 역(London, 1968), p. 75: Holmes Welch, *The Parting of the Way: Lao Tzu and the Taoist Movement*(London, 1958), p. 18: Huston Smith, *The World's Religions: Our Great Wisdom Traditions*(San Francisco, 1991), p. 160.
68) *Zuozhuan*(《좌전》) 2:29-30, in James Legge 역, *The Ch'un Ts'ew and the Tso Chuen*, 2판 (Hong Kong, 1960).
69) *Zuozhuan* 2:412.
70) *Classic of Odes*(《시경》) 35, 167, 185.
71) *Zuozhuan* 2:18.
72) *Zuozhuan* 2:132.
73) *Zuozhuan* 1:627. Legge 역.
74) *Zuozhuan* 1:320. Legge 역.
75) *Zuozhuan* 3:340. Legge 역.
76) *Zuozhuan* 2:234. Legge 역.
77) *Zuozhuan* 1:509. Legge 역.
78) *Zuozhuan* 1:635. Legge 역.
79) Granet, *Chinese Civilization*, pp. 287-309.
80) *Classic of Odes* 55, 같은 책, p. 288에 인용.
81) *Record of Rites* 2,263. Legge 역.
82) *Record of Rites* 1,215. Legge 역.
83) *Record of Rites* 2,359. Legge 역.
84) *Record of Rites* 2,627. Legge 역; Granet, Chinese Civilization, pp. 288-290.
85) Granet, *Chinese Civilization*, pp. 297-308.
86) 같은 책, pp. 310-343; Marcel Granet, *The Religion of the Chinese People*, Maurice Freedman 편역(Oxford, 1975), pp. 82-83; Granet, *Chinese Civilization*, pp. 311-327.
87) Granet, *Chinese Civilization*, pp. 328-343.
88) Granet, *The Religion of the Chinese People*, pp. 83-89.
89) Gernet, *Ancient China*, p.75.
90) Jacques Gernet, *A History of Chinese Civilization*, J. R. Foster and Charles Hartman 역, 2 판(Cambridge, U.K., and New York, 1996), p. 60; Gernet, *Ancient China*, pp. 77-83.
91) *Zuozhuan* 2,272; 기원전 597년에 맺어진 조약의 내용. Legge 역.
92) *Zuozhuan* 2,272; Legge 역.
93) H. G. Creel, *Confucius: The Man and the Myth*(London, 1951), p. 19.
94) Israel Finkelstein and Neil Asher Silberman, *The Bible Unearthed: Archaeology's New*

Vision of Ancient Israel and the Origin of Its Sacred Texts(New York and London, 2001), pp. 264-273.
95) 2 Kings 21:2-7; 23:11; 23:10; Ezekiel(《에스겔》) 20:25-26; 22:30; Andrew Mein, *Ezekiel and the Ethics of Exile*(Oxford and New York, 2001), p. 105.
96) Psalms 68:18; 84:12; Gosta W. Ahlström, *The History of Ancient Palestine*(Minneapolis, 1993), p. 734.
97) Finkelstein and Silberman, *Bible Unearthed*, pp. 264-273.
98) 2 Kings 21, 23.
99) 2 Kings 22:1; William M. Schniedewind, *How the Bible Became a Book: The Textualization of Ancient Israel*(Cambridge, U.K., 2004).
100) 2 Chronicles(《역대기하》) 34:1-2.
101) 2 Kings 22:8.
102) Exodus 24:3,7. 저자의 강조.
103) Exodus 31:18.
104) Exodus 24:9-31:18; Schniedewind, How the Bible Became a Book, pp. 121-134.
105) Exodus 24:4-8; 성경에서 세페르 토라는 앞에 말한 《열왕기하》와 이곳에만 나온다. Schniedewind, *How the Bible Became a Book*, pp. 121-126.
106) 2 Kings 22:11-13.
107) Nehemiah(《느헤미야》) 8:1-9.
108) 2 Kings 22:16.
109) 2 Kings 23:2-3.
110) 2 Kings 23:4-20.
111) Deuteronomy(《신명기》) 6:4-6.
112) Deuteronomy 6:14.
113) Deuteronomy 7:2-6.
114) Bernard M. Levinson, *Deuteronomy and the Hermeneutics of Legal Innovation*(Oxford and New York, 1998), pp. 148-149.
115) Deuteronomy 12-26.
116) Deuteronomy 11:21; 12:5.
117) Deuteronomy 12:20-24.
118) Levinson, Deuteronomy, p.50.
119) Deuteronomy 16:18-20; 17:8-13; Levinson, Deuteronomy, pp. 114-137.
120) Levinson, Deuteronomy, pp. 138-143; Schniedwind, *How the Bible Became a Book*, p. 110.
121) Deuteronomy 17:18-20.
122) 1 Kings 13:1-2; 2 Kings 23:15-18; 2 Kings 23:25.
123) Finkelstein and Silberman, *Bible Unearthed*, pp. 283-284.
124) Judges(《사사기》) 2:7.
125) R. E. Clements, *God and Temple*(Oxford, 1965), pp. 89-95; S. David Sperling, *The*

  Original Torah: The Political Intent of the Bible's Writers(New York and London, 1998), pp. 146-147; Margaret Barker, *The Gate of Heaven: The History and Symbolism of the Temple in Jersalem*(London, 1991), pp. 7-8.
126) 1 Kings 8:27.
127) Deuteronomy 15:3.
128) Deuteronomy 15:7-8, in Everett Fox 역, *The Five Books of Moses*(New York, 1983); Deuteronomy 14:29; 23:21; 24:17-18 참조.
129) Deuteronomy 21:15-17; 24:14-15; 15:12-15.
130) Levinson, *Deuteronomy*, pp. 11-95.
131) Jeremiah(《예레미야》) 29:1-3; 36:110; 39:14; 40:6; Richard Eliott Friedman, *Who Wrote the Bible?* (New York, 1987), pp. 125-127.
132) Jeremiah 8:8-9; Schniedwind, *How the Bible Became a Book*, pp. 114-117.
133) Haym Soloveitchik, "Rupture and Reconstruction: The Transformation of Contemporary Orthodoxy", *Tradition* 28(1994).
134) Deuteronomy 12:3.
135) Joshua 8:24-25.
136) Levinson, *Deuteronomy*, pp. 53-97.
137) 2 Kings 23:21-23.
138) 2 Kings 23:29.

5장 고난의 시대

1) 2 Kings 24:16. 이 숫자에는 논란의 여지가 있다.
2) Jeremiah(《예레미야》) 52:28-30.
3) Elias J. Bickerman, *The Jews in the Greek Age*(Cambridge, Mass., and London, 1988), pp. 46-47; Thomas L. Thompson, *The Bible in History: How Writers Create a Past*(London, 1999), pp. 217-225.
4) Ephraim Stern, *Archaeology of the Land of the Bible*, vol. 2: *The Assyrian, Babylonian and Persian Periods*(732-332 BCE)(New York, 2001), p. 303.
5) Lamentations(《예레미야 애가》) 1:8-9.
6) Jeremiah 7:1-15; 26:1-19.
7) Jeremiah 20:7-9; 17-18.
8) Jeremiah 2:31-32; 5:7-9, 28-29.
9) Jeremiah 29:4-20.
10) Jeremiah 31:33-34.
11) Psalm 137:9
12) Daniel L. Smith, *The Religion of the Landless: The Social Context of the Babylonian Exile*(Bloominton, 1989), pp. 39-52; Jonathan Z. Smith, *Map Is Not Territory: Studies in the History of Religions*(Chicago and London, 1978), p. 119.

13) William M. Schniedewind, *How the Bible Became a Book: The Textualization of Ancient Israel*(Cambridge, U.K., 2004), p. 152.
14) Ezekiel 3:15.
15) Ezekiel 8:1 ; 20:1,3.
16) Andrew Mein, *Ezekiel and the Ethics of Exile*(Oxford and New York, 2001), pp. 66-74.
17) Isaiah(《이사야》) 45:14; 52:2; Psalms 149; 107:14; Nahum(《나훔》) 3:10.
18) Bickerman, *Jews in the Greek Age*, pp. 47-48.
19) Job(《욥기》) 1:6.
20) Job 1:12.
21) Ezekiel(《에스겔》) 1:1-2:5.
22) Ezekiel 2:2-5.
23) Ezekiel 3:3.
24) Ezekiel 8-12.
25) Ezekiel 8:12.
26) Ezekiel 9:9; 11:6.
27) Ezekiel 7:23; 16:38; 18:10; 22:3.
28) Ezekiel 37:10-11.
29) Ezekiel 11:18-20.
30) Ezekiel 40:2; 48:35; Mein, *Ezekiel*, p. 142.
31) Ezekiel 47:11-12.
32) Mein, *Ezekiel*, p. 254.
33) Mary Douglas, *Natural Symbols: Explorations in Cosmology*(London, 1970), pp. 59-64; Smith, *Relgion of the Landless*, pp. 84, 145.
34) Frank Moore Cross, *Canaanite Myth and Hebrew Epic: Essays in the History of the Religion of Israel*(Cambridge, Mass., and London, 1973), pp. 321-325.
35) Leviticus(《레위기》) 17-26.
36) Exodus 25-27; 35-38; 40.
37) Genesis(《창세기》) 1, in Everett Fox 역, *The Five Books of Moses*(New York, 1983).
38) Psalm 137:8-9. Jerusalem Bible 번역.
39) Mark S. Smith, *The Origin of Biblical Monotheism: Israel's Polytheistic Background and the Ugaritic Texts*(New York and London, 2001), pp. 167-171.
40) Genesis 1:31. Fox 번역. 강조는 저자.
41) Michael Fishbane, *Text and Texture: Close Readings of Selected Biblical Texts*(New York, 1979).
42) Exodus 35:2. Jerusalem Bilble 번역.
43) Exodus 39:43.
44) Peter R. Ackroyd, *Exile and Restoration: a Study of Hebrew Thought in the Sixth Century BC*(London, 1968), pp. 91-96.
45) Exodus 29:45-46.

46) Cross, *Canaanite Myth and Hebrew Epic*, pp. 298-300; R. E. Clements, *God and Temple*(Oxford, 1965), pp. 114-121.
47) Exodus 40:34, 36-38. Fox 번역.
48) Cross, *Canaanite Myth and Hebrew Epic*, p. 321.
49) Numbers(《민수기》) 1-4; Ackroyd, *Exile and Restoration*, p. 100.
50) Exodus 15:24; 17:3; Exodus 16:2, 7-9, 12; Numbers 14:2, 27, 36 참조.
51) Ackroyd, *Exile and Restoration*, pp. 254-255; Mein, *Ezekiel*, p. 137.
52) Leviticus 19:2.
53) Leviticus 26:27; David Damrosch, "Leviticus", in Robert Alter and Frank Kermode 편, *The Literary Guide to the Bible*(London, 1987).
54) Leviticus 26:12; Cross, *Canaanite Myth*, p. 298.
55) Leviticus 55.
56) Leviticus 19:33-34. Jerusalem Bible 번역.
57) Mary Douglas, *In the Wilderness: The Doctrine of Defilement in the Book of Numbers*(Oxford and New York, 2001), pp. 24-25, 42-43; Mein, *Ezekiel*, pp. 148-149.
58) Numbers 19:11-22.
59) Douglas, *In the Wilderness*, pp. 25-26.
60) Leviticus 1:9, 13, 17.
61) Leviticus 1:1-3; Exodus 20:8; Mary Douglas, *Leviticus as Literature*(Oxford and New York, 1999), pp. 68-69, 135-136.
62) Leviticus 11:31-39, 43-44.
63) Numbers 11:31-33; Psalm 78:26-27.
64) Douglas, *Leviticus as Literature*, pp. 150-173.
65) Christian Meier, *Athens: A Portrait of a City in Its Golden Age*, Robert and Rita Kimber 역(London, 1999), pp. 150-152.
66) Oswyn Murray, *Early Greece*, 2판(London, 1993), pp. 195-197.
67) Meier, *Athens*, pp. 70-71.
68) Robert Parker, *Athenian Religion: A History*(Oxford and New York, 1996), pp. 71-72.
69) 같은 책, pp. 75-91; Murray, *Early Greece*, p. 270.
70) Walter Burkert, *Homo Necans: The Anthropology of Ancient Greek Sacrificial Ritual and Myth*, Peter Bing 역(Berkeley, Los Angeles, and London, 1983), pp. 152-168; Walter Burkert, *Greek Religion*, John Raffar 역(Cambridge, Mass., 1985), pp. 232-344; Parker, *Athenian Religion*, pp. 89-91; Louise Bruit Zaidman and Pauline Schmitt Pantel, *Religion in the Ancient Greek City*, Paul Cartledge 역(Cambridge, U.K., 1992), pp. 105-106.
71) Parker, *Athenian Religion*, pp. 97-100; Wlater Burkert, *Ancient Mystery Cults*(Cambridge, Mass., and London, 1986), pp. 7-95. Burkert, *Homo Necans*, pp. 248-297.
72) Aristotle, Fragment 15, Burkert, *Ancient Mystery Cults*, pp. 69, 89에 인용.
73) Aristotle, Fragments, 같은 책, p. 90에 인용.

74) Plutarch, Fragment 168, 같은 책, pp. 91-92에 인용.
75) 같은 책, p. 114에 인용.
76) Burkert, *Ancient Mystery Cults*, p. 37; Joseph Campbell, *Transformations of Myth Through Time*(New York, 1990), pp. 191-193.
77) Zaidman and Pantel, *Religion in the Greek City*, pp. 198-218; Burkert, *Greek Religion*, pp. 160-166; Jean-Pierre Vernant with Pierre Vidal-Naquet, *Myth and Tragedy in Ancient Greece*, Janet Lloyd 역(New York, 1990), pp. 384-390.
78) Zaidman and Pantel, *Religion in the Greek City*, pp.199-200; Burkert, *Greek Religion*, pp. 290-293.
79) Marcel Detienne, "Culinary Practices and the Spirit of Sacrifice", in Marcel Detienne with Jean-Pierre Vernant 편, *The Cuisine of Sacrifice Among the Greeks*, Paula Wissing 역(Chicago and London, 1989), pp. 7-8; Zaidman and Pantel, *Religion in the Greek City*, pp. 158-175; Anthony Gottlieb, *The Dream of Reason: A History of Philosophy from the Greeks to the Renaissance*(London, 2000), pp. 25-26; Burkert, *Greek Religion*, pp. 296-303.
80) William K. Freist, "Orpheus: A Fugue on the Polis", in Dora C. Pozzi and John M. Wickersham 편, *Myth and the Polis*(Ithaca and London, 1991), pp. 32-48.
81) Gottlieb, *Dream of Reason*, pp. 4-20; Burkert, *Greek Religion*, pp. 305-311; Murray, *Early Greece*, pp. 247-251; Charles Freeman, *The Greek Achievement: The Foundation of the Western World*(New York and London, 1999), pp. 149-152; Richard Tarnas, *The Passion of the Western Mind: Understanding the Ideas That Have Shaped Our World View*(New York and London, 1991), pp. 19-25.
82) Samkhya Sutras 3:47.
83) Samkhya Sutras 3:47, in Mircea Eliade, *Yoga: Immortality and Freedom*, Willard R. Ttrask 역(London, 1958), p. 12.
84) Samkhya Sutras 3:61, 같은 책, p. 30.
85) Samkhya Karita 59, 같은 곳.
86) Eliade, *Yoga*, 여러 곳; Edward Conze, *Buddhist Meditation*(London, 1956).
87) Yoga Sutra 2.42, in Eliade, *Yoga*, p. 52.
88) Jacques Gernet, *Ancient China: From the Beginnings to the Empire*, Raymond Rudorff 역(London, 1968), pp. 83-84.
89) James Legge 역, *The Ch'un Ts'ew and the Tso Chuen*, 2판(Hong Kong, 1960).

6장 공감의 발견

1) A. C. Graham, *Disputers of the Tao: Philosophical Argument in Ancient China*(La Sallle, Ill., 1989), p. 9.
2) Confucius, Analects(《논어》) 5:6; 16:2 참조. 《논어》는 달리 언급하지 않는 경우 Arthur Waley 편역, *The Analects of Confucius*(New York, 1992)에서 인용했다.

3) Analects 7:8.
4) Analects 7:33.
5) Benjamin I. Schwartz, *The World of Thought in Ancient China*(Cambridge, Mass., and London, 1985), p. 62; Fung Yu-Lan, *A Short History of Chinese Philosophy*, Derk Bodde 편역(New York, 1976), p. 12.
6) Analects 12:7.
7) Analects 7:1.
8) Analects 7:19.
9) Analects 2:11.
10) Analects 5:12.
11) Analects 11:11.
12) Analects 17:19.
13) *Classic of Odes*(《시경》) 55, in Arthur Waley 편역, *The Book of Songs*(London, 1937); Analects 1:15.
14) Analects 12:1. Schwartz, *World of Thought*, p. 77에 제시된 번역.
15) 같은 곳.
16) Analects 2:7.
17) Jacques Gernet, *Ancient China: From the Beginnings to the Empire*, Raymond Rudorff 역(London, 1968), p. 116.
18) Analects 2:8.
19) 같은 곳.
20) Tu Wei-ming, *Confucian Thought: Selfhood as Creative Transformation*(Albany, 1985), pp. 115-116.
21) Analects 6:28, 같은 책, p. 68의 번역.
22) Tu Wei-ming, *Confucian Thought*, pp. 57-58; Huston Smith, *The World's Religions: Our Great Wisdom Traditions*(San Francisco, 1991), pp. 180-181.
23) Analects 4:15, Graham, *Disputers of the Tao*, p. 21의 번역.
24) Analects 15:23.
25) Analects 5:11.
26) Graham, *Disputers of the Tao*, p. 19.
27) Tu Wei-ming, *Confucian Thought*, p. 84.
28) Analects 12:3.
29) Analects 12:2.
30) Analects 6:28.
31) 같은 곳.
32) Analects 6:20; Analects 16:2.
33) Analects 7:29.
34) Analects 6:20; Herbert Fingarette, *Confucius: The Secular as Sacred*(New York, 1972), pp. 51-56.

35) Analects 8:7.
36) Analects 9:10.
37) Analects 11:8-9.
38) Analects 5:8.
39) Analects 9:8
40) Analects 7:5.
41) Isaiah(《이사야》) 44:28.
42) Isaiah 41:1-4.
43) Isaiah 51:9-10.
44) Isaiah 42:1-4; 49:1-6; 50:4-9; 52:13-53:12.
45) Isaiah 42:2-3.
46) Isaiah 50:5-6, 9.
47) Isaiah 52:13-53:5.
48) Isaiah 49:6.
49) Isaiah 41:12, 16; 51:23.
50) Isaiah 45:3.
51) Isaiah 41:17-24.
52) Isaiah 44:6-20; 46:1-9.
53) Isaiah 5:7.
54) Isaiah 42:13.
55) Isaiah 42:17.
56) Isaiah 40:5; 51:3.
57) Isaiah 54:11-17.
58) Ezra 2:64.
59) Josephus, *The Antiquities of the Jews* 11:8.
60) Margaret Barker, *The Older Testament: The Survival of Themes from the Ancient Royal Cult in Sectarian Judaism and Early Christianity*(London, 1987).
61) Haggai(《학개》) 1:9-11; 2:4-8.
62) Ezra 3:12-13.
63) Zechariah(《스가랴》) 8:23.
64) Zechariah 2:8.
65) Zechariah 7:1-7; 8:20.
66) Frank Moore Cross, *From Epic to Canon: History and Literature in Ancient Israel*(Baltimore and London, 1998), p. 170.
67) 2 Chronicles(《역대기하》) 30:1-14.
68) Ezra 3:13.
69) Christian Meier, *Athens: A Portrait of a City in Its Golden Age*, Robert and Rita Kimber 역(London, 1999), pp. 157-186; Charles Freeman, *The Greek Achievement: The Foundation of the Western World*(New York and London, 1999), pp. 167-169; Oswyn

Murray, *Early Greece*, 2판(London, 1993), pp. 274-281.
70) Murray, *Early Greece*, pp. 279-280.
71) Meier, *Athens*, p. 158; Jean-Pierre Vernant, *Myth and Society in Ancient Greece*, Janet Llyod 역, 3판(New York, 1996), pp. 92-96.
72) Heraclitus B17, in Jonathan Barnes 편역, *Early Greek Philosophy*(London and New York, 1987), p. 110.
73) Heraclitus B61, 같은 책, p. 104.
74) Heraclitus B125; B12; B49a; B26, 같은 책, pp. 117, 120, 124.
75) Heraclitus B60, 같은 책, p. 103.
76) Heraclitus B101, 같은 책, p. 113.
77) Heraclitus B119, 같은 책, p. 124.
78) Xenophanes B14; B12; B15, 같은 책, p. 95.
79) Xenophanes B23, 같은 곳.
80) Xenophanes B26; B25, 같은 책, p.97.
81) Fragment 1.22, in Anthony Gottlieb, *The Dream of Reason: A History of Western Philosophy from the Greek to the Renaissance*(London and New York, 2000), p. 52.
82) Barnes, *Early Greek Philosophers*, pp. 129-143.
83) Gottlieb, *The Dream of Reason*, p. 52.
84) Meier, *Athens*, pp. 10-18.
85) Murray, *Early Greece*, pp. 281-283; Meier, *Athens*, pp. 219-225.
86) Murray, *Early Greece*, pp. 236-246; Meier, *Athens*, pp. 3-33.
87) Murray, *Early Greece*, pp. 281-283; Meier, *Athens*, pp. 219-225.
88) Herodotus, *Histories* 6.21, in Jean-Pierre Vernant with Pierre Vidal-Naquet 편, *Myth and Tragedy in Ancient Greece*, Janet Lloyd 역(New York, 1990), p. 244.
89) Simon Goldhill, "The Great Dionysia", in J.J. Winkler and F. Zeitlin 편, *Nothing to Do with Dionysos? Athenian Drama in Its Social Context*(Princeton, 1990).
90) Freeman, *Greek Achievement*, p. 169.
91) John Gould, "Tragedy and Collective Experience", M. S. Silk 편, *Tragedy and the Tragic: Greek Theatre and Beyond*(Oxford, 1996), pp. 219-224; Simon Goldhill, "Collectivity and Otherness: The Authority of the Greek Chorus", in Silk, *Tragedy*, pp. 245-260.
92) Charles Segal, "Catharsis, Audience and Closure in Greek Tragedy", in Silk, *Tragedy*, pp.149-166.
93) Aeschylus, *The Persians* 179-84, in Philip Vellacott 역, *Aeschylus: Prometheus Bound and Other Plays*(London and New York, 1961).
94) *The Persians* 826-829, Vellacott 역.
95) Meier, *Athens*, pp.207-208.
96) Vernant, *Myth and Society*, pp. 133-135.
97) Aeschylus, *Agamemnon* 1592, in Robert Fagles 역, *Aeschylus: The Oresteia*(New York and London, 1976).

98) Segal, "Catharsis", pp. 157-158; Oliver Taplin, "Comedy and the Tragic", in Silk, *Tragedy*, pp. 198-199.
99) Vernant, *Myth and Society*, p. 277; Michael Trapp, "The Gragility of Moral Reasoning" in Silk, *Tragedy*, pp. 76-81.
100) *Antigone* 348-370, in E. F. Watling 역, *Sophocles: The Theban Plays*(London and New York, 1947).
101) Thomas J. Hopkins, *The Hindu Religious Tradition*(Belmont, Calif., 1971), pp. 50-51.
102) Katha Upanishad 1.26, in Patrick Olivelle, *Upanisads*(Oxford and New York, 1996).
103) Katha Upanishad 3:2-4, 6, 8; 6:11. Olivelle 역.
104) John Keay, *India: A History*(London, 2000), pp. 47-73; Olivelle, *Upanisads*, pp. xxviii-xxvix; Gavin Flood, *An Introduction to Hinduism*(Cambridged, U.K. and New York, 1996), pp. 80-81; Hermann Kulke, "The Historical Background of India's Axial Age", in S. N. Eisenstadt 편, *The Origins and Diversity of Axial Age Civilizations*(Albany, 1986), p. 109.
105) Kulke, "The Historical Background", p. 384.
106) Mircea Eliade, *Yoga: Immortality and Freedom*, Willard R. Trask 역(London, 1958), pp. 139-140, 158.
107) Trevor Ling, *The Buddha: Buddhist Civilization in India and Ceylon*(London, 1973), pp. 78-82.
108) Eliade, *Yoga*, pp. 189-191; Hopkins, *Hindu Religious Tradition*, p. 54.
109) Paul Dundas, *The Jains*, 2판(London and New York, 2002), pp.28-30.
110) 같은 책, p. 27; Hopkins, *Hindu Religious Tradition*, pp.54-55.
111) Dundas, *Jains*, pp. 106-107.
112) Acaranga Sutra(AS) 2.15.25.
113) AS 1.5.6.3, in Dundas, Jains, p. 43.
114) AS 1.4.1.1-2, 같은 책, pp. 41-42.
115) AS 1.2.3, 같은 곳.
116) Dasavairtaklika 4.10, 같은 책, p. 160.
117) AS 1.21; 1.1.3.2.
118) Dundas, Jains, pp. 34-35.
119) 같은 책, pp. 170-171.
120) Avashyaksutra 32, in Dundas, *Jains*, p. 171.

7장 사유의 혁명

1) Margaret Barker, *The Older Testament: The Survival of Themes from the Ancient Royal Cult in Sectarian Judaism and Early Christianity*(London, 1987), pp. 201-216.
2) Isaiah 65:16-25.
3) Isaiah 56:7.

4) Nehemiah(《느헤미야》) 2:14; 4:17-18.
5) Gosta W. Ahlström, *The History of Ancient Palestine*(Minneapolis, 1993), pp. 880-883; Elias J. Bickerman, *The Jews in the Greek Age*(Cambridge, Mass., and London, 1988), pp. 29-32; W. D. Davies and Louis Finkelstein 편, *The Cambridge History of Judaism*, 2vols.(Cambridge, U.K, 1984), I:144-153.
6) Ezra 7:10.
7) Ezra 7:21-26; Bickerman, *Jews in the Greek Age*, p. 154.
8) Nehemiah 8.
9) Ezra 10.
10) Isaiah 63:16-19.
11) Jonah(《요나》) 4:11.
12) Diogenes Laeritius, *Lives of the Philosophers* 9.72, in Jonathan Barnes 편역, *Early Greek Philosophy*(London and New York, 1987), p. 157.
13) Plato, *Parmenides* 127a-128d.
14) Anthony Gottlieb, *The Dream of Reason: A History of Philosophy from the Greeks to the Renaissance*(London, 2000), pp. 65-71.
15) 같은 책, p. 78.
16) Plato, *Apology* 26d; Gottlieb, *The Dream of Reason*, p. 84.
17) G. B. Kerferd, *The Sophistic Movement*(Cambridge, U.K., 1981); Gottlieb, *Dream of Reason*, pp. 109-128; Walter Burkert, *Greek Religion*, John Raffar 역(Cambridge, Mass., 1985), pp. 311-317; Richard Tarnas, *The Passion of the Western Mind: Understanding the Ideas That Have Shaped Our World View*(New York and London, 1991), pp. 26-31; Christian Meier, *Athens: A Portrait of the City in Its Golden Age*, Robert and Rita Kimber 역(London, 1999), pp. 440-445.
18) Gorgias, Fragment 3.
19) Meier, *Athens*, pp. 405-412.
20) Antiphon, Fragment 44, in Gottlieb, *The Dream of Reason*, p. 125.
21) Protagoras, Fragment 1, 같은 책, p. 119.
22) Protagoras, Fragment 4, in Tarnas, *Passion of the Western Mind*, p. 28.
23) Euripides, "On the Nature of the Gods", Meier, *Athens*, p. 443에 인용
24) *Heracles* 1307; 1341-46, in Philip Vellacott 역, *Euripides: Medea and Other Plays*(London and New York, 1963).
25) Fragment 1018, in Burkert, *Greek Religion*, p. 319.
26) *Trojan Women* 884-88, in John Davie 역, *Euripides: Electra and Other Plays*(London and New York, 1998).
27) *Medea* 1021-80; Bernard Seidensticker, "Peripeteia and Tragic Dialectic in Euripidean Tragedy", in M. S. Silk 편, *Tragedy and the Tragic: Greek Theatre and Beyond*(Oxford, 1996), pp. 387-388.
28) Aristotle, *Rhetoric* 1385b.11-1386b.7, in Richard McKeon 편, *The Basic Works of*

Aristotle(New York, 2001).
29) Seidensticker, "Peripeteia and Tragic Dialectic", pp. 402-403.
30) *Heracles* 1233-38; 1398-1428. Vellacott 역.
31) *Odyssey* II:275-76 참조.
32) Charles Segal, "Catharsis, Audience and Closure in Greek Tragedy", in Silk, *Tragedy and the Tragic*, pp. 166-168; Claude Calame, "Vision, Blindness and Mask: The Radicalization of the Emotions", in Silk, *Tragedy and the Tragic*, pp. 19-31; Richard Buxton, "What Can You Rely on in Oedipus Rex?", in Silk, *Tragedy and the Tragic*, pp. 38-49.
33) *King Oedipus* 1297; 1312; 1299; 1321, in E.F. Watling 역, *Sophocles: The Theban Plays*(London and New York, 1947).
34) Jean-Pierre Vernant, *Myth and Society in Ancient Greece*, Janet Llyod 역, 3판(New York, 1996), pp. 113-117.
35) Plato, *Symposium* 220c; 174d; 175b, in W. Hamilton 역, *The Symposium* (Harmondsworth, 1951).
36) Plato, *Laches* 187e, in Benjamin Jowett 역, with M.J. Knight, *The Essential Plato*(Oxford, 1871); Alain de Botton의 머리말을 수록하여 재발간(London, 1999).
37) Plato, *Laches*, "On Courage", Jowett 번역.
38) Plato, *Apologia* 38a5-6. Jowett 번역.
39) Plato, *Crito* 47e. Jowett 번역.
40) Plato, *Crito* 49a.
41) Plato, *Symposium* 215de. Hamilton 번역.
42) Charles Segal, *Dionysiac Poetics and Euripides' Bacchae*, 2판(Princeton, 1997); Richard Seaford, "Something to Do with Dionysus: Tragedgy and the Dionysiac", in Silk, *Tragedy and the Tragic*, pp. 284-292; Oliver Taplin, "Comedy and the Tragic", in Silk, *Tragedy and the Tragic*, pp. 284-292; George Steiner "Tragedy, Pure and Simple", in Silk, *Tragedy and the Tragic*, pp. 538-589; Vernant, *Myth and Tragedy*, pp. 381-412; Meier, *Athens*, pp. 575-578.
43) Euripides, *The Bacchae* 1168-1231, in Philip Vellacott 역, *Euripides: The Bacchae and Other Plays*(London and New York, 1973).
44) Euripides, *The Bacchae* 1075-1095.
45) Plato, *Apologia* 37e, Jowett 번역.
46) Jacques Gernet, *A History of Chinese Civilization*, J.R. Foster and Charles Hartman 역, 2판(Cambridge, U.K., and New York, 1996), p. 62.
47) Jacques Gernet, *Ancient China: From the Beginnings to the Empire*, Raymond Rudorff 역(London, 1968), pp. 93-94, 96-101; Gernet, *History of Chinese Civilization*, pp. 65-67.
48) *Zuozhuan*(《좌전》) 2:30, in James Legge 역, *The Ch'un Ts'ew and the Tso Chuen*, 2판 (Hong Kong, 1960).
49) Marcel Granet, *Chinese Civilization*, Kathleen Innes and Mabel Brailsford 역(London and

New York, 1951), pp. 32-33.
50) Sima Qian, *Records of the Grand Historian* 124, in Fung Yu-Lan, *A Short History of Chinese Philosophy*, Derk Bodde 편역(New York, 1976), p. 50.
51) Fung Yu-Lan, *A Short History of Chinese Philosophy*, pp. 50-52.
52) *The Book of Huainan* 20. The Huainanzi는 2세기에 편찬된, 21편의 에세이를 모은 문집이다.
53) A. C. Graham, *Later Mohist Logic, Ethics and Science*(Hong Kong, 1978), p. 4; Gernet, *Ancient China*, pp. 116-117.
54) *The Book of Mozi*(《묵자》) 26:4. 이 책의 인용은 다른 언급이 없는 경우 Burton Watson, 편역, *Mozi: Basic Writings*(New York, 2003)에서 가져왔다.
55) A. C. Graham, *Disputers of the Tao: Philosophical Argument in Ancient China*(La Sallle, Ill., 1989), p. 34; Benjamin I. Schwartz, *The World of Thought in Ancient China*(Cambridge, Mass., and London, 1985), p. 137.
56) *Mozi* 26:4.
57) *Mozi* 6:17-18.
58) Gernet, *Ancient China*, p. 116.
59) Mozi 3:16, Fung Yu-Lan, *A Short History of Chinese Philosophy*, p. 55의 번역.
60) Graham, *Disputers of the Tao*, p. 41.
61) *Mozi* 15:11-15.
62) Graham, *Disputers of the Tao*, pp. 47-48.
63) Schwartz, *World of Thought*, p. 157.
64) *Mozi* 8.
65) *Mozi* 15.
66) Graham, *Later Mohist Logic*, p. 256.
67) *Mozi* 4, in Schwartz, *World of Thought*, p. 145. 우리말 번역은 《묵자》(기세춘, 바이북스, 2009)를 기초로 하였다.—옮긴이.
68) *Mozi* 16. 우리말 번역은 《묵자》(기세춘, 바이북스, 2009)를 기초로 하였다.—옮긴이.
69) 같은 곳.
70) Majjhima Nikaya(MN) 26, 85,100; Jataka 1.62. 팔리어 경전에는 붓다의 설교집이 네 개 포함되어 있다(*Majjhima Nikaya, Digha Nikaya, Anguttara Nikaya, Samyutta Nikaya*). 그밖에 소품들도 들어 있는데, 붓다의 격언을 모은 *Udana*, 붓다와 동행자들의 전생 이야기인 *Jataka*가 그런 예다. 여기에 나오는 팔리 경전 인용은 위에 언급한 텍스트들의 필자 자신의 판본이다.
71) MN 26.
72) Udana 8:3.
73) MN 26, 36, 85, 100.
74) MN 12, 36, 85, 200
75) MN 36.
76) Joseph Campbell, *The Masks of God: Oriental Mythology*(New York, 1962), p. 236.
77) MN 36.

78) Anguttara Nikaya, 9:3; MN, 38, 41.
79) *Vinaya*: Mahavagga, 1:6. 이 텍스트는 불교의 규칙을 정리한 수행 계율서인 *Vinaya Pitaka*의 일부다.
80) Udana, 3:10.
81) MN 38.
82) Hermann Oldenberg, *Buddha: His Life, His Doctrine, His Order*, William Hoey 역 (London, 1882), pp. 299-302; Edward Conze, *Buddhism: Its Essence and Development*(Oxford, 1957), p. 102.
83) NA 8.7.3.
84) Richard F. Gombrich, *How Buddhism Began: The Conditioned Genesis of the Early Teachings*(London and Atlantic Highlands, NJ, 1996), pp. 60-61.
85) Michael Carrithers, *The Buddha*(Oxford and New York, 1983), pp. 75-77.
86) AN, 8:20.
87) AN 36; Samyutta Nikaya, 12:65.
88) MN, 36.
89) AN, 10:95.
90) MN 29.
91) Karen Armstrong, *A History of God: The 4,000 Year Quest of Judaism, Christianity and Islam*(London and New York, 1993).
92) Sutta-Nipata 43:1-44. Sutta-Nipata는 초기 불교 시를 모은 것이다.
93) *Vinaya*: Mahavagga 1.5.
94) 같은 곳.
95) *Vinaya*: Mahavagga 1:6.
96) *Vinaya*: Mahavagga 1:11.
97) *Vinaya*: Mahavagga 1:6; SN 22:59.
98) *Vinaya*: Mahavagga, 1:6.
99) MN, 1.
100) MN 22.
101) Samyutta Nikaya, 53:31.
102) MN, 63.
103) AN 3.65.
104) Sutta-Nipata, 118.
105) AN. 3.65.
106) Samyutta Nikaya 3.1-8.
107) MN 89.
108) Karl Jaspers, *The Great Philosophers: The Foundations*, Hannah Arendt 편, Ralph Manheim 역(London, 1962), pp. 99-105.
109) AN 4:36.

8장 철학의 모험

1) Jacques Gernet, *A History of Chinese Civilization*, J. R. Foster and Charles Hartman 역, 2판(Cambridge, U.K., and New York, 1996), pp. 67-81; Jacques Gernet, *Ancient China: From the Beginnings to the Empire*, Raymond Rudorff 역(London, 1968), pp. 89-114.
2) Benjamin I. Schwartz, *The World of Thought in Ancient China*(Cambridge, Mass., and London, 1985), pp. 238-239.
3) Marcel Granet, *Chinese Civilization*, Kathleen Innes and Mabel Brailsford 역(London and New York, 1951), p. 32.
4) Analects(《논어》) 14:39, 41; 18:6.
5) *The Book of Zhuangzi*(《장자》) 15:1 in Martin Palmer with Elizabeth Breuilly 역, *The Book of Chuang Tzu*(London and New York, 1996).
6) A. C. Graham, *Disputers of the Tao: Philosophical Argument in Ancient China*(La Sallle, Ill., 1989), p. 34; Benjamin I. Schwartz, *The World of Thought in Ancient China*(Cambridge, Mass., and London, 1985), pp. 64-74.
7) *The Book of Zhuangzi* 15:5.
8) Fung Yu-Lan, *A Short History of Chinese Philosophy*, Derk Bodde 편역(New York, 1976), pp. 60-66.
9) *Annals of Spring and Autumn*(《춘추》) 1.3.
10) *Annals of Spring and Autumn* 21.4, in Graham, *Disputers of the Tao*, p. 251.
11) *The Book of Mencius*(《맹자》) 3B9, in D. C. Lau 역, *Mencius*(London 1970).
12) *The Book of Mencius* 7A 26. Lau 번역.
13) *The Book of Huainan*(《회남자》), 13.
14) *The Book of Mencius*, 3B9.
15) *Inward Training* 2.100, in Graham, *Disputers of the Tao*, pp. 100-105.
16) *Inward Training* 2.102. Graham 번역.
17) *The Book of Zhuangzi* 17:34. Palmer 번역.
18) Graham, *Disputers of the Tao*, pp. 76-82; Schwartz, *World of Thought*, pp. 223-224; Fung Yu-Lan, *A Short History of Chinese Philosophy*, pp. 83-94.
19) *The Book of Zhuangzi* 33. Palmer 번역.
20) Schwartz, *World of Thought*, p. 224.
21) Fung Yu-Lan, *A Short History of Chinese Philosophy*, p. 91.
22) Graham, *Disputers of the Tao*, pp. 172-203; Schwartz, *World of Thought*, pp. 215-236; Fung Yu-Lan, *A Short History of Chinese Philosophy*, pp. 104-117; Mark Elvin, "Was There a Transcendental Breakthrough in China?", in S.N. Eisenstadt 편, *The Origins and Diversity of Axial Age Civilization*(Albany, 1986), pp. 342-346.
23) *The Book of Zhuangzi* 17.
24) *The Book of Zhuangzi* 20:61-68. Palmer 번역.
25) *The Book of Zhuangzi* 18:15-19. Palmer 번역.

26) *The Book of Zhuangzi* 6.53, in David Hinton 역, *Chuang Tzu: The Inner Chapters*(Washington, D.C., 1998).
27) *The Book of Zhuangzi* 5:84.
28) *The Book of Zhuangzi* 6:29-31.
29) Elvin, "Was There a Transcendental Breakthrough in China?", p. 343.
30) *The Book of Zhuangzi* 4:26-28. Hinton 번역.
31) *The Book of Zhuangzi* 2:29-31. Palmer 번역.
32) *The Book of Zhuangzi* 17:3.
33) *The Book of Zhuangzi* 19:19-21; 13:70-75. Palmer 번역.
34) *The Book of Zhuangzi* 2:1-3. Hinton 번역.
35) *The Book of Zhuangzi* 6:93. Hinton 번역.
36) *The Book of Zhuangzi* 6:19.
37) *The Book of Zhuangzi* 6:20. Palmer 번역.
38) *The Book of Zhuangzi* 1:21. Palmer 번역.
39) *The Book of Zhuangzi* 6:80. Palmer 번역.
40) *The Book of Zhuangzi* 7:32; 13:2-6; 33:56.
41) *The Book of Zhuangzi* 6:11.
42) Graham, *Disputers of the Tao*, pp. 111-132; Elvin, "Was There a Transcendental Breakthrough in China?", pp. 340-342; Schwartz, *World of Thought*, pp. 255-290; Fung Yu-Lan, *A Short History of Chinese Philosophy*, pp. 68-79; Tu Wei-Ming, *Confucian Thought: Selfhood as Creative Transformation*(Albany, 1985), pp. 61-109.
43) *Mencius*(《맹자》) 2A 1; 2B 13; Mencius는 Lau, *Mencius*에서 인용했다.
44) *Mencius* 2A 3.
45) *Mencius* 1A 5-6.
46) *Mencius* 1A 7.
47) *Mencius* 3A 4.
48) *Mencius* 3B 9.
49) *Mencius* 2A 6.
50) *Mencius* 3A 5.
51) *Mencius* 1A 7.
52) 같은 곳.
53) *Mencius* 2A 6.
54) 같은 곳.
55) *Mencius* 6A 8.
56) 같은 곳.
57) *Mencius* 6A 11.
58) *Mencius* 7A 1.
59) *Mencius* 2A 2; Fung Yu-Lan, *A Short History of Chinese Philosophy*, p. 78.
60) *Mencius* 7A 4.

61) *Mencius* 7A 13.
62) E. Washington Hopkins, *The Great Epic of India*(New York, 1902); Thomas J. Hopkins, *The Hindu Religious Tradition*(Belmont, Calif., 1971), pp. 87-89; Klaus K. Kostermaier, *Hinduism: A Short History*(Oxford, 2000), pp. 58-62; John Brockington, *The Sanskrit Epics*(Leiden, 1998); John Brockington, "The Sanskrit Epics", in Gavin Flood 편, *The Blackwell Companion to Hinduism*(Oxford, 2003), pp. 116-123; R. C. Zaehner, *Hinduism*(London, New York, and Toronto, 1962), pp. 84-120; Alf Hiltebeitel, *The Ritual of Battle: Krishna in the Mahabharata*(Ithaca and London, 1976); David Shulman, "Asvatthaman and Brhannada: Brahmin and Kingly Paradigms in the Sanskrit Epics", in S. N. Eisenstadt 편, *The Origins and Diversity of Axial Age Civilizations*(Albany, 1986), pp. 407-425.
63) *Mahabharata* 5.70.40-66.
64) *Mahabharata* 6.103.71:82-90.
65) *Mahabharata* 6.103.71:82-90 in K. M. Ganguli 역, *Mahabharata* 12 vols.(Calcutta, 1883-96).
66) *Mahabharata* 7.164.98-99. Ganguli 번역.
67) *Mahabharata* 7.164.41-42.
68) Taittiritya Samhita 3.1.10.3.; Shatapatha Brahmana 4.2.2.4.
69) *Mahabharata* 9.60.62. Ganguli 번역.
70) *Mahabharata* 5.70.66. Ganguli 번역.
71) *Mahabharata* 10.3.33. Ganguli 번역.
72) *Mahabharata* 10.14.6-7.
73) *Mahabharata* 10.15.1-10.
74) *Mahabharata* 10.18.9cd-12, Hiltebeitel, *Ritual of Battle*, p. 334에 인용.
75) Richard Tarnas, *The Passion of the Western Mind: Understanding the Ideas That Have Shaped Our World View*(New York and London, 1991), pp. 4-54; Bernard Williams, "Plato: the Invention of Philosophy", in Ray Monk and Frederic Raphael 편, *The Great Philosophers: From Socrates to Turing*(London, 2000), pp. 41-75; Anthony Gottlieb, *The Dream of Reason: A History of Philosophy from the Greeks to the Renaissance*(London, 2000), pp. 169-219; Walter Burkert, *Greek Religion*, John Raffar 역(Cambridge, Mass., 1985), pp. 321-337.
76) Seventh Letter 326a, Gottlieb, *Dream of Reason*, p. 176에 인용.
77) Williams, "Plato", p. 47; Tarnas, *Passion of the Western Mind*, p. 13.
78) Cratylus 386e, C. D. C. Reeve 역 in John M. Cooper 편, *Plato: Complete Works*(Indianapolis, 1997).
79) Mircea Eliade, *The Myth of the Eternal Return, or, Cosmos and History*, Willard R. Trask 역(Princeton, 1959), pp. 34-35.
80) *Meno* 82 b-c.
81) Gottlieb, *Dream of Reason*, p. 170에 인용.

82) *Meno* 81c-d, G.M.A. Grube 역 in Cooper 편, *Plato: Complete Works*.
83) *Meno* 82b-c.
84) Gottlieb, *Dream of Reason*, p. 174.
85) 같은 책, p. 207.
86) *Symposium* 210e, in G. Hamilton 역, *The Symposium*(Harmondsworth, 1951).
87) *Symposium* 210e, in Hamilton 역.
88) *Symposium* 210e, in Hamilton 역.
89) *Republic* 504d-509d.
90) *Republic* 520c, G.M.A. Grube and C.D.C. Reeve 역 in Cooper 편, *Plato: Complete Works*.
91) *Republic* 517a, Grube and Reeve 역.
92) *Republic* 520c, Grube and Reeve 역.
93) P. E. Easterling, "The End of an Era: Tragedy in the Early Fourth Century", in A. H. Sommerstein 편, *Tragedy, Comedy and the Polis*(Bari, 1993).
94) P. J. Wilson, "The Use of Tragedy in the Fourth Century", in M. S. Silk 편, *Tragedy and the Tragic: Greek Theatre and Beyond*(Oxford, 1996), pp. 314-316.
95) *Republic* 606d, Grube and Reeve 역.
96) *Republic* 603e-606b; Stephen Halliwell, "Plato's Repudiation of the Tragic", in Silk, *Tragedy and the Tragic*.
97) *Timaeus* 28c, Donald J. Zeyl 역, in Cooper 편, *Plato: Complete Works*.
98) *Timaeus* 39-41, Zeyl 번역.
99) *Timaeus* 90a, Zeyl 번역.
100) *Symposium* 202e-203a; Laws 834a; 729e; 941a.
101) *Laws* 771d.
102) *Laws* 653b; 654a, Trevor J. Saunders 역, in Cooper 편, *Plato: Complete Works*.
103) *Laws* 717b.
104) Burkert, *Greek Religion*, pp. 333-334.
105) *Laws* 716c; 654a, Saunders 역.
106) *Laws* 888b; 885b, Saunders 역.
107) *Laws* 907d; 909d.
108) *Nichomachean Ethics* 1178a, in Richard McKeon 편, *The Basic Works of Aristotle*(New York, 2001).
109) *Nichomachean Ethics* 1177a, 같은 책.
110) Gottlieb, *Dream of Reason*, pp. 270-272.
111) Burkert, *Greek Religion*, p. 331.
112) *Nichomachean Ethics* 1099bII; 1179a24.
113) *Politics* 1335b.15; 1314b39; 1331a27; 1336b6; *Rhetoric* 1391b1.
114) Karen Armstrong, *A History of God: The 4,000 Year Quest of Judaism, Christianity and Islam*(London and New York, 1993), pp. 171-208.
115) Fragment 15, Walter Burkert, *Ancient Mystery Cults*(Cambridge, Mass., and London,

1987), pp. 69, 89에 인용.
116) Gottlieb, *Dream of Reason*, p. 277.
117) *Poetics* 6, 1449b28.

9장 제국의 시대

1) A. C. Graham, *Disputers of the Tao: Philosophical Argument in Ancient China*(La Sallle, Ill., 1989), pp. 267-276; Benjamin I. Schwartz, *The World of Thought in Ancient China*(Cambridge, Mass., and London, 1985), pp. 321-345; Fung Yu-Lan, *A Short History of Chinese Philosophy*, Derk Bodde 편역(New York, 1976), pp. 155-165.
2) Schwartz, *The World of Thought in Ancient China*, pp.321-323.
3) *The Book of Guanzi*(《관자(管子)》) 67.3.55, Graham, *Disputers of the Tao*, p. 274에 인용. 《관자》는 7세기에 정치가 관중(管仲)이 지은 것으로 이야기되지만, 실제로는 훨씬 훗날에 나온 것이다.
4) *Shanqiunshu*(《상군서(商君書)》) 2:7, Fung Yu-Lan, Short History of Chinese Philosophy, p. 159에 인용.
5) *Shanqiunshu* 9:1.
6) *Shanqiunshu* 8:8, Schwartz, *World of Thought*, p. 328에 인용.
7) *Shanqiunshu* 20, Mark Elvin, "Was There a Transcendental Breathrough in China?", in S.N. Eisenstadt 편, *The Origins and Diversity of Axial Age Civilizations*(Albany, 1986), p. 352에 인용.
8) *Shanqiunshu* 20, Graham, *Disputers of the Tao*, p. 290에 인용.
9) *Shanqiunshu* 20, Schwartz, *World of Thought*, pp. 342-343에 인용.
10) *Han Feizi*(《한비자(韓非子)》) 54, Graham, *Disputers of the Tao*, p. 290에 인용.
11) *Han Feizi* 5, 같은 책, p.288.
12) Graham, *Disputers of the Tao*, pp. 235-267; Schwartz, *World of Thought*, pp. 299-320; Fung Yu-Lan, *Short History of Chinese Philosophy*, pp. 143-154; Elvin, "Was There a Transcendental Breathrough in China?", pp. 348-351.
13) *Xunzi*(《순자》) 9, in Burton Watson 편역, Xunzi: Basic Writings(New York, 2003).
14) *Xunzi* 16.
15) *Xunzi* 16, in Schwartz, *World of Thought*, p. 305.
16) *Xunzi* 8, Graham, *Disputers of the Tao*, p. 238에 인용.
17) *Xunzi* 15: 72. Watson 번역.
18) *Xunzi* 17:44. Watson 번역.
19) 같은 곳. Watson 번역.
20) *Xunzi* 23:1-4. Watson 번역.
21) 같은 곳. Watson 번역.
22) 같은 곳.
23) *Xunzi* 21:28-30.

24) *Xunzi* 19:63. Watson 번역.
25) *Xunzi* 19:17-79. Watson 번역.
26) *Xunzi* 19, 여기저기. 이 문장은 이 장 전체에 걸쳐 후렴처럼 반복된다. Watson 번역.
27) *Xunzi* 21:34-39. Watson 번역.
28) 같은 곳. Watson 번역.
29) 같은 곳. Watson 번역.
30) Graham, *Disputers of the Tao*, p. 215; Elvin, "Was There a Transcendental Breathrough in China?", p. 352; Huston Smith, *The World's Religions: Our Great Wisdom Traditions*(San Francisco, 1991), p. 197; Max Kaltenmark, *Lao Tzu and Taoism*, Roger Greaves 역(Stanford, Calif., 1969), p. 14.
31) Schwartz, *World of Thought*, pp. 186-215; Elvin, "Was There a Transcendental Breathrough in China?", pp. 352-354; Kaltenmark, *Lao Tzu and Taoism*; Fung Yu-Lan, *Short History of Chinese Philosophy*, pp. 93-103; Graham, *Disputers of the Tao*, pp. 170-231; Holmes Welch, *The Parting of the Way: Lao Tzu and the Taoist Movement*(London, 1958).
32) Daodejing(《도덕경》) 1, in D.C. Lau 역, Laotzu: Tao te Ching(London and New York, 1963).
33) *Daodejing* 25. Lau 번역.
34) *Daodejing* 59.
35) *Daodejing* 21; 6.
36) *Daodejing* 16. Lau 번역.
37) 같은 곳.
38) *Daodejing* 11, in Kaltenmark, *Lao Tzu and Taoism*, p.43.
39) 같은 곳.
40) *Daodejing* 16.
41) *Daodejing* 37. Lau 번역.
42) Graham, *Disputers of the Tao*, pp. 223-224.
43) Xunzi 17:51; *Spring and Autumn Annals*(《춘추좌전》) 17:7 참조.
44) *Daodejing* 78. Lau 번역.
45) *Daodejing* 43.
46) *Daodejing* 7. Lau 번역.
47) *Daodejing* 31, in Kaltenmark, *Lao Tzu and Taoism*, p. 56.
48) *Daodejing* 30. Lau 번역.
49) *Daodejing* 68, in Kaltenmark, *Lao Tzu and Taoism*, p. 56.
50) 같은 곳.
51) *Daodejing* 22, in Wm. Theodore de Bary and Irene Bloom 편, *Sources of Chinese Tradition*, vol.1: *From Earliest Times to 1600*, 2판(New York, 1999), p. 85.
52) *Daodejing* 49. Lau 번역.
53) *Daodejing* 18; 19.

54) *Daodejing* 13, in de Bary and Irene Bloom, *Sources of Chinese Tradition*, pp. 83-84.
55) Schwartz, *World of Thought*, p. 211.
56) Robin Lane Fox, *Alexander the Great*(London, 1973), P. 331.
57) John Keay, *India:A History* (London, 2000) p. 71.
58) Charles Freeman, *The Greek Achievement: The Foundation of the Western World* (New York and London, 1999), pp. 362-365.
59) Anthony Gottlieb, *The Dream of Reason: A History of Philosophy from the Greeks to the Renaissance*(London, 2000) pp. 283-345; Richard Tarnas, *The Passion of the Western Mind: Understanding the Ideas That Have Shaped Our World View*(New York and London, 1991), pp. 73-85.
60) Epicurus, *Letter to Menoeceus* 125, in Gottlieb, *Dream of Reason*, p. 296.
61) Diogenes Laertius, *Lives of the Philosophers* 19.61, 같은 책, p. 329.
62) Sextus Empiricus, *Outlines of Pyrrhonism* 1.29, 같은 책, p. 335.
63) Robert Parker, *Athenian Religion: A History* (Oxford and New York, 1996), p. 280.
64) Thirteenth Major Rock Edict, Romila Thapar, *Asoka and the Decline of the Mauryas*(Oxford, 1961), p. 256에 인용.
65) dhamma는 산스크리트 dharma의 팔리어 표현이다.
66) Keay, *India*, pp. 91-94.
67) 같은 책, p. 88.
68) Ibid., pp. 94-100; Romila Thapar, *Early India: From the Origins to AD 1300*(Berkeley and Los Angeles, 2002), pp. 202-204.
69) Thapar, Ashoka, p. 254.
70) 같은 책, p. 255.
71) Thomas J. Hopkins, *The Hindu Religious Tradition*(Belmont, Calif., 1971), p. 72.
72) Shvetashvatara Upanishad 1:8, 10, in Patrick Olivelle 역, *Upanisads* (Oxford and New York, 1996).
73) Shvetashvatara Upanishad 2:15. Olivelle 번역.
74) Shvetashvatara Upanishad 3:7. Olivelle 번역.
75) Shvetashvatara Upanishad 3:13. Olivelle 번역.
76) Shvetashvatara Upanishad 6:23. Olivelle 번역.
77) Klaus K. Klostermaier, *A Survey of Hinduirm*, 2판. (Albany, 1994), pp. 221-237.
78) *Bhagavad-Gita* 1:30-37. the Bhagavad-Gita의 모든 인용은 Barbara Stoler Miller 역, *The Bhagavad-Gita: Krishna's Counsel in Time of War*(New York, Toronto and London, 1986)에서.
79) *Bhagavad-Gita* 1:47.
80) *Bhagavad-Gita* 2:9.
81) *Bhagavad-Gita* 2:47-48.
82) *Bhagavad-Gita* 4:20.
83) *Bhagavad-Gita* 4:6.

84) *Bhagavad-Gita* 4:8.
85) *Bhagavad-Gita* 9:9.
86) *Bhagavad-Gita* 11:15-16.
87) *Bhagavad-Gita* 9:18.
88) *Bhagavad-Gita* 11:32-33.
89) *Bhagavad-Gita* 11:55.
90) *Bhagavad-Gita* 18:63-66.
91) *Bhagavad-Gita* 9:32.
92) *Bhagavad-Gita* 13:7.

10장 축의 시대의 귀환

1) Karl Jaspers, *The Origin and Goal of History*, Michael Bullock 역(London, 1953), p. 51.
2) Sima Qian(사마천), *Records of the Grand Historian*(《사기》) 6:21, in A.C. Graham, *Disputers of the Tao: Philosophical Argument in Ancient China*(La Salle, Ill., 1989), p. 370.
3) Benjamin I. Schwartz, *The World of Thought in Ancient China*(Cambridge, Mass., and London, 1985), pp. 350-382; Fung Yu-Lan, *A Short History of Chinese Philosophy*, Derk Bodde 편역(New York, 1976), pp. 130-202; Graham, *Disputers of the Tao*, pp. 325-358.
4) A. C. Graham, *Later Mohist Logic, Ethics and Science*(Hong Kong, 1978), p.411.
5) Sima Qian, *Records of the Grand Historian* 6:237, in Graham, *Disputers of the Tao*, p.371.
6) Holmes Welch, *The Parting of the Way: Lao Tzu and the Taoist Movement*(London, 1958), pp. 89-98.
7) Sima Qian, *Records of the Grand Historian* 6:87, in Fung Yu-Lan, *Short History of Chinese Philosophy*, p. 204.
8) 같은 곳.
9) Schwartz, *World of Thought*, pp. 237-253.
10) *The Book of Zhuangzi*(《장자》) 33, in Martin Palmer and Elizabeth Breuilly 역, *The Book of Chuang Tzu*(London and New York, 1996).
11) 같은 곳.
12) Fung Yu-Lan, *Short History of Chinese Philosophy*, pp. 205-216; Graham, *Disputers of the Tao*, pp. 313-377; Schwartz, *World of Thought*, pp. 383-406.
13) Sima Qian, *Records of the Grand Historian* 8:1, in Fung Yu-Lan, *Short History of Chinese Philosophy*, p. 215.
14) *Hanshu*(《한서(前漢書)》) 130, in Graham, *Disputers of the Tao*, pp. 379-380.
15) Huston Smith, *The World's Religions: Our Great Wisdom Traditions*(San Francisco, 1991), p. 189.
16) Fung Yu-Lan, *Short History of Chinese Philosophy*, p. 215.

17) Louis Renou, *Religions of Ancient India*(London, 1953), pp. 46-47.
18) Brian K. Smith, *Reflections on Resemblance, Ritual and Religion*(Oxford and New York, 1989), pp. 195-202.
19) Baudhayana Dharma Sutra 2.6.11:2-6, in Smith, *Reflections on Resemblance*, p. 196.
20) *The Law of Manu* 3:68-69, 같은 책, p. 198.
21) Gavin Flood, *An Introduction to Hinduism*(Cambridge, U.K., and New York, 1996), p. 61.
22) L. Dumont, *Homo Hierarchicus: The Caste System and Its Implications*(Chicago and London, 1980), p. 54.
23) *The Law of Manu*, p. 51.
24) Klaus K. Klostermaier, *A Survey of Hinduism*, 2판(Albany, 19941, p. 222)에 인용.
25) *Bhagavad-Gita* 12:8-10, in Barbara Stoler Miller 역, *The Bhagavad-Gita: Krishna's Counsel in Time of War*(New York, Toronto and London,1986).
26) Bhagavata Purana(서기 800년경), in Klostermaier, *Survey of Hinduism*, p. 229.
27) *Bhagavad-Gita* 6:32, Miller 번역.
28) Freda Matchett, *Krsna:Lord or Avatara? The Relationship Between Krsna and Visnu* (Richmond, U.K., 2001), pp. 1-4.
29) 같은 책, p. 5.
30) Rig Veda 1.155.4, in Ralph T. Grifith 역, *The Rig Veda*(New York, 1992).
31) Rig Veda 7.100.2; 8.25.2.
32) Klaus K. Klostermaier, *Hinduism: A Short History*(Oxford, 2000), pp. 135-178; Klosterinaier, *Survey of Hinduism*, pp. 262-269.
33) Klostermaier, *Survey of Hinduism*, pp. 307-319.
34) Astasahasrika 15:293, Edward Conze, *Buddhism: Its Essence and Development* (Oxford, 1951), p. 125.
35) Shabbat 31a, in A. Cohen 편, *Everyman's Talmud* (New York, 1975), p. 65. 어떤 학자들은 이 이야기가 약 200년 뒤의 다른 랍비와 관련된 것이라고 생각한다.
36) Aboth de Rabbi Nathan I. N, 11a, in C. G. Montefiore and H. Loewe 편, *A Rabbinic Anthology* (New York, 1974), pp. 430-431.
37) Mekhilta de Rabbi Simon on Exodus 19:6, in J.Abelson, *The Immanence of God in Rabbinical Literature* (London, 1912), p. 230.
38) Song of Songs Rabbah 8:12, 같은 책, p. 231.
39) Yakult on Song of Songs 1:2.
40) Sifre on Leviticus 19:8, in Samuel Belkin, *In His Image: The Jewish Philosophy of Man as Expressed in Rabbinic Tradition* (London, 1960), p. 241.
41) Makhilta on Exodus 20:13, 같은 책, p 50.
42) Sanhedrin 4:5.
43) Baba Metziah 58b.
44) Arakim 15b.

45) Midrash Rabbah, Numbers 19:6, in Gerald L. Bruns, "Midrash and Allegory," in Robert Alter and Frank Kermode 편., *The Literary Guide to the Bible* (London, 1987). p. 632.
46) Midrash Rabbah 1.10.2, 같은 책, p. 627.
47) Baba Metziah 59b, Deuteronomy 30: 12, in Cohen, *Everyman's Talmud*, pp. 40–41.
48) Exodus Rabbah 34:1; Hagigah 13b in Abelson, *Immanence of God*, pp. 115-116.
49) Matthew 12:18-21.
50) Matthew 7:12; Luke 6:31.
51) Matthew 22:34-40; Mark 12:29-31; Luke 10:25-28.
52) Philippians 2:6-11.
53) Philippians 2:5.
54) Philippians 2:2-4.
55) Romans 6:1-11.
56) Romans 8:14-39.
57) Galatians 2:20.
58) I Corinthians 13:4-8.
59) Matthew 7:1.
60) Matthew 25:31-46.
61) Matthew 19:16-22; Mark 10:13-16; Luke 18:18-23.
62) Matthew 6:1-6.
63) Matthew 5:38-39.
64) Matthew 26:52.
65) Luke 22:34.
66) Matthew 5:43-48.
67) Qur'an 3:58-62; 2:129-32.
68) Qur'an 29:47. Qur'an 인용은 Muhammad Asad 역., *The Message of the Qur'an*(Gibraltar, 1980)에서. (《쿠란》의 번역은 이슬람 국제출판국의 한글 번역본을 기초로 했지만, 가능한 한 본문에 가깝게 고쳐놓았다.—옮긴이).
69) Qur'an 55:11.
70) Qur'an 2:217; 2:190.
71) Qur'an 22:39-40.
72) Qur'an 2:292.
73) Qur'an 16:125-126.
74) Qur'an 48:1.
75) Qur'an 48:26.
76) Qur'an 48:29.
77) Gregory Palamas, *Theophanes*, in J. P. Migue 편, *Patrologia Graeca*(Paris, 1864~1884), 9.932D.
78) Matthew 7:5.

| 용어 설명 |

가타Gatha(아베스타어) : 조로아스터교의 경전. 조로아스터가 썼다고 하는 17편의 영감어린 찬가.

겸애(兼愛) : 묵가의 최고 덕. 종종 '보편적 사랑'으로 번역되지만, '모든 사람에 대한 관심'으로 옮기는 것이 더 정확하다. 원칙이 있는 공평성.

고임Goyim(헤브라이어) : 이방 민족들.

골라Golah(헤브라이어) : 바빌로니아에서 돌아온 유대 추방자들의 공동체.

군자(君子) : 고대 중국에서 귀족 계급의 통칭. 그러나 유가는 이 말에서 계급적 의미를 없앴다. 유가에게 군자는 타고난 능력을 계발한, 성숙하고 완전히 발달한 인간이었다. 때때로 '심오한' 또는 '우수한' 사람으로 번역되기도 한다.

기(氣) : 생명의 원재료, 그 기본적 에너지와 원시의 영혼. 이것이 만물에 생명을 불어넣는다. 무한히 활동적인 기는 다양한 조합으로 합쳐져 도(道)의 인도에 따라 개별 존재를 형성한다. 일정한 시간이 지나 기가 흩어지면 존재는 죽거나 해체되지만, 기는 계속 살아가며 새로운 방식으로 결합하여 완전히 다른 존재를 낳는다. 기는 만물에 독특한 형태와 형식을 부여한다. 인간에게 기가 자유롭게 흐르게 하는 것은 중국 신비주의의 주된 목표가 되었다. 기는 인격의 기초이고, 존재의 근거이며, 도와 완벽한 조화를 이룬다.

누스Nous(그리스어) : 정신.

니야마Niyama(산스크리트) : 요가 수행자의 예비적인 '규율'. 구루의 가르침을 학습하는 것, 일상에서 침착한 태도, 모든 사람들에게 친절을 베푸는 것 등이 포함된다.

니르바나Nirbana(산스크리트) : '소멸', '꺼짐'. 자아의 소멸. 이로써 고통과 고난으로부터 해방되어 깨달음을 얻는다. 팔리어로는 '닙바나'가 된다.

다르마Dharma(산스크리트) : 다양한 의미를 지닌 복잡한 말. 원래는 사물의 타고난 조건, 사물의 본질, 존재의 근본적 법칙을 뜻했다. 그러다가 베다 사회 각 계급의 법과 의무를 뜻하였으며, 그 기능과 생활 방식을 규정했다. 마지막으로 다르마는 종교적 진리, 특정 종교 체계를 구성하는 교리와 실천을 가리켰다. 팔리어로는 '담마'이다.

다에바Daeva(아베스타어) : '빛나는 존재'. 신. 조로아스터 교도는 다에바를 악마로 간주하였으며, 다에바들의 '주(主)'인 아수라들을 진리와 질서의 수호자로 섬겼다.

다이몬Daimon(그리스어) : 낮은 등급의 신성한 존재. 신과 인간의 중개자.

데모스Demos(그리스어) : '인민'.

데바Deva(산스크리트) : '빛나는 존재'. 베다 시대 아리아인의 신(다에바 참조). 조로아스터 교도는 다에바를 낮게 보아 그들을 악하고, 폭력적이고, 악마적인 존재로 간주했지만, 베다 시대 인도 아리아인은 데바의 역동성을 사랑하여 아수라보다 이들을 섬겼다.

도(道) : '길'. 올바른 경로나 방향. 많은 중국 제의의 목표는 인간사가 하늘의 길(天道)과 일치하게 하는 것이었다. 인간의 장점은 도를 지상에서 표현하는 능력인 '덕(德)'에 따라 사는 것이다. 축의 시대에 장자와 노자가 대표한 학파인 도가에서 '도'는 궁극적이고 말로 표현할 수 없는 실재이자, 모든 현상이 파생되는 원천, 존재하는 모든 것의 생산되지 않는 생산자로서, 세계의 안정과 질서를 보장한다.

도덕(道德) : 특히 왕이나 제후가 표현하는 '도의 힘'. 세계와 왕국에 질서를 가져오는 마법적 능력.

도시 디오니소스 축제(City Dionysia) : 해마다 열렸던 디오니소스를 기리는 축제. 아크로폴리스 남쪽 비탈의 극장에서 비극이 공연되었다.

두카Dukkha(산스크리트) : '뒤틀리고, 결함이 있고, 불만족스러운'. 보통 '괴로움'으로 번역하는 경우가 많다.

디스노미아Dysnomia(그리스어) : '무질서'. 주민 가운데 어떤 구성 분자들이 지나치게 지배적인 자리에 서게 만드는, 균형이 잡히지 않은 사회 정책.

디아도코이Diadochoi(그리스어) : 알렉산드로스 대제의 여섯 '후계자들'을 가리킨다. 알렉산드로스 사후에 최고의 자리를 놓고 싸웠다.

디케Dike(그리스어) : '정의'. 또는 제우스의 딸들 가운데 한 명인 정의의 여신.

라자Raja(산스크리트) : 인도의 '족장' 또는 '왕'.

라자수야Rajasuya(산스크리트) : 왕의 축성 의식.

로고스Logos(그리스어) : '대화 언어'. 이성적이고, 논리적이고, 과학적인 사고. 스토아주의 같은 일부 철학에서는 본성의 이성적이고 지배적인 원칙을 가리킨다.

리그베다Rig Veda(산스크리트) : '운문으로 이루어진 지식'. 베다 경전의 가장 신성한 부분. 천 편이 넘는 영감어린 찬가로 이루어져 있다.

리시Rishi(산스크리트) : '예언자'. 영감을 받은 《리그베다》의 시인들에게 적용되는 표현. 선지자나 신비주의자, 현자를 가리키기도 한다.

리타Rita(산스크리트) : 신성한 질서(아샤 참조).

만다라Mandala(산스크리트) : 우주의 상징적이고 회화적인 표현. 모든 것에 널리 퍼져 있음을 표현하기 위해 늘 원형으로 그린다. 명상의 상(像).

만트라Mantra(산스크리트) : 제의 때 암송하는 짧은 산문 글귀. 베다 종교에서 소리는 신성했기 때문에 만트라는 성스러운 것이었으며, 데바였다. 만트라는 성스러운 것을 인간의 언어 형식으로 요약할 수 있었다.

메시아Messiah(헤브라이어) : '기름 부음을 받은 자'. 원래는 이스라엘과 유다의 왕을 가리키는 말로서, 왕은 즉위식 때 기름 부음을 받아 특별히 종교적으로 야훼에게 가까워졌다. 왕은 '하느님의 아들'이 되었으며, 성스러운 책무를 이행해야 했다. 이런 의미의 연장선상에서 제2의 이사야는 야훼의 왕으로서 야훼의 일을 하던 페르시아의 왕 키루스에게 이 표현을 사용했다.

모크샤Moksha(산스크리트) : 재생과 끊임없는 삼사라의 순환으로부터의 '해방'. 그 결과 자신의 진정한 자아에 눈을 뜨는 것을 말한다.

무니Muni(산스크리트) : '말 없는 현자'. 출가자.

미스타이Mystai(그리스어) : 성스러운 것을 개인적으로 강렬하게 경험하게 해주는 그리스 신비 종교에 입문하는 사람들.

미아스마Miasma(그리스어) : 가족 구성원이나 이웃에 대한 폭력적 잔학 행위에 내재하는 전염력 있는 독기. 나름의 독립적인 생명력을 지니고 있다. 범인의 친척, 또는 그냥 우연히 근처에 있었던 전혀 죄 없는 인간에게도 전염될 수 있다. 방사능과 크게 다르지 않다. 일단 악행을 저지르면, 그 미아스마는 범인을 벌하는 것 — 보통 폭력적이고 희생제적인 죽음 — 으로만 없앨 수 있다. 그리스 신화에서 복수의 여신들인 3명의 에리니에스는 미아스마의 제거를 책임지고 죄인을 추적한다.

미토스Mythos(그리스어) : '신화'. 어떤 의미에서는 한 번 일어났지만, 동시에 늘 일어나고 있는 현실. 쉽게 파악되지 않는, 시간을 초월한 진리를 다루는 신화적 담론과 궁극적 의미의 탐색. 로고스로 보완된다.

바실레우스Basileus(그리스어) : '영주'. 그리스의 귀족.

바이샤Vaishya(산스크리트) : 씨족 사람. 베다 사회의 제3계급으로서, 공동체에 부를 생산하는 것이 맡은 역할이었다. 처음에는 가축을 기르고 농사를 지었고, 나중에는 장사나 교역을 했다.

바크티Bhakti(산스크리트) : '사랑', '헌신'. 신에 대한 감정적 굴복에 기초한 영혼의 수행을 가리킨다. 바크타(bhakta)는 예를 들어 시바나 비슈누에게 헌신하는 사람이다.

반두Bandhu : '상응'. 베다의 제의 과학에서 희생제를 주관하는 사람과 사제는 희생제를 치르면서 지상의 현실과 천상의 현실이 연결되는 고리를 찾아야 했다. 반두는 두 대상의 기능이나 외형의 유사성, 또는 신비한 상응에 기초를 둔다.

법(法) : '표준, 양식, 방법'. 종종 '법'으로도 이해된다. 중국 법가에서 중요한 개념이다.

베다Veda(산스크리트) : '지식'. 아리아 인도인의 엄청난 양의 신성한 문헌을 가리킨다.

붓다Buddha(산스크리트, 팔리어) : '깨달은' 자 또는 '깨어난' 자.

붓디Buddhi(산스크리트) : '지성'. 상키아 체계에서 가장 높은 인간적 범주. 인간 가운데 영원한 푸루샤를 생각할 수 있는 유일한 부분.

브라마시리스Brahmasiris(산스크리트) : 신화적인 대량 파괴 무기.

브라마카리야Brahmacarya(산스크리트) : 베다를 공부하는 학생이 그에게 희생의 지식을 가르치는 스승 밑에서 교육을 받는 동안 지켜야 하는 '신성한 생활'. 학생은 베다 텍스트를 공부하는 동안 겸손하게 자아를 지우며 아힘사(불살생)와 순결의 삶을 살아야 했다. 브라마카린(brahmacarin)은 베다를 공부하는 학생을 가리킨다.

브라만Brahman(산스크리트) : '모든 것'. 실재 전체 또는 존재의 본질. 존재하는 만물의 기초. 존재 자체. 우주를 지탱하면서, 우주가 성장하고 발전하게 해주는 힘. 베다 종교에서 최고의 실재이다.

브라모디야Brahmodya(산스크리트) : 제의적 시합. 시합 참가자들은 각각 신비하고 말로 표현할 수 없는 브라만의 실재를 표현하는 언어적 공식을 찾으려고 노력했다. 그러나 참가자들이 모두 경외심에 빠져 말을 잃고 침묵하는 것으로 끝이 났다. 그들은 침묵 속에서 브라만의 임재를 느꼈다.

브라민Brahmin(산스크리트) : 베다의 사제. 사제 계급의 일원.

빈(賓) : '접대하다'. 고대 중국에서 조상을 기리는 제의적 연회의 명칭이었다. 이 연회에는 조상도 참석한다고 믿었다. 조상은 가족 가운데 젊은이의 모습으로 나타나는데, 제의 동안 죽은 친척의 영혼이 이 사람에게 자리를 잡는다고 생각했다.

사(士) : 원래 고대 중국의 지배 계급 가운데 가장 하층에 속하는 신분이었다. '대부(大夫)'와 서민의 중간이었는데 서민과 크게 차이가 없었다. 이들은 흔히 병사, 다양한 지식 분야의 전문가, 글로 남은 전통의 수호자, 서기 같은 하층 관리로 일했다. '사'는 일반적으로 글을 읽고 쓰는 지식인 계층을 가리키는 말이 되었다. 중국 축의 시대 현자는 보통 이 계급 출신이었다.

사바오트Sabaoth(헤브라이어) : '군대의'. 야훼를 수식하는 주요한 형용사.

삼사라Samsara(산스크리트) : '계속 가게 함'. 죽음과 재생의 순환을 말한다. 사람을 하나의 생(生)에서 다음 생으로 밀고나가는 것. 종종 인간 조건의 불안과 무상함을 가리킨다.

상가Sangha(산스크리트) : 원래는 아리아인 씨족의 부족 집회를 가리키는 말. 그 연장선에서 출가자들의 종교적 결사를 가리키게 되었다.

상키아Samkhya(산스크리트) : '분별'. 요가와 비슷한 철학으로서, 우주를 24개 범주로 분석했으며, 모크샤(해방)를 유도하기 위한 명상의 대상을 제공할 목적으로 우주론을 고안했다.

서(恕) : '자기 자신에게 견주다'. 유가에서 중시하는 덕목이며, 황금률과 관련이 있다. "다른 사람이 너에게 하기를 원치 않는 일을 그들에게 절대 하지 마라."

성(誠) : '성실'. 중국에서 제의는 위선이나 불평 없이 전심으로 이행해야 했다.

세페르 토라Sefer torah(헤브라이어) : 기원전 622년 예루살렘 성전에서 발견된 율법 두루마리.

소마Soma(산스크리트) : 아리아인이 제의에서 사용한 환각을 일으키는 식물. 동시에 인도에서 소마는 사람들을 기근에서 보호해주고 가축을 돌보아주는 신성한 사제이기도 했다(하오마 참조).

수드라Shudra(산스크리트) : 인도의 비아리아계 주민. 베다 사회의 최하층이었으며, 노동력을 제공하는 기능을 했다.

슈루티Shruti(산스크리트) : '들은 것', '계시'.

신(神) : (중국에서) 각 사람을 독특하게 만들어주는 성스럽고 신비한 특질. 이것 때문에 한 사람이 하늘에서 개인으로 살아남고 조상 숭배에서 신성한 조상이 될 수 있었다.

심파테이아Sympatheia(그리스어) : '함께 느끼다'. 제의에 깊이 이끌림. 훗날 그 연장선에서 다른 고통받는 인간에게 끌리는 것을 나타내게 되었다.

아고라Agora(그리스어) : 그리스 도시 중심에 있었던 열린 공간. 만남의 중심지.

아곤Agon(그리스어) : 경기. 경쟁.

아그니카야나Agnicayana(산스크리트) : 베다 제의. 불의 신 아그니를 위하여 벽돌로 불의 제단을 쌓는 것을 말한다.

아나타Anatta(팔리어) : '무아(無我)'. 항상적이고, 안정되고, 분리된 인격의 존재를 부정하는 불교 교리로서, 자아가 존재하지 않는 것처럼 살도록 권장하려고 만든 것이다.

아라냐Aranya(산스크리트) : 숲, 밀림. 《아라냐카》('숲의 책')는 베다 제의에 대한 신비주의적 해석을 보여준다.

아레오파고스Areopagos(그리스어) : 아테네의 아고라 근처 바위가 많은 작은 언덕. 귀족 원로회(보통 아레오파고스 회의라고 부른다)가 열리던 장소.

아리스테이아Aristeia(그리스어) : 전투의 흥분 상태로 무아경에 빠진 그리스 전사의 '승리감에 젖어 광포한 상태'.

아리아인Aryan : 원래는 '명예로운 사람, 고귀한 사람'이라는 뜻을 가진 말. 러시아 남부 초원 지대에서 형성되어 훗날 인도와 이란으로 이주한 인도-유럽어족 민족들.

아메샤Amesha(아베스타어) : '불멸의 존재'. 조로아스터교에서 이 말은 최고의 신 아후라 마즈다를 수행하는 일곱 신을 가리키는 말이다.

아바타라Avatara(산스크리트) : '표현', '하강'. 신이 지상에 나타난 모습을 가리킨다. 예를 들어 크리슈나는 베다의 신 비슈누의 아바타라이다.

아사나Asana : '앉기'. 등을 곧게 펴고 가부좌를 튼, 요가 명상의 올바른 자세.

아샤Asha(아베스타어) : 우주를 지탱하고 삶을 가능하게 하는 신성한 '질서'.

아샤반Ashavan(아베스타어) : 조로아스터교에서 '아샤의 옹호자'.
아수라Asura(산스크리트) : 베다 시대 아리아인은 조로아스터 교도가 섬기던 아수라를 강등시켰다. 아리아인은 역동적인 데바와 비교할 때 아수라가 수동적이고 정적이라고 보았다(아후라 참조).
아카이아인Achaean : 미케네의 그리스인을 가리키는 용어. 그들 다수가 아카이아에 살았다.
아크로폴리스Acropolis(그리스어) : 아테네 바깥의 성스러운 언덕.
아타락시스Ataraxis(그리스어) : 고통으로부터 자유로운 상태.
아트만Atman(산스크리트) : 출가자와 《우파니샤드》 신비주의자들이 추구한 불멸의 영원한 '자아'. 브라만과 동일하다고 믿었다.
아페이론Apeiron(그리스어) : 아낙시만드로스의 철학에서 우주 최초의 '규정할 수 없는' 물질.
아후라Ahura(아베스타어) : '주(主)'. 아리아인의 신들 가운데 가장 중요한 신의 이름이다. 아후라들은 조로아스터 교도가 섬기는 신들이 되었다.
아흘 알키타브Ahl al-kitab(아랍어) : 보통 '경전의 사람들(people of the book)'이라고 번역한다. 그러나 《쿠란》이 공개된 서기 7세기에 아라비아에는 책이 거의 없었기 때문에 '이전 계시의 사람들'이라고 옮기는 것이 더 맞다.
아힘사Ahimsa(산스크리트) : '해를 끼치지 않음'. 불살생.
암 하아레츠Am ha-aretz(헤브라이어) : 기원전 7세기 유다의 시골 귀족. 추방당했던 사람들이 돌아온 뒤 이 말은 바빌로니아 전쟁 뒤 가나안에 정착한 외국인, 그리고 바빌로니아로 추방당하지 않았던 이스라엘과 유다 사람을 가리키는 말이 되었다.
야마Yamas(산스크리트) : 요가 수행자가 준비 훈련 때 지켜야 하는 다섯 가지 '금제'. 명상 전에 야마를 어기지 말아야 했다. 다섯 가지 '맹세'로 부르기도 한다. 마음을 흐리게 하고 집중을 방해하는 폭력, 도둑질, 거짓말, 섹스, 취하게 하는 물질을 금했다.
양(讓) : '양보'. 중국 제의에서 가르치는 숭배와 존경을 나타내는 태도.
에리니에스Erinyes(그리스어) : 복수의 여신들. 비인도적인 친족 살해를 응징하는 지하의 신들.
에우노미아Eunomia(그리스어) : '질서'. 어떤 하나의 요소도 다른 것들을 지배하지 않는 균형 잡힌 사회를 말한다. 이것은 기원전 6세기에 솔론이 아테네에 수립한 정체(政體)를 표현하는 말이엇다.
에카그라타Ekagrata(산스크리트) : 요가 훈련의 하나. '하나의 점에' 집중하는 것.
엑스타시스Ekstasis(그리스어) : 무아경. 말 그대로는 '밖으로 나감'. 자아를 넘어 초월적 세계로 나아간다는 뜻이며, 정상적 경험을 초월하는 경험이다.

엔 메소이en mesoi(그리스어) : '중심에'라는 뜻. 아테네 민주주의의 공개적이고 접근하기 쉬운 측면을 표현하는 말이다.

엔테오스en-theos(그리스어) : 말 그대로는 '안에 신이 있다'는 뜻이다. 특히 디오니소스 축제의 신비주의 의식 동안 경험하게 되는 신들린 무아경을 가리킨다.

엘로힘Elohim(헤브라이어) : 신들이 인간에게 의미하는 모든 것을 요약한 말. 신성한 것. 종종 야훼의 공식 칭호로 사용되기도 하며, '하느님'으로 번역된다.

예(禮) : 제의, 의식. 중국에서 군자의 삶 전체를 규제하는 다양한 제의 전승들.

예언자Prophet(그리스어에서 파생) : 하느님을 대신하여 또는 '위하여 말하는' 사람.

요가Yoga(산스크리트) : '멍에로 매다'. 원래는 습격 전에 말을 전차에 멍에로 묶는 것을 가리키는 말이었다. 나중에는 깨달음을 얻기 위해 정신의 힘을 '멍에로 매는 것'을 가리키게 되었다. 이 명상 훈련은 우리가 모크샤와 니르바나에 이르는 것을 가로막는 자기중심주의를 제거하려고 고안된 것이다.

우파니샤드Upanishad(산스크리트) : '가까이 다가앉다'. 베다 종교에서 비의적인 신비주의 경전으로서, 베다의 절정으로 존중되었다. 기원전 7세기에서 2세기 사이에 13편의 고전 《우파니샤드》가 지어졌다.

원형Archetype(그리스어에서 파생) : '원래의 형태' 또는 '모범'. 지상의 모든 대상 또는 경험을 천상 세계의 더 강렬하고 풍부한 실재의 복제품 또는 그림자로 보는 영속 철학과 관련된 용어다. 고대 종교에서는 원형적 실재로 돌아가는 것을 한 개인이나 사물의 완성으로 보았다. 그렇게 하면 더 충만하고 풍부한 존재가 될 수 있기 때문이다.

유(儒) : 중국의 제의 전문가들.

유위(有爲) : 규율이 잡힌 목적 있는 행동.

이소노미아Isonomia(그리스어) : '평등한 질서'. 기원전 6세기 초에 아테네에서 클레이스테네스가 고안한 정부에 붙여진 이름.

인(仁) : 원래는 '사람됨'이라는 뜻이었다. 공자는 이 말에 새로운 의미를 부여했지만, 이것이 그의 시대의 모든 지적 범주를 초월한다고 생각하여 설명하려 하지는 않았다. 인은 초월적 가치이자 최고의 선이다. 인은 늘 인간성 개념과 연결되며, '사람다움'으로 번역된다. 훗날 유가는 이것을 자비나 공감과 똑같이 보았다. 유가의 주요한 덕이다.

일신 숭배Monolatry(그리스어에서 파생) : 단일한 신을 섬기는 것을 가리킨다. 일신 숭배는 신이 하나만 존재한다고 믿는 유일신교와 똑같지는 않다. 일신 숭배를 하는 사람은 여러 신의 존재를 믿으면서도, 그 가운데 한 신만 섬기겠다고 결정할 수도 있다. 이스라엘의 예언자들은 아마 다른 신들도 존재한다고 믿었을 테지만, 이스라엘 백성이 야훼만 섬기고 다른 신의 예배에는 참가하지 않기를 바랐다.

정(精) : 기(氣)의 가장 높은 형식. 존재의 신성한 본질. 존재 자체. 만물의 성스러운 정수.

지나Jina(산스크리트) : 아힘사의 깨달음을 얻은 영적 '정복자'. 자이나교는 지나의 종교였다.

지바Jiva(산스크리트) : '영혼'. 명석하고 지적인 살아 있는 실체. 자이나 교도는 모든 피조물 즉 인간, 식물, 동물, 심지어 바위나 나무도 지바를 가지고 있어 고통과 괴로움을 느낄 수 있으므로, 동등하게 보호하고 기려야 한다고 믿었다.

지하의 신Chthonian(그리스어에서 파생) : 에리니에스처럼 땅(크톤chton) 안에 또는 땅 밑에 사는 그리스 신들을 가리키는 말.

카도슈Quaddosh(헤브라이어) : '분리된', '다른'이라는 뜻이며, 그 연장선에서 '신성한'이라는 의미도 지니게 되었다.

카르마-요가Karma-yoga(산스크리트) : 《바가바드기타》에서 크리슈나가 전사의 요가를 묘사하기 위해 만들어낸 말. 전사는 행동에서 자신을 분리해내며, 따라서 행동에서 얻는 이익에는 관심을 두지 않게 된다.

카르마Karma(산스크리트) : '행동'. 처음에는 제의적 행동을 가리키는 말이었지만, 나중에 공포, 애착, 욕망, 증오를 비롯한 정신적 활동을 포함하는 말로 확대되었다.

카타르시스Katharsis(그리스어) : '세척', '정화'. 원래는 희생제나 제의의 정화를 가리키는 말이었다. 비극에서 관객은 증오와 공포라는 감정을 씻어냈다.

케노시스Kenosis(그리스어) : '비움'. 영적으로는 자기를 비우거나, 자기 중심주의를 벗어버리는 것을 묘사하는 데 쓰이는 말이다.

크샤트리아Kshatriya(산스크리트) : '힘 있는 자'. 인도의 전사 계급으로서 정부와 공동체 방위를 책임졌다.

타파스Tapas(산스크리트) : '열'. 금욕주의적 훈련. 사람들은 신성한 불 옆에 앉아 땀을 흘리며 안에서 온기가 솟아오르는 것을 느끼는데, 이 온기는 신성하고 창조적인 힘으로 경험되었다. 그 연장선에서 이 말은 종종 '금욕주의'를 뜻하기도 한다.

테오리아Theoria(그리스어) : '관조', '명상'.

테크네Techne(그리스어) : 기술.

테테스Thetes(그리스어) : 그리스 사회의 최하층 계급.

토라Torah(헤브라이어) : '가르침'. 이스라엘의 신성한 율법을 가리키며, 하느님이 시나이 산에서 모세에게 전달해주었다고 전해진다.

판아테나이아Panathenaea(그리스어) : 아테네의 새해 축제. 도시의 탄생을 기념했다. 행렬이 아테에의 거리를 통과하여 아크로폴리스까지 행진했으며, 아크로폴리스에서 아테나의 신상에 새 가운을 바쳤다.

페사크Pesach(헤브라이어) : '건너기'. 유대교에서 유월절 축제의 이름이다. 이 축제는 결과적으로 이스라엘 민족이 이집트에서 해방된 것을 기념하게 되었다.

폴리스Polis(그리스어) : 그리스의 도시국가.

푸루샤Purusha(산스크리트) : '인간'. 처음에는 세상이 생겨나도록 하기 위해 신들 앞에서 스스로 희생한 태초의 '인간'을 가리키는 말이었다. 이 원형적인 희생은 《리그베다》의 푸루샤 찬가에서 기념하고 있다. 훗날 푸루샤는 창조신 프라자파티라는 존재와 합쳐져, 인도의 축의 시대를 여는 제의 개혁에서 핵심이 되었다. 상키아 철학에서 푸루샤는 본성에서 해방되어야 하는 모든 개인의 영원하고 신성한 자아를 가리킨다.

프라나야마Pranayama(산스크리트) : 요가의 호흡 훈련. 무아경의 지복 상태에 이르게 된다.

피지코이Physikoi(그리스어) : 이탈리아 남부 밀레토스와 엘레아의 자연철학자들.

하오마(아베스타어) : 아리아인의 종교에 사용되는 환각을 일으키는 식물. 제의 과정에서 줄기를 모아 짓찧은 다음 물과 섞어 사람을 취하게 하는 신성한 음료를 만들었다. 하오마는 신으로 숭배하기도 했다(소마 참조).

헤렘Herem(헤브라이어) : '금지'. 고대 이스라엘의 성전(聖戰).

헤세드Hesed(헤브라이어) : 흔히 '사랑' 또는 '자비'로 번역하지만, 원래는 가족 집단에 대한 이타적 행동을 요구하는 친족 관계의 의리를 뜻하는 말이었다.

헬로트Helot(그리스어) : 메세니아의 토착 주민. 스파르타에 정복당하고 노예가 되었다.

협객(俠客) : 돌아다니는 군사 전문가 무리.

호모이오이Homoioi(그리스어) : '평등'하거나 '균일'한 존재들. 스파르타 시민을 가리키는 말.

호트르Hotr(아베스타어, 산스크리트) : 찬가 담당 사제.

히브리스Hybris(그리스어) : '자만심', '이기심', '지나친 행동'. 자기 중심주의로 인해 적절한 테두리 안에 머물지 않으려는 태도를 가리킨다.

힌네니Hinneni(헤브라이어) : "제가 여기 있습니다!" 신 앞에 자신이 온전히 존재하며 신이 원하는 모든 것을 할 준비가 되어 있음을 나타내는 이스라엘의 예언자와 족장들의 외침. 복종과 헌신의 표현이었다.

| 찾아보기 |

400인 평의회 314, 315
500인회 375, 376, 390

ㄱ

가나안 73, 75~79, 81, 82, 85, 87, 90, 100, 115, 117, 124, 165, 197, 269, 274, 275, 281, 287
가르기 바카크나비 225
'가없는 마음'(아파마나) 474, 475, 483, 651
가이아 101, 102, 103, 246
'가증스러운 것'(세케트) 309, 311
《가타》 32, 33, 36, 39
갈릴레오 갈릴레이 428
개인주의 401, 430, 671
게르 279
개우슈 우르반 26
견융(犬戎) 200
결정론 407, 464
겸애(兼愛) 461, 462, 463, 465, 466, 651, 672
고공단보(古公亶父) 496
고르기아스 429, 431, 432, 435
고멜 160, 161
〈고분(孤憤)〉(한비) 569
고임(goyim) 300, 648
고타마 싯다르타 467~477, 480
골라(Golah) 371, 372, 373, 420~423
공자(孔子) 7, 9, 15, 16, 342, 343, 347~361, 444, 446, 454, 458~466, 488, 495, 507~512, 514, 515, 532, 571, 602, 630

과두제(과두 정치) 449, 533, 535
구나(guna) 328
구루(guru) 213, 235, 236, 238, 280, 335, 337, 404, 405, 607, 613, 662
《구름》(아리스토파네스) 448
《국가》(플라톤) 542, 544, 545
군자(君子) 136, 202, 204, 253, 255, 257~261, 351, 352, 353, 355, 356, 359, 463, 517, 519, 572~575, 586, 587, 588, 672
군주제 90, 126, 183, 201, 204, 301, 400, 535, 655
굽타 왕조 608, 633
그리스 정교 663
근본주의 6, 664, 666, 667
기(氣) 498, 504, 506, 507, 509, 518
기독교 7, 424, 559, 602, 647~650, 653, 654, 660, 662, 663
김갈 84~87
깨어 있음(사티) 472, 473, 474, 481, 482, 483

ㄴ

나네크 607
낙소스 382, 389
난다 왕조 603
네 가지 고귀한 진리(사성제) 476, 477
네부카드네자르 2세 287, 288, 291, 369, 371
네오프톨레모스 186
네코 3세 282
노(爐) 25, 28, 52, 53, 102, 186, 213, 214, 274, 634

724 축의 시대

노(魯)나라 72, 126, 201, 205, 206, 253, 254, 255, 260, 340, 341, 342, 347, 350
노아 168
노에톤 55
노자(老子) 15, 16, 578~588
녹보(綠父) 69
《논어》 348, 349, 350, 458, 459, 463
누스(nous) 378, 427, 435, 547, 555, 557
느헤미야 420, 421, 591, 594
《느헤미야》 421, 424
니르바나 9, 468, 470, 471, 472, 475, 477~480, 482~485, 488, 542, 543, 590, 639, 640, 649, 661
니야마 335, 336
니콜라우스 코페르니쿠스 428
니키아스 441, 442, 443, 449

ㄷ

다라나 337
다라슈 644
다르마 335, 404, 405, 407, 410, 468, 469, 480, 481, 484, 486, 528, 530, 604~607, 612, 618, 619
다르마 신 524, 525
다리우스 1세 371, 381, 388
다리우스 3세 588
다마스쿠스 115, 123, 124, 159, 174, 175
다신교 181, 601, 643
다에바 25, 30, 31, 34, 35, 37
다윗 76, 90, 91, 166, 175, 179, 276, 371, 374, 424, 594
다이몬 453, 547, 548, 549
단주(丹朱) 207
대승 불교 639
대인(大人) 571
대화록(플라톤) 444, 446
데메테르 102, 109, 110, 197, 317, 318, 320
데모스 250, 252
데모크라티아 390
데모크리토스 427, 428, 433, 498, 601

데미우르고스 547
데바 25, 26, 28, 30, 41, 42, 44, 46, 48, 55, 56, 58, 89, 141, 145, 149, 150, 215, 221, 236, 329, 334, 338, 409, 522
데바남피야 603, 604
데바야지닌 150
데우스 오티오수스 557, 558
델로스 동맹 383, 385, 389, 393, 425
델포이 186, 187
도가(道家) 6, 16, 566, 571, 574, 575, 584, 588, 599, 625, 628, 629, 630, 632, 660, 665
도덕(道德) 130, 131, 133, 206, 254, 255, 262, 358, 495, 564, 569, 630, 631
《도덕경》(노자) 578, 579, 582, 583, 664, 673
도시 디오니소스 축제(대 디오니소스 축제) 384, 425, 435
동중서(董仲舒) 629
두리오다나 522, 523
두카 332, 339, 386, 392, 395, 403, 405, 410, 413, 469, 473, 476, 538, 546, 554, 600
드라비다 문화 633
드라우파디 523
드로나 525~528, 611
드루지 33, 34, 35
'드보라의 노래' 83
디나미스 554
디스노미아 313
디아도코이 589, 591, 594, 595
디아우스 피트르 24
디오니소스 98, 108, 110~113, 197, 199, 200, 320, 321, 384, 385, 387, 435, 436, 437, 447, 450, 451, 452, 540
디오니시우스 1세 533, 546
디오티마 540
디온 533, 546
디카이 243
디케 243, 245

ㄹ

라자(Raja) 47, 48, 51
라자수야 51, 55
라자스(Rajas) 328, 329
라케스 441, 442, 443
《라케스—용기에 관하여》 444
랍비 424, 642~647, 661
랍비 유대교 7, 643, 644
레반트 73, 269, 288
레비아단 82, 293, 667
레아 102
《레위기》 302, 308, 424
로고스 239, 251, 252, 323, 376, 377, 380, 390, 394, 435, 444, 447, 550, 552, 554, 555, 597, 601, 602
로마 (제국) 641, 642, 644, 647
로저 펜로즈 538
루드라 210, 608~611, 615
《리그베다》 42, 43, 44, 49, 56, 141, 209, 210, 211, 219, 325, 609, 637
리산드로스 449
리시 43~46, 49, 56, 57, 58, 220, 222, 527
리케이온 593
림보 200, 101, 530

ㅁ

마가다 399, 400, 467, 469, 603, 632
《마누법전》 634
마니아 450
마라 479, 480
마라톤 전투 382, 425
마르두크 82, 292, 303, 304, 362
마르시아스 446, 447
마르티스 453
마우리아 제국 603, 605, 623, 632, 633
마이나데스 320, 451
마이트레이 226
마즈다 25, 31
마칼리 고살라 406, 407, 408
마케도니아 552, 553, 593, 595, 596, 623, 648
《마하바라타》 520~524, 527, 611
'마하비라' (지나트르푸트라) 407~414, 639
마하트마 간디 607
만다라 300, 368
〈만물이 행복하게 하라〉(붓다) 486, 672
만신전 24, 98, 188, 196, 197, 198, 653
만트라 43, 140, 141, 143, 149, 211, 608
맹자(孟子) 7, 493, 512~519, 546, 566, 571, 574, 588, 673
메기도 73, 115, 156
메데이아 435, 436
《메데이아》(에우리피데스) 435, 436
메디나 656, 658
메르넵타 왕 76
메세니아 240
메소포타미아 29, 40, 77, 89, 90, 116, 122, 188
메시아 362, 588, 594, 647, 648
메카 653, 656~659
멜기세덱 왕 166
멜리소스 380
모세 76, 77, 78, 81, 84, 87, 165, 167, 168, 271, 272, 274, 276~279, 281, 290, 302, 305, 422, 644
모세오경 155, 156, 163, 273, 280, 295, 363
모아브 115, 159, 372, 424
모이라이 105
모크샤 232, 329, 333, 335, 397, 399, 405, 406, 408, 409, 410, 413, 472, 608, 610, 613
모트 82, 83, 91, 123
모헨조다로 40
몰록 274
무르티 609, 638
무왕(武王) 69, 134, 630
무위(無爲) 254, 255, 493, 494, 496, 517, 566, 570, 578, 579, 582, 586, 587, 628
무제(武帝) 629
무함마드 652~659

묵가(墨家) 454, 459, 460, 463, 464, 496, 501, 502, 511, 516, 564, 570, 584, 624, 625, 628, 631, 665
묵자(墨子) 15, 16, 67, 458~466, 500, 515, 651, 672
《묵자》 459, 463
문답법 227, 229
문왕(文王) 69, 128, 134, 135, 630
문제(文帝) 629
문후(文候) 458
뮤즈 242
므낫세 268, 269, 272, 274
미드라슈 644
미스타이 317~320, 540
미아스마 106, 107, 112, 310, 390, 391, 395, 438, 467
미케네 73, 95, 96, 98, 99, 100, 106, 183, 189, 190, 623
미토스 252, 550, 638, 649
미트라 25, 26, 31
《민수기》 156, 163, 302, 306
민자건(閔子騫) 349
민족신 116, 117, 268, 271
민주주 251, 375, 390, 430, 432, 449, 531, 532, 595
민회(民會) 251, 314, 375, 389, 390, 430, 432, 436, 448
밀레토스 322, 381, 429, 601
밀레토스 학파 322, 324, 325, 379, 380, 427
《밀레토스의 함락》(프리니코스) 384, 387
밀리티아데스 382
밀콤 118

ㅂ

《마가바드기타》 603, 611, 612, 619, 636
'바다의 노래' 87, 88
바루나 26, 31, 41, 42, 524
바룩 280
바리사이파 641, 642, 643, 648, 649
바벨탑 165, 307
바빌로니아 15, 82, 173, 282, 283, 287~291, 293, 294, 296, 298, 300, 303, 304, 306, 307, 308, 362, 363, 367, 369, 371, 372, 421, 423, 589, 594, 642, 664, 665, 666
바빌론 유수 288
바사나 334, 335
바알 82, 83, 87, 88, 91, 115~121, 123, 161, 268, 274, 275
바울로 648~651, 663
바이샤 51, 53, 140, 147, 401, 402, 481, 521, 603, 619, 634
《바코스 여신도들》(에우리피데스) 450, 451, 672
바크타 636, 638
바크티 610, 611, 613, 616, 618, 632, 633, 635~638, 640
반두 143, 144, 146, 220, 221
법가(法家) 564~567, 569, 570, 571, 573, 574, 575, 577, 578, 588, 624, 625, 628, 630, 632
《법률》(플라톤) 549, 550
베다 39, 40, 42, 43, 44, 49, 51, 54, 55, 78, 138, 142~146, 148, 155, 184, 209~212, 215, 219, 220, 230, 233, 235, 236, 302, 325, 330, 331, 334, 396, 397, 399, 400~404, 414, 481, 520, 522, 523, 527~531, 603, 607, 608, 632, 633, 634, 637, 668
베단타 219, 220
베델 84, 158, 159, 274
베스파시아누스 641, 642
변자(辯者) 499
변증법 442, 446, 534, 539, 540, 551
보디사트바(보살) 632, 640, 649
보후 마나 31, 36
부족 공화국(인도) 400, 401, 403, 603
분서갱유 627
'분투하는 자' (슈라마나) 232
불가촉천민 634
불교 231, 468, 482, 483, 486, 603, 605, 606, 607,

613, 632, 633, 639, 640, 660, 662, 671, 672
붓다 7, 8, 9, 15, 16, 399, 404, 468, 469,
477~489, 511, 521, 532, 538, 543, 545,
598~602, 639, 651, 653, 669
붓디('지성') 328, 330
《브라드아라냐카 우파니샤드》 220, 222, 223, 225
브라마 신 480
《브라마나》 138~143, 147, 148, 150, 219, 226,
397, 520, 524, 527, 637
브라마시리스 529, 530
브라마카리야 211, 212, 213
브라마카린 210, 211, 212, 232, 239
브라만 9, 55, 56, 89, 150, 211, 212, 214, 215,
220, 221, 222, 226, 226, 227, 229~238, 325,
327, 329, 339, 397, 443, 479, 480, 488, 523, 542,
609, 610, 611
브라민 138, 146, 147, 148, 150, 209, 211, 212,
213, 215, 223, 225, 227, 231, 232, 334, 399, 401,
402, 469, 481, 489, 520, 525, 527, 529, 606, 607,
613, 632, 634, 635
브라모디아 55, 57, 215, 222, 225, 227, 442, 663
브라티야 210, 211
브리트라 25, 42, 140, 528
브리티 334, 335
비극(그리스) 384~387, 389, 391, 392, 393, 395,
425, 434, 436, 439, 449, 450, 545, 546, 550, 559,
600, 665, 669, 670, 673
비데하 223, 225, 400
비로차나 236, 237
비슈누 527, 608, 615, 616, 617, 633, 636, 637,
638
비슈마 525, 526, 528, 611
비슈타스파 37
비잔티움 653
빈두사라 왕 603
빈(賓) 제의 64, 129, 205, 265, 266

ㅅ

사(士) 62, 126, 204, 341, 342, 348, 458, 494, 569
사나트쿠마라 225
사르곤 2세 179
사마디 339
사마리아 115, 156, 165, 178, 274, 282
사마이카 414
사메리나 372, 373, 420, 591, 593
사모스 섬 108, 322, 425, 596
《사무엘》 80, 277
사바오트 86
사반 271, 272, 280
사악(四岳) 207
사오샨트 36
사키나 659
사탄 292, 527
사트바 328, 329
사티로스 446, 447
사판 산 82, 83, 88
산딜리아 225
산상수훈 651
산스크리트 23, 24, 39, 40, 41, 43, 142, 148, 213,
216, 399, 410, 468
산자야 405
살피미스 헤견 383, 387, 389
살라트 655
삼사라('윤회') 231, 326, 399, 406, 608, 609, 640
삼위일체 51, 663
상(商)나라 58, 59, 60, 62~66, 69, 70, 71, 126,
133, 134, 137, 201, 206
상대주의 448
상앙(商鞅) 567, 568, 569
상키아 325~328, 330~334, 338, 339, 405, 470,
608, 610
상키아-요가 학파 608
샤마시 123
샤카 공화국(인도) 400, 467, 479
샤칸 305

샬마네세르 3세 123
샬마네세르 5세 178
서(恕) 263, 356~359, 575, 636
《서경》 70, 204, 206, 208, 630
설(契) 514
성결 법전 301, 308, 672
성막(미슈칸) 302, 305, 306
성막 문서 302
성왕(成王) 69, 70, 71, 72
성육신 649, 663
세게스타 448, 449
세멜레 108, 450
세속주의 666, 667
세스바살 371
섹스토스 엠피리코스 598
센나케리브 179
셀리노스 449
셈족 80, 155, 274
셰키나 646
소마 25, 26, 28, 41, 47, 55, 85, 140, 145~147
소승 불교 639
소왕(昭王) 572
소크라테스 7, 227, 357, 429, 440~449, 452, 453, 454, 478, 485, 488, 531~536, 539, 540, 542, 543, 551, 598, 599, 601, 602, 668
소포클레스 387, 393, 395, 406, 437, 438, 439, 451, 545
소피스트 429~434, 437, 440, 443, 444, 448, 499, 536
솔로몬 성전 271, 299, 302
솔로몬 왕 90, 91, 115, 179, 278
솔론 312~315, 375
송(宋)나라 126, 259, 340, 342
수드라 51, 52, 402, 619
수호천사 549
순(舜) 임금 50, 59, 60, 76, 130, 206, 207, 208, 255, 349, 358, 359, 496, 514, 515, 518, 563, 564, 575, 584
순자(荀子) 136, 563, 570~578, 626

《순자》 574
〈순전(舜典)〉 206
슈루티 43, 219
《슈베타슈바타라 우파니샤드》 608~611, 615
슈베타케투 232~235
스가랴 373
스룹바벨 371, 372
스켑티코이 598
스킨(skn) 305
스키타이 632
스토아 학파 597, 599, 600, 601
스투라 49
스파르타 239, 240, 250, 252, 253, 375, 382, 425, 437, 449, 533
《시경》 128, 204, 353, 630
시나이 산 78, 84, 119, 166, 167, 271, 278, 305, 645, 646, 647
시노에시즘 184
시드키야 288
시라쿠사 449, 533, 546
시리아 73, 82, 95, 100, 116, 589, 591, 593, 653
시메온 벤 아자이 645
시모에이시오스 192
시바 40, 528, 608, 609, 610, 615, 633, 638
시샤크 1세 113, 115
시온 산 91, 177, 278, 368, 373, 420
시칠리아 426, 429, 448, 449, 533, 546
시크교 607, 660
시키온 375
《시편》 158, 363
신농(神農) 59, 495
신도(愼到) 566
《신들의 계보》(헤시오도스) 245, 246
《신명기》 156, 163, 271, 272, 273, 276~282, 293, 295, 305, 306, 311, 363, 374, 424, 646, 673
심(心) 499
〈심술(心術)〉 497, 498
심파테이아 319
십계명 167

찾아보기 729

ㅇ

아가멤논 98, 106, 190, 193, 251, 385, 391
아가우에 450, 451
아고라 181, 187, 375, 532, 549, 597
아곤 36, 48, 183, 184, 185, 324, 377, 446, 665, 667
아그니 25~28, 35, 45, 52, 53, 54, 58, 141, 149
아그니카야나 제의 53, 141
아나타(無我) 482, 483, 487, 606
아나트 83, 91, 117
아나톨리아 73, 95, 297
아낙사고라스 427, 428, 429, 434
아낙시만드로스 322, 323, 324
아낙시메네스 323
아난다 229
아담 165, 303, 307, 308, 652
아도니스 188
아둠바라 학파 405
《아라냐카》 138, 215, 219, 220
아람 160, 174, 175
아레스 190, 196, 197, 199, 548
아레오파고스 회의 381, 392
아레테 250
아르메니아 29
아그주니 526, 527, 529, 530, 611, 612, 613, 615~618, 635
아르키메데스 601
아르타바가 231
《아르타샤스트라》 604
아르타크세르크세스 1세 420
아르타크세르크세스 2세 421
아르테미스 252
아리스테이아 190, 191
아리스토스 191
아리스토텔레스 429, 436, 552~559, 588, 590, 599
아리스토파네스 448
아메샤 25
아모스 9, 157~160, 162, 175, 179, 242, 279, 289, 666
아몬 269
아문-레 362
아민타스 2세 552
아바타라 637, 638, 649
아베스타계 아리아인 24, 25, 30, 37
아벨 165
아브라함 76, 77, 81, 84, 165, 166, 168, 169, 170, 277, 295, 307, 423, 652
아샤 25, 26, 33, 34, 36
아샤반 36, 37
아세라 116, 161, 268, 274, 275, 281
아소카 왕 603~608, 613, 632
아수라 41, 42, 45, 46, 48, 51, 145, 236, 237, 334, 336, 522
아슈르 174, 268
아슈바메다 523
아스나 336
아스와타만 525, 527~530
아시리아 123, 124, 156, 158, 159, 172~176, 178, 179, 180, 188, 268, 269, 274, 277, 282, 283, 288, 369, 374, 424, 666
아야트 655
아이스킬로스 387~392, 545
아이아스 192, 193, 385
아이작 뉴턴 602
아자타샤트루 225
아지비카 학파 406, 407, 603
아지타 406
아카데메이아 534, 538, 540, 552, 596
아카이아 96, 98, 192, 193
아쿠살라 472, 474, 521
아크로폴리스 99, 100, 199, 316, 321, 382, 384, 392, 393, 425, 549, 670
아키바 벤 요셉 644
아킬레우스 98, 180, 186, 190~196, 250, 387, 426, 670
아타락시아 596, 597, 599, 600
아테나 98, 197, 199, 316, 392, 393, 548, 549

아테네 95, 99, 100, 110, 111, 112, 199, 239, 312~319, 321, 375, 376, 381~393, 425, 428, 429, 431~434, 436, 437, 440, 448~453, 531~534, 543, 545, 552~597, 669
아토모스 427
아트레우스 106, 391
아트마야지냐 528
아트마야지닌 150
아트만 53, 138, 142, 146~150, 212, 213, 214, 221, 222, 225, 226, 227, 229, 232, 234~238, 326, 331, 397, 445, 482, 609, 610, 661
아틀라스 102
아페이론 323, 324, 325
아폴론 186, 187, 188, 194, 197, 199, 200, 384, 549, 553
아프로디테 188, 197
아하스 174, 177
아합 115, 116, 118, 119, 120, 122, 123, 124, 174
아홉 알키타브 654
아힘사 39, 140, 191, 215, 216, 232, 239, 240, 250, 310, 335, 403, 408, 411, 412, 414, 520, 530, 590, 604, 606, 607, 634, 651, 656, 662, 665
《악경》 204
《악기》 630
악시스 문디 637
안성자유 509
안식일 63, 305, 309, 311, 641
안테스테리아 축제 110, 113
안티고네 394, 395, 439
《안티고네》(소포클레스) 393, 394
안티오코스 4세 594, 595
안티파트로스 595
안티폰 432
안회(顔回, 안연) 349, 353, 359, 360, 461, 507, 508, 510, 511, 660
알라 653~656
알라라 칼라마 469
알렉산드로스 대제 553, 588~591, 593, 595, 597, 603

알렉산드리아 593, 601
알베르트 아인슈타인 602
알크마이온 375
알키비아데스 432, 446~449, 453
암리타 25
암몬 118, 159, 372
암 하아레츠 369, 372, 422, 423
앙그라 마이뉴 33, 591
야곱 77, 81, 84, 89, 165, 166, 168, 277, 366, 654
야마(yama) 335, 336, 412
야지냐발키야 222, 225~232, 396
야타부타 216
야훼 77~84, 86~91, 115, 116, 117, 119~125, 156~163, 165~171, 174~178, 180, 268, 271~282, 289~300, 302~309, 362, 363, 365~369, 372, 373, 374, 419~424, 557, 647, 666, 667
야훼 삼마 299, 300
야훼 유일 운동 118
'야훼의 종' 363, 374
얌(yam) 82, 88
양(讓, 양보) 258, 260, 261, 268, 354, 357, 424, 573, 575, 576, 661, 671
양가(楊家) 496, 497, 499, 503, 570, 575
양(梁)나라 512
양자(楊子) 496, 503
언약 법전 273, 279
언약의 궤 81, 84, 85, 91
언약의 축제 84, 91, 124, 163, 165
에고 원리(아항카라) 328, 329, 336, 353, 509, 662
에돔 83, 87, 372, 420
에레트리아 381, 382
에리고네 111, 112, 113
에리니에스 105, 106, 107, 111, 390~393, 670
에리스 245
에세네파 641
에스겔 9, 294~301, 363, 368, 598, 645, 666, 673
에우노미아 313, 314, 324
에우다이모니아 554

찾아보기 731

에우리디케 321
에우리피데스 7, 387, 433~436, 450, 451, 452, 545, 672
에우메니데스 392, 670
《에우메니데스》(아이스킬로스) 392
에우클레이데스 532, 601
에즈라 421, 422, 423, 591
《에즈라》 421, 424
에테오클레스 389, 390
에토스 10, 36, 49, 79, 183, 191, 192, 193, 245, 251, 252, 321, 363, 367, 375, 410, 459, 461, 494, 520, 521, 524, 528, 544, 589
에페보스 317
에포프타이 318
에피알테스 390
에피쿠로스 596, 597, 599~602
엑스타시스 113, 190, 229, 231, 318, 319, 366, 436, 439, 445, 451, 509, 540, 661
엑플렉시스 448
엔테오스 320
엘(El) 81, 82, 88, 89, 91, 116, 117, 118, 168
엘랴십 421
엘레우시스 317~320, 540
엘로힘 89, 122, 124, 163, 168, 169, 170
엘리사 117, 123, 124
엘리야 117~123, 127, 161, 174
엘리에제르 벤 히르카누스 645, 646
엠페도클레스 426, 427, 428, 430
여덟 가지 고귀한 길(팔정도) 477
여로보암 2세 156, 158, 159, 173
여왕(厲王) 137
여호수아 76, 78, 84, 85, 86, 124, 125, 277, 281, 282, 306, 643, 646
《여호수아》 78, 85, 124
여호야긴 287, 288, 291, 301, 371
《역경》(주역) 204, 630
《역대기》 373, 374
연(燕)나라 500
열심당 642, 643

《열왕기》 115, 117, 277
영속 철학 12, 13, 331, 537
예(禮) 127, 133, 200, 202, 205, 207, 208, 254, 256, 260, 262, 266, 350, 353, 354, 355, 357, 359, 360, 361, 460, 494, 496, 497, 516, 518, 519, 667
《예기》 137, 205, 265, 266, 630
예레미야 7, 157, 280, 289, 290, 298, 600, 666, 669
《예레미야》 280
《예레미야 애가》 288
예루살렘 82, 90, 91, 113, 115, 164, 165, 166, 174~178, 180, 189, 269, 273, 275, 282, 288~291, 297, 298, 299, 362, 368, 369, 371, 373, 374, 419~423, 591, 593, 594, 641, 642, 643, 654, 664
예루살렘 성전 82, 170, 175, 179, 268, 275, 282, 289, 294, 295, 297, 299, 595, 641
예리코 86
예수 647, 648, 649, 651, 666
예후 124
오니아드 씨족 594
오디세우스 190, 191, 192, 245
《오디세이아》(호메로스) 189, 190, 191
오레스테스 106, 107, 111, 112, 391, 392
《오레스테이아》(아이스킬로스) 391, 670
오르기아제인 549
오르티아의 다산 제의 252
오르페우스 321
오므리 왕 115
오이도스 438
《오이디푸스 왕》(소포클레스) 437
오이디푸스 왕 99, 189, 385, 389, 390, 394, 395, 437, 438, 439, 441, 558
올림포스 105, 106, 107, 109, 111, 186, 187, 195, 196, 197, 244, 245, 246, 378, 391, 452, 547~551, 557
올림픽 시합 185, 430
옴(Om) 220, 221, 236, 610, 634
요 임금 59, 206, 207, 208, 349, 350, 358, 359,

461, 514, 515, 518, 563, 564, 573, 630
요가 41, 143, 333~336, 338, 339, 340, 397, 405, 414, 470, 471, 472, 474, 475, 477, 481, 485, 521, 527, 581, 582, 606, 608, 609, 610, 613, 614, 615, 619, 661, 672
요가 수행자(yogin) 40, 334~339, 349, 355, 397, 412, 430, 469, 473, 475, 523, 530, 590, 608~611, 614, 615, 638
《요가수트라》 333, 334
《요나》 424
요르단 강 80, 85, 87, 124, 125, 156, 175
요셉 78, 644
요시아 왕 269, 271~274, 276, 277, 278, 280, 282, 283, 287
〈요전(堯典)〉 206
요하난 벤 자카이 642, 643
욥 292, 293, 305
《욥기》 292, 293
우 임금 60, 135, 207, 461
우달라카 라마푸타 469
우달라카 아루니 225, 232, 233, 234
우드가트르 사제 220
우라노스 101, 102, 105, 246
우주론 324, 363, 411, 428, 547, 548, 549, 556, 624
우파나야나 제의 146
《우파니샤드》 7, 139, 219~223, 225, 226, 231, 232, 235, 236, 238, 239, 273, 300, 325, 327, 333, 334, 339, 397, 599, 610
원자론 601
월(越)나라 500, 456
위(魏)나라 454, 458, 494, 500, 502, 507, 563, 565, 567, 569, 660
'위대한 말씀'(마하-바키아) 222
유(儒) 132, 204, 572
유가(儒家) 460, 464, 496, 497, 499, 502, 507, 512, 517, 529, 564, 569~572, 578, 584
유다 90, 115, 116, 117, 121, 122, 155, 157, 158, 159, 162~167, 170, 174~180, 268, 269, 271~274, 277, 282, 283, 287, 288, 298, 301, 362, 363, 371~374, 419, 420, 422, 424, 591, 666
유디슈티라 523~530, 611, 612
유방(劉邦) 628
유왕(幽王) 200
유월절(페사크) 85, 86, 282, 374, 423
유위(有爲) 517, 518, 566, 574, 582, 584
유흠(劉歆) 630, 631
육경(六經) 630
율법의 서 271, 273, 274, 280, 295
은자 45, 214, 215, 399, 404, 467, 495, 496, 502, 503, 509, 523
음양(陰陽) 63, 505, 624, 625
음양가 624, 630
이데아(에이도스) 536, 537, 539
이란 37, 362, 589
이사(李斯) 572, 573, 626, 627, 628
이사악 77, 81, 165, 166, 168, 169, 170, 277, 654
이사야 157, 170, 171, 173~178, 362, 363, 366~369, 372, 373, 419
《이사야》 419, 423
이세벨 115, 118, 119, 122
이소노미아 376
이스라엘 7, 9, 15, 73, 75~92, 113, 115~125, 155, 156, 158~168, 170, 171, 173, 174, 175, 177, 178, 189, 268, 269, 271, 272, 274~282, 287, 288, 290, 291, 297~308, 310, 311, 324, 363, 366, 367, 368, 372, 374, 419, 421, 423, 424, 641, 642, 643, 646, 647, 648, 664, 666
이스라엘 12지파 77
이스라엘 민족 76, 77, 79, 81, 115, 308, 310, 366
이스메네 394, 395, 438
이슬람 7, 424, 653~660
이아손 189, 435
이집트 40, 73, 75~78, 90, 113, 115, 123, 156, 165, 166, 178, 239, 269, 277, 279, 283, 287, 305, 307, 309, 320, 533, 589, 591, 593
이집트 탈출 77, 87, 159, 162, 166, 175, 277, 282, 305, 423

이카리오스 111
이콘(icon) 300
이타주의 355, 356, 461, 466, 515, 639
이피게네이아 106
인(仁) 353, 357, 360, 444, 461, 464, 496, 497, 498, 515, 516, 573
인도-유럽어족 23, 96
인드라 25, 30, 31, 33, 34, 37, 41, 42, 46, 47, 58, 139, 140, 141, 143, 236~239, 522, 526, 528, 608, 637, 668
《일과 날》(헤시오도스) 242
《일리아스》(호메로스) 189, 191, 192, 387, 670
일리에제르 벤 히르카누스 645
일신 숭배 125, 181, 198
일신교 32, 88, 479, 480

ㅈ

자공(子貢) 349, 351, 352, 353, 356, 358
자기 중심주의 10, 120, 151, 162, 184, 255, 331, 354, 355, 359, 360, 452, 462, 473, 475, 487, 502, 507, 508, 510, 519, 619, 635, 649, 650, 660, 661, 662, 664, 667
자나카 왕 225, 227
자로(子路) 349, 351, 352, 361
자본주의 401, 653
자산(子産) 341, 342, 351
자유의 율법 309
자이나교 272, 410~414, 424, 590, 603, 613, 632, 639, 660
자카트 655
자하(子夏) 458
잔나 653
장자(莊子) 169, 502~512, 518, 538, 566, 574, 577, 581, 582, 629, 664
《장자》 502, 509, 660
전국시대 455, 458, 466, 497, 515, 517, 519, 564, 568, 578, 588, 623, 625, 665
전사신(warrior god) 91, 117, 366

정(精) 498
정(鄭)나라 341, 342, 351
제(齊)나라 58, 62, 65, 208, 266, 267, 340, 350, 454, 494, 512, 515, 571, 625, 626
제2의 이사야 362, 363, 366~369, 372, 373, 419, 647
제논 426, 501, 597, 598, 602
제우스 98, 102, 105, 107, 108, 109, 185, 191, 195, 196, 197, 199, 242~247, 388, 392, 431, 434, 435, 448, 548, 549
제자백가 626
조(趙)나라 454, 567, 573
조로아스터 15, 31~37, 39, 41, 46, 92
조로아스터교 24, 37, 41, 362, 590, 591, 641, 660, 664
족쇄(지긴) 292, 639
좌망(坐忘) 511, 581
《좌전(左傳)》 256
주(周)나라 69~72, 125, 126, 128, 129, 131~135, 137, 201, 204, 208, 253, 259, 266, 267, 459, 496, 513, 564, 571, 625, 626
주공(周公) 69~72, 76, 341, 342, 347, 358, 361
주왕(紂王) 69, 126
중동 80, 82, 86, 87, 89, 108, 118, 123, 125, 155, 156, 173, 188, 282, 309, 362, 623
중무장 보병(호플리테스) 249~253, 312, 313, 314, 317, 376, 381, 382, 383, 440, 442, 548
중용(中庸) 256, 266, 350, 456
지그문트 프로이트 334
지나(jina) 399, 404, 408, 410
지바(jiva) 408, 409
지성소(至聖所) 297
지하드 657
직하 학궁 512, 571
직하지학(稷下之學) 494
진(秦)나라 258, 259, 266, 340, 347, 454, 455, 456, 563, 565, 567, 568, 569, 572, 573, 574, 579, 588, 623, 624, 625, 627, 629, 630
진(晉)나라 208, 258, 259, 266, 340, 454, 455,

456, 567
진시황 569, 624, 625, 626, 628

ㅊ

차꼬(마세라) 292
차카바티(전륜성왕) 607
《찬도기아 우파니샤드》 220, 222, 225, 232
찬드라굽타 603, 604
찰스 다윈 428
참주제 248, 249, 315, 375, 532, 535
《창세기》 156, 163, 165, 303, 424
창조신 24, 56, 101, 141, 142, 615, 616, 638
천(天) 69
천도(天道) 127, 256, 262, 342, 350, 351, 504, 566, 574
천명(天命) 70, 71, 72, 126, 130, 135, 137, 200, 207, 574, 624
천사(스랍) 168, 170, 171, 180
천신(天神) 11, 24, 66, 69, 101
천자(天子) 67, 70, 126, 127, 130, 347
〈천하(天下)〉 628, 629
체토비무티 472
초(楚)나라 208, 258, 259, 266, 267, 268, 340, 454, 495
초막절 422, 423
최고신 11, 25, 32, 41, 58, 81, 82, 102, 126, 127, 134, 137, 433, 465, 547, 548, 653
추연(鄒衍) 625
《춘추》 204, 256, 630
춘추시대 201, 202
출가자 209, 210, 212~216, 225, 232, 239, 327, 328, 330, 333, 355, 399, 404, 405, 408, 467, 469, 473, 481, 482, 485, 495, 520, 528, 529, 530, 599, 606, 607, 608, 613, 635, 671
《출애굽기》 156, 163, 272, 282, 306, 424

ㅋ

카도슈 171, 300
카르마 230, 231, 232, 322, 334, 395, 396, 397, 406, 409, 411, 487, 521, 613, 614, 616, 618, 666
카르마-요가 613, 615, 619
카르카르 전투 124
카를 야스퍼스 6, 15, 16, 488, 623
카를 융 334
카보드 46
카오스 101, 105, 246
카우라바 집안 521, 522, 524, 525, 617
카우틸리아 604
카인 165, 307
《카타 우파니샤드》 397
카타르시스 112, 384, 387, 436, 439
카필라 325
칼라마 부족 400, 469, 485, 486, 487
칼리 유가 522, 525
칼링가 왕국 603, 604
케노시스 155, 160, 168, 178, 184, 190, 205, 206, 240, 251, 366, 441, 582, 610, 618, 636, 648, 649, 650, 652, 663, 668
케레스 105, 112
케모시 118
케발라 409
코레 109, 318
코살라 399, 400, 487
코스모폴리스 593
코스모폴리탄 593
코이네 그리스어 648
코페르니쿠스, 니콜라우스 428
콘단냐 481
《콜로노스의 오이디푸스》(소포클레스) 439, 451
《쿠란》 652~659, 665
쿰란파 641
크레온 394
크레타 73, 95, 96, 98, 100, 101, 102
크로노스 102, 105

크리슈나 522, 525~529, 611, 612, 613, 615~619, 635~638
크샤트리아 51, 139, 147, 225, 250, 399, 402, 407, 410, 467, 481, 520, 521, 522, 525, 528, 530, 603, 612, 615, 634
크세노파네스 378
크세르크세스 382, 383, 387, 388
큰 앎(大知) 508, 510, 512
큰 평화(太平) 131, 206, 489
클레오스 185
클레이스테네스 375, 376
클리템네스트라 106, 107, 391
키루스 362, 367, 369, 371, 594
키리오스 649, 650
키몬 382

ㅌ

타마스 328, 329
타메이 310
타무즈 188, 297
타자카 655
타타가타 477
타파스 148, 149, 211, 214, 215, 233, 407
탈레스 322, 323
《탈무드》 642, 643
태갑(太甲) 65
테미스토클레스 381, 382, 383
《테베를 공격한 일곱 장수》(아이스킬로스) 389
테세우스 99, 434, 436
테스모포리아 축제 109
테오리아 540, 554, 555, 557
테올로기아 556
테크네 431
텔아비브 294, 295, 296
토라 273, 276, 280, 422, 423, 642, 644, 645, 647, 652, 659
토비아드 씨족 594
트라케 321, 428

트로이 95, 106, 186, 190~194, 196, 382, 431
《트로이 여인들》(에우리피데스) 435
트로이 전쟁 98, 106, 189, 190, 244
티글라트필레세르 3세 173, 174, 175, 178
티레 왕국 159
티르타이오스 250
티르탕카라 410, 639
《티마이오스》(플라톤) 547
티아마트 82, 303
티에스테스 106

ㅍ

파라마한사 학파 405
파르메니데스 378, 379, 380, 426, 427, 428, 433, 434, 533
파르바티 638
파르티아 632
파리스 431
파세나디 왕 487
파탄잘리 333, 334, 336
파테인 558
파토스 162, 195, 319, 438
파트로클로스 190, 191, 193, 194, 196
《판관기》 80, 277
판나(지혜) 477
판다바 집안 521~527, 529, 530, 617
판도라 247
판아테나이아 축제 316, 321, 385, 426
팔라바 왕조 633
팔랑크스(밀집 대형) 249, 251
팔레스타인 76, 77, 81, 159, 283, 589, 641, 642, 643
팔일무 347
팜필리아 전투 389
패자(覇者) 266
펀자브 39, 41, 42, 44, 51, 603
페니키아 73, 100, 115, 118, 123, 188, 372, 591, 597

페르세스 242
페르세포네 109, 317, 320
《페르시아인》(아이스킬로스) 387, 388
페르시아 전쟁 384, 387, 389
페르시아 제국 381, 419, 420, 421, 425, 553, 589, 594, 632, 653
페리클레스 390, 393, 425, 432, 437, 446, 447, 449, 531
페이시스트라토스 315, 316, 317, 321, 375
펜테오스 450, 451
펠로폰네소스 전쟁 436, 437, 440, 448, 532, 533
펠롭스 185
평왕(平王) 200
포세이돈 98, 102, 185, 197, 199
포스트모더니즘 482
포틀래치 46, 47, 401
폴리스 181, 183, 184, 186, 187, 199, 239, 240, 241, 243, 248, 250, 251, 312~315, 317, 320, 321, 322, 362, 376, 377, 383, 384, 386~395, 400, 425, 428, 432, 451, 452, 532, 533, 544, 545, 549, 550, 551, 553, 557, 593~596, 601, 665
폼페 393
푸루샤 57, 58, 142, 143, 145, 146, 325~333, 336, 337, 339, 470, 482, 637
푸루샤 찬가 57, 58
프네우마 597
프라나야마 337, 474
프라바나 자이발리 225
프라자파티 56, 58, 141~146, 149, 213, 228, 233, 236, 237
프라크르티 326, 333
프라티아하라 337
프로메테우스 102, 246, 247, 248
프로클로스 319
프로타고라스 432, 433, 434
프리니코스 384, 387
프사메티코스 1세 269, 282
프시케 445, 451, 536, 539, 540, 541, 547
프톨레마이오스 589, 593

프톨레마이오스 소테르 591
프톨레마이오스 왕조 591, 594, 601
프리아모스 왕 190, 194, 195, 387, 431, 435, 670
플라톤 357, 429, 444, 445, 446, 452, 531~554, 556, 557, 558, 599
플루타르코스 318
피론 597, 598, 599, 602
피지코이 428
피타고라스 322, 533, 538
피타고라스 학파 322
피톤 187
피톤 경기 187
피티아 187, 188
필로테스 193, 195
필리포스 552, 553
필리피 648, 649, 663

ㅎ

하(夏) 왕조 60, 70, 135
하임 솔로베이치크 281
학개 372, 373
하다데제르 123
하데스 102, 109, 317
하라파 문명(인더스 문명) 40, 49, 609, 623, 633
하오마 25
하와 165, 307
하지 순례 654, 658
한(漢)나라 454, 567, 628~631
한비(韓非) 569, 570, 578
한사 학파 405
함무라비 법전 123
《향연》(플라톤) 540
해양 민족(이스라엘) 73, 96, 454
허(虛) 579, 582, 583, 584
헤타 102, 107, 108, 196, 197, 199, 320, 434, 548, 549
헤라클레스 108, 189, 385, 434, 436
《헤라클레스》(에우리피데스) 436

헤라클레이토스 377, 378, 379
헤렘 81
헤로도토스 384
헤세드 79
헤스티아 102
헤시오도스 241~248, 250
헤카테 197
헤파이스토스 197, 247
헥토르 190, 191, 193, 194, 195
헬레네 431
헬레네스 593
헬레니즘 591, 593, 595, 598~602
헬로트 253
헬리오스 549
협객(俠客) 458, 459
형상(idea) 학설 534, 552
형이상학 8, 10, 147, 233, 238, 327, 331, 356, 406, 411, 470, 482, 485, 550, 554, 557, 558, 563, 599, 610
혜왕(惠王) 512, 513
혜자(惠子) 499~502, 504
호렙 산 119, 165
호메로스 99, 107, 183, 184, 188~191, 193, 195, 196, 241, 249, 251, 430, 546, 589
호모 렐리기오수스 665

호모이오이 239, 240
호세아 157, 160, 161, 162, 175, 178, 179, 279, 289, 666
호연지기(浩然之氣) 518
호트르 사제 28, 42, 47
호플라 249
환공(桓公) 266, 267
황금률 10, 356, 357, 358, 413, 424, 462, 487, 519, 569, 642~645, 660, 661, 662, 669, 671
황로(黃老) 628, 629
황소 희생제(부포니아) 27, 316
황제(黃帝) 59, 625, 628
후직(后稷) 514
훌다 273
희년(禧年) 309
흰 야주르베다 학파 220
히브리스(hybris) 243, 244, 245, 248, 250, 451
히스기야 179, 180, 268, 269, 374
히즈라 656
히타이트 73, 96, 241
히피아스 430
힌두교 6, 24, 40, 43, 213, 219, 527, 528, 529, 608, 610, 611, 633, 639, 660
힐기야 271, 272, 280
힐렐 642, 645, 647, 661

정영목

서울대학교 영문학과와 동대학원을 졸업했다. 현재 전문번역가로 활동하고 있으며, 이화여대 번역대학원 겸임교수로 일하고 있다. 역서로는 《지젝이 만난 레닌》《그레이트 게임》《칭기스칸, 잠든 유럽을 깨우다》《마르크스 평전》《호치민 평전》《융》《신의 가면 3 : 서양 신화》《신의 가면 4 : 창작 신화》《나는 왜 너를 사랑하는가》《불안》《행복의 건축》《극단의 형벌》《권력의 법칙》《로드》《죽음의 중지》《눈먼 자들의 도시》《눈뜬 자들의 도시》《책도둑》 등이 있다.

축의 시대 – 종교의 탄생과 철학의 시작

2010년 12월 20일 초판 1쇄 발행
2025년 4월 25일 초판 23쇄 발행

- 지은이 ──────── 카렌 암스트롱
- 옮긴이 ──────── 정영목
- 펴낸이 ──────── 한예원
- 편집 ────────── 이승희, 양경아
- 본문 조판 ─────── 성인기획
- 펴낸곳   교양인
    우 04015 서울 마포구 망원로6길 57 3층
    전화 : 02)2266-2776 팩스 : 02)2266-2771
    e-mail : gyoyangin@naver.com

ⓒ 교양인, 2010
ISBN 978-89-91799-56-1 03900

* 잘못 만들어진 책은 바꾸어드립니다.
* 값은 뒤표지에 있습니다.